【新訂 増補版】

紫微斗数
実占ハンドブック

紫微斗数命盤 詳細解説

椎羅 著

東洋書院

はじめに

　このハンドブックは、紫微斗数の初学を終えられ、これからいろいろな方の命盤を読み、紫微斗数の研究をさらに深めようとしている中級者の方々を対象にしています。したがって、はじめて紫微斗数に触れられる方におかれては、まずは他の入門書等で基本的な技法をご学習いただいた後に、本書をご利用いただきますよう、お願いいたします。また、熟達の方のご利用にも耐えうるよう、筆者長年の研究成果や格局の解説などを、できるだけコンパクトに整理したつもりです。日々の実占の伴としていただけると幸いです。

　紫微斗数に限らず、占いの実践は技術です。その技術を高めるためには、基本的な理論や技法の習得はもちろんのこと、それと同時に多くの実例に当たって実占研究することが、大変重要な学習項目となります。

　本書は、紫微斗数の実占に必要となる帳票や資料、すなわち「命盤作成諸表」「14主星別命盤解読パターン」「紫微斗数格局一覧表」などを一冊にまとめた資料集です。ただ、多くの情報を限られた紙面に集約するために、やむを得ず略号を用いたり、筆者独自の「宮威」という表現を使用したり、簡潔に表現したところもあります。本書ご利用にあたっては、まず「本ハンドブックご利用の手引き」（3ページ）を熟読いただきますよう、よろしくお願いします。

　本書は、私が紫微斗数講座を開催した際に配布した資料などをもとに、それらを編集して一冊の本としてまとめ、2015年に私家版の書籍として自己出版したものです。このたび東洋書院さまから一般書籍として出版することになりました。このような好機をくださった東洋書院の斎藤社長をはじめ、編集に労をとっていただいたスタッフの皆さまに、深く感謝する次第です。まことにありがとうございます。

　本書が、みなさまがたにとって、紫微斗数命盤を読み解き、その研究を深める一助になれば、これに過ぎる喜びはありません。

2024年8月1日

目　次

はじめに ……………………………………………………………………………… 1

本ハンドブックご利用の手引き ………………………………………………… 3

第1章　紫微斗数命盤作成諸表 ………………………………………………… 5

第2章　紫微斗数14主星配置一覧 …………………………………………… 25

第3章　紫微斗数格局一覧表 ………………………………………………… 315

―本ハンドブックご利用の手引き―

第1章　紫微斗数命盤作成諸表

　紫微斗数命盤を作成し、110個の星曜および命主星、身主星を算出するために必要な諸表、および各々の星の象意と属性の一覧表をまとめてあります。紫微斗数鑑命において、110個すべての星を使用するのか、あるいはその中の主要な星のみを使用するのかは、それぞれの術者、研究者のご判断になろうかと思いますが、現在台湾・香港で用いられている最も一般的と思われる方法に準拠した、すべての星の算出表を掲載しております。

第2章　紫微斗数14主星配置一覧

　紫微斗数の14主星の配置は、紫微星がどこの宮に入るかによって決定されますので（子～亥までの12宮）、12通りの配置パターンがあります。また、どの宮が命宮に該当するかで、兄弟宮以下残りの11宮の配置が決定されます。つまり、14主星配置パターンそれぞれに12通りの12宮の配置があることになります。したがって、命盤の14主星の配置は、12×12＝144通りの配置パターンとなります。第2章ではその144パターンすべてを集約し一覧表として詳細に解説を施しました。以下、その見方について詳しく説明します。

１）配置表の表題
　紫微星がどこの宮にあり、命宮がどこの宮かで14主星の配置が決定されますので、検索しやすいように、「紫微星在位宮」と「命宮在位宮」を各々の配置表の表題にしてあります。

２）命盤表
　見開き左ページに、紫微斗数命盤のスタイルで、その14主星配置パターンの特徴や性質を記述してあります。中央の一番大きなマスに、命宮主体に見た、その命盤全体の持つ特徴や性質が述べられています。周囲の11宮のマスの中には、それぞれの宮が示す特徴を記述しています。

（読み替え、類推のお願い）
　命宮以外の11宮の解説は、基本的な解釈（読み方）に則り、兄弟宮は兄弟姉妹との関係、子女宮は子供との関係、田宅宮は不動産運、父母宮は両親との関係、という記述になっています。もちろん、兄弟宮は兄弟姉妹との関係のみならず、友人（親友）、同僚、同輩との関係も表しますし、子女宮は子供のこと以外に、その人の生殖能力、性的嗜好、セックス運なども表します。また田宅宮は不動産以外に、その人が築く家庭のこと、父母宮は両親との関係のほかに、会社の上司や恩師、祖父母など目上の人のことも表します。ただ限られた紙面で

はそのすべてにわたって記述することがかないません。したがいまして、ここに記述されている基本的な解説を読み替え、類推して幅広い判断をしていただきますよう、お願いいたします。

(略記について)
　限られた紙面に多くの情報を持たせるため、基本的に諸星曜の名称は一字で略記しています。たとえば、紫微星は「紫」、天機星は「機」、左輔星右弼星は「左右」、文昌星文曲星は「昌曲」といったようにです。

(宮威について)
　解説の中に「～宮の宮威が強ければ」「～宮の宮威が弱ければ」という表現があります。これは筆者独自の椎羅式運命数値による宮の力の強さを示す表現ですが、詳細に解説するとあまりにも煩雑になります。したがって、ここでは簡便法として、本宮(見ようとする宮)の三方四正(本宮、対宮、三合宮)に同宮加会する吉星と凶星の数を数え、吉星の方が多ければ「宮威強」、凶星の方が多ければ「宮威弱」と判断してください。その差が大きいほどより宮威が強く(あるいは弱く)なります。
　吉星とは、左輔、右弼、天魁、天鉞、文昌、文曲、禄存、化禄などの星です。
　凶星とは、擎羊、陀羅、火星、鈴星、天空、地劫、天刑、化忌などの星です。
　「宮威」の強弱については第3章でも同様に判断してください。

(紫微斗数格局について)
　14主星で構成される格局がある場合、それも記述しています。命宮以外の宮であっても格局が成立するものは記述しています。特に命宮に格局を結ぶものは、中央部の解説の格局名の下に、簡単にその特徴を書いてあります。格局の詳細については第3章を参照してください。

　見開き右ページには、14主星の配置パターンそれぞれに、生年干から算出される9つの星曜と、その特徴を十干ごとに略記しています。また、9つの星曜で構成される格局があった場合、それも記述しています。

第3章　紫微斗数格局一覧表

　紫微斗数格局のうち主なもの89を選び、その構成、長所、短所をそれぞれ解説しています。

第1章　紫微斗数命盤作成諸表

表1　命宮・身宮算出表

生時支 \ 生月 命身		1月	2月	3月	4月	5月	6月	7月	8月	9月	10月	11月	12月
子刻 23:00〜1:00	命宮	寅	卯	辰	巳	午	未	申	酉	戌	亥	子	丑
	身宮												
丑刻 1:00〜3:00	命宮	丑	寅	卯	辰	巳	午	未	申	酉	戌	亥	子
	身宮	卯	辰	巳	午	未	申	酉	戌	亥	子	丑	寅
寅刻 3:00〜5:00	命宮	子	丑	寅	卯	辰	巳	午	未	申	酉	戌	亥
	身宮	辰	巳	午	未	申	酉	戌	亥	子	丑	寅	卯
卯刻 5:00〜7:00	命宮	亥	子	丑	寅	卯	辰	巳	午	未	申	酉	戌
	身宮	巳	午	未	申	酉	戌	亥	子	丑	寅	卯	辰
辰刻 7:00〜9:00	命宮	戌	亥	子	丑	寅	卯	辰	巳	午	未	申	酉
	身宮	午	未	申	酉	戌	亥	子	丑	寅	卯	辰	巳
巳刻 9:00〜11:00	命宮	酉	戌	亥	子	丑	寅	卯	辰	巳	午	未	申
	身宮	未	申	酉	戌	亥	子	丑	寅	卯	辰	巳	午
午刻 11:00〜13:00	命宮	申	酉	戌	亥	子	丑	寅	卯	辰	巳	午	未
	身宮												
未刻 13:00〜15:00	命宮	未	申	酉	戌	亥	子	丑	寅	卯	辰	巳	午
	身宮	酉	戌	亥	子	丑	寅	卯	辰	巳	午	未	申
申刻 15:00〜17:00	命宮	午	未	申	酉	戌	亥	子	丑	寅	卯	辰	巳
	身宮	戌	亥	子	丑	寅	卯	辰	巳	午	未	申	酉
酉刻 17:00〜19:00	命宮	巳	午	未	申	酉	戌	亥	子	丑	寅	卯	辰
	身宮	亥	子	丑	寅	卯	辰	巳	午	未	申	酉	戌
戌刻 19:00〜21:00	命宮	辰	巳	午	未	申	酉	戌	亥	子	丑	寅	卯
	身宮	子	丑	寅	卯	辰	巳	午	未	申	酉	戌	亥
亥刻 21:00〜23:00	命宮	卯	辰	巳	午	未	申	酉	戌	亥	子	丑	寅
	身宮	丑	寅	卯	辰	巳	午	未	申	酉	戌	亥	子

表2　12宮配置表

命　宮	子	丑	寅	卯	辰	巳	午	未	申	酉	戌	亥
兄弟宮	亥	子	丑	寅	卯	辰	巳	午	未	申	酉	戌
夫妻宮	戌	亥	子	丑	寅	卯	辰	巳	午	未	申	酉
子女宮	酉	戌	亥	子	丑	寅	卯	辰	巳	午	未	申
財帛宮	申	酉	戌	亥	子	丑	寅	卯	辰	巳	午	未
疾厄宮	未	申	酉	戌	亥	子	丑	寅	卯	辰	巳	午
遷移宮	午	未	申	酉	戌	亥	子	丑	寅	卯	辰	巳
奴僕宮	巳	午	未	申	酉	戌	亥	子	丑	寅	卯	辰
官禄宮	辰	巳	午	未	申	酉	戌	亥	子	丑	寅	卯
田宅宮	卯	辰	巳	午	未	申	酉	戌	亥	子	丑	寅
福徳宮	寅	卯	辰	巳	午	未	申	酉	戌	亥	子	丑
父母宮	丑	寅	卯	辰	巳	午	未	申	酉	戌	亥	子

表3　12宮天干表

生年干＼12宮	寅	卯	辰	巳	午	未	申	酉	戌	亥	子	丑
甲　己	丙	丁	戊	己	庚	辛	壬	癸	甲	乙	丙	丁
乙　庚	戊	己	庚	辛	壬	癸	甲	乙	丙	丁	戊	己
丙　辛	庚	辛	壬	癸	甲	乙	丙	丁	戊	己	庚	辛
丁　壬	壬	癸	甲	乙	丙	丁	戊	己	庚	辛	壬	癸
戊　癸	甲	乙	丙	丁	戊	己	庚	辛	壬	癸	甲	乙

表4　五行局表

生年干＼命宮	子	丑	寅	卯	辰	巳	午	未	申	酉	戌	亥
甲　己	水二局	水二局	火六局	火六局	木三局	木三局	土五局	土五局	金四局	金四局	火六局	火六局
乙　庚	火六局	火六局	土五局	土五局	金四局	金四局	木三局	木三局	水二局	水二局	土五局	土五局
丙　辛	土五局	土五局	木三局	木三局	水二局	水二局	金四局	金四局	火六局	火六局	木三局	木三局
丁　壬	木三局	木三局	金四局	金四局	火六局	火六局	水二局	水二局	土五局	土五局	金四局	金四局
戊　癸	金四局	金四局	水二局	水二局	土五局	土五局	火六局	火六局	木三局	木三局	水二局	水二局

第1章　紫微斗数命盤作成諸表

表5　紫微星表

生日＼五行局	水二局	木三局	金四局	土五局	火六局
1	丑	辰	亥	午	酉
2	寅	丑	辰	亥	午
3	寅	寅	丑	辰	亥
4	卯	巳	寅	丑	辰
5	卯	寅	子	寅	丑
6	辰	卯	巳	未	寅
7	辰	午	寅	子	戌
8	巳	卯	卯	巳	未
9	巳	辰	丑	寅	子
10	午	未	午	卯	巳
11	午	辰	卯	申	寅
12	未	巳	辰	丑	卯
13	未	申	寅	午	亥
14	申	巳	未	卯	申
15	申	午	辰	辰	丑
16	酉	酉	巳	酉	午
17	酉	午	卯	寅	卯
18	戌	未	申	未	辰
19	戌	戌	巳	辰	子
20	亥	未	午	巳	酉
21	亥	申	辰	戌	寅
22	子	亥	酉	卯	未
23	子	申	午	申	辰
24	丑	酉	未	巳	巳
25	丑	子	巳	午	丑
26	寅	酉	戌	亥	戌
27	寅	戌	未	辰	卯
28	卯	丑	申	酉	申
29	卯	戌	午	午	巳
30	辰	亥	亥	未	午

表6　主星14星配置表

紫微星	子	丑	寅	卯	辰	巳	午	未	申	酉	戌	亥
天機星	亥	子	丑	寅	卯	辰	巳	午	未	申	酉	戌
太陽星	酉	戌	亥	子	丑	寅	卯	辰	巳	午	未	申
武曲星	申	酉	戌	亥	子	丑	寅	卯	辰	巳	午	未
天同星	未	申	酉	戌	亥	子	丑	寅	卯	辰	巳	午
廉貞星	辰	巳	午	未	申	酉	戌	亥	子	丑	寅	卯
天府星	辰	卯	寅	丑	子	亥	戌	酉	申	未	午	巳
太陰星	巳	辰	卯	寅	丑	子	亥	戌	酉	申	未	午
貪狼星	午	巳	辰	卯	寅	丑	子	亥	戌	酉	申	未
巨門星	未	午	巳	辰	卯	寅	丑	子	亥	戌	酉	申
天相星	申	未	午	巳	辰	卯	寅	丑	子	亥	戌	酉
天梁星	酉	申	未	午	巳	辰	卯	寅	丑	子	亥	戌
七殺星	戌	酉	申	未	午	巳	辰	卯	寅	丑	子	亥
破軍星	寅	丑	子	亥	戌	酉	申	未	午	巳	辰	卯

表7　時系諸星配置表

年支	時系諸星＼生時支	子	丑	寅	卯	辰	巳	午	未	申	酉	戌	亥
	文昌星	戌	酉	申	未	午	巳	辰	卯	寅	丑	子	亥
	文曲星	辰	巳	午	未	申	酉	戌	亥	子	丑	寅	卯
	天空星	亥	戌	酉	申	未	午	巳	辰	卯	寅	丑	子
	地劫星	亥	子	丑	寅	卯	辰	巳	午	未	申	酉	戌
寅午戌	火　星	丑	寅	卯	辰	巳	午	未	申	酉	戌	亥	子
	鈴　星	卯	辰	巳	午	未	申	酉	戌	亥	子	丑	寅
申子辰	火　星	寅	卯	辰	巳	午	未	申	酉	戌	亥	子	丑
	鈴　星	戌	亥	子	丑	寅	卯	辰	巳	午	未	申	酉
巳酉丑	火　星	卯	辰	巳	午	未	申	酉	戌	亥	子	丑	寅
	鈴　星	戌	亥	子	丑	寅	卯	辰	巳	午	未	申	酉
亥卯未	火　星	酉	戌	亥	子	丑	寅	卯	辰	巳	午	未	申
	鈴　星	戌	亥	子	丑	寅	卯	辰	巳	午	未	申	酉
	台輔星	午	未	申	酉	戌	亥	子	丑	寅	卯	辰	巳
	封誥星	寅	卯	辰	巳	午	未	申	酉	戌	亥	子	丑

表8　月系諸星配置表

月系諸星＼生月	1月	2月	3月	4月	5月	6月	7月	8月	9月	10月	11月	12月
左輔星	辰	巳	午	未	申	酉	戌	亥	子	丑	寅	卯
右弼星	戌	酉	申	未	午	巳	辰	卯	寅	丑	子	亥
天刑星	酉	戌	亥	子	丑	寅	卯	辰	巳	午	未	申
天姚星	丑	寅	卯	辰	巳	午	未	申	酉	戌	亥	子
天馬星	申	巳	寅	亥	申	巳	寅	亥	申	巳	寅	亥
解神星	申	申	戌	戌	子	子	寅	寅	辰	辰	午	午
天巫星	巳	申	寅	亥	巳	申	寅	亥	巳	申	寅	亥
天月星	戌	巳	辰	寅	未	卯	亥	未	寅	午	戌	寅
陰殺星	寅	子	戌	申	午	辰	寅	子	戌	申	午	辰

表9　年干系諸星配置表

年干系諸星＼生年干	甲	乙	丙	丁	戊	己	庚	辛	壬	癸
禄存星	寅	卯	巳	午	巳	午	申	酉	亥	子
擎羊星	卯	辰	午	未	午	未	酉	戌	子	丑
陀羅星	丑	寅	辰	巳	辰	巳	未	申	戌	亥
天魁星	丑	子	亥	亥	丑	子	丑	午	卯	卯
天鉞星	未	申	酉	酉	未	申	未	寅	巳	巳
化禄星	廉貞	天機	天同	太陰	貪狼	武曲	太陽	巨門	天梁	破軍
化権星	破軍	天梁	天機	天同	太陰	貪狼	武曲	太陽	紫微	巨門
化科星	武曲	紫微	文昌	天機	右弼	天梁	太陰	文曲	左輔	太陰
化忌星	太陽	太陰	廉貞	巨門	天機	文曲	天同	文昌	武曲	貪狼
天官星	未	辰	巳	寅	卯	酉	亥	酉	戌	午
天福星	酉	申	子	亥	卯	寅	午	巳	午	巳

表10　年支系諸星配置表

年支系諸星＼生年支	子	丑	寅	卯	辰	巳	午	未	申	酉	戌	亥
天哭星	午	巳	辰	卯	寅	丑	子	亥	戌	酉	申	未
天虚星	午	未	申	酉	戌	亥	子	丑	寅	卯	辰	巳
龍池星	辰	巳	午	未	申	酉	戌	亥	子	丑	寅	卯
鳳閣星	戌	酉	申	未	午	巳	辰	卯	寅	丑	子	亥
紅鸞星	卯	寅	丑	子	亥	戌	酉	申	未	午	巳	辰
天喜星	酉	申	未	午	巳	辰	卯	寅	丑	子	亥	戌
孤辰星	寅	寅	巳	巳	巳	申	申	申	亥	亥	亥	寅
寡宿星	戌	戌	丑	丑	丑	辰	辰	辰	未	未	未	戌
蜚廉星	申	酉	戌	巳	午	未	寅	卯	辰	亥	子	丑
破砕星	巳	丑	酉	巳	丑	酉	巳	丑	酉	巳	丑	酉
天才星	命宮	父母	福徳	田宅	官禄	奴僕	遷移	疾厄	財帛	子女	夫妻	兄弟
天寿星	身宮を1として、そこから巡行（右回り）させて生年支まで数える。											

表11　日系諸星配置表

三台星	左輔星を1として生日数巡行（右回り）させた宮に入る。
八座星	右弼星を1として生日数逆行（左回り）させた宮に入る。
恩光星	文昌星を1として生日数巡行（右回り）させてひとつ戻る宮に入る。
天貴星	文曲星を1として生日数逆行（左回り）させてひとつ戻る宮に入る。

表12　截路空亡配置表

生年干	甲	乙	丙	丁	戊	己	庚	辛	壬	癸
截路空亡	申	酉	午	未	辰	巳	寅	卯	子	丑

表13　五行局長生12星配置表

	水二局 陽男陰女	水二局 陰男陽女	木三局 陽男陰女	木三局 陰男陽女	金四局 陽男陰女	金四局 陰男陽女	土五局 陽男陰女	土五局 陰男陽女	火六局 陽男陰女	火六局 陰男陽女
長生	申	申	亥	亥	巳	巳	申	申	寅	寅
沐浴	酉	未	子	戌	午	辰	酉	未	卯	丑
冠帯	戌	午	丑	酉	未	卯	戌	午	辰	子
臨官	亥	巳	寅	申	申	寅	亥	巳	巳	亥
帝旺	子	辰	卯	未	酉	丑	子	辰	午	戌
衰	丑	卯	辰	午	戌	子	丑	卯	未	酉
病	寅	寅	巳	巳	亥	亥	寅	寅	申	申
死	卯	丑	午	辰	子	戌	卯	丑	酉	未
墓	辰	子	未	卯	丑	酉	辰	子	戌	午
絶	巳	亥	申	寅	寅	申	巳	亥	亥	巳
胎	午	戌	酉	丑	卯	未	午	戌	子	辰
養	未	酉	戌	子	辰	午	未	酉	丑	卯

表14　旬中空亡配置表

旬空位置／生年干	甲	乙	丙	丁	戊	己	庚	辛	壬	癸
戌亥	子	丑	寅	卯	辰	巳	午	未	申	酉
申酉	戌	亥	子	丑	寅	卯	辰	巳	午	未
午未	申	酉	戌	亥	子	丑	寅	卯	辰	巳
辰巳	午	未	申	酉	戌	亥	子	丑	寅	卯
寅卯	辰	巳	午	未	申	酉	戌	亥	子	丑
子丑	寅	卯	辰	巳	午	未	申	酉	戌	亥

表15　天傷・天使配置表

命宮十二支	子	丑	寅	卯	辰	巳	午	未	申	酉	戌	亥
天傷星	巳	午	未	申	酉	戌	亥	子	丑	寅	卯	辰
天使星	未	申	酉	戌	亥	子	丑	寅	卯	辰	巳	午

表16　博士12星配置表

禄存星の入る宮に博士を配置し、以下の順番に、陽男・陰女は巡行（右回り）、陰男・陽女は逆行（左回り）させて、ひとつずつ配置する。

博士、力士、青龍、小耗、将軍、奏書、飛廉、喜神、病符、大耗、伏兵、官符

表17　流年将前諸星配置表

諸星＼生年支	寅午戌	申子辰	巳酉丑	亥卯未
将　星	午	子	酉	卯
蕃　鞍	未	丑	戌	辰
歳　駅	申	寅	亥	巳
息　神	酉	卯	子	午
華　蓋	戌	辰	丑	未
劫　殺	亥	巳	寅	申
災　殺	子	午	卯	酉
天　殺	丑	未	辰	戌
指　背	寅	申	巳	亥
咸　池	卯	酉	午	子
月　殺	辰	戌	未	丑
亡　神	巳	亥	申	寅

表18　流年歳前諸星配置表

諸星＼生年支	子	丑	寅	卯	辰	巳	午	未	申	酉	戌	亥
歳　建	子	丑	寅	卯	辰	巳	午	未	申	酉	戌	亥
晦　気	丑	寅	卯	辰	巳	午	未	申	酉	戌	亥	子
喪　門	寅	卯	辰	巳	午	未	申	酉	戌	亥	子	丑
貫　索	卯	辰	巳	午	未	申	酉	戌	亥	子	丑	寅
官　符	辰	巳	午	未	申	酉	戌	亥	子	丑	寅	卯
小　耗	巳	午	未	申	酉	戌	亥	子	丑	寅	卯	辰
大　耗	午	未	申	酉	戌	亥	子	丑	寅	卯	辰	巳
龍　徳	未	申	酉	戌	亥	子	丑	寅	卯	辰	巳	午
白　虎	申	酉	戌	亥	子	丑	寅	卯	辰	巳	午	未
天　徳	酉	戌	亥	子	丑	寅	卯	辰	巳	午	未	申
弔　客	戌	亥	子	丑	寅	卯	辰	巳	午	未	申	酉
病　符	亥	子	丑	寅	卯	辰	巳	午	未	申	酉	戌

表19　大限表

五行局＼陰陽男女＼大限宮	水二局 陽男陰女	水二局 陰男陽女	木三局 陽男陰女	木三局 陰男陽女	金四局 陽男陰女	金四局 陰男陽女	土五局 陽男陰女	土五局 陰男陽女	火六局 陽男陰女	火六局 陰男陽女
命宮	2-11	2-11	3-12	3-12	4-13	4-13	5-14	5-14	6-15	6-15
兄弟	112-121	12-21	113-124	13-22	114-123	14-23	115-124	15-24	116-125	16-25
夫妻	102-111	22-31	103-112	23-32	104-113	24-33	105-114	25-34	106-115	26-35
子女	92-101	31-41	93-102	33-42	94-103	34-43	95-104	35-44	96-105	36-45
財帛	82-91	42-51	83-92	43-52	84-93	44-53	85-94	45-54	86-95	46-55
疾厄	72-81	52-61	73-82	53-62	74-83	54-63	75-84	55-64	76-85	56-65
遷移	62-71	62-71	63-72	63-72	64-73	64-73	65-74	65-74	66-75	66-75
奴僕	52-61	72-81	53-62	73-82	54-63	74-83	55-64	75-84	56-65	76-85
官禄	42-51	82-91	43-52	83-92	44-53	84-93	45-54	85-94	46-55	86-95
田宅	31-41	92-101	33-42	93-102	34-43	94-103	35-44	95-104	36-45	96-105
福徳	22-31	102-111	23-32	103-112	24-33	104-113	25-34	105-114	26-35	106-115
父母	12-21	112-121	13-22	113-124	14-23	114-123	15-24	115-124	16-25	116-125

表20　小限表

生年支	男女	1 13 25 37 49 61 73 85 97 109	2 14 26 38 50 62 74 86 98 110	3 15 27 39 51 63 75 87 99 111	4 16 28 40 52 64 76 88 100 112	5 17 29 41 53 65 77 89 101 113	6 18 30 42 54 66 78 90 102 114	7 19 31 43 55 67 79 91 103 115	8 20 32 44 56 68 80 92 104 116	9 21 33 45 57 69 81 93 105 117	10 22 34 46 58 70 82 94 106 118	11 23 35 47 59 71 83 95 107 119	12 24 36 48 60 72 84 96 108 120
寅午戌	男	辰	巳	午	未	申	酉	戌	亥	子	丑	寅	卯
	女	辰	卯	寅	丑	子	亥	戌	酉	申	未	午	巳
申子辰	男	戌	亥	子	丑	寅	卯	辰	巳	午	未	申	酉
	女	戌	酉	申	未	午	巳	辰	卯	寅	丑	子	亥
巳酉丑	男	未	申	酉	戌	亥	子	丑	寅	卯	辰	巳	午
	女	未	午	巳	辰	卯	寅	丑	子	亥	戌	酉	申
亥卯未	男	丑	寅	卯	辰	巳	午	未	申	酉	戌	亥	子
	女	丑	子	亥	戌	酉	申	未	午	巳	辰	卯	寅

表21　子年斗君表

生月＼生時支	子	丑	寅	卯	辰	巳	午	未	申	酉	戌	亥
1月	子	丑	寅	卯	辰	巳	午	未	申	酉	戌	亥
2月	亥	子	丑	寅	卯	辰	巳	午	未	申	酉	戌
3月	戌	亥	子	丑	寅	卯	辰	巳	午	未	申	酉
4月	酉	戌	亥	子	丑	寅	卯	辰	巳	午	未	申
5月	申	酉	戌	亥	子	丑	寅	卯	辰	巳	午	未
6月	未	申	酉	戌	亥	子	丑	寅	卯	辰	巳	午
7月	午	未	申	酉	戌	亥	子	丑	寅	卯	辰	巳
8月	巳	午	未	申	酉	戌	亥	子	丑	寅	卯	辰
9月	辰	巳	午	未	申	酉	戌	亥	子	丑	寅	卯
10月	卯	辰	巳	午	未	申	酉	戌	亥	子	丑	寅
11月	寅	卯	辰	巳	午	未	申	酉	戌	亥	子	丑
12月	丑	寅	卯	辰	巳	午	未	申	酉	戌	亥	子

＊子年斗君の宮に「子」を置き、求めたい年の十二支まで巡行（右回り）。
　そこをその年の1月として巡行して数えていく。

表22　廟旺利陥表

星曜＼在位支	子	丑	寅	卯	辰	巳	午	未	申	酉	戌	亥
紫微星	平	廟	旺	旺	地	旺	廟	廟	旺	旺	地	旺
天機星	廟	陥	地	旺	利	平	廟	陥	地	旺	利	平
太陽星	陥	不	旺	廟	旺	旺	旺	地	地	平	不	陥
武曲星	旺	廟	地	利	廟	平	旺	廟	地	利	廟	平
天同星	旺	不	利	平	平	廟	陥	不	旺	平	平	廟
廉貞星	平	利	廟	平	利	陥	平	利	廟	平	利	陥
天府星	廟	廟	廟	地	廟	地	旺	廟	地	旺	廟	地
太陰星	廟	廟	旺	陥	陥	陥	不	不	利	旺	旺	廟
貪狼星	旺	廟	平	利	廟	陥	旺	廟	平	利	廟	陥
巨門星	旺	不	廟	廟	陥	旺	旺	不	廟	廟	陥	旺
天相星	廟	廟	廟	陥	地	地	廟	地	廟	陥	地	地
天梁星	廟	旺	廟	廟	廟	陥	廟	旺	陥	地	廟	陥
七殺星	旺	廟	廟	旺	廟	平	旺	廟	廟	旺	廟	平
破軍星	廟	旺	地	陥	旺	平	廟	旺	地	陥	旺	平
文昌星	地	廟	陥	利	地	廟	陥	利	地	廟	陥	利
文曲星	地	廟	平	旺	地	廟	地	旺	地	廟	陥	旺
禄存星	廟		廟	廟		廟	廟		廟	廟		廟
擎羊星	陥	廟		陥	廟		陥	廟		陥	廟	
陀羅星		廟	陥		廟	陥		廟	陥		廟	陥
火　星	陥	地	廟	利	陥	地	廟	利	陥	地	廟	利
鈴　星	陥	地	廟	利	陥	地	廟	利	陥	地	廟	利

＊「廟」「旺」「得地」「利益」「平和」「不得地」「陥」の7段階

表23　命主星表

命宮在支	子	丑	寅	卯	辰	巳	午	未	申	酉	戌	亥
命主星	貪狼	巨門	禄存	文曲	廉貞	武曲	破軍	武曲	廉貞	文曲	禄存	巨門

表24　身主星表

生年支	子	丑	寅	卯	辰	巳	午	未	申	酉	戌	亥
身主星	火星	天相	天梁	天同	文昌	天機	火星	天相	天梁	天同	文昌	天機

表25　十干所属

所属＼十干	甲	乙	丙	丁	戊	己	庚	辛	壬	癸
陰　陽	陽	陰	陽	陰	陽	陰	陽	陰	陽	陰
五　行	木	木	火	火	土	土	金	金	水	水

＊陽年生まれは男は陽男、女は陽女
＊陰年生まれは男は陰男、女は陰女

表26　十二支所属表

十二支	子	丑	寅	卯	辰	巳	午	未	申	酉	戌	亥
陰　陽	陽	陰	陽	陰	陽	陰	陽	陰	陽	陰	陽	陰
五　行	水	土	木	木	土	火	火	土	金	金	土	水

表27　主要都市時差一覧表

根室	+42	網走	+37	旭川	+29	札幌	+25	青森	+23
盛岡	+25	秋田	+21	仙台	+24	山形	+21	福島	+22
水戸	+22	宇都宮	+20	高崎	+16	千葉	+21	埼玉	+19
東京	+19	横浜	+19	新潟	+16	長野	+13	山梨	+15
静岡	+14	名古屋	+08	岐阜	+07	富山	+09	金沢	+06
福井	+05	大津	+04	四日市	+07	京都	+03	大阪	+02
奈良	+03	神戸	+01	鳥取	－03	出雲	－09	岡山	－04
広島	－10	山口	－14	高松	－04	高知	－06	松山	－09
福岡	－18	大分	－13	宮崎	－14	熊本	－17	佐賀	－19
長崎	－20	鹿児島	－18	那覇	－29	石垣	－43		

表28　サマータイム施行期間

1948年（昭和23年）	5月1日～9月11日
1949年（昭和24年）	4月2日～9月11日
1950年（昭和25年）	5月6日～9月9日
1951年（昭和26年）	5月5日～9月9日

＊期間内は1時間繰り下げる（引く）こと

諸星曜の象意と属性

星名	斗分	五行	陰陽	属分	象意（キーワード）
紫微	北斗主星	土	陰	尊	帝王、皇太子、高貴、気品、品格、エレガント、リーダーシップ、管理職、マネージャー、好奇心旺盛、広く浅く。金色。「1」
天機	南斗三星	木	陰	善	知性、知恵、博識、情報、情報収集、知識獲得、学問、情報技術、学者、芸術家、宗教家、軍師参謀、企画計画、精神性。兄弟宮を司る。緑色。「2」
太陽	中天	火	陽	貴	勇気、活動、陽気、社交、公平公正、責任感、リーダーシップ、事業、財、名声、名誉、父親、夫、男子、政治家、スポーツ選手。赤色。「3」
武曲	北斗六星	金	陰	財	勇猛、剛毅、経済、財産、決断、実行、実務家、警察、軍隊、権威、権力。財帛宮を司る。青色。「6」
天同	南斗四星	水	陽	福	慈悲、強調、博愛、平和主義、友好、親しみ、温厚、温和、ユーモア、広く浅く、好奇心旺盛、多芸多才、歓楽、怠惰、ルーズ、子供、少女、優雅。福徳宮を司る。水色。「7」
廉貞	北斗五星	木火	陰	囚	理性、厳粛、歪曲、実利、桃花、意思、行動、決断、負けず嫌い、剛毅、正邪、白黒、新旧刷新、ビジネス、芸能人、エンジニア。官禄宮を司る。深紅。「4」
天府	南斗一星	水	陰	賢能	寛容、高貴、大雑把、アバウト、おおらか、包容力、度量、広く浅く、伝統、安定、長官、貴人。田宅宮（財帛宮）を司る。灰色。「8」
太陰	中天	水	陰	富	精神、感受性、慈しみ、芸術、清純、純潔、優しさ、慎み深さ、潔癖性、神経過敏、現実逃避、ロマンティスト、母性、芸術、哲学、心理学、神秘学、芸術家、俳優、母親、妻、娘、不動産。田宅宮を司る。アイボリーホワイト。「5」
貪狼	北斗一星	水木	陽	桃花	歓楽、娯楽、アミューズメント、芸能、欲望、桃花、酒食歓楽、宴席、楽天的、自由、ファッション、投機、賭博、商人、情け深い、情に流される。官禄宮を司る。茶色。「10」

星名	斗分	五行	陰陽	属分	象意（キーワード）
巨門	北斗二星	水	陰	暗	弁舌、弁論、口舌、言葉、分析、是非、白黒、現実、問題認識、精神性、思想、弁護士、教師、司会者、セールスマン。奴僕宮を司る。ピンク。「12」
天相	南斗五星	水	陽	印	慈悲、奉仕、寛容、世話、面倒見、補佐、穏健、品行方正、礼儀、誠実、文書、教育、医療、医師、参謀。官禄宮を司る。ベージュ。「9」
天梁	南斗二星	土	陽	蔭	決断、面倒見、リーダーシップ、経験、度量、親分肌、独善、ワンマン、長寿、宗教、哲学、学術、教育、老人、医師、神父、保護者。福徳宮を司る。茶褐色。「15」
七殺	南斗六星	火金	陰	将	武勇、勇猛、忍耐、権力、権威、独立独歩、一匹狼、マイペース、短気、喜怒哀楽、軍隊、警察、格闘技、スポーツ、スピード、軍人、外科医、狩人、漁師。官禄・遷移宮を司る。黒。「11」
破軍	北斗七星	水	陰	耗	決断、変動、破損、改革、革命、猪突猛進、反骨精神、自尊心、独立独歩、一匹狼、喜怒哀楽、好き嫌い、霊的、神秘、宗教、哲学、心理学、軍人、警官、宗教家。遷移・夫妻・子女・奴僕宮を司る。黒灰色。「16」
文昌	南斗助星	金	陽	科甲	文章、文書、学問、知識、知恵、芸術、試験、書類、ハイセンス、お洒落、演劇、ダンス、桃花。
文曲	北斗四星	水	陰	科甲	弁舌、文書、学問、知識、知恵、芸術、試験、書類、ハイセンス、お洒落、音楽、詩歌、文学、桃花。
左輔	北斗助星	土	陽	助力	助力、補佐、サポート、協力、援助、支援、親友、僥倖紫微の補佐、二重化。
右弼	北斗助星	水	陰	助力	助力、補佐、サポート、協力、援助、支援、親友、僥倖紫微の補佐、二重化。
天魁	南斗助星	火	陽	陽貴	栄誉、僥倖、尊貴、昼貴人、昼生まれの人は特に良好。
天鉞	南斗助星	火	陰	陰貴	栄誉、僥倖、尊貴、夜貴人、夜生まれの人は特に良好。
禄存	北斗三星	土	陰	爵禄	財産、地位、貴寿、身分、衣食住、聡明、秀麗、楽しみ。財帛・田宅宮を司る。

星名	斗分	五行	陰陽	属分	象意（キーワード）
擎羊	北斗助星	火金	陽	刑	武器、刀剣、刃物、破財、怪我、疾病、豪強、粗暴。
陀羅	北斗助星	金	陰	忌	是非、白黒、破財、怪我、疾病、豪強、粗暴、嫉妬、怠惰。
火星	南斗助星	火	陽	殺	性豪、豪強、闘争、力、刺激、瞬発。
鈴星	南斗助星	火	陽	殺	性烈、豪強、闘争、力、刺激、瞬発。
化禄		土	陰	財禄	財産、福分、幸運、物質的幸福、禄高、成功。
化権		木	陽	権勢	力、勢い、権力、権威、強制。
化科		水	陽	声名	試験、知識、知恵、名声、名誉、文化、知的。
化忌		水	陽	多咎	不運、災難、災厄、破壊、妨害、嫉妬、空虚、精神性。
天馬		火	陽	駅馬	移動、遷動、転居、旅行、行楽、転職、外交、社交。
地劫		火	陽	劫殺	破壊、分解、分離、空虚、苦労、紛失、現実。
天空		火	陰	空亡	消去、分解、分離、空虚、空想、夢想、哲学、精神。
天傷		水	陽	虚耗	破耗、消耗、中傷。
天使		水	陰	災禍	災禍、災難。
天刑		火	陽	孤剋	法律、医薬、刑罰、裁判、学者、権威、医療。
天姚		水	陰	風流	桃花、風雅、艶福、魅惑、色気、性愛、芸能。
天哭		金	陽	刑剋	憂愁、感傷、憂鬱、哀しみ。
天虚		土	陰	空亡	憂愁、感傷、憂鬱、哀しみ。
紅鸞		水	陰	桃花	慶事佳事、婚姻、婚礼、桃花。
天喜		水	陰	婚慶	慶事佳事、婚姻、婚礼、桃花。

星名	斗分	五行	陰陽	属分	象意（キーワード）
三台		土	陽	貴	乗り物、交通機関、地位、名誉。
八座		土	陰	貴	乗り物、交通機関、地位、名誉。
龍池		水	陽		試験、耳、聴覚。
鳳閣		土	陰		試験、口、唇、歯、笑顔。
天才		木	陰		才能、才知、知識。
天寿		土	陽		寿命、長寿。
恩光		火	陽		僥倖、引き立て、出世、昇格、地位、援助を受ける。
天貴		土	陽		発展、進歩、実力者の助け、才能。
天官		土	陽		昇進、昇格、栄転、地位、身分。
天福		土	陽		福禄、栄達、福分。
台輔		土	陽		要人、実力者、著名人、人気、人望、名声、利益。
封誥		土	陰		受賞、表彰、名誉、評価、功労。
孤辰		火	陽	孤	親類縁者との縁が薄い、孤独。
寡宿		火	陰	寡	親類縁者（配偶者）との縁が薄い。孤独。
蜚廉		火		孤	破損、孤独、孤立。
破砕		火	陰	耗	損耗、失望。
解神				化凶為吉	災厄凶災を防ぐ。解厄制化。
天巫				遷	昇進、昇格、栄転、精神性、宗教。
天月				病	疾病、慢性病。
陰殺				小人	小人による妨害邪魔、陰謀、陰口、被害。

星名	斗分	五行	陰陽	属分	象意（キーワード）
截空				諸空	空虚、消失、弱体化。
旬空				諸空	空虚、消失、弱体化。
博士		水		聡明	聡明、長寿、権威、才能、文学。
力士		火		権勢	権力、体力、生命力、パワー。
青龍		水		喜気	喜慶、得財、順調。
小耗		火		耗損	損失、紛失。
将軍		木		威猛	威猛、暴力、凶暴、強烈、指導力、パワー。
奏書		金		福禄	文書の喜慶、文章の才能、福禄。
飛廉		火		孤剋	親類縁者との縁が薄い、孤独、噂、デマ。
喜神		火		延続	慶事佳事、喜びごと、結婚、合格。
病符		水		災病	疾病、災難。
大耗		火		耗敗	損失、破財、紛失、乱れ。
伏兵		火		是非	口舌、口論、対立。
官府		火		訟	口舌、口論、対立、訴訟、トラブル。
長生				生発	生気溌剌、開始、始まり、スタート。
沐浴				桃花	恋愛、性愛、愛情、桃花。夫妻宮に入るを喜ぶ。
冠帯				喜慶	慶事佳事、発展、出世、順調、名誉。
臨官				喜慶	慶事佳事、成功、発展、出世、名誉。
帝旺				旺壮	運気旺盛、絶頂、最高。
衰				頽敗	後退、斜陽、衰退。

星名	斗分	五行	陰陽	属分	象意（キーワード）
病				疾厄	疾病、停滞、衰弱、疲労。疾厄宮に入るを忌む。
死				死亡	死亡、停滞、低迷、不利。
墓				欽蔵	倉庫、蔵、収蔵、堅実。財帛・官禄宮に入るを喜ぶ。
絶				絶滅	消滅、断絶、消失。疾厄宮に入るを喜ぶ。
胎				喜	慶事佳事、新生、芽生え。夫妻・子女宮に入るを喜ぶ。
養				福	平安、福禄、育成、成長。
将星				化凶為吉	解厄、解毒、将軍、権力。
蕃鞍				功名	昇進、昇格、出世。
歳駅				遷動	移動、異動、転居、転勤、旅行、行楽。
息神				消沈	沈滞、停滞、生気消失、気力低下。
華蓋				孤高	孤独、苦悩、葛藤、宗教、哲学。
劫殺				盗	紛失、盗難、強盗。
災殺				災患	意外な災難、突発事故。
天殺				剋父剋夫	男性との対立、口論。命身宮・父母・夫妻宮に入るを忌む。
指背				誹謗	非難、中傷、噂、妨害。命身宮に入るを忌む。
咸池				桃花	恋愛、性愛、桃花、色情。命身宮・財帛・福徳宮に入れば好色となる傾向。
月殺				剋母剋妻	女性との対立、口論。命身宮・父母・夫妻宮に入るを忌む。
亡神				耗敗	消耗、破財、損失。
歳建		火		一年休咎	1年間の禍福を司る。

星名	斗分	五行	陰陽	属分	象意（キーワード）
晦気				咎	不運、災厄、不安定。
喪門		木		喪亡	六親・親族の問題、病気、事故、悲報。
貫索				獄災	対立、訴訟、敗訴、トラブル。
官符		火		訟	是非、口論、訴訟、白黒、トラブル。
小耗		火		小失	小損失、小破財。
大耗		火		大敗	大損失、大破財。
龍徳				化凶為吉	解厄制化、運気隆盛。命身宮に入るを喜ぶ。
白虎		金		凶	刑傷、疾病、挫折、破財、意外な災難、危険。
天徳				化凶為吉	解厄制化、救助。命身宮に入るを喜ぶ。
弔客		火		孝服	親族家族に不幸、事故、恐怖、葬儀。
病符				災病	疾病、体調不良。

第2章 紫微斗数 14 主星配置一覧

1 紫微子・命宮子

太陰（陥） ・友人部下後輩は少なく、あまり力になってくれない。 ・女性か、内向的でもの静かな読書家を友とする。 ・宮威強－友人部下後輩との関係は良好である。 ・宮威弱－友人部下後輩はつまらない者が多く縁も薄い。 【奴僕】　　　　　巳	貪狼（旺） [泛水桃花格] ・遠地へ赴いたり活発に外出することで運をつかむ。 ・姚加会－刺激を求める。 ・都市、繁華街を好み吉。 ・異性の援助で財を得る。 ・宮威強－遠地で成功。 ・宮威弱－遠地は不利、異性とトラブルの暗示。 ・羊陀加会－外出先での事故や怪我の暗示あり注意。 【遷移】　　　　　午	天同（不） 巨門（不） ・風邪をひきやすい。 ・腎臓、泌尿器、胃腸関係の疾患に注意。また心臓病、皮膚病に注意。 ・羊火鈴加会－飲酒過多。 ・陀忌加会－目、耳の疾患。 ・宮威強－おおむね健康。 ・宮威弱－病気がち。 【疾厄】　　　　　未	武曲（地） 天相（廟） [紫府朝垣格] ・基本的に財運は強い。 ・財界、経済会で活躍する。いくつもの仕事を兼業することもある。 ・宮威強－突然財を得る。 ・宮威弱－財は入ったり出たりで一定しない。 【財帛】　　　　　申
天府（廟） 廉貞（利） ・政界、財界、学術、金融、宗教、電気、飲食業、娯楽、演芸、保育士などに向く。 ・効率的に仕事を進める。 ・上司に忠実で部下には優しい。 ・宮威強－上級管理職として成功する。 ・宮威弱－発展は困難。 【官禄】　　　　　辰	\multicolumn{2}{c|}{府相朝垣格 目上の引き立て、実力者の支援を受ける。晩婚に適す。 ・体型は中肉中背。典型的な紳士淑女である。 ・礼儀正しく気品がある。 ・科学・哲学・宗教などの学術研究に努力することで成功する。 ・昌曲同宮－文学・音楽・演劇等の芸術的才能。 ・左右同宮－世話好きで、友人知人多くその助力や支援を受ける。また桃花を抑制する。 ・火鈴同宮－情緒不安定や軽率な言動により誤解されることがある。 ・凶星の加会多く命宮の宮威弱ければ、いろいろ思い悩み焦ってつまらない人物になるか、あるいは逆に理想の人物を志すようになる。また桃花の傾向があり（対宮貪狼）、刺激を求め、都市での生活や変化の多い生活を好むようになる。}		太陽（平） 天梁（地） ・子供は少なく、女児より男児が多くなる傾向。 ・宮威強－子は聡明だが、子供との縁は薄く、少し距離を置いたような関係になる。 ・宮威弱－子供との関係はあまり良好とは言えず、子供に苦労をかけられる。 【子女】　　　　　酉
[命無正曜格] ・静寂な場所に住むのがよい。 ・宮威強－不動産を得る。 ・宮威弱－大きな不動産を得るのは難しい。 ・火羊が同宮すれば火災に注意。 ・羊陀が同宮すれば盗難に注意。 【田宅】　　　　　卯			七殺（廟） ・配偶者は強い性格で、決断力がある。 ・一目惚れしやすくすぐに結婚をすることもある（特に昌曲同宮すれば）。 ・配偶者は気性が激しくせっかちで感情の変化が激しいので、晩婚に適す。 ・天姚左右同宮－複数の異性との恋愛の暗示あり。 ・宮威弱－別れやすい。 【夫妻】　　　　　戌
破軍（地） ・落ち着きがなく気ばかり焦るようなところがある。 ・表面は華やかだが内面は不安をかかえている。 ・常に何かが不足するように感じる。 ・宮威強－移動と変化に富んだ人生。天馬が同宮加会すればなおさら。 ・宮威弱－精神的抑圧、情緒不安定。信仰して吉。 【福徳】　　　　　寅	[命無正曜格] ・両親とは溝ができ、対立することもある。特に母との縁が薄くなる傾向がある。 ・宮威弱－両親とは意見が合わず、反目し合うようになる。 【父母】　　　　　丑	紫微（平） [府相朝垣格] 【命宮】　　　　　子	天機（平） ・兄弟は多くない。 ・兄弟との縁は薄い。 ・宮威強－兄弟の中に聡明で成功する者がいる。 ・宮威弱－兄弟の中に内気で身体の弱い者がいる。また兄弟によりトラブルを被ることがある。 【兄弟】　　　　　亥

甲年生

【官禄】廉貞（禄）　　【福徳】破軍（権）　　【財帛】武曲（科）　　【子女】太陽（忌）
【福徳】禄存　　　　　【田宅】擎羊　　　　　【父母】陀羅・天魁　　【疾厄】天鉞

・事業運強いが、あきらめず頑張ることで成功を手にする。困難な時期や苦労を経て成功と富を手にする。若年中は苦労も多いが、中年以降頭角を現し晩年は安泰である。
・子供には苦労をかけられる暗示、あるいは性的不能、性交渉不如意の暗示。

乙年生

【兄弟】天機（禄）　　【子女】天梁（権）　　【命宮】紫微（科）　　【奴僕】太陰（忌）　　【田宅】禄存
【官禄】擎羊　　　　　【福徳】陀羅　　　　　【命宮】天魁　　　　　【財帛】天鉞

・命宮宮威強ければ、目上の人の引き立てを受けて名を上げ、利益を手にする人となる。学術研究の分野で名をなす。命宮宮威弱ければ大きな成功は望めないので安定した生活を心がけること。
・友人や部下との関係で、何か損なことや面倒事を被るようなことがある。

丙年生

【疾厄】天同（禄）　　【兄弟】天機（権）　　【官禄】廉貞（忌）　　【奴僕】禄存
【遷移】擎羊　　　　　【官禄】陀羅　　　　　【兄弟】天魁　　　　　【子女】天鉞

・仕事の上でなかなか認められず、望むような地位は得られにくい。命宮宮威弱ければ仕事と家庭の間で悩むことになる。その他の星がどこに入るかをよく見て判断すること。

丁年生

【奴僕】太陰（禄）　　【疾厄】天同（権）巨門（忌）　　【兄弟】天機（科）　　【遷移】禄存
【疾厄】擎羊　　　　　【奴僕】陀羅　　　　　【兄弟】天魁　　　　　【子女】天鉞

[対面朝斗格] 商才に優れビジネスの現場で頭角を現すが、命宮宮威弱ければ大きな財は得られない。

戊年生

【遷移】貪狼（禄）　　【奴僕】太陰（権）　　【兄弟】天機（忌）　　【奴僕】禄存
【遷移】擎羊　　　　　【官禄】陀羅　　　　　【父母】天魁　　　　　【疾厄】天鉞

・遠地で発展する。警察や自衛官にも向く。命宮宮威強ければ大きな成功を得ることができる。火星鈴星が遷移宮にあれば突如として発展する。酒食の席にも縁が多く、命宮宮威弱ければ桃花に流され、異性との交際に身をやつすようになるので注意が必要である。

己年生

【財帛】武曲（禄）　　【遷移】貪狼（権）　　【子女】天梁（科）　　【遷移】禄存
【疾厄】擎羊　　　　　【奴僕】陀羅　　　　　【命宮】天魁　　　　　【財帛】天鉞

[対面朝斗格] 商才に優れビジネスの現場で頭角を現すが、命宮宮威弱ければ財を得るまでに苦労を伴う。ほかに、曲（忌）がどこに入るのかよく見て判断すること。

庚年生

【子女】太陽（禄）　　【財帛】武曲（権）　　【奴僕】太陰（科）　　【疾厄】天同（忌）
【財帛】禄存　　　　　【子女】擎羊　　　　　【疾厄】陀羅・天鉞　　【父母】天魁

・命宮宮威強ければ、そこそこの成功を得る。命宮宮威弱ければ一生を通じて病気に悩まされる。

辛年生

【疾厄】巨門（禄）　　【子女】太陽（権）　　【子女】禄存　　　　　【夫妻】擎羊
【財帛】陀羅　　　　　【遷移】天魁　　　　　【福徳】天鉞

・あまり実力のある家庭の出身ではない。目上の者や実力者の支援は受けにくい。命宮宮威強ければ少しく財を得ることはできるが、命宮宮威弱ければ大きな財を得ることはできない。その他の星がどこに入るかをよく見て判断すること。

壬年生

【子女】天梁（禄）　　【命宮】紫微（権）　　【財帛】武曲（忌）　　【兄弟】禄存
【命宮】擎羊　　　　　【夫妻】陀羅　　　　　【田宅】天魁　　　　　【奴僕】天鉞

・力づくで物事を押し進めるといった強引なところがある。自主性に富んで能力に優れ、権威と権力を手中に置くが、孤独であることを免れず、感情も不安定である。苦労した後に事を成す。命宮宮威強ければ成功するが、財は多くは得ない。命宮宮威弱ければ財運も悪くなる。

癸年生

【福徳】破軍（禄）　　【疾厄】巨門（権）　　【奴僕】太陰（科）　　【遷移】貪狼（忌）　　【命宮】禄存
【父母】擎羊　　　　　【兄弟】陀羅　　　　　【田宅】天魁　　　　　【奴僕】天鉞

・命宮宮威強ければ、少しの財を成すが病気に悩まされる。また多く傷を受ける。命宮宮威弱ければあまりよい運勢とは言えず、色香に惑い、それに溺れる傾向があるので注意が必要である。

第2章　紫微斗数14主星配置一覧　　27

2　紫微子・命宮丑

【官禄】　　　　　巳	【奴僕】　　　　　午	【遷移】　　　　　未	【疾厄】　　　　　申
太陰（陥） ・基本的に事業運はさほど強いものではない。 ・電子電器関係、広告宣伝下着服飾化粧品関係、文芸、運輸交通、不動産、その他女性に関する職種に適する。	貪狼（旺） [泛水桃花格] ・部下後輩友人は、楽しいことが好きで遊び好きな人が多い。 ・宮威強－遊び仲間が多くできる。 ・宮威弱－部下後輩友人からトラブルや面倒をかけられることがある。	天同（不） 巨門（不） ・生地を離れたり遠方に赴くことは運を損なう。 ・宮威強－遠地に赴いたり外出活動でチャンスをつかむこともあるが、成功のためには苦労を伴う。 ・宮威弱－遠地に赴くと困った事態に遭遇することがある。また屋外での事故や怪我に注意。	武曲（地） 天相（廟） [紫府朝垣格] ・宮威強－基本的に健康である。 ・宮威弱－喘息、呼吸器や肺の疾病、喉の疾病、痛風、関節炎、糖尿病、腎臓炎などに注意。

【田宅】　　　　　辰			【財帛】　　　　　酉
天府（廟） 廉貞（利） ・宮威強－かなりの不動産を得て、高級な住宅に住むことができる。 ・宮威弱－多くの不動産を所有するのは難しい。 ・火羊が同宮すれば火災に注意。 ・羊陀が同宮すれば盗難に注意。		太陽（平） 天梁（地） ・特殊な方面や仕事で収入を得ることがある。金銭には淡白で欲がない。人に金銭を施すこともある。 ・宮威弱－投機や賭事に手を出すと失敗することもあるので注意すること。

命無正曜格
対宮主星を命宮主星とみなして判断。

・言い方に問題があり誤解されることがある。
・多忙で、絶えず何かをして動き回っている。
・サービス業、学術研究などに向き、大きなビジネスを自ら創始するのには向かない。
・恋愛や結婚は波乱含みの暗示。
・若年中は苦労するが、中年以降安定する。
・何事も欲を出して無理強いするとトラブルを招くことになるので注意。
・命宮宮威強－家にいるのを好み、新規の物事に手を出すのは好まず、あるものを受け入れ安定した生活を送ることができる。
・命宮宮威弱－口舌のトラブルの暗示。苦労症で、自分の境遇を他者や社会のせいにする。精神的に不安定となりやすいので、物事を慎重に運ぶように心がけること。
・若干意志薄弱な面が見られ、人の意見に流されることがある。またルーズなところもあり、厳しい環境や締め切りに追われることを嫌い、怠惰に流される傾向がある。女性の場合、甘い言葉に乗って悲しい思いをしないように。また男性も他人に騙されないように注意。

【福徳】　　　　　卯			【子女】　　　　　戌
[命無正曜格] ・人の話をよく聞き、また説得もうまいが、時に自分の言葉が誤解されることがある。 ・宮威強－自らリーダーシップを発揮し責任ある立場に就くが、そのために苦労することがある。 ・宮威弱－思うように事が進まず、頭を悩ませることがある。			七殺（廟） ・子供は活発で活動的で、強い個性の持ち主である。 ・宮威強－子供は自立心が強く、親の言うことをあまり聞かず親元を離れるようになる。 ・宮威弱－子供はいないか数が少なく、親の言うことをあまり聞かない。

【父母】　　　　　寅	【命宮】　　　　　丑	【兄弟】　　　　　子	【夫妻】　　　　　亥
破軍（地） ・両親は強烈な個性の持ち主で、きつい性格をしており、両親との関係はあまりよくない。 ・宮威弱－両親とは意見が合わず、最悪の場合は対立や衝突をすることもある。	[命無正曜格]	紫微（平） [府相朝垣格] ・宮威強－兄弟の中に立派な者がおり、なにかと助けになってくれる。 ・宮威弱－兄弟の中に立派な人がいるが、あまり力にはなってくれず、最悪の場合仲違いする。	天機（平） ・夫婦ともに神経質であり悲観的な考えに支配されやすいので、仮面夫婦か別居する恐れがある。 ・男性は年の離れた若い女性と、女性は年の離れたずっと年長の男性と結婚するとうまくいく。 ・晩婚に適す。

甲年生
【田宅】廉貞（禄）　　【父母】破軍（権）　　【疾厄】武曲（科）　　【財帛】太陽（忌）
【父母】禄存　　　　　【福徳】擎羊　　　　　【命宮】陀羅・天魁　【遷移】天鉞
［天乙拱命格］学識高く人の縁に恵まれ幸運を得る。
・事業／職業運は不安定要素があるので、安定した職に就いた方がよい。
・比較的恵まれた家庭環境で育つが、両親が厳格で、子供を厳しく躾け教育する。

乙年生
【夫妻】天機（禄）　　【財帛】天梁（権）　　【兄弟】紫微（科）　　【官禄】太陰（忌）　　【福徳】禄存
【田宅】擎羊　　　　　【父母】陀羅　　　　　【兄弟】天魁　　　　　【疾厄】天鉞
・真面目で正直な人で不屈の精神を持ち、それなりの財運もあるが、命宮宮威弱ければ事業上での
　トラブルの暗示がある。　・配偶者は優秀で実力もあるが、家庭内は配偶者が実権を握る傾向。

丙年生
【遷移】天同（禄）　　【夫妻】天機（権）　　【田宅】廉貞（忌）　　【官禄】禄存
【奴僕】擎羊　　　　　【田宅】陀羅　　　　　【夫妻】天魁　　　　　【財帛】天鉞
・命宮宮威強ければ事業／仕事運は安定した順調な運勢であるが、弱ければそこそこの運勢である。
・家庭生活は配偶者が実権を握ることになる（亭主関白カカア天下）。

丁年生
【官禄】太陰（禄）　　【遷移】天同（権）　　【夫妻】天機（科）　　【遷移】巨門（忌）　　【奴僕】禄存
【遷移】擎羊　　　　　【官禄】陀羅　　　　　【夫妻】天魁　　　　　【財帛】天鉞
・少しく安定した運勢であるが、他者から誹謗中傷を受ける恐れがあるので注意が必要である。
・配偶者は賢く聡明な人で、協力と支援を得ることができる。

戊年生
【奴僕】貪狼（禄）　　【官禄】太陰（権）　　【夫妻】天機（忌）　　【官禄】禄存
【奴僕】擎羊　　　　　【田宅】陀羅　　　　　【命宮】天魁　　　　　【遷移】天鉞
［天乙拱命格］学識高く人の縁に恵まれ幸運を得る。
・吉凶相半ばするので、その他の星がどこに入るかをよく見て判断すること。
・夫妻宮に桃花星が同宮加会すれば、婚外恋愛や異性問題の暗示があるので注意すること。

己年生
【疾厄】武曲（禄）　　【奴僕】貪狼（権）　　【財帛】天梁（科）　　【奴僕】禄存
【遷移】擎羊　　　　　【官禄】陀羅　　　　　【兄弟】天魁　　　　　【疾厄】天鉞
・あまり多くの財を築かない。中くらいの運勢である。その他の星もよく見て判断すること。
・部下や後輩友人の中に威丈高で高飛車な人がいるが、力になってくれる。

庚年生
【財帛】太陽（禄）　　【疾厄】武曲（権）　　【官禄】太陰（科）　　【遷移】天同（忌）
【疾厄】禄存　　　　　【財帛】擎羊　　　　　【遷移】陀羅・天鉞　　【命宮】天魁
［天乙拱命格］学識高く人の縁に恵まれ幸運を得る。
・命宮宮威強ければ成功し、それなりの財を築く。
・遠地遠方に赴くと苦労を伴うことになる。

辛年生
【遷移】巨門（禄）　　【財帛】太陽（権）　　【財帛】禄存　　　　　【子女】擎羊
【疾厄】陀羅　　　　　【奴僕】天魁　　　　　【父母】天鉞
・命宮宮威強ければ、そこそこ安定した運勢である。
・その他の星がどこに入るかをよく見て判断すること。

壬年生
【財帛】天梁（禄）　　【兄弟】紫微（権）　　【疾厄】武曲（忌）　　【夫妻】禄存
【兄弟】擎羊　　　　　【子女】陀羅　　　　　【福徳】天魁　　　　　【官禄】天鉞
・特殊な方面や仕事で収入を得ることがあるが、財産や金銭で苦労をすることがあるので注意。
・病気がちとなる恐れがあるので、健康には十分注意すること。

癸年生
【父母】破軍（禄）　　【遷移】巨門（権）　　【官禄】太陰（科）　　【奴僕】貪狼（忌）　　【兄弟】禄存
【命宮】擎羊　　　　　【夫妻】陀羅　　　　　【福徳】天魁　　　　　【官禄】天鉞
・命宮宮威強ければ、そこそこ安定した運勢である。
・その他の星がどこに入るかをよく見て判断すること。

3　紫微子・命宮寅

【田宅】 巳	【官禄】 午	【奴僕】 未	【遷移】 申
太陰（陥） ・宮威強－不動産運はあまり芳しくなく、日当たりの悪い住居に住む暗示がある。 ・宮威弱－不動産を所有することは難しい。 ・火羊が同宮すれば火災に注意。 ・羊陀が同宮すれば盗難に注意。	**貪狼（旺）** [泛水桃花格] ・宮威強－事業運は比較的良好である。 ・宮威弱－事業運はさほど大きなものではない。 ・政治関係、企画計画業務、編集、飲食旅行業、株式、芸能関係、モデル、娯楽服飾関係、教育関係などに適性がある。	**天同（不）** **巨門（不）** ・宮威強－部下後輩友人の中に、どう扱ったらよいか困るような者がいる。 ・宮威弱－部下後輩友人のトラブルにより損害を被ることがある。さらに四殺や化忌が同宮加会すれば彼らの中に、反発し逆らったり歯向かってくる者がいる。	**武曲（地）** **天相（廟）** [紫府朝垣格] ・宮威強－生地を離れるか外出することでチャンスを得て発展する。 ・宮威弱－特に四殺や化忌が同宮加会すれば、外出先で揉め事や交通事故などの怪我や事故に会う恐れがあるので注意すること。

【福徳】 辰			【疾厄】 酉
天府（廟） **廉貞（利）** ・苦労して努力する人である。足るを知り、自分の意見や見解を持つ。 ・宮威強－忙しく動き回ることになる。 ・宮威弱－気苦労や取り越し苦労が多く、心の中に難しい課題を抱えるようになる。	・独特で強烈な個性の持ち主で、人に指図されるのを嫌い、喜怒哀楽に起伏が見られる。 ・好き嫌いが明確で、好きなことには寝食を忘れて没頭するが、嫌いなことには手を出さない。好きな人には親切にふるまうが、嫌いな人は避けるようになる。したがって、人間関係も偏ったものとなりがちである。 ・変動運であり、一生を通じて変化、変動が多い。また外地で、あるいは外出することで運をつかむ。 ・間食を好むか、斜めに座ったり手で何か物を弄んだり落ち着きのない感じを人に与える。 ・負けず嫌いで、指示されるよりも指示する方を好み、自分でやらなければ気が済まない。 ・せっかちで好奇心旺盛であるが忍耐力に欠けるところがある。 ・武芸やスポーツ、投機など冒険的なことを好み、刺激を求める。旧態依然たるものを改めようとする。 ・女性の場合さっぱりした性格で、現代的美人タイプの人が多い。 ・中には霊感や直感に優れた人もいる。 ・天姚、紅鸞、昌曲などが同宮加会すると、異性関係で問題を起こす恐れあり注意。		**太陽（平）** **天梁（地）** ・宮威強－おおむね健康である。 ・宮威弱－高血圧、心臓疾患、痔疾、眼病、便秘、内分泌失調などに注意。

【父母】 卯			【財帛】 戌
[命無正曜格] ・両親との縁は薄くなる傾向がある。 ・宮威強－両親は優しく愛情の深い人であるが、打ち解けにくいところもある。 ・宮威弱－さらに四殺や化忌と同宮加会すれば、両親と意見が合わず対立するようになる。			**七殺（廟）** ・特殊な方面や仕事で収入を得ることがあるが、突如財を得るかと思えば突如失うようなことがある。 ・宮威強－新規の事業や投機的事業により財を得る。 ・宮威弱－財により困難を招くことがある。

【命宮】 寅	【兄弟】 丑	【夫妻】 子	【子女】 亥
破軍（地）	[命無正曜格] ・宮威強－兄弟との縁は薄く、仲もあまりよいとは言えない。 ・宮威弱－兄弟とは不仲になり、また兄弟からトラブルや面倒事を被る恐れがある。	**紫微（平）** [府相朝垣格] ・命宮破軍は熱しやすく冷めやすい傾向があるので晩婚に向く。若年時の恋愛は失敗する恐れがある。 ・宮威強－夫婦仲はよく、幸せな結婚生活を送る。 ・昌曲左右が同宮すれば、異性関係で問題を起こす恐れがあるので注意が必要である。	**天機（平）** ・子供は並の人ではあるが利発で、好奇心旺盛である。 ・宮威強－子供の中には良い子もいれば、そうでない子もいる。 ・宮威弱－子供との縁は薄くなる。場合によっては子供に恵まれなかったりする。

甲年生
【福徳】廉貞（禄）　【命宮】破軍（権）　【遷移】武曲（科）　【疾厄】太陽（忌）
【命宮】禄存　　　　【父母】擎羊　　　　【兄弟】陀羅・天魁　【奴僕】天鉞
- 良好な運勢で、富と地位と名誉を得て成功する。
- 健康上に懸念があり、病気がち（血圧、循環器）となる暗示があるので注意すること。

乙年生
【子女】天機（禄）　【疾厄】天梁（権）　【夫妻】紫微（科）　【田宅】太陰（忌）　【父母】禄存
【福徳】擎羊　　　　【命宮】陀羅　　　　【夫妻】天魁　　　　【遷移】天鉞
- 命宮宮威強ければ安定した運勢であるが、弱ければ波乱含みとなる。
- そこそこ安定した家庭環境で育つ。
- 家屋住居や家庭内に不安定要素ある。

丙年生
【奴僕】天同（禄）　【子女】天機（権）　【福徳】廉貞（忌）　【田宅】禄存
【官禄】擎羊　　　　【福徳】陀羅　　　　【子女】天魁　　　　【疾厄】天鉞
- 事業運はあまり芳しいものではなく、また心に悩みを抱え精神が不安定になる傾向がある。
- 優しい同僚や部下後輩に恵まれる。

丁年生
【田宅】太陰（禄）　【奴僕】天同（権）　【子女】天機（科）　【奴僕】巨門（忌）　【官禄】禄存
【奴僕】擎羊　　　　【田宅】陀羅　　　　【子女】天魁　　　　【疾厄】天鉞
- 事業／仕事運は普通に安定している。
- 同僚部下友人後輩にだまされたりトラブルを被る暗示あり注意。
- とても聡明で好奇心旺盛な子供に恵まれる。

戊年生
【官禄】貪狼（禄）　【田宅】太陰（権）　【子女】天機（忌）　【田宅】禄存
【官禄】擎羊　　　　【福徳】陀羅　　　　【兄弟】天魁　　　　【奴僕】天鉞
- 飲食娯楽ファッション教育事業などで成功し、また良い職に就き高給を得ることができる。
- 手のかかる子供で、子供に煩わされることがある。

己年生
【遷移】武曲（禄）　【官禄】貪狼（権）　【疾厄】天梁（科）　【官禄】禄存
【奴僕】擎羊　　　　【田宅】陀羅　　　　【夫妻】天魁　　　　【遷移】天鉞
- 生地を離れ遠地に赴くか活発に外出、活動することでチャンスをつかみ運を開き、成功を収める。
- その他の星がどこに入るかをよく見て判断すること。

庚年生
【疾厄】太陽（禄）　【遷移】武曲（権）　【田宅】太陰（科）　【奴僕】天同（忌）
【遷移】禄存　　　　【疾厄】擎羊　　　　【奴僕】陀羅・天鉞　【兄弟】天魁
- 生地を離れ遠地に赴くか活発に外出、活動することでチャンスをつかみ運を開き、成功を収める。
- 部下友人後輩にだまされたりトラブルを被る暗示あり注意。

辛年生
【奴僕】巨門（禄）　【疾厄】太陽（権）　【疾厄】禄存　　　　【財帛】擎羊
【遷移】陀羅　　　　【官禄】天魁　　　　【命宮】天鉞
- 事業運は普通であり、命宮宮威強ければそこそこの運勢である。
- 頑固でやっかいな病気に悩まされることがあるので、健康には注意すること。

壬年生
【疾厄】天梁（禄）　【夫妻】紫微（権）　【遷移】武曲（忌）　【子女】禄存
【夫妻】擎羊　　　　【財帛】陀羅　　　　【父母】天魁　　　　【田宅】天鉞
- 外出先での揉めごとや厄介ごと、事故や怪我、交通事故などに注意すること。
- 家庭内では配偶者が実権を握ることになる（亭主関白カカア天下）。

癸年生
【命宮】破軍（禄）　【奴僕】巨門（権）　【田宅】太陰（科）　【官禄】貪狼（忌）　【夫妻】禄存
【兄弟】擎羊　　　　【子女】陀羅　　　　【父母】天魁　　　　【田宅】天鉞
- アミューズメント、飲食娯楽旅行業、教育関係、女性を伴う接待業などで財をなす。
- 配偶者からの支援と協力を多く受ける。

4　紫微子・命宮卯

太陰（陥） ・宮威強－内向的で孤独を好み、悩みを抱え込む傾向がある。 ・宮威弱－思考が安定せず最悪の場合、自虐的になったり鬱状態になったり飲酒や薬物に逃避するようなこともある。 ・天姚や文昌、文曲が同宮加会すれば異性を好み、異性問題の恐れあり。 【福徳】　　　巳	貪狼（旺） [泛水桃花格] ・宮威強－不動産運は良好である。住居を綺麗に飾り、そのための出費を惜しまない。 ・宮威弱－住居や不動産のために無理をしたりローンを抱えることになる。 ・火羊同宮－火災に注意。 ・羊陀が同宮すれば盗難に注意。 【田宅】　　　午	天同（不） 巨門（不） ・あまり仕事熱心ではなく重い責任を負わされることを嫌う傾向がある。 ・マスコミ、サービス業、飲食業、公務員、医薬関係、中小企業勤務などに向く。 ・宮威弱－事業／仕事運はあまり芳しいものではない。 【官禄】　　　未	武曲（地） 天相（廟） [紫府朝垣格] ・宮威強－部下後輩友人との関係は良好で、大いに力になってくれる。 ・宮威弱－部下後輩友人の中にはいい人もいれば、そうでない人もいる。よく見て付き合わなければならない。 【奴僕】　　　申
天府（廟） 廉貞（利） ・宮威強－両親は立派で愛情深い人であるが、子供を厳しく躾ける傾向がある。両親との関係は良好である。 ・宮威弱－子供は両親を敬うが、両親が厳しすぎるために親子の関係はあまり良好とは言えない。 【父母】　　　辰 [命無正曜格]		命無正曜格 対宮主星を命宮主星とみなして判断。 ・切れ長の目をしていて唇は薄く、クールな感じを人に与える。実際、冷静でどこか冷めているようなところがある。 ・優秀な資質を持つが、それが現れ実績を残すためには困難を伴うことがある。 ・根は正直で実直、誠実な人であるが、安定性に欠け、周囲からの影響を強く受ける。 ・晩年に発展する象であり、中年以降に安定するようになる。 ・命宮宮威強－成功を収めることができるが、そのためには不断の努力と激しい奮闘が必要となる。基本的に真面目な人であり、諦めずに困難に立ち向かう。 ・命宮宮威弱－気ままで熱しやすく冷めやすい。始めはよいのだが、その努力を最後まで継続するのが苦手となり、終始をしめくくれない（竜頭蛇尾となる）傾向が見られるようになる。 【命宮】　　　卯		太陽（平） 天梁（地） ・宮威強－遠方に赴いたり活発に外出することでチャンスをつかみ発展する。海外に赴くこともある。 ・宮威弱－遠地に赴くことで苦労する。 【遷移】　　　酉 七殺（廟） ・喘息、気管支炎など呼吸器の疾患に注意。 ・羊同宮加会－手足の怪我、十二指腸潰瘍に注意。 ・陀火鈴同宮加会－ねんざ、手足の怪我などに注意。 【疾厄】　　　戌
破軍（地） ・宮威強－兄弟はそれぞれ自立し、兄弟同士の交流は少なくなる。 ・宮威弱－兄弟間の仲はあまりよいものではなく、また兄弟からトラブルや面倒事を被る恐れがある。 【兄弟】　　　寅	[命無正曜格] ・宮威強－配偶者との縁は決して強いものではない。 ・宮威弱－最悪の場合、配偶者と別れる恐れがある。 ・天姚、文昌文曲が同宮加会したり左輔右弼が同宮すれば、異性関係で問題を起こす恐れがあるので注意が必要である。 【夫妻】　　　丑	紫微（平） [府相朝垣格] ・宮威強－優れた子供に恵まれる。 ・宮威弱－子供はしっかりとしていて立派に育つが、関係は希薄なものになる。 【子女】　　　子	天機（平） ・宮威強－財を得ることができるが、そのためには相当の努力と苦労を伴うことになる。 ・宮威弱－苦労のわりにはなかなか蓄財できない。 【財帛】　　　亥

甲年生
【父母】廉貞（禄）　【兄弟】破軍（権）　【奴僕】武曲（科）　【遷移】太陽（忌）
【兄弟】禄存　　　　【命宮】擎羊　　　　【夫妻】陀羅・天魁　【官禄】天鉞
[科権禄夾格] 吉命である。
・基本的に運気はあまり強くないが、両親や兄弟友人、親戚縁者から多く助けられる。

乙年生
【財帛】天機（禄）　【遷移】天梁（権）　【子女】紫微（科）　【福徳】太陰（忌）　【命宮】禄存
【父母】擎羊　　　　【兄弟】陀羅　　　　【子女】天魁　　　　【奴僕】天鉞
[双禄朝垣格] 財運に恵まれるが、投機事業は要注意。
・命宮宮威強ければ安定した良好な運勢であるが、低ければそれほどでもない。
・気苦労が多く、くよくよと一人で悩むようなことがある。

丙年生
【官禄】天同（禄）　【財帛】天機（権）　【父母】廉貞（忌）　【福徳】禄存
【田宅】擎羊　　　　【父母】陀羅　　　　【財帛】天魁　　　　【遷移】天鉞
・基本的に吉運ではあるが吉凶相半ばする面も見られるので、その他の星をよく見て判断すること。
・生育環境はあまり恵まれたものではなく、両親との関係も良好とは言えない。

丁年生
【福徳】太陰（禄）　【官禄】天同（権）　【財帛】天機（科）　【官禄】巨門（忌）　【田宅】禄存
【官禄】擎羊　　　　【福徳】陀羅　　　　【財帛】天魁　　　　【遷移】天鉞
・基本的に良好な命で吉運であるが、その中に吉凶相半ばする面も見られるので、あまり大きな成功は望まず、安定した堅実な人生を送るのがよい。
・仕事上で、書類のトラブルや意思疎通の不備で問題が起きることがあるので注意すること。

戊年生
【田宅】貪狼（禄）　【福徳】太陰（権）　【財帛】天機（忌）　【福徳】禄存
【田宅】擎羊　　　　【父母】陀羅　　　　【夫妻】天魁　　　　【官禄】天鉞
・基本的に真面目で誠実な人ではあるが、あまり大きな財産を得るのは難しい。

己年生
【奴僕】武曲（禄）　【田宅】貪狼（権）　【遷移】天梁（科）　【田宅】禄存
【官禄】擎羊　　　　【福徳】陀羅　　　　【子女】天魁　　　　【奴僕】天鉞
・清廉潔白で清貧に甘んじる学者のようなところがある人なので、ビジネスや経済界にいるよりも教育や研究の方面に従事するのがよい。うまく行けばその方面で名を成す。
・住居を自分の好みに装飾し、また家庭内も自分の思うように采配したいと考える。

庚年生
【遷移】太陽（禄）　【奴僕】武曲（権）　【福徳】太陰（科）　【官禄】天同（忌）
【奴僕】禄存　　　　【遷移】擎羊　　　　【官禄】陀羅・天鉞　【夫妻】天魁
・命宮宮威強ければ少しく安定した運勢であるが、結婚生活は波乱含みの暗示があるので、夫婦円満を心がけること。

辛年生
【官禄】巨門（禄）　【遷移】太陽（権）　【遷移】禄存　　　　【疾厄】擎羊
【奴僕】陀羅　　　　【田宅】天魁　　　　【兄弟】天鉞
・基本的に良好な命運で成功と富を手にする。夫婦円満を心がけることで運が開ける。
・その他の星がどこに入るかをよく見て判断すること。

壬年生
【遷移】天梁（禄）　【子女】紫微（権）　【奴僕】武曲（忌）　【財帛】禄存
【子女】擎羊　　　　【疾厄】陀羅　　　　【命宮】天魁　　　　【福徳】天鉞
・基本的に良好な運勢であるが、富よりも名誉や地位を得る運勢である。したがって、ビジネスや経済商業界よりも教育研究関係や公共機関などに身を置く方がよい。

癸年生
【兄弟】破軍（禄）　【官禄】巨門（権）　【福徳】太陰（科）　【田宅】貪狼（忌）　【子女】禄存
【夫妻】擎羊　　　　【財帛】陀羅　　　　【命宮】天魁　　　　【福徳】天鉞
・大きな成功は望めないが、安定した職業に就くとよい。
・結婚生活は配偶者が実権を握るようになる（亭主関白カカア天下）。
・住居や家庭内のことでゴタゴタすることがある。

5　紫微子・命宮辰

太陰（陥） ・宮威強－両親との関係はあまりよいものではなく、縁も薄いものとなる。 ・宮威弱－母親が病弱であるか短命である恐れがある。 【父母】　　　　　巳	**貪狼（旺）** [泛水桃花格] ・宮威強－多芸多才で多趣味となり、とにかく人生を楽しみたいと思う。また、小さなことに拘泥しない。 ・宮威弱－欲が多く、なかなか満足するということがない。 ・桃花星加会－異性関係や酒による失敗に注意。 【福徳】　　　　　午	**天同（不）** **巨門（不）** ・宮威強－少しの不動産を取得することはできるが維持するのは難しい。 ・宮威弱－不動産を所有するのは難しい。 ・火羊が同宮すれば火災に注意。 ・羊陀が同宮すれば盗難に注意。 【田宅】　　　　　未	**武曲（地）** **天相（廟）** [紫府朝垣格] ・基本、勤め人でも自由業でも適しているし、複数の職業を兼業するのもよい。 ・商売、会計関係、駐在外務、特殊技術職、サービス業などに適す。 【官禄】　　　　　申
天府（廟） **廉貞（利）** 【命宮】　　　　　辰	・端正な顔立ちをしており、立ち居振る舞いは颯爽としている。 ・だいたい恵まれた家庭環境に育ち、親族からの助力を受け成長する。 ・多芸多才で才能に富み、バランス感覚も併せもつので、基本的に勤め人となっても、自営業となってもよい。 ・活動力が旺盛で、あまり家でじっとしていることを好まず、楽しいと思うところを出歩くようになる。 ・実力者の支援を受ける運があり、基本的に財運は良好で安定している。 ・仕事や事業を進めるうえで決断力とリーダーシップを発揮し、事業を完遂させる。 ・命宮宮威弱ければ、苦労が多くなるが、その苦労に耐えて仕事を成し遂げる。ただ落ち着きがなくなり、賭事を好むようになり、また命がけの冒険に出ることもあるので、慎重な態度が必要である。 ・昌曲加会－基本的に剛柔のバランスが取れた人であるが、さらに文武両道に優れるようになる。 ・化禄加会－少年期は運が開けないが、30歳を過ぎたあたりから運が開けるようになる。		**太陽（平）** **天梁（地）** ・宮威強－部下や後輩友人は正直な熱血漢が多く、大いに助けられる。 ・宮威弱－部下や後輩友人は明るい人なのだが、あまり助けにはならない。 【奴僕】　　　　　酉
[命無正曜格] ・宮威強－兄弟の中には仲のよい者もいれば、そうでない者もいる。 ・宮威弱－兄弟間の仲はあまりよくないものとなる。 【兄弟】　　　　　卯	^	^	**七殺（廟）** ・宮威強－遠行を好み遠地に赴いたり、多く出歩くようになる。 ・宮威弱－居所がなかなか定まらず、また遠地に赴くと苦労をしょいこむことになる。 ・羊陀加会－交通事故など外出先での怪我や事故に注意すること。 【遷移】　　　　　戌
破軍（地） ・配偶者は勝ち気で喜怒哀楽が大きく、喜びも悲しみも素直に表現する感情の波が激しい人である。 ・天姚、文昌文曲が同宮加会したり左輔右弼が同宮すれば、異性関係で問題を起こす恐れがあるので注意が必要である。 【夫妻】　　　　　寅	[命無正曜格] ・子供の中には良い子もいれば、そうでない子もいる。 ・宮威弱－子供は親の話を聞かない。 ・空劫同宮－育てにくい子供である。 ・羊陀同宮－親に反抗し、親不孝な子供となる。 【子女】　　　　　丑	**紫微（平）** [府相朝垣格] ・宮威強－それなりの財産を築くことができる。 ・宮威弱－財運は不安定なところがあり、蓄財には苦労する。 【財帛】　　　　　子	**天機（平）** ・宮威強－おおむね健康である。 ・宮威弱－皮膚病、内分泌失調、神経衰弱、眼病、流行性疾患（感染症）などに注意。 【疾厄】　　　　　亥

甲年生
【命宮】廉貞（禄）　　【夫妻】破軍（権）　　【官禄】武曲（科）　　【奴僕】太陽（忌）
【夫妻】禄存　　　　　【兄弟】擎羊　　　　　【子女】陀羅・天魁　【田宅】天鉞
  ・基本的に成功を収める良好な運勢である。しかし配偶者は経済力や実力はあるが、自分の意見を押し通し家庭内の実権を握ろうとする傾向があり、結婚生活は安穏というわけにはいかない。

乙年生
【疾厄】天機（禄）　　【奴僕】天梁（権）　　【財帛】紫微（科）　　【父母】太陰（忌）　　【兄弟】禄存
【命宮】擎羊　　　　　【夫妻】陀羅　　　　　【財帛】天魁　　　　　【官禄】天鉞
  ・地位や名誉を得られても、大きな財を築くのは難しい運勢である。命宮宮威弱ければ、さほど強い運勢ではない。
  ・生家はあまり豊かでない。あるいは母親が病弱・短命の傾向となるか、母親との縁が薄くなる。

丙年生
【田宅】天同（禄）　　【疾厄】天機（権）　　【命宮】廉貞（忌）　　【父母】禄存
【福徳】擎羊　　　　　【命宮】陀羅　　　　　【疾厄】天魁　　　　　【奴僕】天鉞
  ・反骨精神にあふれ、世の中の権威や社会に反抗するようなところがあり、性格も攻撃的である。また、異性関係のトラブルには注意が必要である。

丁年生
【父母】太陰（禄）　　【田宅】天同（権）　　【疾厄】天機（科）　　【田宅】巨門（忌）　　【福徳】禄存
【田宅】擎羊　　　　　【父母】陀羅　　　　　【疾厄】天魁　　　　　【奴僕】天鉞
  ・財は得られても、あまり大きな名誉や地位は得られない。子供に恵まれないこともある。
  ・恵まれた家庭環境の生まれであり、生家は経済的にもゆとりがある。

戊年生
【福徳】貪狼（禄）　　【父母】太陰（権）　　【疾厄】天機（忌）　　【父母】禄存
【福徳】擎羊　　　　　【命宮】陀羅　　　　　【子女】天魁　　　　　【田宅】天鉞
  ・生家は豊かでゆとりがあるが、昔風の厳格な家風の家庭環境で育ち、両親の躾や教育は厳しい。
  ・健康には十分に注意すること。

己年生
【官禄】武曲（禄）　　【福徳】貪狼（権）　　【奴僕】天梁（科）　　【福徳】禄存
【田宅】擎羊　　　　　【父母】陀羅　　　　　【財帛】天魁　　　　　【官禄】天鉞
  ・良い職を得て高位に昇り、高い給与を得ることのできる運勢である。
  ・母親が病弱であったり短命の傾向となるか、あるいは母親との縁が薄くなる恐れがある。

庚年生
【奴僕】太陽（禄）　　【官禄】武曲（権）　　【父母】太陰（科）　　【田宅】天同（忌）
【官禄】禄存　　　　　【奴僕】擎羊　　　　　【田宅】陀羅・天鉞　　【子女】天魁
  ・そこそこ安定した運勢であり、比較的平穏な人生を送る。
  ・住居や家庭内のことで、頭を悩ませるようなことがある。

辛年生
【田宅】巨門（禄）　　【奴僕】太陽（権）　　【奴僕】禄存　　　　　【遷移】擎羊
【官禄】陀羅　　　　　【福徳】天魁　　　　　【夫妻】天鉞
  ・大きな成功を望むのは難しい運勢であるが、その他の星もよく見て判断すること。

壬年生
【奴僕】天梁（禄）　　【財帛】紫微（権）　　【官禄】武曲（忌）　　【疾厄】禄存
【財帛】擎羊　　　　　【遷移】陀羅　　　　　【兄弟】天魁　　　　　【父母】天鉞
  ［貴星夾命格］人の援助に恵まれる。
  ・事業上の成功と失敗が交互に訪れる。大きな責任を負って苦労するが、それに耐えて成功することになる。

癸年生
【夫妻】破軍（禄）　　【田宅】巨門（権）　　【父母】太陰（科）　　【福徳】貪狼（忌）　　【財帛】禄存
【子女】擎羊　　　　　【疾厄】陀羅　　　　　【兄弟】天魁　　　　　【父母】天鉞
  ［貴星夾命格］人の援助に恵まれる。
  ・おおむね安定した運勢であり、結婚生活も平穏である。
  ・しかし精神的な安定は得られにくく、欲を出しすぎたり、気苦労の多い性格となる。

6　紫微子・命宮巳

太陰（陥） 【命宮】　　　　　　巳	貪狼（旺） [泛水桃花格] ・両親に異性関係がルーズな人がいることがある。中には離婚して再婚する人もいる。 ・宮威強－両親は経済的に安定しており、比較的恵まれた環境で育つ。 ・宮威弱－両親はあまり裕福ではなく、また両親との縁も薄いものとなる。 【父母】　　　　　　午	天同（不） 巨門（不） ・宮威強－怠惰に流される傾向がある。 ・宮威弱－なかなか満足を得られず、万事やり直しを繰り返す傾向がある。 【福徳】　　　　　　未	武曲（地） 天相（廟） [紫府朝垣格] ・宮威強－得たり失ったりはあるが、それなりの不動産は所有できる。 ・宮威弱－大きな不動産を所有するのは難しい。 ・火羊が同宮すれば火災に注意。 ・羊陀が同宮すれば盗難に注意。 【田宅】　　　　　　申
天府（廟） 廉貞（利） ・宮威強－兄弟仲がよい人もいれば、仲があまりよくない人もいる。 ・宮威弱－兄弟間はあまり仲がよいとは言えず、仲違いすることもある。 【兄弟】　　　　　　辰	・穏やかで柔和な顔立ちであり、色白の人が多い。男性の場合、女性的な穏やかで優しい態度の人もいる。 ・優しく穏やかな性格であるが、内向的でどちらかと言えば寡黙である。やや情緒不安定で、悲観的に物事を捉える傾向がある。 ・清潔好きであるが、身体は丈夫な方ではなく、動作もおっとりとしていて、きびきびしたものではない。 ・感受性が強く、早くから宗教、哲学、心理学などの玄学、人文科学に興味を示す。 ・芸術的感性にも優れているが、ともすれば神経過敏になり憂鬱な気持ちになりがちである。命宮宮威が弱ければ、その傾向は顕著となる。視野狭窄に陥り、疑い深くなり、孤独な世界に閉じこもることとなる。中には薬物（飲酒）などに浸り現実逃避する人もいる。 ・世俗的現実的な競争社会には向かないので、公務員や研究教育職に向く。 ・昌曲同宮－心理学、宗教学、占術などの玄学（神秘学）に興味や才能があり、宗教界に進む人もいる。		太陽（平） 天梁（地） ・基本的に職業運は安定しているが、宮威弱ければ訴訟や争い事を起こす恐れがある。またビジネスや商売にはあまり向かない。 ・貿易、建築、代理業、政治、技術、宗教関係、物品・中古品販売、海外事業などに向く。 【官禄】　　　　　　酉
[命無正曜格] ・宮威強－夫婦間の縁はあまり深いものではない。 ・宮威弱－夫婦の間に波風が立つようなことがあるので、夫婦円満の努力が必要である。 ・天姚、文昌文曲が同宮加会したり左輔右弼が同宮すれば、異性関係で問題を起こす恐れがあるので要注意。 【夫妻】　　　　　　卯			七殺（廟） ・宮威強－部下後輩友人は強烈な個性の持ち主で、深く付き合うことは難しい。 ・宮威弱－部下後輩友人により厄介ごとやトラブルを被る恐れがある。 【奴僕】　　　　　　戌
破軍（地） ・子供はあまり親の言うことを聞かず、子供との縁は薄いものとなりがちである。 ・宮威弱－親子の仲が悪くなる。あるいは子供ができないか、子供は早くに家を出ていくようなことになる。 ・羊陀同宮－子供は親に反抗するようになる。 【子女】　　　　　　寅	[命無正曜格] ・なにかと物入りで出費が多く、大きな財産を築くのは難しい。 ・宮威弱－蓄財するのはなかなか難しい。 【財帛】　　　　　　丑	紫微（平） [府相朝垣格] ・宮威強－おおむね健康である。 ・宮威弱－胃潰瘍に注意。また痩せていて体力がない。 ・羊鈴加会－胃炎、消化不良、胃腸潰瘍などに注意。 ・空劫加会－熱症、心臓性喘息や気管支炎の暗示。 【疾厄】　　　　　　子	天機（平） ・宮威強－遠地遠方で発展する運勢である。 ・宮威弱－遠地に赴くことで苦労を被る。 ・擎羊、陀羅が同宮加会すると、交通事故など、外出先での怪我や事故に注意が必要である。 【遷移】　　　　　　亥

甲年生
【兄弟】廉貞（禄）　　【子女】破軍（権）　【田宅】武曲（科）　【官禄】太陽（忌）
【子女】禄存　　　　　【夫妻】擎羊　　　　【財帛】陀羅・天魁　【福徳】天鉞
・事業はスムーズに行かない傾向があるが、生活に窮するほどではない。
・結婚生活は波風が立つ恐れがあるので、安定させる努力が必要である。

乙年生
【遷移】天機（禄）　　【官禄】天梁（権）　【疾厄】紫微（科）　【命宮】太陰（忌）　【夫妻】禄存
【兄弟】擎羊　　　　　【子女】陀羅　　　　【疾厄】天魁　　　　【田宅】天鉞
・策を弄し人を動かそうとする傾向があるが、なかなか思うようには行かない。
・基本的に事業運は良く、思うように仕事をするが、財運はあまり強くないので、大きく稼ぐことは難しい。その他の星がどこ入るのかをよく見て判断すること。

丙年生
【福徳】天同（禄）　　【遷移】天機（権）　【兄弟】廉貞（忌）　【命宮】禄存
【父母】擎羊　　　　　【兄弟】陀羅　　　　【遷移】天魁　　　　【官禄】天鉞
・少しく成功を得て安定する運勢であるが、その他の星がどこに入るかをよく見て判断すること。
・兄弟や友人から面倒をかけられる恐れがある。

丁年生
【命宮】太陰（禄）　　【福徳】天同（権）　【遷移】天機（科）　【福徳】巨門（忌）　【父母】禄存
【福徳】擎羊　　　　　【命宮】陀羅　　　　【遷移】天魁　　　　【官禄】天鉞
[科名会禄格] まず学を深め技術を磨き、その後に財を得る。
・基本的に、成功し地位と名誉と財を得る運勢であるが、命宮宮威弱ければそのために苦労を伴うことになる。また精神的満足を得にくい傾向がある。　・比較的安定した家庭環境に育つ。

戊年生
【父母】貪狼（禄）　　【命宮】太陰（権）　【遷移】天機（忌）　【命宮】禄存
【父母】擎羊　　　　　【兄弟】陀羅　　　　【財帛】天魁　　　　【福徳】天鉞
・命宮宮威強ければ成功し、かなりの財を築くことができ、弱ければその度合いは小さくなる。
・交通事故や外出時の怪我や事故には注意すること。
・比較的恵まれた家庭環境に育つ。

己年生
【田宅】武曲（禄）　　【父母】貪狼（権）　【官禄】天梁（科）　【父母】禄存
【福徳】擎羊　　　　　【命宮】陀羅　　　　【疾厄】天魁　　　　【田宅】天鉞
・地位と名誉を得ることはできるが、大きな財は築くのは難しい。事業や仕事では知恵を巡らせ創意工夫する。　・安定した家庭環境に生まれるが、両親は子供を厳しく躾け教育する。

庚年生
【官禄】太陽（禄）　　【田宅】武曲（権）　【命宮】太陰（科）　【福徳】天同（忌）
【田宅】禄存　　　　　【官禄】擎羊　　　　【福徳】陀羅・天鉞　【財帛】天魁
・事業運・職業運は良く、よい職に就き高給を得るが、大きな財産を築くのは難しい。
・気苦労が多く、心配性となる暗示がある。

辛年生
【福徳】巨門（禄）　　【官禄】太陽（権）　【官禄】禄存　　　　【奴僕】擎羊
【田宅】陀羅　　　　　【父母】天魁　　　　【子女】天鉞
・事業／職業運は良く、また夫婦仲も良く安定し、配偶者から多くの支援や協力を得る。
・やや情緒不安定なところがあり気苦労が多く、心身の安定に欠ける傾向がある。

壬年生
【官禄】天梁（禄）　　【疾厄】紫微（権）　【田宅】武曲（忌）　【遷移】禄存
【疾厄】擎羊　　　　　【奴僕】陀羅　　　　【夫妻】天魁　　　　【命宮】天鉞
・命宮宮威強ければ成功を得られるが、弱ければそのために相当の努力と苦労を伴うことになる。
・家庭内が多少ゴタゴタする。また大きな不動産を得ることは難しい。

癸年生
【子女】破軍（禄）　　【福徳】巨門（権）　【命宮】太陰（科）　【父母】貪狼（忌）　【疾厄】禄存
【財帛】擎羊　　　　　【遷移】陀羅　　　　【夫妻】天魁　　　　【命宮】天鉞
・生育環境はあまり恵まれたものとは言えず、両親との縁も薄いものとなる。
・そのことに発奮し、少しく成功を得ることができるが、あまり大きな財は得られない。

7　紫微子・命宮午

太陰（陷） ・宮威強－兄弟は孤独で暗い感じの人で、縁は薄いものとなり、あまり仲もよくないし、大きな助力は得られない。 ・宮威弱－兄弟とは好みやセンスが合わず、あまり仲はよくない。 【兄弟】　　　　巳	貪狼（旺） ［泛水桃花格］ 【命宮】　　　　午	天同（不） 巨門（不） ・宮威強－両親は病弱であるか、ルーズでアバウトな性格の人である。 ・宮威弱－あまり恵まれた環境では育たず、また両親との縁も薄く、場合によっては対立することもある。 【父母】　　　　未	武曲（地） 天相（廟） ［紫府朝垣格］ ・宮威強－人生の前半は苦労も多いが、後半はその苦労から逃れ安定した人生を送ることができる。 ・宮威弱－何かと気苦労が多くなる。 【福徳】　　　　申
天府（廟） 廉貞（利） ・宮威強－配偶者は優しくもあり厳しくもあるが、逞しく頼りになり、夫婦仲良く添い遂げることができる。 ・宮威弱－夫婦間の縁は薄いものとなり、距離を置くようになる。 ・昌曲左右が同宮すると異性問題の暗示あり注意。 【夫妻】　　　　辰	泛水桃花格 蝶が蜜を求め花に群がるように、 恋に身をやつす。 ・命宮宮威強ければ、チャーミングな容貌と美しい肢体に恵まれ、異性の目を惹き付ける。 ・文学や芸術に関心が強く、音楽やダンス、文学や映画、舞台芸術などに才能があり、多芸多才である。 ・基本的に情け深い優しい人であるが、ともすれば情に流されることがあるので注意が必要である。一方、物欲やその他の欲求が強く、自分ひとりで決断し目標まで最短距離を進む。 ・羊同宮－馬頭帯箭格となり、警察や軍隊など厳しい組織の中で頭角を現す。 ・左右魁鉞同宮－大志を抱き事業に邁進する。 ・曲昌が同宮加会－桃花が強くなり、センスもよくなるが、恋多き人となりスキャンダルをまき散らすことがあるので注意が必要である。 ・命宮宮威強－酒色に身をやつし、深夜まで遊び歩くようになる。陀羅が同宮すると、そのことにより疲弊することになる。 ・火鈴同宮－突然発展し、突然破れる。 ・羊か陀と化忌同宮－性を巡るトラブルに会う恐れがある。		太陽（平） 天梁（地） ・宮威強－不動産を所有することができる。 ・宮威弱－不動産を所有できないか、家屋や家庭のことで面倒な目に会う。 ・火羊が同宮すれば火災に注意。 ・羊陀が同宮すれば盗難に注意。 【田宅】　　　　酉
［命無正曜格］ ・子供の中には良い子もいれば、そうでない子もいる。 ・空劫同宮－子供はいないか、いても育てにくい子供である。 【子女】　　　　卯	^^		七殺（廟） ・工業、商業、軍隊や警察公安などの内勤業務、哲学の研究述述、文芸創作、個人的なサービス業、体育教師、スポーツ選手などに向く。 【官禄】　　　　戌
破軍（地） ・豪快に金を使うか、なにかと金銭が出ていくことになる。 ・宮威強－最初は支出の方が多いが、次第に蓄財するようになる。 ・宮威弱－財を築くのは難しい。 【財帛】　　　　寅	［命無正曜格］ ・元気そうに見えて潜在的に病因を持つことがあるので、定期的に健康診断を受けるのが望ましい。 ・心臓病、寒気、気管支炎、風邪、膿などに注意。 ・羊火加会－飲酒過多による疾病に注意。 ・陀忌加会－耳や目の疾患に注意すること。 【疾厄】　　　　丑	紫微（平） ［府相朝垣格］ ・宮威強－遠地や外出先で実力者や地位のある人の知己を得てチャンスをつかみ、また助力を得る。 ・宮威弱－遠地や外出先で些細で煩雑な面倒事が発生する。 ・羊陀同宮加会－交通事故など、外出先での事故や怪我に注意。 【遷移】　　　　子	天機（平） ・宮威強－部下後輩友人は有能で大いに助けになる。 ・宮威弱－部下後輩友人は気まぐれで心が変わりやすいので、あまり信用しすぎず警戒すること。 ・昌曲加会－SNSやメールなどを通じた友人ができとても仲良くなる。 【奴僕】　　　　亥

甲年生
【夫妻】廉貞（禄）　　【財帛】破軍（権）　　【福徳】武曲（科）　　【田宅】太陽（忌）
【財帛】禄存　　　　　【子女】擎羊　　　　　【疾厄】陀羅・天魁　　【父母】天鉞
- 夫婦で共通の嗜好やセンスを持っており、芸術や芸能娯楽を一緒に楽しみ、いろんな人たちと賑やかに交際する。中には飲食業や服飾業などの仕事を夫婦で営む人もいる。
- 財運もなかなかのものである。

乙年生
【奴僕】天機（禄）　　【田宅】天梁（権）　　【遷移】紫微（科）　　【兄弟】太陰（忌）　　【子女】禄存
【夫妻】擎羊　　　　　【財帛】陀羅　　　　　【遷移】天魁　　　　　【福徳】天鉞
- 真面目で良識があり、優れた見識を持つが、人の目や他人の評価を気にするところがある。
- 異性関係については理性と節度を保つこと。

丙年生
【父母】天同（禄）　　【奴僕】天機（権）　　【夫妻】廉貞（忌）　　【兄弟】禄存
【命宮】擎羊　　　　　【夫妻】陀羅　　　　　【奴僕】天魁　　　　　【田宅】天鉞
- 結婚生活は波風が立つ暗示があるので、夫婦仲良く理解しあう努力が大切である。
- 裕福で優しく理解のある両親の元で育つ。

丁年生
【兄弟】太陰（禄）　　【父母】天同（権）　　【奴僕】天機（科）　　【父母】巨門（忌）　　【命宮】禄存
【父母】擎羊　　　　　【兄弟】陀羅　　　　　【奴僕】天魁　　　　　【田宅】天鉞
［科権禄夾格］財も地位も得る吉格。
- 両親との関係は良好とは言えず、場合によっては対立することもある。また健康には注意が必要。
- 大きく生活に困ることはない。

戊年生
【命宮】貪狼（禄）　　【兄弟】太陰（権）　　【奴僕】天機（忌）　　【兄弟】禄存
【命宮】擎羊　　　　　【夫妻】陀羅　　　　　【疾厄】天魁　　　　　【父母】天鉞
- 財運はあるが願望や欲も多いため、蓄財するには困難を伴う。また部下後輩や友人によりトラブルや損害を被る恐れあり。

己年生
【福徳】武曲（禄）　　【命宮】貪狼（権）　　【田宅】天梁（科）　　【命宮】禄存
【父母】擎羊　　　　　【兄弟】陀羅　　　　　【遷移】天魁　　　　　【福徳】天鉞
- そこそこ安定した良好な運勢であるが、その他の星がどこに入るかをよく見て判断すること。

庚年生
【田宅】太陽（禄）　　【福徳】武曲（権）　　【兄弟】太陰（科）　　【父母】天同（忌）
【福徳】禄存　　　　　【田宅】擎羊　　　　　【父母】陀羅・天鉞　　【疾厄】天魁
- 生まれ育った環境は、あまり恵まれた環境とは言いがたく、両親との関係も良いとは言えない。
- 命宮や田宅宮の宮威強ければ、不動産や快適な住居を手にすることができる。

辛年生
【父母】巨門（禄）　　【田宅】太陽（権）　　【田宅】禄存　　　　　【官禄】擎羊
【福徳】陀羅　　　　　【命宮】天魁　　　　　【財帛】天鉞
- あまり安定した運勢とは言えないが、その他の星がどこに入るかをよく見て判断すること。
- 両親は裕福であるが、途中で財を失うようなことがある。

壬年生
【田宅】天梁（禄）　　【遷移】紫微（権）　　【福徳】武曲（忌）　　【奴僕】禄存
【遷移】擎羊　　　　　【官禄】陀羅　　　　　【子女】天魁　　　　　【兄弟】天鉞
- 不安定な生活となる恐れがあるので、まずは生活を整えることが肝要である。
- なにかと心配事があり、精神的にも安定しないことが多い。

癸年生
【財帛】破軍（禄）　　【父母】巨門（権）　　【兄弟】太陰（科）　　【命宮】貪狼（忌）　　【遷移】禄存
【疾厄】擎羊　　　　　【奴僕】陀羅　　　　　【子女】天魁　　　　　【兄弟】天鉞
［科権禄夾格］財も地位も得る吉格。
- 財は大きく入る運であるが、交際や酒色に金銭を使い、あまり蓄財できない恐れがある。無駄な出費や浪費をコントロールすることが蓄財への道である。

8 紫微子・命宮未

【夫妻】 巳	【兄弟】 午	【命宮】 未	【父母】 申
太陰（陥） ・配偶者は内向的で身体もあまり丈夫ではない。 ・宮威弱－最悪の場合、別離を経験することになる。 ・天姚、文昌文曲が同宮加会したり左輔右弼が同宮すれば、異性関係で問題を起こす恐れがあるので要注意。	**貪狼（旺）** [泛水桃花格] ・宮威強くても兄弟間の縁は薄いものとなり、弱ければ兄弟とは不仲となる。また宮威弱ければ兄弟の中によくない者がいてトラブルを被ることがある。	**天同（不）** **巨門（不）**	**武曲（地）** **天相（廟）** [紫府朝垣格] ・両親のうち片方は厳しくもう片方は優しい人である。両親は愛情深く子供を育てる。 ・宮威強－両親との関係は良好で仲もよい。 ・宮威弱－両親との関係はあまり良好とは言えない。

【子女】 辰		【福徳】 酉
天府（廟） **廉貞（利）** ・宮威強－子供との縁は深く仲がよく、子供は力になってくれる。 ・宮威弱－子供との縁は薄く、子供と仲違いすることもある。 ・空劫同宮－子供はいないか、いても育てにくい子供である。	・研究心が旺盛で、企画力、分析力に長けている。頭の回転の速い人なので自信家が多く、時に強引で独断的となることもある。 ・話し好きだが、言い方に問題があり、人から誤解を受けることがある。 ・多忙で、絶えず何かをして動き回っている。 ・仕事の上では独特の発想を持ち、猥雑な環境でも仕事をすることができる。 ・サービス業、学術研究などに向き、大きなビジネスを自ら創始するのには向かない。 ・恋愛や結婚は波乱含みで思わぬ方向に流れ、なかなか思うようにならない。	**太陽（平）** **天梁（地）** ・思考を巡らし、自然科学や哲学の研究などを好むが、人の話をあまり聞かず夢想にふけったり、企画だおれとなるきらいがある。 ・宮威弱－物事を考え過ぎ、悶々とすることがある。

【財帛】 卯		【田宅】 戌
[命無正曜格] ・宮威強－少しく蓄財することはできるが、大きな財を築くのは難しい。 ・宮威弱－財運はあまり大きなものではない。	・若年中は苦労するが、中年以降は安定する。 ・何事も欲を出して無理強いするとトラブルを招くことになるので注意。 ・命宮宮威強－家にいるのを好み、新規の物事に手を出すのは好まず、あるものを受け入れ、安定した生活を送ることができる。 ・命宮宮威弱－口舌トラブルの暗示。苦労症で、自分の境遇を他者や社会のせいにする。精神的に不安定となりやすいので、物事を慎重に運ぶように心がけること。 ・文曲同宮－医学や玄学（占術、神秘学、宗教など）に関心を持ち、才能を発揮する。	**七殺（廟）** ・宮威強－少しく不動産を所有する。 ・宮威弱－ひとつの家屋や不動産を長く保持するのは難しい。 ・火羊が同宮すれば火災に注意。 ・羊陀が同宮すれば盗難に注意。

【疾厄】 寅	【遷移】 丑	【奴僕】 子	【官禄】 亥
破軍（地） ・宮威強－おおむね健康である。 ・宮威弱－できもの、アトピー皮膚炎などに注意。陀羅が加会すれば手足など身体のどこかに傷を負い傷跡が残ることになる。	[命無正曜格] ・生地を離れることや、遠地に赴くことはあまりよくない。そこで苦労することになる。 ・宮威弱－遠行には災害を伴う暗示あり。外出先で事故や怪我を負うことになるので注意すること。特に羊陀が同宮加会すれば、さらにその傾向が強まる。	**紫微（平）** [府相朝垣格] ・宮威強－部下後輩友人には立派な者がいる。 ・宮威弱－部下後輩友人の中に、えらそうで横柄な者がいる。	**天機（平）** ・宮威強－グループのリーダーや小さな店の店主にはなれるが、大きな事業の経営には向かない。 ・宮威弱－職をいろいろ変えることになり、あまり高い地位は得られない。 ・サービス業、ファッション、エステ、ヘアメイク、花屋、ランジェリーショップなどに適す。

甲年生
【子女】廉貞（禄）　　【疾厄】破軍（権）　　【父母】武曲（科）　　【福徳】太陽（忌）
【疾厄】禄存　　　　　【財帛】擎羊　　　　　【遷移】陀羅・天魁　　【命宮】天鉞
［天乙拱命格］学識高く人の縁に恵まれ幸運を得る。
　・事業／仕事運は波があり、なかなか思うようにはいかない。
　・両親は頭がよくインテリで、立派な人である。

乙年生
【官禄】天機（禄）　　【福徳】天梁（権）　　【奴僕】紫微（科）　　【夫妻】太陰（忌）　　【財帛】禄存
【子女】擎羊　　　　　【疾厄】陀羅　　　　　【奴僕】天魁　　　　　【父母】天鉞
　・事業／仕事運は良好で、よい職業に就き出世することができる。
　・結婚生活には波があり、安定しない傾向がある。夫婦円満を心がけること。

丙年生
【命宮】天同（禄）　　【官禄】天機（権）　　【子女】廉貞（忌）　　【夫妻】禄存
【兄弟】擎羊　　　　　【子女】陀羅　　　　　【官禄】天魁　　　　　【福徳】天鉞
　・財運はあるが、何事も怠惰となり、ルーズに流されることがあるので注意すること。
　・子供に手を焼いたり、煩わされる暗示がある。

丁年生
【夫妻】太陰（禄）　　【命宮】天同（権）　　【官禄】天機（科）　　【命宮】巨門（忌）　　【兄弟】禄存
【命宮】擎羊　　　　　【夫妻】陀羅　　　　　【官禄】天魁　　　　　【福徳】天鉞
　・常に新しいことを始めようとするが、なかなか一筋縄には行かない。命宮宮威強ければ、そこそこ安定した運勢である。　・結婚運は良好で、幸せな結婚生活を送ることができる。

戊年生
【兄弟】貪狼（禄）　　【夫妻】太陰（権）　　【官禄】天機（忌）　　【夫妻】禄存
【兄弟】擎羊　　　　　【子女】陀羅　　　　　【遷移】天魁　　　　　【命宮】天鉞
［天乙拱命格］学識高く人の縁に恵まれ幸運を得る。
　・あまり高い地位には就けないが、命宮宮威強ければ安定した人生を送ることができる。
　・家庭内の実権は配偶者が握ることになる（亭主関白カカア天下）。

己年生
【父母】武曲（禄）　　【兄弟】貪狼（権）　　【福徳】天梁（科）　　【兄弟】禄存
【命宮】擎羊　　　　　【夫妻】陀羅　　　　　【奴僕】天魁　　　　　【父母】天鉞
［科権禄夾格］命宮宮威強ければ、地位も財産を望むままに得ることができる。
　・親戚縁者は裕福で立派な人が多く、また地位ある人や実力者の援助を受ける暗示がある。

庚年生
【福徳】太陽（禄）　　【父母】武曲（権）　　【夫妻】太陰（科）　　【命宮】天同（忌）
【父母】禄存　　　　　【福徳】擎羊　　　　　【命宮】陀羅・天鉞　　【遷移】天魁
［天乙拱命格］学識高く人の縁に恵まれ幸運を得る。
　・少しく財を築き安定した生活を送ることができるが、精神的に不安定となることが多い。
　・両親は厳格で厳しい教えの家風であり、子弟を厳しく躾け教育する。

辛年生
【命宮】巨門（禄）　　【福徳】太陽（権）　　【福徳】禄存　　　　　【田宅】擎羊
【父母】陀羅　　　　　【兄弟】天魁　　　　　【疾厄】天鉞
　・少しく財を得ることはできるが、大きな財を築くのは難しい。

壬年生
【福徳】天梁（禄）　　【奴僕】紫微（権）　　【父母】武曲（忌）　　【官禄】禄存
【奴僕】擎羊　　　　　【田宅】陀羅　　　　　【財帛】天魁　　　　　【夫妻】天鉞
　・大きな財は得られず、金銭の悩みを抱える。命宮宮威強ければそれなりに安定した運勢である。
　・生家はあまり裕福でないか、あるいは両親との関係が悪く、縁は薄くなる暗示がある。

癸年生
【疾厄】破軍（禄）　　【命宮】巨門（権）　　【夫妻】太陰（科）　　【兄弟】貪狼（忌）　　【奴僕】禄存
【遷移】擎羊　　　　　【官禄】陀羅　　　　　【財帛】天魁　　　　　【夫妻】天鉞
　・大きな成功を望むことはできないが、配偶者は聡明で立派な人で、力になり、安定した幸せな結婚生を送ることができる。ただ配偶者は内気で健康に優れないことがある。
　・兄弟や友人から、なにか面倒をかけられることがある。

第2章　紫微斗数14主星配置一覧　　41

9　紫微子・命宮申

太陰（陷） ・宮威強ー良い子供に恵まれ、子供とはよい関係である。 ・宮威弱ー子供とは不仲となる。空劫が同宮加会すれば育てにくい子供となり、羊陀に会えば子供は親の言うことを聞かず親に反抗するようになる。 【子女】　　　　　　巳	貪狼（旺） [泛水桃花格] ・惚れっぽい恋愛体質の人が多い。恋愛中は相手に夢中で心を開いて自分をさらけ出す。しかし結婚後は気の多さが災いすることがあるので注意。 ・昌曲左右が同宮すれば、異性関係で問題を起こす恐れがあるので注意が必要である。 【夫妻】　　　　　　午	天同（不） 巨門（不） ・兄弟にはあまり立派な人はいない。宮威強ければ兄弟仲はよいが、兄弟から面倒を被ることがある。 ・宮威弱ー兄弟仲はあまりよいものではなく、その関係も冷めたものとなる。 【兄弟】　　　　　　未	武曲（地） 天相（廟） [紫府朝垣格] 【命宮】　　　　　　申
天府（廟） 廉貞（利） ・宮威強ー財運は良好で、商業やビジネスの分野で成功し財を得る。 ・宮威弱ー財を得るまでに困難を伴い、財は入ったり出たりでなかなか安定しない。 【財帛】　　　　　　辰	\multicolumn{2}{c|}{紫府朝垣格 人格高潔、富貴と健康長寿に恵まれ 地位ある人の援助に浴す。 ・強さと優しさを兼ね備えた人で、謙虚で才能豊か（多芸多才）である。 ・勤勉で社交的なため、地位ある人の助けを受ける。まず生活に困窮することはない。 ・正義感あふれる人であり、人のために尽くすのを好む世話好きな人である。 ・逆境の中にあっても泰然自若としている。 ・基本的に慎重で穏健なのだが、時として人の意表を突く行動に出ることがある。外面と内面に違いがあり（剛と柔）、感情にムラがあり気持ちが一定しないところがある。 ・恋愛や結婚において弱気になる恐れ、あるいは気が多くなる暗示あり。 ・命宮宮威強ー財と地位と名誉を手にし、新しい事業や物事を創始する才能がある。政治家や実業家として発展し、企業や組織の中枢に身を置くようになる。 ・命宮宮威弱ーさらに火星と同宮すれば人と意見が合わず対立することになる。また怪我をしたり、金銭のトラブルを被る暗示がある。}		太陽（平） 天梁（地） ・生家はどちらかと言うと伝統的な家風の家で、両親との関係は良好で、仲もよい。 ・宮威弱ー両親のどちらかと意見が合わず対立するようになる。 【父母】　　　　　　酉
[命無正曜格] ・宮威強ーおおむね健康である。 ・宮威弱ー便秘、ホルモン異常、心臓病などに注意すること。 【疾厄】　　　　　　卯			七殺（廟） ・冒険心やチャレンジ精神に富み、ある日突然動き出すようなところがある。 ・宮威弱ければ、あちこち動き回っても、それは徒労に終わることになる。 【福徳】　　　　　　戌
破軍（地） ・外出運や移動運はあまりよいものではない。疲労ばかりが多いものである。 ・羊陀同宮加会ー交通事故など外出先での事故や怪我に注意。 【遷移】　　　　　　寅	[命無正曜格] ・優秀な部下後輩友人もいれば、あまり優秀でない人もいる。 ・宮威強ー部下後輩友人が大いに助けになってくれる。 ・宮威弱ー部下や後輩友人のためにトラブルを被ることがある。 【奴僕】　　　　　　丑	紫微（平） [府相朝垣格] ・あまりリーダーシップを発揮することはない。 ・宮威強ー高い職位に昇り高給を得ることができる。 ・宮威弱ーリーダーシップを発揮できず、高い職位に昇るのは難しい。 ・宗教、哲学、占術、学術研究、著述業、百貨店、行政などに適す。 【官禄】　　　　　　子	天機（平） ・宮威強ー不動産を売ったり買ったりするので、ひとつの住居に長くいることはない。 ・宮威弱ーあまり大きな不動産は持てない。 ・火羊が同宮すれば火災に注意。 ・羊陀が同宮すれば盗難に注意。 【田宅】　　　　　　亥

甲年生
【財帛】廉貞（禄）　【遷移】破軍（権）　【命宮】武曲（科）　【父母】太陽（忌）
【遷移】禄存　　　　【疾厄】擎羊　　　　【奴僕】陀羅・天魁　【兄弟】天鉞
［三奇加会格］財運強く、幸運に恵まれ大いに発展する吉命。
［科権禄主格］吉命だが、凶星の沖破を恐れる。
・生家は貧しいか両親との縁が薄い暗示があるが、命宮宮威強ければ大いに発展し、財と地位と名誉を手にする。宮威弱くてもそれなりに安定した良好な運勢である。

乙年生
【田宅】天機（禄）　【父母】天梁（権）　【官禄】紫微（科）　【子女】太陰（忌）　【疾厄】禄存
【財帛】擎羊　　　　【遷移】陀羅　　　　【官禄】天魁　　　　【命宮】天鉞
・命宮や官禄の宮威強ければ高い職位に昇り高給を得るが、弱ければ平凡なサラリーマン等となる。
・両親は落ち着いた謹厳で立派な人であるが、子供の躾や教育は厳しい。

丙年生
【兄弟】天同（禄）　【田宅】天機（権）　【財帛】廉貞（忌）　【子女】禄存
【夫妻】擎羊　　　　【財帛】陀羅　　　　【田宅】天魁　　　　【父母】天鉞
・命宮宮威強ければそこそこ安定した運勢であるが、弱ければ少々不安定な運勢となる。
・自宅のことや家庭内のことで、自分の意見や思いを通そうとすることがある。

丁年生
【子女】太陰（禄）　【兄弟】天同（権）　【田宅】天機（科）　【兄弟】巨門（忌）　【夫妻】禄存
【兄弟】擎羊　　　　【子女】陀羅　　　　【田宅】天魁　　　　【父母】天鉞
・そこそこの地位に昇る運勢ではあるが、命宮の宮威が弱ければそれほどのこともない。
・兄弟や友人の中に、威丈高で高飛車な態度を取る者がいるが、力になってくれる。

戊年生
【夫妻】貪狼（禄）　【子女】太陰（権）　【田宅】天機（忌）　【子女】禄存
【夫妻】擎羊　　　　【財帛】陀羅　　　　【奴僕】天魁　　　　【兄弟】天鉞
・配偶者や子供など、家族との関係は良好で家庭内も安定する。命宮宮威が強ければ幸せな家庭を築くことができる。

己年生
【命宮】武曲（禄）　【夫妻】貪狼（権）　【父母】天梁（科）　【夫妻】禄存
【兄弟】擎羊　　　　【子女】陀羅　　　　【官禄】天魁　　　　【命宮】天鉞
・両親や目上の人の助力にあずかることができる。また本人も一定の成功を収める。
・配偶者は自分の考えを持ち、夫婦それぞれが自分の仕事や役割を担うようになる。また家庭では配偶者が実権を握る傾向がある（亭主関白カカア天下）。

庚年生
【父母】太陽（禄）　【命宮】武曲（権）　【子女】太陰（科）　【兄弟】天同（忌）
【命宮】禄存　　　　【父母】擎羊　　　　【兄弟】陀羅・天鉞　【奴僕】天魁
・優秀な家系に生まれ、父祖の業を引き継いで発展させる。命宮宮威が強ければ大いに発展し、弱ければ成功のためには相当の努力と苦労を伴うこととなる。
・兄弟や友人から、面倒をかけられることがある。

辛年生
【兄弟】巨門（禄）　【父母】太陽（権）　【父母】禄存　　　　【福徳】擎羊
【命宮】陀羅　　　　【夫妻】天魁　　　　【遷移】天鉞
［化権禄夾格］財と地位をそなえた吉命。
・両親は教育熱心で子供に対して厳しいが、大きな援助を与えてくれる。

壬年生
【父母】天梁（禄）　【官禄】紫微（権）　【命宮】武曲（忌）　【田宅】禄存
【官禄】擎羊　　　　【福徳】陀羅　　　　【疾厄】天魁　　　　【子女】天鉞
・基本的に成功し発展する運勢であるが、突然の失敗や事故や落胆に襲われる暗示がある。
・両親は金銭には淡白な人だが、真面目で正義感のある人で、愛情深く育てられる。

癸年生
【遷移】破軍（禄）　【兄弟】巨門（権）　【子女】太陰（科）　【夫妻】貪狼（忌）　【官禄】禄存
【奴僕】擎羊　　　　【田宅】陀羅　　　　【疾厄】天魁　　　　【子女】天鉞
・生地を離れて、あるいは活発に外出、外交することで成功する。
・仕事に熱中するあまり家庭をおろそかにすることがあるので注意すること。

10　紫微子・命宮酉

太陰（陥） ・宮威強－あまり大きな財産は築かない。 ・宮威弱－財運は弱い。 【財帛】　　　　巳	貪狼（旺） [泛水桃花格] ・宮威強－子供は才能豊かで、立派に育つ。 ・宮威弱－子供は多趣味な子供であるが、あまり力にはなってくれない。 ・羊陀同宮－親の言うことを聞かず最悪の場合、親に反抗するようになる。 【子女】　　　　午	天同（不） 巨門（不） ・宮威強－夫婦間の関係は浅いものとなるが、互いに距離を置くことでかえってうまくいく。 ・宮威弱－夫婦間で言い争いが絶えず、家庭内の安定をはかるのが難しい。 ・昌曲左右が同宮すれば、複数の異性との恋愛や、男女問題の恐れあり。 【夫妻】　　　　未	武曲（地） 天相（廟） [紫府朝垣格] ・宮威強－兄弟それぞれが発展成功するが、その縁は薄いものとなる。 ・宮威弱－兄弟はバラバラで、力を合わせることは少ない。 【兄弟】　　　　申
天府（廟） 廉貞（利） ・宮威強－おおむね健康である。 ・宮威弱－便秘、内分泌失調、心臓病、皮膚病、神経痛、痔疾などに注意。 ・羊陀火鈴同宮－精神不安、また手足に傷が残ることがある。 【疾厄】　　　　辰	・クールな感じを人に与えることがある。真面目であるが、冷静に物事に対応するので、人によっては冷めた感じを与える。 ・優秀な資質を持つが、それが現れ実績を残すためには困難を伴うことがある。また懐才不遇となる傾向がある。 ・根は正直で実直、誠実な人であるが、安定性に欠け、周囲からの影響を強く受ける。 ・晩年に発展する象であり、中年以降に安定するようになる。 ・命宮宮威強－成功を収めることができるが、そのためには不断の努力と激しい奮闘が必要となる。また急な事態に遭遇するとあわててパニックを起こすようなことがある。焦るとかえって事をしそんじることがあるので、何事も慎重に取り組むことが肝要である。 ・命宮宮威弱－気ままで熱しやすく冷めやすい。始めはよいのだが、その努力を最後まで継続するのが苦手となり、終始をしめくくれない傾向が見られるようになる（竜頭蛇尾）。継続する努力が大事である。		太陽（平） 天梁（地） 【命宮】　　　　酉
[命無正曜格] ・宮威強－遠地に赴いたり外出し活動することが、さほど有利には働かない。 ・宮威弱－なかなか居所が定まらず、各地を転々とすることになる。 ・羊陀同宮加会－交通事故など、外出先での怪我や事故には注意すること。 【遷移】　　　　卯			七殺（廟） ・両親は大変厳格で躾にもきびしい人で、宮威強ければ、子供はその教えを守り立派に成長する。宮威弱ければ子供はその厳しさに耐えきれず、早くに家を飛び出したり親に反抗するようになる。 【父母】　　　　戌
破軍（地） ・宮威強－優秀な部下や友人後輩に恵まれ、大いに助力を得る。しかしその交友は長く続かない傾向がある。 ・宮威弱－部下友人後輩は多いが、それぞれが忙しかったり落ち着きがない人であったりして、あまり力にはならない。 【奴僕】　　　　寅	[命無正曜格] ・マスコミ、サービス業、飲食業、公務員、医薬、貿易、代理店、政治、営業、宗教関係、中古品売買などに適性がある。 ・宮威強－成功もするが失敗することもある。 ・宮威弱－大きな成功を得るのは難しい。 【官禄】　　　　丑	紫微（平） [府相朝垣格] ・宮威強－不動産を得、また立派な住居に住まうことができる。 ・宮威弱－不動産を得たとしても手放すようなことになり、不動産運はあまり良好ではない。 ・火羊同宮－火災に注意。 ・羊陀同宮－盗難に注意。 【田宅】　　　　子	天機（平） ・常に現状に対する問題意識を持ち考え続けるのでなかなか心が休まらず、精神的にも安定しない。 ・宮威強－精神的満足度はそこそこである。 ・宮威弱－精神的満足を得にくくなる。 【福徳】　　　　亥

甲年生
【疾厄】廉貞（禄）　　【奴僕】破軍（権）　【兄弟】武曲（科）　【命宮】太陽（忌）
【奴僕】禄存　　　　　【遷移】擎羊　　　　【官禄】陀羅・天魁　【夫妻】天鉞
- 命宮宮威強ければ、日々厳しい責任を負って努力し苦労する中で、それなりに成功し地位を獲得する。命宮宮威弱ければ、なかなか自分の意見を聞き入れてもらえず、苦労する。
- 部下友人後輩の中に、自己主張が強く自分の意見を曲げない人がいる。

乙年生
【福徳】天機（禄）　　【命宮】天梁（権）　【田宅】紫微（科）　【財帛】太陰（忌）　【遷移】禄存
【疾厄】擎羊　　　　　【奴僕】陀羅　　　　【田宅】天魁　　　　【兄弟】天鉞
- 基本的に自己努力により成功をつかむ人であるのだが、命宮宮威強くとも財運はさほど大きくはない。命宮宮威弱ければ、あまり大きな財産を築くことはない。

丙年生
【夫妻】天同（禄）　　【福徳】天機（権）　【疾厄】廉貞（忌）　【財帛】禄存
【子女】擎羊　　　　　【疾厄】陀羅　　　　【福徳】天魁　　　　【命宮】天鉞
- 意志が強く、大きな希望を抱く。命宮宮威強ければその願いはかない、それなりに成功するが、弱ければ大きな成功は望めない。配偶者は力になってくれるが、健康には注意すること。

丁年生
【財帛】太陰（禄）　　【夫妻】天同（権）巨門（忌）　　【福徳】天機（科）　【子女】禄存
【夫妻】擎羊　　　　　【財帛】陀羅　　　　【福徳】天魁　　　　【命宮】天鉞
- 名はあっても実を伴わず、事業運は波乱含みで大きな成功は望めないし、結婚生活も波風が立つ恐れがあるが、そこそこの財産を築くことはできる。

戊年生
【子女】貪狼（禄）　　【財帛】太陰（権）　【福徳】天機（忌）　【財帛】禄存
【子女】擎羊　　　　　【疾厄】陀羅　　　　【官禄】天魁　　　　【夫妻】天鉞
- 地位を得ることはできるが、大きな財は築かない。様々なことに思い悩み、精神的な安定を得られにくい傾向がある。一過性の成功で終わる可能性がある。

己年生
【兄弟】武曲（禄）　　【子女】貪狼（権）　【命宮】天梁（科）　【子女】禄存
【夫妻】擎羊　　　　　【財帛】陀羅　　　　【田宅】天魁　　　　【兄弟】天鉞
- 聡明で誠実な人柄であり、命宮宮威強ければ成功し、地位と名誉を手にするが、弱ければそれほどのこともない。

庚年生
【命宮】太陽（禄）　　【兄弟】武曲（権）　【財帛】太陰（科）　【夫妻】天同（忌）
【兄弟】禄存　　　　　【命宮】擎羊　　　　【夫妻】陀羅・天鉞　【官禄】天魁
- 富も地位も名誉も手にすることができる。しかし結婚生活は波乱含みで、そのことが事業運にも影響することがあるので、夫婦円満を心がけること。

辛年生
【夫妻】巨門（禄）　　【命宮】太陽（権）　【命宮】禄存　　　　【父母】擎羊
【兄弟】陀羅　　　　　【子女】天魁　　　　【奴僕】天鉞
- 基本的に安定した吉運である。ただ口舌のトラブルを起こす暗示があるので注意すること。
- 胸に大きな望みを抱き、自分の思いを実現しようとする。
- 配偶者は力になってくれる。

壬年生
【命宮】天梁（禄）　　【田宅】紫微（権）　【兄弟】武曲（忌）　【福徳】禄存
【田宅】擎羊　　　　　【父母】陀羅　　　　【遷移】天魁　　　　【財帛】天鉞
- 命宮宮威強ければ忙しいながらも財産を築く。しかし宮威弱ければ得た財によりトラブルや悩みが起こる暗示があるので注意すること。
- 住居や家庭内のことを、自分の思うように仕切りたいと考えるようになる。

癸年生
【奴僕】破軍（禄）　　【夫妻】巨門（権）　【財帛】太陰（科）　【子女】貪狼（忌）　【田宅】禄存
【官禄】擎羊　　　　　【福徳】陀羅　　　　【遷移】天魁　　　　【財帛】天鉞
- 子供運には恵まれないか子供に苦労するか、セックスのトラブルの暗示。
- 家庭内は配偶者が実権を握るようになる（亭主関白カカア天下）。

11　紫微子・命宮戌

太陰（陥） ・神経衰弱、物忘れ、婦人科系疾患、腎臓病、腰痛腰痛などに注意。 ・また業務上の事故や災害に注意。 【疾厄】　　　　　　巳	貪狼（旺） [泛水桃花格] ・宮威強－貪欲に財を求める傾向がある。 ・宮威弱－投機や賭事、情事などに金銭を投ずるようになるので注意と節制が必要である。 【財帛】　　　　　　午	天同（不） 巨門（不） ・宮威強－子供は怠惰で向上心に欠けるところがあり、親は心配する。 ・宮威弱－子供に恵まれないか、あるいは子供は親の言うことを聞かなくなる。空劫が同宮すれば育てにくい子供である。 【子女】　　　　　　未	武曲（地） 天相（廟） [紫府朝垣格] ・宮威強－夫婦ともに個性が強く、また自己主張が強く、結婚生活に不安定さが生じる。互いに譲りあい理解しあう努力が必要である。 ・宮威弱－結婚生活は波乱含みとなる暗示がある。 ・昌曲左右同宮－恋愛問題。 【夫妻】　　　　　　申
天府（廟） 廉貞（利） ・宮威強－遠地に赴いたり外出することで、実力者との縁ができ支援を得、チャンスをつかむことができる。 ・宮威弱－転居や転職が多くなり、生活に安定を欠くことになる。 【遷移】　　　　　　辰	\multicolumn{2}{l|}{・眉は太く眉骨が盛り上がり、目は大きく鋭い目つきをしており、彫りの深い顔立ちである。 ・独立の気概が強く、人の傘下に入ったり人に付き従うことを好まない。気性が激しくせっかちだが、忍耐強く、困難に負けずに物事に取り組む。変動運である。 ・拘束されたり干渉されるのを嫌うので、しばしば上司と対立しがちである。一方部下や後輩など目下の者の面倒をよく見て力になる。 ・喜怒哀楽が激しく、それを素直に顔に出す。 ・独立心旺盛で、何事にも自分の考えと勇気と行動力で向かっていく。危機や困難に会ってっても自力で解決しようとする。}	太陽（平） 天梁（地） ・宮威強－兄弟との縁は深く仲もよく、おおいに助けられる。 ・宮威弱－兄弟の中には仲のよい者もいれば、そうでない者もいる。 【兄弟】　　　　　　酉
[命無正曜格] ・宮威強－部下後輩友人は大いに力になってくれる。 ・宮威弱－部下後輩友人はあまり力にならない。 【奴僕】　　　　　　卯	・昨日の敵は今日の友という度量の広さもある。 ・政治談義を好み、何事も独力で解決し成し遂げようとする。一生を通じて変化の多い人生である。 ・命宮宮威強－忍耐強く信念を貫き、困難な課題にも勇猛果敢に挑戦し事業を成し遂げる。 ・命宮宮威弱－人間関係に問題があり、孤軍奮闘することとなる。傲慢で無礼な感じを人に与える。感情が一定せず、退くを知らない。最悪の場合、犯罪に手を染めたり、反社会的な人物となることもある。		七殺（廟） 【命宮】　　　　　　戌
破軍（地） ・大規模市場、芸術関係、演芸関係、仲買業、交通運輸関係、投資関係、加工業、警察消防自衛隊、肉体労働などに適す。 【官禄】　　　　　　寅	[命無正曜格] ・宮威強－不動産運はあまり大きなものではない。 ・宮威弱－なかなか居所が定まらず、小さな借家に住むようになる。 ・火羊が同宮すれば火災に注意。 ・羊陀が同宮すれば盗難に注意。 【田宅】　　　　　　丑	紫微（平） [府相朝垣格] ・自尊心が強く、自信家で堂々とした態度を取る。 ・宮威弱－面子や対面にこだわり、失敗することがある。 ・天姚、紅鸞、昌曲が同宮加会すれば、異性好きで好色となる傾向が出てくる。 【福徳】　　　　　　子	天機（平） ・宮威強－両親は平均的な人であり、その関係も淡々としたものである。 ・宮威弱－両親は何かと欠点の多い人であるが、子供を愛し大事にする。 【父母】　　　　　　亥

甲年生
【遷移】廉貞（禄）　　【官禄】破軍（権）　　【夫妻】武曲（科）　　【兄弟】太陽（忌）
【官禄】禄存　　　　　【奴僕】擎羊　　　　　【田宅】陀羅・天魁　　【子女】天鉞
　・事業／仕事運は良好であり、また結婚生活も幸福なものである。
　・兄弟の中に、ひとくせあるような人がいる。

乙年生
【父母】天機（禄）　　【兄弟】天梁（権）　　【福徳】紫微（科）　　【疾厄】太陰（忌）　　【奴僕】禄存
【遷移】擎羊　　　　　【官禄】陀羅　　　　　【福徳】天魁　　　　　【夫妻】天鉞
　［科権禄夾格］財も地位も得る吉格である。
　・比較的裕福で良好な家庭環境で育つ。
　・両親や親戚縁者、友人知己が支えてくれ事業運も良好である。　・健康には十分留意すること。

丙年生
【子女】天同（禄）　　【父母】天機（権）　　【遷移】廉貞（忌）　　【疾厄】禄存
【財帛】擎羊　　　　　【遷移】陀羅　　　　　【父母】天魁　　　　　【兄弟】天鉞
　［貴星夾命格］人の援助に恵まれる。
　・事業運はあまり良好とは言えないが、その他の星もよく見て判断すること。
　・両親は教育熱心で、厳しく子弟を教育する。

丁年生
【疾厄】太陰（禄）　　【子女】天同（権）　　【父母】天機（科）　　【子女】巨門（忌）　　【財帛】禄存
【子女】擎羊　　　　　【疾厄】陀羅　　　　　【父母】天魁　　　　　【兄弟】天鉞
　［貴星夾命格］人の援助に恵まれる。
　・少しく安定した運勢であるが、子供に煩わされることがある。
　・両親がインテリか知識層の家庭に育つ。

戊年生
【財帛】貪狼（禄）　　【疾厄】太陰（権）　　【父母】天機（忌）　　【疾厄】禄存
【財帛】擎羊　　　　　【遷移】陀羅　　　　　【田宅】天魁　　　　　【子女】天鉞
　・普通とは異なる特殊な方面や仕事で財を得ることがある。また、財の出入りは激しい。
　・あまり恵まれてはいない家庭環境に育つ。

己年生
【夫妻】武曲（禄）　　【財帛】貪狼（権）　　【兄弟】天梁（科）　　【財帛】禄存
【子女】擎羊　　　　　【疾厄】陀羅　　　　　【福徳】天魁　　　　　【夫妻】天鉞
　・よい職に就き高給を得て、財と権威を得る。
　・配偶者は裕福な家庭の生まれであるが、夫婦間で意見の対立を見ることがある。

庚年生
【兄弟】太陽（禄）　　【夫妻】武曲（権）　　【疾厄】太陰（科）　　【子女】天同（忌）
【夫妻】禄存　　　　　【兄弟】擎羊　　　　　【子女】陀羅・天鉞　　【田宅】天魁
　・中程度の安定した運勢であるが、家庭内は配偶者が実権を握り、亭主関白カカア天下となる。
　・子供に何か面倒をかけられることがある。

辛年生
【子女】巨門（禄）　　【兄弟】太陽（権）　　【兄弟】禄存　　　　　【命宮】擎羊
【夫妻】陀羅　　　　　【財帛】天魁　　　　　【官禄】天鉞
　・基本的に、あまり強い運気を持つとは言えないが、その他の星もよく見て判断すること。
　・兄弟や友人の中に威丈高で高飛車な態度を取る人がいるが、力になってくれる。

壬年生
【兄弟】天梁（禄）　　【福徳】紫微（権）　　【夫妻】武曲（忌）　　【父母】禄存
【福徳】擎羊　　　　　【命宮】陀羅　　　　　【奴僕】天魁　　　　　【疾厄】天鉞
　・大きな志を抱き、信念の実現に向けて果敢に挑戦する。
　・一生独身であるか、結婚しても生活は波乱含みの暗示があるので夫婦円満を心がけること。

癸年生
【官禄】破軍（禄）　　【子女】巨門（権）　　【疾厄】太陰（科）　　【財帛】貪狼（忌）　　【福徳】禄存
【田宅】擎羊　　　　　【父母】陀羅　　　　　【奴僕】天魁　　　　　【疾厄】天鉞
　・事業や仕事の上で、ひたすら前進し、撤退や再考をしないといったところがあり、財運も安定しないことがある。自分をよく知りコントロールすることが大事である。

第2章　紫微斗数14主星配置一覧　　47

12　紫微子・命宮亥

太陰（陥） ・宮威強－郷里を離れて遠地で発展するが、ビジネス・商売などには向かない。 ・宮威弱－遠地に赴くのはよくない。 ・異性の友人には注意すること。 ・羊陀同宮加会－交通事故など、外出先での怪我や事故には注意すること。 【遷移】　　　　　巳	**貪狼（旺）** [泛水桃花格] ・宮威強－おおむね健康である。 ・宮威弱－生殖器、泌尿器などの疾患に注意。 ・擎羊同宮加会－痔疾、肝炎、眼病の恐れがある。 ・陀羅同宮加会－痔疾、眼病の恐れがある。 【疾厄】　　　　　午	**天同（不）** **巨門（不）** ・宮威強－財は入ったり出たりで一定せず、金銭が入っても蓄財するのは難かしい。 ・宮威弱－金銭に事欠き、やりくりに頭を悩ますようになる。 【財帛】　　　　　未	**武曲（地）** **天相（廟）** [紫府朝垣格] ・宮威強－子供の中には良い子もいれば、そうではない子もいる。 ・宮威弱－子供は不器用でいつも両親が面倒を見てやらなければならない。 【子女】　　　　　申
天府（廟） **廉貞（利）** ・宮威強－部下後輩友人からの支援を多く受ける。 ・宮威弱－部下友人後輩に恵まれず、化忌や四殺が同宮加会すれば部下や友人によりトラブルを被ることがある。 【奴僕】　　　　　辰	・色白で痩せ形の体型で背は高い（インテリタイプ）。 ・命宮宮威強－物腰は柔らかく穏やかで、冷静沈着の人であり、まず激昂するようなことはない。手堅く物事の守りを固めるが、自分から打って出るのは得意ではなく向いていない。男性は助手や戦略企画など、人を補佐したりサポートする立場や仕事に向く。女性は夫をよくサポートし家を守る良妻賢母となる。 ・宮威弱－黄色みを帯びた肌をしており、神経過敏となる。善良な人ではあるが、傷つきやすく、憂いを感じることがある。 ・男性は女性との縁が多く、女性から支援・助力を受けることができる。 ・化忌同宮加会－つまらない策を弄し、失敗して後悔することがある。		**太陽（平）** **天梁（地）** ・宮威強－配偶者は多才で能力に優れ、いろいろなことに挑戦し事業を発展させる。 ・宮威弱－配偶者はわがままで夫婦仲はよくない。 ・晩婚がよろしい。 【夫妻】　　　　　酉
[命無正曜格] ・公職や公務員、貿易・建築・技術関係、宗教文物の取り扱いなどに向く。 ・宮威強－組織やグループのリーダーとなる。 ・宮威弱－低い職席に甘んじることとなる。陀羅が同宮すれば昇進は遅れ、空劫が同宮すればビジネスや商売には向かない。 【官禄】　　　　　卯			**七殺（廟）** ・宮威強－兄弟はそれぞれが発展し活躍するが、兄弟間はしだいに疎遠になり、縁も薄くなる。 ・宮威弱－兄弟仲はあまり良好とは言えない。 【兄弟】　　　　　戌
破軍（地） ・宮威強－不動産物件を売買するが、長くひとつの物件を持ち続けることはない。 ・宮威弱－不動産を得るのは難しい。 ・火羊が同宮すれば火災に注意。 ・羊陀が同宮すれば盗難に注意。 【田宅】　　　　　寅	[命無正曜格] ・宮威強－なかなか精神的満足は得られにくい。 ・吉星が同宮加会すれば、他からの助力を得られるが、それに頼り怠惰に流される傾向が出てくる。 ・宮威弱－多くを考え過ぎて悩み、なかなか行動に結びつかない傾向がある。 【福徳】　　　　　丑	**紫微（平）** [府相朝垣格] ・両親はプライドが高く、真面目で謹厳な家庭に育つ。 ・宮威強－両親は子供を慈しみ、力になってくれる。 ・宮威弱－両親とは意見が合わず、対立するようになる。 【父母】　　　　　子	**天機（平）** 【命宮】　　　　　亥

甲年生
【奴僕】廉貞（禄）　　【田宅】破軍（権）　　【子女】武曲（科）　　【夫妻】太陽（忌）
【田宅】禄存　　　　　【官禄】擎羊　　　　　【福徳】陀羅・天魁　　【財帛】天鉞
・大きな成功を手にすることは難しい。
・結婚生活も波乱含みなので、夫婦円満を心がけること。
・優秀な子供に恵まれる。

乙年生
【命宮】天機（禄）　　【夫妻】天梁（権）　　【父母】紫微（科）　　【遷移】太陰（忌）　　【官禄】禄存
【奴僕】擎羊　　　　　【田宅】陀羅　　　　　【父母】天魁　　　　　【子女】天鉞
・鋭敏な感覚を持ち思考力に優れたアイデアマンであるが、財運の変動が大きく女性にはあまり良い配合ではない。また遠地や外出先で事故や怪我の恐れがあるので注意すること。
・家庭内は配偶者が実権を握る傾向がある（亭主関白カカア天下）。

丙年生
【財帛】天同（禄）　　【命宮】天機（権）　　【奴僕】廉貞（忌）　　【遷移】禄存
【疾厄】擎羊　　　　　【奴僕】陀羅　　　　　【命宮】天魁　　　　　【夫妻】天鉞
・命宮宮威強ければ財運に恵まれ高位に昇ることができるが、投機事業には要注意。

丁年生
【遷移】太陰（禄）　　【財帛】天同（権）巨門（忌）　　【命宮】天機（科）　　【疾厄】禄存
【財帛】擎羊　　　　　【遷移】陀羅　　　　　【命宮】天魁　　　　　【夫妻】天鉞
・三奇加会格ではあるが、化忌も加会するので破格とする。本来吉命ではあるがその他の星曜の配合をよく見て判断しなければならない。

戊年生
【疾厄】貪狼（禄）　　【遷移】太陰（権）　　【命宮】天機（忌）　　【遷移】禄存
【疾厄】擎羊　　　　　【奴僕】陀羅　　　　　【福徳】天魁　　　　　【財帛】天鉞
・運勢は波乱含みで、成敗が一定しない傾向がある。その他の星もよく見て判断すること。

己年生
【子女】武曲（禄）　　【疾厄】貪狼（権）　　【夫妻】天梁（科）　　【疾厄】禄存
【財帛】擎羊　　　　　【遷移】陀羅　　　　　【父母】天魁　　　　　【子女】天鉞
・結婚生活は安定し、幸福を得られる。
・晩年やっかいな疾病に悩まされる恐れがあるので、健康管理には留意すること。

庚年生
【夫妻】太陽（禄）　　【子女】武曲（権）　　【遷移】太陰（科）　　【財帛】天同（忌）
【子女】禄存　　　　　【夫妻】擎羊　　　　　【財帛】陀羅・天鉞　　【福徳】天魁
・命宮官禄宮威強ければ高い地位に昇ることができ、宮威弱ければそこそこの成功を得る。ただし大きな財産を築くのは難しい。

辛年生
【財帛】巨門（禄）　　【夫妻】太陽（権）　　【夫妻】禄存　　　　　【兄弟】擎羊
【子女】陀羅　　　　　【疾厄】天魁　　　　　【田宅】天鉞
・中くらいの地位と成果を得ることができる運勢であるが、財は出たり入ったりである。
・家庭内は配偶者が実権を握る傾向がある（亭主関白カカア天下）。

壬年生
【夫妻】天梁（禄）　　【父母】紫微（権）　　【子女】武曲（忌）　　【命宮】禄存
【父母】擎羊　　　　　【兄弟】陀羅　　　　　【官禄】天魁　　　　　【遷移】天鉞
・比較的安定した人生を送る運勢であるが、公私ともになにかと煩わされることが多く、多忙である。
・配偶者の実家は裕福か、あるいは配偶者が聡明で有能な人で、力になってくれる。
・両親は子弟を厳しく躾け教育する傾向がある。

癸年生
【田宅】破軍（禄）　　【財帛】巨門（権）　　【遷移】太陰（科）　　【疾厄】貪狼（忌）　　【父母】禄存
【福徳】擎羊　　　　　【命宮】陀羅　　　　　【官禄】天魁　　　　　【遷移】天鉞
・高い地位を得たり、大きな財産を築くのは難しい。
・一生を通じて病気がちで健康問題に悩まされる暗示があるので、健康には留意すること。

13　紫微丑・命宮子

廉貞（陥） 貪狼（陥） ・宮威強－部下後輩友人は才能に富み、意欲にあふれる。彼らは友好的で友は友を呼ぶ。しかし部下後輩友人からトラブルを被ることがあるので注意。 ・宮威弱－部下後輩友人にはロクな者がいない。部下は反発するようになる。 【奴僕】　　　　巳	巨門（旺） [石中穏玉格] ・宮威強－遠地に赴いて苦労することになるが、遠地であっても一ヶ所に留まるならば幸運をつかむことができる。 ・宮威弱－対外運はあまり良好ではなく、問題を抱える恐れがある。 ・羊陀加会－外出先での事故や怪我に注意。 【遷移】　　　　午	天相（地） ・宮威強－おおむね健康である。 ・宮威弱－頭痛、神経痛、消化器系の疾患に注意。 ・化禄か化権が加会すれば皮膚病に注意。 【疾厄】　　　　未	天同（旺） 天梁（陥） [機月同梁格] ・宮威強－事業欲は旺盛でその才覚で財をつかむ。 ・宮威弱－投機やギャンブルで失敗する暗示があるので注意すること。欲を出すと、かえって財を失う。 【財帛】　　　　申
太陰（陥） [機月同梁格] [日月反背格] ・宮威強－職場で昇進することができる。 ・宮威弱－高い地位や役職を望むのは難しく、最悪は失職の憂き目にも会う。 ・曲昌が同宮すれば宗教、文学、芸術方面に適性。 ・事務員、旅行運輸、文化教育、記者などに適す。 【官禄】　　　　辰		**機月同梁格** 抜群の企画力と事務処理能力で 主人の片腕となる大番頭。No.2狙いで大成功。 ・眉目秀麗で、温厚で善良な性格。聡明で礼儀正しく、好奇心や知識欲が旺盛で、人並み外れた才能を示す。また企画力も群を抜いたものがあり、創意工夫を重ね、事務処理能力も高い。 ・事業運もよく、自ら起業する者もいる。 ・計画を立てるのは好むが、ともすれば実行力に欠けることがある（計画倒れ）。 ・命宮宮威が弱ければ権謀術数をもてあそび、人を惑わせるようなところがある。	武曲（利） 七殺（旺） ・宮威強－子供は才能に優れ独立心が強く、おとなしく両親の言うことを聞かない。 ・宮威弱－全く両親の言うことを聞かず反抗するようになる。 【子女】　　　　酉
天府（地） ・宮威強－生活は落ち着き、引っ越すことも少なくて済む。 ・宮威弱－それなりの生活能力はあるが、住居は社宅や公団住宅や賃貸住宅に住むことになる。 ・火羊が同宮すれば火災に注意。 ・羊陀が同宮すれば盗難に注意。 【田宅】　　　　卯	・研究教育職、学術・教育関係、事務職、企業の企画スタッフ、著述業などに適性がある。 ・女性の場合、仕事を持ってもよく、また専業主婦であってもしっかりと家を守る良妻賢母となる。 ・昌曲同宮－文章能力に優れ、芸術や学術の方面に才能がある。 ・火鈴同宮－気苦労が多くなり、精神的煩悶を引き起こす。頑固、意固地となる傾向がある。 ・空劫同宮－神秘的な事柄に引かれる傾向がある。また、現実逃避の暗示。	太陽（不） [日月蔵輝格] ・宮威強－夫婦間の縁は薄いものである。 ・宮威弱－夫婦不和となり、はなはだしくは生別死別の恐れあり。 ・昌曲左右が同宮すれば、異性関係で問題を起こす恐れがあるので注意が必要である。 【夫妻】　　　　戌
[命無正曜格] ・宮威強－清い心の持ち主で、欲も少なく何事にも泰然自若とした態度でいられる。 ・宮威弱－思い悩むことが多く、自然と宗教や哲学に関心を持ち親しむようになる。 【福徳】　　　　寅	紫微（廟） 破軍（旺） ・宮威強－両親は立派な人で、大いに助け支援してくれる。 ・宮威弱－家の伝統や父親の方針が厳格で、それに反発するようになる。 【父母】　　　　丑	天機（廟） [機月同梁格] 【命宮】　　　　子	[命無正曜格] [府相朝垣格] ・宮威強－兄弟はそれぞれ独立独歩であるが、中に品行のよくない者がいることがある。 ・宮威弱－兄弟がそれぞれの道を行き、交わることは少ない。 【兄弟】　　　　亥

甲年生

【奴僕】廉貞（禄）　　【父母】破軍（権）　　【子女】武曲（科）　　【夫妻】太陽（忌）
【福徳】禄存　　　　　【田宅】擎羊　　　　　【父母】陀羅・天魁　　【疾厄】天鉞

- 命宮宮威強ければ少しく財を得、弱くとも穏やかな運勢ではある。
- 結婚生活は波風が立つ恐れがあるので夫婦円満を心がけること。両親は躾や教育などに厳しい。

乙年生

【命宮】天機（禄）　　【財帛】天梁（権）　　【父母】紫微（科）　　【官禄】太陰（忌）　　【田宅】禄存
【官禄】擎羊　　　　　【福徳】陀羅　　　　　【命宮】天魁　　　　　【財帛】天鉞

- 発想や思考が柔軟で実行力にも恵まれ、また宗教や哲学を愛好する。成功する運勢であるが、得財の過程で苦労を伴い、表面上はよく見えても財は入ったり出たりということがある。大器晩成の運勢であろう。

丙年生

【財帛】天同（禄）　　【命宮】天機（権）　　【奴僕】廉貞（忌）　　【奴僕】禄存
【遷移】擎羊　　　　　【官禄】陀羅　　　　　【兄弟】天魁　　　　　【子女】天鉞

- 基本的に安定した良好な運勢である。
- 部下や友人が力にならず、最悪足を引っ張られることがある。
- やや自己主張が強く、自分の思いを通そうとする傾向がある。

丁年生

【官禄】太陰（禄）　　【財帛】天同（権）　　【命宮】天機（科）　　【遷移】巨門（忌）　　【遷移】禄存
【疾厄】擎羊　　　　　【奴僕】陀羅　　　　　【兄弟】天魁　　　　　【子女】天鉞

［三奇加会格］名誉を得、富と地位・官位を手中に収める。命宮宮威弱ければ、相当の努力と苦労をした後に成功を収めるようになる。基本、大器晩成運である。

- 慌てて事に及ぶと失敗する。外地や外出先での事故や怪我、および口舌の災いに注意。

戊年生

【奴僕】貪狼（禄）　　【官禄】太陰（権）　　【命宮】天機（忌）　　【奴僕】禄存
【遷移】擎羊　　　　　【官禄】陀羅　　　　　【父母】天魁　　　　　【疾厄】天鉞

- 事業を行う上で異性からの助力を得るが、異性関係には注意すること。命宮宮威強ければ困難に耐えるが、弱ければ大きな発展は望めない。友人部下後輩のせいで失敗する恐れあり注意。

己年生

【子女】武曲（禄）　　【奴僕】貪狼（権）　　【財帛】天梁（科）　　【遷移】禄存
【疾厄】擎羊　　　　　【奴僕】陀羅　　　　　【命宮】天魁　　　　　【財帛】天鉞

- 落ち着いた運勢であり、文芸に才がある。他人のためになる仕事で浄財を得る。
- 部下後輩友人はワンマンで支配欲や出世欲が強い者が多く、反発するようになる。

庚年生

【夫妻】太陽（禄）　　【子女】武曲（権）　　【官禄】太陰（科）　　【財帛】天同（忌）
【財帛】禄存　　　　　【子女】擎羊　　　　　【疾厄】陀羅・天鉞　　【父母】天魁

- 学術方面の追求や公務員などに適すが、大きな財を得ることは難しい。

辛年生

【遷移】巨門（禄）　　【夫妻】太陽（権）　　【子女】禄存　　　　　【夫妻】擎羊
【財帛】陀羅　　　　　【遷移】天魁　　　　　【福徳】天鉞

- 弁舌に優れ外交手腕に長け、外地遠方で発展する。
- 家庭内は配偶者が実権を握る（亭主関白カカア天下）傾向がある。

壬年生

【財帛】天梁（禄）　　【父母】紫微（権）　　【子女】武曲（忌）　　【兄弟】禄存
【命宮】擎羊　　　　　【夫妻】陀羅　　　　　【田宅】天魁　　　　　【奴僕】天鉞

- 思いもよらない方面から財を得ることがあるが、そのことが逆に負担になる。
- 子供との縁は薄い。
- 両親は立派な人で、子弟を厳しく躾け教育する。

癸年生

【父母】破軍（禄）　　【遷移】巨門（権）　　【官禄】太陰（科）　　【奴僕】貪狼（忌）　　【命宮】禄存
【父母】擎羊　　　　　【兄弟】陀羅　　　　　【田宅】天魁　　　　　【奴僕】天鉞

［化権禄主格］命宮宮威強ければ地位と財産を得ることができ、弱ければ中程度の運勢である。

- 弁舌に優れ、自信に満ちた話しぶりで人を敬服させる。

14 紫微丑・命宮丑

【官禄】 巳	【奴僕】 午	【遷移】 未	【疾厄】 申
廉貞（陥） 貪狼（陥） ・宮威強－警察、政界、商工会、娯楽飲食演芸、スポーツ、その他特殊な技術や経験を生かす分野。 ・宮威弱－肉体労働など体力を要する仕事や危険な業務に就く。 ・曲昌に化忌が伴って入ると、失言や文書上のトラブルを起こす暗示あり。	巨門（旺） ［石中穏玉格］ ・宮威強－友人は多く、友人や部下に助けられ交友は長く続く。 ・宮威弱－友人に影響されやすくなり、また多数の部下を統率管理する能力に欠ける。 ・化忌が入ると友人や部下との関係は良好なものとはならず確執を生む。	天相（地） ・宮威強－遠地や外出先で有力者の支援を得る。 ・宮威弱－長く郷里におり、少しく遠出する。 ・羊陀が同宮加会すれば、交通事故など、外出先や移動先での事故や怪我に注意すること。	天同（旺） 天梁（陥） ［機月同梁格］ ・宮威強－おおむね健康。 ・宮威弱－神経衰弱に悩まされ、薬を手放せない。 ・羊陀火鈴加会－心臓病。 ・空劫加会－癇癪持ち、神経性胃炎、脚気。 ・陀羅が同宮すると、原因の特定できない奇病に悩まされることがある。

【田宅】 辰			【財帛】 酉
太陰（陥） ［機月同梁格］ ［日月反背格］ ・宮威強－努力した後にようやく不動産を得る。 ・宮威弱－大きな不動産を得るのは難しい。 ・河川湖沼の付近や郊外や静かな土地に縁があり適している。 ・火羊同宮－火災に注意。 ・羊陀同宮－盗難注意。	・容貌容姿はすこぶる魅力にあふれて注目を浴び、異性から助力や支援を得ることができる。 ・眉の幅は広く太い。 ・思慮深いが、考え過ぎて悩むことがある。 ・独立心が強く決断力に富む。表面は平静を保っているが内心穏やかでないことがある。 ・多彩な生活を好み、高い理想を持つ。 ・好き嫌いが明確でヘソを曲げると動かない。 ・遠地（外出先）で有力者の援助を受け、人との縁は良好で評判もよい。 ・単調で固定的な仕事には向かず、変化に富んだ仕事を好む。財運・事業運は変動多く、中晩年に至って成果を上げる。拘束されることを嫌う。大都市にて発展する。 ・恋愛は多くの波があるので晩婚に適す。 ・命宮宮威強ければ大きな野心を抱き、実行力を備えチャレンジングな人生を送る。 ・命宮宮威弱ければ、偏った個性の人となり、動作も不安定で怪我をしやすくなる。 ・昌曲同宮－文学・音楽・演劇などの芸術的才能。 ・火鈴同宮－情緒不安定や軽率な言動により誤解されることがある。 ・空劫同宮－時として精神的空虚感に苛まれ、哲学や宗教に傾倒し心の安定を得る。		武曲（利） 七殺（旺） ・財界、商工界に向く。 ・豪放にして金に糸目をつけない気風あり。 ・宮威強－一定の財を得る。 ・宮威弱－収入よりも支出の方が多く、大きな蓄財は困難である。

【福徳】 卯			【子女】 戌
天府（地） ・表面は穏やかであるが、内心は現状に満足せず常に改善を考えている。 ・宮威弱－なにかと気苦労が多く、安定した生活や精神の安定を得にくい傾向がある。 ・天姚、紅鸞、昌曲が同宮加会すれば異性との交友を好み、恋多き人となる。			太陽（不） ［日月蔵輝格］ ・宮威強－子供運は普通で、中には多くの子に恵まれる人もいる。 ・宮威弱－子供の間に健康差があり、最悪、夭折する者がいる暗示がある。

【父母】 寅	【命宮】 丑	【兄弟】 子	【夫妻】 亥
［命無正曜格］ ・両親との縁は薄くなる。 ・宮威弱－両親や目上の者との関係はあまり良好とは言えない。場合によっては、意見が合わず対立することがある。	紫微（廟） 破軍（旺）	天機（廟） ［機月同梁格］ ・兄弟の中に聡明で優れた才能を備えた人、あるいは高学歴の人がいる。 ・友人知人も聡明な人多し。 ・宮威強－仲がよい。 ・宮威弱－兄弟の中に神経質で身体の弱い者がいるか、疎遠となる者がいる。	［命無正曜格］ ［府相朝垣格］ ・男女とも早くから恋愛をする傾向があり、女性は少女時代から男性の注目を集める。晩婚に適す。 ・宮威強－配偶者は喜びをもたらしてくれる。 ・宮威弱－惚れやすく飽きやすい。同時に複数の相手と恋に陥る恐れ。配偶者は頑迷な人の暗示。

甲年生
【官禄】廉貞（禄）　　【命宮】破軍（権）　　【財帛】武曲（科）　　【子女】太陽（忌）
【父母】禄存　　　　　【福徳】擎羊　　　　　【命宮】陀羅・天魁　　【遷移】天鉞
[三奇加会格] 名誉を得、富と地位・官位を手中に収める。第5大限に三奇が加会するので、その時に大きく発展、大器晩成型と言える。桃花運あり。一生を通じて驚くことに多く出会う。
[天乙拱命格] 学識高く文章に優れて幸運に恵まれ、地位ある人の助力にあずかる。桃花注意。

乙年生
【兄弟】天機（禄）　　【疾厄】天梁（権）　　【命宮】紫微（科）　　【田宅】太陰（忌）　　【福徳】禄存
【田宅】擎羊　　　　　【父母】陀羅　　　　　【兄弟】天魁　　　　　【疾厄】天鉞
・命宮宮威強ければ、苦労の末に成功をつかむ。学術研究の分野で名をなす。命宮宮威弱ければ成功もひとときのものとなり、浮沈の多い人生となる。結婚生活も波乱含みの暗示あり注意。

丙年生
【疾厄】天同（禄）　　【兄弟】天機（権）　　【官禄】廉貞（忌）　　【官禄】禄存
【奴僕】擎羊　　　　　【田宅】陀羅　　　　　【夫妻】天魁　　　　　【財帛】天鉞
・仕事の上で懐才不遇な目に会い、望むような地位は得られにくい。命宮宮威弱ければ逆境に陥り、事業運は浮沈が多い。結婚生活も障害を伴う恐れあり。その他の星をよく見て判断すること。

丁年生
【田宅】太陰（禄）　　【疾厄】天同（権）　　【兄弟】天機（科）　　【奴僕】巨門（忌）　　【奴僕】禄存
【遷移】擎羊　　　　　【官禄】陀羅　　　　　【夫妻】天魁　　　　　【財帛】天鉞
・命宮宮威弱ければ成功を得ることは難しく、部下や友人と口舌の災いがある。

戊年生
【官禄】貪狼（禄）　　【田宅】太陰（権）　　【兄弟】天機（忌）　　【官禄】禄存
【奴僕】擎羊　　　　　【田宅】陀羅　　　　　【命宮】天魁　　　　　【遷移】天鉞
[天乙拱命格] 学識高く文章に優れて幸運に恵まれ、地位ある人の助力にあずかる。
・事業を行う上で異性からの援助を得る。娯楽性の高い事業で財を得る可能性。事業運は波があり浮き沈みが激しい。命官宮威強ければそれなりの財と地位を得るが、結婚生活は波乱含み。

己年生
【財帛】武曲（禄）　　【官禄】貪狼（権）　　【疾厄】天梁（科）　　【奴僕】禄存
【遷移】擎羊　　　　　【官禄】陀羅　　　　　【兄弟】天魁　　　　　【疾厄】天鉞
・基本的に財と地位に恵まれ生活に困窮することはないが、事業を進める過程で人に恨まれることもある。異性との縁が多い。その他の星がどこに入るかをよく見て判断すること。

庚年生
【子女】太陽（禄）　　【財帛】武曲（権）　　【田宅】太陰（科）　　【疾厄】天同（忌）
【疾厄】禄存　　　　　【財帛】擎羊　　　　　【遷移】陀羅・天鉞　　【命宮】天魁
[天乙拱命格] 学識高く文章に優れて幸運に恵まれ、地位ある人の助力にあずかる。
・蓄財の意欲と才覚に富み、財運は良い。人間関係を良好に保つこと、でないと孤独な人となる。

辛年生
【奴僕】巨門（禄）　　【子女】太陽（権）　　【財帛】禄存　　　　　【子女】擎羊
【疾厄】陀羅　　　　　【奴僕】天魁　　　　　【父母】天鉞
・おおむね安定した運勢であるが、その他の星がどこに入るかをよく見て判断すること。
・部下後輩友人の中に有能な者がいて、力になってくれる。
・子供は自意識が強く、自分の意見をしっかりと持ち、主張するようになる。

壬年生
【疾厄】天梁（禄）　　【命宮】紫微（権）　　【財帛】武曲（忌）　　【夫妻】禄存
【兄弟】擎羊　　　　　【子女】陀羅　　　　　【福徳】天魁　　　　　【官禄】天鉞
・自主性に富み能力に優れ、権威と権力を手中に置くが、孤独であることを免れず、感情も不安定である。命宮宮威弱ければ金銭のことで頭を悩ませることになる。

癸年生
【命宮】破軍（禄）　　【奴僕】巨門（権）　　【田宅】太陰（科）　　【官禄】貪狼（忌）　　【兄弟】禄存
【命宮】擎羊　　　　　【夫妻】陀羅　　　　　【福徳】天魁　　　　　【官禄】天鉞
・成功と失敗が交互に訪れる変動運の人。恋愛の機会も多いが、この人の場合、桃花は身を滅ぼす。酒食風流の場は十分に注意し、地味に真面目に慎み深く行動すること。

第2章　紫微斗数14主星配置一覧　53

15　紫微丑・命宮寅

【田宅】　　　　巳	【官禄】　　　　午	【奴僕】　　　　未	【遷移】　　　　申
廉貞（陥） 貪狼（陥） ・宮威強－父祖から不動産を受け継いでも、それを維持するのは難しい。 ・宮威弱－不動産を維持管理することができない。 ・火羊が同宮すれば火災に注意。 ・羊陀が同宮すれば盗難に注意。	巨門（旺） [石中穏玉格] ・食品関係、外交関係、マスコミ、専門技術、教育翻訳、ガイド、司会者などに適性がある。 ・仕事や職種をいろいろと変える可能性がある。 ・宮威弱－事業／職業運はあまり良好ではなく、仕事で苦労することになる。	天相（地） ・宮威強－部下後輩友人はいい人たちで、とても力になってくれる。 ・宮威弱－部下後輩友人はいい人たちで、気持ちも通じ合うが、あまり力にはなってくれない。	天同（旺） 天梁（陥） [機月同梁格] ・宮威強－遠地に赴いて発展する。外出や活動によってチャンスを得る。 ・宮威弱－遠地に赴くことで苦労をしょいこむことになる。 ・羊陀同宮加会－移動して苦労することを表す。また外出時の事故に注意。

【福徳】　　　　辰			【疾厄】　　　　酉
太陰（陥） [機月同梁格] [日月反背格] ・ふさぎがちであり、抑うつ的な傾向がある。 ・宮威弱－悩み事が多く、煩悶することになる。化忌が同宮すれば最悪の場合、自殺する恐れもあるので注意が必要である。 ・天姚、紅鸞、昌曲が同宮加会－異性交友を好む。	命無正曜格 対宮主星を命宮主星とみなして判断。 ・温和で善良な性格であるが、中には二面性を見せる人もいる。また神経質な一面もある。 ・時に、外面はうまく合わせるが内心不満を抱えたり、口ではいいことを言うが実は満足していないようなことがある。 ・欲は少なく、多くを自分の外に求めない。 ・気前がよく、常に動き回っていて、外出や旅行などの移動を好む。 ・自分には甘く、他人には厳しいところがある。 ・困難に遭遇しても、それを解決し逆にチャンスとする才能と運を持っている。 ・一生を通じて変動が多い。 ・命宮宮威強－人と和し、人間関係は良好である。どちらかといえば豊満で肉付きがよい。聡明で沈着冷静であり才能を内に秘める。旅行を好み、高級指向な面もある。 ・命宮宮威弱－どこか冷たい感じを漂わせ、あまり人とも交わらず一人でいることを好むようになる。また中には酒色に溺れるような人もいる。個性が強く、妥協や譲歩を嫌うところがある。		武曲（利） 七殺（旺） ・宮威強－おおむね健康で元気である。 ・宮威弱－晩年、骨折や骨格異常となる恐れがある手足に傷跡が残ることも。 ・循環器系の疾病に注意。 ・化忌同宮－肺癌の恐れがあるので注意すること。

【父母】　　　　卯			【財帛】　　　　戌
天府（地） ・生まれ育った環境は比較的良好で、両親は子供を愛情を持って育む。 ・宮威弱－生まれ育った環境は良好だが、両親とのトラブルや理解しあえないことがあるので注意すること。			太陽（不） [日月蔵輝格] ・宮威強－浪費な傾向があり、収入を得るが、なかなか貯まらない。したがってビジネスや商売にはあまり向かない。 ・宮威弱－負債や借金で首が回らなくなることもあるので十分注意すること。

【命宮】　　　　寅	【兄弟】　　　　丑	【夫妻】　　　　子	【子女】　　　　亥
[命無正曜格]	紫微（廟） 破軍（旺） ・宮威強－兄弟の中に実力があり成功する者がいるが、あまり力にはなってくれない。 ・宮威弱－兄弟は立派な人であるが、全く頼りにはならない。	天機（廟） [機月同梁格] ・宮威強－夫婦間の縁は薄いものとなり、若年の恋は実りにくいので、晩婚に適す。 ・宮威弱－別離の恐れあり。夫婦の間のコミュニケーションを密にすること。 ・昌曲左右が同宮すれば、複数の異性との恋愛や、男女問題の恐れあり。	[命無正曜格] [府相朝垣格] ・宮威強－子供はあまり親の面倒を見ようとはせず、自分のことばかり考える。 ・宮威弱－優れた子供には恵まれず、親不孝であり親子の間で対立することがある。 ・空劫同宮－育てにくい子供である。

甲年生
【田宅】廉貞（禄）　【兄弟】破軍（権）　【疾厄】武曲（科）　【財帛】太陽（忌）
【命宮】禄存　　　　【父母】擎羊　　　　【兄弟】陀羅・天魁　【奴僕】天鉞
- 仕事や事業は成功することもあれば失敗することもある。命宮宮威弱ければ、あまり大きな成功は望めない。

乙年生
【夫妻】天機（禄）　【遷移】天梁（権）　【兄弟】紫微（科）　【福徳】太陰（忌）　【父母】禄存
【福徳】擎羊　　　　【命宮】陀羅　　　　【夫妻】天魁　　　　【遷移】天鉞
- 仕事／事業運はさほど強いものではない。
- 配偶者は財力があるか有能な人で協力を得られるが、感情にやや不安定なところがある。
- 気苦労や心配事が多く、憂鬱な気持ちになることがある。　・そこそこ安定した家庭環境で育つ。

丙年生
【遷移】天同（禄）　【夫妻】天機（権）　【田宅】廉貞（忌）　【田宅】禄存
【官禄】擎羊　　　　【福徳】陀羅　　　　【子女】天魁　　　　【疾厄】天鉞
- 比較的安定した運勢である。
- 家庭内は配偶者が実権を握ることになる（亭主関白カカア天下）。

丁年生
【福徳】太陰（禄）　【遷移】天同（権）　【夫妻】天機（科）　【官禄】巨門（忌）　【官禄】禄存
【奴僕】擎羊　　　　【田宅】陀羅　　　　【子女】天魁　　　　【疾厄】天鉞
- 事業運、仕事運はさほど大きいものではなく、安定に欠ける傾向がある。
- 配偶者（および配偶者の実家）は裕福であるか有能な人で、生活は安定するが、家庭内は配偶者が実権を握り、そのことに内心不満を感じることもある。

戊年生
【田宅】貪狼（禄）　【福徳】太陰（権）　【夫妻】天機（忌）　【田宅】禄存
【官禄】擎羊　　　　【福徳】陀羅　　　　【兄弟】天魁　　　　【奴僕】天鉞
- 大きな財を築くのは難しい。ただ両親や父祖から相続や援助を受けることができる。
- 結婚生活は波風が立つ暗示があり、安定させる努力をすること。

己年生
【疾厄】武曲（禄）　【田宅】貪狼（権）　【遷移】天梁（科）　【官禄】禄存
【奴僕】擎羊　　　　【田宅】陀羅　　　　【夫妻】天魁　　　　【遷移】天鉞
- 命宮宮威強ければ、事業／仕事運もまあまあの運勢だが、弱ければ大きな成功や出世を望むのは難しい。
- 住居を自分の好みに装飾し、また家庭内も自分の思うように采配したいと考える。

庚年生
【財帛】太陽（禄）　【疾厄】武曲（権）　【福徳】太陰（科）　【遷移】天同（忌）
【遷移】禄存　　　　【疾厄】擎羊　　　　【奴僕】陀羅・天鉞　【兄弟】天魁
- 命宮宮威強ければ成功を収めて地位と名誉と財を得るが、外出時の事故や怪我には注意すること。
- 気苦労や心配事が多く、憂鬱な気持ちになることがある。
- 頑固でやっかいな病気に悩まされることがあるので、健康には注意すること。

辛年生
【官禄】巨門（禄）　【財帛】太陽（権）　【疾厄】禄存　　　　【財帛】擎羊
【遷移】陀羅　　　　【官禄】天魁　　　　【命宮】天鉞
- 基本的に良好な運勢であり、成功することができるが、その他の星がどこに入るかをよく見て判断すること。

壬年生
【遷移】天梁（禄）　【兄弟】紫微（権）　【疾厄】武曲（忌）　【子女】禄存
【夫妻】擎羊　　　　【財帛】陀羅　　　　【父母】天魁　　　　【田宅】天鉞
- 命宮宮威強ければ少しく安定した運勢だが、弱ければそこそこの運勢である。
- 事故や怪我、病気などには注意すること（特に幼児期）。

癸年生
【兄弟】破軍（禄）　【官禄】巨門（権）　【福徳】太陰（科）　【田宅】貪狼（忌）　【夫妻】禄存
【兄弟】擎羊　　　　【子女】陀羅　　　　【父母】天魁　　　　【田宅】天鉞
- 事業／仕事上、重い責任を任され苦労することがある。
- 不動産は入手したり手放したりで、なかなか安定しない。

16 紫微丑・命宮卯

廉貞（陥） 貪狼（陥） ・飲食街や歓楽街で豪遊したいと思うが、懐具合が寂しく、思うようにならない。 ・宮威弱－酒色のトラブルに注意。 【福徳】　　　　巳	巨門（旺） [石中穏玉格] ・宮威強－不動産を売買するには適さず、不動産運はさほど大きなものではない。 ・宮威弱－立派な住居に住むことは難しい。 ・火羊が同宮すれば火災に注意。 ・羊陀が同宮すれば盗難に注意。 【田宅】　　　　午	天相（地） ・宮威強－公務員となっても民間企業のスタッフになってもよく、事業運は良好である。 ・宮威強－安定した職業に就いた方がよい。 ・適職－芸術、撮影、教育研究職、医療関係、政治、高級飲食店、法律関係、商社、代理店などに適す。 【官禄】　　　　未	天同（旺） 天梁（陥） [機月同梁格] ・宮威強－部下や後輩友人との関係は良好であり、中には刎頚の友のような者もいる。 ・宮威弱－部下や後輩友人たちに誠実に接するが、トラブルを被ったり、煩わされることがある。 【奴僕】　　　　申
太陰（陥） [機月同梁格] [日月反背格] ・生まれた家庭環境にはあまり恵まれず、また両親との縁も薄く、関係もあまり良好ではない。 ・宮威弱－両親とは対立し、互いに運気を損ない合う恐れがある。 【父母】　　　　辰	・だいたいが豊満な感じで、中年以降、太りやすい体質である。 ・人間関係に恵まれ協調性もあるので、困難に遭遇しても地位ある人や友人の助けにより乗り越えることができる。 ・活動的で、家でじっとしているのを好まない。外出を好み、忙しくあちこち飛び回る。 ・仕事熱心で、簡単に仕事や職場を変えたりせずに真面目に忠実に仕事に励む。 ・知的好奇心が旺盛で多芸多才である。 ・命宮宮威強－穏やかな人格であるが、大きな希望を抱く。またよくリーダーシップを発揮し、実力者や友人の助力を得て成功する。		武曲（利） 七殺（旺） ・宮威強－活動力旺盛で活発に動き回り、外地で成功をつかむ。 ・宮威弱－なかなか居所が一ヶ所に定まらないようになる。 ・羊陀同宮加会－交通事故や、外出先での怪我や事故に注意。 【遷移】　　　　酉
天府（地） 【命宮】　　　　卯	・命宮宮威弱－細い目をしている。外面と内面に差があり、外面は穏健で柔順を装っていても、内心は反抗心を持つようなところがある。また投機的なことを好むようになる。大雑把でこだわりのない性格は、ややもすると怠惰に流れ、現状に甘んじ万事ルーズとなりがちである。 ・昌曲加会－文学などの芸術的才能に恵まれ、書画や骨董などの趣味を持つ人もいる。		太陽（不） [日月蔵輝格] ・眼科系疾患、めまい、偏頭痛、弱視などに注意。 ・ほかに肝臓、甲状腺関係などにも注意すること。 【疾厄】　　　　戌
[命無正曜格] ・宮威強－兄弟の中には仲のよい人もいれば、そうでない人もいる。 ・宮威弱－兄弟のために悩まされたり面倒を被るようなことになる。 【兄弟】　　　　寅	紫微（廟） 破軍（旺） ・宮威強－配偶者は優秀であるが自尊心が高く、家の中での主導権を握るようになる。 ・宮威弱－配偶者は尊大でプライドが高く、それを受け止めるのに苦労する。 ・桃花星があれば多くの恋愛を経験するが、それによるトラブルに注意。 【夫妻】　　　　丑	天機（廟） [機月同梁格] ・宮威強－子供は賢く聡明で活発である。 ・宮威弱－子供の数は少ない。もし化忌や羊陀空劫と同宮可会すれば親不孝な子供か、身体の弱い子供で病気がちな恐れがある。 【子女】　　　　子	[命無正曜格] [府相朝垣格] ・宮威強－商売やビジネスを好み、財を得ることがある。特殊な分野や方面で財を成すことがある。 ・宮威弱－投機や賭事を好み、大きく蓄財することは難しい。 【財帛】　　　　亥

甲年生
【福徳】廉貞（禄）　　【夫妻】破軍（権）　　【遷移】武曲（科）　　【疾厄】太陽（忌）
【兄弟】禄存　　　　　【命宮】擎羊　　　　　【夫妻】陀羅・天魁　　【官禄】天鉞
・命宮宮威強ければ財を得ることができ、弱ければ中くらいの運勢である。
・配偶者が家庭内の実権を握るようになる。　・健康には十分注意すること。

乙年生
【子女】天機（禄）　　【奴僕】天梁（権）　　【夫妻】紫微（科）　　【父母】太陰（忌）　　【命宮】禄存
【父母】擎羊　　　　　【兄弟】陀羅　　　　　【子女】天魁　　　　　【奴僕】天鉞
・命宮宮威強ければ安定した運勢であり、弱ければ中くらいの運勢である。
・配偶者はプライドが高く、体面やメンツにこだわる人である。
・あまり恵まれた家庭環境でないか、母親が病弱である可能性がある。

丙年生
【奴僕】天同（禄）　　【子女】天機（権）　　【福徳】廉貞（忌）　　【福徳】禄存
【田宅】擎羊　　　　　【父母】陀羅　　　　　【財帛】天魁　　　　　【遷移】天鉞
・大きな財産を築くのは難しいが、その他の星もよく見て判断すること。
・子供は賢く、はっきりと自分の意見を主張するようになる。

丁年生
【父母】太陰（禄）　　【奴僕】天同（権）　　【子女】天機（科）　　【田宅】巨門（忌）　　【田宅】禄存
【官禄】擎羊　　　　　【福徳】陀羅　　　　　【財帛】天魁　　　　　【遷移】天鉞
・部下後輩友人の中に高圧的で偉そうな態度の人がいるが、関係は良好である。
・不動産運は大きくはなく、あまり不動産には恵まれない。

戊年生
【福徳】貪狼（禄）　　【父母】太陰（権）　　【子女】天機（忌）　　【福徳】禄存
【田宅】擎羊　　　　　【父母】陀羅　　　　　【夫妻】天魁　　　　　【官禄】天鉞
・山あり谷ありの人生である。命宮宮威弱ければ何かと苦労しがちになる。
・子供に面倒をかけられたり、煩わされる恐れがある。
・両親は子弟を厳しく躾け教育する傾向がある。

己年生
【遷移】武曲（禄）　　【福徳】貪狼（権）　　【奴僕】天梁（科）　　【田宅】禄存
【官禄】擎羊　　　　　【福徳】陀羅　　　　　【子女】天魁　　　　　【奴僕】天鉞
・外地で発展する運勢である。積極的に行動・活動することが大事であり、そうすることで成功と発展を手にすることができる。

庚年生
【疾厄】太陽（禄）　　【遷移】武曲（権）　　【父母】太陰（科）　　【奴僕】天同（忌）
【奴僕】禄存　　　　　【遷移】擎羊　　　　　【官禄】陀羅・天鉞　　【夫妻】天魁
・命宮宮威強ければ、安定した人生となるが、財運はそれほど大きくはない。命宮宮威弱ければ、中くらいの運勢である。

辛年生
【田宅】巨門（禄）　　【疾厄】太陽（権）　　【遷移】禄存　　　　　【疾厄】擎羊
【奴僕】陀羅　　　　　【田宅】天魁　　　　　【兄弟】天鉞
・基本的に安定した運勢であるが、その他の星もよく見て判断すること。
・面倒でやっかいな病気に罹る恐れがあるので、健康には注意すること。

壬年生
【奴僕】天梁（禄）　　【夫妻】紫微（権）　　【遷移】武曲（忌）　　【財帛】禄存
【子女】擎羊　　　　　【疾厄】陀羅　　　　　【命宮】天魁　　　　　【福徳】天鉞
・中くらいの安定した運勢である。
・配偶者は家庭内で実権を握りたがる（亭主関白カカア天下）。

癸年生
【夫妻】破軍（禄）　　【田宅】巨門（権）　　【父母】太陰（科）　　【福徳】貪狼（忌）　　【子女】禄存
【夫妻】擎羊　　　　　【財帛】陀羅　　　　　【命宮】天魁　　　　　【福徳】天鉞
・生家の環境はさほど裕福とは言えないが、命宮宮威強ければ、それなりに安定した人生を送ることができる。
・配偶者の方が家庭内で実権を握り、恐々とするようなことになる（亭主関白カカア天下）。

17　紫微丑・命宮辰

廉貞（陥）貪狼（陥）	巨門（旺）	天相（地）	天同（旺）天梁（陥）
・宮威強－両親は警察や公安、自衛隊などの特殊な業務に就いていることがある。 ・宮威弱－両親との縁は薄いものとなる。 ・昌曲左右が同宮加会すれば両親のどちらかが桃花の気味を帯び、離婚して再婚する人もいる。 【父母】　　　　　巳	[石中穏玉格] ・気苦労が多く、いろいろなことを考えるようになる。また、些細なことで心を煩わせることがあるので、気晴らしや、広い観点でものを見ることが大切である。 【福徳】　　　　　午	・宮威強－不動産運は良好で、不動産管理・経営などもよい。 ・宮威弱－多くの不動産を所有するのは難しい。 ・火羊が同宮すれば火災に注意。 ・羊陀が同宮すれば盗難に注意。 【田宅】　　　　　未	[機月同梁格] ・自由が利き、自分で仕事のスケジュールや段取りを決めることができる仕事（自由業など）に適す。また、特殊専門技術者、法律家、弁護士、出版業、著述業、企画管理業務、運輸交通関係などに適す。 【官禄】　　　　　申
太陰（陥） [機月同梁格] [日月反背格] 【命宮】　　　　　辰	\[中央上段\] **機月同梁格** 抜群の企画力と事務処理能力で主人の片腕となる大番頭。No.2狙いで大成功。 **日月反背格** 幼少年期、苦労するがその苦労を糧として成長する。 ・性格は優しく穏やかで、内向的でどちらかと言えば寡黙である。人と争うことを嫌い、謙虚で穏やかな態度で人と接する。目元に憂いを含んだ感じで、命宮宮威弱ければ伏し目がちで、あまり人の目を正視しない。男性は女性的な物腰の人もいる。		武曲（利）七殺（旺） ・部下や後輩友人との交友は良好で楽しいものとなる。宮威強ければ大いに力になってくれる。 ・宮威弱－部下や後輩友人とは意見が合わず、敵対するようになる。 【奴僕】　　　　　酉
天府（地） ・宮威強－兄弟は仲良く、お互いに助け合う。 ・宮威弱－兄弟は狭量で心が狭く、兄弟との関係もあまり良好とは言えない。 【兄弟】　　　　　卯	・感受性が強く、早くから宗教、哲学、心理学などの玄学、人文科学に興味を示す。 ・芸術的感性にも優れているが、ともすれば神経過敏になり、憂鬱な気持ちになりがちである。命宮宮威が弱ければその傾向は顕著となる。視野狭窄に陥り、疑い深くなり、孤独な世界に閉じこもることとなる。中には薬物（飲酒）ななどに浸り、現実逃避する人もいる。 ・男女ともに女性との縁が多くあるが、男性は女性との交際には注意を要する。 ・昌曲同宮－心理学、宗教学、占術などに才能があり、中には霊感があるような人もいる。		太陽（不） [日月蔵輝格] ・早くに家を出て、他人の家や土地、会社などで奮闘することになる。 ・宮威弱ければ、なかなか居所が定まらない。 ・羊陀が同宮加会すると、交通事故や外出先での怪我や事故に注意が必要である。 【遷移】　　　　　戌
[命無正曜格] ・宮威強－安定した結婚生活を送ることができる。 ・宮威弱－配偶者は怠惰でルーズな傾向があり、人に対しても食ってかかるようなところがあり、夫婦仲は安定しない。 ・昌曲左右が同宮すれば、複数の異性との恋愛や、男女問題の恐れがあるので注意を要する。 【夫妻】　　　　　寅	紫微（廟）破軍（旺） ・宮威強－子供は優秀で、縁も厚い。 ・宮威弱－子供は親に反抗するようになる。 ・空劫同宮－育てにくい子供である。 【子女】　　　　　丑	天機（廟） [機月同梁格] ・宮威強－事業を新しく始めるのに向いているが、安定的に大きな財産を築くのは難しい。 ・宮威弱－大きな財産を築くのは難しい。 【財帛】　　　　　子	[命無正曜格] [府相朝垣格] ・病気がちであり、健康には十分注意する必要がある。 ・眼科系の疾患、腎臓病、EDなどの恐れあり。 ・また幼少期病弱でアトピーや皮膚病などの恐れあり。 【疾厄】　　　　　亥

甲年生
【父母】廉貞（禄）　　【子女】破軍（権）　　【奴僕】武曲（科）　　【遷移】太陽（忌）
【夫妻】禄存　　　　　【兄弟】擎羊　　　　　【子女】陀羅・天魁　　【田宅】天鉞
・そこそこ安定した運勢であるが、交通事故や外出時の怪我や事故には注意すること。
・恵まれた家庭環境に育つが、両親とは早くに別れることになるかもしれない。

乙年生
【財帛】天機（禄）　　【官禄】天梁（権）　　【子女】紫微（科）　　【命宮】太陰（忌）　　【兄弟】禄存
【命宮】擎羊　　　　　【夫妻】陀羅　　　　　【財帛】天魁　　　　　【官禄】天鉞
・基本的に財と名誉に恵まれる運勢であるが、健康に優れないことがあり、また精神的にも安定しないことがあるので、注意すべきである。

丙年生
【官禄】天同（禄）　　【財帛】天機（権）　　【父母】廉貞（忌）　　【父母】禄存
【福徳】擎羊　　　　　【命宮】陀羅　　　　　【疾厄】天魁　　　　　【奴僕】天鉞
・自分で事業を起業する運があり、事業／仕事運は良好である。
・両親と意見の対立を見るか、あるいは両親のどちらかが病気がちで短命となる恐れがある。

丁年生
【命宮】太陰（禄）　　【官禄】天同（権）　　【財帛】天機（科）　　【福徳】巨門（忌）　　【福徳】禄存
【田宅】擎羊　　　　　【父母】陀羅　　　　　【疾厄】天魁　　　　　【奴僕】天鉞
［三奇加会格］地位ある人の援助と幸運に恵まれる吉格。
・少しく安定した運勢であるが、舌禍（言葉のトラブル）には用心すること。

戊年生
【父母】貪狼（禄）　　【命宮】太陰（権）　　【財帛】天機（忌）　　【父母】禄存
【福徳】擎羊　　　　　【命宮】陀羅　　　　　【子女】天魁　　　　　【田宅】天鉞
・自分の意思を通そうとして、頑固になることがある。
・比較的豊かで恵まれた家庭環境に育つが、両親のどちらかとは縁が薄くなることがある。

己年生
【奴僕】武曲（禄）　　【父母】貪狼（権）　　【官禄】天梁（科）　　【福徳】禄存
【田宅】擎羊　　　　　【父母】陀羅　　　　　【財帛】天魁　　　　　【官禄】天鉞
・真面目に仕事に取り組み、知恵を絞り工夫することで仕事をこなしていく。部下も力になる。
・両親は厳しく子供を躾け教育するが、場合によっては両親と対立することがある。

庚年生
【遷移】太陽（禄）　　【奴僕】武曲（権）　　【命宮】太陰（科）　　【官禄】天同（忌）
【官禄】禄存　　　　　【奴僕】擎羊　　　　　【田宅】陀羅・天鉞　　【子女】天魁
［科名会禄格］学問を深め技術を磨き、その後に財を得る。
・成功を得る可能性はあるが、その途上で足下をすくわれることもあるので用心すること。
・結婚生活は意見の相違を見ることがあるので、夫婦円満を心がけること。

辛年生
【福徳】巨門（禄）　　【遷移】太陽（権）　　【奴僕】禄存　　　　　【遷移】擎羊
【官禄】陀羅　　　　　【福徳】天魁　　　　　【夫妻】天鉞
・自分の意思を通そうとして頑固になることがある。その他の星もよく見て判断すること。

壬年生
【官禄】天梁（禄）　　【子女】紫微（権）　　【奴僕】武曲（忌）　　【疾厄】禄存
【財帛】擎羊　　　　　【遷移】陀羅　　　　　【兄弟】天魁　　　　　【父母】天鉞
［貴星夾命格］人の援助に恵まれる。
・真面目に事業／仕事に取り組み、それなりの成功を収めることができるが、子供は親の言うことをあまり聞かない。　・生まれた環境は恵まれているとは言いがたく、両親との縁も薄い。

癸年生
【子女】破軍（禄）　　【福徳】巨門（権）　　【命宮】太陰（科）　　【父母】貪狼（忌）　　【財帛】禄存
【子女】擎羊　　　　　【疾厄】陀羅　　　　　【兄弟】天魁　　　　　【父母】天鉞
［貴星夾命格］人の援助に恵まれる。
・命宮宮威強ければそこそこ安定した人生であるが、その他の星もよく見て判断すること。
・生まれた家庭環境は恵まれているとは言いがたく、両親はあまり力になってくれない。

18 紫微丑・命宮巳

廉貞（陥） 貪狼（陥） 【命宮】　　　　　巳	巨門（旺） [石中穏玉格] ・宮威強－立派な両親であるが、厳しく躾け育てるので子供は懐かなくなることがある。 ・宮威弱－親子の間で意見の対立を見ることがある。 【父母】　　　　　午	天相（地） ・宮威強－よい趣味を持ち美食家でもあり、精神的には落ち着いて過ごすことができる。また健康長寿である。 ・宮威弱－求めるものがなかなか得られず、悲しい思いをすることがある。 【福徳】　　　　　未	天同（旺） 天梁（陥） [機月同梁格] ・宮威強－不動産を買ったり売ったりで、まとまった財産にはならない。 ・宮威弱－住居のことで面倒が生じる恐れがある。 ・火羊同宮－火災に注意。 ・羊陀が同宮すれば盗難に注意。 【田宅】　　　　　申
太陰（陥） [機月同梁格] [日月反背格] ・宮威強－兄弟は孤独癖があり、冷たい感じで、あまり人と交わろうとしない。兄弟間の関係もあまりよくはない。 ・宮威弱－兄弟は離ればなれとなり、あるいは仲違いするようなことになる。 【兄弟】　　　　　辰	・酒色を愛するロマンチストで楽天家である。 ・好奇心旺盛で、何事にも広く浅く通暁する。 ・文芸、音楽、芸術、芸能を好み、多芸多才で才能豊かであるが、欲は深い。 ・異性関係のトラブルの暗示あり注意。 ・命宮宮威強－大物であり、大きな理想を抱く。困難を乗り越え、立ちはだかる敵を打ち倒し、目標を達成する。また男女ともに美しい容貌をしており、特にその綺麗な目は人を惹き付けずにはおかない。 ・命宮宮威弱－容貌はあまり美しいとは言えず、貪欲で情に流され、異性関係でスキャンダルを引き起こすことがある。また口先がうまく目立ちたがりで、人のものを奪って自分のものにしたがるようになる。 ・女命で昌曲が加会すれば、魅力的で美しい肢体に恵まれ、歌やダンスの才能があるが、男性の目を惹き、また自身も多情のためスキャンダルの渦中に身を投ずるようなことになる。		武曲（利） 七殺（旺） ・宮威強－創業の才があり、金融、経済界で発展する。 ・技術者、印刷、衣服加工、武術、接骨、営業員、理髪ヘアサロン、投機関係、冒険家、警察、スポーツ選手、体育教師などに適す。 【官禄】　　　　　酉
天府（地） ・宮威強－配偶者は聡明で能力のある人で、夫婦は相和し、仲睦まじく暮らすことができる。 ・宮威弱－夫婦間は淡々とした関係となるか、あるいは深く愛し合うが諸事情で離れて過ごすことが多くなる。あるいは配偶者が健康に優れない恐れがある。 【夫妻】　　　　　卯			太陽（不） [日月蔵輝格] ・宮威強－部下後輩友人との関係はあまりよいものではなく、さほど力にはなってくれない。 ・宮威弱－部下後輩友人とはあまり仲良くはなれない。仲良かったとしても彼らからトラブルを被る恐れがある。 【奴僕】　　　　　戌
[命無正曜格] ・宮威強－子供の中には良い子もいれば、そうでない子もいる。 ・宮威弱－子供との縁は薄いものとなり、子供が成長すると、それぞれが独立して去っていく。 【子女】　　　　　寅	紫微（廟） 破軍（旺） ・宮威強－進取の気性に富み、得財蓄財に力を注ぐ。特殊な分野や方面で財を成すことがある。 ・宮威弱－投機や賭博を好み、財運はあまり大きなものではない。 【財帛】　　　　　丑	天機（廟） [機月同梁格] ・宮威強－おおむね健康で元気であるが、幼少期は病弱なことがある。 ・宮威弱－高血圧、胃病、神経衰弱、不眠症などに注意。 【疾厄】　　　　　子	[命無正曜格] [府相朝垣格] ・宮威強－転居することが多くなる。また賑やかな都会や繁華街の近辺に住むことを好む。 ・宮威弱－遠行は不利であり、遠地に赴くと災難や事故に会うことがある。 ・羊陀同宮加会－交通事故など外出先での事故や怪我に注意。 【遷移】　　　　　亥

甲年生
【命宮】廉貞（禄）　　【財帛】破軍（権）　【官禄】武曲（科）　【奴僕】太陽（忌）
【子女】禄存　　　　　【夫妻】擎羊　　　　【財帛】陀羅・天魁　【福徳】天鉞
[三奇加会格] 地位ある人の援助と幸運に恵まれる吉格。
・命宮宮威強ければ成功し、大いに財を築き名誉と地位を得る。ただしそのためには相当の努力と苦労を要する。弱ければ品性に欠けるところがあり、危険な目に遭遇することとなる。

乙年生
【疾厄】天機（禄）　　【田宅】天梁（権）　【財帛】紫微（科）　【兄弟】太陰（忌）　【夫妻】禄存
【兄弟】擎羊　　　　　【子女】陀羅　　　　【疾厄】天魁　　　　【田宅】天鉞
・命宮宮威強ければ中くらいの運勢で、特殊な仕事や方面で収入を得る。弱ければ苦労が多くなる。
・配偶者からは大きな支援を得、結婚生活は安泰である。

丙年生
【田宅】天同（禄）　　【疾厄】天機（権）　【命宮】廉貞（忌）　【命宮】禄存
【父母】擎羊　　　　　【兄弟】陀羅　　　　【遷移】天魁　　　　【官禄】天鉞
・大きな仕事を成し遂げるのは難しく、また、やっかいな疾患や事故などの暗示もあるが、その他の星がどこに入るかをよく見て判断すること。

丁年生
【兄弟】太陰（禄）　　【田宅】天同（権）　【疾厄】天機（科）　【父母】巨門（忌）　【父母】禄存
【福徳】擎羊　　　　　【命宮】陀羅　　　　【遷移】天魁　　　　【官禄】天鉞
[双禄夾命格] 富と地位を手にし成功者となる。
・両親との関係は良好とは言えず、最悪は対立し仲違いする恐れがある。

戊年生
【命宮】貪狼（禄）　　【兄弟】太陰（権）　【疾厄】天機（忌）　【命宮】禄存
【父母】擎羊　　　　　【兄弟】陀羅　　　　【財帛】天魁　　　　【福徳】天鉞
[禄合鴛鴦格] 財に恵まれる吉格。
・命宮宮威強ければ、巡って来たチャンスを捉え発展する。弱ければ、そこそこの運勢である。
・健康や事故には十分注意すること。

己年生
【官禄】武曲（禄）　　【命宮】貪狼（権）　【田宅】天梁（科）　【父母】禄存
【福徳】擎羊　　　　　【命宮】陀羅　　　　【疾厄】天魁　　　　【田宅】天鉞
・成功を収めて財と地位を手にするが、いささか傍若無人となり、人をないがしろにする傾向があるので、その行いには十分注意しなければならない。
・比較的恵まれた家庭環境で育つか、あるいは両親とは良好な関係で縁が深い。

庚年生
【奴僕】太陽（禄）　　【官禄】武曲（権）　【兄弟】太陰（科）　【田宅】天同（忌）
【田宅】禄存　　　　　【官禄】擎羊　　　　【福徳】陀羅・天鉞　【財帛】天魁
・地位を得ることはできるが、大きな財を築くのは難しい。命宮宮威強ければ警察や自衛官や公務員などに適し、弱ければ特殊技術を身につけ専門職となるのがよい。

辛年生
【父母】巨門（禄）　　【奴僕】太陽（権）　【官禄】禄存　　　　【奴僕】擎羊
【田宅】陀羅　　　　　【父母】天魁　　　　【子女】天鉞
・中くらいの職位まで昇進する運勢であるが、酒色には注意すること。
・生家は裕福で恵まれた環境で育ち、父祖から大きな恵みを受ける暗示がある。

壬年生
【田宅】天梁（禄）　　【財帛】紫微（権）　【官禄】武曲（忌）　【遷移】禄存
【疾厄】擎羊　　　　　【奴僕】陀羅　　　　【夫妻】天魁　　　　【命宮】天鉞
・大きな成功は得られないが、チャンスは訪れるので、それを逃さず成果を長続きさせるように努力することが肝心である。

癸年生
【財帛】破軍（禄）　　【父母】巨門（権）　【兄弟】太陰（科）　【命宮】貪狼（忌）　【疾厄】禄存
【財帛】擎羊　　　　　【遷移】陀羅　　　　【夫妻】天魁　　　　【命宮】天鉞
・特殊技術や特殊な方面で努力し活躍することになる。
・命宮宮威弱ければ酒色のトラブルには十分に注意すること。
・両親は厳格な人で、子供を厳しく躾け教育する。

19 紫微丑・命宮午

廉貞（陥） 貪狼（陥） ・宮威強－兄弟にあまり優れた者はいない。兄弟は好ましくない習慣や趣味を持ったり、兄弟から面倒やトラブルを持ち込まれることがある。 ・宮威弱－兄弟から深刻でやっかいな面倒やトラブルを持ち込まれる。 【兄弟】　　　　　　巳	巨門（旺） [石中穏玉格] 【命宮】　　　　　　午	天相（地） ・宮威強－両親は社会的な地位もあり、また進歩的な考えを受け入れ、誰にでもオープン・マインドな人である。両親との関係は良好で、愛情をもって育てられる。 ・宮威弱－両親との関係はあまり良好なものとは言えない。 【父母】　　　　　　未	天同（旺） 天梁（陥） [機月同梁格] ・宮威強－人の気持ちをよく理解し、義理人情に厚く困った人を助けるため、自他ともに幸福を得られる。 ・宮威弱－とにかく忙しくて、なかなか楽しむ余裕を持つことが難しい。 【福徳】　　　　　　申
太陰（陥） [機月同梁格] [日月反背格] ・宮威強－配偶者は孤独な性格で、暗く怒りっぽい人の可能性がある。理想の結婚生活を実現するのは、なかなか難しい。 ・宮威弱－配偶者は病気がちか、あるいは何かトラブルを持ち込むことがあるので注意すること。 【夫妻】　　　　　　辰	\multicolumn{2}{c|}{石中穏玉格 珠も磨かざれば光らず。若年中の激しい研磨で中年以降に発展。 ・分析力と連想力に優れ、旺盛な研究心を持つ。また弁舌にも優れ、頑固でもある。 ・常に問題意識を持ち、理想が高いため、現実の事柄に疑問や不満を持つようになり、徹底的に追求したり研究するようになる。 ・自己の信念に従って行動し、あまり他人の意見に左右されることがない。行動や志向は主観的な傾向があり、それが他人には頑固と捉えられることになる。}	武曲（利） 七殺（旺） ・宮威強－裸一貫で成功し、広く不動産を得たり経営することになる。 ・宮威弱－不動産を得たり失ったりする。 ・火羊が同宮すれば火災に注意。 ・羊陀が同宮すれば盗難に注意。 【田宅】　　　　　　酉
天府（地） ・宮威強－子供は親孝行で優しい子で、親子の関係は良好である。 ・宮威弱－子供は親元を離れ、散り散りになっていく。あるいは、子供の中には良好な関係の子もいれば、そうでない子もいるようになる。 【子女】　　　　　　卯	・話術に優れ説得力のある話し方をするが、それが過ぎて不快感を持たれる場合もある。 ・金銭や物質の豊かさより精神的充実に価値を置く。 ・命宮宮威強－背が高く大柄か太っている。石中穏玉格となるので若年中は苦労が多いが、その苦労を糧に中年以降発展する。 ・命宮宮威弱－背が低く身体も小さくなる。口舌の災い、つまり言葉のトラブルに注意。 ・化忌同宮－猜疑心が強くなる傾向があり、誤解がもとで口論を起こすことがあるので注意が必要である。		太陽（不） [日月蔵輝格] ・職業を変え、転々とする可能性がある。 ・宮威弱－肉体労働などに従事し、高位高給を得ることは難しい。 ・行政、管理業務、財務、企画計画業務、報道関係記者、文化教育関係などに適す。 【官禄】　　　　　　戌
[命無正曜格] ・宮威強－財運は良好である。 ・宮威弱－そこそこの財運である。 【財帛】　　　　　　寅	紫微（廟） 破軍（旺） ・宮威強－おおむね健康である。 ・宮威弱－栄養不良、高血圧、心臓病に注意。 ・羊鈴加会－原因不明の慢性病に注意。 ・空劫加会－心臓病に注意。 【疾厄】　　　　　　丑	天機（廟） [機月同梁格] ・宮威強－遠地に赴いたり外出することで運をつかみ発展する。家でじっとしていてはいけない。 ・宮威弱－郷里を離れたり遠地に赴くことにより、苦労することになる。 ・羊陀同宮加会－交通事故など外出先での事故や怪我の暗示あり注意。 【遷移】　　　　　　子	[命無正曜格] [府相朝垣格] ・部下や後輩友人には良い者もいれはそうでない者もいるので、付き合いはそれぞれ考えなければいけない。 ・宮威弱－部下や後輩友人により面倒やトラブルを被る恐れがあるので注意すること。 【奴僕】　　　　　　亥

甲年生
【兄弟】廉貞（禄）　【疾厄】破軍（権）　【田宅】武曲（科）　【官禄】太陽（忌）
【財帛】禄存　　　　【子女】擎羊　　　　【疾厄】陀羅・天魁　【父母】天鉞
・大きな成功や地位を期待するのは難しいが、大きく困窮することはない。
・頑固でやっかいな病気に悩まされる恐れがあるので、健康には注意すること。

乙年生
【遷移】天機（禄）　【福徳】天梁（権）　【疾厄】紫微（科）　【夫妻】太陰（忌）　【子女】禄存
【夫妻】擎羊　　　　【財帛】陀羅　　　　【遷移】天魁　　　　【福徳】天鉞
・命宮宮威強ければ石中穏玉格となり、晩年運であり、また遠地に赴いたり外出することは吉。
・結婚生活は波風が立つ暗示があるので、夫婦仲良く理解しあう努力が大切である。

丙年生
【福徳】天同（禄）　【遷移】天機（権）　【兄弟】廉貞（忌）　【兄弟】禄存
【命宮】擎羊　　　　【夫妻】陀羅　　　　【奴僕】天魁　　　　【田宅】天鉞
・基本的に安定した良好な運勢であるが、その他の星もよく見て判断すること。
・兄弟や友人から、何かトラブルを被ることがある。

丁年生
【夫妻】太陰（禄）　【福徳】天同（権）　【遷移】天機（科）　【命宮】巨門（忌）　【命宮】禄存
【父母】擎羊　　　　【兄弟】陀羅　　　　【奴僕】天魁　　　　【田宅】天鉞
・少しく安定する運勢であるが、自分から発奮して物事に取り組むようなところは少ない。
・配偶者は優しく聡明な人で、力になってくれる。

戊年生
【兄弟】貪狼（禄）　【夫妻】太陰（権）　【遷移】天機（忌）　【兄弟】禄存
【命宮】擎羊　　　　【夫妻】陀羅　　　　【疾厄】天魁　　　　【父母】天鉞
・そこそこの運勢であり、あまり大きな成功を望んではいけない。
・家庭内は配偶者が実権を握ることになる。

己年生
【田宅】武曲（禄）　【兄弟】貪狼（権）　【福徳】天梁（科）　【命宮】禄存
【父母】擎羊　　　　【兄弟】陀羅　　　　【遷移】天魁　　　　【福徳】天鉞
・基本的に中程度の安定した運勢であるが、その他の星がどこにあるかもよく見て判断すること。
・兄弟や友人の中に我を通そうとする人がいるが、力になってくれる。

庚年生
【官禄】太陽（禄）　【田宅】武曲（権）　【夫妻】太陰（科）　【福徳】天同（忌）
【福徳】禄存　　　　【田宅】擎羊　　　　【父母】陀羅・天鉞　【疾厄】天魁
・若年期は苦労するが、中年以降に発展する（石中穏玉格）。
・なにかと気苦労が多く、精神的な安定を得ることが難しくなるので、注意すること。

辛年生
【命宮】巨門（禄）　【官禄】太陽（権）　【田宅】禄存　　　　【官禄】擎羊
【福徳】陀羅　　　　【命宮】天魁　　　　【財帛】天鉞
・基本的に若年期は苦労するが、中年以降に発展する運勢である（石中穏玉格）。その他の星がどこに入るかもよく見て判断すること。

壬年生
【福徳】天梁（禄）　【疾厄】紫微（権）　【田宅】武曲（忌）　【奴僕】禄存
【遷移】擎羊　　　　【官禄】陀羅　　　　【子女】天魁　　　　【兄弟】天鉞
・そこそこ安定した運勢である。
・あまり大きな家には住まないか、家庭内がごたごたするような暗示がある。

癸年生
【疾厄】破軍（禄）　【命宮】巨門（権）　【夫妻】太陰（科）　【兄弟】貪狼（忌）　【遷移】禄存
【疾厄】擎羊　　　　【奴僕】陀羅　　　　【子女】天魁　　　　【兄弟】天鉞
・若年期は苦労するが、中年以降に発展する。命宮宮威強ければ成功し地位と財を得るが、弱ければ成功を得るためには相当の努力と苦労を伴うことになる。
・兄弟や友人から、何かトラブルを被ることがある。

第2章　紫微斗数14主星配置一覧　63

20　紫微丑・命宮未

廉貞（陥） 貪狼（陥） ・配偶者は欲求が強く、異性関係が盛んな暗示がある。 ・宮威弱－配偶者は結婚後も異性関係が派手であり、化忌が加会すれば再婚の可能性もある。 ・昌曲左右天姚が同宮すれば、男女問題や恋愛トラブルの暗示あり注意。 【夫妻】　　　　　　巳	巨門（旺） [石中穏玉格] ・宮威強－兄弟との縁は薄く、関係もあまり良好とは言えない。 ・宮威弱－兄弟間で口論や言い争いがあり、不仲となる恐れがある。 【兄弟】　　　　　　午	天相（地） 【命宮】　　　　　　未	天同（旺） 天梁（陥） [機月同梁格] ・宮威強－基本的に両親との関係は良好であるが、父親と母親で、教育方針や子供に接する態度が異なることがある。 ・両親は子供を愛して育てるが、子供は心を開かずなかなか懐かない。 【父母】　　　　　　申
太陰（陥） [機月同梁格] [日月反背格] ・子供は内向的で消極的な性格である。 ・子供との縁は薄い。 ・宮威弱－子供は親の言うことをあまり聞かない。 ・空劫同宮－育てにくい子供となる恐れがある。 【子女】　　　　　　辰	\multicolumn{2}{l|}{・思いやりがあって世話好きであり、とても面倒見がよい。したがって友人も多い。 ・温和で同情心に富んでいるので、いろいろな人脈や人間関係を築く。 ・謙虚で慎重な性格であり、物事に対して常に細心の注意をもって臨む。 ・人の世話で多忙となるが、誠意をもって対応するので、困難に会ったときも、友人知人や目上の人たちの支援を得て、乗り越えることができる。 ・サポーター役として最適である。 ・忍耐強く、地道に努力を続ける。謙虚で協調性があるので、まとめ役として引き立てられ、責任ある立場に就くこともある。 ・考えが先に立ち、実行がおろそかになるきらいがある。 ・気品があり、美食やファッション、高級品を愛するところがある。 ・命宮宮威弱－野心を胸の内に秘め、虚勢を張り「虎の威を借りる狐」となることがある。 ・女命で曲昌加会－恋愛の過程で困難や障害に会う暗示があるので、結婚を決断するときには、慎重な態度と熟慮が必要である。}	武曲（利） 七殺（旺） ・宮威強－個性は強烈であり、シビアな状況にもへこたれない。 ・宮威弱－人と一定の距離を置き、孤独となる。また、気持ちや心が揺れ動くことが多いので、何事にも慎重な態度が必要である。 【福徳】　　　　　　酉
天府（地） ・宮威強－財運は良好で安定しており、財産を築くことができる。 ・宮威弱－財を得ることはできるが、なかなか蓄財できない。 【財帛】　　　　　　卯		太陽（不） [日月蔵輝格] ・宮威強－大きな不動産を得るのは難しい。住居も暗い所である。 ・宮威弱－不動産運はあまり期待できない。 ・火羊が同宮すれば火災に注意。 ・羊陀が同宮すれば盗難に注意。 【田宅】　　　　　　戌
[命無正曜格] ・宮威強－基本的におおむね健康である。 ・宮威弱－神経性胃炎、脚気などに注意。 ・羊陀火鈴加会－心臓病に注意。 ・空劫加会－癲癇持ちとなる傾向がある。 【疾厄】　　　　　　寅	紫微（廟） 破軍（旺） ・宮威強－遠地に赴くことや外出でチャンスをつかみ、実力者との縁を得て支援を受けることができる。 ・宮威弱－さらに羊陀と同宮加会すれば外出先で怪我をしたり事故に会う恐れがあるので注意すること。 【遷移】　　　　　　丑	天機（廟） [機月同梁格] ・宮威強－部下後輩友人は聡明で能力も高く、多くの支援を得られる。 ・宮威弱－部下後輩友人は人を騙すようなところがあるので注意が必要。 【奴僕】　　　　　　子	[命無正曜格] [府相朝垣格] ・警察や自衛隊など、危険を伴う仕事に向く。 ・また、娯楽、飲食、美術装飾、書画骨董、演劇などにも向く。 ・化忌同宮加会－仕事上で事件を起こしたり巻き込まれることがあるので注意すること。 【官禄】　　　　　　亥

甲年生
【夫妻】廉貞（禄）　　【遷移】破軍（権）　　【福徳】武曲（科）　　【田宅】太陽（忌）
【疾厄】禄存　　　　　【財帛】擎羊　　　　　【遷移】陀羅・天魁　　【命宮】天鉞
[天乙拱命格] 学識高く、人の縁に恵まれ幸運を得る。
・人の縁や助けを得て運を開く運勢である。
・基本的に命宮宮威強ければ中くらいの運勢であり、弱ければやや不安定となる運勢である。

乙年生
【奴僕】天機（禄）　　【父母】天梁（権）　　【遷移】紫微（科）　　【子女】太陰（忌）　　【財帛】禄存
【子女】擎羊　　　　　【疾厄】陀羅　　　　　【奴僕】天魁　　　　　【父母】天鉞
・命宮宮威強ければ安定した良好な運勢であり、弱ければそれよりやや劣る運勢である。
・裕福で恵まれた家庭に生まれるが、両親は厳格な人で、子供を厳しく躾け教育する傾向がある。

丙年生
【父母】天同（禄）　　【奴僕】天機（権）　　【夫妻】廉貞（忌）　　【夫妻】禄存
【兄弟】擎羊　　　　　【子女】陀羅　　　　　【官禄】天魁　　　　　【福徳】天鉞
・比較的裕福で恵まれた家庭に生まれるが、事業運はさほど強いものではない。また結婚生活も波乱含みの暗示があるので、夫婦円満を心がけること。

丁年生
【子女】太陰（禄）　　【父母】天同（権）　　【奴僕】天機（科）　　【兄弟】巨門（忌）　　【兄弟】禄存
【命宮】擎羊　　　　　【夫妻】陀羅　　　　　【官禄】天魁　　　　　【福徳】天鉞
・事業運はあまり強いものではない。
・しっかりした家庭の生まれで、両親は厳格に子供を躾け教育する傾向がある。

戊年生
【夫妻】貪狼（禄）　　【子女】太陰（権）　　【奴僕】天機（忌）　　【夫妻】禄存
【兄弟】擎羊　　　　　【子女】陀羅　　　　　【遷移】天魁　　　　　【命宮】天鉞
[天乙拱命格] 学識高く、人の縁に恵まれ幸運を得る。
・事業上の変動が多く、仕事を何度も変える可能性がある。結婚生活も変化に富む。
・部下や後輩や友人に足をすくわれる恐れがあるので注意すること。

己年生
【福徳】武曲（禄）　　【夫妻】貪狼（権）　　【父母】天梁（科）　　【兄弟】禄存
【命宮】擎羊　　　　　【夫妻】陀羅　　　　　【奴僕】天魁　　　　　【父母】天鉞
・事業運、結婚運はあまり強いものではない。家庭内は配偶者が主導権を握るようになる。
・両親が知的でインテリな家庭の生まれである。

庚年生
【田宅】太陽（禄）　　【福徳】武曲（権）　　【子女】太陰（科）　　【父母】天同（忌）
【父母】禄存　　　　　【福徳】擎羊　　　　　【命宮】陀羅・天鉞　　【遷移】天魁
[天乙拱命格] 学識高く、人の縁に恵まれ幸運を得る。
・おおむね安定した良好な運勢である。
・あまり恵まれた生育環境とは言えない。両親との縁は薄く、関係も良好とは言えない。

辛年生
【兄弟】巨門（禄）　　【田宅】太陽（権）　　【福徳】禄存　　　　　【田宅】擎羊
【父母】陀羅　　　　　【兄弟】天魁　　　　　【疾厄】天鉞
・少しく財を得ることができる。
・一生を通じて実力者や目上の人や友人知己の支援を受けることができる。

壬年生
【父母】天梁（禄）　　【遷移】紫微（権）　　【福徳】武曲（忌）　　【官禄】禄存
【奴僕】擎羊　　　　　【田宅】陀羅　　　　　【財帛】天魁　　　　　【夫妻】天鉞
・基本的に成功し、地位と財を得る命である。大きな財を築くのは難しい。
・比較的裕福な家庭環境に生まれるが、両親は人付き合いや人の面倒を見るのに忙しい。

癸年生
【遷移】破軍（禄）　　【兄弟】巨門（権）　　【子女】太陰（科）　　【夫妻】貪狼（忌）　　【奴僕】禄存
【遷移】擎羊　　　　　【官禄】陀羅　　　　　【財帛】天魁　　　　　【夫妻】天鉞
・遠地に赴くか外出することで人の縁を得てチャンスをつかみ発展する。
・事業運、結婚運はあまり強いものではない。その他の星もよく見て判断すること。
・兄弟や友人の中に口やかましく、威丈高で高飛車な人がいるが、力になってくれる。

21　紫微丑・命宮申

廉貞（陷） 貪狼（陷） ・子供は悪い遊びを覚えたり、好ましくない習慣に染まることがあるが、宮威強ければさほど心配することはない。 ・宮威が弱ければ、子供は親の言うことを聞かず反抗するようになる。 【子女】　　　　　　巳	巨門（旺） [石中穏玉格] ・宮威強－配偶者は話好きで、よくしゃべる人である。ただ、夫婦間で意見がすれ違うことがある。 ・宮威弱－夫婦間で意見の対立を見る恐れがある。 ・昌曲左右が同宮すれば、複数の異性との恋愛や、男女問題の恐れがあるので注意を要する。 【夫妻】　　　　　　午	天相（地） ・宮威強－兄弟間は仲がよく、多くの支援を得ることができる。 ・宮威弱－兄弟との関係は良好なものではなく、あまり助力を受けることができない。 【兄弟】　　　　　　未	天同（旺） 天梁（陷） [機月同梁格] 【命宮】　　　　　　申
太陰（陷） [機月同梁格] [日月反背格] ・宮威強－財運はあまり強いものではない。 ・宮威弱－財運は弱く、場合によっては困窮することもある。 【財帛】　　　　　　辰	\multicolumn{2}{c|}{**機月同梁格** 抜群の企画力と事務処理能力で 主人の片腕となる大番頭。No.2狙いで大成功。 ・温和で善良な性格であるが、中には二面性を見せる人もいる。また神経質な一面もある。 ・欲は少なく、多くを自分の外に求めない。 ・気前がよく、常に動き回っていて、外出や旅行などの移動を好む。 ・企画力に優れ、事務処理能力も備えているので、文化事業や教育、宣伝などの分野で活躍する。また企業や組織でトップを補佐するブレーンとして活躍する。学術研究にも向く。 ・困難に遭遇しても、それを解決し逆にチャンスとする才能と運を持っている。 ・命宮宮威強－人と和し人間関係は良好であるが、少し物事にルーズなところがある。 ・命宮宮威弱－どこか冷たい感じを漂わせ、あまり人とも交わらず一人でいることを好むようになる。また中には酒色に溺れるような人もいる。}		武曲（利） 七殺（旺） ・宮威強－両親との縁は薄く、関係もあまりよいものではない。 ・宮威弱－両親との関係はよろしくない。場合によっては意見の対立を見、反発するようになる。 【父母】　　　　　　酉
天府（地） ・宮威強－基本的に健康である。 ・宮威弱－胃腸を痛める風邪に注意。もし羊陀火鈴空劫と同宮加会すれば、怪我や手術により身体のどこかに傷跡が残るようになる。 【疾厄】　　　　　　卯			太陽（不） [日月蔵輝格] ・宮威強－スポーツや勝負ごとを好み、またいろいろな分野で活躍しヒーローとなる。 ・宮威弱－何にでも首を突っこみトラブルを招くことがある。 【福徳】　　　　　　戌
[命無正曜格] ・宮威強－旅行を好み、あちこちの国や地方を訪れることになる。 ・宮威弱－外出や移動はできるだけ控えた方がよい。外出先での怪我や事故の暗示がある。羊陀が同宮加会すればその可能性が高くなる。 【遷移】　　　　　　寅	紫微（廟） 破軍（旺） ・宮威強－部下や後輩や友人は立派な者が多く、多くの力を得ることができる。 ・宮威弱－部下や後輩や友人の中に権力や地位に固執する者がいる。 【奴僕】　　　　　　丑	天機（廟） [機月同梁格] ・宮威強－政治に参加することを好み、また法律、医療関係、宗教、芸術関係でも活躍できる。ほかに広告宣伝、専門技術者、企画設計、翻訳・著述業、ガイド、営業などに適性がある。 ・宮威弱－職業はなかなか安定しない。 【官禄】　　　　　　子	[命無正曜格] [府相朝垣格] ・宮威強－それなりに不動産を所有するようになるが、ずっと保持できるかどうかは何とも言えない。 ・宮威弱－不動産を所得するのは難しい。 ・火羊が同宮すれば火災に注意。 ・羊陀が同宮すれば盗難に注意。 【田宅】　　　　　　亥

甲年生
【子女】廉貞（禄）　【奴僕】破軍（権）　【父母】武曲（科）　【福徳】太陽（忌）
【遷移】禄存　　　　【疾厄】擎羊　　　　【奴僕】陀羅・天魁　【兄弟】天鉞
・ハイセンスで知的な家庭の生まれであり、子供との関係も比較的良好である。
・苦労症で、些細なことを気に病むところがある。

乙年生
【官禄】天機（禄）　【命宮】天梁（権）　【奴僕】紫微（科）　【財帛】太陰（忌）　【疾厄】禄存
【財帛】擎羊　　　　【遷移】陀羅　　　　【官禄】天魁　　　　【命宮】天鉞
・事業運は良く、高い職位に昇り高給を手にすることができる。
・財は入ったり出たりでなかなか蓄財できない。

丙年生
【命宮】天同（禄）　【官禄】天機（権）　【子女】廉貞（忌）　【子女】禄存
【夫妻】擎羊　　　　【財帛】陀羅　　　　【田宅】天魁　　　　【父母】天鉞
・事業運は良く、高い職位に昇り高給を手にすることができる。
・子供には苦労をかけられることがある。

丁年生
【財帛】太陰（禄）　【命宮】天同（権）　【官禄】天機（科）　【夫妻】巨門（忌）　【夫妻】禄存
【兄弟】擎羊　　　　【子女】陀羅　　　　【田宅】天魁　　　　【父母】天鉞
［三奇加会格］財運強く、幸運に恵まれ大いに発展する吉命。
・命宮宮威強ければ大きな財と地位と名誉を手にすることができる。弱ければ財と名誉は長続きしないか、あるいは得るために相当の努力と苦労を伴うことになる。
・結婚生活は波風のある暗示があるので、夫婦円満を心がけること。

戊年生
【子女】貪狼（禄）　【財帛】太陰（権）　【官禄】天機（忌）　【子女】禄存
【夫妻】擎羊　　　　【財帛】陀羅　　　　【奴僕】天魁　　　　【兄弟】天鉞
・命宮宮威強ければ、そこそこ安定した良好な運勢であり、弱ければやや不安定な運勢となる。
・子供との関係は比較的良好である。

己年生
【父母】武曲（禄）　【子女】貪狼（権）　【命宮】天梁（科）　【夫妻】禄存
【兄弟】擎羊　　　　【子女】陀羅　　　　【官禄】天魁　　　　【命宮】天鉞
・事業運は良く、高い職位に昇り高給を手にすることができる。
・ハイセンスで知的な家庭の生まれであるが、子供は親の言うことを聞かないようになる。

庚年生
【福徳】太陽（禄）　【父母】武曲（権）　【財帛】太陰（科）　【命宮】天同（忌）
【命宮】禄存　　　　【父母】擎羊　　　　【兄弟】陀羅・天鉞　【奴僕】天魁
・財産や地位を得る可能性はあるが、感情に波があり、怠惰に流される恐れがあるので、成敗はそのコントロールにかかっている。
・両親は厳格な人で、厳しく子供を躾け教育する。

辛年生
【夫妻】巨門（禄）　【福徳】太陽（権）　【父母】禄存　　　　【福徳】擎羊
【命宮】陀羅　　　　【夫妻】天魁　　　　【遷移】天鉞
・配偶者は裕福で立派な人である。
・自由な時間や環境など、自分を存分に発散・表現できる場を求めるようになる。

壬年生
【命宮】天梁（禄）　【奴僕】紫微（権）　【父母】武曲（忌）　【田宅】禄存
【官禄】擎羊　　　　【福徳】陀羅　　　　【疾厄】天魁　　　　【子女】天鉞
・基本的に、安定した良好な運勢である。
・生家はあまり裕福でないか、あるいは両親との関係が悪く、縁が薄くなる暗示がある。

癸年生
【奴僕】破軍（禄）　【夫妻】巨門（権）　【財帛】太陰（科）　【子女】貪狼（忌）　【官禄】禄存
【奴僕】擎羊　　　　【田宅】陀羅　　　　【疾厄】天魁　　　　【子女】天鉞
・財運は良好で安定しているが、子供には苦労をかけられることがある。
・配偶者は家庭内を仕切ろうとして、配偶者と衝突することがある。

22　紫微丑・命宮酉

【財帛】　　　　巳	【子女】　　　　午	【夫妻】　　　　未	【兄弟】　　　　申
廉貞（陥） 貪狼（陥） ・宮威強－特殊な分野や仕事で財を得る（火鈴が加会すればその傾向は強まる）。財は入ったり出たりである。 ・宮威弱－物の売買や投機的なことに興味を持つ。また浪費や無駄使いが多くなる。	巨門（旺） [石中穏玉格] ・宮威強－はきはきとしたしかし落ち着きのある良い子供に恵まれる。 ・宮威弱－おしゃべりで両親を疲れさせる子供である。空劫が同宮すれば育てにくい子供となり、羊陀が同宮すれば親に逆らうようになる。	天相（地） ・宮威強－配偶者は優しく賢い人で、血を分けた親族以上に睦まじくなり、大いに助けられる。 ・宮威弱－配偶者との縁は薄いものとなる。夫婦間である程度の距離を置いた方がよい。 ・昌曲左右が同宮すると異性問題の暗示あり注意。	天同（旺） 天梁（陥） [機月同梁格] ・宮威強－兄弟は賢く立派な人で、仲がよく、助け合い、多くの支援を得ることができる。 ・宮威弱－兄弟とは離ればなれになるか、あるいは仲はよいのだが、兄弟のせいでトラブルを被ることがある。

【疾厄】　　　　辰			【命宮】　　　　酉
太陰（陥） [機月同梁格] [日月反背格] ・宮威強－身体はあまり丈夫ではなく、怪我や循環器系・婦人科系の疾病に注意。 ・宮威弱－偏頭痛やめまいその他眼科系の疾患に注意すること。			武曲（利） 七殺（旺）

・強烈な個性の持ち主である。
・成功と失敗は常に一瞬の間にあり、成敗は一枚のコインの裏表のようである。一生を通じて成敗の起伏が大きい。変動運である。
・突然財をつかむかと思えば、突然失財する。
・新規開拓、創業の精神に富み、公職や政治、大企業などに活躍の場を求める。
・聡明で機知に富み、性格は率直で豪放、根が正直で、思ったことを歯に衣を着せずストレートに言うようなところがある。
・リーダーシップを発揮するが、孤高の人といった感じで、すべてひとりで計画・決断し孤軍奮闘する。
・冒険心に富み、極限に挑戦する。
・命宮宮威強－遠方で発展し、人を頼らず独力で成功をつかむ。軍隊や警察、スポーツ選手などにも向く。
・命宮宮威弱－粗暴な性格で、投げやりな態度を取ることがある。中にはどもったり言葉が不明瞭で、聞き取りにくい人もいる。怪我をすることが多く、中には犯罪に手を染める人もいる。

【遷移】　　　　卯			【父母】　　　　戌
天府（地） ・宮威強－生活は安定し、移動や移転も少なく安定した人生を送ることができる。 ・宮威弱－多く出歩くことになり、遠方に出向いて苦労することとなる。 ・羊陀が加会すれば外出先での事故（交通事故など）に注意すること。			太陽（不） [日月蔵輝格] ・宮威強－生家はあまり豊かでないか、父母との縁は薄く、仲もあまりよくない。 ・宮威弱－早くから両親と意見に違いが起こり、対立するようになる。

【奴僕】　　　　寅	【官禄】　　　　丑	【田宅】　　　　子	【福徳】　　　　亥
[命無正曜格] ・宮威強－善良で真面目な部下や後輩、友人などに恵まれ、多くの助けを得る。 ・宮威弱－部下や後輩、友人との関係は良いものではない。	紫微（廟） 破軍（旺） ・宮威強－事業運は良く、高い地位に昇り高給を得ることができる。 ・宮威弱－事業上の成功と失敗は交互に訪れる。 ・製造業、加工業、事務員開発部門、企業コンサルタント、社会批評などの分野に適性がある。	天機（廟） [機月同梁格] ・宮威強－父祖からの財産はあまり期待できないが、自分の努力で家を建てるようになる。 ・宮威弱－大きな家に住むことはなく、転居も多くなる。 ・火羊同宮－火災に注意。 ・羊陀が同宮すれば盗難に注意。	[命無正曜格] [府相朝垣格] ・宮威強－忙中閑あり、忙しき中にも楽しみあり、苦労の中にも喜びありといった感じである。 ・宮威弱－酒色に溺れる暗示あり注意。

甲年生
【財帛】廉貞（禄）　【官禄】破軍（権）　【命宮】武曲（科）　【父母】太陽（忌）
【奴僕】禄存　　　　【遷移】擎羊　　　　【官禄】陀羅・天魁　【夫妻】天鉞
［三奇加会格］それなりに幸運に恵まれる吉格。
　・命宮宮威強ければ事業運は良く成功を収めるが、財は出たり入ったりである。
　・生育した家庭環境が不安定か、あるいは両親との仲が悪く、早くから対立する暗示がある。

乙年生
【田宅】天機（禄）　【兄弟】天梁（権）　【官禄】紫微（科）　【疾厄】太陰（忌）　【遷移】禄存
【疾厄】擎羊　　　　【奴僕】陀羅　　　　【田宅】天魁　　　　【兄弟】天鉞
　・命宮宮威強ければ少しく財を得、不動産も所有することになる。
　・命宮宮威弱くともそれなりに安定した運勢だが、健康には十分に注意すること。

丙年生
【兄弟】天同（禄）　【田宅】天機（権）　【財帛】廉貞（忌）　【財帛】禄存
【子女】擎羊　　　　【疾厄】陀羅　　　　【福徳】天魁　　　　【命宮】天鉞
　・財運はあまり大きなものではない。
　・兄弟や友人が大いに力になってくれる。

丁年生
【疾厄】太陰（禄）　【兄弟】天同（権）　【田宅】天機（科）　【子女】巨門（忌）　【子女】禄存
【夫妻】擎羊　　　　【財帛】陀羅　　　　【福徳】天魁　　　　【命宮】天鉞
　・命宮宮威強ければ、苦労した後に成功する。弱ければ成功のためには相当の努力を要する。
　・子供に手を焼き、苦労させられることがある。

戊年生
【財帛】貪狼（禄）　【疾厄】太陰（権）　【田宅】天機（忌）　【財帛】禄存
【子女】擎羊　　　　【疾厄】陀羅　　　　【官禄】天魁　　　　【夫妻】天鉞
［禄合鴛鴦格］財に恵まれる吉格であるが、凶星の冲破を恐れる。
　・命宮宮威強ければ一定の成果を手にするが、財は入ったり出たりといった傾向がある。宮威弱ければ浪費や無駄遣いが多く、投機的なものに手を出すことがある。

己年生
【命宮】武曲（禄）　【財帛】貪狼（権）　【兄弟】天梁（科）　【子女】禄存
【夫妻】擎羊　　　　【財帛】陀羅　　　　【田宅】天魁　　　　【兄弟】天鉞
　・命宮宮威強ければ財産を築くことができるが、それを維持するのには相当の苦労と努力が必要である。命宮宮威弱ければ金銭トラブルの暗示があるので注意すること。

庚年生
【父母】太陽（禄）　【命宮】武曲（権）　【疾厄】太陰（科）　【兄弟】天同（忌）
【兄弟】禄存　　　　【命宮】擎羊　　　　【夫妻】陀羅・天鉞　【官禄】天魁
　・両親は立派な人で生家は比較的裕福である。　・事業／仕事運は好調であるが、地位や名誉を得ることはできても大きな財産を築くのは難しい。命宮宮威弱ければそこそこの運勢である。

辛年生
【子女】巨門（禄）　【父母】太陽（権）　【命宮】禄存　　　　【父母】擎羊
【兄弟】陀羅　　　　【子女】天魁　　　　【奴僕】天鉞
　・一定の成功を収める可能性はあるが、その他の星をよく見て判断すること。
　・両親はきつい性格で、子弟に対する躾や教育は厳しいものがある。

壬年生
【兄弟】天梁（禄）　【官禄】紫微（権）　【命宮】武曲（忌）　【福徳】禄存
【田宅】擎羊　　　　【父母】陀羅　　　　【遷移】天魁　　　　【財帛】天鉞
　・基本的に良好な運勢の配置なのであるが、財帛宮の主星の状態がかんばしくない上、命宮（忌）となるので、なかなか成功が一定しない。もし命宮宮威弱ければそれなりの運勢である。
　・兄弟や友人は、いろいろと力になってくれる。

癸年生
【官禄】破軍（禄）　【子女】巨門（権）　【疾厄】太陰（科）　【財帛】貪狼（忌）　【田宅】禄存
【官禄】擎羊　　　　【福徳】陀羅　　　　【遷移】天魁　　　　【財帛】天鉞
　・基本的に事業運は良好で、良い職業に就き高給を得ることができる。財運は一定せず、人によっては賭博や遊興に夢中になり、散財したり浪費や無駄遣いに走ることもある。

第2章　紫微斗数14主星配置一覧　69

23　紫微丑・命宮戌

【疾厄】　　　　巳	【財帛】　　　　午	【子女】　　　　未	【夫妻】　　　　申
廉貞（陥） 貪狼（陥） ・幼児期に傷を負ったり、アトピー、皮膚疾患の恐れあり。 ・眼病に注意。 ・腎臓、生殖器系の疾患に注意。 ・EDの暗示あり。 ・鼻炎に注意。	巨門（旺） [石中穏玉格] ・宮威強－コミュニケーションや会話、研究などで財を得る。 ・宮威弱－蓄財のためには相応の苦労と困難と努力を伴うことになる。	天相（地） ・宮威強－子供は親の言うことをよく聞く孝行者である。 ・宮威弱－子供はあまり優秀ではなく、力になってはくれない。 ・空劫同宮－育てるのが難しい子供である。 ・火鈴羊同宮－子供は親の言うことを聞かず逆らうようになる。	天同（旺） 天梁（陥） [機月同梁格] ・宮威強－配偶者は聡明で細かい事にもよく気づき、力になってくれる。 ・宮威弱－配偶者はルーズで怠惰な面がある。 ・昌曲左右が同宮すれば、複数の異性との恋愛や、男女問題の恐れがあるので注意を要する。

【遷移】　　　　辰			【兄弟】　　　　酉
太陰（陥） [機月同梁格] [日月反背格] ・宮威強－生地を離れ遠地に赴くことはあまりよろしくない。遠地に赴くと苦労する。 ・宮威弱－あまり出歩かないようになる。外出先での事故や怪我に注意。 ・羊陀が加会すれば特に交通事故などに注意。		武曲（利） 七殺（旺） ・兄弟の個性は強烈であり相手をするのが難しい。宮威弱ければ兄弟との関係は良好ではなく、不仲となる。

日月蔵輝格
幼少年期、苦労するが
その困難を成長の糧とする。

・若くして家を出て求学する。あるいは両親の体が弱く頼りとすることができないか、両親が事業に失敗して経済的に恵まれないか、幼くして両親と生別死別する。いずれにせよ両親との縁は薄く幼少期に苦労するが、もともと性格は強固で奮闘精神を具えているので、奮闘努力し、艱難辛苦の後に自力で成功を得るようになる。
・大器晩成型であり、中年以降に発展する。
・精気に欠け、容易に人に胸襟を開かず、恐々とするようなところがある。
・物事を始めるのはよいが、その締めくくりをよくせず、竜頭蛇尾となりがちである。
・公務員や研究教育職に就けば、それなりに地位を得て安定する。
・命宮宮威強ければ、効率的に物事を進め、成果を上げることができる。
・命宮宮威弱ければ、内向的で憂鬱な気分に支配されることがある。

【奴僕】　　　　卯			【命宮】　　　　戌
天府（地） ・宮威強－よい部下後輩友人に恵まれ、大いに助けになってくれる。 ・宮威弱－友人や部下後輩の中に、表面上は愛想がいいが、腹の中ではそう思っていない人がいる。そのような人を見極めるのが肝要である。			太陽（不） [日月蔵輝格]

【官禄】　　　　寅	【田宅】　　　　丑	【福徳】　　　　子	【父母】　　　　亥
[命無正曜格] ・特殊技術を生かす職業、法律関係（弁護士など）、マスコミ、出版、著述、教育文化関係、交通運輸関係などに向く。 ・宮威強くても高職位に昇ることは難しい。宮威弱ければ事業運は不安定なものとなる。	紫微（廟） 破軍（旺） ・宮威強－不動産を獲得しまた売買することで利益を手にするが、ひとつの不動産を長く所有することはない。 ・宮威弱－大きな不動産を所有するのは難しい。 ・火羊同宮－火災に注意。 ・羊陀が同宮すれば盗難に注意。	天機（廟） [機月同梁格] ・宮威強－好奇心旺盛で、いろんなことに興味を持って手を出すが、その興味は一定せず、変わりやすい。 ・宮威弱－人間関係に苦労することがある。胸襟を開くことが大事である。 ・化忌があれば自分で自分を苛むようなことがある。	[命無正曜格] [府相朝垣格] ・宮威強－両親との縁は深いのであるが、互いに理解しがたいところがあり、なかなか心を通じ合えないことがある。 ・宮威弱－両親とは意見が合わず対立し、反発するようになる。

甲年生
【疾厄】廉貞（禄）　　【田宅】破軍（権）　　【兄弟】武曲（科）　　【命宮】太陽（忌）
【官禄】禄存　　　　　【奴僕】擎羊　　　　　【田宅】陀羅・天魁　　【子女】天鉞
- 浮沈の多い人生であり、仕事上も波がある。両親との関係はあまり良好とは言えない。
- 事業／職業運はまあまあ安定したものである。

乙年生
【福徳】天機（禄）　　【夫妻】天梁（権）　　【田宅】紫微（科）　　【遷移】太陰（忌）　　【奴僕】禄存
【遷移】擎羊　　　　　【官禄】陀羅　　　　　【福徳】天魁　　　　　【夫妻】天鉞
- 大きな成功を得ることは難しく、また外出先で事故や怪我の暗示があるが、命宮宮威強ければ、それなりに安定した生活を送ることはできる。
- 家庭内では配偶者が実権を握ることになる（亭主関白カカア天下）。

丙年生
【夫妻】天同（禄）　　【福徳】天機（権）　　【疾厄】廉貞（忌）　　【疾厄】禄存
【財帛】擎羊　　　　　【遷移】陀羅　　　　　【父母】天魁　　　　　【兄弟】天鉞
［貴星夾命格］人の援助に恵まれる。
- 幼少期は両親が多忙か健康が優れずあまり力になってもらえないが、多くの人の支援に恵まれる。
- 配偶者は裕福であるか、優しく立派な人で、安定した結婚生活を送る。

丁年生
【遷移】太陰（禄）　　【夫妻】天同（権）　　【福徳】天機（科）　　【財帛】巨門（忌）　　【財帛】禄存
【子女】擎羊　　　　　【疾厄】陀羅　　　　　【父母】天魁　　　　　【兄弟】天鉞
［貴星夾命格］人の援助に恵まれる。　・遠地に赴くか、遠地との交流や活発に外出することにより、チャンスをつかみ成功する。ただ大きな財産を築くのは難しい。異性からの助力を多く受けるが、男女関係には注意すること。命宮宮威強ければ、少しく安定した運勢である。

戊年生
【疾厄】貪狼（禄）　　【遷移】太陰（権）　　【福徳】天機（忌）　　【疾厄】禄存
【財帛】擎羊　　　　　【遷移】陀羅　　　　　【田宅】天魁　　　　　【子女】天鉞
- 命宮宮威強ければ、苦労の中にも喜びのある人生だが、宮威弱ければ、あまりよい運勢とは言えない。

己年生
【兄弟】武曲（禄）　　【疾厄】貪狼（権）　　【夫妻】天梁（科）　　【財帛】禄存
【子女】擎羊　　　　　【疾厄】陀羅　　　　　【福徳】天魁　　　　　【夫妻】天鉞
- 配偶者は聡明な人で、その助けを受けて少しく成功する。
- 頑固でやっかいな病気になる恐れがあるので、健康には注意すること。

庚年生
【命宮】太陽（禄）　　【兄弟】武曲（権）　　【遷移】太陰（科）　　【夫妻】天同（忌）
【夫妻】禄存　　　　　【兄弟】擎羊　　　　　【子女】陀羅・天鉞　　【田宅】天魁
［科名会禄格］学問や研究、試験などの分野で能力を発揮する。命宮宮威強ければそれなりの成功を得ることができるが、成敗は交互に訪れる。宮威弱ければ大きな成功は望めない。また結婚生活は不安定なものとなりやすいので夫婦円満を心がけること。

辛年生
【財帛】巨門（禄）　　【命宮】太陽（権）　　【兄弟】禄存　　　　　【命宮】擎羊
【夫妻】陀羅　　　　　【財帛】天魁　　　　　【官禄】天鉞
- 少しく財を築くが、高い地位に昇ったり大きな名誉を得るのは難しい。

壬年生
【夫妻】天梁（禄）　　【田宅】紫微（権）　　【兄弟】武曲（忌）　　【父母】禄存
【福徳】擎羊　　　　　【命宮】陀羅　　　　　【奴僕】天魁　　　　　【疾厄】天鉞
- 仕事は多忙となり、悩みを抱える時期もあるが、配偶者が力になり支えてくれる。
- 命宮宮威強ければそこそこ安定した運勢である。

癸年生
【田宅】破軍（禄）　　【財帛】巨門（権）　　【遷移】太陰（科）　　【疾厄】貪狼（忌）　　【福徳】禄存
【田宅】擎羊　　　　　【父母】陀羅　　　　　【奴僕】天魁　　　　　【疾厄】天鉞
- 命宮宮威強ければ大きな財産を築くが、弱ければそれほどでもない。
- 健康には十分注意すること。

24　紫微丑・命宮亥

【遷移】　　　　　巳	【疾厄】　　　　　午	【財帛】　　　　　未	【子女】　　　　　申
廉貞（陥） 貪狼（陥） ・家にこもることを好まず、あちこち出歩くようになる。 ・宮威強－仕事の関係で遠地に赴いたり外出するようになる。 ・宮威弱－盛り場や歓楽街に出入りし、トラブルに会うことがある。 ・羊陀同宮加会－事故注意。	巨門（旺） [石中穏玉格] ・宮威強－おおむね健康でいられる。 ・宮威弱－高血圧、血栓症、腹部膨張感、胃炎、消化不良、下痢、肺の疾患などに注意。	天相（地） ・宮威強－財運は良好で安定している。 ・宮威弱－財は出たり入ったりで、なかなか蓄財できない。	天同（旺） 天梁（陥） [機月同梁格] ・宮威強－親子の情は深く関係も良好である。また可愛くて優秀な子供に恵まれる。 ・宮威弱－育てにくい子供か、親の言うことをあまり聞かない子供である。

【奴僕】　　　　　辰	命無正曜格 対宮主星を命宮主星とみなして判断。	【夫妻】　　　　　酉
太陰（陥） [機月同梁格] [日月反背格] ・あまり良い部下後輩友人には恵まれず、害されることも多いので、友人をよく見て付き合わなければならない。 ・特に女性の部下後輩友人からトラブルを被ることがあるので注意が必要。	・酒色を愛するロマンチストで楽天家である。 ・好奇心旺盛で、何事も広く浅く通暁する。 ・文芸、音楽、芸術、芸能を好み、多芸多才で才能豊かであるが、欲は強い。 ・個性的な性格で刺激を好み、新しい物事が好きで、勝負事を好み、勝負運もある。 ・異性関係のトラブルの暗示あり注意。 ・命宮宮威強－大物であり、大きな理想を抱き困難を乗り越え、立ちはだかる敵を打ち倒し、目標を達成する。また男女ともに美しい容貌をしており、特にその綺麗な目は人を惹き付けずにはおかない。 ・命宮宮威弱－容貌はあまり美しいとは言えず、貪欲で情に流され、異性関係でスキャンダルを引き起こすことがある。また口先がうまく目立ちたがりで、人のものを奪って自分のものにしたがるようになる。 ・女命で昌曲が加会すれば、魅力的で美しい肢体に恵まれ、歌やダンスの才能があるが、男性の目を惹き、また自身も多情のためスキャンダルの渦中に身を投ずるようなことになる。	武曲（利） 七殺（旺） ・惚れやすく、一目で恋に落ちるような傾向があるので、冷静にお互いのことを理解しあう態度が必要である。 ・宮威弱－夫婦間で互いの意見を主張しあい、意見が合わない。最悪の場合、離婚して再婚することになるので注意が必要。

【官禄】　　　　　卯		【兄弟】　　　　　戌
天府（地） ・宮威強－良い職に就き高給を得ることができる。 ・宮威弱－あまり高い地位への出世は期待できない。 ・公務員、公共事業体職員、教育関係、会計業務、家電関係、製造業、金属製品販売などに適性がある。		太陽（不） [日月蔵輝格] ・宮威強－兄弟はあまり優秀ではなく、力にはならない。 ・宮威弱－兄弟間で意見の対立があり、仲違いすることがある。

【田宅】　　　　　寅	【福徳】　　　　　丑	【父母】　　　　　子	【命宮】　　　　　亥
[命無正曜格] ・宮威強－多少の不動産を取得することができる。 ・宮威弱－不動産にはあまり縁がない。 ・火羊が同宮すれば火災に注意。 ・羊陀が同宮すれば盗難に注意。	紫微（廟） 破軍（旺） ・宮威強－大きな志を抱き、努力を重ねて目的を達成する。 ・宮威弱－大きな希望を抱くが、あまり大きな成功は望めない。 ・天姚紅鸞昌曲などが同宮加会すれば、異性と親しむことを喜び、色情に流される傾向がある。	天機（廟） [機月同梁格] ・宮威強－両親は立派で地位のある人で、大きな支援を受けることができる。 ・宮威弱－両親とは意見が合わず対立するようになる。	[命無正曜格] [府相朝垣格]

甲年生
【遷移】廉貞（禄）　　【福徳】破軍（権）　　【夫妻】武曲（科）　　【兄弟】太陽（忌）
【田宅】禄存　　　　　【官禄】擎羊　　　　　【福徳】陀羅・天魁　　【財帛】天鉞
・酒色を好み、多趣味で嗜好も多岐にわたる。命宮宮威強ければ一風変わった（特殊な）方面に才能を示す。命宮宮威弱ければ品性に欠けるようなところがある。

乙年生
【父母】天機（禄）　　【子女】天梁（権）　　【福徳】紫微（科）　　【奴僕】太陰（忌）　　【官禄】禄存
【奴僕】擎羊　　　　　【田宅】陀羅　　　　　【父母】天魁　　　　　【子女】天鉞
・命宮宮威強ければ、事業／仕事運はそれなりに安定する。弱ければ不安定となる。
・比較的恵まれた家庭環境に育ち、両親から多くの支援と援助を受ける。
・部下や後輩友人から面倒を持ち込まれることがあるので、注意が必要である。

丙年生
【子女】天同（禄）　　【父母】天機（権）　　【遷移】廉貞（忌）　　【遷移】禄存
【疾厄】擎羊　　　　　【奴僕】陀羅　　　　　【命宮】天魁　　　　　【夫妻】天鉞
・楽しいことや遊ぶことが好きで、ややもすると浪蕩に流れるきらいがあるので注意が必要である。
・可愛くて優秀な子供に恵まれ、親子の関係も良好である。
・両親は厳しく子弟を教育し、躾ける傾向がある。

丁年生
【奴僕】太陰（禄）　　【子女】天同（権）　　【父母】天機（科）　　【疾厄】巨門（忌）　　【疾厄】禄存
【財帛】擎羊　　　　　【遷移】陀羅　　　　　【命宮】天魁　　　　　【夫妻】天鉞
・命宮宮威強ければそこそこ安定する運勢であるが、弱ければ病気や健康に悩まされることになる。
・両親はインテリで、知的水準の高い環境で生育する。
・子供は自己主張が強く、自分の意見をしっかりと持つ。

戊年生
【遷移】貪狼（禄）　　【奴僕】太陰（権）　　【父母】天機（忌）　　【遷移】禄存
【疾厄】擎羊　　　　　【奴僕】陀羅　　　　　【福徳】天魁　　　　　【財帛】天鉞
・本来は遠地に赴いて発展する運ではあるが、一発勝負に賭けるようなことになる。
・生育する家庭環境はあまり恵まれたものではないか、あるいは両親と対立する。

己年生
【夫妻】武曲（禄）　　【遷移】貪狼（権）　　【子女】天梁（科）　　【疾厄】禄存
【財帛】擎羊　　　　　【遷移】陀羅　　　　　【父母】天魁　　　　　【子女】天鉞
・物事を力づくで進めようとするところがあり、目的達成のためには手段を選ばないことがあるので、法や倫理に触れることがないように注意しなければならない。

庚年生
【兄弟】太陽（禄）　　【夫妻】武曲（権）　　【奴僕】太陰（科）　　【子女】天同（忌）
【子女】禄存　　　　　【夫妻】擎羊　　　　　【財帛】陀羅・天鉞　　【福徳】天魁
・命宮宮威強ければ中くらいに安定する運勢であるが、弱ければやや不安定となる。
・家庭内は配偶者が実権を握ることになる（亭主関白カカア天下）。

辛年生
【疾厄】巨門（禄）　　【兄弟】太陽（権）　　【夫妻】禄存　　　　　【兄弟】擎羊
【子女】陀羅　　　　　【疾厄】天魁　　　　　【田宅】天鉞
・命宮宮威強ければ中くらいに安定する運勢であるが、弱ければやや不安定となる。
・兄弟や友人の中に高圧的で高飛車な態度を取る者がいるが、力になってくれる。

壬年生
【子女】天梁（禄）　　【福徳】紫微（権）　　【夫妻】武曲（忌）　　【命宮】禄存
【父母】擎羊　　　　　【兄弟】陀羅　　　　　【官禄】天魁　　　　　【遷移】天鉞
・命宮宮威強ければ中くらいに安定する運勢であるが、弱ければやや不安定となる。
・夫婦間に波風の立つ暗示があるので、安定させる努力が必要である。

癸年生
【福徳】破軍（禄）　　【疾厄】巨門（権）　　【奴僕】太陰（科）　　【遷移】貪狼（忌）　　【父母】禄存
【福徳】擎羊　　　　　【命宮】陀羅　　　　　【官禄】天魁　　　　　【遷移】天鉞
・酒色や色気に溺れ、つまらない争いに手を染めることのないよう注意が必要である。
・比較的恵まれた家庭環境に育つ。
・頑固でやっかいな病気に悩まされることがあるので、健康には注意すること。

25　紫微寅・命宮子

巨門（旺） ・宮威強－人間関係は複雑となる恐れがある。部下後輩友人との交際も少し距離を置いたものとなる。 ・宮威弱－部下後輩友人により損害やトラブルを被る恐れがあるので注意すること。 【奴僕】　　　　　巳	廉貞（平） 天相（廟） ・宮威強－広く移動外出して人の縁を得て運をつかみ発展する。忙しいが、安定して事業を推進する。 ・宮威弱－外出先や移動時に事故や怪我をする暗示がある。特に羊陀が同宮加会すればその傾向が強まるので注意すること。 【遷移】　　　　　午	天梁（旺） [機梁加会格] ・宮威強－幼少時は身体が弱いが、長じてからはおおむね健康である。 ・宮威弱－手や足の指に怪我をする恐れあり注意。蓄膿症、神経衰弱、胃病、眼病などに注意。 【疾厄】　　　　　未	七殺（廟） [七殺朝斗格] ・横財運（突如財を得る運）である。 ・ただし、宮威強くても横財運のため、長く財産を保持するのは難しい。 ・宮威弱－最終的には財産を失う（あるいは大きく蓄財できない）恐れがある。 【財帛】　　　　　申
貪狼（廟） ・警察や自衛官、消防、経理会計関係の業務、スポーツ選手、スポーツ関連用品、運輸業、飲食業、娯楽関係などに適性がある。 ・火鈴が同宮加会すれば、冒険的投機的な業務に興味を持つようになる。 【官禄】　　　　　辰	英星入廟格 変化や変動を友とする現実派。 新し物好きな改革家。外国にも縁がある。 ・独特で強烈な個性の持ち主で、人に指図されるのを嫌い、喜怒哀楽に起伏が見られる。 ・好き嫌いが明確で、好きなことには寝食を忘れて没頭するが、嫌いなことには手を出さない。好きな人には親切にふるまうが、嫌いな人は避けるようになる。したがって、人間関係も偏ったものとなりがちである。 ・変動運であり、一生を通じて変化、変動が多い。また外地で、あるいは外出することで運をつかむ。 ・間食を好むか、斜めに座ったり手で何か物を弄んだり落ち着きのない感じを人に与える。 ・負けず嫌いで、指示されるよりも指示する方を好み、自分でやらなければ気が済まない。 ・せっかちで好奇心旺盛であるが、忍耐力に欠けるところがある。 ・命宮宮威強－非常時や混乱した状況で力を発揮する。ドサクサに強い。 ・命宮宮威弱－事故や怪我に注意。 ・破軍は昌曲と同宮加会を喜ばず、いったんは成功しても突如破れることがある。 ・若い頃から哲学や宗教、神秘学に傾倒する。		天同（平） ・基本的に優しく穏やかな子供である。 ・宮威強－子供との縁は深いものとなる。 ・宮威弱－子供は怠惰となり、縁も薄いものとなる。空劫が同宮すれば育てにくい子供となり、羊陀が同宮すれば親の言うことを聞かない子供となる。 【子女】　　　　　酉
太陰（陥） [日月反背格] ・宮威強－あまり多くの不動産を所有することは難しい。 ・宮威弱－住居は暗くて日当りがあまりよくない所である傾向がある。 ・火羊が同宮すれば火災に注意。 ・羊陀が同宮すれば盗難に注意。 【田宅】　　　　　卯			武曲（廟） [将星得地格] [府相朝垣格] ・夫婦ともに個性が強く、夫婦間で争う暗示があるので注意すること。 ・宮威強－配偶者とは少し距離を置いた関係の方が夫婦間を良好に保つ。 ・宮威弱－夫婦間で対立が起こり、波風が立つ恐れがあるので注意すること。 【夫妻】　　　　　戌
紫微（旺） 天府（廟） [紫府同宮格] ・宮威強－大きな志を抱き自負心も強く自信家で、目的に向かって迷わずに進んでいく。 ・宮威弱－志や目標を高く掲げるが、高過ぎて失敗する恐れもあるので、よく考えること。 【福徳】　　　　　寅	天機（陥） [機梁加会格] ・宮威強－両親は教育熱心で、比較的厳しく子供を躾ける。 ・宮威弱－両親との縁は薄いものであり、あまり多くの助けは期待できない。 【父母】　　　　　丑	破軍（廟） [英星入廟格] 【命宮】　　　　　子	太陽（陥） [日月反背格] ・宮威強－兄弟は頼りない者が多く、あまり力になってくれない。 ・宮威弱－兄弟との関係は決して良好とは言えず、場合によっては仲違いすることがある。 【兄弟】　　　　　亥

甲年生
【遷移】廉貞（禄）　【命宮】破軍（権）　【夫妻】武曲（科）　【兄弟】太陽（忌）
【福徳】禄存　　　　【田宅】擎羊　　　　【父母】陀羅・天魁　【疾厄】天鉞
[権禄尋逢格] 専門技術を研究・開発し、それで財を得る。
　・基本的に良好な運勢であり、成功し地位と名誉と財を得ることができる。
　・配偶者から多くの協力と支援を受け、幸福な人生を送ることができる。

乙年生
【父母】天機（禄）　【疾厄】天梁（権）　【福徳】紫微（科）　【田宅】太陰（忌）　【田宅】禄存
【官禄】擎羊　　　　【福徳】陀羅　　　　【命宮】天魁　　　　【財帛】天鉞
　・高い理想や志を抱く。不動産を獲得するが、それを長く保有するのは難しい。
　・生育環境はそれなりに安定しているが、両親との縁は薄く、関係もあまりよいとは言えない。

丙年生
【子女】天同（禄）　【父母】天機（権）　【遷移】廉貞（忌）　【奴僕】禄存
【遷移】擎羊　　　　【官禄】陀羅　　　　【兄弟】天魁　　　　【子女】天鉞
　・外出時に怪我をしたり事故に会う恐れがあるので注意すること。
　・生育環境は裕福とは言いがたい。両親は厳格に子供を躾け教育するので、両親に反発する。

丁年生
【田宅】太陰（禄）　【子女】天同（権）　【父母】天機（科）　【奴僕】巨門（忌）　【遷移】禄存
【疾厄】擎羊　　　　【奴僕】陀羅　　　　【兄弟】天魁　　　　【子女】天鉞
[対面朝斗格] 商才あって財を得るが、化忌に会うを嫌う。
　・基本的に吉運であるが、大きな財を築くのは難しい。
　・部下後輩友人により何かトラブルを被る暗示がある。

戊年生
【官禄】貪狼（禄）　【田宅】太陰（権）　【父母】天機（忌）　【奴僕】禄存
【遷移】擎羊　　　　【官禄】陀羅　　　　【父母】天魁　　　　【疾厄】天鉞
　・事業運は良好で、高職に就き出世することができる。
　・親兄弟親族とは縁が薄い傾向があり、晩年は寂しいものとなる恐れがある。

己年生
【夫妻】武曲（禄）　【官禄】貪狼（権）　【疾厄】天梁（科）　【遷移】禄存
【疾厄】擎羊　　　　【奴僕】陀羅　　　　【命宮】天魁　　　　【財帛】天鉞
[対面朝斗格] 商才あって財を得るが、化忌に会うを嫌う。
　・配偶者の出自は裕福で、配偶者は有能で実力がある。家庭内は配偶者が実権を握る傾向がある。
　・その他の星がどこに入るかをよく見て判断すること。

庚年生
【兄弟】太陽（禄）　【夫妻】武曲（権）　【田宅】太陰（科）　【子女】天同（忌）
【財帛】禄存　　　　【子女】擎羊　　　　【疾厄】陀羅・天鉞　【父母】天魁
　・命宮宮威強ければ少しく安定した運勢であり、弱ければそこそこの運勢である。
　・夫婦間は、互いに自分の主張をぶつけ安定に欠ける。配偶者が家庭内の実権を握る傾向がある。

辛年生
【奴僕】巨門（禄）　【兄弟】太陽（権）　【子女】禄存　　　　【夫妻】擎羊
【財帛】陀羅　　　　【遷移】天魁　　　　【福徳】天鉞
　・大きな財産を築くことは難しいが、友人知人の協力や助力に恵まれる。
　・その他の星がどこに入るかをよく見て判断すること。

壬年生
【疾厄】天梁（禄）　【福徳】紫微（権）　【夫妻】武曲（忌）　【兄弟】禄存
【命宮】擎羊　　　　【夫妻】陀羅　　　　【田宅】天魁　　　　【奴僕】天鉞
　・大きな理想や志を抱くが、目的を達成するのには困難を伴う。
　・夫婦間は、互いに自分の主張をぶつけ、安定に欠けるきらいがある。

癸年生
【命宮】破軍（禄）　【奴僕】巨門（権）　【田宅】太陰（科）　【官禄】貪狼（忌）　【命宮】禄存
【父母】擎羊　　　　【兄弟】陀羅　　　　【田宅】天魁　　　　【奴僕】天鉞
[禄合鴛鴦格] 財に恵まれる吉格だが、凶星の冲破を恐れる。人に施して吉。
　・命宮宮威強ければ、基本的に発展し成功する運勢である。弱ければ大きな理想を抱くが、その達成
　　には困難を伴うことになる。

26　紫微寅・命宮丑

巨門（旺） ・文化教育法律外交関係、マスコミ、娯楽業、代理店、海外事業、営業員。コミュニケーション力を生かせる仕事に向く。 ・職業運は良く、宮威強ければ高い職位に昇進できる。禄存化禄があれば、ビジネス一般に向く。 ・宮威弱－仕事上で良事も悪事もあり困惑する。 【官禄】　　　巳	廉貞（平） 天相（廟） ・宮威強－良い友に恵まれ、また忠実な部下後輩を得ることができる。 ・宮威弱－友人は信用のおけない人が集まり、部下も失敗ばかりして、いずれは離れていく。 【奴僕】　　　午	天梁（旺） [機梁加会格] ・宮威強－旅行や外出を好み、外出先で人の縁に恵まれチャンスをつかむ。 ・宮威弱－旅に出ても困難に会うことが多い。軽々しく動き回ることは慎むべき。また、なかなか居所が定まらない。 ・羊陀加会－外出先での事故や怪我に注意。 【遷移】　　　未	七殺（廟） [七殺朝斗格] ・呼吸器系の疾患に注意。 ・曲昌同宮－手術や血を流すような怪我の暗示。 ・火鈴加会－血便、下半身の疾患に注意。 ・宮威弱－身体のどこかに傷跡を残す。 【疾厄】　　　申
貪狼（廟） ・宮威強－不動産を取得し、きれいで立派な住居に住むことができる。 ・宮威弱－不動産運は芳しくない。 ・火羊が同宮すれば火災に注意。 ・羊陀が同宮すれば盗難に注意。 【田宅】　　　辰	\multicolumn{2}{c|}{機梁加会格 神算を操る希代の策士。先読みにかけては人後に落ちぬが、策士策に溺れぬよう。 ・中くらいか小柄の体格で痩身。目つきに何とも言えない特徴がある。 ・企画力は群を抜いたものがあり、創意工夫を重ねる。 ・命宮宮威強ければ敏捷に行動する。個性が強く、社会に対しても問題意識を持ち、政治談義を好む。言葉や言い回しに少しトゲがある。 ・命宮宮威が弱ければ策をもてあそび、人を惑わせるようなところがある。また放言が多く、多く語るが実行することは少ない。結局策士策に溺れ、つまずくようなことになるので注意が必要である。 ・曲昌が化忌を伴って入ると、巧言を弄して人の反発を買うようになる。 ・昌曲同宮－文章能力に優れ、芸術や学術の方面に才能がある。 ・火鈴同宮－気苦労が多くなり、精神的煩悶を引き起こす。頑固、意固地になる傾向がある。 ・空劫同宮－神秘的な事柄に引かれる傾向がある。また、現実逃避の暗示。}		天同（平） ・宮威強－倹約に努めることにより少しく蓄財する。化禄、禄存があれば大きく蓄財する。 ・宮威弱－大きな財を得ることは難しい。 【財帛】　　　酉
太陰（陥） [日月反背格] ・宮威強－内向的で感受性に優れ、物思う人である。 ・宮威弱－気苦労や杞憂が多く、悩み迷う。 ・化忌が同宮すれば自閉的な傾向が強く、鬱状態となることもあり、最悪は自殺する人もいるので注意を要する。 【福徳】　　　卯			武曲（廟） [将星得地格] [府相朝垣格] ・宮威強－子供の個性は強烈で、子供との縁は薄い。 ・宮威弱－子供との関係は良好とは言えず、また子供は怪我をしやすくなる。 【子女】　　　戌
紫微（旺） 天府（廟） [紫府同宮格] ・宮威強－よい家庭の生まれで、両親の慈愛に浴する。 ・宮威弱－運気下降ぎみの家の生まれであり、両親もさほど元気ではない。 【父母】　　　寅	天機（陥） [機梁加会格] 【命宮】　　　丑	破軍（廟） [英星入廟格] ・宮威強－兄弟とは淡々とした関係になり、それぞれが発展するが、あまり親しく交わることはない。 ・宮威弱－兄弟間の仲はよくない。また兄弟がおらず一人っ子である可能性もある。 【兄弟】　　　子	太陽（陥） [日月反背格] ・配偶者は内向的で覇気に乏しい感じである。 ・宮威強－配偶者はそれなりに出世し夫婦それぞれ忙しく淡白な関係となる。 ・宮威弱－生活上の問題で意見の対立が起こり、最悪の場合は離別する。 ・昌曲左右が同宮すると異性問題の暗示あり注意。 【夫妻】　　　亥

甲年生
【奴僕】廉貞（禄）　　【兄弟】破軍（権）　　【子女】武曲（科）　　【夫妻】太陽（忌）
【父母】禄存　　　　　【福徳】擎羊　　　　　【命宮】陀羅・天魁　　【遷移】天鉞
[天乙拱命格] 学識高く、文章に優れる。幸運に恵まれ、地位ある人の助力にあずかる。異性関係に注意。
・結婚生活は障害や波風が生じる暗示あり、夫婦円満を心がけること。
・それなりに安定した家庭環境で生育する。

乙年生
【命宮】天機（禄）　【遷移】天梁（権）　【父母】紫微（科）　【福徳】太陰（忌）　【福徳】禄存
【田宅】擎羊　　　　【父母】陀羅　　　　【兄弟】天魁　　　　【疾厄】天鉞
・順調な運勢であり地位も得るが、財については流動性が高く、出たり入ったりという傾向がある。
・なにかと気苦労が多く心配性である。あるいは、あまり健康に優れず病気がちとなる。

丙年生
【財帛】天同（禄）　　【命宮】天機（権）　　【奴僕】廉貞（忌）　　【官禄】禄存
【奴僕】擎羊　　　　　【田宅】陀羅　　　　　【夫妻】天魁　　　　　【財帛】天鉞
・基本的に順調で良好な運勢であるが、不労所得を得ようとしたり策に走る恐れがあるので、その点には注意が必要である。

丁年生
【福徳】太陰（禄）　【財帛】天同（権）　【命宮】天機（科）　【官禄】巨門（忌）　【奴僕】禄存
【遷移】擎羊　　　　【官禄】陀羅　　　　【夫妻】天魁　　　　【財帛】天鉞
・少しく聡明な人であるが、成敗が一定せず懐才不遇をかこつこともある。
・元気そうに見えて、時に落ち込んだりふさぎ込むことがある。

戊年生
【田宅】貪狼（禄）　　【福徳】太陰（権）　　【命宮】天機（忌）　　【官禄】禄存
【奴僕】擎羊　　　　　【田宅】陀羅　　　　　【命宮】天魁　　　　　【遷移】天鉞
[天乙拱命格] 学識高く、文章に優れる。幸運に恵まれ、地位ある人の助力にあずかる。異性関係に注意。
・策を弄し失敗することがある。その結果、心身ともに疲弊し不眠がちとなる。宮威弱ければ、その傾向が強くなる。

己年生
【子女】武曲（禄）　　【田宅】貪狼（権）　　【遷移】天梁（科）　　【奴僕】禄存
【遷移】擎羊　　　　　【官禄】陀羅　　　　　【兄弟】天魁　　　　　【疾厄】天鉞
・命宮宮威強ければ地位や名誉を得ることができるが、財は多くは得られない。命宮宮威弱ければ発言や文書の失敗により孤立することがある。

庚年生
【夫妻】太陽（禄）　　【子女】武曲（権）　　【福徳】太陰（科）　　【財帛】天同（忌）
【疾厄】禄存　　　　　【財帛】擎羊　　　　　【遷移】陀羅・天鉞　　【命宮】天魁
[天乙拱命格] 学識高く、文章に優れる。幸運に恵まれ、地位ある人の助力にあずかる。異性関係に注意。
・大きく蓄財することは難しい。家庭内は配偶者が実権を握る傾向がある。

辛年生
【官禄】巨門（禄）　　【夫妻】太陽（権）　　【財帛】禄存　　　　　【子女】擎羊
【疾厄】陀羅　　　　　【奴僕】天魁　　　　　【父母】天鉞
・地位と財産を得ることができるが、家庭内は配偶者が実権を握る（亭主関白カカア天下）傾向がある。

壬年生
【遷移】天梁（禄）　　【父母】紫微（権）　　【子女】武曲（忌）　　【夫妻】禄存
【兄弟】擎羊　　　　　【子女】陀羅　　　　　【福徳】天魁　　　　　【官禄】天鉞
・裕福で安定した家の生まれで、両親は子弟を厳しく躾け教育する。
・遠地に赴いて発展するが、成敗吉凶が背中合わせの人生なので、よく諸星の配合を観察すること。

癸年生
【兄弟】破軍（禄）　【官禄】巨門（権）　【福徳】太陰（科）　【田宅】貪狼（忌）　【兄弟】禄存
【命宮】擎羊　　　　【夫妻】陀羅　　　　【福徳】天魁　　　　【官禄】天鉞
・命宮宮威強ければ少しく成功を収めて財も得る。宮威弱くてもそれなりの成果を得られるが、心労多く苦悩することがある。

第2章　紫微斗数14主星配置一覧

27　紫微寅・命宮寅

巨門（旺） ・宮威強－広く大きな住居に住む。 ・宮威弱－不動産運はさほど良好なものではない。 ・火羊が同宮すれば火災に注意。 ・羊陀が同宮すれば盗難に注意。 【田宅】　　　　　　巳	廉貞（平） 天相（廟） ・公的機関に勤めても民間企業に勤めても良好である。 ・宮威強－高位に昇る。 ・宮威弱－低い地位で仕事上の苦労が多くなる。 ・金融経済、政治、工業、チェーン店などに向く。 ・化忌同宮－訴訟や業務上のトラブルに注意。 【官禄】　　　　　　午	天梁（旺） [機梁加会格] ・人を集める力に優れ、部下運・友人運は良好である。 ・宮威強－多くの友人や部下の支援を得られる。 ・宮威弱－共同作業には向かず、友人部下から面倒やトラブルを被ることになる。 【奴僕】　　　　　　未	七殺（廟） [七殺朝斗格] ・宮威強－早くに家を離れ遠地で成功する。 ・外出を好み、家には不在がち。刺激的な生活を好む。 ・宮威弱－外出先や移転先でなかなか受け入れられない（特に羊陀同宮）。 ・羊陀が同宮すれば、外出先での事故や怪我の暗示あり注意。 【遷移】　　　　　　申
貪狼（廟） ・強い物欲を満たそうとする（狙った獲物は入手する）。 ・曲昌同宮－芸術を愛好するようになる。 ・火鈴同宮－強烈な個性の持ち主となる。 ・天姚、紅鸞、昌曲が同宮加会すれば、恋愛上のトラブルを引き起こす恐れがある。 【福徳】　　　　　　辰	紫府同宮格 帝星２星相見え、その強さは最強・強大。 しかしその強さゆえの孤独・寂しさも。 （府相朝垣格） 目上の引き立て、実力者の支援を受ける。 晩婚に適す。 ・社会的に成功を収め、地位・名誉・財に恵まれ健康長寿である。 ・帝星２星同宮はその勢いが強きに過ぎ、時に空しさにとらわれたり、孤独感を感じ思い悩む。 ・保守的で温厚な人で、現状に満足する性格。 ・他者に対し親身になりきれないところもある。 ・人には弱みを見せたくない性格である。 ・きめ細かな思考を要求される仕事に向く。 ・艱難を乗り越え、目標達成する。 ・天馬加会－衝動的な行動。さらに陀羅が加会すれば失敗の暗示。 ・曲昌同宮－文学・音楽・演劇などの芸術的才能。 ・火鈴同宮－情緒不安定や軽率な言動により誤解されることがある。 ・空劫同宮－時として精神的空虚感に苛まれ、猜疑心強く、内面に幻想と矛盾を抱える。 ・女性は、おとなしく家庭におさまる人ではないので、何か仕事を持つとよい。		天同（平） ・宮威強－一生を通じて病気になることは少ない。 ・宮威弱－神経衰弱、不眠症、水腫、肥満、手足の関節痛、リューマチなど。 ・風邪を引きやすい。 【疾厄】　　　　　　酉
太陰（陥） [日月反背格] ・基本的に両親との縁は薄く関係も良好ではない。 ・宮威強－両親との縁は深いが、その関係は安定せず、心を通わせにくい。 ・宮威弱－両親とは仲が悪く意見の対立があり、最悪は反目し合うようになる。 【父母】　　　　　　卯			武曲（廟） [将星得地格] [府相朝垣格] ・宮威強－金融界や財界にあって発展、あるいは事業を興し富を得る。化禄や禄存と加会すれば、なおよい。 ・火鈴同宮すれば突然財をつかみ、突然財を失う。 ・宮威弱－大きな財を築くことは難しい。 【財帛】　　　　　　戌
紫微（旺） 天府（廟） [紫府同宮格] 【命宮】　　　　　　寅	天機（陥） [機梁加会格] ・兄弟は少なく縁も薄く、関係も良好とは言えない。 ・宮威弱－兄弟はいないか、いても迷惑やトラブルを被る恐れがある。 【兄弟】　　　　　　丑	破軍（廟） [英星入廟格] ・配偶者は喜怒哀楽の激しい、感情に波のある人。 ・恋愛においては、熱しやすく冷めやすい。従って早婚には適さない。晩婚および姉さん女房がよい。 ・昌曲左右天姚が同宮すれば男女問題や恋愛トラブルの暗示あり注意。 ・宮威弱－独身の可能性。 【夫妻】　　　　　　子	太陽（陥） [日月反背格] ・子供には恵まれにくいが、子女宮の宮威が強ければその限りではない。 ・宮威弱－子供に恵まれない可能性がある。 【子女】　　　　　　亥

甲年生
【官禄】廉貞（禄）　【夫妻】破軍（権）　【財帛】武曲（科）　【子女】太陽（忌）
【命宮】禄存　　　　【父母】擎羊　　　　【兄弟】陀羅・天魁　【奴僕】天鉞
・事業は順調に発展し、組織にあっては高位高官に昇りつめる。財にも恵まれるが、経済的には締まり屋（けちんぼう）となる傾向が伺える。　・家族や家庭、子供のことでゴタゴタすることがある。

乙年生
【兄弟】天機（禄）　【奴僕】天梁（権）　【命宮】紫微（科）　【父母】太陰（忌）　【父母】禄存
【福徳】擎羊　　　　【命宮】陀羅　　　　【夫妻】天魁　　　　【遷移】天鉞
［双禄夾命格］事務処理能力に優れ、仕事上のコミュニケーションもよく、成功を収める。しかし大きな成功ではない。
・父母宮の宮威弱ければ生家は落魄するか、両親と対立するようになる。

丙年生
【疾厄】天同（禄）　【兄弟】天機（権）　【官禄】廉貞（忌）　【福徳】禄存
【官禄】擎羊　　　　【福徳】陀羅　　　　【子女】天魁　　　　【疾厄】天鉞
・仕事の上で懐才不遇の目に会い逆境に陥り、投機や賭博に走る恐れがある。
・疾厄宮の宮威強ければ、生涯健康でいられる。

丁年生
【父母】太陰（禄）　【疾厄】天同（権）　【兄弟】天機（科）　【田宅】巨門（忌）　【官禄】禄存
【奴僕】擎羊　　　　【田宅】陀羅　　　　【子女】天魁　　　　【疾厄】天鉞
［科権禄夾格］基本的に吉命であるが、健康には注意すること。
・生家は裕福で両親との関係は良好だが、両親に悩まされやり面倒をかけられる恐れがある。

戊年生
【福徳】貪狼（禄）　【父母】太陰（権）　【兄弟】天機（忌）　【田宅】禄存
【官禄】擎羊　　　　【福徳】陀羅　　　　【兄弟】天魁　　　　【奴僕】天鉞
・福徳宮に陀羅や桃花星が同宮加会すれば、酒食歓楽色情に流される恐れがあるので注意すること。
・両親は厳しい人であり、両親との関係は良好とは言えない。　・事業の成功は難しい。命宮宮威強ければそこそこの成功は望めるが、弱ければ兄弟や友人のトラブルに悩まされることがある。

己年生
【財帛】武曲（禄）　【福徳】貪狼（権）　【奴僕】天梁（科）　【官禄】禄存
【奴僕】擎羊　　　　【田宅】陀羅　　　　【夫妻】天魁　　　　【遷移】天鉞
・命宮宮威強ければそこそこの財産を得ることができ、弱ければ少しく蓄財することになるが、その過程でいささか努力と困難を伴う。

庚年生
【子女】太陽（禄）　【財帛】武曲（権）　【父母】太陰（科）　【疾厄】天同（忌）
【遷移】禄存　　　　【疾厄】擎羊　　　　【奴僕】陀羅・天鉞　【兄弟】天魁
・万難を排し成功を収め財運は旺盛である。男性は仕事熱心であるが拘束されることを嫌う。女性は孤独となる恐れがあるので、家庭生活を和やかにする努力が必要である。
・健康、特に下半身の疾患に注意すること。

辛年生
【田宅】巨門（禄）　【子女】太陽（権）　【疾厄】禄存　　　　【財帛】擎羊
【遷移】陀羅　　　　【官禄】天魁　　　　【命宮】天鉞
・命宮宮威強ければ出身はさほどでなくとも、地位ある人や実力者に助けられ上級の職位に就く。弱ければそれほどでもない。

壬年生
【奴僕】天梁（禄）　【命宮】紫微（権）　【財帛】武曲（忌）　【子女】禄存
【夫妻】擎羊　　　　【財帛】陀羅　　　　【父母】天魁　　　　【田宅】天鉞
・管理能力に優れ権威と権力を手中に置くが、大きな財産を得るのは難しい。命宮宮威弱ければ、力ずくで強引に物事を進めようとして、最後は失敗することになる。

癸年生
【夫妻】破軍（禄）　【田宅】巨門（権）　【父母】太陰（科）　【福徳】貪狼（忌）　【夫妻】禄存
【兄弟】擎羊　　　　【子女】陀羅　　　　【父母】天魁　　　　【田宅】天鉞
・裕福な出自の妻を娶る（裕福な家庭に嫁ぐ）か、あるいは配偶者は有能な人で協力と支援を得る。
・何かと気苦労が多く、ときに憂鬱な気分に襲われることがある。
・両親はインテリで学問や芸術に造詣のある人だが、病気がちなことがある。

28 紫微寅・命宮卯

【福徳】 巳	【田宅】 午	【官禄】 未	【奴僕】 申
巨門（旺） ・あまり深く考えずに判断したりものを言ったりするような、やや軽佻な面がある。特に宮威が弱ければ人の話はよく聞いて、言葉を選んで話すようにすること。	**廉貞（平）** **天相（廟）** ・宮威強－不動産を所有することができる。 ・宮威弱－大きな不動産を手に入れるのは難しい。 ・火羊が同宮すれば火災に注意。 ・羊陀が同宮すれば盗難に注意。	**天梁（旺）** [機梁加会格] ・宮威強－あまり大きな収入は期待できないが、立派な仕事をやり遂げ、地位と名誉には恵まれる。 ・公務員、研究教育職、慈善事業、医療関係、宗教文物取扱、多角化経営、兼業兼職、アルバイターなどに適性がある。	**七殺（廟）** [七殺朝斗格] ・部下や後輩友人は強烈な個性の持ち主が多く、上司を上司と思わないところがあるので、注意して付き合う必要がある。大きな助力は得られない。 ・宮威弱－部下や後輩友人の中に逆らう者がいて、損害や面倒を被る恐れがあるので注意すること。

【父母】 辰	日月反背格	【遷移】 酉
貪狼（廟） ・宮威強－両親との関係はよく、家庭環境も良好である。 ・宮威弱－親子間はあまり仲がよいとは言えず、意見の対立が起こることもある。	幼少の時代苦労するが、その苦労を糧として成長する。 ・穏やかで柔和な顔立ちであり、色白の人が多い。時に憂いを含んだ眉や瞳を見せ、男性であっても女性的な物腰を見せることがある。 ・性格も優しく穏やかで、内向的でどちらかと言えば寡黙である。人と争うことを嫌い、謙虚な態度で人と接する。 ・感受性が強く、早くから宗教、哲学、心理学などの玄学、人文科学に興味を示す。 ・芸術的感性にも優れているが、ともすれば神経過敏になり、憂鬱な気持ちになりがちである。命宮宮威が弱ければ、その傾向は顕著となる。視野狭窄に陥り、疑い深くなり、孤独な世界に閉じこもることとなる。中には薬物（飲酒）などに浸り、現実逃避する人もいる。 ・外出運は良好で、遠地や外出先で人の縁に恵まれチャンスをつかむ。 ・世俗の現実的な競争社会には向かないので、商売やビジネスよりも公務員や研究教育職に向く。 ・昌曲同宮－心理学、宗教学、占術などに才能があり、中には第六感の優れた人もいる。	**天同（平）** ・宮威強－遠地や外出先で実力者や地位のある者の知己を得てチャンスをつかむことができる。 ・宮威弱－あまり大きく動くのは不利で、むしろ動かずじっとしていた方がよい。また交通事故や、外出先での怪我や事故に注意すること。

【命宮】 卯		【疾厄】 戌
太陰（陥） [日月反背格]		**武曲（廟）** [将星得地格] [府相朝垣格] ・宮威強－おおむね健康である。 ・宮威弱－呼吸器、気管支炎、肺炎などに注意。 ・化忌火鈴同宮－肺炎に注意。

【兄弟】 寅	【夫妻】 丑	【子女】 子	【財帛】 亥
紫微（旺） **天府（廟）** [紫府同宮格] ・宮威強－兄弟の中に力のある立派な人がいて、仲もよく、大いに支援を受けることができる。 ・宮威弱－兄弟の中に立派な人がいるが、それほど大きな支援は得られない。	**天機（陥）** [機梁加会格] ・配偶者や恋人は嫉妬深いところがあり、疑い深く相手に執着し束縛するようなところがある。 ・宮威強－年の離れたカップルとなるが、うまくいく。 ・宮威弱－早熟で、早くから恋愛と失恋を繰り返す傾向がある。	**破軍（廟）** [英星入廟格] ・子供の個性は強烈で、親の言うことをなかなか聞かない傾向がある。 ・宮威強－子供は立派に成長するが、成長してからはそれぞれ独立し、あまり実家に顔を見せない。 ・宮威弱－子供に恵まれないか、子供が親に反抗するようになる。	**太陽（陥）** [日月反背格] ・宮威強－苦労した後に財を築くことができるが、大きく蓄財するのは難しい。 ・宮威弱－あまり大きな財は得にくい。化忌や空劫が同宮すれば、なおのこと財産形成には苦労を伴う。

甲年生
【田宅】廉貞（禄）　【子女】破軍（権）　【疾厄】武曲（科）　【財帛】太陽（忌）
【兄弟】禄存　　　　【命宮】擎羊　　　　【夫妻】陀羅・天魁　【官禄】天鉞
・大きな財運は期待できないが、その他の星もよく見て判断すること。
・子供は自意識が強く、しっかりと自分の意見を主張するようになる。

乙年生
【夫妻】天機（禄）　【官禄】天梁（権）　【兄弟】紫微（科）　【命宮】太陰（忌）　【命宮】禄存
【父母】擎羊　　　　【兄弟】陀羅　　　　【子女】天魁　　　　【奴僕】天鉞
・職業運は良く、権威ある地位を得られる。
・配偶者は財力もあり有能な人であるが、場合により病弱であることがある。

丙年生
【遷移】天同（禄）　【夫妻】天機（権）　【田宅】廉貞（忌）　【福徳】禄存
【田宅】擎羊　　　　【父母】陀羅　　　　【財帛】天魁　　　　【遷移】天鉞
・基本的に成功を収める命であるが、配偶者は家庭内の実権を握るようになりがちである（亭主関白カカア天下）。

丁年生
【命宮】太陰（禄）　【遷移】天同（権）　【夫妻】天機（科）　【福徳】巨門（忌）　【田宅】禄存
【官禄】擎羊　　　　【福徳】陀羅　　　　【財帛】天魁　　　　【遷移】天鉞
［権禄尋逢格］専門技術を研究・開発し、それをビジネスにつなげる才がある。
・命宮宮威強ければ、地位と名誉と財を得ることができる。弱ければ、哲学や宗教学や占いや心理学などの玄学方面に進むとよい。結婚生活は配偶者の尻に敷かれる恐れがある。

戊年生
【父母】貪狼（禄）　【命宮】太陰（権）　【夫妻】天機（忌）　【福徳】禄存
【田宅】擎羊　　　　【父母】陀羅　　　　【夫妻】天魁　　　　【官禄】天鉞
・比較的恵まれた家庭環境に育ち、リーダーシップを発揮し事業や仕事で成功を収める。
・結婚は一度で終わらず、再婚する可能性がある。

己年生
【疾厄】武曲（禄）　【父母】貪狼（権）　【官禄】天梁（科）　【田宅】禄存
【官禄】擎羊　　　　【福徳】陀羅　　　　【子女】天魁　　　　【奴僕】天鉞
・財産や利益よりも、名誉を得る運勢である。
・両親は昔気質の厳格な人で、子供を厳しく躾け教育する。

庚年生
【財帛】太陽（禄）　【疾厄】武曲（権）　【命宮】太陰（科）　【遷移】天同（忌）
【奴僕】禄存　　　　【遷移】擎羊　　　　【官禄】陀羅・天鉞　【夫妻】天魁
・命宮宮威強ければ、財産を築くことができる。
・面倒でやっかいな病気に罹る恐れがあるので、健康には注意すること。

辛年生
【福徳】巨門（禄）　【財帛】太陽（権）　【遷移】禄存　　　　【疾厄】擎羊
【奴僕】陀羅　　　　【田宅】天魁　　　　【兄弟】天鉞
・基本的に財を得て安定した人生を送ることができる運勢であるが、その他の星がどこに入るのかをよく見て判断すること。

壬年生
【官禄】天梁（禄）　【兄弟】紫微（権）　【疾厄】武曲（忌）　【財帛】禄存
【子女】擎羊　　　　【疾厄】陀羅　　　　【命宮】天魁　　　　【福徳】天鉞
・地位と名誉を得るが、大きな財産を築くのは難しい。
・健康には十分注意すること。

癸年生
【子女】破軍（禄）　【福徳】巨門（権）　【命宮】太陰（科）　【父母】貪狼（忌）　【子女】禄存
【夫妻】擎羊　　　　【財帛】陀羅　　　　【命宮】天魁　　　　【福徳】天鉞
・命宮宮威強ければ地位と名誉を得るが、大きな財産を築くのは難しい。
・両親との縁は薄く、最悪の場合は対立し衝突するようになる。

29　紫微寅・命宮辰

巨門（旺） ・両親は言葉がきつく、厳しく叱責されることがある。 ・宮威強－両親との関係はあまり良好ではない。 ・宮威弱－両親とは距離を置き、離れるようになる。あるいは両親のどちらかに反抗、対立するようになる。 **【父母】　　　　巳**	**廉貞（平）** **天相（廟）** ・欲求が強く、いろいろなものを欲しがり、集めることがある。 ・宮威強－仕事が忙しく、しかし仕事に邁進する。 ・宮威弱－多忙を極め、幸せを味わう心のゆとりを持つのが難しい。 **【福徳】　　　　午**	**天梁（旺）** [機梁加会格] ・宮威強－父祖から家屋や不動産を受け継ぐ可能性がある。それは立派だが古いものである。 ・宮威弱－不動産により煩わしい面倒事を受けることがある。 ・火羊同宮－火災に注意。 ・羊陀が同宮すれば盗難に注意。 **【田宅】　　　　未**	**七殺（廟）** [七殺朝斗格] ・宮威強－創業の才があり権力を握ることができる。 ・宮威強－初めはよいが締めくくりを疎かにする。 ・警察、自衛隊、消防、工芸関係、海外事業、学術研究、重工業、金属関係製造業、その他チャレンジングな仕事に向いている。 **【官禄】　　　　申**
貪狼（廟） **【命宮】　　　　辰**	・背が高く大柄であるが、人に威圧感を与えるようなことはない。文学や芸術、音楽やダンス、映画や舞台芸術などに関心があり、多芸多才で交友も広く、人と交際することを好む。 ・基本的に情け深い優しい人であるが、ともすれば情に流されることがあるので注意が必要である。一方、物欲やその他の欲求が強く、自分ひとりで決断し目標まで最短距離を進む。 ・活動的で行動力があり、変動運であり変化を好む。気前がよく思い切って出費するので、金銭管理はしっかりと行った方がよい。 ・好奇心旺盛で、占いや神秘学を研究する人もいる。		**天同（平）** ・宮威強－部下や後輩友人は友好的でフレンドリーな人が多く、多くの支援を得られる。 ・宮威弱－部下や後輩友人は、表向きはよいが、内心は不協和音を発している。 **【奴僕】　　　　酉**
太陰（陥） [日月反背格] ・兄弟はあまり頼りにはならない。 ・宮威弱－兄弟とはあまり仲はよくない。仲がよくても何か面倒をかけられることがある。 **【兄弟】　　　　卯**	・命宮宮威弱－言説が一定しないことがあり、また酒色を好み、遊び歩くようになる。 ・昌曲同宮－人との交流においていささか軽佻な面が見られ、上品でセンスのある人であるが、言葉や態度を過度に飾る傾向がある。 ・火鈴同宮－突然発展し、突然破れる。 ・羊陀同宮－子供の頃、事故や怪我に会い、顔に傷跡が残ることがある。 ・女命火鈴同宮－美人であり、さらに桃花星が加会すれば妖艶な魅力をたたえることになる。		**武曲（廟）** [将星得地格] [府相朝垣格] ・非常に活動力があり、好んで外地に赴いたり外出するようになる。 ・宮威強－外地や外出先で大いに発展しチャンスをつかむ。 ・羊陀同宮加会－交通事故や外出先での怪我や事故の暗示あり注意。 **【遷移】　　　　戌**
紫微（旺） **天府（廟）** [紫府同宮格] ・宮威強－配偶者は非常に優秀で実家も裕福である。夫婦に年齢差があることがあり、晩婚に適す。 ・宮威弱－配偶者は欲が強く、細かいことまで口を出して管理する。 **【夫妻】　　　　寅**	**天機（陥）** [機梁加会格] ・宮威強－子供は特に優秀ということはなく普通の子供であり、関係も薄いものとなる。 ・宮威弱－子供はあまり優秀な子供ではない。 ・空劫同宮－育てにくい子供となる。 ・羊陀同宮－子供は親の話を聞かない。 **【子女】　　　　丑**	**破軍（廟）** [英星入廟格] ・宮威強－財運は順調で、かなりの財を得ることができるが変動も大きい。大きく入って大きく出ていく。 ・宮威弱－財産を浪費し消費してしまう。 ・火鈴同宮－あまり一般的でない、特殊な方面や仕事で収入を得る。 **【財帛】　　　　子**	**太陽（陥）** [日月反背格] ・眼科系疾患、弱視、めまい、偏頭痛に注意。 ・便秘、痔疾、高血圧にも注意。 ・宮威弱－重病化する恐れがあるので注意すること。最悪の場合、脳卒中や失明の恐れもあるので、早期発見、早期治療に努めること。 **【疾厄】　　　　亥**

甲年生
【福徳】廉貞（禄）　【財帛】破軍（権）　【遷移】武曲（科）　【疾厄】太陽（忌）
【夫妻】禄存　　　　【兄弟】擎羊　　　　【子女】陀羅・天魁　【田宅】天鉞
・基本的に財と地位を得て成功する良好な運勢であり、配偶者は有能で大きな協力と支援を得ることができる。本人は身体があまり丈夫ではないので、健康には十分な注意を要する。

乙年生
【子女】天機（禄）　【田宅】天梁（権）　【夫妻】紫微（科）　【兄弟】太陰（忌）　【兄弟】禄存
【命宮】擎羊　　　　【夫妻】陀羅　　　　【財帛】天魁　　　　【官禄】天鉞
・命宮宮威強ければ、よい職を得て少しく安定した運勢であるが、弱ければ大きな事業を成すことは難しい。
・配偶者から多くの協力と支援を得ることができる。

丙年生
【奴僕】天同（禄）　【子女】天機（権）　【福徳】廉貞（忌）　【父母】禄存
【福徳】擎羊　　　　【命宮】陀羅　　　　【疾厄】天魁　　　　【奴僕】天鉞
・気苦労が多く、いささか精神的安定を欠くようになる恐れがある。
・比較的安定した家庭環境で成長する。

丁年生
【兄弟】太陰（禄）　【奴僕】天同（権）　【子女】天機（科）　【父母】巨門（忌）　【福徳】禄存
【田宅】擎羊　　　　【父母】陀羅　　　　【疾厄】天魁　　　　【奴僕】天鉞
・大きな事業を成すことは難しいが、その中にも人生の楽しみを見つけ、長生きをする。
・生まれた家庭環境はあまり恵まれたものとは言えず、両親との関係も良好とは言えない。

戊年生
【命宮】貪狼（禄）　【兄弟】太陰（権）　【子女】天機（忌）　【父母】禄存
【福徳】擎羊　　　　【命宮】陀羅　　　　【子女】天魁　　　　【田宅】天鉞
・命宮宮威強ければ才能豊かで多芸多才の人となり、弱ければあまり良い趣味を持たない。
・比較的恵まれた家庭環境で成長するが、両親との関係はあまり良好とは言えない。

己年生
【遷移】武曲（禄）　【命宮】貪狼（権）　【田宅】天梁（科）　【福徳】禄存
【田宅】擎羊　　　　【父母】陀羅　　　　【財帛】天魁　　　　【官禄】天鉞
［権禄尋逢格］専門技術を研究・開発し、それで財を得る。
・強烈な個性の持ち主で、仕事も自ら創業し、宮仕えをよしとしない。基本的に財も名誉も得て成功する運勢であるが、その他の星もよく見て判断すること。

庚年生
【疾厄】太陽（禄）　【遷移】武曲（権）　【兄弟】太陰（科）　【奴僕】天同（忌）
【官禄】禄存　　　　【奴僕】擎羊　　　　【田宅】陀羅・天鉞　【子女】天魁
・そこそこ安定した運勢である。
・部下後輩友人に面倒をかけられる恐れがあるので注意すること。

辛年生
【父母】巨門（禄）　【疾厄】太陽（権）　【奴僕】禄存　　　　【遷移】擎羊
【官禄】陀羅　　　　【福徳】天魁　　　　【夫妻】天鉞
・事業運は平均的なものであるが、頑固でやっかいな病気に悩まされる恐れがあるので健康注意。
・比較的裕福で恵まれた家庭環境で成長する。

壬年生
【田宅】天梁（禄）　【夫妻】紫微（権）　【遷移】武曲（忌）　【疾厄】禄存
【財帛】擎羊　　　　【遷移】陀羅　　　　【兄弟】天魁　　　　【父母】天鉞
［貴星夾命格］人の援助に恵まれる。
・大きな事業を成すことは難しいが、配偶者の実家が裕福であるか、配偶者が優秀で、協力と支援を得ることができる。ただ、配偶者が家庭内の実権を握るようになる（亭主関白カカア天下）。

癸年生
【財帛】破軍（禄）　【父母】巨門（権）　【兄弟】太陰（科）　【命宮】貪狼（忌）　【財帛】禄存
【子女】擎羊　　　　【疾厄】陀羅　　　　【兄弟】天魁　　　　【父母】天鉞
［貴星夾命格］人の援助に恵まれる。［科権禄夾格］財と地位を得る吉格。
・交際と遊興に身をやつす恐れがある。一方、特殊な方面や仕事で収入を得ることがある。
・両親は激しく子供を叱責し、厳しく躾け教育する傾向がある。

30 紫微寅・命宮巳

巨門（旺）	廉貞（平） 天相（廟）	天梁（旺） [機梁加会格]	七殺（廟） [七殺朝斗格]
	・宮威強－両親との関係は一般的で普通なものとなる。 ・宮威弱－両親との縁は薄いものとなり、関係もあまり良好とは言えない。さらに化忌が同宮すれば、両親のどちらかと対立するようなことになる。	・精神的に成熟し高尚な考えや趣味を持ち、また長寿でもある。 ・宮威強－宗教や哲学などについて思いを巡らし、また玄学にも関心を持つ。 ・宮威弱－玄学や精神世界に興味を持つが、考えすぎるため精神的に疲弊する傾向がある。	・不動産運はあり、不動産を管理するようになる。 ・宮威強－不動産により利益を得、もし化禄や禄存が同宮すればその利益ははなはだ大きくなる。 ・宮威弱－不動産売買により損失を被る恐れがあるので用心すること。
【命宮】　　巳	【父母】　　午	【福徳】　　未	【田宅】　　申
貪狼（廟）	・分析力と連想力に優れ、旺盛な研究心を持つ。また弁舌にも優れ、頑固でもある。 ・常に問題意識を持ち、理想が高いため現実のことがらに疑問や不満を持つようになり、徹底的に追求したり研究するようになる。 ・自己の信念に従って行動し、あまり他人の意見に左右されることがない。行動や志向は主観的な傾向があり、それが他人には頑固と捉えられることになる。 ・話術に優れ説得力のある話し方をするが、それが過ぎて不快感を持たれる場合もある。 ・金銭や物質より精神的充実に価値を置く。		天同（平）
・基本的に兄弟は少ない。 ・宮威強－兄弟各々が自分のことを考え、それぞれ独立する。 ・宮威弱－兄弟との関係はあまり良好なものでないか、兄弟との縁が薄くなる。			・仕事に対してはのんびりしたところが見られるので、基本的に自由業に適す。 ・教育関係、マスコミ関係、旅行業、芸術関係、音楽作詞、水族館勤務、果樹園や農場の経営などに向く。
【兄弟】　　辰			【官禄】　　酉
太陰（陥） [日月反背格]	・善良な人なのではあるが、親切さをあまり表に出さないので、近寄りがたい感じを与える人もいる。歯に衣を着せずにものを言い、文学や芸術、政治談議を好む者もいるが、誇張した表現となりがちである。 ・命宮宮威弱－人の陰口を言うようになり、口舌の災いを招くことがあるので注意が必要。また、行動や考えに一貫性を欠き変わりやすくなる。健康にも注意が必要である。 ・化忌同宮－頼る者がおらず、自分で不正な考えを抱き、結局は自分も人も傷つけることになる。		武曲（廟） [将星得地格] [府相朝垣格]
・配偶者は内向的で潔癖、神経質なところがあり、それゆえ悩みを多く抱える傾向がある。 ・宮威強－配偶者は聡明で優秀、立派な人であるが身体が弱く病気がち。 ・宮威弱－配偶者は病弱であるか、あるいは途中で違う道を行くようになる。			・部下後輩友人は容易に打ち解けて仲良くなるが、いい人もいればそうでない人もいるので交際には注意が必要である。 ・宮威弱－部下後輩友人とは仲違いしたり欺かれる恐れがあるので注意が必要である。
【夫妻】　　卯			【奴僕】　　戌
紫微（旺） 天府（廟） [紫府同宮格]	天機（陥） [機梁加会格]	破軍（廟） [英星入廟格]	太陽（陥） [日月反背格]
・宮威強－立派な子供に恵まれる。 ・宮威弱－子供との縁は薄く、関係もあまり良好とは言えない。空劫同宮すれば育てにくい子供であり、羊陀同宮すれば親の言うことを聞かない子供となる。	・宮威強－得財のためには相当の努力と苦労を伴うことになる。財運は一定せず、なかなか蓄財できない。 ・宮威弱－あまり大きな財運は期待できない。	・宮威強－おおむね健康である。 ・宮威弱－膿やかさぶたなどの皮膚疾患に注意。また手足に怪我をして傷跡が残ることもある。	・移動、外出運はあまり良好とは言えない。遠地に赴いたり外出することで苦労することになるので、あまり動かずにいることが望ましい。 ・宮威弱く羊陀が同宮加会すれば交通事故など外出先での事故や怪我の暗示があるので注意すること。
【子女】　　寅	【財帛】　　丑	【疾厄】　　子	【遷移】　　亥

甲年生
【父母】廉貞（禄）　　【疾厄】破軍（権）　　【奴僕】武曲（科）　　【遷移】太陽（忌）
【子女】禄存　　　　　【夫妻】擎羊　　　　　【財帛】陀羅・天魁　　【福徳】天鉞
・事業運はまあまあであるが、交通事故や外出先での怪我や事故に注意が必要である。
・比較的裕福で良好な家庭環境で育つ。

乙年生
【財帛】天機（禄）　　【福徳】天梁（権）　　【子女】紫微（科）　　【夫妻】太陰（忌）　　【夫妻】禄存
【兄弟】擎羊　　　　　【子女】陀羅　　　　　【疾厄】天魁　　　　　【田宅】天鉞
・財運はあるのだが、出たり入ったりでなかなか安定しない傾向がある。
・結婚生活は波風の立つ暗示があるので、夫婦円満を心がけること。

丙年生
【官禄】天同（禄）　　【財帛】天機（権）　　【父母】廉貞（忌）　　【命宮】禄存
【父母】擎羊　　　　　【兄弟】陀羅　　　　　【遷移】天魁　　　　　【官禄】天鉞
・よい職に就き高給を得ることができるが、大きく蓄財するのは難しいかもしれない。
・両親との関係は良好とは言えず、その縁も薄いものとなる。
・その他の星がどこに入るのかもよく見て判断すること。

丁年生
【夫妻】太陰（禄）　　【官禄】天同（権）　　【財帛】天機（科）　　【命宮】巨門（忌）　　【父母】禄存
【福徳】擎羊　　　　　【命宮】陀羅　　　　　【遷移】天魁　　　　　【官禄】天鉞
・基本的に良好な運勢であるが、その良さは実体を伴わない恐れがある。
・配偶者は裕福な家庭の出身であるか、あるいは聡明で有能な人の可能性がある。
・比較的良好な環境で育つが、幼児期に病気がちで両親に心配をかけたかもしれない。

戊年生
【兄弟】貪狼（禄）　　【夫妻】太陰（権）　　【財帛】天機（忌）　　【命宮】禄存
【父母】擎羊　　　　　【兄弟】陀羅　　　　　【財帛】天魁　　　　　【福徳】天鉞
・事業／仕事運はよいのではあるが、実体を伴わない恐れがある（思うほど蓄財できない）。
・結婚生活は配偶者が主導権を握り、亭主関白カカア天下となる可能性が高い。

己年生
【奴僕】武曲（禄）　　【兄弟】貪狼（権）　　【福徳】天梁（科）　　【父母】禄存
【福徳】擎羊　　　　　【命宮】陀羅　　　　　【疾厄】天魁　　　　　【田宅】天鉞
・大きな成功は望めないが、その他の星がどこに入るかをよく見て判断すること。
・両親との関係は良好である。

庚年生
【遷移】太陽（禄）　　【奴僕】武曲（権）　　【夫妻】太陰（科）　　【官禄】天同（忌）
【田宅】禄存　　　　　【官禄】擎羊　　　　　【福徳】陀羅・天鉞　　【財帛】天魁
・事業／職業運はそれほど良いとは言えない。足るを知ることが肝要である。
・部下や後輩友人の中に威丈高で高飛車な人がいるが、力になってくれる。

辛年生
【命宮】巨門（禄）　　【遷移】太陽（権）　　【官禄】禄存　　　　　【奴僕】擎羊
【田宅】陀羅　　　　　【父母】天魁　　　　　【子女】天鉞
[権禄尋逢格]　専門技術を研究・開発し、それで財を得る。
・基本的に成功を収める良好な命運であるが（権禄尋逢格）、その他の星をよく見て判断すること。

壬年生
【福徳】天梁（禄）　　【子女】紫微（権）　　【奴僕】武曲（忌）　　【遷移】禄存
【疾厄】擎羊　　　　　【奴僕】陀羅　　　　　【夫妻】天魁　　　　　【命宮】天鉞
・少しく安定した運勢であるが、部下後輩友人との付き合いには慎重な態度を要する。
・子供は自分の意見を持ち、しっかりと主張するようになる。

癸年生
【疾厄】破軍（禄）　　【命宮】巨門（権）　　【夫妻】太陰（科）　　【兄弟】貪狼（忌）　　【疾厄】禄存
【財帛】擎羊　　　　　【遷移】陀羅　　　　　【夫妻】天魁　　　　　【命宮】天鉞
・命宮宮威強ければ、発言が注目を集めることになるが、弱ければ弁舌により災いを招く恐れがあるので注意が必要である。
・配偶者からは、多くの協力や支援を得られる。

31　紫微寅・命宮午

巨門（旺） ・兄弟の中に、きつい言葉で人を傷つけてしまうような人がいる。 ・宮威強－兄弟との縁は薄く、あまり仲もよくはない。 ・宮威弱－兄弟間の仲は悪く、対立することがある。 【兄弟】　　　　　巳	廉貞（平） 天相（廟） 【命宮】　　　　　午	天梁（旺） [機梁加会格] ・宮威強－生まれた家庭環境は良好である。 ・両親は昔風の教訓を教えるような古臭い人で、子供は尊敬するが辟易し、距離を置くようになる。 ・宮威弱－生まれた家庭環境は、あまり良好ではない。 【父母】　　　　　未	七殺（廟） [七殺朝斗格] ・刺激やスリルのあることを好む。 ・宮威強－孤独を好むようになる。 ・桃花星同宮－異性に心を奪われ問題を起こすことがあるので注意すること。 ・宮威弱－人間関係に問題が生じることがある。 【福徳】　　　　　申
貪狼（廟） ・配偶者は美しく魅力的な人で、多芸多才でしかも異性にもよくもてる。 ・宮威弱－配偶者には好ましくない習慣があり、結婚生活は安泰ではない。 ・昌曲左右天姚が同宮すれば男女問題や恋愛トラブルの暗示あり注意。 【夫妻】　　　　　辰	・眉毛は濃く、目が大きい。宮威強ければ丈夫で頑丈な身体をしている。 ・剛毅と柔和のバランスが取れた人で、細心の注意を払い大胆に行動する。 ・仕事や事業を行う上において、決断力と実行力を発揮し、困難に遭遇してもそれを克服する力がある。 ・謙虚で努力家で交際範囲は広い。 ・家庭環境は良好で、地位のある人や実力者の支援を受けることができる。 ・根はせっかちで冒険を好む。 ・異性問題には注意が必要である。 ・一生を通じて変化や変動が多い。 ・命宮宮威強く左右と同宮加会すれば、地位を得て大きな権力を握ることができる。 ・曲昌同宮－攻守のバランスが取れた人で、ビジネスやマネジメントで成功する。 ・命宮宮威弱－人から拘束されることを嫌い、不安定な人生となりがちであるので、協調性を育成することが肝要である。さらに化忌と同宮すると、道半ばで蹉跌を味わう暗示がある。 ・桃花星が同宮加会すると、異性問題が発生することがあるので注意すること。		天同（平） ・宮威強－快適な住居に住むことができる。 ・宮威弱－不動産を取得することは難しく、住居もあまり快適ではない。 ・火羊が同宮すれば火災に注意。 ・羊陀が同宮すれば盗難に注意。 【田宅】　　　　　酉
太陰（陥） [日月反背格] ・子供は男の子より女の子の方が多くなる傾向あり。 ・宮威強－子供との関係は良好であるが、子供は内向的で引きこもりがちである。 ・宮威弱－子供ができないこともあるが、できたとしても子供に心配させられることが多くなる。 【子女】　　　　　卯	^^		武曲（廟） [将星得地格] [府相朝垣格] ・宮威強－事業は順調であり、勤め人となっても上位の職位に出世する。 ・宮威弱－事業上の困難に出会うこととなる。 ・ビジネス、商業経済界、警察、自衛官、スポーツ選手、スポーツ用品関係、多角経営などに適す。 【官禄】　　　　　戌
紫微（旺） 天府（廟） [紫府同宮格] ・基本的に財運は良く、宮威強ければ相当の財産を築くことができる。 ・宮威強－財運は良好である。 ・宮威弱－財運は思うほど高いものではない。 【財帛】　　　　　寅	天機（陥） [機梁加会格] ・顔に怪我や傷を受ける暗示。目の疾患、手足の怪我、神経衰弱、不眠症、胃病、高血圧などに注意。 【疾厄】　　　　　丑	破軍（廟） [英星入廟格] ・宮威強－生地を離れたり遠地に赴いてチャンスをつかみ成功する。 ・宮威弱－なかなか居所が一ヶ所に定まらない傾向がある。 ・羊陀同宮－交通事故や、外出先での事故や怪我に注意。手術を伴う大怪我の恐れもあるので注意。 【遷移】　　　　　子	太陽（陥） [日月反背格] ・宮威強－部下や後輩や友人は、自分の思い込みでものを見る人で、あまり助けにはならない。 ・宮威弱－部下や後輩や友人とは折り合いが悪く、いずれ離れていく。 【奴僕】　　　　　亥

甲年生
【命宮】廉貞（禄）　　【遷移】破軍（権）　　【官禄】武曲（科）　　【奴僕】太陽（忌）
【財帛】禄存　　　　　【子女】擎羊　　　　　【疾厄】陀羅・天魁　　【父母】天鉞
［三奇加会格］大いに幸運に恵まれ発展する。
・命宮宮威強ければ大きな成功を収めて地位と名誉と財を得る。弱くとも相当の財と地位を手に入れるが、その場合、個性が強烈となり人に礼儀を失することがある。

乙年生
【疾厄】天機（禄）　　【父母】天梁（権）　　【財帛】紫微（科）　　【子女】太陰（忌）　　【子女】禄存
【夫妻】擎羊　　　　　【財帛】陀羅　　　　　【遷移】天魁　　　　　【福徳】天鉞
・生家は裕福で、また父の代から財運には恵まれている。両親は子供を厳しく躾け教育する。
・ただし子供のことで悩み事を持つことになる。

丙年生
【田宅】天同（禄）　　【疾厄】天機（権）　　【命宮】廉貞（忌）　　【兄弟】禄存
【命宮】擎羊　　　　　【夫妻】陀羅　　　　　【奴僕】天魁　　　　　【田宅】天鉞
・勝負事や競争が好きで何かとチャレンジするが、怪我や病気に悩まされることがあるので事故や健康には注意すること。

丁年生
【子女】太陰（禄）　　【田宅】天同（権）　　【疾厄】天機（科）　　【兄弟】巨門（忌）　　【命宮】禄存
【父母】擎羊　　　　　【兄弟】陀羅　　　　　【奴僕】天魁　　　　　【田宅】天鉞
・命宮宮威強ければそこそこ安定した運勢であるが、弱ければ安定を得られにくい。

戊年生
【夫妻】貪狼（禄）　　【子女】太陰（権）　　【疾厄】天機（忌）　　【兄弟】禄存
【命宮】擎羊　　　　　【夫妻】陀羅　　　　　【疾厄】天魁　　　　　【父母】天鉞
・命宮宮威強ければそこそこ安定した運勢であるが、弱ければ安定を得られにくい。
・配偶者は財力があるか、あるいは配偶者の助力で活躍したり蓄財するが、配偶者は異性関係に派手な人もいる。また健康には十分注意すること。

己年生
【官禄】武曲（禄）　　【夫妻】貪狼（権）　　【父母】天梁（科）　　【命宮】禄存
【父母】擎羊　　　　　【兄弟】陀羅　　　　　【遷移】天魁　　　　　【福徳】天鉞
・基本的に地位と財を得て成功する良好な運勢であるが、結婚生活は配偶者が自分の意見を通し、配偶者に仕切られる可能性がある（亭主関白カカア天下）。
・ハイセンスで知的な家庭の生まれである。

庚年生
【奴僕】太陽（禄）　　【官禄】武曲（権）　　【子女】太陰（科）　　【田宅】天同（忌）
【福徳】禄存　　　　　【田宅】擎羊　　　　　【父母】陀羅・天鉞　　【疾厄】天魁
・命宮宮威強ければ、地位と財を得て成功する良好な運勢である。弱ければ、成功するが、そのためには相当の努力と苦労を伴うことになる。
・住居や家庭のことで、頭を悩ませることがある。

辛年生
【兄弟】巨門（禄）　　【奴僕】太陽（権）　　【田宅】禄存　　　　　【官禄】擎羊
【福徳】陀羅　　　　　【命宮】天魁　　　　　【財帛】天鉞
・両親や兄弟、友人知人などの助けを受けるが、命運としては中くらいの運勢である。
・部下や後輩友人の中に威丈高で高飛車な人がいるが、力になってくれる。

壬年生
【父母】天梁（禄）　　【財帛】紫微（権）　　【官禄】武曲（忌）　　【奴僕】禄存
【遷移】擎羊　　　　　【官禄】陀羅　　　　　【子女】天魁　　　　　【兄弟】天鉞
・少しく財を得るが、出世して高い地位を得るのは難しい。仕事の上で苦労することがある。
・生家は裕福で家庭環境は良好である。

癸年生
【遷移】破軍（禄）　　【兄弟】巨門（権）　　【子女】太陰（科）　　【夫妻】貪狼（忌）　　【遷移】禄存
【疾厄】擎羊　　　　　【奴僕】陀羅　　　　　【子女】天魁　　　　　【兄弟】天鉞
・生地を離れ遠地に赴いてチャンスをつかみ発展し、活発に活動することで成功して地位と財を得るが、そのためにはそれなりの努力と苦労を伴う。
・夫婦の間で波風が立つ恐れがあるので、夫婦円満を心がけること。

32 紫微寅・命宮未

巨門（旺）	廉貞（平） 天相（廟）	天梁（旺） [機梁加会格]	七殺（廟） [七殺朝斗格]
・宮威強－配偶者はよくしゃべる人で、基本的に善良であるが、失言の多い人でもある。夫婦間で言い争うこともある。 ・宮威弱－夫婦間の意思疎通がうまく取れず悩むことになるので、普段からよくコミュニケーションを取っておくこと。 ・昌曲左右同宮－恋愛問題。 【夫妻】　　　　　　巳	・宮威強－兄弟は立派な人で社会的に成功するが、その関係は良くも悪くもなく普通である。あるいは一人とは仲がよく、一人とは仲がよくない。 ・宮威弱－兄弟との縁は薄いものであり、仲もあまりよくない。 【兄弟】　　　　　　午	 【命宮】　　　　　　未	・宮威強－両親のうちどちらかは、人の言うことを聞かず暴走するようなところがある。基本的に縁は薄いものである。 ・宮威弱－両親は、喜怒哀楽の変化が激しく、場合によっては子供をシバキたおしてスパルタ教育をするようなことがある。 【父母】　　　　　　申
貪狼（廟） ・宮威強－子供の関心は多岐にわたり、なにをしでかすかわからないところがある。 ・宮威弱－子供は、あまり人の話を聞かず、学業にもあまり力を入れない。空劫同宮すれば育てにくい子供であり、羊陀同宮すれば親に逆らう親不孝な子供となる。 【子女】　　　　　　辰		**機梁加会格** 神算を操る希代の策士。先読みにかけては 人後に落ちぬが、策士策に溺れぬよう。 ・義侠心に厚く、困っている人を見ると手を差し伸べずにはいられない。世話好きで親分肌なので多くの人から尊敬される。 ・若くして老成した感じを人に与え、長者の風格を備えている。 ・金銭には淡白で、人に施すようになる。 ・幼少時に大病を患うが、長じてからはかえって健康を手に入れる。 ・礼儀正しく謙虚で聡明である。磊落な面もあり、小さなことにはあまり拘泥しない。 ・宗教や哲学、医学などの学術研究を好む。 ・女性の場合、慈悲心に富み、子供に対しては教育熱心で良妻賢母となる。 ・命宮宮威強－熱心に事業に取り組み、人より一頭抜きん出て成功を収める。 ・命宮宮威弱－高慢となり、人の恩を忘れて人間関係に支障をきたす恐れがあるので、自戒を怠らないようにすること。 ・神秘的な世界に興味を抱き、術数や神秘術を研究するようになる。	天同（平） ・人と交わり、余裕を持ってのんびりと暮らすことを好み、人にも施すので人間関係は良好である。 ・化禄禄存同宮－怠惰でアバウトな面がある。 ・宮威弱－心中に何か不安を抱え、なにかと気苦労が多くなる。 【福徳】　　　　　　酉
太陰（陥） [日月反背格] ・宮威強－財を得ることはできるが、なかなか蓄財できない。 ・宮威弱－得財、蓄財には困難が伴い、借金で首が回らないような場合もある。 【財帛】　　　　　　卯		武曲（廟） [将星得地格] [府相朝垣格] ・宮威強－不動産運は良好で、高層住宅に住むようになる。 ・宮威弱－長く不動産を保有することは難しい。 ・火羊が同宮すれば火災に注意。 ・羊陀が同宮すれば盗難に注意。 【田宅】　　　　　　戌
紫微（旺） 天府（廟） [紫府同宮格] ・宮威強－幼少期に大きな病気をするが、それ以降は、おおむね健康である。 ・宮威弱－痛風に注意。 【疾厄】　　　　　　寅	天機（陥） [機梁加会格] ・宮威強－頻繁に動き回りなかなか一ヶ所に居所を定めない。 ・宮威弱－遠地に赴いたり外出することで苦労をしょいこむことになる。さらに羊陀同宮すれば外出先での怪我や事故、特に交通事故には注意すること。 【遷移】　　　　　　丑	破軍（廟） [英星入廟格] ・宮威強－部下後輩友人は豪快な者が多く、大いに力になってくれる。 ・宮威弱－部下後輩友人はあまり優秀ではなく、うだつの上がらない、怪しげな人もいて、あまり力にはなってくれない。 【奴僕】　　　　　　子	太陽（陥） [日月反背格] ・宮威強－競争して事業を拡大することがある。 ・宮威弱－事業運はあまり大きなものではない。 ・宣伝、広告、法律関係、公務員、教員、営業員などに向く。 【官禄】　　　　　　亥

甲年生
【兄弟】廉貞（禄）　　【奴僕】破軍（権）　　【田宅】武曲（科）　　【官禄】太陽（忌）
【疾厄】禄存　　　　　【財帛】擎羊　　　　　【遷移】陀羅・天魁　　【命宮】天鉞
［天乙拱命格］学識高く、人の縁に恵まれ幸運を得る。
　・事業上の困難に遭遇することがあるが、命宮や官禄宮の宮威強ければリーダーシップを発揮し、成功することができる。

乙年生
【遷移】天機（禄）　　【命宮】天梁（権）　　【疾厄】紫微（科）　　【財帛】太陰（忌）　　【財帛】禄存
【子女】擎羊　　　　　【疾厄】陀羅　　　　　【奴僕】天魁　　　　　【父母】天鉞
［権禄尋逢格］専門技術を研究・開発し、それで財を得る。
　・基本的に良好な運勢で成功を収め、名誉と地位を手にするが、大きな財を得るのは難しい。

丙年生
【福徳】天同（禄）　　【遷移】天機（権）　　【兄弟】廉貞（忌）　　【夫妻】禄存
【兄弟】擎羊　　　　　【子女】陀羅　　　　　【官禄】天魁　　　　　【福徳】天鉞
　・命宮宮威強ければ事業／職業運はそこそこの運勢で、弱ければそれよりも劣る運勢である。
　・兄弟や友人の中にせっかちで、何でも白黒つけたがる人がいて、面倒を被ることがある。

丁年生
【財帛】太陰（禄）　　【福徳】天同（権）　　【遷移】天機（科）　　【夫妻】巨門（忌）　　【兄弟】禄存
【命宮】擎羊　　　　　【夫妻】陀羅　　　　　【官禄】天魁　　　　　【福徳】天鉞
　・基本的に良好な命運であり、名誉と地位と財を得ることができる。命宮宮威弱ければ、成功のために相当の努力と苦労を伴うことになる。　・結婚生活は波風が立つ暗示があるので注意すること。

戊年生
【子女】貪狼（禄）　　【財帛】太陰（権）　　【遷移】天機（忌）　　【夫妻】禄存
【兄弟】擎羊　　　　　【子女】陀羅　　　　　【遷移】天魁　　　　　【命宮】天鉞
［天乙拱命格］学識高く、人の縁に恵まれ幸運を得る。
　・吉凶相半ばする配置となるので、その他の星がどこに入るかをよく見て判断すること。

己年生
【田宅】武曲（禄）　　【子女】貪狼（権）　　【命宮】天梁（科）　　【兄弟】禄存
【命宮】擎羊　　　　　【夫妻】陀羅　　　　　【奴僕】天魁　　　　　【父母】天鉞
　・命宮宮威強ければ、真面目で地位と名誉を得る人であるが、弱ければそれほどでもない。その他の星がどこに入るかをよく見て判断すること。

庚年生
【官禄】太陽（禄）　　【田宅】武曲（権）　　【財帛】太陰（科）　　【福徳】天同（忌）
【父母】禄存　　　　　【福徳】擎羊　　　　　【命宮】陀羅・天鉞　　【遷移】天魁
［天乙拱命格］学識高く、人の縁に恵まれ幸運を得る。
　・命宮宮威強ければ、知的な分野で成功するが、弱ければそれほどでもない。その他の星がどこに入るかをよく見て判断すること。

辛年生
【夫妻】巨門（禄）　　【官禄】太陽（権）　　【福徳】禄存　　　　　【田宅】擎羊
【父母】陀羅　　　　　【兄弟】天魁　　　　　【疾厄】天鉞
　・基本的にそこそこ安定した運勢である。
　・配偶者から多くの協力と支援を得ることができる。

壬年生
【命宮】天梁（禄）　　【疾厄】紫微（権）　　【田宅】武曲（忌）　　【官禄】禄存
【奴僕】擎羊　　　　　【田宅】陀羅　　　　　【財帛】天魁　　　　　【夫妻】天鉞
　・基本的に安定した良好な運勢であるが、大きな家には住めなかったり、家庭内でいささかゴタゴタすることがあるかもしれない。

癸年生
【奴僕】破軍（禄）　　【夫妻】巨門（権）　　【財帛】太陰（科）　　【子女】貪狼（忌）　　【奴僕】禄存
【遷移】擎羊　　　　　【官禄】陀羅　　　　　【財帛】天魁　　　　　【夫妻】天鉞
　・基本的に中くらいの安定した運勢であるが、家庭内は配偶者が実権を握る傾向がある（亭主関白カカア天下）。
　・子供に手を焼いたり、煩わされることがある。

第2章　紫微斗数14主星配置一覧　　89

33 紫微寅・命宮申

巨門（旺）	廉貞（平） 天相（廟）	天梁（旺） [機梁加会格]	七殺（廟） [七殺朝斗格]
・宮威強－子供はよくしゃべる子であるが、親の言うことを聞くよい子である。 ・宮威弱－子供はあまり親の言うことを聞かない。空劫同宮すれば育てにくい子供であり、羊陀同宮すれば親に逆らう親不孝な子供となる。 【子女】　　　　巳	・宮威強－配偶者は優しく聡明で、申し分のない人である。幸せな結婚生活を送ることができる。 ・宮威弱－配偶者は異性関係がルーズとなることがあるので注意が必要である。 ・昌曲左右が同宮すると異性問題の暗示あり注意。 【夫妻】　　　　午	・宮威強－兄弟間は仲良く良好な関係であるが、兄弟により難儀を被ることがある。しかしよくその世話を焼き面倒を見る。 ・宮威弱－兄弟に煩わされることになるが、兄弟のために何かと便宜をはかり面倒を見る。 【兄弟】　　　　未	【命宮】　　　　申

貪狼（廟）	七殺朝斗格 戦って戦って戦って、そして勝利はわが手に。 戦った後の成功。	天同（平）
・宮威強－人に施し、あまり気にせずお金を使ってしまう。 ・宮威弱－なんとかやっていける程度の財は得る。 ・火鈴同宮－特殊な方面や仕事で収入を得る。また、突然財を得るが、突然財を失うこともある。 【財帛】　　　　辰	・眉は太く眉骨が盛り上がり、目は大きく鋭い目つきをしており、彫りの深い顔立ちである。 ・独立の気概が強く、人の傘下に入ったり人に付き従うことを好まない。気性が激しくせっかちだが、忍耐強く、困難に負けずに物事に取り組む。変動運である。 ・拘束されたり干渉されるのを嫌うので、しばしば上司と対立しがちである。一方、部下や後輩など目下の者の面倒をよく見て力になる。	・宮威強－両親は優しい人で、両親との関係はとても良好である。 ・宮威弱－両親との関係はよく、気持も通じるが、両親との縁が薄くなるかあるいは両親が病気がちとなる。 【父母】　　　　酉

太陰（陥） [日月反背格]	・喜怒哀楽が激しく、それを素直に顔に出す。 ・独立心旺盛で、何事にも自分の考えと勇気と行動力で向かっていく。危機や困難に会っても自力で解決しようとする。 ・昨日の敵は今日の友という度量の広さもある。 ・命宮宮威強－忍耐強く信念を貫き、困難な課題にも勇猛果敢に挑戦し、事業を成し遂げる。 ・命宮宮威弱－人間関係に問題があり孤軍奮闘することとなる。傲慢で無礼な感じを人に与える。感情が一定せず、退くを知らない。 ・火鈴加会－突然に財を得ることがあるが突然発展し突然破れるので、あまり財は残さない。	武曲（廟） [将星得地格] [府相朝垣格]
・基本的に身体は丈夫ではなく病気がちである。 ・白内障、緑内障、網膜剥離、腎臓病、婦人科系・泌尿器系疾患などに注意。 【疾厄】　　　　卯		・進取の気性に富み、常に新しいものを創始することを考える。 ・宮威強－仕事熱心で、ワーカホリックと言えるくらい仕事に打ち込む。 ・宮威弱－とにかく忙しくなかなかのんびりした時間を持てない。 【福徳】　　　　戌

紫微（旺） 天府（廟） [紫府同宮格]	天機（陥） [機梁加会格]	破軍（廟） [英星入廟格]	太陽（陥） [日月反背格]
・宮威強－遠地に赴いたり外出することで実力者との縁ができ支援を得る。そしてチャンスをつかみ成功する。 ・宮威弱－遠地に赴くと居所が定まらず苦労することになる。 【遷移】　　　　寅	・宮威強－部下後輩友人とはなかなか打ち解けられず、中には礼儀をわきまえない人もいるので注意すること。 ・宮威弱－部下後輩友人の中には人を惑わすような人もいるので、注意すること。 【奴僕】　　　　丑	・宮威強－創業起業の能力がある。 ・宮威強－事業運はあまり安定したものではない。 ・夫婦共同事業、警察、自衛官、海外事業、文学、芸術、仲買業、営業関係、肉体労働などに適性がある。 【官禄】　　　　子	・宮威強－住む家は狭く、あまり日当りもよくない。大きな不動産を獲得するのは難しい。 ・宮威弱－不動産を所有するのは難しい。 ・火羊が同宮すれば火災に注意。 ・羊陀が同宮すれば盗難に注意。 【田宅】　　　　亥

甲年生
【夫妻】廉貞（禄）　　【官禄】破軍（権）　　【福徳】武曲（科）　　【田宅】太陽（忌）
【遷移】禄存　　　　　【疾厄】擎羊　　　　　【奴僕】陀羅・天魁　　【兄弟】天鉞
- 命宮宮威強ければ、よい職に就き高給を得て成功する運勢である。また配偶者の実家は富裕であるか、配偶者から協力と支援を得る。宮威弱ければ成功し財と地位を得るが、そのためには相当の努力と苦労を伴う。
- 夫婦間で互いに譲り合えば、幸せな結婚生活を送ることができる。

乙年生
【奴僕】天機（禄）　　【兄弟】天梁（権）　　【遷移】紫微（科）　　【疾厄】太陰（忌）　　【疾厄】禄存
【財帛】擎羊　　　　　【遷移】陀羅　　　　　【官禄】天魁　　　　　【命宮】天鉞
- 地位と名誉を得ることができるが、あまり大きな財産は築かない。
- 健康には十分に注意すること。

丙年生
【父母】天同（禄）　　【奴僕】天機（権）　　【夫妻】廉貞（忌）　　【子女】禄存
【夫妻】擎羊　　　　　【財帛】陀羅　　　　　【田宅】天魁　　　　　【父母】天鉞
- 事業運は少しく安定する運勢だが、結婚生活は波乱含みである。夫婦円満を心がけること。
- 比較的裕福で恵まれた家庭環境に育つ。

丁年生
【疾厄】太陰（禄）　　【父母】天同（権）　　【奴僕】天機（科）　　【子女】巨門（忌）　　【夫妻】禄存
【兄弟】擎羊　　　　　【子女】陀羅　　　　　【田宅】天魁　　　　　【父母】天鉞
- 命宮宮威強ければ中程度に安定した運勢であり、弱ければそれよりやや劣る運勢である。
- 配偶者から多くの協力と支援を得るが、家庭内は安定性に欠けることがある。
- 両親は真面目に、厳格に、子供を育てる傾向がある。

戊年生
【財帛】貪狼（禄）　　【疾厄】太陰（権）　　【奴僕】天機（忌）　　【子女】禄存
【夫妻】擎羊　　　　　【財帛】陀羅　　　　　【奴僕】天魁　　　　　【兄弟】天鉞
- 財運は良好であり、命宮宮威強ければ大きく蓄財する。もし財帛に火鈴が同宮加会すれば、特殊な方面や仕事から収入を得る。　・頑固でやっかいな病気に悩まされることがある。

己年生
【福徳】武曲（禄）　　【財帛】貪狼（権）　　【兄弟】天梁（科）　　【夫妻】禄存
【兄弟】擎羊　　　　　【子女】陀羅　　　　　【官禄】天魁　　　　　【命宮】天鉞
- 基本的に財運もよく良好な運勢であるが、その他の星がどこに入るかをよく見て判断すること。
- 兄弟や友人の中に、とても真面目で賢い人がいる。

庚年生
【田宅】太陽（禄）　　【福徳】武曲（権）　　【疾厄】太陰（科）　　【父母】天同（忌）
【命宮】禄存　　　　　【父母】擎羊　　　　　【兄弟】陀羅・天鉞　　【奴僕】天魁
- 命宮宮威強ければ良好な運勢であり、弱くてもまあまあ平均的な運勢である。
- 生育した家庭環境はさほど恵まれたものではない。あるいは両親のどちらかが短命であるか、両親との縁が薄い暗示がある。

辛年生
【子女】巨門（禄）　　【田宅】太陽（権）　　【父母】禄存　　　　　【福徳】擎羊
【命宮】陀羅　　　　　【夫妻】天魁　　　　　【遷移】天鉞
- 大きく成功するとは言えないが、その他の星がどこに入るかをよく見て判断すること。
- 比較的安定した家庭環境で育つ。子供は明るく、よくしゃべる子である。

壬年生
【兄弟】天梁（禄）　　【遷移】紫微（権）　　【福徳】武曲（忌）　　【田宅】禄存
【官禄】擎羊　　　　　【福徳】陀羅　　　　　【疾厄】天魁　　　　　【子女】天鉞
- 遠地遠方に赴くか、外出することでチャンスをつかみ成功するが、あまり大きな財は築かない。
- 精神的に煩悶し、自分を追いつめる傾向があるので注意すること。

癸年生
【官禄】破軍（禄）　　【子女】巨門（権）　　【疾厄】太陰（科）　　【財帛】貪狼（忌）　　【官禄】禄存
【奴僕】擎羊　　　　　【田宅】陀羅　　　　　【疾厄】天魁　　　　　【子女】天鉞
- 仕事熱心で、創業の才もある。また配偶者からも多く助けられる。
- 交際費や遊興費が大きくなる恐れがあるので注意すること。

34　紫微寅・命宮酉

巨門（旺） ・会話やコミュニケーションを通じて財を得る。ただし収入は不安定。 ・宮威強－それなりに蓄財することができる。 ・宮威弱－財を巡って口論やトラブルが起きる恐れがある。 【財帛】　　巳	廉貞（平） 天相（廟） ・子供は束縛されたり頭ごなしに命令されることを嫌う。 ・宮威強－それなりに安定した関係となる。 ・宮威弱－子供は親の言うことを聞かず逆らうようになる。 ・空劫同宮－育てにくい子供である。 【子女】　　午	天梁（旺） [機梁加会格] ・配偶者は公明正大で義理を重んじる人である。先生か上司と結婚したような感じになる。また実際、かなり年上の可能性がある。 ・宮威弱－夫婦間で意見が合わず対立するようになる。 【夫妻】　　未	七殺（廟） [七殺朝斗格] ・兄弟は個性が強烈で、子供の頃は仲が悪く、よく喧嘩する。 ・宮威強－成長した後は兄弟それぞれが自分の道を歩み、あまり親しく交わることはない。 ・宮威弱－互いに争うようになり、兄弟間で対立することになる。 【兄弟】　　申
貪狼（廟） ・宮威強－おおむね健康である。 ・宮威弱－酒色による病や性病、EDの恐れあり。 ・羊陀加会－痔疾に注意。 ・火鈴加会－めまい、偏頭痛などに注意。 【疾厄】　　辰	・目は丸く、太り気味の体型の人が多い。 ・好奇心旺盛で新しいものが好きで、女性との縁（特に移動先で）があり、女性から助力を受けることができる。 ・企画力や事務処理能力に優れている。 ・ひとつの仕事に集中し、それを成し遂げることで達成感を味わう。 ・命宮宮威強－謙虚で礼儀正しく度量が広い。親しみやすくフレンドリーな雰囲気を持ち、決して激昂することはなく、人と争うことはない。従って安定した変化の少ない人生を送る。曲昌や鸞喜、天姚などと同宮加会すればロマンティックな出来事に多く遭遇する。 ・命宮宮威弱－怠惰でルーズな性格となる。煩わしい事柄を嫌い、あまり積極性も発揮しない。曲昌や鸞喜、天姚などと同宮加会すれば異性に心を乱されることが多くなる。 ・化禄と同宮加会すると、万事アバウトな怠け者となる。この場合、むしろ凶星と同宮加会するか、化権と同宮加会するのを喜ぶ。そうなることで怠け心に喝が入り、奮発するようになる。 ・化忌が同宮加会すると精神に安定を欠き、人を騙したり人に騙されたりするようになる。		天同（平） 【命宮】　　酉
太陰（陥） [日月反背格] ・外地や遠地で発展するが、居所は一定しない傾向がある。 ・宮威弱－外地や外出先でトラブルに会ったり、面倒をしょいこむことがある。 ・羊陀同宮－交通事故など外出先での事故や怪我に注意。 【遷移】　　卯			武曲（廟） [将星得地格] [府相朝垣格] ・両親は厳格に教育や躾を施す。 ・宮威強－厳しい両親とも折り合っていくが、縁は薄いものとなり、仲もあまりよくはない。 ・宮威弱－両親とは意見が合わず、対立するようになる。 【父母】　　戌
紫微（旺） 天府（廟） [紫府同宮格] ・宮威強－実力のある部下や後輩、友人に恵まれ、大いに助けられる。 ・宮威弱－部下や友人はプライドが高く、あまり力にはなってくれない。 【奴僕】　　寅	天機（陥） [機梁加会格] ・公務員や公共事業、宗教関係、社会福祉、教育、財務経理、営業員、種苗業、生花育成業などに向く。 ・宮威弱－ひとつの仕事を続けるのが困難となる。 【官禄】　　丑	破軍（廟） [英星入廟格] ・不動産を所有するが、変化を好むことから、それを長く保持することは難しい。 ・宮威弱－不動産を所有することは難しい。あるいはしばしば転居を繰り返す。 【田宅】　　子	太陽（陥） [日月反背格] ・苦労してもなかなか満足を得られない。 ・宮威強－それなりに安定した人生を送る。 ・宮威弱－ゆったりした暮らしを願っても、いろいろな事情がそれを許してくれず、いらだちを募らせることになる。 【福徳】　　亥

甲年生
【子女】廉貞（禄）　　【田宅】破軍（権）　　【父母】武曲（科）　　【福徳】太陽（忌）
【奴僕】禄存　　　　　【遷移】擎羊　　　　　【官禄】陀羅・天魁　　【夫妻】天鉞
　・大きな成功を収めることは難しい。自分を知り、満足を知り、運勢を安定させるように努めるべきである。

乙年生
【官禄】天機（禄）　　【夫妻】天梁（権）　　【奴僕】紫微（科）　　【遷移】太陰（忌）　　【遷移】禄存
【疾厄】擎羊　　　　　【奴僕】陀羅　　　　　【田宅】天魁　　　　　【兄弟】天鉞
　・高位の職位に就くことができるが、そのためには相当の努力と苦労を伴う。また事業を進める過程で多くの困難を乗り越える必要がある。外出運は芳しくなく、事故や怪我の暗示あり注意。

丙年生
【命宮】天同（禄）　　【官禄】天機（権）　　【子女】廉貞（忌）　　【財帛】禄存
【子女】擎羊　　　　　【疾厄】陀羅　　　　　【福徳】天魁　　　　　【命宮】天鉞
　[禄合鴛鴦格] 財に恵まれる吉格。
　・本来はとても良好な運勢であり、命宮宮威強ければ大きな成功をつかむことができるが、弱ければ成功と失敗が交互に訪れることになる。子供には面倒をかけられることがある。

丁年生
【遷移】太陰（禄）　　【命宮】天同（権）　　【官禄】天機（科）　　【財帛】巨門（忌）　　【子女】禄存
【夫妻】擎羊　　　　　【財帛】陀羅　　　　　【福徳】天魁　　　　　【命宮】天鉞
　[三奇加会格] 幸運に恵まれる吉格。[権禄尋逢格] 専門能力とビジネスセンスを兼ね備える。
　・本来はとても良好な運勢であり成功を得ることができるが、運勢の起伏が激しく、目的達成のために苦労する。命宮宮威が強ければ良好で安定した運勢である。

戊年生
【疾厄】貪狼（禄）　　【遷移】太陰（権）　　【官禄】天機（忌）　　【財帛】禄存
【子女】擎羊　　　　　【疾厄】陀羅　　　　　【官禄】天魁　　　　　【夫妻】天鉞
　・優しそうな顔をしているが、心の中は野望に燃え、強引に物事を進めようとする。しかし事業運はなかなか安定しない。
　・命宮宮威強ければそこそこ安定した運勢であるが、弱ければやや不安定な運勢となる。

己年生
【父母】武曲（禄）　　【疾厄】貪狼（権）　　【夫妻】天梁（科）　　【子女】禄存
【夫妻】擎羊　　　　　【財帛】陀羅　　　　　【田宅】天魁　　　　　【兄弟】天鉞
　・両親兄弟配偶者などの親戚縁者や友人知己が力になってくれるが、本人はいたってのんびりしたところがある。

庚年生
【福徳】太陽（禄）　　【父母】武曲（権）　　【遷移】太陰（科）　　【命宮】天同（忌）
【兄弟】禄存　　　　　【命宮】擎羊　　　　　【夫妻】陀羅・天鉞　　【官禄】天魁
　・思うようにものごとが進まず、失望したり、いらついたりすることがある。しかし命宮宮威強ければ、それなりに安定した運勢である。

辛年生
【財帛】巨門（禄）　　【福徳】太陽（権）　　【命宮】禄存　　　　　【父母】擎羊
【兄弟】陀羅　　　　　【子女】天魁　　　　　【奴僕】天鉞
　[禄合鴛鴦格] 財に恵まれる吉格。
　・基本的に財に恵まれる良好な運勢である。

壬年生
【夫妻】天梁（禄）　　【奴僕】紫微（権）　　【父母】武曲（忌）　　【福徳】禄存
【田宅】擎羊　　　　　【父母】陀羅　　　　　【遷移】天魁　　　　　【財帛】天鉞
　・配偶者は財力があるか、配偶者の助力により蓄財することができる。
　・一生を通じて衣食に困窮することはない。比較的安定した運勢である。
　・生家はあまり裕福でないか、あるいは両親との関係が悪く縁が薄くなる暗示がある。

癸年生
【田宅】破軍（禄）　　【財帛】巨門（権）　　【遷移】太陰（科）　　【疾厄】貪狼（忌）　　【田宅】禄存
【官禄】擎羊　　　　　【福徳】陀羅　　　　　【遷移】天魁　　　　　【財帛】天鉞
　・創意工夫と、人の縁や助けにより財を築くことができる。命宮宮威強ければ比較的安定した運勢であるが、健康には十分注意すること。

35 紫微寅・命宮戌

巨門（旺） ・宮威強－おおむね健康である。 ・宮威弱－高血圧や低血圧、晩年は肺や胃腸病に注意すること。もし化忌があれば目や耳の疾患、羊火と加会すれば酒色に伴う疾病を患う暗示があるので注意すること。 【疾厄】　　　　　巳	廉貞（平） 天相（廟） ・ビジネスの世界で財を築くことになる。 ・宮威強－少しく財産を得る。 ・宮威弱－財運は安定せず、財は入ったり出たりする。 【財帛】　　　　　午	天梁（旺） [機梁加会格] ・宮威強－元気で理屈っぽい子供であり、両親にいろいろなことで議論を吹っかけるようになる。 ・宮威弱－子供は冷めた感じであり、親子の間で不協和音が響くことになる。 【子女】　　　　　未	七殺（廟） [七殺朝斗格] ・配偶者は独立心旺盛で、人に指図されたり干渉されるのを嫌うので、その意見を尊重すること。 ・宮威弱－結婚生活はあまり良好なものとなりにくいので、夫婦間の努力が必要である。 ・昌曲左右が同宮すると異性問題の暗示あり注意。 【夫妻】　　　　　申
貪狼（廟） ・大都市や華やかな場所に行くことを好み、昌曲が同宮すればさらにその傾向は強くなる。 ・宮威強－遠地に赴いたりいろいろな所に出かけるようになる。 ・火鈴に会えば外出先や遠地でチャンスをつかみ、突然発展する。宮威弱ければ外出先で苦労する。 【遷移】　　　　　辰	将星得地格 奮闘努力して新たな平野を開き、 新天地を求める。 府相朝垣格 目上の引き立て、実力者の支援を受ける。 家内安全に心がけること。 ・堅忍不抜で剛毅な性格。自信家で決断力も実行力も備えるが、せっかちで短気なところがある。 ・基本的に成功運を持ち財運も良好であるが、特に経		天同（平） ・宮威強－兄弟姉妹の数は多く、縁も深い。兄弟間は仲のよい関係となる。 ・宮威弱－兄弟との縁は薄く、仲もよくない。兄弟はあまり頼りにはならない。 【兄弟】　　　　　酉
太陰（陥） [日月反背格] ・宮威強－女性の友人や後輩、部下などとの交友が多くなるが、長くは続かない。 ・宮威強－友人や後輩部下との関係は安定しない。 【奴僕】　　　　　卯	済界、ビジネス・商業界で成功する。 ・若年中の刻苦勉励、奮闘努力が中年以降に花を開く。基本は中～晩年運である。 ・命宮宮威強－実務能力に優れ、即断即決で問題を先送りすることなく、物事をてきぱきと片付け、成功を手にすることができる。 ・凶星が同宮加会することで、かえって武曲星の強さが現れ、決断力を発揮する。ただし凶星の同宮加会は１～２個がよく、多く加会するのはやはりよくない。 ・命宮宮威弱－せっかちで勇み足を踏み、失敗することがある。また自分や人を欺くことがある。		武曲（廟） [将星得地格] [府相朝垣格] 【命宮】　　　　　戌
紫微（旺） 天府（廟） [紫府同宮格] ・宮威強－目上の者や地位ある人の引き立てにより高職高給を得る。 ・宮威弱－事業上、競争やトラブルが多くなる。 ・貿易商社、専門技術者、財務関係、大規模建築、政治、百貨店関連などに向く。 【官禄】　　　　　寅	天機（陥） [機梁加会格] ・宮威強－不動産を売ったり買ったり、所有したり手放したりする。 ・宮威弱－住居が一定しない傾向がある。 ・火羊が同宮すれば火災に注意。 ・羊陀が同宮すれば盗難に注意。 【田宅】　　　　　丑	破軍（廟） [英星入廟格] ・現状に不満や問題を感じそれを改善、改革しようとする。 ・宮威強－思ったことはすぐに実行に移したくなるので、変化や変動の多い人生となる。 ・宮威弱－一生を通じて変動が多く、なかなか安定しない傾向がある。 【福徳】　　　　　子	太陽（陥） [日月反背格] ・生家はあまり裕福ではないか、両親との縁は薄くなる。 ・宮威弱－両親との縁は深くなるが、感情的な軋轢がある。 ・宮威弱－両親とは意見が対立し、反発し合うようになる。 【父母】　　　　　亥

甲年生
【財帛】廉貞（禄）　　【福徳】破軍（権）　　【命宮】武曲（科）　　【父母】太陽（忌）
【官禄】禄存　　　　　【奴僕】擎羊　　　　　【田宅】陀羅・天魁　　【子女】天鉞
　・大きな志や希望を持ち、冒険や投機を好む。命宮宮威強ければ大きな財と地位を得、弱ければそこそこの運勢である。
　・生家は貧しいか、あるいは安定した家庭環境ではなく、また両親との縁も薄い。

乙年生
【田宅】天機（禄）　　【子女】天梁（権）　　【官禄】紫微（科）　　【奴僕】太陰（忌）　　【奴僕】禄存
【遷移】擎羊　　　　　【官禄】陀羅　　　　　【福徳】天魁　　　　　【夫妻】天鉞
　・知識やアイデアを生かして成功する。命宮宮威強ければ真面目で気品のある人であるが、弱ければそれほどのこともない。

丙年生
【兄弟】天同（禄）　　【田宅】天機（権）　　【財帛】廉貞（忌）　　【疾厄】禄存
【財帛】擎羊　　　　　【遷移】陀羅　　　　　【父母】天魁　　　　　【兄弟】天鉞
　［貴星夾命格］人の支援や援助に恵まれるが、事業運はそれほど大きなものではない。特に投機や賭博は危険なので慎むこと。

丁年生
【奴僕】太陰（禄）　　【兄弟】天同（権）　　【田宅】天機（科）　　【疾厄】巨門（忌）　　【財帛】禄存
【子女】擎羊　　　　　【疾厄】陀羅　　　　　【父母】天魁　　　　　【兄弟】天鉞
　［貴星夾命格］人の支援や援助に恵まれる。
　・命宮宮威強ければそれなりに安定した運勢であるが、健康には十分注意すること。

戊年生
【遷移】貪狼（禄）　　【奴僕】太陰（権）　　【田宅】天機（忌）　　【疾厄】禄存
【財帛】擎羊　　　　　【遷移】陀羅　　　　　【田宅】天魁　　　　　【子女】天鉞
　・いろいろな方面で忙しく活躍するが、財運はそれほど大きなものではない。
　・命宮宮威強ければそれなりに安定した運勢である。

己年生
【命宮】武曲（禄）　　【遷移】貪狼（権）　　【子女】天梁（科）　　【財帛】禄存
【子女】擎羊　　　　　【疾厄】陀羅　　　　　【福徳】天魁　　　　　【夫妻】天鉞
　［権禄尋逢格］専門技術とビジネスセンスを兼ね備えている。専門技術を研究し起業する。
　［双禄朝垣格］財運に恵まれるが、投機事業は要注意。中年以降、頭角を現し蓄財する。
　・財運は良く、基本的に成功を得る運勢であるが、その他の星がどこに入るのかをよく見て判断すること。

庚年生
【父母】太陽（禄）　　【命宮】武曲（権）　　【奴僕】太陰（科）　　【兄弟】天同（忌）
【夫妻】禄存　　　　　【兄弟】擎羊　　　　　【子女】陀羅・天鉞　　【田宅】天魁
　・命宮宮威強ければ良好な命で地位と名誉を得るが、財運はあまり大きなものではない。弱ければ成功のために多くの苦労と努力を伴うことになる。
　・さほど裕福ではないが、安定した家庭の生まれである。

辛年生
【疾厄】巨門（禄）　　【父母】太陽（権）　　【兄弟】禄存　　　　　【命宮】擎羊
【夫妻】陀羅　　　　　【財帛】天魁　　　　　【官禄】天鉞
　・目上の人や実力者の支援を得られるが、基本的にはそこそこ安定した中くらいの運勢である。
　・両親は厳しく、子供の教育や躾は厳格である。

壬年生
【子女】天梁（禄）　　【官禄】紫微（権）　　【命宮】武曲（忌）　　【父母】禄存
【福徳】擎羊　　　　　【命宮】陀羅　　　　　【奴僕】天魁　　　　　【疾厄】天鉞
　・地位や名誉を手にするが、財運はさほど大きなものではない。
　・大きな権力を手にすることもあるが、敵も多くなるので注意が必要である。

癸年生
【福徳】破軍（禄）　　【疾厄】巨門（権）　　【奴僕】太陰（科）　　【遷移】貪狼（忌）　　【福徳】禄存
【田宅】擎羊　　　　　【父母】陀羅　　　　　【奴僕】天魁　　　　　【疾厄】天鉞
　・知恵と創意工夫でそれなりに成功するが、やや不安定な運勢である。

36　紫微寅・命宮亥

巨門（旺） ・外地や外出先で言葉のトラブルを引き起こす恐れがあるので注意すること。 ・羊陀が同宮加会したり宮威が弱いと交通事故など、外出先での事故や怪我の恐れがあるので注意すること。 【遷移】　　　　巳	**廉貞（平）** **天相（廟）** ・宮威強－おおむね健康であり、病気になることは少ない。 ・宮威弱－消化器系の疾患や糖尿病、結石、皮膚病、痔疾に注意すること。空劫が加会すれば手足に傷が残るようなことがある。 【疾厄】　　　　午	**天梁（旺）** [機梁加会格] ・宮威強－基本的に金銭には淡白で、金銭よりも義理人情を重んじるので、大きな財産は築けない。 ・宮威弱－大きな財産は築かない。また財を得てもそれが元で頭を悩ませるようなことになる。 【財帛】　　　　未	**七殺（廟）** [七殺朝斗格] ・宮威強－活発で、競争や勝負ごとが好きな子供である。子供との縁は薄いものとなる。 ・宮威弱－子供は少ないか子供には恵まれない。あるいは子供は親の言うことを聞かず逆らうようになる。 【子女】　　　　申
貪狼（廟） ・宮威強－部下後輩友人は多いが、その中には上品な者もいるが下品な者もいる。 ・曲昌が同宮すれば部下友人後輩は才能が豊かな人が多いが、その中に享楽的で遊び好きな人がいる。 ・宮威弱－後輩や部下友人によるトラブルをしょいこむことになる。 【奴僕】　　　　辰	colspan="2" rowspan="2"	**天同（平）** ・夫婦の関係は良好で、結婚生活は幸せなものとなる。 ・宮威弱－結婚生活は安定しない。晩婚に適す。 ・昌曲左右姚が同宮すれば複数の異性との恋愛など男女問題の恐れがあるので、異性関係には注意が必要である。 【夫妻】　　　　酉
太陰（陥） [日月反背格] ・公務員、公共事業、海外事業、水産、農業、文学文芸、広告宣伝に適性がある。 ・宮威強－中ぐらいの職を得て中ぐらいに出世する。 ・宮威弱－あまり高位の職階は望めない。 ・安定した職業に就くのがよい。 【官禄】　　　　卯	**武曲（廟）** [将星得地格] [府相朝垣格] ・宮威強－兄弟は個性の強い人で、仲良くいつも一緒に過ごすということはあまりないが、長じて大人同士の付き合いができるようになる。 ・宮威弱－兄弟とはあまり良好な関係とはならない。 【兄弟】　　　　戌
紫微（旺） **天府（廟）** [紫府同宮格] ・宮威強－不動産を得て立派な住居に住むことができるが、実際にはどれほどのものかは、命宮の宮威をよく見て判断しなければならない。 ・宮威弱－立派な住居に住まうのは難しい。 【田宅】　　　　寅	**天機（陥）** [機梁加会格] ・あまり大きな望みを持つようなことはない。 ・宮威強－哲学や心理学、神秘学や占術などを好むようになる。 ・宮威弱－空想に耽ることが多く、ときにノイローゼ気味となることがある。 【福徳】　　　　丑	**破軍（廟）** [英星入廟格] ・両親と離れて暮らす暗示がある。宮威弱ければ、両親とはあまり会話もなく、距離を置くようになる。 ・生家は不安定で落ち着きに欠けるきらいがある。 【父母】　　　　子	**太陽（陥）** [日月反背格] 【命宮】　　　　亥

日月反背格
両親との縁薄く、自力で奮闘努力。
幼少年期の苦労を成長の糧とする。

・個性は剛強で独特の見解を持つ。精気に欠けるところがあり、何ごとも白黒をつけたがるので人間関係には難がある。
・金銭には淡白で、商売よりも芸術や文化方面に向く。
・命宮宮威強－激昂することはあまりなく、人間関係も良好である。
・命宮宮威弱－怒りっぽくなり、人間関係に問題を生じるようになる。両親との縁が薄い暗示がある。また好き嫌いが激しく独善的となり、人からの干渉を嫌うようになるので、他人の意見にも聞く耳を持ち、調和することが大事である。

甲年生
【疾厄】廉貞（禄）　　【父母】破軍（権）　　【兄弟】武曲（科）　　【命宮】太陽（忌）
【田宅】禄存　　　　　【官禄】擎羊　　　　　【福徳】陀羅・天魁　　【財帛】天鉞
　［化権禄夾格］命宮宮威強ければ財産も地位も思うままに手に入れることができるとされるが、命宮化
　　忌となるので中くらいの運勢であり、宮威弱ければやや寂しい運勢である。
　・両親は騒がしく威圧的な人で、子弟を厳しく躾け教育するが、両親との関係は良好である。

乙年生
【福徳】天機（禄）　　【財帛】天梁（権）　　【田宅】紫微（科）　　【官禄】太陰（忌）　　【官禄】禄存
【奴僕】擎羊　　　　　【田宅】陀羅　　　　　【父母】天魁　　　　　【子女】天鉞
　・それなりに財を得ることはできる。
　・事業運は不安定で、高位に出世することは難しいし、事業も困難を伴う。
　・宮威強ければ中くらいの運勢であり、宮威弱ければそれなりの運勢である。

丙年生
【夫妻】天同（禄）　　【福徳】天機（権）　　【疾厄】廉貞（忌）　　【遷移】禄存
【疾厄】擎羊　　　　　【奴僕】陀羅　　　　　【命宮】天魁　　　　　【夫妻】天鉞
　・命宮宮威強ければ基本的に順調で良好な運勢であるが、弱ければそこそこの運勢である。
　・事故や手術の暗示があるので、健康には十分に注意すること。

丁年生
【官禄】太陰（禄）　　【夫妻】天同（権）　　【福徳】天機（科）　　【遷移】巨門（忌）　　【疾厄】禄存
【財帛】擎羊　　　　　【遷移】陀羅　　　　　【命宮】天魁　　　　　【夫妻】天鉞
　・命宮宮威強ければ、そこそこ安定した運勢であり、弱ければあまりよい運勢とは言えない。
　・外出時や遠地でのトラブルの暗示があるので注意すること。また健康にも十分注意すること。

戊年生
【奴僕】貪狼（禄）　　【官禄】太陰（権）　　【福徳】天機（忌）　　【遷移】禄存
【疾厄】擎羊　　　　　【奴僕】陀羅　　　　　【福徳】天魁　　　　　【財帛】天鉞
　・命宮宮威強ければ安定した良好な運勢であり、宮威弱くとも中くらいの運勢である。
　・なにかと気苦労が多く、心配性である。

己年生
【兄弟】武曲（禄）　　【奴僕】貪狼（権）　　【財帛】天梁（科）　　【疾厄】禄存
【財帛】擎羊　　　　　【遷移】陀羅　　　　　【父母】天魁　　　　　【子女】天鉞
　・生家はそこそこ安定した家庭であり、また自分もそれなりの財を得る。
　・命宮宮威強ければ成功を収めることができるが、弱ければ中くらいの運勢である。

庚年生
【命宮】太陽（禄）　　【兄弟】武曲（権）　　【官禄】太陰（科）　　【夫妻】天同（忌）
【子女】禄存　　　　　【夫妻】擎羊　　　　　【財帛】陀羅・天鉞　　【福徳】天魁
　・命宮宮威強ければ高い地位や名誉を得ることは難しいが、財産を築くことができる。宮威弱けれ
　　ば、成功を収め財を築くまでに相当の努力と苦労を伴うことになる。
　・結婚生活は安定を欠くようになるので、夫婦円満を心がけること。

辛年生
【遷移】巨門（禄）　　【命宮】太陽（権）　　【夫妻】禄存　　　　　【兄弟】擎羊
【子女】陀羅　　　　　【疾厄】天魁　　　　　【田宅】天鉞
　［権禄尋逢格］専門技術とビジネスセンスを兼ね備える。財を得るまでには苦労を伴うことになる。
　・配偶者からは多く助けられる。

壬年生
【財帛】天梁（禄）　　【田宅】紫微（権）　　【兄弟】武曲（忌）　　【命宮】禄存
【父母】擎羊　　　　　【兄弟】陀羅　　　　　【官禄】天魁　　　　　【遷移】天鉞
　［双禄朝垣格］真面目に働き、中年以降徐々に蓄財するようになる。しかし財に溺れることがあると不吉
　　を招くので注意すること。宮威弱ければ大きな成功は難しい。

癸年生
【父母】破軍（禄）　　【遷移】巨門（権）　　【官禄】太陰（科）　　【奴僕】貪狼（忌）　　【父母】禄存
【福徳】擎羊　　　　　【命宮】陀羅　　　　　【官禄】天魁　　　　　【遷移】天鉞
　・生家は裕福な家庭であり、命宮宮威強ければ少しく成功を得るが、大きく蓄財することは難しい。
　　宮威弱ければあまり大きな成功は望めない。
　・後輩や友人から損害を受けたり面倒を被ることがあるので注意すること。

37 紫微卯・命宮子

天相（地） ・宮威強－友人や部下後輩は優しくてよい人で、大いに力になってくれる。 ・宮威弱－よい友人や部下後輩に恵まれるが、あまり力にはなってくれない。 【奴僕】　　　　　　巳	**天梁（廟）** [寿星入廟格] [機月同梁格] ・宮威強－旅行が好きでバッグひとつで旅立つことも苦にならない。 ・宮威弱－居所が定まらず、各地を転々とすることがある。 ・羊陀同宮加会－交通事故など、外出先での怪我や事故には注意すること。 【遷移】　　　　　　午	**廉貞（利）** **七殺（廟）** [路上埋屍格] ・宮威強－おおむね健康である。 ・宮威弱－循環器系、血液の疾患の暗示。眼疾、めまい、偏頭痛、鼻喉、喘息等の暗示。四肢に怪我や傷跡の残る暗示あり。晩年癌の暗示あり注意。 【疾厄】　　　　　　未	[命無正曜格] ・宮威強－財運はあまり強くはないが、学問や芸術、教育関係の仕事で財を得る。 ・宮威弱－財を得ても出ていってしまう。 【財帛】　　　　　　申
巨門（陥） ・宮威強－高位に昇るのは難しく、就いた職業も長続きしない傾向がある。 ・宮威弱－仕事上のミスや事務処理の手違いが問題となり、仕事を替えることがある。 ・法律、公共、教育、研究、自由業、楽器販売、清掃などに向き、経営や商売には不向きである。 【官禄】　　　　　　辰	・冷たい感じの人で、笑うことも少ない。 ・寡黙で頑固な性格となり、容易に人の意見に同調しない。 ・女性は男性的な性格となり、温和な夫に嫁ぐのが望ましい。 ・眼疾、頭痛、神経衰弱、循環器系の疾患に注意。 ・命宮宮威強－堂々とした風貌、性格も明朗で自信に満ち、具体的行動力を具えている。また、困った者には手を貸すという博愛の人である。 ・命宮宮威弱－幼年時は家庭環境に恵まれず、安心して勉学に集中できない傾向がある。身体が弱く、病気に悩まされがちである。晩年、宗教や哲学の研究に喜びを見いだし、心の安定を得る。中には出家する者もいる。 ・禄存同宮－ビジネスに適性あり。 ・四殺加会－物質的にも精神的にも障害多く、不安定な一生を送りやすい。疾病を持ちやすく、特に視力と心臓に注意。 ・空劫同宮－とかく出費がかさみ、金銭の悩みを持つことになる。		[命無正曜格] [府相朝垣格] ・宮威強－子供の数は少ないが、よい子供である。 ・宮威弱－子供に恵まれないか、あっても子供との縁は薄く、関係も良好とは言えない。 【子女】　　　　　　酉
紫微（旺） **貪狼（利）** [桃花犯主格] ・宮威強－父祖からの不動を維持し発展させる。 ・宮威弱－あまり大きな不動産は所有しない。 ・火羊が同宮すれば火災に注意。 ・羊陀が同宮すれば盗難に注意。 【田宅】　　　　　　卯	^^^		**天同（平）** [機月同梁格] ・宮威強－配偶者は優しく善良な人で、仲睦まじく暮らしていく。 ・宮威弱－離別の恐れあり注意。 ・昌曲左右天姚が同宮すれば男女問題や恋愛トラブルの暗示あり注意。 【夫妻】　　　　　　戌
天機（地） **太陰（旺）** [機月同梁格] ・宮威強－好奇心旺盛で、知識欲がはなはだ強い。化科同宮すれば直感に優れ研究熱心である。 ・宮威弱－心労多く心配性で、物質的に満たされた生活を送っていても憂慮に堪えない。 【福徳】　　　　　　寅	**天府（廟）** [日月夾命格] ・宮威強－両親は立派な人で、大きな愛情と支援を得る。 ・宮威弱－父親が病弱であるか、意見が合わず対立することがある。 【父母】　　　　　　丑	**太陽（陥）** 【命宮】　　　　　　子	**武曲（平）** **破軍（平）** ・兄弟は少なく、きつい性格をしている。 ・宮威強－兄弟姉妹は各々発展し活躍するが、しだいに疎遠となり縁も薄くなる。 ・宮威弱－兄弟仲はあまりよいものではなく、場合によっては諍うようなこともある。 【兄弟】　　　　　　亥

甲年生
【疾厄】廉貞（禄）　【兄弟】破軍（権）　【兄弟】武曲（科）　【命宮】太陽（忌）
【福徳】禄存　　　　【田宅】擎羊　　　　【父母】陀羅・天魁　【疾厄】天鉞
- 命宮宮威強ければそれなりの成功を収め、弱ければそこそこの運勢である。
- 兄弟や友人の中に、頭は良いが威丈高で高飛車な態度を取る人がいる。

乙年生
【福徳】天機（禄）　【遷移】天梁（権）　【田宅】紫微（科）　【福徳】太陰（忌）　【田宅】禄存
【官禄】擎羊　　　　【福徳】陀羅　　　　【命宮】天魁　　　　【財帛】天鉞
- 命宮宮威強ければ少しく財を得、宮威弱ければそこそこ安定した運勢である。
- 心配性で杞憂に苛まれることがあるので、気分転換が必要である。

丙年生
【夫妻】天同（禄）　【福徳】天機（権）　【疾厄】廉貞（忌）　【奴僕】禄存
【遷移】擎羊　　　　【官禄】陀羅　　　　【兄弟】天魁　　　　【子女】天鉞
- 配偶者の実家が裕福か、あるいは配偶者は聡明で優秀な人で、大いに力になってくれる。
- 晩年やっかいな疾病に悩まされる恐れがあるので、健康管理には留意すること。

丁年生
【福徳】太陰（禄）　【夫妻】天同（権）　【福徳】天機（科）　【官禄】巨門（忌）　【遷移】禄存
【疾厄】擎羊　　　　【奴僕】陀羅　　　　【兄弟】天魁　　　　【子女】天鉞
- 命宮宮威強ければそこそこ安定した運勢であるが、そうでなければ波乱含みで不安定な運勢となる。また家庭内は配偶者が実権を握る傾向がある（亭主関白カカア天下）。

戊年生
【田宅】貪狼（禄）　【福徳】太陰（権）　【福徳】天機（忌）　【奴僕】禄存
【遷移】擎羊　　　　【官禄】陀羅　　　　【父母】天魁　　　　【疾厄】天鉞
- 命宮宮威強ければそこそこ安定した運勢であるが、そうでなければ波乱含みで不安定な運勢となる。
- 住居やインテリアを自分の好みで奇麗に飾ろうとする。

己年生
【兄弟】武曲（禄）　【田宅】貪狼（権）　【遷移】天梁（科）　【遷移】禄存
【疾厄】擎羊　　　　【奴僕】陀羅　　　　【命宮】天魁　　　　【財帛】天鉞
- 命宮宮威強ければそこそこ安定した運勢であるが、そうでなければ波乱含みで不安定な運勢となる。また住居や家庭内のことを自分の意見や主張で仕切ろうとする傾向がある。

庚年生
【命宮】太陽（禄）　【兄弟】武曲（権）　【福徳】太陰（科）　【夫妻】天同（忌）
【財帛】禄存　　　　【子女】擎羊　　　　【疾厄】陀羅・天鉞　【父母】天魁
［双禄朝垣格］命宮宮威強ければ財に恵まれ、また興味の範囲は広く多才であるが、投機的な事業には不向きである。宮威弱ければ、いささか不安定な運勢となる。
- 結婚・恋愛生活に障害の暗示があるので、パートナーとの円満を心がけること。

辛年生
【官禄】巨門（禄）　【命宮】太陽（権）　【子女】禄存　　　　【夫妻】擎羊
【財帛】陀羅　　　　【遷移】天魁　　　　【福徳】天鉞
- 権威や権力を握ろうとするがうまく果たせない。
- 命宮宮威強ければそこそこの運勢であるが、宮威弱ければ不安定な運勢となる。

壬年生
【遷移】天梁（禄）　【田宅】紫微（権）　【兄弟】武曲（忌）　【兄弟】禄存
【命宮】擎羊　　　　【夫妻】陀羅　　　　【田宅】天魁　　　　【奴僕】天鉞
- 命宮宮威強ければそこそこ安定した運勢であるが、そうでなければ波乱含みで不安定な運勢となる。また、友人や兄弟から迷惑を被ることがある。

癸年生
【兄弟】破軍（禄）　【官禄】巨門（権）　【福徳】太陰（科）　【田宅】貪狼（忌）　【命宮】禄存
【父母】擎羊　　　　【兄弟】陀羅　　　　【田宅】天魁　　　　【奴僕】天鉞
- 命宮宮威強ければそこそこ安定した運勢であるが、そうでなければ波乱含みで不安定な運勢となる。また、住居や家庭のことで何かゴタゴタしたことが発生する暗示がある。

38　紫微卯・命宮丑

【官禄】　　　　巳	【奴僕】　　　　午	【遷移】　　　　未	【疾厄】　　　　申
天相（地） ・宮威強－官僚や公務員、大企業に勤めるのも、自分で起業しビジネスを始めるのもよい。 ・宮威弱－あまり高位の職階は望めない。 ・製品加工業、事務員、行政関係、文化教育関係、個人事務所、投資関係などに適す。	天梁（廟） [寿星入廟格] [機月同梁格] ・宮威強－優秀で正直な部下や後輩に恵まれ、大いに助けられ、また彼らがなにかと力になってくれる。 ・宮威弱－部下や後輩は性格が強く頑固で、なかなか打ちとけることができない。	廉貞（利） 七殺（廟） [路上埋屍格] ・遠地や外出先で人の縁を得てチャンスをつかみ発展する。 ・宮威弱－遠行や頻繁な外出は運を低下させる。 ・羊陀同宮加会－交通事故など外出先での怪我や事故に注意。	[命無正曜格] ・宮威強－おおむね健康である。 ・宮威弱－皮膚病、アトピー、肝臓病、腹部膨張感など。ほかに神経系や泌尿器系の疾患に注意。 ・羊火加会－眼科系疾患、四肢無力感など。

【田宅】　　　　辰			【財帛】　　　　酉
巨門（陥） ・宮威強－少しく不動産を所有することができる。 ・宮威弱－不動産運には恵まれない。 ・火羊が同宮すれば火災に注意。 ・羊陀が同宮すれば盗難に注意。		**日月夾命格** 太陽太陰を挟めば、財豊かで成功者となる人である。 ・額が広く、温厚で度量が広く、思いやりのある人である。だいたいが豊満な感じで、特に中年以降太りやすい体質である。 ・めったに人の悪口を言うことはなく、人に好かれ、人間関係も良好で友人知己は多い。 ・活動力は旺盛で、真面目に仕事に打ち込む。 ・多芸多才でいろいろなところで才能を発揮するが、何かひとつの専門分野に長けるようなことは苦手である。専門家というよりはオールラウンドプレーヤーである。 ・大雑把なところがあり、女性でも細かな家事などが苦手な人が多い。 ・命宮宮威強－穏やかな人格であるが、よくリーダーシップを発揮し、常に部下や顧客のことを考え行動し、高位高職に就くことができる。官僚となっても、大企業に就職しても、自分で起業しても、良好である。 ・命宮宮威弱－外面と内面に差があり、外面は穏健で柔順を装っていても、内心は反抗心を持っているようなところがある。	[命無正曜格] [府相朝垣格] ・宮威強－財運は豊かで安定している。もしも本宮（財帛宮）か対宮（福徳宮）に火鈴があれば、さらにそれは確実となる。 ・宮威弱－大きな財を得ることは難しい。空劫があれば、なおのこと難しい。

【福徳】　　　　卯			【子女】　　　　戌
紫微（旺） 貪狼（利） [桃花犯主格] ・宮威強－新しいものが好きである。飲食や楽しいことが大好きで、生活に喜びを見つけ人生を謳歌する。 ・宮威弱－品性に欠けるようなところが出てきて、楽しみのために生活を犠牲にすることがある。			天同（平） [機月同梁格] ・宮威強－子供は両親思いのよい子供たちである。 ・宮威弱－子供は何ごとにおいてもルーズな傾向がある。しかし両親には懐く。 ・陀羊同宮すれば親に反抗する親不孝な子となる。

【父母】　　　　寅	【命宮】　　　　丑	【兄弟】　　　　子	【夫妻】　　　　亥
天機（地） 太陰（旺） [機月同梁格] ・両親は立派な人で、恵まれた家庭環境に育つ。 ・宮威強－両親から多くの援助を受けることができる。 ・宮威弱－両親からの支援はあまり期待できない。	天府（廟） [日月夾命格]	太陽（陥） ・宮威強－兄弟との縁は薄く仲もあまりよくない。したがって、兄弟から助力を受けることも、あまり期待できない。 ・宮威弱－兄弟間は不仲となり、互いに対立するようになる。	武曲（平） 破軍（平） ・配偶者は強烈な個性の持ち主で、容易に恋に落ち、また互いに恋愛には開放的な考えを持つ。 ・宮威弱－配偶者や恋人に我慢して耐え忍ぶようなことになる。 ・昌曲左右天姚が同宮すれば男女問題や恋愛トラブルの暗示あり注意。

甲年生
【遷移】廉貞（禄）　　【夫妻】破軍（権）　　【夫妻】武曲（科）　　【兄弟】太陽（忌）
【父母】禄存　　　　　【福徳】擎羊　　　　　【命宮】陀羅・天魁　　【遷移】天鉞
［天乙拱命格］学識高く、人の縁に恵まれ幸運を得る。
・まあまあ恵まれた家庭環境で育ち、遠地に赴いてチャンスをつかみ発展する。
・配偶者は家庭内の実権を握り譲らないので（亭主関白カカア天下）、結婚生活は多少窮屈である。

乙年生
【父母】天機（禄）　　【奴僕】天梁（権）　　【福徳】紫微（科）　　【父母】太陰（忌）　　【福徳】禄存
【田宅】擎羊　　　　　【父母】陀羅　　　　　【兄弟】天魁　　　　　【疾厄】天鉞
・少しく財を得る命である。　・裕福で恵まれた家庭に生まれるが、両親が途中で経済的に困窮するか、母親の健康が優れない恐れがある。

丙年生
【子女】天同（禄）　　【父母】天機（権）　　【遷移】廉貞（忌）　　【官禄】禄存
【奴僕】擎羊　　　　　【田宅】陀羅　　　　　【夫妻】天魁　　　　　【財帛】天鉞
・事業／仕事運は中くらいの運勢である。　・外出時に事故や怪我をする暗示あり。
・両親は教育熱心で、子供の躾には厳しい。

丁年生
【父母】太陰（禄）　　【子女】天同（権）　　【父母】天機（科）　　【田宅】巨門（忌）　　【奴僕】禄存
【遷移】擎羊　　　　　【官禄】陀羅　　　　　【夫妻】天魁　　　　　【財帛】天鉞
・そこそこ安定した中くらいの運勢である。
・しっかりした家庭の生まれであり、父祖からの余慶を受ける。

戊年生
【福徳】貪狼（禄）　　【父母】太陰（権）　　【父母】天機（忌）　　【官禄】禄存
【奴僕】擎羊　　　　　【田宅】陀羅　　　　　【命宮】天魁　　　　　【遷移】天鉞
［天乙拱命格］学識高く、人の縁に恵まれ幸運を得る。
・命宮宮威強ければ、事業／仕事運は中くらいで、弱ければやや劣る運勢である。
・両親は激しい性格の人で、子供にも厳しく、あまり恵まれた家庭の生まれとは言いがたい。

己年生
【夫妻】武曲（禄）　　【福徳】貪狼（権）　　【奴僕】天梁（科）　　【奴僕】禄存
【遷移】擎羊　　　　　【官禄】陀羅　　　　　【兄弟】天魁　　　　　【疾厄】天鉞
・大きな理想を抱き、命宮宮威強ければそれなりに成功を得られるが、弱ければあまり大きな成功は期待できない。　・配偶者は強烈な個性の人であるが、力になってくれる。

庚年生
【兄弟】太陽（禄）　　【夫妻】武曲（権）　　【父母】太陰（科）　　【子女】天同（忌）
【疾厄】禄存　　　　　【財帛】擎羊　　　　　【遷移】陀羅・天鉞　　【命宮】天魁
［天乙拱命格］学識高く、人の縁に恵まれ幸運を得る。
［科権禄夾格］財産も地位も望むままに得る吉格。
・亭主関白カカア天下となり、結婚生活は配偶者が主導権を握るようになる。

辛年生
【田宅】巨門（禄）　　【兄弟】太陽（権）　　【財帛】禄存　　　　　【子女】擎羊
【疾厄】陀羅　　　　　【奴僕】天魁　　　　　【父母】天鉞
・基本的に安定した運勢であるが、その他の星がどこに入るのかをよく見て判断すること。
・兄弟や友人の中に、威丈高で高飛車な人がいるが、力になってくれる。

壬年生
【奴僕】天梁（禄）　　【福徳】紫微（権）　　【夫妻】武曲（忌）　　【夫妻】禄存
【兄弟】擎羊　　　　　【子女】陀羅　　　　　【福徳】天魁　　　　　【官禄】天鉞
・清らかで品格のある人であり、人望もあり名誉と称賛を得る。
・恋愛や結婚に関しては、何かと障害や波風が立つ恐れがある。

癸年生
【夫妻】破軍（禄）　　【田宅】巨門（権）　　【父母】太陰（科）　　【福徳】貪狼（忌）　　【兄弟】禄存
【命宮】擎羊　　　　　【夫妻】陀羅　　　　　【福徳】天魁　　　　　【官禄】天鉞
・配偶者から多くの協力を得るが、配偶者の個性が強烈なため恐々とするところがある。
・両親が知的でインテリな家庭の生まれである。
・住居や家庭内のことを、自分の思いや意見で仕切ろうとするところがある。

39　紫微卯・命宮寅

天相（地） ・快適な住居に住むことができる。宮威強ければ多くの不動産を得るが、弱ければそうではない。 ・移転や引っ越しは比較的少ない人である。 ・火羊が同宮すれば火災に注意。 ・羊陀が同宮すれば盗難に注意。 【田宅】　　　　巳	天梁（廟） [寿星入廟格] [機月同梁格] ・教育、学術、文化、医療、情報、調査、探偵、保険などの方面に適す。ただしビジネス界には向かない。 ・宮威強－高い職位に昇ることができる。 ・宮威弱－普通であるが、仕事のことで苦労する。 【官禄】　　　　午	廉貞（利） 七殺（廟） [路上埋屍格] ・友人や部下後輩は、強烈な性格な人が多くなる。 ・宮威強－友人や部下後輩を通じてチャンスをつかみ、発展につなげることができる。 ・宮威弱－友人や部下後輩に面倒をかけられるようなことがある。 【奴僕】　　　　未	[命無正曜格] ・宮威強－生地を離れて発展する。また対外運・外出運は良好であるが、努力や苦労した後に成功する。 ・宮威弱－居所が定まらず各地を転々とすることになる。 ・羊陀同宮加会－交通事故など、外出先での事故や怪我に注意すること。 【遷移】　　　　申
巨門（陥） ・心配性で、些細なことでも心を痛め、神経をすり減らす傾向がある。 ・宮威低ければ心労の絶えない日々を送ることになる。 【福徳】　　　　辰	\multicolumn{2}{c}{機月同梁格 抜群の企画力と事務処理能力で 主人の片腕となる大番頭。No.2狙いで大成功。 ・容姿は爽やかで、芸術や文学を好み、花鳥風月を愛でる風流人といった趣きだが、ややせっかちなところがある。頭の回転も早い。 ・比較的おだやかな運勢で、中年以降に吉運が巡ってくる。 ・企画や事務処理能力に優れ、トップの補佐官やブレーンとして力を発揮する。一方で神経質なところがあり、感情に波がある。金銭には淡白で、静かでゆとりのある生活を好む。文化事業、学術研究、教師、公務員など頭脳労働に向く。 ・男性は生来のロマンティストで優しく、女性心理をつかむことに長けている。 ・女性は、優しさの中に一本芯の通ったところがあり、良妻賢母となる。女性美を具える。 ・命宮宮威弱ければ疑い深く、物事を考え過ぎて失敗するようなところがある。 ・曲昌同宮－宗教界や術数、芸術芸能界で成功。 ・天桃同宮加会－芸術芸能界で成功。}		[命無正曜格] [府相朝垣格] ・宮威強－おおむね健康である。 ・宮威弱－消化器や生殖器系、心気疾患に注意。 ・癸年生まれの人は、対宮貪狼の化忌に冲破されるので、下半身の疾病（ED、早漏、冷感症、生理不順、子宮関係の疾患、腎臓、泌尿器など）に注意が必要である。 【疾厄】　　　　酉
紫微（旺） 貪狼（利） [桃花犯主格] ・宮威強－豊かな家庭に生まれるが、両親との縁は薄い。 ・宮威弱－両親のどちらかと意見が合わず、対立することになる。 【父母】　　　　卯			天同（平） [機月同梁格] ・宮威強－財運には恵まれるが、苦労した後に財を得るという運勢である。 ・宮威弱－何かと金銭が出ていき、蓄財するのは難しい。 【財帛】　　　　戌
天機（地） 太陰（旺） [機月同梁格] 【命宮】　　　　寅	天府（廟） [日月夾命格] ・宮威強－兄弟仲がよく、互いに助け合う。 ・宮威弱－表向きは平穏であるが、兄弟間で心理的な距離ができる。 【兄弟】　　　　丑	太陽（陥） ・配偶者は冷たい感じの人で孤独である。笑みを見せることも少ない。 ・宮威強－配偶者とは縁が薄くなる傾向。 ・宮威弱－最悪、別離の可能性がある。 ・昌曲左右姚が同宮すれば複数の異性との恋愛など男女問題の恐れがあるので注意すること。 【夫妻】　　　　子	武曲（平） 破軍（平） ・好奇心旺盛な子供であるが攻撃性も強く、静かにおとなしくしていない。 ・宮威弱－人の話を聞かない子供で、自分で思ったようにしか行動しないので育てにくい。またよく怪我をする。 【子女】　　　　亥

甲年生
【奴僕】廉貞（禄）　【子女】破軍（権）　【子女】武曲（科）　【夫妻】太陽（忌）
【命宮】禄存　　　　【父母】擎羊　　　　【兄弟】陀羅・天魁　【奴僕】天鉞
・命宮宮威強ければ、少しく安定した運勢で、倹約することで蓄財する。
・命宮宮威弱ければ、あまり良好な命ではなく、結婚生活に障害や波風が生じる恐れがある。

乙年生
【命宮】天機（禄）　【官禄】天梁（権）　【父母】紫微（科）　【命宮】太陰（忌）　【父母】禄存
【福徳】擎羊　　　　【命宮】陀羅　　　　【夫妻】天魁　　　　【遷移】天鉞
・命宮宮威強ければ頭の回転も早く優れた発想力でたいていのことは実現する。ただし財運に恵まれるが支出も多く、大きな蓄財は困難である。命宮宮威弱ければ自分を責め、苦しむようになる。
・豊かで立派な家庭の生まれである。

丙年生
【財帛】天同（禄）　【命宮】天機（権）　【奴僕】廉貞（忌）　【田宅】禄存
【官禄】擎羊　　　　【福徳】陀羅　　　　【子女】天魁　　　　【疾厄】天鉞
・企画計画弁論に優れ、命宮宮威強ければ富と名誉と地位を手にする。命宮宮威弱ければ相当の努力と苦労の後に財を築くが、酒色やゆとりある生活を求め、闘争心や覇気に欠けるところがある。

丁年生
【命宮】太陰（禄）　【財帛】天同（権）　【命宮】天機（科）　【福徳】巨門（忌）　【官禄】禄存
【奴僕】擎羊　　　　【田宅】陀羅　　　　【子女】天魁　　　　【疾厄】天鉞
［三奇加会格］名誉を得、富と地位・官位を手中に収める。ただその一方、他人に容易に心を開かず気苦労も多い。結婚生活はスムーズにいかない傾向があるので夫婦円満を心がけること。

戊年生
【父母】貪狼（禄）　【命宮】太陰（権）　【命宮】天機（忌）　【田宅】禄存
【官禄】擎羊　　　　【福徳】陀羅　　　　【兄弟】天魁　　　　【奴僕】天鉞
・心配性で気苦労が多いが、命宮宮威強ければ重責にも耐えて権力を志向する。命宮宮威弱ければ何事も人任せにして、結局はつまずくようになる。

己年生
【子女】武曲（禄）　【父母】貪狼（権）　【官禄】天梁（科）　【官禄】禄存
【奴僕】擎羊　　　　【田宅】陀羅　　　　【夫妻】天魁　　　　【遷移】天鉞
・生家は立派な家庭で、両親の子弟に対する躾や教育は厳しい傾向がある。
・職場での評判は上々で、基本的に安定した運勢である。

庚年生
【夫妻】太陽（禄）　【子女】武曲（権）　【命宮】太陰（科）　【財帛】天同（忌）
【遷移】禄存　　　　【疾厄】擎羊　　　　【奴僕】陀羅・天鉞　【兄弟】天魁
・命宮宮威強ければ安定した運勢である。
・浪費や支出が多く、財運は一定しない。
・配偶者の生家は裕福であるか、あるいは配偶者は聡明で有能な人である。

辛年生
【福徳】巨門（禄）　【夫妻】太陽（権）　【疾厄】禄存　　　　【財帛】擎羊
【遷移】陀羅　　　　【官禄】天魁　　　　【命宮】天鉞
・雑事些事に心を煩わされることがある。
・家庭内は配偶者が実権を握る（亭主関白カカア天下）傾向がある。

壬年生
【官禄】天梁（禄）　【父母】紫微（権）　【子女】武曲（忌）　【子女】禄存
【夫妻】擎羊　　　　【財帛】陀羅　　　　【父母】天魁　　　　【田宅】天鉞
・公共事業や教育などの分野で成功し地位を得るが、多くの財は得られない。
・結婚生活はスムーズにいかない傾向があるので、夫婦円満を心がけること。

癸年生
【子女】破軍（禄）　【福徳】巨門（権）　【命宮】太陰（科）　【父母】貪狼（忌）　【夫妻】禄存
【兄弟】擎羊　　　　【子女】陀羅　　　　【父母】天魁　　　　【田宅】天鉞
・地位や名誉を得ることはできるが、大きな財を築くのは難しい。
・両親が離婚や再婚をする恐れあり。
・元気で活発な子供に恵まれる。

40　紫微卯・命宮卯

天相（地）	天梁（廟）	廉貞（利）	[命無正曜格]
・宮威強－穏やかで人と争うことを好まず、一生を安泰に過ごすことができる。服装、料理、住まいに関心を払う。また長寿である。 ・宮威弱－何かと気苦労が多く、憂鬱な気分になることがある。	[寿星入廟格] [機月同梁格] ・宮威強－父祖から不動産を受け継ぎ、また立派な住居に住むことができる。 ・宮威弱－古びた家に住むようになる。 ・火羊が同宮すれば火災に注意。 ・羊陀が同宮すれば盗難に注意。	七殺（廟） [路上埋屍格] ・多くの職業を経験する（職業を変える）。上司との関係は良好ではない。 ・宮威強－警察公安関係、重工業、電気、機械、技術修理、占術、理容などに適す。 ・宮威弱－少し偏った職業に就く。	・友人や部下後輩の中には聡明で優れた才能を持つ人がいる。 ・宮威強－友人や部下後輩が力になってくれる。 ・宮威弱－部下や友人を損うようなことがる。あるいは部下後輩友人から面倒をかけられることがあり、あまり多くの助力や支援は期待できない。
【福徳】　　　　　　　巳	【田宅】　　　　　　　午	【官禄】　　　　　　　未	【奴僕】　　　　　　　申
巨門（陥） ・両親は口うるさい人で、両親に反感を抱き対立するようになる。また両親の仲もあまりよくない。宮威強くても両親との縁は薄く、関係も良好ではない。 ・出自はあまり恵まれた環境ではない。	*桃花犯主格* 魅力にあふれ恋多き人生。 芸術的創作活動をする人には必要な才能・資質。 ・強烈な個性を持ち、フットワークも軽く処世術にも長けている。 ・命宮宮威強ければ、事業において頭角を現し、重要な職務を担うことになる。 ・仕事の態度は友好的でコミュニケーション能力にも優れている。 ・文芸や表現、音楽や語学に才がある。 ・野心家であり、大利を求め小利には目もくれぬといったふうなところがある。 ・酒食を好み、華やかな場所や物事を好む。 ・桃花星が同宮加会すれば色恋に溺れ、恋愛関係のトラブルを起こすことがある。 ・火鈴同宮－突如発展し突如散財する。 ・羊陀同宮－情事、恋愛トラブルに注意。 ・空劫化忌が同宮加会すれば、恋愛や色情の性質は抑制され真面目な人となり、芸術や宗教に親しみ、身を全うする。		[命無正曜格] [府相朝垣格] ・家にじっとこもるのは好まず、外出がちとなる。 ・宮威強－交友も広く、多くの友人ができ、また外出することでチャンスをつかむ。 ・宮威弱－遊び好きとなり、時に深夜深更に至るまで飲み歩いたり遊び歩いたりすることがある。
【父母】　　　　　　　辰			【遷移】　　　　　　　酉
紫微（旺） 貪狼（利） [桃花犯主格]			天同（平） [機月同梁格] ・宮威強－おおむね健康である。 ・宮威弱－神経衰弱、不眠、糖尿病、肥満、感冒、神経痛（座骨神経痛など）、婦人科の疾病に注意。
【命宮】　　　　　　　卯			【疾厄】　　　　　　　戌
天機（地） 太陰（旺） [機月同梁格] ・兄弟の中に心根が優しく善良で、聡明で優れた才能を備えた人がいる。 ・友人知人も聡明な人が多い。 ・宮威強－仲がよい。 ・宮威弱－兄弟の中に移り気な者がいるか、疎遠となる。	天府（廟） [日月夾命格] ・宮威強－配偶者は財運と名声に恵まれる人であり、配偶者と仲睦まじく末永く添い遂げる。 ・宮威弱－配偶者は何かの欠点を抱えている。 ・晩婚に適す。 ・昌曲左右天姚が同宮すれば男女問題や恋愛トラブルの暗示あり注意。	太陽（陥） ・宮威強－子供運は普通。化禄同宮すれば子供との関係は良好である。 ・宮威弱－子供がいないか子供に苦労をかけられることになる。さらに化忌が同宮すれば、子供は悪い遊びを覚えたり、悪い仲間と交流するようになる。	武曲（平） 破軍（平） ・若年時は財に恵まれないが中・晩年に財を築く。 ・宮威強－多く儲けるが支出も多い（無駄遣いに注意）。 ・宮威弱－収支が一定せず大きな蓄財は難しい。
【兄弟】　　　　　　　寅	【夫妻】　　　　　　　丑	【子女】　　　　　　　子	【財帛】　　　　　　　亥

甲年生
【官禄】廉貞（禄）　　【財帛】破軍（権）　　【財帛】武曲（科）　　【子女】太陽（忌）
【兄弟】禄存　　　　　【命宮】擎羊　　　　　【夫妻】陀羅・天魁　　【官禄】天鉞
[三奇加会格] 命宮の宮威強ければ名誉を得、富と地位・官位を手中に収めて大いに発展する。世俗を離れ精神世界で生きるような人もいる。命宮宮威弱ければ、成功のために相当の努力と苦労を伴うことになる。

乙年生
【兄弟】天機（禄）　　【田宅】天梁（権）　　【命宮】紫微（科）　　【兄弟】太陰（忌）　　【命宮】禄存
【父母】擎羊　　　　　【兄弟】陀羅　　　　　【子女】天魁　　　　　【奴僕】天鉞
　・聡明で多芸多才。名誉を得、命宮宮威強ければ少しく財を得て、高位高官に昇る。
　・命宮宮威弱ければ、高尚な趣味を解する趣味人といった感じになる。

丙年生
【疾厄】天同（禄）　　【兄弟】天機（権）　　【官禄】廉貞（忌）　　【福徳】禄存　　　　　【田宅】擎羊
【父母】陀羅　　　　　【財帛】天魁　　　　　【遷移】天鉞
　・事業を進めるうえで懐才不遇な目に会い、大きく出世するのは難しい。
　・宮威弱ければ、特殊技能を生かした職業に就く。中にはつまらない人物となる人もいる。

丁年生
【兄弟】太陰（禄）　　【疾厄】天同（権）　　【兄弟】天機（科）　　【父母】巨門（忌）　　【田宅】禄存
【官禄】擎羊　　　　　【福徳】陀羅　　　　　【財帛】天魁　　　　　【遷移】天鉞
　・父母宮宮威弱ければ両親は早世の恐れがあるか、あるいは両親とは対立することになる。
　・事業上でも困難を伴い、病気がちとなるが、兄弟や友人に助けられる。

戊年生
【命宮】貪狼（禄）　　【兄弟】太陰（権）　　【兄弟】天機（忌）　　【福徳】禄存　　　　　【田宅】擎羊
【父母】陀羅　　　　　【夫妻】天魁　　　　　【官禄】天鉞
　・命宮宮威強ければ財に恵まれ、また興味の範囲は広く、多才である。
　・命宮宮威弱ければ、異性関係のトラブルに注意。
　・兄弟や友人の中に、高圧的で高飛車な態度を取り、あまり力になってくれない者がいる。

己年生
【財帛】武曲（禄）　　【命宮】貪狼（権）　　【田宅】天梁（科）　　【田宅】禄存
【官禄】擎羊　　　　　【福徳】陀羅　　　　　【子女】天魁　　　　　【奴僕】天鉞
　・命宮宮威強ければ大きな財産を築くことができる。
　・命宮宮威弱ければ、満足を知らず、足下をすくわれ失敗する恐れがある。

庚年生
【子女】太陽（禄）　　【財帛】武曲（権）　　【兄弟】太陰（科）　　【疾厄】天同（忌）
【奴僕】禄存　　　　　【遷移】擎羊　　　　　【官禄】陀羅・天鉞　　【夫妻】天魁
　・奮闘努力の後に財産を得る。
　・身体が弱く病気や倦怠感に悩まされ、それが事業や目的達成の足を引っ張ることがある。
　・兄弟友人は聡明で能力があり、多く力になってくれる。

辛年生
【父母】巨門（禄）　　【子女】太陽（権）　　【遷移】禄存　　　　　【疾厄】擎羊
【奴僕】陀羅　　　　　【田宅】天魁　　　　　【兄弟】天鉞
　・遷移宮に禄存入坐は少しく良好な運勢ではあるが、その他の星もよく見て判断すること。
　・両親は裕福であるか、実力のある人であるが、両親との関係はあまり良好とは言えない。

壬年生
【田宅】天梁（禄）　　【命宮】紫微（権）　　【財帛】武曲（忌）　　【財帛】禄存
【子女】擎羊　　　　　【疾厄】陀羅　　　　　【命宮】天魁　　　　　【福徳】天鉞
　・ワンマンで強烈な個性の持ち主となる。異性との交際を好む。
　・多少の財は築くが、最後には手放すことになる。

癸年生
【財帛】破軍（禄）　　【父母】巨門（権）　　【兄弟】太陰（科）　　【命宮】貪狼（忌）　　【子女】禄存
【夫妻】擎羊　　　　　【財帛】陀羅　　　　　【命宮】天魁　　　　　【福徳】天鉞
[科権禄夾格] 成功し、地位と名誉を手にすることができる。
　・投機的なことに手を出し、突然発展するかと思えば突然全てを失うようなことがある。

第2章　紫微斗数14主星配置一覧　　105

41 紫微卯・命宮辰

【父母】 巳	【福徳】 午	【田宅】 未	【官禄】 申
天相（地） ・宮威強－両親は裕福で、比較的恵まれた環境で育つ。 ・宮威弱－両親と意見が合わず、対立したり仲違いすることがある。	**天梁（廟）** [寿星入廟格] [機月同梁格] ・清らかな心を持ち、宗教や哲学の研究を好み文学にも親しむ。 ・宮威強－社会のために働くことを好み、世のため人のために労力を尽くす。 ・宮威弱－煩わしいことに悩まされ気苦労が多く、思うようにいかない。	**廉貞（利）** **七殺（廟）** [路上埋屍格] ・宮威強－不動産運はあるが、それを長く所有することは難しい。 ・宮威弱－不動産を所有することは難しい。 ・火羊が同宮すれば火災に注意。 ・羊陀が同宮すれば盗難に注意。	[命無正曜格] ・仕事や職場、職位が変わりやすい暗示がある。あまり商売やビジネスには向かない。 ・外回り、外交関係、旅行観光業、神職、霊能師などに向く。 ・ほかに教育関係、広報宣伝行政など。 ・昌曲加会－設計、会計業務、流通業界などに向く。

【命宮】 辰			【奴僕】 酉
巨門（陥）	・分析力と連想力に優れ、旺盛な研究心を持つ。また弁舌にも優れ、頑固でもある。 ・常に問題意識を持ち、理想が高いため現実の事柄に疑問や不満を持つようになり、徹底的に追求したり研究するようになる。 ・自己の信念に従って行動し、あまり他人の意見に左右されることがない。行動や志向は主観的な傾向があり、それが他人には頑固と捉えられることになる。 ・話術に優れ説得力のある話し方をするが、それが過ぎて不快感を持たれる場合もある。 ・金銭や物質より精神的充実に価値を置く。 ・自由気ままに振る舞い、怠惰に流される傾向がある。思ったことははっきり口に出し、主観が強く自分本位に行動する傾向があるので、口舌の災いや他人とのトラブルに注意。 ・命宮宮威弱－軽佻浮薄な面があり、楽しいことや流行を追い求め飛び回るようなところがある。一生を通じて変動や是非が多くなる。 ・陀羅同宮－大事なことを日延べして、直前に焦るようなところがある。 ・化忌加会－中には犯罪を犯したり、残念な最後を迎える人もいるので、十分に身を慎むことが肝要である。		[命無正曜格] [府相朝垣格] ・宮威強－部下後輩友人は立派な人が多く、こちらの方が恐縮し卑屈になることもある。 ・宮威弱－部下後輩友人は有能であるが貪欲でもあるので、あまり良い影響は受けない。

【兄弟】 卯			【遷移】 戌
紫微（旺） **貪狼（利）** [桃花犯主格] ・兄弟は才能豊かで、また実現欲や物欲が強い。 ・宮威強－兄弟仲良く、兄弟から多くの支援や協力を得ることができる。 ・宮威弱－兄弟の中に、気持ちが合わず仲のよくない者がいる。			**天同（平）** [機月同梁格] ・宮威強－遠地や外出先で苦労することがある。 ・宮威弱－遠地や外出先で怪我をしたりダメージを受けることがあるので注意すること。 ・羊陀同宮加会－交通事故など外出先での事故や怪我の暗示あり注意。

【夫妻】 寅	【子女】 丑	【財帛】 子	【疾厄】 亥
天機（地） **太陰（旺）** [機月同梁格] ・早婚の傾向があり、夫婦間の年齢差は大きい方である。 ・配偶者の方が家庭内の実権を握るようになる。 ・宮威弱－夫婦間で会話がなくなり、仮面夫婦となる恐れがあるので、夫婦間の対話が大事である。	**天府（廟）** [日月夾命格] ・基本的に多くの子に恵まれる運勢であるが、現在の少子化傾向の実態に合わせて判断すること。 ・宮威強－親孝行な子供であり、親の側にいて力になってくれる。 ・宮威弱－平凡で普通の子供である。	**太陽（陥）** ・交際費や飲食費、異性との交友費に散財する。しかし宮威強ければそれほどでもない。 ・宮威弱－無駄遣いが多く金銭に困るようになるので、計画的に支出しなければならない。	**武曲（平）** **破軍（平）** ・幼児期の怪我やアトピー、風疹などに注意。 ・糖尿病、眼科系疾患（遠視、視覚異常など）に注意。 ・骨折にも注意。 ・化忌同宮－思わぬことで危険に遭遇することがあるので注意が必要である。

甲年生
【田宅】廉貞（禄）　　【疾厄】破軍（権）　　【疾厄】武曲（科）　　【財帛】太陽（忌）
【夫妻】禄存　　　　　【兄弟】擎羊　　　　　【子女】陀羅・天魁　　【田宅】天鉞
　・あまり大きな財運は期待できない。また頑固でやっかいな病気に悩まされることがある。
　・配偶者は優秀で能力があり、大いに協力と支援を得られるが、家庭内は配偶者主導となる。

乙年生
【夫妻】天機（禄）　　【福徳】天梁（権）　　【兄弟】紫微（科）　　【夫妻】太陰（忌）　　【兄弟】禄存
【命宮】擎羊　　　　　【夫妻】陀羅　　　　　【財帛】天魁　　　　　【官禄】天鉞
　・配偶者は財運があり聡明で能力もあるが、内向的で暗い感じとなる。また家庭内は配偶者が主導権
　　を握ることになる。

丙年生
【遷移】天同（禄）　　【夫妻】天機（権）　　【田宅】廉貞（忌）　　【父母】禄存
【福徳】擎羊　　　　　【命宮】陀羅　　　　　【疾厄】天魁　　　　　【奴僕】天鉞
　・命宮宮威強ければ少しく成功し財を得る。弱くても生活に困窮するようなことにはならない。
　・配偶者が家庭内の実権を握り（亭主関白カカア天下）、口を挟む余地がない。
　・比較的安定した家庭環境で成長する。

丁年生
【夫妻】太陰（禄）　　【遷移】天同（権）　　【夫妻】天機（科）　　【命宮】巨門（忌）　　【福徳】禄存
【田宅】擎羊　　　　　【父母】陀羅　　　　　【疾厄】天魁　　　　　【奴僕】天鉞
　・自分の思いを通そうとして、物事をいささか強引に進めるところがある。
　・配偶者は優秀で大いに協力と支援を得られるが、家庭内は配偶者主導となる。

戊年生
【兄弟】貪狼（禄）　　【夫妻】太陰（権）　　【夫妻】天機（忌）　　【父母】禄存
【福徳】擎羊　　　　　【命宮】陀羅　　　　　【子女】天魁　　　　　【田宅】天鉞
　・比較的恵まれた家庭環境で成長するが、基本的に中程度の運勢である。
　・配偶者は家庭内の実権を握ろうとし対立し、結婚生活には波が立つ恐れがあるので、よく話し合うこと。

己年生
【疾厄】武曲（禄）　　【兄弟】貪狼（権）　　【福徳】天梁（科）　　【福徳】禄存
【田宅】擎羊　　　　　【父母】陀羅　　　　　【財帛】天魁　　　　　【官禄】天鉞
　・命宮宮威強ければ少しく安定する運勢であるが、その他の星もよく見て判断すること。
　・兄弟や友人の中に威丈高で高飛車な人がいるが、力になってくれる。

庚年生
【財帛】太陽（禄）　　【疾厄】武曲（権）　　【夫妻】太陰（科）　　【遷移】天同（忌）
【官禄】禄存　　　　　【奴僕】擎羊　　　　　【田宅】陀羅・天鉞　　【子女】天魁
　・命宮宮威強ければ事業／仕事運は安定するが、弱ければそこそこの事業／仕事運である。
　・財は集まるが、大きく蓄財するのは難しいかもしれない。

辛年生
【命宮】巨門（禄）　　【財帛】太陽（権）　　【奴僕】禄存　　　　　【遷移】擎羊
【官禄】陀羅　　　　　【福徳】天魁　　　　　【夫妻】天鉞
　・基本的に、命宮宮威強ければ成功し、地位と名誉と財を手にする。弱ければ成功のために相当の苦
　　労と努力を伴うようになるが、その他の星もよく見て判断すること。

壬年生
【福徳】天梁（禄）　　【兄弟】紫微（権）　　【疾厄】武曲（忌）　　【疾厄】禄存
【財帛】擎羊　　　　　【遷移】陀羅　　　　　【兄弟】天魁　　　　　【父母】天鉞
　[貴星夾命格] 人の援助に恵まれる。
　・基本的に、そこそこ安定した中程度の運勢である。
　・特に晩年、健康を崩す恐れがあるので健康には十分留意すること。

癸年生
【疾厄】破軍（禄）　　【命宮】巨門（権）　　【夫妻】太陰（科）　　【兄弟】貪狼（忌）　　【財帛】禄存
【子女】擎羊　　　　　【疾厄】陀羅　　　　　【兄弟】天魁　　　　　【父母】天鉞
　[貴星夾命格] 人の援助に恵まれる。
　・我が強く、強引に自分の思いを通そうとするところがある。
　・財運はあるが、大きな財産を築くことは難しいかもしれない。

第2章　紫微斗数14主星配置一覧　　107

42　紫微卯・命宮巳

【命宮】　　　　　巳	【父母】　　　　　午	【福徳】　　　　　未	【田宅】　　　　　申
天相（地）	天梁（廟） [寿星入廟格] [機月同梁格] ・宮威強－両親の庇護や援助を受け、また両親は健康長寿である。 ・宮威弱－両親は子供を厳しく躾け教育するが、子は両親によく懐き慕う。	廉貞（利） 七殺（廟） [路上埋屍格] ・宮威強－仕事熱心で、自分から忙しく動き回る。忙しさの中に幸福感を感じる。 ・宮威弱－とにかく忙しく動き回るわりには成果が上がらない。	[命無正曜格] ・宮威強－あまり大きな不動産は獲得できない。 ・宮威弱－なかなか居所が定まらず、常に移転することになる。 ・火羊が同宮すれば火災に注意。 ・羊陀が同宮すれば盗難に注意。
【兄弟】　　　　　辰	（中央上段）	（中央下段）	【官禄】　　　　　酉
巨門（陥） ・宮威強－兄弟との縁は薄く、関係も良いとは言えない。 ・宮威弱－兄弟仲は悪く、反発し合う。	・思いやりがあって世話好きであり、とても面倒見がよい。したがって友人も多い。 ・温和で同情心に富んでいるので、いろいろな人脈や人間関係を築く。 ・謙虚で慎重な性格であり、物事に対して常に細心の注意をもって臨む。 ・人の世話で多忙となるが、誠意をもって対応するので、困難に会ったときも、友人知人や目上の人たちの助力を得て、乗り越えることができる。 ・サポーター役として最適である。 ・忍耐強く地道に努力を続ける。謙虚で協調性があるので、まとめ役として引き立てられ、責任ある立場に就くこともある。	[命無正曜格] [府相朝垣格] ・多角化経営、芸術、華道茶道、楽器演奏、囲碁将棋、編み物、料理関係、娯楽飲食業などに適性がある。 ・事業運は中くらいである。
【夫妻】　　　　　卯			【奴僕】　　　　　戌
紫微（旺） 貪狼（利） [桃花犯主格] ・若年期の恋愛は失敗する恐れがあるので、早婚よりも晩婚に適する。 ・宮威弱－配偶者が派手好きで、いろいろな問題を起こす恐れがあるので注意。 ・昌曲左右が同宮すると異性問題の暗示あり注意。	・考えが先に立ち、実行がおろそかになるきらいがある。 ・人と争ったり比較することを嫌う。 ・待ち合わせ時間などについては厳格である。 ・命宮宮威強－友人知人から多くの助力や支援を得て安定した人生を送ることができる。 ・命宮宮威弱－心がうわつき、思い違いや勘違いを起こしやすくなる。 ・女性は家庭の主婦となって幸せを得る。		天同（平） [機月同梁格] ・宮威強－部下後輩友人は善良でフレンドリーな人が多く、多く助けてくれるが、その力はあまり期待しない方がよい。 ・宮威弱－部下後輩友人とは長く付き合うことができない。
【子女】　　　　　寅	【財帛】　　　　　丑	【疾厄】　　　　　子	【遷移】　　　　　亥
天機（地） 太陰（旺） [機月同梁格] ・宮威強－子供は聡明で優秀である。 ・宮威弱－普通で平凡な子供であるが、縁が薄くなる恐れがある。	天府（廟） [日月夾命格] ・節約に努めるが、倹約が過ぎてケチとなるきらいがある。 ・宮威強－財産を築くことができる。 ・宮威弱－あまり大きな財産は築かない。	太陽（陥） ・眼疾、めまい、偏頭痛、弱視、心臓病、労務災害などに注意。	武曲（平） 破軍（平） ・宮威強－遠地に赴いたり外出することで苦労することになる。 ・宮威弱－外出先で事故や怪我をする暗示あり注意。さらに羊陀同宮や化忌同宮すればその傾向は強まる。特に交通事故などには十分注意すること。

甲年生
【福徳】廉貞（禄）　【遷移】破軍（権）　【遷移】武曲（科）　【疾厄】太陽（忌）
【子女】禄存　　　　【夫妻】擎羊　　　　【財帛】陀羅・天魁　【福徳】天鉞
　・遠地に赴いて発展する。外出することでチャンスをつかむ。
　・事業／仕事運は良好であるが、大きな財を築くのは難しい。また健康には十分注意すること。

乙年生
【子女】天機（禄）　【父母】天梁（権）　【夫妻】紫微（科）　【子女】太陰（忌）　【夫妻】禄存
【兄弟】擎羊　　　　【子女】陀羅　　　　【疾厄】天魁　　　　【田宅】天鉞
　・事業／仕事運は旺盛ではないが、結婚生活は安定し配偶者から多くの協力と支援を得る。しかし家
　　庭内は配偶者が実権を握る傾向がある。
　・両親は厳格に子供を躾け教育する。

丙年生
【奴僕】天同（禄）　【子女】天機（権）　【福徳】廉貞（忌）　【命宮】禄存
【父母】擎羊　　　　【兄弟】陀羅　　　　【遷移】天魁　　　　【官禄】天鉞
　・少しく安定した運勢である。
　・なかなか満足できず、焦ったり、いらいらしたり、気苦労が多く精神的安定を得にくい傾向がある。
　　その他の星がどこに入るかをよく見て判断すること。

丁年生
【子女】太陰（禄）　【奴僕】天同（権）　【子女】天機（科）　【兄弟】巨門（忌）　【父母】禄存
【福徳】擎羊　　　　【命宮】陀羅　　　　【遷移】天魁　　　　【官禄】天鉞
　・そこそこの運勢である。
　・比較的良好な家庭環境で育つ。
　・兄弟や友人から面倒をかけられる恐れがあるので、注意すること。

戊年生
【夫妻】貪狼（禄）　【子女】太陰（権）　【子女】天機（忌）　【命宮】禄存
【父母】擎羊　　　　【兄弟】陀羅　　　　【財帛】天魁　　　　【福徳】天鉞
　・少しく安定した運勢である。　・配偶者は聡明で能力があり、配偶者から多くの協力と支援を得る。
　・よい子供もいるが、そうでない子供もいる。

己年生
【遷移】武曲（禄）　【夫妻】貪狼（権）　【父母】天梁（科）　【父母】禄存
【福徳】擎羊　　　　【命宮】陀羅　　　　【疾厄】天魁　　　　【田宅】天鉞
　・比較的安定した良好な運勢である。
　・両親は知的なインテリであり、良好な家庭環境で育つ。

庚年生
【疾厄】太陽（禄）　【遷移】武曲（権）　【子女】太陰（科）　【奴僕】天同（忌）
【田宅】禄存　　　　【官禄】擎羊　　　　【福徳】陀羅・天鉞　【財帛】天魁
　・遠地に赴いて発展する。外出することで人の縁やチャンスをつかむ。
　・命宮宮威強ければ成功し名誉と地位を得るが、大きな財は築かない。弱ければそこそこである。

辛年生
【兄弟】巨門（禄）　【疾厄】太陽（権）　【官禄】禄存　　　　【奴僕】擎羊
【田宅】陀羅　　　　【父母】天魁　　　　【子女】天鉞
　・兄弟や友人が力になってくれる。
　・命宮宮威強ければ事業／仕事運は良好で成功し、弱ければそこそこの運勢である。

壬年生
【父母】天梁（禄）　【夫妻】紫微（権）　【遷移】武曲（忌）　【遷移】禄存
【疾厄】擎羊　　　　【奴僕】陀羅　　　　【夫妻】天魁　　　　【命宮】天鉞
　・家庭内は配偶者が実権を握る傾向がある（亭主関白カカア天下）。外出時の事故や怪我に注意。
　・両親に愛され庇護を受けて育ち、両親は心配性で何かと気をつかってくれる。

癸年生
【遷移】破軍（禄）　【兄弟】巨門（権）　【子女】太陰（科）　【夫妻】貪狼（忌）　【疾厄】禄存
【財帛】擎羊　　　　【遷移】陀羅　　　　【夫妻】天魁　　　　【命宮】天鉞
　・命宮宮威強ければ、遠地に赴いたり外出することでチャンスをつかみ発展する。命宮宮威弱けれ
　　ば、生活は安定するのだが、なかなか居所が定まらない。
　・自分や配偶者に婚外恋愛や異性問題の暗示があるので、異性関係には十分注意すること。

43　紫微卯・命宮午

天相（地） ・宮威強－兄弟との縁は深く、その関係も良好である。 ・宮威弱－兄弟との縁は薄く、その関係も良好とは言えない。 【兄弟】　　　　巳	天梁（廟） [寿星入廟格] [機月同梁格] 【命宮】　　　　午	廉貞（利） 七殺（廟） [路上埋屍格] ・両親は落ち着きがなく騒がしい人であり、また子供を厳しく躾け教育する。 ・宮威強－両親との縁は薄くなる。 ・宮威弱－両親と意見の対立を見、衝突することがある。 【父母】　　　　未	[命無正曜格] ・思慮深く、考え深い人であるが、ときに考え過ぎて疲弊することがある。 ・宮威強－それでも精神的に安定した人生を送る。 ・宮威弱－心配性で気苦労が多くなる。 【福徳】　　　　申
巨門（陥） ・配偶者は年齢差がある方がうまくいく。 ・宮威強－夫婦間で多少のいざこざが起こる。 ・宮威弱－夫婦間に問題が発生する恐れがあるので十分に対処すること。 ・昌曲左右姚が同宮すれば複数の異性との恋愛など男女問題の恐れがあるので注意すること。 【夫妻】　　　　辰	**寿星入廟格** 豪放磊落。難問も臆せず解決。 人を率いる大親分。 **機月同梁格** 抜群の企画力と事務処理能力で 主人の片腕となる大番頭。No.2狙いで大成功。 ・義俠心に厚く、困っている人を見ると手を差し伸べずにはいられない。世話好きで親分肌なので多くの人から尊敬される。 ・若くして老成した感じを人に与え、長者の風格を備えている。		[命無正曜格] [府相朝垣格] ・宮威強－不動産運は良好である。 ・宮威弱－大きな不動産を得るのは難しい。 ・火羊が同宮すれば火災に注意。 ・羊陀が同宮すれば盗難に注意。 【田宅】　　　　酉
紫微（旺） 貪狼（利） [桃花犯主格] ・精力旺盛で、特に避妊しなければ子だくさんとなる可能性がある。 ・宮威強－子供はよい子であり、両親は安心していられる。 ・宮威弱－子供は悪習に染まる恐れがあるので、注意が必要である。 【子女】　　　　卯	・金銭には淡白で、人に施すようになる。 ・病気がちで医者や薬との縁が切れないが、それがかえって長命につながる。 ・礼儀正しく謙虚で聡明である。一方で磊落な面もあり、小さなことにはあまり拘泥しない。 ・宗教や哲学、医学などの学術研究を好む。 ・孤高の精神を持ち、群れることを好まない。 ・命宮宮威強－熱心に事業に取り組み、人より一頭抜きん出て成功を収める。 ・命宮宮威弱－高慢となり、人の恩を忘れ人間関係に支障をきたす恐れがあるので、自戒を怠らないようにすること。		天同（平） [機月同梁格] ・仕事の上で、やや怠惰でルーズに流される面がある。 ・公務員、教育関係、著述業、学術研究、広告、歌手、作曲などに向く。 ・宮威弱－職業に不満を持ちやすく、職業を変えることが多くなる。 【官禄】　　　　戌
天機（地） 太陰（旺） [機月同梁格] ・宮威強－自分の力で財を成すことができる。 ・宮威弱－大きな財産を築くのは難しい。 【財帛】　　　　寅	天府（廟） [日月夾命格] ・基本的におおむね健康である。 ・火鈴加会－腸胃潰瘍、胃腸穿孔、筋肉痛、外傷などに注意。 【疾厄】　　　　丑	太陽（陥） ・遠地に赴いたり外出する機会が多いが、それにより苦労をしょいこむようになる。また居所がなかなか定まらない。 ・宮威弱－交通事故や外出先での事故・怪我に注意すること。特に羊陀が同時に加会したり化忌が同宮すると、その危険性が高まる。 【遷移】　　　　子	武曲（平） 破軍（平） ・宮威強－部下後輩友人は多く、助力になってくれる。ただしその交友はあまり長続きせず、常に新しい人に入れ替わる。 ・宮威弱－心から打ち解け安心できる部下後輩友人には、なかなか巡りあわない。 【奴僕】　　　　亥

甲年生
【父母】廉貞（禄）　　【奴僕】破軍（権）　　【奴僕】武曲（科）　　【遷移】太陽（忌）
【財帛】禄存　　　　　【子女】擎羊　　　　　【疾厄】陀羅・天魁　【父母】天鉞
・中くらいの平凡で安定した運勢であるが、命宮宮威弱ければ若干不安定な運勢となる。
・遠行や外出は不利である。遠地に赴いて苦労することがある。また外出先で怪我の暗示がある。
・比較的裕福で恵まれた家庭環境で育つ。

乙年生
【財帛】天機（禄）　　【命宮】天梁（権）　　【子女】紫微（科）　　【財帛】太陰（忌）【子女】禄存
【夫妻】擎羊　　　　　【財帛】陀羅　　　　　【遷移】天魁　　　　　【福徳】天鉞
・独自の個性を持ち、少し威丈高で高飛車な態度で人と相対するところがある。
・管理監督業務を好み、権力や権威を志向するが、財運はさほどでもない。

丙年生
【官禄】天同（禄）　　【財帛】天機（権）　　【父母】廉貞（忌）　　【兄弟】禄存
【命宮】擎羊　　　　　【夫妻】陀羅　　　　　【奴僕】天魁　　　　　【田宅】天鉞
・事業／仕事運は良好であり、一定の成果を手にすることができる。
・両親との関係はあまり良好とは言えず、対立するようなこともある。

丁年生
【財帛】太陰（禄）　　【官禄】天同（権）　　【財帛】天機（科）　　【夫妻】巨門（忌）【命宮】禄存
【父母】擎羊　　　　　【兄弟】陀羅　　　　　【奴僕】天魁　　　　　【田宅】天鉞
［三奇加会格］地位ある人の援助と幸運に恵まれる吉格。
・命宮宮威強ければ大きく成功し地位と名誉と財を得る。弱ければ成功するために相当の努力と苦労を伴うことになる。
・結婚生活は波風の立つ暗示があるので、夫婦円満を心がけること。

戊年生
【子女】貪狼（禄）　　【財帛】太陰（権）　　【財帛】天機（忌）　　【兄弟】禄存
【命宮】擎羊　　　　　【夫妻】陀羅　　　　　【疾厄】天魁　　　　　【父母】天鉞
・中程度の運勢であり、あまり大きな成功を望んではいけない。
・独特の趣味を持つことがある。

己年生
【奴僕】武曲（禄）　　【子女】貪狼（権）　　【命宮】天梁（科）　　【命宮】禄存
【父母】擎羊　　　　　【兄弟】陀羅　　　　　【遷移】天魁　　　　　【夫妻】天鉞
・幼年期は病弱であるが、それにより一病息災を得る。最新技術に通じ頭角を現す。少しく財を得、少しく安定した人生を送る。
・子供はしっかりと自分の意見を持ち、自己主張するようになる。

庚年生
【遷移】太陽（禄）　　【奴僕】武曲（権）　　【財帛】太陰（科）　　【官禄】天同（忌）
【福徳】禄存　　　　　【田宅】擎羊　　　　　【父母】陀羅・天鉞　　【疾厄】天魁
・そこそこの運勢である。

辛年生
【夫妻】巨門（禄）　　【遷移】太陽（権）　　【田宅】禄存　　　　　【官禄】擎羊
【福徳】陀羅　　　　　【命宮】天魁　　　　　【財帛】天鉞
・生地を離れるか遠方に赴いて発展するが、居所がなかなか定まらない。
・配偶者の実家は裕福であるか、配偶者は有能な人だが、結婚生活はやや安定に欠ける傾向がある。

壬年生
【命宮】天梁（禄）　　【子女】紫微（権）　　【奴僕】武曲（忌）　　【奴僕】禄存
【遷移】擎羊　　　　　【官禄】陀羅　　　　　【子女】天魁　　　　　【兄弟】天鉞
・成功し、それなりに財を得ることができる。
・部下や後輩や友人に足をすくわれる恐れがあるので注意すること。

癸年生
【奴僕】破軍（禄）　　【夫妻】巨門（権）　　【財帛】太陰（科）　　【子女】貪狼（忌）【遷移】禄存
【疾厄】擎羊　　　　　【奴僕】陀羅　　　　　【子女】天魁　　　　　【兄弟】天鉞
・少しく安定した運勢である。
・配偶者は口やかましく、家庭内は配偶者が実権を握る傾向がある（亭主関白カカア天下）。
・子供に手を焼いたり、煩わされることがある。

44　紫微卯・命宮未

【夫妻】　　　　　　巳	【兄弟】　　　　　　午	【命宮】　　　　　　未	【父母】　　　　　　申
天相（地） ・宮威強－配偶者は聡明で優秀な人で、配偶者の親戚からも多くの支援を受けることがある。 ・宮威弱－表面上は仲良く暮らしていても、心の中にはわだかまりが残ることになる。 ・昌曲左右天姚が同宮すれば男女問題や恋愛トラブルの暗示あり注意。	天梁（廟） [寿星入廟格] [機月同梁格] ・宮威強－兄弟をかわいがりとても仲がよいが、そのため兄弟の面倒を見たり難儀を引き受けることがある。 ・宮威弱－兄弟とは距離をおくようになるか、縁があっても感情的な確執が発生する恐れがある。	廉貞（利） 七殺（廟） [路上埋屍格]	[命無正曜格] ・宮威強－生まれた家庭の環境は、まあまあ恵まれた環境である。 ・宮威弱－両親とは意見が合わず衝突するようになる。

【子女】　　　　　　辰			【福徳】　　　　　　酉
巨門（陥） ・宮威強－あまり優秀な子供は得られない。 ・宮威弱－子供に恵まれないか、恵まれても育てにくい子供である。なかなか両親の言うことを聞かない。さらに羊陀同宮すれば子供は親に反抗するようになり、空劫同宮すれば育てにくい子供である。		路上埋屍格 事故に注意。乱暴な行動を改め、細心の注意を。 安全運転に心がけよ。 ・勇猛な性格で、強気で大胆である。またせっかちで、何ごとも白黒をつけたがる。 ・開拓精神に富み、物事を創始する創業の才がある。 ・冒険心にあふれ、何事も極限まで挑戦するのを喜ぶようなところがある。 ・基本的に変動運であり、人生は起伏に富んでいる。成功と失敗が交互に訪れる。 ・あまり人の意見を聞かず、ひとりで考えひとりで行動するのを好む。独断専行型である。 ・若年中は苦労するが、その苦労を克服する力はある。 ・七殺はよく廉貞の桃花を抑制する。とは言え酒色賭事には十分注意し節制した方がよい。 ・命宮宮威弱ければ、ひたすら突き進み、退くことを知らないようになる。中には法を犯す者もいるので注意が必要である。	[命無正曜格] [府相朝垣格] ・物欲や所有欲が強くなる。 ・宮威強－心は朗らかな人で、精神的にも安定している。 ・宮威弱－何かと気苦労が多く、精神の安定を得るのが難しい。

【財帛】　　　　　　卯			【田宅】　　　　　　戌
紫微（旺） 貪狼（利） [桃花犯主格] ・宮威強－財運は良好である。火鈴か鸞喜が同宮すると普通とは少し違った特殊な方面や仕事で収入を得ることがある。 ・宮威弱－勤労意欲が低く、放蕩や酒色に耽り散財する可能性がある。			天同（平） [機月同梁格] ・父祖から家屋田畑不動産を継承するのは難しい。宮威強ければ自力で不動産を取得するが、弱ければそれもまた難しい。 ・火羊が同宮すれば火災に注意。 ・羊陀が同宮すれば盗難に注意。

【疾厄】　　　　　　寅	【遷移】　　　　　　丑	【奴僕】　　　　　　子	【官禄】　　　　　　亥
天機（地） 太陰（旺） [機月同梁格] ・皮膚病、アトピー、肝臓病、腹部膨張感、痔疾に注意。 ・羊火同宮加会－眼科系疾病、両手両脚の無力感。	天府（廟） [日月夾命格] ・宮威強－遠地や外出先で地位や実力のある人の縁を得て、多くの支援を受ける。遠方にて発展する。 ・宮威弱－遠地に赴くと苦労することになる。また驚くような事態に遭遇する。 ・羊陀同宮加会－外出先での事故や怪我に注意。	太陽（陥） ・宮威強－部下や後輩や友人の中にどこか冷めたような者がいて、あまり仲良くなれない。 ・宮威弱－部下や後輩や友人により面倒やトラブルをしょいこむことになる。	武曲（平） 破軍（平） ・決断力と開拓精神に富んでいて創業の才もあるが、事業上の起伏変動は激しいものがある。 ・警察、消防、自衛官、投機・投資関係、エンジニア、スポーツ選手、冒険家、奇術師などに適性がある。

甲年生
【命宮】廉貞（禄）　【官禄】破軍（権）　【官禄】武曲（科）　【奴僕】太陽（忌）
【疾厄】禄存　　　　【財帛】擎羊　　　　【遷移】陀羅・天魁　【命宮】天鉞
[三奇加会格] 大いに幸運に恵まれ発展する。
[天乙拱命格] 学識高く、人の縁に恵まれ幸運を得る。
・命宮宮威強ければ大きな成功を収めて地位と名誉と財を得る。弱ければ友人や仲間の助力は期待できず独力で進むことになり、相当の努力と苦労と困難の後に成功を手にする。

乙年生
【疾厄】天機（禄）　【兄弟】天梁（権）　【財帛】紫微（科）　【疾厄】太陰（忌）　【財帛】禄存
【子女】擎羊　　　　【疾厄】陀羅　　　　【奴僕】天魁　　　　【父母】天鉞
・命宮宮威強ければ成功し、財と地位に恵まれ発展する。弱くても並以上の運勢であり、一生を通じて窮することはないが、健康には十分注意すること。

丙年生
【田宅】天同（禄）　【疾厄】天機（権）　【命宮】廉貞（忌）　【夫妻】禄存
【兄弟】擎羊　　　　【子女】陀羅　　　　【官禄】天魁　　　　【福徳】天鉞
・中くらいの職位に昇り、中くらいの給料を得る。何にでも突っ込んでいくので、交通事故やその他の事故、また人間関係の衝突などには十分注意すること。

丁年生
【疾厄】太陰（禄）　【田宅】天同（権）　【疾厄】天機（科）　【子女】巨門（忌）　【兄弟】禄存
【命宮】擎羊　　　　【夫妻】陀羅　　　　【官禄】天魁　　　　【福徳】天鉞
・命宮宮威強ければそこそこ安定した運勢であるが、弱ければ安定を失いがちである。
・生まれた家庭環境は良好であるが、子供に煩わされることがある。

戊年生
【財帛】貪狼（禄）　【疾厄】太陰（権）　【疾厄】天機（忌）　【夫妻】禄存
【兄弟】擎羊　　　　【子女】陀羅　　　　【遷移】天魁　　　　【命宮】天鉞
[天乙拱命格] 学識高く、人の縁に恵まれ幸運を得る。
・配偶者は聡明で優秀、大きな助力を得ることができる。命宮宮威強ければそこそこの成功を収め、弱ければ相当の努力と苦労した後に財を得る。健康には十分注意すること。

己年生
【官禄】武曲（禄）　【財帛】貪狼（権）　【兄弟】天梁（科）　【兄弟】禄存
【命宮】擎羊　　　　【夫妻】陀羅　　　　【奴僕】天魁　　　　【父母】天鉞
・基本的に大きな財を得て成功する運勢であるが、その他の星がどこに入るのかをよく見て判断すること。

庚年生
【奴僕】太陽（禄）　【官禄】武曲（権）　【疾厄】太陰（科）　【田宅】天同（忌）
【父母】禄存　　　　【福徳】擎羊　　　　【命宮】陀羅・天鉞　【遷移】天魁
[天乙拱命格] 学識高く、人の縁に恵まれ幸運を得る。
・命宮宮威強ければ大いに出世し高給を得ることができるが、弱ければ相当の努力をした後に成功する。　・比較的良好な家庭環境で育つ。

辛年生
【子女】巨門（禄）　【奴僕】太陽（権）　【福徳】禄存　　　　【田宅】擎羊
【父母】陀羅　　　　【兄弟】天魁　　　　【疾厄】天鉞
・基本的にそこそこ安定した運勢であるが、その他の星がどこに入るのかをよく見て判断すること。
・部下や後輩、友人の中に威丈高で高飛車な人がいるが、力になってくれる。

壬年生
【兄弟】天梁（禄）　【財帛】紫微（権）　【官禄】武曲（忌）　【官禄】禄存
【奴僕】擎羊　　　　【田宅】陀羅　　　　【財帛】天魁　　　　【夫妻】天鉞
・大きな理想と志を抱くが、一生を通じて忙しく苦労も多い。
・兄弟や友人が力になってくれる。

癸年生
【官禄】破軍（禄）　【子女】巨門（権）　【疾厄】太陰（科）　【財帛】貪狼（忌）　【奴僕】禄存
【遷移】擎羊　　　　【官禄】陀羅　　　　【財帛】天魁　　　　【夫妻】天鉞
・成功と失敗が交互に訪れ、変化起伏の激しい人生である。
・子供は自意識が強く、自分の意見をはっきりと主張するようになる。

45　紫微卯・命宮申

天相（地） ・子供はおとなしくて穏やかな性格である。 ・宮威強－子供は親孝行で親の言うことをよく聞く。 ・宮威弱－いい子なのだが内向的で怠け者となる傾向があり、親との縁も薄くなる。空劫同宮すれば育てにくい子供となる。 【子女】　　　　巳	天梁（廟） [寿星入廟格] [機月同梁格] ・宮威強－配偶者は家にいて家庭内を取り仕切ることが好きである。 ・宮威弱－配偶者は落ち着きがなく、マイペースに事を進めるようになる。 ・男性は年上で、しっかりした女性を妻にする傾向がある。 【夫妻】　　　　午	廉貞（利） 七殺（廟） [路上埋屍格] ・兄弟は少ない。宮威強ければ兄弟の中に立派で成功する者もいるが、あまり力にはなってくれない。 ・宮威弱－兄弟は大きな成功はせず、関係もあまりよいものではない。あるいは兄弟に面倒をかけられることがある。 【兄弟】　　　　未	[命無正曜格] 【命宮】　　　　申
巨門（陥） ・基本的に財運はあまり強くはなく、財を得るために苦労することになる。 ・宮威弱－財を得ることはあっても、なかなか蓄財できない。さらに化忌が同宮すると、何か見えない手段で財を得ようとすることがあるので、注意が必要である。 【財帛】　　　　辰	\multicolumn{2}{c|}{**命無正曜格** 対宮主星を命宮主星とみなして判断。 ・容姿は爽やかで、芸術や文学を好み、花鳥風月を愛でる風流人といった趣きだが、ややせっかちなところがある。頭の回転も早い。 ・比較的おだやかな運勢で、中年以降に吉運が巡ってくる。 ・神経質なところがあり、感情に波がある。金銭には淡白で、静かでゆとりのある生活を好む。文化事業、学術研究、教師、公務員など頭脳労働に向く。 ・男性は生来のロマンティストで優しく、女性心理をつかむことに長けている。 ・女性は、優しさの中に一本芯の通ったところがあり、良妻賢母となる。女性美を具える。 ・命宮宮威弱ければ疑い深く、物事を考え過ぎて失敗するようなところがある。また幼少時、事故や怪我や災難に会う暗示がある。 ・曲昌同宮－宗教界や術数、芸術芸能界で成功。 ・桃花同宮加会－芸術芸能界で成功。}		[命無正曜格] [府相朝垣格] ・両親は立派な人だが縁は薄く、場合によっては親戚縁者や他人によって養育されることもある。 ・宮威強－実家や生育環境は比較的良好であるが、それでも両親との縁は薄くなる。 ・宮威弱－両親と意見が合わず対立するようになる。 【父母】　　　　酉
紫微（旺） 貪狼（利） [桃花犯主格] ・宮威強－おおむね健康である。 ・宮威弱－怪我をしやすく、精力不足、腎臓や泌尿器系、生殖器系の疾患などに注意。 ・貪狼化忌－ED、早漏、冷感症、子宮の異常などの恐れがある。 【疾厄】　　　　卯			天同（平） [機月同梁格] ・宮威強－怠惰に流され、漫然と日々を送るが、それなりに楽しく満足に暮らす。 ・宮威弱－怠惰な傾向に拍車がかかり、酷い場合、家にこもってばかりで、あまり熱心に仕事をしないようになる。 【福徳】　　　　戌
天機（地） 太陰（旺） [機月同梁格] ・宮威強－遠地に赴いたり外出することで発展する。忙しいが喜びも多い。 ・宮威弱－遠地に赴いたり活発に外出するのはよろしくない。あまり動き回らずに静観するのがよい。 ・羊陀同宮加会－外出先での事故や怪我に注意。 【遷移】　　　　寅	天府（廟） [日月夾命格] ・宮威強－部下後輩友人が大いに力になってくれ、助けてくれる。 ・宮威弱－部下後輩友人の方が力を持ち、なにかと指示してきたり高飛車にものを言ったりする。あるいは部下友人後輩はあまり力になってくれない。 【奴僕】　　　　丑	太陽（陥） ・事業／職業運はさほど強いものではないので、安定した職業に就くのがよい。 ・医薬関係、保険、中古品売買、海外事業、学術研究、公共サービス、事務員などに適性がある。 【官禄】　　　　子	武曲（平） 破軍（平） ・宮威強－少しく不動産を所有することができる。 ・宮威弱－不動産を得ることは難しい。 ・火羊が同宮すれば火災に注意。 ・羊陀が同宮すれば盗難に注意。 【田宅】　　　　亥

甲年生
【兄弟】廉貞（禄）　　【田宅】破軍（権）　　【田宅】武曲（科）　　【官禄】太陽（忌）
【遷移】禄存　　　　　【疾厄】擎羊　　　　　【奴僕】陀羅・天魁　　【兄弟】天鉞
・事業／仕事運はあまり良好ではないが、なんとか生活はしていける。
・命宮宮威強ければ、そこそこ安定した運勢である。

乙年生
【遷移】天機（禄）　　【夫妻】天梁（権）　　【疾厄】紫微（科）　　【遷移】太陰（忌）　　【疾厄】禄存
【財帛】擎羊　　　　　【遷移】陀羅　　　　　【官禄】天魁　　　　　【命宮】天鉞
・吉凶相半ばする運勢であり、一生を通じて波や変動が多い。財も出たり入ったりである。
・家庭内は配偶者が実権を握ることになる（亭主関白カカア天下）。

丙年生
【福徳】天同（禄）　　【遷移】天機（権）　　【兄弟】廉貞（忌）　　【子女】禄存
【夫妻】擎羊　　　　　【財帛】陀羅　　　　　【田宅】天魁　　　　　【父母】天鉞
・ルーズでアバウトな性格で、できるだけ面倒は避けて楽に生きたいと思うようになる。
・それでもなんとか社会人としてやっていくことはできる。

丁年生
【遷移】太陰（禄）　　【福徳】天同（権）　　【遷移】天機（科）　　【財帛】巨門（忌）　　【夫妻】禄存
【兄弟】擎羊　　　　　【子女】陀羅　　　　　【田宅】天魁　　　　　【父母】天鉞
・上々の運勢であり、それなりの成功を収め、地位や名誉を手にするが、財産や収入のことで何か問題が生じ、大きな財産を築くのは難しい。
・配偶者は賢く実力のある人で、大いに助けられる。

戊年生
【疾厄】貪狼（禄）　　【遷移】太陰（権）　　【遷移】天機（忌）　　【子女】禄存
【夫妻】擎羊　　　　　【財帛】陀羅　　　　　【奴僕】天魁　　　　　【兄弟】天鉞
・企画力、作戦能力に長け、策を弄することを好むが、策に溺れないよう注意が必要である。成功も収めるが失敗も訪れる。やや変動運である。

己年生
【田宅】武曲（禄）　　【疾厄】貪狼（権）　　【夫妻】天梁（科）　　【夫妻】禄存
【兄弟】擎羊　　　　　【子女】陀羅　　　　　【官禄】天魁　　　　　【命宮】天鉞
・命宮宮威強ければ、少しく安定した運勢であり、弱ければそこそこの運勢である。
・配偶者は優秀な人であるが、家庭内の実権を握ることになる。
・頑固でやっかいな病気に悩まされることがあるので、健康には注意すること。

庚年生
【官禄】太陽（禄）　　【田宅】武曲（権）　　【遷移】太陰（科）　　【福徳】天同（忌）
【命宮】禄存　　　　　【父母】擎羊　　　　　【兄弟】陀羅・天鉞　　【奴僕】天魁
・命宮宮威強ければ、少しく安定した運勢となる。財産をしっかりと管理する。
・怠惰でルーズな性格となり、面倒を避けて楽なことを求める傾向がある。
・家の中や家庭内のことは、自分の思うとおりにしたいと思う。

辛年生
【財帛】巨門（禄）　　【官禄】太陽（権）　　【父母】禄存　　　　　【福徳】擎羊
【命宮】陀羅　　　　　【夫妻】天魁　　　　　【遷移】天鉞
・地位と名誉を得て成功するが、大きな財産を築くのは難しいかもしれない。
・比較的安定した家庭環境に育つ。

壬年生
【夫妻】天梁（禄）　　【疾厄】紫微（権）　　【田宅】武曲（忌）　　【田宅】禄存
【官禄】擎羊　　　　　【福徳】陀羅　　　　　【疾厄】天魁　　　　　【子女】天鉞
・平均的な運勢であるが、家庭内は配偶者が実権を握る傾向がある。
・家屋住居や家庭のことで、何か問題が発生する恐れがあるが、大事には至らない。

癸年生
【田宅】破軍（禄）　　【財帛】巨門（権）　　【遷移】太陰（科）　　【疾厄】貪狼（忌）　　【官禄】禄存
【奴僕】擎羊　　　　　【田宅】陀羅　　　　　【疾厄】天魁　　　　　【子女】天鉞
・命宮宮威強ければ、少しく安定した運勢となる。弱ければ、苦労のわりには財は貯まらない。
・健康には十分注意すること。

46　紫微卯・命宮酉

天相（地） ・宮威強－ドカンと入る大きな財運ではないが、真面目にコツコツ稼ぐ運なので、少しく蓄財できる。 ・宮威弱－財は入ったと思えば出ていってしまい、なかなか蓄財できない。 【財帛】　　巳	**天梁（廟）** [寿星入廟格] [機月同梁格] ・宮威強－子供たちは正直で真面目で賢く、親孝行なよい子供である。 ・宮威弱－子供は落ち着きがなくマイペースである。また子供によってトラブルを被ることがある。 【子女】　　午	**廉貞（利）** **七殺（廟）** [路上埋屍格] ・宮威強－配偶者は個性が強く、家庭内でも実権を握ろうとするので、ひたすら我慢を強いられる（尻に敷かれる）。 ・宮威弱－配偶者と意見や気持ちが合わず結婚生活は波乱含みとなる暗示があるので注意すること。 【夫妻】　　未	[命無正曜格] ・兄弟の中には、良好な関係の者もいれば、そうでない者もいる。宮威強ければ、仲のよい兄弟が多くなる。 【兄弟】　　申
巨門（陥） ・幼少期に怪我や病気をする暗示があり、長じてからは坐骨神経痛などに悩まされる恐れがある。 ・ほかに火傷、目や耳の疾患、皮膚病、肺炎などに注意すること。 【疾厄】　　辰	\multicolumn{2}{c|}{**命無正曜格** 対宮主星を命宮主星とみなして判断。 **府相朝垣格** 目上の引き立て、実力者の支援を受ける。 家内安全に心がけること。 ・強烈な個性を持ち、フットワークが軽く、処世術にも長けている。 ・仕事の態度は友好的で、コミュニケーション能力にも優れている。 ・文芸や表現、音楽や語学に才があり、多芸多才である。 ・野心家であり、大利を求め小利には目を向けない。 ・命宮宮威強－事業において頭角を現し、重要な職務を担うことになる。 ・命宮宮威弱－遊び好きな面があり、鸞喜が同宮すれば賭事を好み、生活が乱れる恐れがある。 ・酒食や、華やかな場所・物事を好む。 ・桃花星が加会すれば異性交遊に身をやつす。 ・火鈴同宮－突如発展し突如散財する。 ・羊陀同宮－色情の事件を引き起こす暗示。 ・空劫同宮－桃花は抑制され、自らを律して、芸術や宗教に親しみ、身を全うする。}		[命無正曜格] [府相朝垣格] 【命宮】　　酉
紫微（旺） **貪狼（利）** [桃花犯主格] ・宮威強－おおむね健康である。 ・宮威強－遠地に赴いたり活発に外出することにより、人の縁を得てチャンスをつかみ発展する。 ・宮威弱－外地に赴くと、そこで人情に流され失敗することがある。 ・羊陀同宮加会－外出先での怪我や事故に注意。 【遷移】　　卯			**天同（平）** [機月同梁格] ・宮威強－両親は子供を深く愛するが、子供に多くの期待や要求を持つことになる。 ・宮威弱－両親との関係はあまり良くないか、良くても気持ちが通じないことがあり、意見が対立することがある。 【父母】　　戌
天機（地） **太陰（旺）** [機月同梁格] ・宮威強－部下後輩友人は優秀でハイクラス、ハイセンスな者が多いが、普通の関係である。 ・宮威弱－部下後輩友人はなにかと企んだり本心を打ち明けないので、交友は思うようにいかない。 【奴僕】　　寅	**天府（廟）** [日月夾命格] ・宮威強－よい職に就き、出世して高給を得ることができる。 ・宮威弱－あまり高い地位には昇れない。 ・政治関係、公務員、商業界、金融業、不動産、畜産農業、加工業などに適性がある。 【官禄】　　丑	**太陽（陥）** ・不動産運はあまり大きなものではなく、大きな不動産を得るのは難しい。 ・火羊が同宮すれば火災に注意。 ・羊陀が同宮すれば盗難に注意。 【田宅】　　子	**武曲（平）** **破軍（平）** ・仕事のことで悩みが生じ、あまり楽しむ余裕を持てない。 ・宮威強－忙しく仕事に取り組むことになる。 ・宮威弱－仕事が気になって仕方がなくなる。また心配性で気苦労が多くなる。 【福徳】　　亥

甲年生
【夫妻】廉貞（禄）　　【福徳】破軍（権）　　【福徳】武曲（科）　　【田宅】太陽（忌）
【奴僕】禄存　　　　　【遷移】擎羊　　　　　【官禄】陀羅・天魁　　【夫妻】天鉞
・大きな希望と志を抱くが、あまり尊大な態度を取ると反感を招くこともあるから注意すること。
・配偶者の実家は裕福であるか、あるいは配偶者は聡明かつ有能で、配偶者から協力と支援を得る。

乙年生
【奴僕】天機（禄）　　【子女】天梁（権）　　【遷移】紫微（科）　　【奴僕】太陰（忌）　　【遷移】禄存
【疾厄】擎羊　　　　　【奴僕】陀羅　　　　　【田宅】天魁　　　　　【兄弟】天鉞
・命宮宮威強ければ、遠地に赴いたり活発に外出することで少しく成功する。弱ければ、あまり大きな成功は得られない。中には各地を転々として居所がなかなか定まらない人もいる。
・子供は自立心に富み自己主張が強いので、あまり親の言うことを聞かない傾向がある。

丙年生
【父母】天同（禄）　　【奴僕】天機（権）　　【夫妻】廉貞（忌）　　【財帛】禄存
【子女】擎羊　　　　　【疾厄】陀羅　　　　　【福徳】天魁　　　　　【命宮】天鉞
・比較的裕福で良好な環境で生育する。父祖の仕事や財産を継ぎ守ってもよい結果となる。
・結婚は波乱含みとなる暗示があるので、夫婦円満を心がけること。

丁年生
【奴僕】太陰（禄）　　【父母】天同（権）　　【奴僕】天機（科）　　【疾厄】巨門（忌）　　【子女】禄存
【夫妻】擎羊　　　　　【財帛】陀羅　　　　　【福徳】天魁　　　　　【命宮】天鉞
・命宮宮威強ければ、少しく安定した運勢であるが、弱ければやや不安定な運勢となる。
・安定し恵まれた家庭で生育するが、健康には十分注意すること。

戊年生
【遷移】貪狼（禄）　　【奴僕】太陰（権）　　【奴僕】天機（忌）　　【財帛】禄存
【子女】擎羊　　　　　【疾厄】陀羅　　　　　【官禄】天魁　　　　　【夫妻】天鉞
・遠地に赴いたり活発に外出活動することで発展する。若年中は事業に波や変動があり苦労するが、中年以降は安定し、少しく成功を得ることができる。

己年生
【福徳】武曲（禄）　　【遷移】貪狼（権）　　【子女】天梁（科）　　【子女】禄存
【夫妻】擎羊　　　　　【財帛】陀羅　　　　　【田宅】天魁　　　　　【兄弟】天鉞
・遠地に赴いたり頻繁に外出することは、苦労や努力、頑張りを求められることになるが、頑張った結果、財と平穏を得ることができる。
・子供は賢く、正直かつ真面目で親孝行である。

庚年生
【田宅】太陽（禄）　　【福徳】武曲（権）　　【奴僕】太陰（科）　　【父母】天同（忌）
【兄弟】禄存　　　　　【命宮】擎羊　　　　　【夫妻】陀羅・天鉞　　【官禄】天魁
・そこそこ安定した運勢であるが、自分の我を通そうとする傾向がある。
・生育した家庭環境はあまり恵まれたものではないか、両親と意見が合わないことがある。

辛年生
【疾厄】巨門（禄）　　【田宅】太陽（権）　　【命宮】禄存　　　　　【父母】擎羊
【兄弟】陀羅　　　　　【子女】天魁　　　　　【奴僕】天鉞
・命宮宮威強ければ、遠地に赴くか外出活動することで少しく成功するが、弱ければ、さほど大きな成功は得られず、中には各地を転々として、なかなか居所が定まらないような人もいる。
・住居や家庭のことで、自分の主張を通そうとする傾向がある。

壬年生
【子女】天梁（禄）　　【遷移】紫微（権）　　【福徳】武曲（忌）　　【福徳】禄存
【田宅】擎羊　　　　　【父母】陀羅　　　　　【遷移】天魁　　　　　【財帛】天鉞
・命宮宮威強ければ忙しく働き、それなりの成功を得るが、大きな財を築くのは難しい。
・気苦労が多くなったり、心配事を抱えることがある。

癸年生
【福徳】破軍（禄）　　【疾厄】巨門（権）　　【奴僕】太陰（科）　　【遷移】貪狼（忌）　　【田宅】禄存
【官禄】擎羊　　　　　【福徳】陀羅　　　　　【遷移】天魁　　　　　【財帛】天鉞
・大きな成功は望めないが、命宮宮威強ければ少しく安定する。しかし各地を転々としてなかなか居所が定まらないか、あるいは浪費する傾向がある。弱ければ不安定な運勢となる。
・部下後輩友人の中に優しく賢い人がいて、力になってくれる。

47　紫微卯・命宮戌

天相（地） ・宮威強－おおむね健康である。 ・宮威弱－怪我や栄養失調などに注意。 ・火鈴加会－身体のどこかに傷跡が残る恐れがある。また関節炎や痔疾に注意。 【疾厄】　　　巳	天梁（廟） [寿星入廟格] [機月同梁格] ・宮威強－財産を細かくきちんと管理するが、基本的に金銭には淡白である。 ・宮威弱－財産や金銭のことで煩わしい思いをすることになる。 【財帛】　　　午	廉貞（利） 七殺（廟） [路上埋屍格] ・宮威強－子供の数は少なく、子供は家庭外の世界に興味を持ち、家に寄り付かなくなる傾向がある。 ・宮威弱－子供に恵まれないか、子供とは意見が合わず、親子で対立するようなことになる。 【子女】　　　未	[命無正曜格] ・恋愛運は安定に欠ける傾向がある。しかし宮威強ければ、安定した恋愛生活や結婚生活を送ることができる。 ・昌曲左右姚が同宮すれば複数の異性との恋愛など男女問題の恐れがあるので異性関係には注意が必要である。 【夫妻】　　　申
巨門（陥） ・外出運はあまり良くない。遠地に赴いたり頻繁に外出することで争いやトラブルを招く恐れがある。 ・宮威強－外出先での紛糾はそう恐れなくともよい。 ・宮威弱－外出先で口舌の災いに会い、孤立無縁となる恐れがある。交通事故など、外出先での事故や怪我に注意。 【遷移】　　　辰	機月同梁格 抜群の企画力と事務処理能力で 主人の片腕となる大番頭。No.2狙いで大成功。 ・丸顔で、身体も太り気味の人が多い。 ・優しく温和な性格で、話し方もうまく弁舌の才がある。争いを嫌う平和主義者である。一方で煩わしい物事を嫌い、現状に満足し、怠惰に流される傾向がある。 ・企画力や事務処理能力に優れ、公共機関や文化芸術や研究職など頭脳労働で活躍する。 ・金銭には淡白で、あまり気にかけず自然に集まる財産で満足するようなところがある。 ・事業を始めた場合、最初は苦労するが後に成果を得ることができる。 ・命宮宮威強－のんびりと構えているのだが、自然にうまく回っていく。女性の中には甘い生活を求め愛人となる者もいる。 ・命宮宮威弱－苦しいことや煩わしいことを避けて怠惰な人生を送りたいと望む。口舌の災いを招く暗示あり。 ・羊、陀、化忌同宮－肥満となる。 ・左右加会－目上の人や両親に甘やかされ、怠惰な性格が助長される。 ・化禄同宮－財運ゆえに怠惰が助長される。		[命無正曜格] [府相朝垣格] ・宮威強－兄弟仲はよく、兄弟間で助け合う。 ・宮威弱－兄弟は立派な人であるが、あまり助けにはならない。 【兄弟】　　　酉
紫微（旺） 貪狼（利） [桃花犯主格] ・交友は広く、後輩や部下友人などが多い。 ・宮威強－後輩や部下友人には立派な者が多く、力になってくれる。 ・宮威弱－誤解や勘違いにより後輩や部下友人を失う恐れがあるので注意すること。 【奴僕】　　　卯			天同（平） [機月同梁格] 【命宮】　　　戌
天機（地） 太陰（旺） [機月同梁格] ・基本的に職業運は良好だが、あまりビジネスには向かない。 ・観光業、営業、神職僧侶などの精神世界、流通業などに向く。 ・曲昌加会－設計士、会計士などに向く。 【官禄】　　　寅	天府（廟） [日月夾命格] ・宮威強－父母や父祖の不動産を継承するか、あるいは自力で不動産を獲得する。 ・宮威弱－大きな不動産を所有するのは難しい。 ・火羊が同宮すれば火災に注意。 ・羊陀が同宮すれば盗難に注意。 【田宅】　　　丑	太陽（陥） ・積極性やチャレンジ精神に欠けるところがある。 ・宮威弱－何事にも冷めたような感じになり、あまり積極性を発揮しない。 【福徳】　　　子	武曲（平） 破軍（平） ・両親は頑固で厳格な人で、子弟を厳しく教育する。 ・宮威強－子供は黙ってその躾に耐えるが、両親との仲は良好ではなく、縁も薄いものとなる。 ・宮威弱－両親と対立し、子供は早くから家を出て自立するようになる。 【父母】　　　亥

甲年生
【子女】廉貞（禄）　　【父母】破軍（権）　　【父母】武曲（科）　　【福徳】太陽（忌）
【官禄】禄存　　　　　【奴僕】擎羊　　　　　【田宅】陀羅・天魁　　【子女】天鉞
・命宮宮威強ければそこそこ安定した運勢であるが、弱ければいささか不安定となる運勢である。
・よい家の生まれか、あるいは立派な両親を持つが、両親は子弟を厳しく躾け教育する。

乙年生
【官禄】天機（禄）　　【財帛】天梁（権）　　【奴僕】紫微（科）　　【官禄】太陰（忌）　　【奴僕】禄存
【遷移】擎羊　　　　　【官禄】陀羅　　　　　【福徳】天魁　　　　　【夫妻】天鉞
・命宮宮威強ければ少しく成功し、財と地位を手にする。弱ければ、それなりに安定した運勢であるが、成功のためには相当の努力と苦労を伴う。

丙年生
【命宮】天同（禄）　　【官禄】天機（権）　　【子女】廉貞（忌）　　【疾厄】禄存
【財帛】擎羊　　　　　【遷移】陀羅　　　　　【父母】天魁　　　　　【兄弟】天鉞
[貴星夾命格] 人の援助に恵まれる。
・命宮宮威強ければ、安穏としていても実力者の援助を受け、それなりに幸福な人生を送ることができる。弱ければ、成功のためには相当の努力と苦労を伴う。

丁年生
【官禄】太陰（禄）　　【命宮】天同（権）　　【官禄】天機（科）　　【遷移】巨門（忌）　　【財帛】禄存
【子女】擎羊　　　　　【疾厄】陀羅　　　　　【父母】天魁　　　　　【兄弟】天鉞
[貴星夾命格] 人の援助に恵まれる。[三奇加会格] 地位ある人の援助と幸運に恵まれる吉格。
・怠惰に流されず成功と財を得る運勢であるが、外出運は安定せず住居が定まらないか、あるいは外出先で事故や怪我をする暗示があるので注意すること。

戊年生
【奴僕】貪狼（禄）　　【官禄】太陰（権）　　【官禄】天機（忌）　　【疾厄】禄存
【財帛】擎羊　　　　　【遷移】陀羅　　　　　【田宅】天魁　　　　　【子女】天鉞
・チャンスを逃すようなことがあるが、かえってそれで発奮し頑張るようになる。

己年生
【父母】武曲（禄）　　【奴僕】貪狼（権）　　【財帛】天梁（科）　　【財帛】禄存
【子女】擎羊　　　　　【疾厄】陀羅　　　　　【福徳】天魁　　　　　【夫妻】天鉞
・財産をよく管理し、命宮宮威強ければ財と地位を得、弱くてもそこそこ安定した運勢である。
・よい家の生まれか、あるいは立派な両親を持つ。

庚年生
【福徳】太陽（禄）　　【父母】武曲（権）　　【官禄】太陰（科）　　【命宮】天同（忌）
【夫妻】禄存　　　　　【兄弟】擎羊　　　　　【子女】陀羅・天鉞　　【田宅】天魁
・命宮宮威強ければ事業／仕事運は良好で、よい職に就く。弱くても、それなりの職に就く。
・満足することを知らず、怒り多くいらいらし、精神の安定を欠くことがある。
・厳格な家の生まれで、両親は子供を厳しく躾け育てる。
・配偶者は財運はあるが、財産の管理や計画はしっかりとしており、財布の紐は固い。

辛年生
【遷移】巨門（禄）　　【福徳】太陽（権）　　【兄弟】禄存　　　　　【命宮】擎羊
【夫妻】陀羅　　　　　【財帛】天魁　　　　　【官禄】天鉞
・基本的に大きな財を得ることは難しい運勢であるが、その他の星がどこに入るかをよく見て判断すること。

壬年生
【財帛】天梁（禄）　　【奴僕】紫微（権）　　【父母】武曲（忌）　　【父母】禄存
【福徳】擎羊　　　　　【命宮】陀羅　　　　　【奴僕】天魁　　　　　【疾厄】天鉞
・命宮宮威強ければ財を得るが、弱ければ財によって悩みが生じる恐れがある。
・両親との縁は薄いものとなり、両親とは不仲になったり、意見が合わず対立することがある。

癸年生
【父母】破軍（禄）　　【遷移】巨門（権）　　【官禄】太陰（科）　　【奴僕】貪狼（忌）　　【福徳】禄存
【田宅】擎羊　　　　　【父母】陀羅　　　　　【奴僕】天魁　　　　　【疾厄】天鉞
・命宮宮威強ければ少しく財を得て成功するが、弱ければそこそこに安定した運勢である。
・よい家の生まれか、あるいは立派な両親を持つ。

48　紫微卯・命宮亥

【遷移】　　　巳	【疾厄】　　　午	【財帛】　　　未	【子女】　　　申
天相（地） ・宮威強－容易に動くことはなく、どっしりと構えている。安定した人生を送ることができる。 ・宮威弱－思わぬことで移動せざるを得ないことになるが、そのことでかえって吉を呼び込む。 ・羊陀同宮加会－交通事故など外出先での事故や怪我に注意。	天梁（廟） [寿星入廟格] [機月同梁格] ・宮威強－おおむね健康である。 ・宮威弱－内分泌異常、中毒、食中毒、誤診による被害の暗示あり。こじらせると大病となるので注意が必要である。	廉貞（利） 七殺（廟） [路上埋屍格] ・宮威強－ハイリスク・ハイリターンな投資や仕事を行い成果を得る。 ・宮威弱－賭博や投機的な仕事に入れ込み損をする。化忌や空劫があればその損は確実である。	[命無正曜格] ・宮威強－賢い子供に恵まれるが、その子との縁は深くはなく、子供との間に距離を感じるようになる。 ・宮威弱－子供との縁は薄く、場合によっては子供に恵まれないこともある。

【奴僕】　　　辰			【夫妻】　　　酉
巨門（陥） ・部下や後輩友人達とは意見が合わず、ギクシャクした関係となる。時に、言い争うようなこともある。	・見た感じ、背はさほど高くはないが、全身から精力がみなぎっている感じを人に与える。 ・個性は剛強で冒険的精神に富む。行動力に優れ、困難な中にあっても的確な決断を行う。 ・じっとしていることを好まず、スポーツや車の運転を好み、人と競うことを好む。 ・若年中は苦労が多いが、家を出て自分で生活する頃より次第に発展し、中年以降に成功する。 ・一生を通じて変化変動が多く、突発的に財を得るかと思えば突発的に失う。 ・投機や冒険を好み、狙った獲物は逃がさない（設定した目標は必ず実現する）。 ・昌曲同宮加会－言論でその個性や主張を表現する。政治評論家や代議士、社会派の作家などになる。 ・空劫同宮－金銭に執着し、そのためにトラブルを起こしたり、あるいは無駄遣いや浪費に走ることがあるので注意が必要である。 ・火鈴同宮－突発的な災難に会う暗示があるので注意すること。		[命無正曜格] [府相朝垣格] ・宮威強－配偶者はセンスがよく、趣味の幅も広く、生活に潤いを求める。幸せな結婚生活を送ることができる。 ・宮威弱－別離の危険性があるので注意。 ・天姚、昌曲、左右などが同宮すれば、結婚生活は穏やかなものにはならない（異性関係注意）。

【官禄】　　　卯			【兄弟】　　　戌
紫微（旺） 貪狼（利） [桃花犯主格] ・宮威強－リーダーシップを発揮し、よい職と地位を得ることができる。 ・宮威弱－人に仕えるよりは自営起業する。 ・多角化経営、芸術関係、芸事（華道、茶道、割烹、編み物、囲碁将棋、楽器演奏など）に適す。			天同（平） [機月同梁格] ・宮威強－兄弟仲は睦まじく、良好な関係である。 ・宮威弱－兄弟仲はあまりよくない。言い争うようになる。

【田宅】　　　寅	【福徳】　　　丑	【父母】　　　子	【命宮】　　　亥
天機（地） 太陰（旺） [機月同梁格] ・宮威強ければ引っ越し移転のたびに運気は上昇し、弱ければ移転のたびに運を損なう恐れがあるので注意が必要である。 ・火羊が同宮すれば火災に注意。 ・羊陀が同宮すれば盗難に注意。	天府（廟） [日月夾命格] ・宮威強－福分厚く、誰にでも心を開く。満足することを知り、安泰な日々を送ることができる。 ・宮威弱－満足することを知らず、なかなかに苦労が多くなる。	太陽（陥） ・宮威強－両親との関係は普通である。 ・宮威弱－両親との縁は薄いものとなり、良好な関係が築けない。対立するようになる。	武曲（平） 破軍（平）

甲年生
【財帛】廉貞（禄）　【命宮】破軍（権）　【命宮】武曲（科）　【父母】太陽（忌）
【田宅】禄存　　　　【官禄】擎羊　　　　【福徳】陀羅・天魁　【財帛】天鉞
［三奇加会格］幸運に恵まれ、大いに発展する吉命。
・自力で努力して成功と財を得るが、命宮宮威弱ければ成功のために相当の努力と苦労を伴う。
・生まれた家庭環境はあまり芳しくないか、両親とは良好な関係ではなく、力になってくれない。

乙年生
【田宅】天機（禄）　【疾厄】天梁（権）　【官禄】紫微（科）　【田宅】太陰（忌）　【官禄】禄存
【奴僕】擎羊　　　　【田宅】陀羅　　　　【父母】天魁　　　　【子女】天鉞
・事業／仕事運は良好で、出世し高給を得る。　・結婚生活は安定した幸せなものとなる。
・不動産は買ったり売ったりで、ひとつのものを長く所有するのは難しい。

丙年生
【兄弟】天同（禄）　【田宅】天機（権）　【財帛】廉貞（忌）　【遷移】禄存
【疾厄】擎羊　　　　【奴僕】陀羅　　　　【命宮】天魁　　　　【夫妻】天鉞
・基本的に財運はあるのだが、それを大きく増やしたり長く保つのは難しい。
・兄弟や友人が大いに力になってくれる。

丁年生
【田宅】太陰（禄）　【兄弟】天同（権）　【田宅】天機（科）　【奴僕】巨門（忌）　【疾厄】禄存
【財帛】擎羊　　　　【遷移】陀羅　　　　【命宮】天魁　　　　【夫妻】天鉞
・両親が裕福で、その財産（不動産を含む）を継承するか、不動産関係の仕事や事業で財を得ることがある。

戊年生
【官禄】貪狼（禄）　【田宅】太陰（権）　【田宅】天機（忌）　【遷移】禄存
【疾厄】擎羊　　　　【奴僕】陀羅　　　　【福徳】天魁　　　　【財帛】天鉞
・自力で努力し、命宮宮威強ければかなりの財を築き、弱ければそれなりの財を得る。
・生まれた家庭環境はあまり芳しくないか、両親はあまり力になってくれない。

己年生
【命宮】武曲（禄）　【官禄】貪狼（権）　【疾厄】天梁（科）　【疾厄】禄存
【財帛】擎羊　　　　【遷移】陀羅　　　　【父母】天魁　　　　【子女】天鉞
・基本的に成功して財と地位を得る良好な運勢であるが、その他の星がどこに入るかをよく見て判断すること。

庚年生
【父母】太陽（禄）　【命宮】武曲（権）　【田宅】太陰（科）　【兄弟】天同（忌）
【子女】禄存　　　　【夫妻】擎羊　　　　【財帛】陀羅・天鉞　【福徳】天魁
・物事を創始するのを好み、起業の思いにあふれ、命宮宮威強ければ起業・創業し成功する。弱ければそれほどのこともない。
・生家は少し裕福で両親と良好な関係を築くか、裕福だが家運衰退の家の生まれである暗示あり。

辛年生
【奴僕】巨門（禄）　【父母】太陽（権）　【夫妻】禄存　　　　【兄弟】擎羊
【子女】陀羅　　　　【疾厄】天魁　　　　【田宅】天鉞
・夫婦仲はよく、安定した幸せな家庭を築く。
・両親は厳格な人で、子供を厳しく躾け教育する。

壬年生
【疾厄】天梁（禄）　【官禄】紫微（権）　【命宮】武曲（忌）　【命宮】禄存
【父母】擎羊　　　　【兄弟】陀羅　　　　【官禄】天魁　　　　【遷移】天鉞
・命宮宮威強ければ、そこそこ安定した運勢であるが、弱ければそれほどのこともない。
・外出先での事故や怪我に注意すること。

癸年生
【命宮】破軍（禄）　【奴僕】巨門（権）　【田宅】太陰（科）　【官禄】貪狼（忌）　【父母】禄存
【福徳】擎羊　　　　【命宮】陀羅　　　　【官禄】天魁　　　　【遷移】天鉞
・基本的に命宮宮威強ければ、財と地位を得る良好な運勢であるが、そのためには相当の奮闘努力と苦労を伴うことになる。弱ければ、事業上のトラブルの恐れがあるので注意すること。
・まあまあの家庭に生まれる。

49　紫微辰・命宮子

天梁（陥） ・宮威強－部下や後輩友人からは、それほど大きな支援は期待できない。 ・宮威弱－部下後輩友人は常に多忙で、あまりあてにはできない。もし空劫羊陀化忌などが同宮すれば、部下後輩友人などからトラブルを被る恐れがある。 【奴僕】　　　　　巳	**七殺（旺）** [七殺朝斗格] ・宮威強－外出や遠行に伴い運が開ける。また、あちこち動き回るのが好きな人である。遠地に赴いて発展する。 ・宮威弱－生地を離れたり遠地に赴いて苦労する暗示がある。 ・羊陀同宮加会－外出先での事故や怪我に注意。 【遷移】　　　　　午	[命無正曜格] [二曜同臨格] （[日月照壁格]） ・宮威強－おおむね健康である。 ・宮威弱－眼病、視力低下、高血圧・低血圧症、頭痛、肝臓病などに注意。 【疾厄】　　　　　未	**廉貞（廟）** [紫府朝垣格] [雄宿朝垣格] [府相朝垣格] ・宮威強－大いに稼ぎ、大いに使う（無駄遣いも多い）。 ・宮威弱－支出の方が大きくなり、財を残すのが難しくなる。 【財帛】　　　　　申
紫微（地） **天相（地）** ・宮威強－事業を成功させることができる。宮仕えよりも自分で創業したいと思うが、勤め人もよい。 ・宮威弱－高い地位に昇るのは難しい。 ・政界、財界、金融業、医療関係、上級公務員、社会福祉、投機投資、不動産業などに向く。 【官禄】　　　　　辰	・落ち着いた感じの容貌であるが、その中に気力のみなぎった様子を人に与える。 ・武曲の剛（剛毅独断）と天府の柔（穏健慎重）がうまく中和し、バランスの取れた命運（性格）となる。 ・命宮宮威強－聡明で決断力があり、また企画／行動力に優れ、経営手腕を発揮し大事業を成功させる。もし金融界にあれば大きな権力を握ることになる。また長寿である。 ・攻めと守りのバランスがよく、全体を俯瞰すると同時に細部に神経が働く。基本的に豪快であるが、その中に繊細な一面を持っている。 ・女命であっても男まさりの志を抱き、仕事を持ち、家でじっとしているのを好まない。温和な夫に嫁ぐのが望ましい。 ・命宮宮威弱－外面は誠実な態度を見せるが内面は冷淡であり、裏表のある性格となる傾向がある。また強情で人との折り合いが悪く、孤立する恐れがある。技術職に就けば比較的安定した人生を送ることができる。		[命無正曜格] ・宮威強－子供の数は少ないが、賢くよい子供に恵まれる。 ・宮威弱－子供との縁は薄く、場合によっては子供がいないこともある。 【子女】　　　　　酉
天機（旺） **巨門（廟）** [巨機同臨格] ・転居が多くなり、宮威強くても一カ所に長く留まることはない。 ・宮威弱－住居を転々とすることになる。 ・火羊が同宮すれば火災に注意。 ・羊陀が同宮すれば盗難に注意。 【田宅】　　　　　卯			**破軍（旺）** ・恋愛に関しては熱しやすく冷めやすい傾向がある。 ・宮威強－カカア天下でうまくいく。思ったことは忌憚なく話し合うこと。 ・宮威弱－配偶者とは少し距離を置いた方がうまくいく。 【夫妻】　　　　　戌
貪狼（平） ・宮威強－新しもの好きで、好きなものを自分のものとし、手元に置きたくなる。 ・宮威弱－嗜好はころころと変わり、酒に浸るようなことがある。人によっては最悪、賭博や麻薬、ひいては犯罪に手を出す恐れもあるので注意が必要である。 【福徳】　　　　　寅	**太陽（不）** **太陰（廟）** [日月同臨格] ・宮威強－父親との縁は薄く、母親との方が縁は深くなる。 ・宮威弱－父親とは対立したり意見が合わなかったりして、あまりよい関係は築けない。 【父母】　　　　　丑	**天府（廟）** **武曲（旺）** 【命宮】　　　　　子	**天同（廟）** ・宮威強－兄弟間は仲良く互いに助け合う。 ・宮威弱－兄弟間の仲はあまりよいものではない。場合によっては兄弟により面倒やトラブルを被ることがある。 【兄弟】　　　　　亥

甲年生
【財帛】廉貞（禄）　【夫妻】破軍（権）　【命宮】武曲（科）　【父母】太陽（忌）
【福徳】禄存　　　【田宅】擎羊　　　【父母】陀羅・天魁　【疾厄】天鉞
・成功し、地位と名誉と財産を得ることができる運勢であるが、家庭内では配偶者が実権を握る。
・父親との縁は薄く、意見が合わなくなる。最悪、早くに父親が亡くなることもある。

乙年生
【田宅】天機（禄）　【奴僕】天梁（権）　【官禄】紫微（科）　【父母】太陰（忌）【田宅】禄存
【官禄】擎羊　　　【福徳】陀羅　　　【命宮】天魁　　　【財帛】天鉞
・両親との縁は薄いものとなるが、職業／事業運は良好で出世することができる。
・不動産により大きな財を得ることができる。
・部下後輩友人の中に、威丈高で高飛車な態度を取る者がいるが、力になってくれる。

丙年生
【兄弟】天同（禄）　【田宅】天機（権）　【財帛】廉貞（忌）　【奴僕】禄存
【遷移】擎羊　　　【官禄】陀羅　　　【兄弟】天魁　　　【子女】天鉞
・あまり大きな財は得られない。
・自宅のことや家庭内のことで、自分の意見や思いを通そうとすることがある。

丁年生
【父母】太陰（禄）　【兄弟】天同（権）　【田宅】天機（科）　【田宅】巨門（忌）　【遷移】禄存
【疾厄】擎羊　　　【奴僕】陀羅　　　【兄弟】天魁　　　【子女】天鉞
［化権禄夾格］良好な運勢である。
・職業運はあまり良くないのだが、両親や兄弟親戚友人の助けを受け、安定した生活を送る。

戊年生
【福徳】貪狼（禄）　【父母】太陰（権）　【田宅】天機（忌）　【奴僕】禄存
【遷移】擎羊　　　【官禄】陀羅　　　【父母】天魁　　　【疾厄】天鉞
・父祖の支援や財産に助けられる。しっかりした家系の生まれである。
・両親は子供を厳しく躾け教育する傾向がある。

己年生
【命宮】武曲（禄）　【福徳】貪狼（権）　【奴僕】天梁（科）　【遷移】禄存
【疾厄】擎羊　　　【奴僕】陀羅　　　【命宮】天魁　　　【財帛】天鉞
［対面朝斗格］商才あり、ビジネスの現場で頭角を現し財を得る。
・自由になる時間を求めたり、自由にふるまいたいと思うことがある。

庚年生
【父母】太陽（禄）　【命宮】武曲（権）　【父母】太陰（科）　【兄弟】天同（忌）
【財帛】禄存　　　【子女】擎羊　　　【疾厄】陀羅・天鉞　【父母】天魁
・成功し、地位も財産も手にすることができる運勢である。
・兄弟や友人から、なにか面倒をかけられることがある。
・裕福でしっかりした家庭の出自であるが、父親とは意見の合わないことがある。

辛年生
【田宅】巨門（禄）　【父母】太陽（権）　【子女】禄存　　　【夫妻】擎羊
【財帛】陀羅　　　【遷移】天魁　　　【福徳】天鉞
・基本的に安定した良好な運勢である。
・父親が子供の躾や教育に厳しく、反発するようになる。

壬年生
【奴僕】天梁（禄）　【官禄】紫微（権）　【命宮】武曲（忌）　【兄弟】禄存
【命宮】擎羊　　　【夫妻】陀羅　　　【田宅】天魁　　　【奴僕】天鉞
・命宮宮威強ければ事業で成功を収めることができるが、そのためには苦労を伴う。
・命宮宮威弱ければ、成功のためには相当の努力と苦労が必要である。

癸年生
【夫妻】破軍（禄）　【田宅】巨門（権）　【父母】太陰（科）　【福徳】貪狼（忌）　【命宮】禄存
【父母】擎羊　　　【兄弟】陀羅　　　【田宅】天魁　　　【奴僕】天鉞
・基本的に安定した生活を送ることができるが、欲が深く、なかなか物事に満足せず、満たされない思いを抱くことがある。

50　紫微辰・命宮丑

【官禄】　　　　　　巳	【奴僕】　　　　　　午	【遷移】　　　　　　未	【疾厄】　　　　　　申
天梁（陥） ・法律、公共、教育、研究などに向き、経営や商売には不向きである。 ・調査、情報、保険、探偵、海外事業、サービス業などにも向く。 ・宮威弱－職業を転々とするか、変わった職業に就くことがある。	**七殺（旺）** [七殺朝斗格] ・宮威強－部下後輩友人は気が強く怒りやすく、時に暴走する。力を合わせて一つのことを成し遂げるのは難しい。 ・宮威弱－部下後輩友人は多いが、頼りない者が多く、あまり力にならない。	[命無正曜格] [二曜同臨格] （[日月照壁格]） ・宮威強－遠地に赴いたり活発に外出活動することで人の縁を得てチャンスをつかむ。 ・宮威弱－遠地に赴くのはあまりよろしくない。 ・羊陀同宮加会－交通事故など、外出先での怪我や事故には注意すること。	**廉貞（廟）** [紫府朝垣格] [雄宿朝垣格] [府相朝垣格] ・宮威強－幼児期は身体が弱く、アトピーや皮膚病にかかりやすい。 ・宮威弱－晩年は癌に注意。 ・腎臓病、尿毒症、尿酸過多に注意。

【田宅】　　　　　　辰			【財帛】　　　　　　酉
紫微（地） **天相（地）** ・不動産には恵まれ、高層住宅や華麗で立派な住居に住むようになる。 ・火羊が同宮すれば火災に注意。 ・羊陀が同宮すれば盗難に注意。			[命無正曜格] ・宮威強－財運は良好ではあるが、大きな財を築くまでには至らない。 ・宮威弱－財が入っても貯まらずに出て行ってしまう（出費が多い）。

日月同臨格
博愛の人であるが感情にムラがある。
公務員や団体職員に向く。

・感情が一定しないところがある。熱くなっているかと思えば冷めていたり、真面目かと思えば怠けたりするところがあり、切羽詰まると一夜にして意見を変えたりすることもある。
・したがって事務職やデスクワークに向き、ビジネス、営業や経営にはあまり向かない。
・仕事の上で時間や性差を気にしない。つまり昼夜転倒しても気にせず、男女の役割区分などもあまり気にしない。
・命宮宮威強－聡明で俊敏であるが、感情に起伏があり一定しない。
・命宮宮威弱－傲慢なところがあり、頑固で物事に固執するところがある。始めるのはよいが、締めくくりをなおざりにする。何事も竜頭蛇尾となりがちである。
・女命は比較的良好で、女性的優しさや美貌と、男性的な強さや決断力を併せ持つ。家庭と仕事を両立させる。多くの恋愛を経た後、ようやく結婚するようになる。
・異性関係が乱れる恐れあり、注意が必要。

【福徳】　　　　　　卯	【命宮】　　　　　　丑	【兄弟】　　　　　　子	【子女】　　　　　　戌
天機（旺） **巨門（廟）** [巨機同臨格] ・宮威強－好奇心が強く、ものを考えたり研究することが好きである。 ・宮威弱－空想癖があり、ときにファンタジーと現実の区別がつかなくなり心を乱すことがある。			**破軍（旺）** ・宮威強－子供は独立心旺盛で、生地を離れ遠地で発展する。 ・宮威弱－子供とは対立するか、あるいは子供ができない（できにくい）。

【父母】　　　　　　寅	【命宮】　　　　　　丑	【兄弟】　　　　　　子	【夫妻】　　　　　　亥
貪狼（平） ・宮威強－両親は外出や遊ぶことが好きで、あまり子供を顧みない傾向がある。 ・宮威弱－両親はおしゃれで華やかであるが、異性関係が派手になる恐れがある。	**太陽（不）** **太陰（廟）** [日月同臨格]	**天府（廟）** **武曲（旺）** ・宮威強－兄弟は個性が強く、それぞれが独立して活躍し、不要な干渉はしない。 ・宮威弱－兄弟仲はあまり良好とは言えない。	**天同（廟）** ・宮威強－年の離れたカップルであれば、仲睦まじく暮らすことができる。 ・宮威弱－夫婦の間で少し食い違いができる。 ・昌曲左右天姚が同宮すれば男女問題や恋愛トラブルの暗示あり注意。

甲年生
【疾厄】廉貞（禄）　【子女】破軍（権）　【兄弟】武曲（科）　【命宮】太陽（忌）
【父母】禄存　　　　【福徳】擎羊　　　　【命宮】陀羅・天魁　【遷移】天鉞
［天乙拱命格］学識高く、人の縁に恵まれ幸運を得る。
・兄弟や友人の中に利発で行動的な人がいる。　・経営やビジネスには不向きである。

乙年生
【福徳】天機（禄）　【官禄】天梁（権）　【田宅】紫微（科）　【命宮】太陰（忌）【福徳】禄存
【田宅】擎羊　　　　【父母】陀羅　　　　【兄弟】天魁　　　　【疾厄】天鉞
・命宮宮威強ければ大きく成功し、地位と財を得ることができる。
・命宮宮威弱ければ成功して財を得たとしても何かと不安がつきまとい、両親との縁も薄いものとなる。

丙年生
【夫妻】天同（禄）　【福徳】天機（権）　【疾厄】廉貞（忌）　【官禄】禄存
【奴僕】擎羊　　　　【田宅】陀羅　　　　【夫妻】天魁　　　　【財帛】天鉞
・事業運は順調である。また配偶者やその実家が裕福であるか、あるいは配偶者が有能で、なにかと力になってくれる。貧血か、怪我や手術の暗示あり注意。

丁年生
【命宮】太陰（禄）　【夫妻】天同（権）　【福徳】天機（科）　【福徳】巨門（忌）　【奴僕】禄存
【遷移】擎羊　　　　【官禄】陀羅　　　　【夫妻】天魁　　　　【財帛】天鉞
・命宮宮威強ければ苦労して努力した後に成功する。
・男性は女性と接する機会が多く、よくもてて美しい妻を娶る。女性は女性的魅力にあふれた人であるが感情に波がある。結婚後は配偶者が家庭内の実権を握る（亭主関白カカア天下）。

戊年生
【父母】貪狼（禄）　【命宮】太陰（権）　【福徳】天機（忌）　【官禄】禄存
【奴僕】擎羊　　　　【田宅】陀羅　　　　【命宮】天魁　　　　【遷移】天鉞
［天乙拱命格］学識高く、人の縁に恵まれ幸運を得る。
・良好な家庭環境で生育する。命宮宮威強ければ基本的に成功を手にすることができる。

己年生
【兄弟】武曲（禄）　【父母】貪狼（権）　【官禄】天梁（科）　【奴僕】禄存
【遷移】擎羊　　　　【官禄】陀羅　　　　【兄弟】天魁　　　　【疾厄】天鉞
［科権禄夾格］命宮宮威強ければ、地位も財産を望むままに得ることができる。
・両親は厳しく子弟を躾け教育するので、若い頃は両親に反発することがある。

庚年生
【命宮】太陽（禄）　【兄弟】武曲（権）　【命宮】太陰（科）　【夫妻】天同（忌）
【疾厄】禄存　　　　【財帛】擎羊　　　　【遷移】陀羅・天鉞　【命宮】天魁
［天乙拱命格］学識高く、人の縁に恵まれ幸運を得る。
・命宮宮威強ければ少しく財を得ることができる。
・結婚生活は波がある暗示あり。夫婦円満を心がけること。

辛年生
【福徳】巨門（禄）　【命宮】太陽（権）　【財帛】禄存　　　　【子女】擎羊
【疾厄】陀羅　　　　【奴僕】天魁　　　　【父母】天鉞
・命宮宮威強ければ苦労して努力した後に成功する。弱ければ中くらいの運勢である。
・自己主張が強く、自分の思いを通そうとする傾向がある。

壬年生
【官禄】天梁（禄）　【田宅】紫微（権）　【兄弟】武曲（忌）　【夫妻】禄存
【兄弟】擎羊　　　　【子女】陀羅　　　　【福徳】天魁　　　　【官禄】天鉞
・命宮宮威強ければ少しく成功するが、財運は弱い（金銭欲はそれほど強くない）。
・夫婦仲はよく、穏やかな家庭を築く。

癸年生
【子女】破軍（禄）　【福徳】巨門（権）　【命宮】太陰（科）　【父母】貪狼（忌）　【兄弟】禄存
【命宮】擎羊　　　　【夫妻】陀羅　　　　【福徳】天魁　　　　【官禄】天鉞
・大きな望みと目標を持つ。命宮宮威強ければ成功することができるが、大きく蓄財するのは難しい。弱ければ少しく成功する。
・生まれた家庭や生育環境は、あまり良好なものとは言えない。

第2章　紫微斗数14主星配置一覧　　125

51　紫微辰・命宮寅

天梁（陥） ・宮威強－父祖から多くの不動産を受け継ぐことはない。古い住宅や社屋に住むことが多い。 ・宮威弱－不動産を運用することには適さない。また住む所も猥雑な環境であることが多い。 ・火羊同宮－火災に注意。 ・羊陀が同宮すれば盗難に注意。 【田宅】　　　　　　　巳	七殺（旺） [七殺朝斗格] ・宮威強－事業運は良好で高い地位を手に入れる。 ・宮威弱－体力が必要な労働に従事するが、あまり出世は望めない。 ・工芸品設計、建築業、民間企業の管理部門、軍隊警察消防、財務経理関係、金属関係、加工業、スポーツ関係などに向く。 【官禄】　　　　　　　午	[命無正曜格] [二曜同臨格] （[日月照壁格]） ・宮威強－部下後輩友人の中には良い者もいれば、そうでない者もいる。 ・宮威弱－あまり良い部下後輩友人には恵まれない。また部下後輩友人のために災難やトラブルを被る恐れがある。 【奴僕】　　　　　　　未	廉貞（廟） [紫府朝垣格] [雄宿朝垣格] [府相朝垣格] ・宮威強－活動力は旺盛で遠地や外地で発展する。 ・宮威弱－遠地や外地に赴くとなぜか消極的になり活動力が低下する。事故に注意。 ・羊陀同宮加会－外出先での事故や怪我に注意。 【遷移】　　　　　　　申
紫微（地） 天相（地） ・宮威強－精神的にも安定し、大人（大物）の風格を漂わせる。 ・宮威弱－何かと気苦労が多く、なかなか気が安まらない。 【福徳】　　　　　　　辰	・細面の顔で、目鼻立ちは整っている。活動的で変化の多い仕事を好む。また何事においても能動的であり挑戦的であるが、事業の起伏や変動が大きい。 ・文学や芸術、音楽やダンス、映画や舞台芸術などに関心があり、また多芸多才であり交友も広く、人と交際することを好む。政治に興味を示す人もいる。 ・基本的に情け深い優しい人であるが、ともすれば情に流されることがあるので注意が必要である。一方、物欲やその他の欲求が強く、自分ひとりで決断し目標まで最短距離を進む。 ・昌曲同宮－人との交流においていささか軽佻浮薄な面が見られ、言葉や態度を飾る傾向がある。 ・命宮宮威弱－不穏なことを考え、目的のためには手段を選ばないようになり、つまらぬ策を弄したり、酒色を好み遊び歩くようになる。 ・火鈴同宮－突然発展し、突然破れる。 ・羊か陀と化忌同宮－性を巡るトラブルに会う恐れがある。 ・女命火鈴同宮－美人であり、さらに姚花星が加会すれば妖艶な魅力をたたえることになる。		[命無正曜格] ・宮威強－おおむね健康である。 ・宮威弱－代謝異常、栄養不良、貧血、睡眠障害などに注意。 ・火加会－中風やめまいの暗示あり注意。 【疾厄】　　　　　　　酉
天機（旺） 巨門（廟） [巨機同臨格] ・宮威強－両親は子供を大事にかわいがるが、細かく口やかましいので、子供は辟易とすることがある。 ・宮威弱－親子の意見の相違が大きくなり、場合によっては対立する。 【父母】　　　　　　　卯			破軍（旺） ・財運は一定しない。 ・宮威強－普通とは少し違った特殊な方面や仕事で収入を得ることがあり、化禄同宮すれば突如大きく発展する。 ・宮威弱－突如財を破る恐れがある。物の売買には十分注意すること。また賭博や投機にも注意すること。 【財帛】　　　　　　　戌
貪狼（平） 【命宮】　　　　　　　寅	太陽（不） 太陰（廟） [日月同臨格] ・女姉妹とは仲がよく、宮威強ければ大いに助け合う。 ・男兄弟とはあまり仲がよくない。宮威弱ければ仲が悪くなる。 ・女性の友人との関係は良好であるが、男性の友人とはそれほどでもない。 【兄弟】　　　　　　　丑	天府（廟） 武曲（旺） ・配偶者は激しく剛強な性格を持つ一面、賢く穏やかで理性的な面もある。 ・宮威強－夫婦の間で一定の距離を置くことでうまくいく。 ・宮威弱－夫婦関係に波が立つ恐れがあるので注意すること。 ・昌曲左右同宮－恋愛問題。 【夫妻】　　　　　　　子	天同（廟） ・穏やかで優しく親切で、社交的な子供である。 ・宮威強－親孝行な子供だが、才能や実力は平均的な普通の子供である。 ・宮威弱－穏やかで純粋な子供であるが、怠惰である。 【子女】　　　　　　　亥

甲年生
【遷移】廉貞（禄）　【財帛】破軍（権）　【夫妻】武曲（科）　【兄弟】太陽（忌）
【命宮】禄存　　　　【父母】擎羊　　　　【兄弟】陀羅・天魁　【奴僕】天鉞
　・成功し、財と地位と名誉を手に入れることができる良好な運勢である。
　・夫婦仲もよく家庭運も良好である。
　・兄弟や友人から面倒を被ることがある。

乙年生
【父母】天機（禄）　【田宅】天梁（権）　【福徳】紫微（科）　【兄弟】太陰（忌）　【田宅】禄存
【官禄】擎羊　　　　【福徳】陀羅　　　　【子女】天魁　　　　【疾厄】天鉞
　・そこそこ安定した運勢である。
　・比較的恵まれた家庭環境に生まれ育つが、兄弟や友人から面倒を被ることがある。

丙年生
【子女】天同（禄）　【父母】天機（権）　【遷移】廉貞（忌）　【子女】禄存
【夫妻】擎羊　　　　【財帛】陀羅　　　　【田宅】天魁　　　　【父母】天鉞
　・悪い習慣や趣味に染まる恐れがあるが、その他の星もよく見て判断すること。
　・両親は教育熱心で、子弟を厳しく躾け教育する傾向がある。

丁年生
【兄弟】太陰（禄）　【子女】天同（権）　【父母】天機（科）　【父母】巨門（忌）　【官禄】禄存
【奴僕】擎羊　　　　【田宅】陀羅　　　　【子女】天魁　　　　【疾厄】天鉞
　［科権禄夾格］財も地位も得る吉格。
　・そこそこ安定した運勢である。
　・両親は知的で教育熱心であるが口やかましく、縁は薄くなり、関係もあまり良好とは言えない。

戊年生
【命宮】貪狼（禄）　【兄弟】太陰（権）　【父母】天機（忌）　【田宅】禄存
【官禄】擎羊　　　　【福徳】陀羅　　　　【兄弟】天魁　　　　【奴僕】天鉞
　・変動運であり、特殊な方面に才能を発揮するが、異性関係には注意が必要である。
　・生育環境はあまり恵まれたものではなく、両親との関係もあまり良好とは言えない。

己年生
【夫妻】武曲（禄）　【命宮】貪狼（権）　【田宅】天梁（科）　【官禄】禄存
【奴僕】擎羊　　　　【田宅】陀羅　　　　【夫妻】天魁　　　　【遷移】天鉞
　・基本的に大きな財運もあり、配偶者からの支援も得て成功する運勢であるが、その他の星がどこに
　　入るのかをよく見て判断すること。

庚年生
【兄弟】太陽（禄）　【夫妻】武曲（権）　【兄弟】太陰（科）　【子女】天同（忌）
【遷移】禄存　　　　【疾厄】擎羊　　　　【奴僕】陀羅・天鉞　【兄弟】天魁
　・命宮宮威強ければ少しく安定した運勢であり、弱ければ中程度の運勢である。
　・家庭内は配偶者が実権を握り、亭主関白カカア天下となる恐れがある。

辛年生
【父母】巨門（禄）　【兄弟】太陽（権）　【疾厄】禄存　　　　【財帛】擎羊
【遷移】陀羅　　　　【官禄】天魁　　　　【命宮】天鉞
　・恵まれた家庭環境に育つが、基本的に大きな成功を得ることは難しい。しかし心身ともに健康であ
　　る。

壬年生
【田宅】天梁（禄）　【福徳】紫微（権）　【夫妻】武曲（忌）　【子女】禄存
【夫妻】擎羊　　　　【財帛】陀羅　　　　【父母】天魁　　　　【田宅】天鉞
　・そこそこ安定した中程度の運勢である。
　・配偶者は個性が強く、自分の言い分を通そうとするので、結婚生活は波乱含みの暗示がある。

癸年生
【財帛】破軍（禄）　【父母】巨門（権）　【兄弟】太陰（科）　【命宮】貪狼（忌）　【夫妻】禄存
【兄弟】擎羊　　　　【子女】陀羅　　　　【父母】天魁　　　　【田宅】天鉞
　［科権禄夾格］財も地位も得る吉格。
　・配偶者は聡明で能力ある立派な人で、配偶者から大きな協力と支援を得る。
　・悪い習慣や異性や賭博に浸る恐れがあるので注意が必要である。また変動運でもあり、意外な成功
　　や失敗に会う。　・両親は古風で厳格な人で、厳しい躾けや教育を施す。

52　紫微辰・命宮卯

【福徳】　　　　　巳	【田宅】　　　　　午	【官禄】　　　　　未	【奴僕】　　　　　申
天梁（陥） ・ドライでクール、人間関係には淡白である。 ・宮威弱－迷信にとらわれたり、欲にかられたり、思考が一定しなかったり、不安を抱えるようになる。	七殺（旺） ［七殺朝斗格］ ・不動産を長く所有するのは難しい。 ・宮威強－住宅や不動産を売買し利益を得ることができる。 ・宮威弱－転居が多いか、しばしば住居の改修やリフォームをすることになる。	［命無正曜格］ ［二曜同臨格］ （［日月照壁格］） ・宮威強－文化教育関係、芸能映画関係の職種で活躍することができる。 ・ほかに政治、公職、チェーン店、サービス業など。 ・宮威弱－職をいくつも変えることになり、職業運は安定せず、高い地位も得にくくなる。	廉貞（廟） ［紫府朝垣格］ ［雄宿朝垣格］ ［府相朝垣格］ ・交友は広く、特に異性の友人が多い。 ・宮威強－部下後輩友人と和気あいあいと交わる。 ・宮威弱－部下後輩友人により損害を被る恐れあり。

【父母】　　　　　辰			【遷移】　　　　　酉
紫微（地） 天相（地） ・宮威強－立派な家柄の出身で、両親や祖父母が力になってくれる。 ・宮威弱－両親や祖父母はあまり力になってくれない。			［命無正曜格］ ・宮威強－生地を離れたり遠方に赴いたり活発に行動して吉。動かずに坐して待つ態度は不利である。 ・宮威弱－遠地に赴いても勢い余って効果なし。この場合、坐して待つ方がよい。 ・羊陀同宮加会－外出先での事故や怪我に注意。また遠地で苦労する暗示。

巨機同臨格
探究心、好奇心の塊。
頑固なところが玉にキズ。

・頭の回転がよく、いろんなことに理解が早く、研究熱心な勉強家である。また雄弁でフットワークも軽く、動き回る。
・命宮宮威強－博学多能で分析力に優れ、科学技術や芸術の方面など、知的分野で成功を収める。
・新規事業を立ち上げるのにも向くが、若年中は苦労する。しかし中年以降、発展する。
・個性が強く、自分の感情に流されるところがある。
・命宮宮威弱－平凡な命であるが、人を惑わせることがある。特に女性は蠱惑的な魅力を持つ人もいる。
・羊陀が同宮すれば身体のどこかに痣や傷跡を持つ人もいる。

【命宮】　　　　　卯			【疾厄】　　　　　戌
天機（旺） 巨門（廟） ［巨機同臨格］			破軍（旺） ・肺炎、喘息、気管支炎、生殖器系や婦人科の疾患に注意すること。 ・宮威強－さほど深刻な病態にはならない。 ・宮威弱－EDや生理不順に悩まされる恐れがある。

【兄弟】　　　　　寅	【夫妻】　　　　　丑	【子女】　　　　　子	【財帛】　　　　　亥
貪狼（平） ・宮威強－兄弟間は疎遠となり、あまり良好な関係とは言えない。 ・宮威弱－兄弟間は不仲となる。兄弟の中に何かの障害を持つ人や、悪い習慣にはまる人がいる可能性がある。	太陽（不） 太陰（廟） ［日月同臨格］ ・男性の場合、賢くしっかりとした妻を娶ることができるが、女性の場合、頼りない男性と結婚する可能性がある。 ・宮威強－夫婦ともに協力しよい家庭を築いていく。 ・宮威弱－離別の恐れあり夫婦円満を心がけること。	天府（廟） 武曲（旺） ・両親と子供との関係は、父母それぞれ、子供それぞれで異なる。 ・宮威強ければ子供との縁は厚く関係も良好だが、弱ければその縁は薄いものとなる。	天同（廟） ・宮威強－倹約に努め、財産を築くことができる。 ・宮威弱－浪費や支出が多く、なかなか蓄財できない。

甲年生
【奴僕】廉貞（禄）　　【疾厄】破軍（権）　　【子女】武曲（科）　　【夫妻】太陽（忌）
【兄弟】禄存　　　　　【命宮】擎羊　　　　　【夫妻】陀羅・天魁　　【官禄】天鉞
・配偶者と考え方や嗜好に差があり、意見の対立を招く。夫妻宮宮威強ければそれほど心配することはないが、弱ければ結婚生活は波乱含みとなる恐れがあるので、夫婦円満を心がけること。

乙年生
【命宮】天機（禄）　　【福徳】天梁（権）　　【父母】紫微（科）　　【夫妻】太陰（忌）　　【命宮】禄存
【父母】擎羊　　　　　【兄弟】陀羅　　　　　【子女】天魁　　　　　【奴僕】天鉞
［禄合鴛鴦格］財運に恵まれ高位に昇ることができる。
・結婚生活は何かと波風が立つ傾向があるので、夫婦円満を心がけること。
・立派で裕福な家の生まれである可能性がある。

丙年生
【財帛】天同（禄）　　【命宮】天機（権）　　【奴僕】廉貞（忌）　　【福徳】禄存
【田宅】擎羊　　　　　【父母】陀羅　　　　　【財帛】天魁　　　　　【遷移】天鉞
・財にも地位にも恵まれる運勢である。命宮宮威強ければその傾向は強くなり社会的成功を得、弱ければ相当の努力と苦労の後に成功をつかむことになる。

丁年生
【夫妻】太陰（禄）　　【財帛】天同（権）　　【命宮】天機（科）　　【命宮】巨門（忌）　　【田宅】禄存
【官禄】擎羊　　　　　【福徳】陀羅　　　　　【財帛】天魁　　　　　【遷移】天鉞
・財にも地位にも恵まれる運勢であるが、そのためには多少とも苦労を伴う。命宮宮威弱ければ口舌の災いを伴い、成功のためには相当の努力と苦労を要する。

戊年生
【兄弟】貪狼（禄）　　【夫妻】太陰（権）　　【命宮】天機（忌）　　【福徳】禄存
【田宅】擎羊　　　　　【父母】陀羅　　　　　【夫妻】天魁　　　　　【官禄】天鉞
・疑心暗鬼にとらわれ不眠にも悩まされ空回りするようになるが、もともと福分は厚く、大きな災難に見舞われるようなことはない。
・家庭内は配偶者が実権を握ることになる（亭主関白カカア天下）。

己年生
【子女】武曲（禄）　　【兄弟】貪狼（権）　　【福徳】天梁（科）　　【田宅】禄存
【官禄】擎羊　　　　　【福徳】陀羅　　　　　【子女】天魁　　　　　【奴僕】天鉞
・命宮宮威強ければ高潔な人柄となるが、宮威弱ければ寂しい人生を送るようになる。
・兄弟や友人の中に、高飛車で高圧的な態度を取る人がいる。

庚年生
【夫妻】太陽（禄）　　【子女】武曲（権）　　【夫妻】太陰（科）　　【財帛】天同（忌）
【奴僕】禄存　　　　　【遷移】擎羊　　　　　【官禄】陀羅・天鉞　　【夫妻】天魁
・財運は入ったり出たりで一定しない。
・家族との関係は安定しており、夫婦仲もよく幸福な家庭生活を得られる。
・子供は自己主張が強く、しっかりした子だが、なかなか親の言うことを聞かない。

辛年生
【命宮】巨門（禄）　　【夫妻】太陽（権）　　【遷移】禄存　　　　　【疾厄】擎羊
【奴僕】陀羅　　　　　【田宅】天魁　　　　　【兄弟】天鉞
・財運に恵まれる。　・弁舌に優れ、頭の回転も早い。
・家庭内は配偶者が実権を握ることになる（亭主関白カカア天下）。

壬年生
【福徳】天梁（禄）　　【父母】紫微（権）　　【子女】武曲（忌）　　【財帛】禄存
【子女】擎羊　　　　　【疾厄】陀羅　　　　　【命宮】天魁　　　　　【福徳】天鉞
・命宮宮威強ければ少しく財を蓄え、弱くても小康運であり、比較的安定した運勢である。何事にも奮闘努力するようになる。

癸年生
【疾厄】破軍（禄）　　【命宮】巨門（権）　　【夫妻】太陰（科）　　【兄弟】貪狼（忌）　　【子女】禄存
【夫妻】擎羊　　　　　【財帛】陀羅　　　　　【命宮】天魁　　　　　【福徳】天鉞
・命宮宮威強ければ少しく財を蓄え地位を得る。命宮宮威弱ければ成功も財も小さくまとまった運勢となる。
・兄弟や友人に、トラブルや面倒をかけられることがある。

53　紫微辰・命宮辰

天梁（陥） ・宮威強－両親は厳しく子供を躾ける人で、もし化権が同宮すればその傾向が強くなる。 ・宮威弱－両親のどちらかが病弱となる恐れがあるので、両親の健康には注意すること。 【父母】　　　巳	七殺（旺） [七殺朝斗格] ・宮威強－あわただしい毎日で、なかなか落ち着いた生活を送れない。 ・宮威弱－焦りや不安にかられ、自分の責任や家庭をないがしろにする恐れがあるので、注意が必要である。 【福徳】　　　午	[命無正曜格] [二曜同臨格] （[日月照壁格]） ・宮威強－不動産を取得するが、長く所有し続けることは難しい。 ・宮威弱－大きな不動産を得ることは難しい。 ・火羊が同宮すれば火災に注意。 ・羊陀が同宮すれば盗難に注意。 【田宅】　　　未	廉貞（廟） [紫府朝垣格] [雄宿朝垣格] [府相朝垣格] ・宮威強－民間企業でも公務員でも高位高官に昇ることができる。美的・芸術的なセンスにも恵まれ、服飾、美容化粧、演芸娯楽方面にも適性。 ・宮威弱－事業運はあまり大きなものではない。 【官禄】　　　申
紫微（地） 天相（地） 【命宮】　　　辰	\multicolumn{2}{c|}{（府相朝垣格） 目上の引き立て、実力者の支援にあずかる。 家内安全に心がけよ。 ・命宮宮威強ければ温厚で穏やかな性格となる。他人の目を気にして行動を自制する。リーダーシップがあり忍耐力もあるので、行政機関や企業において成功する。 ・命宮宮威弱ければ、進取の気性に富み新しいことを創始しようとするが力不足となり、なかなかチャンスが巡ってこない。活躍の時をじっと待つことになる。 ・命宮宮威平であれば純真な性格で、身を慎み規律を守る。勤め人や公務員などに適す。 ・羊陀同宮－身体のどこかに痣や傷跡が残る人もいる。 ・火鈴同宮－毛髪がちぢれている（ウェーブがかかっている）か、色素が薄いか（赤毛茶髪）、少し毛髪に特徴がある。情緒不安定や軽率な言動により誤解されることがある。 ・空劫同宮－時として精神的空虚感に苛まれ、猜疑心強く、内面に幻想と矛盾を抱える。}		[命無正曜格] ・部下後輩友人はあまり力になってはくれない。 ・宮威弱－部下後輩友人に恵まれないか、あるいは疎遠となる。 【奴僕】　　　酉
天機（旺） 巨門（廟） [巨機同臨格] ・宮威強－兄弟に聡明で智恵に優れ、また弁の立つ者がいるが、その人とは淡々とした関係である。 ・宮威弱－兄弟の中に人を惑わせたり策略を巡らす人がいて、兄弟仲はあまりよくはない。 【兄弟】　　　卯			破軍（旺） ・宮威強－外地で大いに発展する。移動、移転でチャンスをつかむ。 ・宮威弱－生地を離れたり外出することで運気低迷し苦労することがある。さらに羊陀などが加会すれば交通事故など、外出先での怪我や事故の暗示があるので注意すること。 【遷移】　　　戌
貪狼（平） ・宮威強－配偶者は美人（美男子）で多芸多才で才能豊かな人である。 ・左右昌曲同宮－恋多き人となり、異性問題やトラブルが起きる恐れがあるので注意すること。 ・宮威弱－配偶者や恋愛の相手は多情で、趣味や嗜好に問題がある。 【夫妻】　　　寅	太陽（不） 太陰（廟） [日月同臨格] ・宮威強－子供は普通の子であるが、女の子の方が親孝行で優秀である。 ・宮威弱－何かと子供には苦労をかけられ、成長した後も、あまり力にはならない。 【子女】　　　丑	天府（廟） 武曲（旺） ・宮威強－蓄財の努力を惜しまず、浪費を抑え、富を蓄える。 ・宮威弱－収入があるかと思えば支出があり、なかなか蓄財できない。 【財帛】　　　子	天同（廟） ・宮威強－おおむね健康で問題なく過ごせる。 ・宮威弱－風邪、呼吸器。 ・陀同宮－肥満、眼疾、感染症の恐れあり。 ・火鈴加会－体のどこかに痣を持つ暗示。 ・空劫化忌加会－下腹部や体の下部の疾患に注意。 【疾厄】　　　亥

甲年生
【官禄】廉貞（禄）　【遷移】破軍（権）　【財帛】武曲（科）　【子女】太陽（忌）
【夫妻】禄存　　　　【兄弟】擎羊　　　　【子女】陀羅・天魁　【田宅】天鉞
［三奇加会格］命宮宮威強ければ名誉を得、富と地位・官位を手中に収め、大いに発展する。命宮宮威
　弱ければ特殊な職業に就き、特殊な嗜好を持ち、成功と失敗を繰り返す。大器晩成運である。
　・子供は育てにくい子供か、親子間の関係は良好ではない暗示がある。
乙年生
【兄弟】天機（禄）　【父母】天梁（権）　【命宮】紫微（科）　【子女】太陰（忌）　【兄弟】禄存
【命宮】擎羊　　　　【夫妻】陀羅　　　　【財帛】天魁　　　　【官禄】天鉞
［化権禄夾格］兄弟友人から多く支援を得ることができ、成功と名利を得ることができる。
　・両親の教育方針は厳しく、子供は苦労する。
　・子供は育てにくい子供か、親子間の関係は良好ではない暗示がある。
丙年生
【疾厄】天同（禄）　【兄弟】天機（権）　【官禄】廉貞（忌）　【父母】禄存
【福徳】擎羊　　　　【命宮】陀羅　　　　【疾厄】天魁　　　　【奴僕】天鉞
　・事業を進める上で困難に遭遇することがあるが、一生を通じておおむね健康でいられる。
　・生家は平凡か、やや裕福である。
丁年生
【子女】太陰（禄）　【疾厄】天同（権）　【兄弟】天機（科）　【兄弟】巨門（忌）　【福徳】禄存
【田宅】擎羊　　　　【父母】陀羅　　　　【疾厄】天魁　　　　【奴僕】天鉞
　・よいこともあれば悪いこともある。やや安定性に欠ける運勢である。
戊年生
【夫妻】貪狼（禄）　【子女】太陰（権）　【兄弟】天機（忌）　【父母】禄存
【福徳】擎羊　　　　【命宮】陀羅　　　　【子女】天魁　　　　【田宅】天鉞
　・命宮宮威強ければ一定の成功を収め、弱ければそれほどのこともない。
　・恋愛や異性関係には注意すること。
　・生家は平凡か、やや裕福な家庭であるが、両親との縁はさほど深いものではない。
己年生
【財帛】武曲（禄）　【夫妻】貪狼（権）　【父母】天梁（科）　【福徳】禄存
【田宅】擎羊　　　　【父母】陀羅　　　　【財帛】天魁　　　　【官禄】天鉞
　・財運は強いが、結婚後は配偶者が家庭の実権を握り、夫婦関係に波風が立つことがある。
　・両親は文化的なことに興味や造詣の深い人であるが、大きな成功を収める人ではない。
庚年生
【子女】太陽（禄）太陰（科）　　　　　　【財帛】武曲（権）　【疾厄】天同（忌）
【官禄】禄存　　　　【奴僕】擎羊　　　　【田宅】陀羅・天鉞　【子女】天魁
　・事業運は旺盛であり一定の成功を収めるが、健康面や体力面で問題がある。成功度合いは命宮、財
　　帛、官禄の宮威をよく見て判断しなければならない。
辛年生
【兄弟】巨門（禄）　【子女】太陽（権）　【奴僕】禄存　　　　【遷移】擎羊
【官禄】陀羅　　　　【福徳】天魁　　　　【夫妻】天鉞
　・生得的な運勢はさほど強くないが、一生を通じて友人や地位ある人の支援を得ることができる。
　・配偶者や子供は優秀で、家庭的には恵まれた人生を送る。
壬年生
【父母】天梁（禄）　【命宮】紫微（権）　【財帛】武曲（忌）　【疾厄】禄存
【財帛】擎羊　　　　【遷移】陀羅　　　　【兄弟】天魁　　　　【父母】天鉞
［貴星夾命格］人の援助に恵まれ、受けた恩を返すことで運を伸ばす。
　・命宮宮威強ければ中ぐらいの運勢であり、弱ければそれほどのこともない運勢である。
癸年生
【遷移】破軍（禄）　【兄弟】巨門（権）　【子女】太陰（科）　【夫妻】貪狼（忌）　【財帛】禄存
【子女】擎羊　　　　【疾厄】陀羅　　　　【兄弟】天魁　　　　【父母】天鉞
［貴星夾命格］人の援助に恵まれ、受けた恩を返すことで運を伸ばす。
　・命宮宮威強ければ少しく蓄財し、弱ければ相当の努力と苦労をした後に蓄財する。
　・恋愛の過程は順調ではなく、晩婚に適す。

54　紫微辰・命宮巳

天梁（陥） 【命宮】　　　　巳	七殺（旺） ［七殺朝斗格］ ・両親は強烈な個性を持つ人で、古風で厳格な方針で子供を育てる。 ・宮威強－両親とは距離を置くようになる。 ・宮威弱－両親と対立し、家を出て行くようなこともある。 【父母】　　　　午	［命無正曜格］ ［二曜同臨格］ （［日月照壁格］） ・なにかと気苦労が多く、なかなか心の安定が得られない。元気なときと、そうでないときが交互に訪れる。 【福徳】　　　　未	廉貞（廟） ［紫府朝垣格］ ［雄宿朝垣格］ ［府相朝垣格］ ・宮威強－良質な不動産を入手することができる。 ・宮威弱－不動産運はあまり大きくはない。 ・火羊が同宮すれば火災に注意。 ・羊陀が同宮すれば盗難に注意。 【田宅】　　　　申
紫微（地） 天相（地） ・宮威強－兄弟は立派な人で、大いに助けてもらえる。 ・宮威弱－兄弟とは気が合わず、その関係も良好とは言えない。 【兄弟】　　　　辰	・仕事には真面目に取り組むが、頑固で人の意見をあまり聞かない。冷静で物事を細かく検討し判断するが、自由気ままに過ごしたいと思う。また内向的な人もいる。冷静沈着で、あまり感情を表に出さない。 ・金銭には淡白で、人に施すようになる。 ・幼少時に大病や怪我を患うことがある。 ・義侠心に厚く、困っている人を見ると手を差し伸べずにはいられない。世話好きで親分肌なので多くの人から尊敬される。 ・若くして老成した感じを人に与え、長者の風格を備えている。 ・命宮宮威強－熱心に事業に取り組み、人より一頭抜きん出て成功を収める。天馬と四殺が同宮加会すると放蕩不羈となりやすく、悪い仲間とつるんだり身持ちが悪くなる恐れあり。 ・命宮宮威弱－高慢となり、人の恩を忘れて人間関係に支障をきたす恐れがあるので、自戒を怠らないようにすること。また特殊な技術や神秘的な世界に興味を抱き、術数や神秘術を研究するようになる。 ・化権加会－情報を収集して分析する情報局員や、特殊な任務を行う業務に就くことがある。		［命無正曜格］ ・法律関係、司法書士、教育関係、占術家、広告宣伝、翻訳者述業、政治などに適性がある。 ・ビジネスや商売にはあまり向かない。 【官禄】　　　　酉
天機（旺） 巨門（廟） ［巨機同臨格］ ・宮威強－夫婦間に齟齬が生じ、コミュニケーションが取れないことがあるので注意すること。 ・宮威弱－結婚生活に波風が立つ暗示があるので、注意すること。 ・昌曲左右が同宮すると異性問題の暗示あり注意。 【夫妻】　　　　卯	::::	::::	破軍（旺） ・宮威強－部下後輩友人は能力のある人で、大いに力になってくれる。 ・宮威弱－部下後輩友人は個性的だが、腕のよくない職人といったところがあり、あまり力にはならない。 ・部下後輩友人との交友はあまり長続きしない。 【奴僕】　　　　戌
貪狼（平） ・宮威強－活発で元気な子供であり、意欲的で前向きである。 ・宮威弱－子供は親の言うことを聞かず、悪い遊びを覚え、悪習に染まる恐れがある。空劫同宮すれば育てにくい子供であり、羊陀同宮すれば親の言うことを聞かない親不孝な子供となる。 【子女】　　　　寅	太陽（不） 太陰（廟） ［日月同臨格］ ・財運は一定せず、若年中は財が集まらないが、中年以降、財が貯まるようになる。 ・宮威弱－財運はあまり大きなものではない。 【財帛】　　　　丑	天府（廟） 武曲（旺） ・宮威強－基本的に健康である。 ・宮威弱－皮膚病、偏頭痛、嘔吐、めまい、睡眠障害、骨腫瘍などに注意。 【疾厄】　　　　子	天同（廟） ・宮威強－遠地に赴いたり外出したり生地を離れてチャンスをつかみ発展する。 ・宮威弱－移動により苦労をしょいこむことになる。 ・羊陀同宮や化忌同宮－外出先での怪我や事故、特に交通事故などには注意すること。 【遷移】　　　　亥

甲年生
【田宅】廉貞（禄）　【奴僕】破軍（権）　【疾厄】武曲（科）　【財帛】太陽（忌）
【子女】禄存　　　　【夫妻】擎羊　　　　【財帛】陀羅・天魁　【福徳】天鉞
・金銭的な問題で困惑することがある。
・部下や後輩友人の中に、威丈高で高飛車な人がいるが、力になってくれる。

乙年生
【夫妻】天機（禄）　【命宮】天梁（権）　【兄弟】紫微（科）　【財帛】太陰（忌）　【夫妻】禄存
【兄弟】擎羊　　　　【子女】陀羅　　　　【疾厄】天魁　　　　【田宅】天鉞
・いささかワンマンな傾向がある。人に対して強権的になり、思い通りに動かそうとするが、そうするとかえって不利を招くので注意が必要である。
・配偶者は聡明で、協力と支援を得られる。その助力により財を得る。

丙年生
【遷移】天同（禄）　【夫妻】天機（権）　【田宅】廉貞（忌）　【命宮】禄存
【父母】擎羊　　　　【兄弟】陀羅　　　　【遷移】天魁　　　　【官禄】天鉞
・基本的に良好な運勢で、成功し地位と名誉と財を得るが、家庭内は配偶者が実権を握り、亭主関白カカア天下となる。
・住居や家庭内のことで、煩わされることがある。

丁年生
【財帛】太陰（禄）　【遷移】天同（権）　【夫妻】天機（科）　【夫妻】巨門（忌）　【父母】禄存
【福徳】擎羊　　　　【命宮】陀羅　　　　【遷移】天魁　　　　【官禄】天鉞
・基本的に良好な運勢で、成功し地位と名誉と財を得るが、夫婦間に齟齬が生じる恐れがあるので夫婦間の会話を大切にすること。
・比較的良好な家庭環境で育つ。

戊年生
【子女】貪狼（禄）　【財帛】太陰（権）　【夫妻】天機（忌）　【命宮】禄存
【父母】擎羊　　　　【兄弟】陀羅　　　　【財帛】天魁　　　　【福徳】天鉞
・財を得ることはできるが、高い地位や名誉を得るのは難しい。
・夫婦間に齟齬が生じる恐れがあるので、夫婦間の会話を大切にすること。

己年生
【疾厄】武曲（禄）　【子女】貪狼（権）　【命宮】天梁（科）　【父母】禄存
【福徳】擎羊　　　　【命宮】陀羅　　　　【疾厄】天魁　　　　【田宅】天鉞
・あまり大きな財を得ることはないが、命宮宮威強ければ地位と名誉を得る運勢である。
・比較的良好な家庭環境で育つ。

庚年生
【財帛】太陽（禄）　【疾厄】武曲（権）　【財帛】太陰（科）　【遷移】天同（忌）
【田宅】禄存　　　　【官禄】擎羊　　　　【福徳】陀羅・天鉞　【財帛】天魁
・少しく財を築くが、そのためには相当の努力と苦労を伴う。
・頑固でやっかいな病気に悩まされることがあるので、健康には注意すること。

辛年生
【夫妻】巨門（禄）　【財帛】太陽（権）　【官禄】禄存　　　　【奴僕】擎羊
【田宅】陀羅　　　　【父母】天魁　　　　【子女】天鉞
・配偶者の協力と支援により地位を得、財を築く。
・その他の星がどこに入るかをよく見て判断すること。

壬年生
【命宮】天梁（禄）　【兄弟】紫微（権）　【疾厄】武曲（忌）　【遷移】禄存
【疾厄】擎羊　　　　【奴僕】陀羅　　　　【夫妻】天魁　　　　【命宮】天鉞
・財を得るが、うまく運用管理できず、かえって悩むことがある。
・病気がちとなりやすいので、健康には十分留意すること。

癸年生
【奴僕】破軍（禄）　【夫妻】巨門（権）　【財帛】太陰（科）　【子女】貪狼（忌）　【疾厄】禄存
【財帛】擎羊　　　　【遷移】陀羅　　　　【夫妻】天魁　　　　【命宮】天鉞
・少しく安定した良好な運勢であるが、家庭内は配偶者が実権を握り、亭主関白カカア天下となる。
・子供には、なにかと苦労をかけられる。

55　紫微辰・命宮午

【兄弟】　　　　　　巳	【命宮】　　　　　　午	【父母】　　　　　　未	【福徳】　　　　　　申
天梁（陥） ・宮威強－兄弟は優しく情け深い人で、とても仲がよいのだが、頼られて迷惑を被ることもある。 ・宮威弱－兄弟がいないか、いても縁は薄いものとなり、孤独感を味わう。	七殺（旺） ［七殺朝斗格］	［命無正曜格］ ［二曜同臨格］ （［日月照壁格］） ・どちらかと言えば母親との縁が深く、父親との縁は薄くなる。 ・宮威弱－父親と対立するようになる。	廉貞（廟） ［紫府朝垣格］ ［雄宿朝垣格］ ［府相朝垣格］ ・宮威強－物欲が強く、娯楽を好み、いろいろな人と交際交遊する。 ・宮威弱－酒色にのめりこむ恐れがあるので、節制が肝要である。

【夫妻】　　　　　　辰	七殺朝斗格	【田宅】　　　　　　酉
紫微（地） 天相（地） ・強烈な個性を優しく包み込み受け入れてくれる、温厚でよくできた配偶者である。 ・宮威強－夫婦間で年齢差がある方がうまくいく。 ・宮威弱－結婚生活に波風が立つ恐れがあるので、安定させる努力をすること。	戦って戦って戦って、 そして勝利はわが手に。戦った後の成功。 ・眉は太く眉骨が盛り上がり、目は大きく鋭い目つきをしており、彫りの深い顔立ちである。 ・独立の気概が強く、人の傘下に入ったり人に付き従うことを好まない。気性が激しくせっかちだが、忍耐強く困難に負けずに物事に取り組む。変動運である。 ・拘束されたり干渉されるのを嫌うので、しばしば上司と対立しがちである。一方、部下や後輩など目下の者の面倒をよく見て力になる。 ・喜怒哀楽が激しく、それを素直に顔に出す。 ・独立心旺盛で、何事にも自分の考えと勇気と行動力で向かっていく。危機や困難に会っても自力で解決しようとする。 ・昨日の敵は今日の友という度量の広さもある。 ・命宮宮威強－忍耐強く信念を貫き、困難な課題にも勇猛果敢に挑戦し、事業を成し遂げる。 ・命宮宮威弱－孤軍奮闘し、苦労することとなる。喜怒哀楽は一定しない。怪我や事故の暗示があるので注意が必要である。 ・羊同宮－馬頭帯箭格となり、警察や軍隊であちこち飛び回って成功する。外科医にも適す。	［命無正曜格］ ・宮威強－不動産は買ったり売ったりで、長く一定のものを保有することは難しい。 ・不動産を所得するのは難しい。 ・火羊が同宮すれば火災に注意。 ・羊陀が同宮すれば盗難に注意。

【子女】　　　　　　卯		【官禄】　　　　　　戌
天機（旺） 巨門（廟） ［巨機同臨格］ ・宮威強－沈着冷静で聡明な子供である。 ・宮威弱－子供は少ないか、子供には恵まれないことがある。空劫同宮すれば育てにくい子供であり、羊陀同宮すれば、親の言うことを聞かない親不孝な子供となる。		破軍（旺） ・宮威強－人の傘下に入ることを好まず、自身で創業するようになる。 ・宮威弱－それなりの成功を収めるが、職業は変わりやすい。 ・専門技術者、経理会計関係、警察消防自衛隊、営業員、外科医師などに適性がある。

【財帛】　　　　　　寅	【疾厄】　　　　　　丑	【遷移】　　　　　　子	【奴僕】　　　　　　亥
貪狼（平） ・宮威強－財運は良好である。 ・火鈴と同宮加会すれば、突然財を得、突然失うようなことがある。 ・宮威弱－飲食交際遊興に金銭を使い、無駄遣いや浪費をする傾向がある。	太陽（不） 太陰（廟） ［日月同臨格］ ・宮威強－おおむね健康である。 ・宮威弱－眼科系疾患、視力障害、高血圧症、低血圧症、婦人科泌尿器科系の疾病に注意。	天府（廟） 武曲（旺） ・宮威強－遠地に赴いたり外出することでチャンスをつかみ発展する。 ・宮威弱－遠地に赴いたり外出することで苦労することになる。 ・羊陀同宮－交通事故など外出先での事故に注意。	天同（廟） ・宮威強－部下後輩友人とは仲良く交際するが、あまり力にはならない。 ・宮威弱－部下後輩友人は有能な者が少なく、付き合っていても疲れるばかりである。

甲年生
【福徳】廉貞（禄）　　【官禄】破軍（権）　【遷移】武曲（科）　【疾厄】太陽（忌）
【財帛】禄存　　　　　【子女】擎羊　　　　【疾厄】陀羅・天魁　【父母】天鉞
- 基本的に良好な運勢であり、成功し地位と名誉と財を得ることができる。命宮宮威弱ければ、成功を収めるが、そのために相当の努力と苦労を伴うことになる。
- 生育した家庭環境はさほど恵まれたものではない。　・健康には十分留意すること。

乙年生
【子女】天機（禄）　　【兄弟】天梁（権）　【夫妻】紫微（科）　【疾厄】太陰（忌）【子女】禄存
【夫妻】擎羊　　　　　【財帛】陀羅　　　　【遷移】天魁　　　　【福徳】天鉞
- 平凡で安定した運勢である。
- よい子供に恵まれ、子供が助けてくれるようになる。

丙年生
【奴僕】天同（禄）　　【子女】天機（権）　【福徳】廉貞（忌）　【兄弟】禄存
【命宮】擎羊　　　　　【夫妻】陀羅　　　　【奴僕】天魁　　　　【田宅】天鉞
- 子供は個性が強く、親の言うことを聞かない傾向がある。
- 精神的安定に欠け、気苦労が多くなる傾向がある。

丁年生
【疾厄】太陰（禄）　　【奴僕】天同（権）　【子女】天機（科）　【子女】巨門（忌）　【命宮】禄存
【父母】擎羊　　　　　【兄弟】陀羅　　　　【奴僕】天魁　　　　【田宅】天鉞
- 少しく安定した運勢であるが、命宮宮威弱ければ大きな成功は得にくい。
- 子供は親孝行の子もいれば、そうでない子もいる。
- 部下や後輩友人の中に、威丈高で高飛車な態度を取る者がいるが、力になる。

戊年生
【財帛】貪狼（禄）　　【疾厄】太陰（権）　【子女】天機（忌）　【兄弟】禄存
【命宮】擎羊　　　　　【夫妻】陀羅　　　　【疾厄】天魁　　　　【父母】天鉞
- 財を得ることができるが、高い地位や名誉を手にするのは難しい。
- 子供に苦労をかけられるか、親不孝な子供である可能性がある。

己年生
【遷移】武曲（禄）　　【財帛】貪狼（権）　【兄弟】天梁（科）　【命宮】禄存
【父母】擎羊　　　　　【兄弟】陀羅　　　　【遷移】天魁　　　　【福徳】天鉞
- 基本的に財運に恵まれた良好な運勢であるが、その他の星がどこに入るかをよく見て判断すること。

庚年生
【疾厄】太陽（禄）　　【遷移】武曲（権）　【疾厄】太陰（科）　【奴僕】天同（忌）
【福徳】禄存　　　　　【田宅】擎羊　　　　【父母】陀羅・天鉞　【疾厄】天魁
- 生地を離れるか、遠方に赴いてチャンスをつかみ成功する。少しく安定した運勢である。
- 部下や後輩友人は頼りない者が多く、あまり力になってくれない。

辛年生
【子女】巨門（禄）　　【疾厄】太陽（権）　【田宅】禄存　　　　【官禄】擎羊
【福徳】陀羅　　　　　【命宮】天魁　　　　【財帛】天鉞
- 明るくてよくしゃべる子供に恵まれる。
- 頑固でやっかいな病気に罹ることがあるので、健康には注意すること。

壬年生
【兄弟】天梁（禄）　　【夫妻】紫微（権）　【遷移】武曲（忌）　【奴僕】禄存
【遷移】擎羊　　　　　【官禄】陀羅　　　　【子女】天魁　　　　【兄弟】天鉞
- 外出を喜び、あちこち飛び回るが、困難や危機に会うこともあるので注意すること。
- 家庭内は配偶者が実権を握り、亭主関白カカア天下となる。

癸年生
【官禄】破軍（禄）　　【子女】巨門（権）　【疾厄】太陰（科）　【財帛】貪狼（忌）　【遷移】禄存
【疾厄】擎羊　　　　　【奴僕】陀羅　　　　【子女】天魁　　　　【兄弟】天鉞
[対面朝斗格] 商才あって財を得るが、化忌に会うを嫌う。
- 事業上の変動が多い。
- 子供は個性が強く、親の言うことを聞かない傾向がある。

56　紫微辰・命宮未

【夫妻】 巳	【兄弟】 午	【命宮】 未	【父母】 申
天梁（陥） ・宮威強－配偶者は家庭内のことを取り仕切りたがる傾向がある。 ・宮威弱－配偶者は細かいことでもいちいち指図し仕切るようになる。 ・昌曲左右天姚が同宮すれば男女問題や恋愛トラブルの暗示あり注意。	七殺（旺） [七殺朝斗格] ・宮威強－兄弟の数は少なく、成長した後は、それぞれが自立し離れていくので、あまり力はならない。 ・宮威弱－兄弟の間の縁は薄いものとなり、良好な関係とは言えない。最悪の場合、対立するようになる。	[命無正曜格] [二曜同臨格] （[日月照壁格]）	廉貞（廟） [紫府朝垣格] [雄宿朝垣格] [府相朝垣格] ・宮威強－両親は、せっかちで何事も白黒つけたがるような人であり、両親との関係もあまり良好とは言えない。 ・宮威弱－両親は遊戯歓楽にふける傾向がある。

【子女】 辰		【福徳】 酉
紫微（地） 天相（地） ・宮威強－優秀な子供に恵まれる。 ・宮威弱－子供は平均的で平凡である。羊陀が同宮加会すれば、子供は親に逆らうようになる。空劫同宮すれば、育てにくい子供である。	**命無正曜格** 対宮主星を命宮主星とみなして判断。 **二曜同臨格** 聡明だが保守的。 富と地位に恵まれるが感情や運気に波がある。 ・感情が一定しないところがある。熱くなっているかと思えば冷めていたり、勤勉かと思えば怠惰なことこがあり、気前がいいと思えばケチになったりする。 ・事務職やデスクワークに向き、ビジネス、営業や経営には向かない。 ・仕事の上で時間や性差を気にしない。つまり昼夜転倒しても気にせず、男女の役割区分などもあまり気にしない。 ・命宮宮威強－聡明で俊敏であるが感情に起伏があり、また成敗は交互に訪れる。 ・命宮宮威弱－傲慢なところがあり、頑固で物事に固執するところがある。竜頭蛇尾に終わりがちである。 ・女命は、女性的優しさや美貌と、男性的な強さや決断力を併せ持つ。家庭と仕事を両立させる。多くの恋愛を経た後に結婚する。 ・遷移宮に化忌が入れば、生みの親のほかに親類縁者など育ての親がいる暗示あり。	[命無正曜格] ・宮威強－なかなか穏やかな気持ちにはなれず、精神が安定しない。 ・宮威弱－なにかと気苦労や心配事が多くなる傾向がある。

【財帛】 卯		【田宅】 戌
天機（旺） 巨門（廟） [巨機同臨格] ・宮威強－財は入ったり出たりで、なかなか留まらず、大きく蓄財するのは難しい。 ・宮威弱－大きな財を得ることは難しい。		破軍（旺） ・なかなか居所が定まらず、常に住居の改装や改築を行う傾向がある。 ・宮威強－頻繁に不動産の売買や取引を行う傾向がある。 ・宮威弱－なかなか居所が定まらず、結果的に古い家屋や住居に住むことになる。

【疾厄】 寅	【遷移】 丑	【奴僕】 子	【官禄】 亥
貪狼（平） ・肝臓、腎臓、生殖器系の疾患などに注意。 ・宮威弱－痔疾、暴飲暴食、眼病、めまい、偏頭痛、泌尿器系の疾患などに注意。	太陽（不） 太陰（廟） [日月同臨格] ・宮威強－早くに家を出ることになるが実力者の援助を得ることができる。 ・宮威弱－各地を転々として、なかなか居所が定まらない。 ・羊陀同宮加会－交通事故や外出先での怪我や事故に注意すること。	天府（廟） 武曲（旺） ・宮威強－部下後輩友人から多くの支援を受ける。 ・宮威弱－部下後輩友人とは、あまり深い付き合いにはならない。 ・羊陀同宮－部下後輩友人とはそりが合わない。	天同（廟） ・宮威強－事務職、サービス・娯楽業などに向く。 ・ガツガツ仕事するタイプではなく、ほどほどの成果で満足する。 ・骨董、郵便、リサイクル業、古書店、旅行業、社会福祉関係、療養所などにも適性がある。

甲年生
【父母】廉貞（禄）　　【田宅】破軍（権）　　【奴僕】武曲（科）　　【遷移】太陽（忌）
【疾厄】禄存　　　　　【財帛】擎羊　　　　　【遷移】陀羅・天魁　　【命宮】天鉞
［天乙拱命格］学識高く、人の縁に恵まれ幸運を得る。
・そこそこ安定した運勢であるが、交通事故など外出時の事故や怪我には注意すること。
・裕福で恵まれた家庭環境に育つ。

乙年生
【財帛】天機（禄）　　【夫妻】天梁（権）　　【子女】紫微（科）　　【遷移】太陰（忌）　　【財帛】禄存
【子女】擎羊　　　　　【疾厄】陀羅　　　　　【奴僕】天魁　　　　　【父母】天鉞
［禄合鴛鴦格］財に恵まれる吉格だが、凶星の冲破を恐れる。人に施して吉。
・配偶者は優秀で実力もあるが、家庭内は配偶者が実権を握る傾向がある。外出時の事故に注意。

丙年生
【官禄】天同（禄）　　【財帛】天機（権）　　【父母】廉貞（忌）　　【夫妻】禄存
【兄弟】擎羊　　　　　【子女】陀羅　　　　　【官禄】天魁　　　　　【福徳】天鉞
・事業／仕事運は良好であり、よい職に就き高給を得ることができる。
・生育環境はあまり恵まれたものではなく、両親との関係も良好とは言えない。

丁年生
【遷移】太陰（禄）　　【官禄】天同（権）　　【財帛】天機（科）　　【財帛】巨門（忌）　　【兄弟】禄存
【命宮】擎羊　　　　　【夫妻】陀羅　　　　　【官禄】天魁　　　　　【福徳】天鉞
［三奇加会格］幸運に大いに富み発展する。
・基本的に良好な運勢で成功を収めるが、蓄財するためには困難が伴う。

戊年生
【疾厄】貪狼（禄）　　【遷移】太陰（権）　　【財帛】天機（忌）　　【夫妻】禄存
【兄弟】擎羊　　　　　【子女】陀羅　　　　　【遷移】天魁　　　　　【命宮】天鉞
［天乙拱命格］学識高く、人の縁に恵まれ幸運を得る。
・名誉や地位を得ることができるが、財はなかなか貯まりにくく、大きく蓄財するのは難しい。
・生地を離れて遠地に赴いたり、あるいはあちこち出歩くようになる。

己年生
【奴僕】武曲（禄）　　【疾厄】貪狼（権）　　【夫妻】天梁（科）　　【兄弟】禄存
【命宮】擎羊　　　　　【夫妻】陀羅　　　　　【奴僕】天魁　　　　　【父母】天鉞
・いささか安定に欠ける運勢であるが、部下後輩友人たちは大きく力になってくれる。
・配偶者は賢く聡明な人で、協力と支援を得ることができる。

庚年生
【遷移】太陽（禄）　　【奴僕】武曲（権）　　【遷移】太陰（科）　　【官禄】天同（忌）
【父母】禄存　　　　　【福徳】擎羊　　　　　【命宮】陀羅・天鉞　　【遷移】天魁
［天乙拱命格］学識高く、人の縁に恵まれ幸運を得る。
・基本的に良好な運勢ではあるが、事業／仕事上で困難に出会うことがあるので、あまり大それた望みを抱かず堅実な人生を送る方がよい。

辛年生
【財帛】巨門（禄）　　【遷移】太陽（権）　　【福徳】禄存　　　　　【田宅】擎羊
【父母】陀羅　　　　　【兄弟】天魁　　　　　【疾厄】天鉞
・そこそこ安定した良好な運勢である。
・生地を離れて遠地に赴いたり、あるいはあちこち出歩くようになる。

壬年生
【夫妻】天梁（禄）　　【子女】紫微（権）　　【奴僕】武曲（忌）　　【官禄】禄存
【奴僕】擎羊　　　　　【田宅】陀羅　　　　　【財帛】天魁　　　　　【夫妻】天鉞
・命宮宮威強ければ、そこそこ安例した良好な運勢であり、弱ければ、いささか安定に欠ける。
・配偶者は真面目で立派な人であり、協力と支援を得ることができるが、家庭内は配偶者が実権を握る傾向がある。

癸年生
【田宅】破軍（禄）　　【財帛】巨門（権）　　【遷移】太陰（科）　　【疾厄】貪狼（忌）　　【奴僕】禄存
【遷移】擎羊　　　　　【官禄】陀羅　　　　　【財帛】天魁　　　　　【夫妻】天鉞
・命宮宮威強ければ、地位と名誉を得るが、大きな財を築くのは難しいかもしれない。
・病気がちとなる恐れがあるので、健康には十分注意すること。

57　紫微辰・命宮申

天梁（陥） ・子供との関係はあまり良好なものではない。 ・羊陀が同宮すれば親不孝で育てにくい子供か、あるいは子供ができないこともある。 ・宮威弱－子供は親の言うことを聞かないか、病気がちとなる恐れがある。 【子女】　　　　巳	七殺（旺） [七殺朝斗格] ・配偶者は元気で溌剌としており、身体も丈夫である。 ・出会ってすぐに交際し、あまり期間をおかず結婚する傾向がある。 ・宮威弱－夫婦の気性が激しく、どこかで衝突することがある。 【夫妻】　　　　午	[命無正曜格] [二曜同臨格] （[日月照壁格]） ・兄弟は少ないか、あるいはいないことがある。 ・宮威強－兄弟との関係はあまり良好とは言えない。 ・宮威弱－兄弟とは仲が悪くなり、噛み合わない。 【兄弟】　　　　未	廉貞（廟） [紫府朝垣格] [雄宿朝垣格] [府相朝垣格] 【命宮】　　　　申
紫微（地） 天相（地） ・宮威強－基本的に財運は良く、安定した財を築くことができる。 ・宮威弱－財は出たり入ったりで、なかなか安定しない。 【財帛】　　　　辰	\multicolumn{2}{c}{紫府朝垣格 人格高潔、富貴と健康長寿に恵まれ 地位ある人の援助に浴す。 府相朝垣格 目上の引き立て、実力者の支援を受ける。 家内安全に心がけること。 雄宿朝垣格 個性強く聡明。自分の思ったことは必ず 実行・実現し、他を顧みない。 ・個性は強烈で所有欲も強い。 ・美男美女とは言いがたいが、ファッションには気をつかい、なかなかのお洒落である。 ・芸術的資質に恵まれ、多芸多才で才能豊かである。また趣味の幅が広く、弁も立つ。 ・我慢強いが、せっかちで負けず嫌いである。 ・自分を基準に物事を考え、上司となれば頼もしいが部下にも厳しい要求をする。 ・刺激を求め、冒険心にあふれ、人と競うことを好むので、変化に富んだ人生を送る。 ・異性との縁が多く、また異性から助力を得るが、ロマンスからスキャンダルに発展することもあるので、酒色賭事には十分な距離を置いて節制することが肝要である。}		[命無正曜格] ・宮威強－親子で意見の対立を見たり争うようなことはないが、あまり良好な関係ではない。 ・宮威弱－両親と対立し、ひどいときは衝突するようなこともある。 【父母】　　　　酉
天機（旺） 巨門（廟） [巨機同臨格] ・宮威強－おおむね健康である。 ・宮威弱－代謝異常、栄養不足、流行性疾患などに注意。 ・火星加会－中風やめまいなどに注意。 【疾厄】　　　　卯			破軍（旺） ・思いつきで動くことがあり、人と競争することを好む。 ・宮威強－思ったことは実行せずにはいられないので、成功と失敗の波がきい。 ・宮威弱－悲観的な気持ちになることがある。 ・姚花星が同宮加会すると異性問題の恐れあり。 【福徳】　　　　戌
貪狼（平） ・宮威強－刺激や新しいものを好み、喜んで外出・旅行・遠行するようになる。 ・宮威弱－外出先や遠地で異性とのトラブルを起こす恐れあり注意。また旅先でのトラブルに注意。 ・羊陀と同宮加会すれば、交通事故など、外出先での怪我や事故に注意。 【遷移】　　　　寅	太陽（不） 太陰（廟） [日月同臨格] ・部下や後輩や友人はいろいろなタイプの者がいる。 ・男性よりも女性との縁が多くなる。 ・宮威強－いい部下や後輩に恵まれる。 ・宮威弱－部下や後輩友人とは意見が合わず、対立することもある。 【奴僕】　　　　丑	天府（廟） 武曲（旺） ・決断力とリーダーシップを発揮する。 ・宮威強－事業は発展し、大きな権力を握る。 ・宮威弱－あまり出世しないか特殊技術者となる。 ・財界、金融界、財務企画、不動産、建築、公務員などに適性がある。 【官禄】　　　　子	天同（廟） ・宮威強－多く不動産を所有し、快適な住居に住むことができる。 ・宮威弱－あまり大きな不動産は獲得できない。 ・火羊が同宮すれば火災に注意。 ・羊陀が同宮すれば盗難に注意。 【田宅】　　　　亥

甲年生
【命宮】廉貞（禄）　【福徳】破軍（権）　【官禄】武曲（科）　【奴僕】太陽（忌）
【遷移】禄存　　　　【疾厄】擎羊　　　　【奴僕】陀羅・天魁　【兄弟】天鉞
　・基本的に成功し財と地位の両方を手に入れる良好な運勢である。
　・部下後輩友人に足下をすくわれないように注意すること。

乙年生
【疾厄】天機（禄）　【子女】天梁（権）　【財帛】紫微（科）　【奴僕】太陰（忌）　【疾厄】禄存
【財帛】擎羊　　　　【遷移】陀羅　　　　【官禄】天魁　　　　【命宮】天鉞
　・基本的に良好な命で、財産を得ることができる。
　・女性の後輩や友人に注意すること。トラブルの暗示あり。
　・子供は個性が強く、親の言うことを聞かない傾向がある。

丙年生
【田宅】天同（禄）　【疾厄】天機（権）　【命宮】廉貞（忌）　【子女】禄存
【夫妻】擎羊　　　　【財帛】陀羅　　　　【田宅】天魁　　　　【父母】天鉞
　・経済的には安定しており、家庭内も良好であるが、健康（特に伝染病や、その他頑固でやっかいな病気）には注意すること。

丁年生
【奴僕】太陰（禄）　【田宅】天同（権）　【疾厄】天機（科）　【疾厄】巨門（忌）　【夫妻】禄存
【兄弟】擎羊　　　　【子女】陀羅　　　　【田宅】天魁　　　　【父母】天鉞
　・両親や兄弟親族友人知己の助けを受けて成功し発展する。しかし命宮宮威弱ければ、その成功はさほど大きなものではない。
　・健康には十分注意すること。

戊年生
【遷移】貪狼（禄）　【奴僕】太陰（権）　【疾厄】天機（忌）　【子女】禄存
【夫妻】擎羊　　　　【財帛】陀羅　　　　【奴僕】天魁　　　　【兄弟】天鉞
　・命宮宮威強ければ、友人や実力者の助けを大いに受け発展する。また遠方で発展する暗示あり。弱ければ、苦しいことを避け、楽なことを求めるようになるので、大成は難しい。

己年生
【官禄】武曲（禄）　【遷移】貪狼（権）　【子女】天梁（科）　【夫妻】禄存
【兄弟】擎羊　　　　【子女】陀羅　　　　【官禄】天魁　　　　【命宮】天鉞
　・配偶者は経済力のある人か、あるいは配偶者の支援を得て成功し蓄財する。
　・基本的に大きな仕事を成し遂げて成功する良好な運勢である

庚年生
【奴僕】太陽（禄）　【官禄】武曲（権）　【奴僕】太陰（科）　【田宅】天同（忌）
【命宮】禄存　　　　【父母】擎羊　　　　【兄弟】陀羅・天鉞　【奴僕】天魁
　・命宮宮威強ければ、高い地位を手に入れて財産も築く。弱くても、それなりの成功を得ることができる良好な運勢である。
　・部下や後輩、友人知己が力になってくれる。

辛年生
【疾厄】巨門（禄）　【奴僕】太陽（権）　【父母】禄存　　　　【福徳】擎羊
【命宮】陀羅　　　　【夫妻】天魁　　　　【遷移】天鉞
　・生まれた家庭環境も本人も、それなりに安定した命運であるが、その他の星がどこに入るのかをよく見て判断すること。

壬年生
【子女】天梁（禄）　【財帛】紫微（権）　【官禄】武曲（忌）　【田宅】禄存
【官禄】擎羊　　　　【福徳】陀羅　　　　【疾厄】天魁　　　　【子女】天鉞
　・財を得ることはできるが、大きな財を築くことは難しいか、あるいは財産を維持管理することが難しくなる傾向がある。

癸年生
【福徳】破軍（禄）　【疾厄】巨門（権）　【奴僕】太陰（科）　【遷移】貪狼（忌）【官禄】禄存
【奴僕】擎羊　　　　【田宅】陀羅　　　　【疾厄】天魁　　　　【子女】天鉞
　・基本的に順調な運勢であるが、異性関係で問題を起こす恐れがあるので、注意が必要である。
　・頑固でやっかいな病気に罹る恐れがあるので、健康には注意すること。

第2章　紫微斗数14主星配置一覧　　139

58　紫微辰・命宮酉

天梁（陥） ・細かく支出や財産を管理する。特殊な方面や仕事で収入を得ることがある。 ・宮威強－財産管理に心を砕くようになる。 ・宮威弱－あまり大きな財は得られない。 【財帛】　　　巳	七殺（旺） [七殺朝斗格] ・個性的で活発な子供である。 ・宮威強－子供は成長後、事業を成功させたり出世したりする。 ・宮威弱－子供は、大きくは成功しない。空劫同宮すれば育てにくい子供となり、羊陀同宮すれば親に逆らう子になる。 【子女】　　　午	[命無正曜格] [二曜同臨格] （[日月照壁格]） ・夫婦のうちどちらかが欠点を持つか、カップルとして何かが欠けるようなことになる。お互いの欠点を認め合い、補い合う心が大切である。 ・昌曲左右天姚が同宮すれば男女問題や恋愛トラブルの暗示あり注意。 【夫妻】　　　未	廉貞（廟） [紫府朝垣格] [雄宿朝垣格] [府相朝垣格] ・兄弟は才能豊かで多才な人で、活動力も旺盛である。 ・宮威強－兄弟とは仲がよく、良好な関係である。 ・宮威弱－兄弟との関係はあまり良好なものではない。 【兄弟】　　　申
紫微（地） 天相（地） ・宮威強－おおむね健康である。 ・宮威弱－栄養不良、心臓病、糖尿病、消化器系の疾患、黄疸などに注意。 【疾厄】　　　辰	**命無正曜格** 対宮主星を命宮主星とみなして判断。 ・頭の回転がよく、いろんなことに理解が早く、研究熱心な勉強家である。また雄弁でフットワークも軽く、動き回る。 ・命宮宮威強－博学多能で分析力に優れ、科学技術や芸術の方面など、知的分野で成功を収める。また企画・計画力にも優れている。 ・新規事業を立ち上げるのにも向くが、若年中は苦労する。しかし中年以降、発展する。 ・個性が強く、自分の感情に流されるところがある。		[命無正曜格] 【命宮】　　　酉
天機（旺） 巨門（廟） [巨機同臨格] ・宮威強－活発に外出活動することや遠地に赴くことで、よいことも悪いことにも会うが、それでチャンスをつかみ発展する。 ・宮威弱－転々としてなかなか居所が定まらない。 ・羊陀同宮加会－外出時の怪我や事故に注意。 【遷移】　　　卯	・命宮宮威弱－平凡な命であるが、人を惑わせることがある。特に女性は蠱惑的となる。両親との縁が薄くなる傾向があり、幼少時に怪我や大きな病気をすることがある。 ・曲昌と羊陀が同宮すれば身体のどこかに痣や傷跡を持つことになる。		破軍（旺） ・両親との縁は薄く、関係もあまり良好とは言えない。 ・宮威強ければ生家は裕福であり、弱ければ生家は貧しいものとなる傾向がある。 ・いずれにせよ、早くから家を離れ、両親との間には距離ができることになる。 【父母】　　　戌
貪狼（平） ・部下後輩友人は多才で活動力旺盛な人が多い。 ・宮威強－部下後輩友人とは意見が合い、気持ちを通じ合える。 ・宮威弱－単なる遊び友達で終わる。また後輩友人に悪い遊びに誘われたり悪い影響を受けることがある。 【奴僕】　　　寅	太陽（不） 太陰（廟） [日月同臨格] ・事業上の成功と失敗は交互に訪れ起伏があり、事業運は変動運と言える。 ・公職、政治関係、選挙、教師、民間企業社員、チェーン店、サービス業などに適性がある。 【官禄】　　　丑	天府（廟） 武曲（旺） ・宮威強－不動産を所有することができる。 ・宮威弱－大きな不動産を所有したり、不動産を長く保有することは難しい。 ・火羊が同宮すれば火災に注意。 ・羊陀が同宮すれば盗難に注意。 【田宅】　　　子	天同（廟） ・ルーズで怠惰に流される傾向があり、面倒を避けゆとりや余裕のある生活を求めるようになる。 ・宮威弱－自分はあまり働かず、そのくせ他人には何かと注文をつけたり、文句を言ったりする。 【福徳】　　　亥

甲年生
【兄弟】廉貞（禄）　　【父母】破軍（権）　　【田宅】武曲（科）　　【官禄】太陽（忌）
【奴僕】禄存　　　　　【遷移】擎羊　　　　　【官禄】陀羅・天魁　　【夫妻】天鉞
[科権禄夾格] すこぶる吉命。とは言えこの配置は、あまり高い地位に昇ることは難しい。
・両親は厳しく子供を躾け育てる傾向がある。

乙年生
【遷移】天機（禄）　　【財帛】天梁（権）　　【疾厄】紫微（科）　　【官禄】太陰（忌）　　【遷移】禄存
【疾厄】擎羊　　　　　【奴僕】陀羅　　　　　【田宅】天魁　　　　　【兄弟】天鉞
・それなりに財を得る運勢ではあるが、高い地位に出世したり大きな名誉を得るのは難しい。
・事業／仕事運は波があり、困難な時期を乗り越える必要がある。
・しっかりと財産管理や収支管理をするようになる。

丙年生
【福徳】天同（禄）　　【遷移】天機（権）　　【兄弟】廉貞（忌）　　【財帛】禄存
【子女】擎羊　　　　　【疾厄】陀羅　　　　　【福徳】天魁　　　　　【命宮】天鉞
・成功し富と地位と名誉を得る運勢であるが、財産管理に腐心することがある。
・兄弟との関係は、あまり良好なものとは言えない。

丁年生
【官禄】太陰（禄）　　【福徳】天同（権）　　【遷移】天機（科）　　【遷移】巨門（忌）　　【子女】禄存
【夫妻】擎羊　　　　　【財帛】陀羅　　　　　【福徳】天魁　　　　　【命宮】天鉞
・吉凶相半ばする運勢なので、人生の起伏の波が大きくなることが想定される。その他の星がどこに
　入るかをよく見て判断すること。

戊年生
【奴僕】貪狼（禄）　　【官禄】太陰（権）　　【遷移】天機（忌）　　【財帛】禄存
【子女】擎羊　　　　　【疾厄】陀羅　　　　　【官禄】天魁　　　　　【夫妻】天鉞
・そこそこ安定した運勢であり、それなりの成功を収めることができる。
・交通事故など、遠行や外出時の怪我や事故には注意すること。

己年生
【田宅】武曲（禄）　　【奴僕】貪狼（権）　　【財帛】天梁（科）　　【子女】禄存
【夫妻】擎羊　　　　　【財帛】陀羅　　　　　【田宅】天魁　　　　　【兄弟】天鉞
・あまり大きな財を築くことはないが、その他の星がどこに入るかをよく見て判断すること。
・部下や後輩友人の中に、高圧的で高飛車な言動をする者がいるが、力になってくれる。
・家庭内は安定し、幸せな家庭生活を送ることができる。

庚年生
【官禄】太陽（禄）　　【田宅】武曲（権）　　【官禄】太陰（科）　　【福徳】天同（忌）
【兄弟】禄存　　　　　【命宮】擎羊　　　　　【夫妻】陀羅・天鉞　　【官禄】天魁
・事業／仕事運は良好で、命宮宮威強ければ、高い地位に出世することができる。
・気分が優れず、気苦労が多くなったり憂鬱な気持ちになることがあるので用心すること。

辛年生
【遷移】巨門（禄）　　【官禄】太陽（権）　　【命宮】禄存　　　　　【父母】擎羊
【兄弟】陀羅　　　　　【子女】天魁　　　　　【奴僕】天鉞
・事業／仕事運は良好で、そこそこの地位に出世することができる。
・その他の星がどこに入るかをよく見て判断すること。

壬年生
【財帛】天梁（禄）　　【疾厄】紫微（権）　　【田宅】武曲（忌）　　【福徳】禄存
【田宅】擎羊　　　　　【父母】陀羅　　　　　【遷移】天魁　　　　　【財帛】天鉞
・それなりの成功を収めることができる。
・財運にも恵まれるが、財産管理に心を煩わせることがある。

癸年生
【父母】破軍（禄）　　【遷移】巨門（権）　　【官禄】太陰（科）　　【奴僕】貪狼（忌）　　【田宅】禄存
【官禄】擎羊　　　　　【福徳】陀羅　　　　　【遷移】天魁　　　　　【財帛】天鉞
・事業／仕事運は良好で、高位に昇ることができるが、金銭問題や財産管理のことで心を煩わされる
　ことがある。また、比較的恵まれた家庭環境で生育する。
・部下後輩友人の中に、酒色や娯楽、悪い遊びに誘う者がいる。

第2章　紫微斗数14主星配置一覧　　141

59 紫微辰・命宮戌

天梁（陷） ・長く医者や薬と付き合わなければならないような場合もあるが、かえって「一病息災」へと転じることができる。 ・蓄膿症、内分泌異常、胃病、消化不良などに注意。 ・火鈴同宮加会－身体に傷跡が残るか、胃がんや乳がんの暗示あり注意。 【疾厄】　　　　巳	七殺（旺） ［七殺朝斗格］ ・宮威強－特殊な方面や仕事で収入を得ることがあり、財は出たり入ったりで、なかなか蓄財できない。 ・宮威弱－投機性の高い事業や賭事には注意すること。 【財帛】　　　　午	［命無正曜格］ ［二曜同臨格］ （［日月照壁格］） ・宮威強－子供には良い子もいれば、そうでない子もいる。男の子よりもの子の方が優秀で縁も深い。 ・宮威弱－子供に恵まれないか、いても縁は薄いものとなる。 【子女】　　　　未	廉貞（廟） ［紫府朝垣格］ ［雄宿朝垣格］ ［府相朝垣格］ ・宮威強－配偶者は趣味も多く才能豊かな人で、また夫婦間の趣味や嗜好も合い、幸せな結婚生活を送ることができる。 ・宮威弱－配偶者は強烈な個性の持ち主で、相容れないところがある。 【夫妻】　　　　申
紫微（地） 天相（地） ・宮威強－遠地に赴いたり活発に外出、活動することでチャンスをつかみ発展する。 ・宮威弱－遠地に赴くとトラブルに見舞われたり、苦労することになる。羊陀が同宮加会すれば、交通事故など外出時の怪我や事故に注意すること。 【遷移】　　　　辰	・独特で強烈な個性の持ち主で、人に指図されるのを嫌い、喜怒哀楽に起伏が見られる。 ・好き嫌いが明確で、好きなことには寝食を忘れて没頭するが、嫌いなことには手を出さない。好きな人には親切にふるまうが、嫌いな人は避けるようになる。したがって、人間関係も偏ったものとなりがちである。 ・変動運であり、一生を通じて変化、変動が多い。また外地や外出することで運をつかむ。 ・間食を好むか、斜めに座ったり手で何か物を弄んだり落ち着きのない感じを人に与える。		［命無正曜格］ ・宮威強－兄弟の仲に、仲のよい者もいれば、疎遠となる者もいる。 ・宮威弱－兄弟仲はあまり良好とは言えない。 【兄弟】　　　　酉
天機（旺） 巨門（廟） ［巨機同臨格］ ・宮威強－部下後輩友人はあまり力にはならないが交友は長く続く。また、常に新しい人との出会いがある。 ・宮威弱－部下後輩友人の中に、うわべは取り繕うが心中計り知れない者がいるので注意すること。 【奴僕】　　　　卯	・負けず嫌いで、指示されるよりも指示する方を好み、自分でやらなければ気が済まない。 ・せっかちで好奇心旺盛であるが、忍耐力に欠けるところがある。 ・刺激的、挑戦的なことを好み、古きを改め新しきを作るのを好む。 ・命宮宮威弱－親戚縁者との縁が薄い暗示あり。 ・曲昌同宮加会－文学や芸術を愛好するが、創作活動を本職にはせず、趣味の範囲に留めるのがよい。 ・天姚などの桃花星や昌曲が同宮加会すると、異性関係で問題を起こす恐れあり注意。		破軍（旺） 【命宮】　　　　戌
貪狼（平） ・宮威強－事業運は比較的良好である。 ・宮威弱－特殊技術を身につけ、何かの専門職となるのがよい。 ・政治関係、企画計画業務、編集、飲食旅行業、株式、芸能関係、モデル、娯楽、服飾関係、教育関係などに適性がある。 ・火鈴に会えば投機関係。 【官禄】　　　　寅	太陽（不） 太陰（廟） ［日月同臨格］ ・宮威強－不動産運はさほど大きなものではなく、得ることもあれば失うこともある。 ・宮威弱－大きな不動産を得ることは難しい。 ・火羊同宮－火災に注意。 ・羊陀が同宮すれば盗難に注意。 【田宅】　　　　丑	天府（廟） 武曲（旺） ・宮威強－細かいことにこだわらず、堂々としている。 ・宮威弱－苦労症であり、また気苦労も多くなる。 ・天姚などの桃花星と同宮加会すれば、異性と交友することを好むようになる。 【福徳】　　　　子	天同（廟） ・宮威強－両親は優しく愛情深い人で、両親との関係も良好である。 ・宮威弱－両親との縁は薄くなるか、どちらかの親が病弱となる恐れがある。 【父母】　　　　亥

甲年生
【夫妻】廉貞（禄）　【命宮】破軍（権）　【福徳】武曲（科）　【田宅】太陽（忌）
【官禄】禄存　　　　【奴僕】擎羊　　　　【田宅】陀羅・天魁　【子女】天鉞
　・自分に自信を持ち、精神的に安定している。また配偶者の実家が裕福であるか、あるいは配偶者の
　　支援と協力を得ることで、結婚生活も安定する。

乙年生
【奴僕】天機（禄）　【疾厄】天梁（権）　【遷移】紫微（科）　【田宅】太陰（忌）　【奴僕】禄存
【遷移】擎羊　　　　【官禄】陀羅　　　　【福徳】天魁　　　　【夫妻】天鉞
　・遠地に赴いてチャンスをつかみ発展するが、財よりも名誉や地位を得る運勢である。
　・家庭内が少しゴタゴタする恐れがある。

丙年生
【父母】天同（禄）　【奴僕】天機（権）　【夫妻】廉貞（忌）　【疾厄】禄存
【財帛】擎羊　　　　【遷移】陀羅　　　　【父母】天魁　　　　【兄弟】天鉞
［貴星夾命格］人の援助に恵まれる。・裕福で良好な家庭環境で育つ。
　・結婚生活は波風が立つ恐れがあるので、夫婦円満を心がけること。
　・部下や後輩友人の中に威丈高で高飛車な人がいるが、力になってくれる。

丁年生
【田宅】太陰（禄）　【父母】天同（権）　【奴僕】天機（科）　【奴僕】巨門（忌）　【財帛】禄存
【子女】擎羊　　　　【疾厄】陀羅　　　　【父母】天魁　　　　【兄弟】天鉞
［貴星夾命格］人の援助に恵まれる。
　・少しく安定した運勢である。
　・両親は厳格で、子供を厳しく躾け教育する。

戊年生
【官禄】貪狼（禄）　【田宅】太陰（権）　【奴僕】天機（忌）　【疾厄】禄存
【財帛】擎羊　　　　【遷移】陀羅　　　　【田宅】天魁　　　　【子女】天鉞
　・命宮宮威強ければ高位高職に就くことができるが、弱ければそこそこの成功である。

己年生
【福徳】武曲（禄）　【官禄】貪狼（権）　【疾厄】天梁（科）　【財帛】禄存
【子女】擎羊　　　　【疾厄】陀羅　　　　【福徳】天魁　　　　【夫妻】天鉞
　・よい職に就き高給を得て幸福な人生を送る。命宮宮威弱くてもそこそこ中ぐらいの運勢である。

庚年生
【田宅】太陽（禄）　【福徳】武曲（権）　【田宅】太陰（科）　【父母】天同（忌）
【夫妻】禄存　　　　【兄弟】擎羊　　　　【子女】陀羅・天鉞　【田宅】天魁
　・配偶者から支援と協力を得ることができる。
　・生まれ育った環境はあまり良好なものとは言えず、両親との縁も薄い。

辛年生
【奴僕】巨門（禄）　【田宅】太陽（権）　【兄弟】禄存　　　　【命宮】擎羊
【夫妻】陀羅　　　　【財帛】天魁　　　　【官禄】天鉞
　・平凡な運勢であるが、その他の星がどこに入るかをよく見て判断すること。
　・住居や家庭内のことで、自分の趣味や意見を通そうとするところがある。

壬年生
【疾厄】天梁（禄）　【遷移】紫微（権）　【福徳】武曲（忌）　【父母】禄存
【福徳】擎羊　　　　【命宮】陀羅　　　　【奴僕】天魁　　　　【疾厄】天鉞
　・基本的にあまり強い運勢ではないが、その他の星がどこに入るかをよく見て判断すること。
　・遠地に赴いたり、活発に外出することでチャンスをつかむ。
　・比較的安定した家庭環境に育つ。

癸年生
【命宮】破軍（禄）　【奴僕】巨門（権）　【田宅】太陰（科）　【官禄】貪狼（忌）　【福徳】禄存
【田宅】擎羊　　　　【父母】陀羅　　　　【奴僕】天魁　　　　【疾厄】天鉞
　・財運に恵まれた良好な運勢であるが、事業上の困難に出会う暗示があり、苦労した後に成功する運
　　勢である。
　・部下や後輩友人の中に口やかましく威丈高な人がいるが、力になってくれる。

60　紫微辰・命宮亥

【遷移】　　　　　巳	【疾厄】　　　　　午	【財帛】　　　　　未	【子女】　　　　　申
天梁（陥） ・あまり自分から遠地に赴いたり外出することを好まない。もし遠地に赴くと苦労を伴うことになる。 ・宮威弱－遠地に赴くとトラブルに見舞われたり、苦労することになる。 ・羊陀同宮加会－外出時の怪我や事故に注意。	七殺（旺） ［七殺朝斗格］ ・宮威強－おおむね健康である。 ・宮威弱－幼少時は病弱である暗示がある。長じてからは痔疾に悩まされる。また、十二指腸潰瘍、めまい、結膜炎などの疾患に注意すること。	［命無正曜格］ ［二曜同臨格］ （［日月照壁格］） ・財運は良好であり、少しく財産を築く命である。 ・宮威弱－財運はそこそこであるが、財を得るまでには相当の努力と苦労を伴うことになる。	廉貞（廟） ［紫府朝垣格］ ［雄宿朝垣格］ ［府相朝垣格］ ・子供は賢く遊び好きで、元気な子供である。 ・宮威強－子供は才能豊かで、いろんなことに挑戦したがるようになる。 ・宮威弱－子供はあまりよくない習慣や悪い遊びを覚えることがある。

【奴僕】　　　　　辰			【夫妻】　　　　　酉
紫微（地） 天相（地） ・宮威強－優秀な部下や後輩、友人に恵まれ、いろいろと力になってくれる。 ・宮威弱－部下や後輩、友人たちとは、長く交友を結ぶことは難しい。	・丸顔で、身体も太り気味の人が多い。 ・基本的に温和で人当たりがよくフレンドリーで善良な人であるが、ともすれば怠惰に流れ面倒なことを嫌う傾向がある。したがって、苦労して物事を成就させようとはしない。 ・まず激昂することなく、基本的に争いを嫌う平和主義者である。 ・家にいるのを好むが、家事は苦手である。 ・単純な仕事、余裕のある仕事を好む。 ・表面は和やかに人と接するが、内心は冷徹な一面もある。 ・企画力に優れ独特の思想を持ち説得力もあるので、専門技術や学術研究、芸術関係、弁護士、教職、政治家などの頭脳労働に向いている。 ・生活に情趣を求め、コレクションの趣味あり。 ・この人は1〜2個の凶星に会うのがよい。凶星の刺激によりルーズでアバウトな性格に喝が入る。しかし3〜4個以上加会するのは、やはりよくない。 ・化禄があればさらに怠惰となるので、その場合は化忌が加会するか、化権が加会するとよい。奮発するようになる。 ・化忌に凶星が加わると怠惰に逃避する傾向。		［命無正曜格］ ・宮威強－晩婚に適す。 ・宮威弱－結婚生活に波風の立つ恐れがあるので、夫婦円満を心がけることが肝要である。 ・昌曲左右天姚が同宮すれば、異性問題や恋愛トラブルの暗示があるので、注意が必要である。

【官禄】　　　　　卯			【兄弟】　　　　　戌
天機（旺） 巨門（廟） ［巨機同臨格］ ・弁護士、司法書士、教育関係、占い師、マスコミ、翻訳、著述業、司法、政界などに適性がある。			破軍（旺） ・宮威強－兄弟とは次第に離れ離れとなり、仲もあまりよくない。 ・宮威弱－兄弟とは仲が悪く反目し合うか、あるいは兄弟がいない。

【田宅】　　　　　寅	【福徳】　　　　　丑	【父母】　　　　　子	【命宮】　　　　　亥
貪狼（平） ・宮威強－住居のインテリアなどに工夫をこらし、美しく住み心地のよいものにしようとする。 ・宮威弱－インテリアが気にいらないとか、すぐに引っ越ししなくてはならないとか、住居に関して煩わされることが多くなる。	太陽（不） 太陰（廟） ［日月同臨格］ ・なかなか心の中が安定しない。 ・宮威強－比較的精神は安定し、幸せな人生を送る。 ・化忌同宮－不平や不満をつのらせ、心の中が安定しない。	天府（廟） 武曲（旺） ・宮威強－父祖や先祖から何らかのものを承継する。 ・宮威弱－両親との縁は薄いものであり、仲もあまりよくない。場合によっては意見が対立し、反目し合うようなことがある。	天同（廟）

甲年生
【子女】廉貞（禄）　　【兄弟】破軍（権）　　【父母】武曲（科）　　【福徳】太陽（忌）
【田宅】禄存　　　　　【官禄】擎羊　　　　　【福徳】陀羅・天魁　　【財帛】天鉞
・命宮宮威強ければ平凡で安定した人生となるが、弱ければ次点の命である。
・ハイセンスで知的な家庭の生まれである。

乙年生
【官禄】天機（禄）　　【遷移】天梁（権）　　【奴僕】紫微（科）　　【福徳】太陰（忌）　　【官禄】禄存
【奴僕】擎羊　　　　　【田宅】陀羅　　　　　【父母】天魁　　　　　【子女】天鉞
・事業／仕事運は良好で、高位に昇り高給を得ることができる。
・住居はなかなか一定せず、移動や転居を繰り返す傾向がある。
・他人に容易に胸の内を明かさない。また気苦労が多く、いろいろと心配し悩むことがある。

丙年生
【命宮】天同（禄）　　【官禄】天機（権）　　【子女】廉貞（忌）　　【遷移】禄存
【疾厄】擎羊　　　　　【奴僕】陀羅　　　　　【命宮】天魁　　　　　【夫妻】天鉞
・基本的に財運豊かな運勢であるが、その他の星をよく見て判断すること。
・子供には苦労をかけられることがある。

丁年生
【福徳】太陰（禄）　　【命宮】天同（権）　　【官禄】天機（科）　　【官禄】巨門（忌）　　【疾厄】禄存
【財帛】擎羊　　　　　【遷移】陀羅　　　　　【命宮】天魁　　　　　【夫妻】天鉞
・命宮宮威強ければ発奮し自分の意見を通そうとして頑張るが、事業運は吉凶混雑するので、粘り強く挑戦することが大事である。命宮宮威弱ければこだわりが強く我を通そうとする。

戊年生
【田宅】貪狼（禄）　　【福徳】太陰（権）　　【官禄】天機（忌）　　【遷移】禄存
【疾厄】擎羊　　　　　【奴僕】陀羅　　　　　【福徳】天魁　　　　　【財帛】天鉞
・事業運は変化が多いが、それなりの財を得ることはできる。命宮宮威強ければ、そこそこ安定した運勢である。

己年生
【父母】武曲（禄）　　【田宅】貪狼（権）　　【遷移】天梁（科）　　【疾厄】禄存
【財帛】擎羊　　　　　【遷移】陀羅　　　　　【父母】天魁　　　　　【子女】天鉞
・居所が一定しない傾向がある。
・生家は裕福か、あるいは両親との縁が厚い。

庚年生
【福徳】太陽（禄）　　【父母】武曲（権）　　【福徳】太陰（科）　　【命宮】天同（忌）
【子女】禄存　　　　　【夫妻】擎羊　　　　　【財帛】陀羅・天鉞　　【福徳】天魁
・命宮宮威強ければ発奮して成功を手にするが、弱ければ感情が一定せずクヨクヨと悩んだりする。
・生家はしっかりした家であるが、裕福とは限らない。
・両親は厳格で、子弟を厳しく躾け教育する。

辛年生
【官禄】巨門（禄）　　【福徳】太陽（権）　　【夫妻】禄存　　　　　【兄弟】擎羊
【子女】陀羅　　　　　【疾厄】天魁　　　　　【田宅】天鉞
・基本的に地位と名誉と財を得、幸せな結婚生活を送る運勢であるが、その他の星もよく見て判断すること。

壬年生
【遷移】天梁（禄）　　【奴僕】紫微（権）　　【父母】武曲（忌）　　【命宮】禄存
【父母】擎羊　　　　　【兄弟】陀羅　　　　　【官禄】天魁　　　　　【遷移】天鉞
・財を築き安穏とした人生を送ることができるが、命宮宮威弱ければそのために心労や悩みを伴うことになる。

癸年生
【兄弟】破軍（禄）　　【官禄】巨門（権）　　【福徳】太陰（科）　　【田宅】貪狼（忌）　　【父母】禄存
【福徳】擎羊　　　　　【命宮】陀羅　　　　　【官禄】天魁　　　　　【遷移】天鉞
・命宮宮威強ければ安定した良好な運勢であり、弱ければそこそこ安定した運勢である。
・住居や家庭のことで、頭を悩ませることがある。

61　紫微巳・命宮子

紫微（旺） 七殺（平） [化殺為権格] ・宮威強－よい部下や後輩友人に恵まれ、協力してくれる。 ・宮威弱－部下や友人後輩はプライドが高く、なかなか言うことを聞いてくれない。 【奴僕】　　巳	[命無正曜格] [日月並明格] ・宮威強－他郷や他国など郷里を離れて発展する。また外出運や交際運もよい。 ・宮威弱－郷里を離れることはあまり望ましくないし、外出運もさほどではない。また羊陀と同宮加会すれば外出時の事故や怪我に注意すること。 【遷移】　　午	[命無正曜格] [府相朝垣格] ・宮威強－おおむね健康である。 ・宮威弱－泌尿器科や婦人科系の疾病に注意。特に羊陀火鈴が同宮加会すれば痔疾、皮膚病、眼科や手足の疾患などに注意すること。 【疾厄】　　未	[命無正曜格] [日月並明格] [機月同梁格] ・宮威強－起業して財を成す人もいる。それなりに財を築くことができる。 ・宮威弱－財を築くためには相当の努力と苦労が必要となる。 【財帛】　　申
天機（利） 天梁（廟） [機月同梁格][機梁加会格] ・弁護士など法律関係、教育関係、公職公務員、占いや神秘学の研究家、広告宣伝、著述業、翻訳業などに向く。また企業にあっては戦略スタッフなどのブレーンに適する。 ・女性はほかに芸能・芸術界にも向く。 【官禄】　　辰	**機月同梁格** 抜群の企画力と事務処理能力で主人の片腕となる大番頭。No.2狙いで大成功。 **月生滄海格** ロマンと芸術を愛する人。 温厚で誠実で酒食を愛する風流人。 ・天同と太陰の良さが存分に発揮される配置で、基本的にとても良好な配置である。 ・温厚で優しく、風流を愛し多芸多才であり、特に夜間の時間帯に生まれた人は良好。 ・繊細で美的センスにあふれ、生活に潤いを求める。また多情多感で芸術的才能にも恵まれている。 ・聡明で秀気にあふれ、起居動作も優雅で品がある。謙譲の美徳を備え、ユーモアを解し、官公庁や企業にあれば高位に昇ることができる。 ・どちらかと言えば受動的なタイプである。 ・男女ともに異性との縁が多く、異性から多くの助力、支援を得ることができる。 ・命宮宮威弱－神経質となり感情に波がある。また人からの支援や援助を受けるのをよしとせず拒むようなところがある。 ・女性の中には汗水垂らして働くのを厭い、男性に依存して生きていくような人もいる。		廉貞（平） 破軍（陥） [殺拱廉貞格] ・宮威強－子供との縁は薄いものとなる。子供達は成長後、それぞれが独立して自分の人生を歩むようになる。 ・宮威弱－子供は親の言うことを聞かず、逆らうようになる。 【子女】　　酉
天相（陥） ・宮威強－父祖から家屋や不動産を受け継ぐが、それを維持するのは困難である。 ・宮威弱－大きな不動産を取得することは難しく、住居も立派なものではない。 ・火羊同宮－火災に注意。 ・羊陀同宮－盗難に注意。 【田宅】　　卯			[命無正曜格] ・宮威強－配偶者は優秀で能力も高く、それぞれが仕事を持つこともある。 ・宮威弱－夫婦間の関係は冷めたものとなりがちである。化忌が同宮すればその傾向は強くなる。 ・昌曲左右天姚が同宮すれば、異性問題や恋愛トラブルの暗示があるので、注意が必要である。 【夫妻】　　戌
太陽（旺） 巨門（廟） [巨日同宮格] ・宮威強－明朗快活な人で小さなことは気にしない。名誉を重んじ、困った人には手をさしのべる博愛の人である。 ・宮威弱－プライドが高く勝ち負けにこだわる。 ・天姚などの桃花星があれば異性を好むようになる。 【福徳】　　寅	武曲（廟） 貪狼（廟） [貪武同行格] [日月夾命格] ・宮威強－両親は裕福でセンスのある人である。 ・宮威弱－両親のどちらかと対立するようになる。 【父母】　　丑	天同（旺） 太陰（廟） [機月同梁格] [月生滄海格] 【命宮】　　子	天府（地） ・宮威強－兄弟との縁は厚く、仲がよく、互いに助け合う。 ・宮威弱－兄弟との縁は薄く、成長してからは交流も少なくなり、それぞれの道を行くようになる。 【兄弟】　　亥

甲年生
【子女】廉貞（禄）　　【子女】破軍（権）　　【父母】武曲（科）　　【福徳】太陽（忌）
【福徳】禄存　　　　　【田宅】擎羊　　　　　【父母】陀羅・天魁　　【疾厄】天鉞
・精神的に安定しないところがあり、財運もあまり強くはない。
・両親は知性あるインテリか、一定の社会的ステータスのある人である。

乙年生
【官禄】天機（禄）　　【官禄】天梁（権）　　【奴僕】紫微（科）　　【命宮】太陰（忌）　　【田宅】禄存
【官禄】擎羊　　　　　【福徳】陀羅　　　　　【命宮】天魁　　　　　【財帛】天鉞
・一定の成功を収めて地位と財を得るが、心の満足は得られにくい傾向がある。
・夫婦それぞれが自立し、自分の仕事や生き方をすることがある。

丙年生
【命宮】天同（禄）　　【官禄】天機（権）　　【子女】廉貞（忌）　　【奴僕】禄存
【遷移】擎羊　　　　　【官禄】陀羅　　　　　【兄弟】天魁　　　　　【子女】天鉞
・命宮宮威強ければ組織の中で高位に昇ることができる。弱ければ特殊専門技術の技術者に向く。
・子供には手を焼いたり煩わされる暗示がある。

丁年生
【命宮】太陰（禄）　　【命宮】天同（権）　　【官禄】天機（科）　　【福徳】巨門（忌）　　【遷移】禄存
【疾厄】擎羊　　　　　【奴僕】陀羅　　　　　【兄弟】天魁　　　　　【子女】天鉞
[三奇加会格] 大いに富み、発展する。[科権禄主格] 福分高い吉格。[権禄巡逢格] 吉祥あふれる吉格。
[対面朝斗格] 商才に優れ、ビジネスの現場で頭角を現す。[禄合鴛鴦格] 財に恵まれる吉格。
・基本的に実力と幸運に恵まれ成功する運勢であるが、出る杭は打たれることもある。口舌のトラブルには注意すること。財を得てかえって心穏やかでないこともある。人に施して吉を呼ぶ。

戊年生
【父母】貪狼（禄）　　【命宮】太陰（権）　　【官禄】天機（忌）　　【奴僕】禄存
【遷移】擎羊　　　　　【官禄】陀羅　　　　　【父母】天魁　　　　　【疾厄】天鉞
・生家は比較的裕福であり、基本的に良好な運勢であるが、事業運は変化が多く、結婚生活も一定したものではない。

己年生
【父母】武曲（禄）　　【父母】貪狼（権）　　【官禄】天梁（科）　　【遷移】禄存
【疾厄】擎羊　　　　　【奴僕】陀羅　　　　　【命宮】天魁　　　　　【財帛】天鉞
[対面朝斗格] 商才あり、ビジネスの現場で頭角を現し財を得る。
・基本的に事業／仕事運は良く、高位高給を得られる運勢であるが、両親は厳しく子供を育てる。

庚年生
【福徳】太陽（禄）　　【父母】武曲（権）　　【命宮】太陰（科）　　【命宮】天同（忌）
【財帛】禄存　　　　　【子女】擎羊　　　　　【疾厄】陀羅・天鉞　　【父母】天魁
・よい親兄弟親戚に恵まれる運であるが、本人は悩むことがある。
・両親は子供を厳しく躾け教育する。

辛年生
【福徳】巨門（禄）　　【福徳】太陽（権）　　【子女】禄存　　　　　【夫妻】擎羊
【財帛】陀羅　　　　　【遷移】天魁　　　　　【福徳】天鉞
・基本的に幸運に恵まれた良好な運勢であるが、その他の星がどこに入るかをよく見て判断すること。

壬年生
【官禄】天梁（禄）　　【奴僕】紫微（権）　　【父母】武曲（忌）　　【兄弟】禄存
【命宮】擎羊　　　　　【夫妻】陀羅　　　　　【田宅】天魁　　　　　【奴僕】天鉞
・責任ある立場や職位に就くが苦労もある。それなりに成功するが、あまり大きな財は築かない。
・生家はあまり裕福でないか、あるいは両親との関係が悪く、縁は薄くなる。

癸年生
【子女】破軍（禄）　　【福徳】巨門（権）　　【命宮】太陰（科）　　【父母】貪狼（忌）　　【命宮】禄存
【父母】擎羊　　　　　【兄弟】陀羅　　　　　【田宅】天魁　　　　　【奴僕】天鉞
・命宮宮威強ければ、財と地位を手に入れ成功する。弱ければ、成功のためには相当の努力と苦労を伴うようになる。
・生家はあまり裕福でないか、あるいは両親との関係が悪く、縁は薄くなる。

62　紫微巳・命宮丑

紫微（旺）七殺（平）[化殺為権格] ・宮威強－よい職を得て高位に昇ることができる。 ・宮威弱－仕事の上での責任が重く苦労する。 ・警察消防、司法書士、財務管理、チェーン店など。もし昌曲左右の同宮加会があれば建築設計インテリアデザインなども適す。 【官禄】　　　巳	[命無正曜格] [日月並明格] ・宮威強－部下後輩友人とはよい関係に恵まれ、多くの力を得ることができる。 ・宮威弱－部下や後輩友人とは交際も薄くなり、大きな支援は得られない。 【奴僕】　　　午	[命無正曜格] [府相朝垣格] ・宮威強－外出運や対外運は良好で安定している。 ・宮威弱－交通事故など、外出先での事故や怪我に注意すること。特に羊陀が同宮加会すれば、その可能性が高くなる。 【遷移】　　　未	[命無正曜格] [日月並明格] [機月同梁格] ・宮威強－おおむね健康である。 ・宮威弱－頭痛、脳疾患、糖尿病、低血圧などの疾患に注意。また神経性脱毛症などにも注意。 【疾厄】　　　申
天機（利）天梁（廟）[機月同梁格][機梁加会格] ・宮威強－不動産を売買し常に転居を繰り返す。 ・宮威弱－家にいてもあまり落ち着くことができない。 ・火羊が同宮すれば火災に注意。 ・羊陀が同宮すれば盗難に注意。 【田宅】　　　辰	\multicolumn{2}{c	}{**貪武同行格** 若いうちは苦労も多いが、中年以降に大発展。 **日月夾命格** 太陽太陰命宮を挟めば、 財産を築き成功者となる人である。 ・個性は強固で忍耐強く、心に大きな望みや野望、目標を抱く。 ・仕事にも意欲を燃やし、不断の努力をする。 ・有能で何事にも多芸多才な人であるが、他人に拘束されることを嫌う。 ・冒険心に富み、危険を顧みず突き進む。 ・大器晩成型であり、中年以降に運が開けてくる。若年中は奮闘努力が必要であるが、その努力が中年以降に花開くのである。 ・計算高く、中には吝嗇（ケチ）な人もいる。 ・飲酒に溺れる暗示があるので、酒を嗜む人は節制が肝要である。 ・人に知られず隠れた異性関係の暗示あり。 ・命宮宮威強ければ財運に恵まれる。 ・曲昌同宮加会－異性関係のトラブルの暗示があるので注意すること。 ・昌鈴陀同宮加会－事故や怪我の暗示あり注意。}		廉貞（平）破軍（陥）[殺拱廉貞格] ・宮威強－基本的に財運は良いが、やや安定しない財運である。また自らの才能を生かし財を得る。 ・宮威弱－大きな財産を築くのは難しい。 【財帛】　　　酉
天相（陥） ・宮威強－楽しく人生を送ることができる。 ・宮威弱－常に切羽詰まった気持ちに支配され、なかなか落ち着くことができない。リラックスしたり癒される趣味や方法を見つけるのが大事。 ・天姚や昌曲などの桃花星が同宮加会すれば異性との交際を好むようになる。 【福徳】　　　卯			[命無正曜格] ・宮威強－賢く責任感のあるしっかりしたよい子供に恵まれる。 ・宮威弱－親の言うことを聞かなかったり、なにかと育てにくい子供である。 【子女】　　　戌
太陽（旺）巨門（廟）[巨日同宮格] ・宮威強－立派でしっかりした両親に愛され、多く助けられる。 ・宮威弱－両親との縁は薄くなり、仲もあまりよいものではない。 【父母】　　　寅	武曲（廟）貪狼（廟）[貪武同行格][日月夾命格] 【命宮】　　　丑	天同（旺）太陰（廟）[機月同梁格][月生滄海格] ・宮威強－兄弟との縁は深く兄弟仲がよく、中に優しく頭のいい人がいて力になってくれる。 ・宮威弱－兄弟との縁は薄く、仲もよくない。 【兄弟】　　　子	天府（地） ・宮威強－配偶者は素晴らしい人で、理想的な結婚生活を送ることができる。 ・宮威弱－配偶者との縁は薄いものとなる。 ・昌曲左右天姚が同宮すれば、異性問題や恋愛トラブルの暗示があるので、注意が必要である。 【夫妻】　　　亥

甲年生
【財帛】廉貞（禄）　　【財帛】破軍（権）　【命宮】武曲（科）　【父母】太陽（忌）
【父母】禄存　　　　　【福徳】擎羊　　　　【命宮】陀羅・天魁　【遷移】天鉞
[三奇加会格] 幸運に恵まれチャンスをつかみ財を得る。
[天乙拱命格] 学識高く、人の縁に恵まれ幸運を得る。
・両親は厳しくて近寄りがたいか、あるいは弱くてあまり頼りにならない。

乙年生
【田宅】天機（禄）　　【田宅】天梁（権）　【官禄】紫微（科）　【兄弟】太陰（忌）　【福徳】禄存
【田宅】擎羊　　　　　【父母】陀羅　　　　【兄弟】天魁　　　　【疾厄】天鉞
・事業運は順調で、それなりの成功を収める。
・不動産により財を得る暗示あり。

丙年生
【兄弟】天同（禄）　　【田宅】天機（権）　【財帛】廉貞（忌）　【官禄】禄存
【奴僕】擎羊　　　　　【田宅】陀羅　　　　【夫妻】天魁　　　　【財帛】天鉞
・事業運は順調で、それなりの成功を収めるが、大きく蓄財するのは難しい。
・自宅のことや家庭内のことで、自分の意見や思いを通そうとすることがある。

丁年生
【兄弟】太陰（禄）　　【兄弟】天同（権）　【田宅】天機（科）　【父母】巨門（忌）　【奴僕】禄存
【遷移】擎羊　　　　　【官禄】陀羅　　　　【夫妻】天魁　　　　【財帛】天鉞
・生家が貧しいか、両親が厳しくて近寄りがたい、あるいは弱くてあまり頼りにならない。友人兄弟
　縁者の支援を受けることができる。

戊年生
【命宮】貪狼（禄）　　【兄弟】太陰（権）　【田宅】天機（忌）　【官禄】禄存
【奴僕】擎羊　　　　　【田宅】陀羅　　　　【命宮】天魁　　　　【遷移】天鉞
[天乙拱命格] 学識高く、人の縁に恵まれ幸運を得る。
・事業／仕事運も上々で大きな成果を収めることができる。
・兄弟や友人の中に、威丈高で高飛車な態度を取る者がいるが、力になってくれる。

己年生
【命宮】武曲（禄）　　【命宮】貪狼（権）　【田宅】天梁（科）　【奴僕】禄存
【遷移】擎羊　　　　　【官禄】陀羅　　　　【兄弟】天魁　　　　【疾厄】天鉞
・基本的に良好で、成功を得ることができるよい運勢である。

庚年生
【父母】太陽（禄）　　【命宮】武曲（権）　【兄弟】太陰（科）　【兄弟】天同（忌）
【疾厄】禄存　　　　　【財帛】擎羊　　　　【遷移】陀羅・天鉞　【命宮】天魁
[天乙拱命格] 学識高く、人の縁に恵まれ幸運を得る。
[科権禄夾格] 命宮宮威強ければ、地位も財産を望むままに得ることができる。
・事業／仕事運は順調であるが、どちらかと言えば富よりも地位と名誉を得る傾向がある。

辛年生
【父母】巨門（禄）　　【父母】太陽（権）　【財帛】禄存　　　　【子女】擎羊
【疾厄】陀羅　　　　　【奴僕】天魁　　　　【父母】天鉞
・生家は裕福で、立派な両親の下で育つ。命宮宮威強ければ富と地位を手にするが、そうでなければ
　父祖の財を継がず自力で成果を上げることになる。

壬年生
【田宅】天梁（禄）　　【官禄】紫微（権）　【命宮】武曲（忌）　【夫妻】禄存
【兄弟】擎羊　　　　　【子女】陀羅　　　　【福徳】天魁　　　　【官禄】天鉞
・強引な進め方で事業や仕事を行い、命宮宮威強ければ富と権力を手にするが、そうでなければ人か
　ら恨みを買うことになる。
・配偶者運は良好で、配偶者に大いに助けられる。

癸年生
【財帛】破軍（禄）　　【父母】巨門（権）　【兄弟】太陰（科）　【命宮】貪狼（忌）　【兄弟】禄存
【命宮】擎羊　　　　　【夫妻】陀羅　　　　【福徳】天魁　　　　【官禄】天鉞
[科権禄夾格] 命宮宮威強ければ、地位も財産を望むままに得ることができる。
・良好な運勢であるが、命宮宮威弱ければ、さほどの成功は収め得ない。

63　紫微巳・命宮寅

紫微（旺） 七殺（平） [化殺為権格] ・都会地に住むのを好む。 ・宮威強－不動産を所有することができる。 ・宮威弱－大きな不動産を所有したり保持するのは難しい。 ・火羊同宮－火災に注意。 ・羊陀が同宮すれば盗難に注意。 【田宅】　　　　巳	[命無正曜格] [日月並明格] ・宮威強－勤め人となるも自営業となるもよい。 ・宮威弱－高位にまで出世するのは難しい。 ・マスコミ、教育、医薬、法律、哲学、占い師、営業員、分析計画業務などに適性あり。 【官禄】　　　　午	[命無正曜格] [府相朝垣格] ・宮威強－力になってくれる部下後輩友人はあまり多くない。 ・宮威弱－部下後輩友人によってトラブルを被る恐れがある。 【奴僕】　　　　未	[命無正曜格] [日月並明格] [機月同梁格] ・宮威強－遠地に赴いたり外出して活動することで人の縁を得てチャンスをつかむ。 ・宮威弱－移動や遠行は不利となる。 ・羊陀同宮加会－交通事故など、外出先での怪我や事故には注意すること。 【遷移】　　　　申
天機（利） 天梁（廟） [機月同梁格] [機梁加会格] ・宮威強－明晰な精神の持ち主で、政治や社会情勢、哲学や宗教の研究などに興味を示す。 ・宮威弱－小さくまとまってしまい、心に憂いを持つようになる。 ・空劫や化忌と加会すれば空想にふけるようになる。 【福徳】　　　　辰	\multicolumn{2}{c	}{巨日同宮格 自分があるのはライバルがいるから。 ・進取の気性に富み、困難をものともせず事業に邁進する。優れた能力を持ち、多芸多才である。 ・特に弁説の才に優れる。 ・個性は強烈で頑固なところがある。 ・事業上の競争が多く、ライバルも多い。変化変動の多い人生である。 ・緊張の中にあって工夫や努力するのを好む。 ・命宮宮威弱－言い争いや口舌の災いを招く暗示。一生を通じて言葉のトラブルや争いがついてまわる。}	廉貞（平） 破軍（陥） [殺拱廉貞格] ・宮威強－おおむね健康。怪我や外傷に注意。 ・宮威弱－幼年期のアトピーや事故の暗示。呼吸器系の疾病に注意。手脚に傷跡が残ったり顔面に怪我をする恐れあり（特に陀羅加会すれば）。 【疾厄】　　　　酉
天相（陥） ・宮威強－両親は立派で地位のある人であり、親子の関係も良好である。 ・宮威弱－生家は貧しく親子の縁も薄く、親子関係もあまり良好とは言えない。 【父母】　　　　卯			[命無正曜格] ・宮威強－財運は良好で起業創業にも向いている。 ・宮威弱－財運は不安定となる。 【財帛】　　　　戌
太陽（旺） 巨門（廟） [巨日同宮格] 【命宮】　　　　寅	武曲（廟） 貪狼（廟） [貪武同行格] [日月夾命格] ・兄弟の中に剛毅ではあるが成功する者がいる。しかし縁は薄く、関係もあまり良好とは言えない。 ・宮威弱－兄弟の中に激しく偏った個性の者がいる。 【兄弟】　　　　丑	天同（旺） 太陰（廟） [機月同梁格] [月生滄海格] ・宮威強－配偶者は優秀で容姿も優れ、幸せな結婚生活を送ることができる。 ・宮威弱－早婚は不利である。晩婚が吉を呼ぶ。 ・昌曲左右天姚が同宮すれば男女問題や恋愛トラブルの暗示あり注意。 【夫妻】　　　　子	天府（地） ・宮威強－優秀な子供に恵まれる。 ・宮威弱－子供はあまり助けにならない。親の言うことを聞かなかったり、なにかと育てにくい子供である。 【子女】　　　　亥

甲年生
【疾厄】廉貞（禄）　　【疾厄】破軍（権）　【兄弟】武曲（科）　【命宮】太陽（忌）
【命宮】禄存　　　　　【父母】擎羊　　　　【兄弟】陀羅・天魁　【奴僕】天鉞
・事業上、大きな成功を得ることは難しい。欲を出して事を誤ることになる。
・健康には注意すること。

乙年生
【福徳】天機（禄）　　【福徳】天梁（権）　【田宅】紫微（科）　【夫妻】太陰（忌）　【父母】禄存
【福徳】擎羊　　　　　【命宮】陀羅　　　　【夫妻】天魁　　　　【遷移】天鉞
・大きな成功を望むのは難しく、また結婚生活にも波があるので夫婦円満を心がけること。
・両親は落ち着いた立派な人で、生家の雰囲気はよい。

丙年生
【夫妻】天同（禄）　　【福徳】天機（権）　【疾厄】廉貞（忌）　【田宅】禄存
【官禄】擎羊　　　　　【福徳】陀羅　　　　【子女】天魁　　　　【疾厄】天鉞
・比較的高い地位まで昇進することができ、配偶者も優秀で聡明な人で結婚生活も安定している。
・健康上の問題が生じる恐れがあるので、健康には十分注意すること。

丁年生
【夫妻】太陰（禄）　　【夫妻】天同（権）　【福徳】天機（科）　【命宮】巨門（忌）　【官禄】禄存
【奴僕】擎羊　　　　　【田宅】陀羅　　　　【子女】天魁　　　　【疾厄】天鉞
・実力者や配偶者の支援を受けることができるが、家庭内は配偶者が実権を握る傾向がある。
・口舌のトラブルや、上司と対立するようなことがある。

戊年生
【兄弟】貪狼（禄）　　【夫妻】太陰（権）　【福徳】天機（忌）　【田宅】禄存
【官禄】擎羊　　　　　【福徳】陀羅　　　　【兄弟】天魁　　　　【奴僕】天鉞
・事業運は良好で成功を収めるが、地位や名誉を得ても多くの財を築くのは難しい。
・家庭内は配偶者が実権を握る傾向がある。

己年生
【兄弟】武曲（禄）　　【兄弟】貪狼（権）　【福徳】天梁（科）　【官禄】禄存
【奴僕】擎羊　　　　　【田宅】陀羅　　　　【夫妻】天魁　　　　【遷移】天鉞
・少しく成功を収めることができる。
・特に友人知人や親類縁者から多くの支援と協力を得ることができる。

庚年生
【命宮】太陽（禄）　　【兄弟】武曲（権）　【夫妻】太陰（科）　【夫妻】天同（忌）
【遷移】禄存　　　　　【疾厄】擎羊　　　　【奴僕】陀羅・天鉞　【兄弟】天魁
・財運は豊かで、財産を築くことができる。
・結婚生活は波風が立つ暗示あり。夫婦円満を心がけること。

辛年生
【命宮】巨門（禄）　　【命宮】太陽（権）　【疾厄】禄存　　　　【財帛】擎羊
【遷移】陀羅　　　　　【官禄】天魁　　　　【命宮】天鉞
［権禄巡逢格］基本的に財と成功を手にすることができるが、その他の星がどこに入るかをよく見て判断すること。

壬年生
【福徳】天梁（禄）　　【田宅】紫微（権）　【兄弟】武曲（忌）　【子女】禄存
【夫妻】擎羊　　　　　【財帛】陀羅　　　　【父母】天魁　　　　【田宅】天鉞
・命宮宮威強ければ、苦労はあるものの財産を築く。
・命宮宮威弱ければ、困難と闘う必要が生じる。

癸年生
【疾厄】破軍（禄）　　【命宮】巨門（権）　【夫妻】太陰（科）　【兄弟】貪狼（忌）　【夫妻】禄存
【兄弟】擎羊　　　　　【子女】陀羅　　　　【父母】天魁　　　　【田宅】天鉞
・大きな野望と希望を抱き独立独歩、孤軍奮闘する。
・配偶者の助力を得て暖かい家庭を築き、幸せな生活を送る。

第２章　紫微斗数14主星配置一覧　　151

64　紫微巳・命宮卯

紫微（旺） 七殺（平） [化殺為権格] ・宮威強－進取の気性に富み、熱心に仕事に取り組み、新しく物事を始めたりする。 ・宮威弱－自尊心が強く、ともすれば他人からは高慢と見なされる。自画自賛するが、実りは多くはない。 【福徳】　　　　　　　巳	[命無正曜格] [日月並明格] ・宮威強－あまり大きな家屋や、多くの不動産を得ることはない。 ・宮威弱－不動産を獲得することは難しい。 ・火羊が同宮すれば火災に注意。 ・羊陀が同宮すれば盗難に注意。 【田宅】　　　　　　　午	[命無正曜格] [府相朝垣格] ・宮威強－事業運は中くらいで、それなりの成功を収めることができる。 ・宮威弱－あまり大きな成功は期待できない。 ・ビジネス・商業界、投機関係、家事、手工業、宝石、装飾、要塞、生け花などに適性がある。 【官禄】　　　　　　　未	[命無正曜格] [日月並明格] [機月同梁格] ・宮威強－部下後輩友人は大いに力になってくれる。 ・宮威弱－部下後輩友人はあまり力になってはくれない。また仕事上の部下にも恵まれない。 【奴僕】　　　　　　　申
天機（利） 天梁（廟） [機月同梁格][機梁加会格] ・両親は立派な人で、子供を厳しくしっかりと教育する。 ・宮威強－両親との関係は良好で、また両親は健康長寿である。 ・宮威弱－両親は子供を深く愛するが、子供はそれを理解せず応えない。 【父母】　　　　　　　辰	・思いやりがあって世話好きであり、とても面倒見がよい。したがって友人も多い。 ・温和で同情心に富んでいるので、いろいろな人脈や人間関係を築く。 ・謙虚で慎重な性格であり、物事に対して常に細心の注意をもって臨む。 ・人の世話で多忙となるが、誠意をもって対応するので、困難に会ったときも、友人知人や目上の人たちの助力を得て、乗り越えることができる。 ・サポーター役として最適である。 ・忍耐強く、地道に努力を続ける。謙虚で協調性があるので、まとめ役として引き立てられ、責任ある立場に就くこともある。 ・考えが先に立ち、実行がおろそかになるきらいがある。 ・考え過ぎて疑い深くなり、保守的となる傾向がある。また些細なことを心配する傾向がある。 ・命宮宮威強－事業運も良好で、安定した人生を送ることができる。 ・命宮宮威弱－事業運は良好であるが、高い地位に昇るのは難しい。 ・女性は家庭の主婦となって幸せを得る。		廉貞（平） 破軍（陥） [殺拱廉貞格] ・宮威強－遠地に赴いたり外出することが多くなり、一生を通じて移動や転居が多くなる。 ・宮威弱－遠地に赴いて苦労することになる。 ・羊陀同宮加会－交通事故など外出先での事故や怪我の暗示あり注意。 【遷移】　　　　　　　酉
天相（陥） 【命宮】　　　　　　　卯			[命無正曜格] ・宮威強－おおむね健康である。 ・宮威弱－生殖器系や下半身の疾病に注意。また指先を怪我することがあるので注意。不眠症や神経衰弱にも注意。 【疾厄】　　　　　　　戌
太陽（旺） 巨門（廟） [巨日同宮格] ・宮威強－兄弟との縁は深く仲良く、いろいろと助けられる。 ・宮威弱－兄弟との縁は薄く仲もあまりよいとは言えない。兄弟それぞれが自分の道を歩むことになる。 【兄弟】　　　　　　　寅	武曲（廟） 貪狼（廟） [貪武同行格] [日月夾命格] ・配偶者は個性が強烈で、遊興や交遊を好み、願望や欲求も強い。 ・宮威弱－配偶者が家庭内の実権を握ることになる。 ・昌曲左右天姚が同宮すれば男女問題や恋愛トラブルの暗示あり注意。 【夫妻】　　　　　　　丑	天同（旺） 太陰（廟） [機月同梁格] [月生滄海格] ・宮威強－親孝行な子供に恵まれ、子供との縁も深く、親をよく助けてくれる。 ・宮威弱－子供は怠惰でルーズな性格で、関係もあまり良好とは言えない。 【子女】　　　　　　　子	天府（地） ・宮威強－財運は良好である。 ・宮威弱－あまり財運は強いものではない。 【財帛】　　　　　　　亥

甲年生
　【遷移】廉貞（禄）　　【遷移】破軍（権）　　【夫妻】武曲（科）　　【兄弟】太陽（忌）
　【兄弟】禄存　　　　　【命宮】擎羊　　　　　【夫妻】陀羅・天魁　　【官禄】天鉞
　・基本的に少しく成功する良好な運勢であるが、命宮宮威弱ければ平凡な運勢である。
　・兄弟や友人から面倒をかけられる恐れがあるので、注意すること。

乙年生
　【父母】天機（禄）　　【父母】天梁（権）　　【福徳】紫微（科）　　【子女】太陰（忌）　　【命宮】禄存
　【父母】擎羊　　　　　【兄弟】陀羅　　　　　【子女】天魁　　　　　【奴僕】天鉞
　・少しく安定した運勢である。
　・比較的恵まれた家庭環境で育つが、両親は子供を厳しく躾け教育する傾向がある。
　・子供に手を焼いたり、子供に面倒をかけられることがある。

丙年生
　【子女】天同（禄）　　【父母】天機（権）　　【遷移】廉貞（忌）　　【福徳】禄存
　【田宅】擎羊　　　　　【父母】陀羅　　　　　【財帛】天魁　　　　　【遷移】天鉞
　・比較的安定した運勢であるが、外出先での事故や怪我には注意すること。
　・両親は子供を厳しく躾け教育する傾向がある。

丁年生
　【子女】太陰（禄）　　【子女】天同（権）　　【父母】天機（科）　　【兄弟】巨門（忌）　　【田宅】禄存
　【官禄】擎羊　　　　　【福徳】陀羅　　　　　【財帛】天魁　　　　　【遷移】天鉞
　・命宮宮威強ければ、中くらいの運勢であり安定した人生を送ることができるが、弱ければ事業上の
　　困難に遭遇することがある。
　・両親が知的でインテリな家庭の生まれであるが、兄弟との仲はあまり良好とは言えない。

戊年生
　【夫妻】貪狼（禄）　　【子女】太陰（権）　　【父母】天機（忌）　　【福徳】禄存
　【田宅】擎羊　　　　　【父母】陀羅　　　　　【夫妻】天魁　　　　　【官禄】天鉞
　・精神的に満ち足りた生活を送り、夫婦関係も円満である。
　・生まれた家庭環境は、あまり経済的に恵まれてはいないかもしれない。

己年生
　【夫妻】武曲（禄）　　【夫妻】貪狼（権）　　【父母】天梁（科）　　【田宅】禄存
　【官禄】擎羊　　　　　【福徳】陀羅　　　　　【子女】天魁　　　　　【奴僕】天鉞
　・配偶者から多くの助けられ支援を得るが、家庭内は配偶者が主導権を握る（亭主関白カカア天下）
　　傾向がある。
　・両親が知的でインテリな家庭の生まれである。

庚年生
　【兄弟】太陽（禄）　　【夫妻】武曲（権）　　【子女】太陰（科）　　【子女】天同（忌）
　【奴僕】禄存　　　　　【遷移】擎羊　　　　　【官禄】陀羅・天鉞　　【夫妻】天魁
　・基本的に安定した中程度の運勢であるが、その他の星がどこにあるのかよく見て判断すること。

辛年生
　【兄弟】巨門（禄）　　【兄弟】太陽（権）　　【遷移】禄存　　　　　【疾厄】擎羊
　【奴僕】陀羅　　　　　【田宅】天魁　　　　　【兄弟】天鉞
　・諸星の配置的には弱いが遷移に禄存が入ることもあり、その他の星がどこに入るかをよく見て判
　　断すること。
　・兄弟の中に口やかましくて威丈高な者がいることがある。

壬年生
　【父母】天梁（禄）　　【福徳】紫微（権）　　【夫妻】武曲（忌）　　【財帛】禄存
　【子女】擎羊　　　　　【疾厄】陀羅　　　　　【命宮】天魁　　　　　【福徳】天鉞
　・事業運は良好であるが、結婚生活は波風が立つことがあるので夫婦円満を心がけること。
　・生まれた家庭環境は良好で、両親から多く愛されて育つ。

癸年生
　【遷移】破軍（禄）　　【兄弟】巨門（権）　　【子女】太陰（科）　　【夫妻】貪狼（忌）　　【子女】禄存
　【夫妻】擎羊　　　　　【財帛】陀羅　　　　　【命宮】天魁　　　　　【福徳】天鉞
　・大きな成功は望めないが、それなりに安定した人生を送る。
　・配偶者が遊び好きな人で、結婚生活は波風が立つ恐れがある。
　・兄弟や友人の中に口やかましく威丈高で高飛車な人がいるが、力になってくれる。

65 紫微巳・命宮辰

紫微（旺） 七殺（平） [化殺為権格] ・両親はプライドの高い人で、打ち解けることができない。宮威強くてもその縁は薄いものである。 ・宮威弱－両親とは対立するようになり、互いに距離を置くようになる。 【父母】　　　　　巳	[命無正曜格] [日月並明格] ・宮威強－精神的に安定しゆとりのある時間を持つことができる。 ・宮威弱－他人を自分の思うようにしたいと思い、心労を重ねることになる。 ・天姚や昌曲が同宮加会すると異性と親しむことを好むようになる。 【福徳】　　　　　午	[命無正曜格] [府相朝垣格] ・宮威強－不動産運は安定し、それなりの不動産を所有することになる。 ・宮威弱－不動産を得たと思えば売却することになり不動産運は一定しない。 ・火羊が同宮すれば火災に注意。 ・羊陀が同宮すれば盗難に注意。 【田宅】　　　　　未	[命無正曜格] [日月並明格] [機月同梁格] ・宮威強－高位高官に昇ることができる。法律関係、教育、自由業などに適す。 ・宮威弱－中くらいの地位まで昇ることができる。 ・広告宣伝、教育、医薬、法律、哲学、占術などに適す。 【官禄】　　　　　申
天機（利） 天梁（廟） [機月同梁格] [機梁加会格] 【命宮】　　　　　辰	\multicolumn{2}{c|}{**機月同梁格** 抜群の企画力と事務処理能力で 主人の片腕となる大番頭。No.2狙いで大成功。 **機梁加会格** 神算を操る希代の策士。先読みにかけては 人後に落ちぬが、策士策に溺れぬよう。 ・縦長の顔で、唇は薄い。 ・品格があり、高潔で温和で優しい人である。 ・才能にあふれ聡明。先見の明があり、優れた企画力と戦略能力を持ち、分析力に優れ、また弁も立つ。 ・書画や文学、芸術に親しみ、特定の技術に長けている。 ・女性は手芸なども得意だが、やや神経質となるので晩婚に適す。 ・曲昌加会－超人的な頭脳と知性の持ち主となるが、化忌が加われば幻想を抱くようになる。 ・命宮宮威弱ければ、品性に劣るところがあり、つまらない策を弄ぶようになる。 ・空劫同宮－悲観的な考えにとらわれ、現実から逃避しやすい。哲学や宗教、玄学に魅せられていくようになる。**		廉貞（平） 破軍（陥） [殺拱廉貞格] ・部下後輩友人は多いが、いろいろな者がいて、とても親密になる者もいれが、衝突する者もいる。 【奴僕】　　　　　酉
天相（陥） ・宮威強－兄弟に成功したり力になってくれる人はあまりいないが、兄弟との仲は良好である。 ・宮威弱－兄弟から迷惑や被害を被ることがある。 【兄弟】　　　　　卯			[命無正曜格] ・宮威強－生地を離れ遠地に赴いたり活発に外出・活動することで吉運を招来する。 ・宮威弱－あちこち彷徨い居所が一定しない。 【遷移】　　　　　戌
太陽（旺） 巨門（廟） [巨日同宮格] ・男女を問わず配偶者は仕事熱心で事業に取り組む。家の中では男性が主導権を握る（亭主関白）。 ・宮威弱－配偶者は大きく事を成すことができないが、家の中では亭主関白である。 ・昌曲左右同宮－恋愛問題。 【夫妻】　　　　　寅	武曲（廟） 貪狼（廟） [貪武同行格] [日月夾命格] ・宮威強－子供はいろいろなことに興味を持ち活発な子となるが、子供との縁は薄くなる。 ・宮威弱－子供は親の言うことを聞かず、関係もあまり良好とは言えない。 【子女】　　　　　丑	天同（旺） 太陰（廟） [機月同梁格] [月生滄海格] ・宮威強－大きな財を得ることはないが十分ゆとりのある生活を送れる。 ・宮威弱－財は出たり入ったりで安定しない。 【財帛】　　　　　子	天府（地） ・宮威強－基本的に健康で健康運はおおむね安定している。 ・宮威弱－痛風、関節炎、痔疾などに注意。また体のどこかに傷が残るようになる。 【疾厄】　　　　　亥

甲年生
【奴僕】廉貞（禄）　　【奴僕】破軍（権）　　【子女】武曲（科）　　【夫妻】太陽（忌）
【夫妻】禄存　　　　　【兄弟】擎羊　　　　　【子女】陀羅・天魁　　【田宅】天鉞
　・命宮宮威強ければ、そこそこ安定した運勢である。結婚生活は波風が立つ恐れがあるので、夫婦円満を心がけること。
　・命宮宮威弱ければ、やや偏屈な個性の人であり、結婚生活も順調とは言えない。

乙年生
【命宮】天機（禄）　　【命宮】天梁（権）　　【父母】紫微（科）　　【財帛】太陰（忌）　　【兄弟】禄存
【命宮】擎羊　　　　　【夫妻】陀羅　　　　　【財帛】天魁　　　　　【官禄】天鉞
　・基本的に聡明で発想力の豊かな人で、成功を収めるが、財運は入ったり出たりで一定しない。
　・自分の思いを通そうとする傾向がある。

丙年生
【財帛】天同（禄）　　【命宮】天機（権）　　【奴僕】廉貞（忌）　　【父母】禄存
【福徳】擎羊　　　　　【命宮】陀羅　　　　　【疾厄】天魁　　　　　【奴僕】天鉞
　・比較的安定した良好な運勢であり、命宮宮威弱ければ苦労した後、少しく成功を収める。
　・比較的よい家庭の出身であるが、本人の努力により成功を収める。

丁年生
【財帛】太陰（禄）　　【財帛】天同（権）　　【命宮】天機（科）　　【夫妻】巨門（忌）　　【福徳】禄存
【田宅】擎羊　　　　　【父母】陀羅　　　　　【疾厄】天魁　　　　　【奴僕】天鉞
［三奇加会格］大きな栄華と成功を手にすることができる。
　・結婚生活は安定しない恐れがあるので、夫婦円満を心がけること。

戊年生
【子女】貪狼（禄）　　【財帛】太陰（権）　　【命宮】天機（忌）　　【父母】禄存
【福徳】擎羊　　　　　【命宮】陀羅　　　　　【子女】天魁　　　　　【田宅】天鉞
　・比較的よい家庭の出身か、両親は立派な人である。
　・些細なことにこだわり反抗し、容易に人に心を開かないところがある。

己年生
【子女】武曲（禄）　　【子女】貪狼（権）　　【命宮】天梁（科）　　【福徳】禄存
【田宅】擎羊　　　　　【父母】陀羅　　　　　【財帛】天魁　　　　　【官禄】天鉞
　・真面目で清らかな心の持ち主であるが、大きな財を蓄えるわけではない。
　・命宮宮威弱ければ寂しい人生を送ることになるが、その他の星の配合をよく見て判断すること。

庚年生
【夫妻】太陽（禄）　　【子女】武曲（権）　　【財帛】太陰（科）　　【財帛】天同（忌）
【官禄】禄存　　　　　【奴僕】擎羊　　　　　【田宅】陀羅・天鉞　　【子女】天魁
　・まあまあの成功を収める運勢である。配偶者からの支援や協力を得る。
　・大きく蓄財することは難しい。

辛年生
【夫妻】巨門（禄）　　【夫妻】太陽（権）　　【奴僕】禄存　　　　　【遷移】擎羊
【官禄】陀羅　　　　　【福徳】天魁　　　　　【夫妻】天鉞
　・配偶者の支援で成功をつかむことになるが、家庭内では配偶者が実権を握る（亭主関白カカア天下）ことになる。

壬年生
【命宮】天梁（禄）　　【父母】紫微（権）　　【子女】武曲（忌）　　【疾厄】禄存
【財帛】擎羊　　　　　【遷移】陀羅　　　　　【兄弟】天魁　　　　　【父母】天鉞
［貴星夾命格］人の援助に恵まれ、受けた恩を返すことで運を伸ばす。
　・厳格な両親の下に生まれ、両親は子供を厳しく躾け教育するが、力になってくれる。
　・そこそこの財を得て、健康長寿である。

癸年生
【奴僕】破軍（禄）　　【夫妻】巨門（権）　　【財帛】太陰（科）　　【子女】貪狼（忌）　　【財帛】禄存
【子女】擎羊　　　　　【疾厄】陀羅　　　　　【兄弟】天魁　　　　　【父母】天鉞
［貴星夾命格］人の援助に恵まれ運を伸ばす。命宮宮威強ければ大きな財を得、弱ければそこそこの財を得る。
　・家庭内は配偶者が実権を握る（亭主関白カカア天下）ことになる。

66　紫微巳・命宮巳

紫微（旺） 七殺（平） [化殺為権格]	[命無正曜格] [日月並明格] ・宮威強－安定した家庭の出身で、両親との関係も良好である。 ・宮威弱－両親との関係はあまり良好なものではない。	[命無正曜格] [府相朝垣格] ・宮威強－精神的満足度は普通である。 ・宮威弱－気がかりなことや心配事が発生する。	[命無正曜格] [日月並明格] [機月同梁格] ・宮威強－多くの不動産を所有することになり、住居も満足のいくものである。 ・宮威弱－それなりの不動産を所有する。 ・火羊が同宮すれば火災に注意。 ・羊陀が同宮すれば盗難に注意。
【命宮】　　　巳	【父母】　　　午	【福徳】　　　未	【田宅】　　　申
天機（利） 天梁（廟） [機月同梁格] [機梁加会格] ・宮威強－兄弟や友人は優秀で能力があり、それぞれが独立して発展し、いささか力になってくれる。 ・宮威弱－兄弟や友人の中に人を利用しようとする者がいて、あまり力にはならない。	<center>**化殺為権格** 自ら危地に飛び込み人民を救う英雄。 険しい事態に遭遇し、九死に一生を得る。</center> ・ワンマンで自分の思いを押し通そうとする。物事に果敢に挑み、決断も早い。気力にあふれ苦労にもよく耐える。 ・物事を創始創業するのを好み、大志を抱き、勇気を持って向上に努め、その道を邁進する。 ・欠点として、持久力に乏しく、物事を始めるのはよいが継続や締めくくりが苦手で、ともすると竜頭蛇尾で終わる。 ・孤高の精神を持ち、他人の模倣を嫌うが、時に精神不安や孤独感に悩まされる。 ・命宮宮威弱ければ孤軍奮闘を強いられることになるので、何か専門的な特殊技術を身につけ、専門分野で活躍するのがよい。 ・天馬加会－衝動的な行動。さらに陀羅が加会すれば失敗の暗示。 ・曲昌同宮－文学・音楽・演劇などの芸術的才能。 ・火鈴同宮－情緒不安定や軽率な言動により誤解されることがある。 ・空劫同宮－時として精神的空虚感に苛まれ、猜疑心強く、内面に幻想と矛盾を抱える。		廉貞（平） 破軍（陥） [殺拱廉貞格] ・宮威強－高位高官に昇ることができる。 ・宮威弱－職業運はあまりよいものではなく、高位に昇るのは難しい。 ・公務員、スポーツ選手、警察消防、工業、工芸に適す。
【兄弟】　　　辰			【官禄】　　　酉
天相（陥） ・宮威強－配偶者は平凡で特に目を引くようなところはないが、互いが譲り合い夫婦仲良く過ごすことができる。 ・宮威弱－夫婦で異なる思いを抱き、違うことを考え、何かと意見の対立や衝突が起こる。少し距離を置くことでうまくいく。			[命無正曜格] ・宮威強－部下後輩友人とは良好な関係を保つことができるが、大きな支援を得られるわけではない。左右が同宮すれば、その支援は大なるものがあり、地位ある人との知己も得ることができる。 ・宮威弱－部下後輩友人からの支援は得られず、むしろ足を引っ張られる。
【夫妻】　　　卯			【奴僕】　　　戌
太陽（旺） 巨門（廟） [巨日同宮格] ・宮威強－子供は明朗快活で元気よく、家庭内はいつも朗らかで和やかな空気に包まれる。長じてからは社会的に成功する優秀な子供である。 ・宮威弱－子供に恵まれないか、子供は病弱なことがある。	武曲（廟） 貪狼（廟） [貪武同行格] [日月夾命格] ・宮威強－積極的に事業経営に乗り出し、大いに発展する。基本、晩年運の人なので、人生の後半ほど発展する。 ・宮威弱－苦労のわりに財を得ることができない。 ・火鈴同宮－突如として幸運に恵まれ発展する。	天同（旺） 太陰（廟） [機月同梁格] [月生滄海格] ・宮威強－おおむね健康である。 ・宮威弱－神経系や生殖器系の疾患、内分泌失調（ホルモンバランス）、代謝障害などに注意。	天府（地） ・宮威強－外出運は良好で生地を離れてチャンスに巡り会う。 ・宮威弱－外出運はあまりかんばしいものではない。
【子女】　　　寅	【財帛】　　　丑	【疾厄】　　　子	【遷移】　　　亥

甲年生
【官禄】廉貞（禄）　【官禄】破軍（権）　【財帛】武曲（科）　【子女】太陽（忌）
【子女】禄存　　　　【夫妻】擎羊　　　　【財帛】陀羅・天魁　【福徳】天鉞
［三奇加会格］宮威強ければ名誉を得、富と地位・官位を手中に収め大いに発展する。
・子供に苦労をかけられる恐れがある。

乙年生
【兄弟】天機（禄）　【兄弟】天梁（権）　【命宮】紫微（科）　【疾厄】太陰（忌）　【夫妻】禄存
【兄弟】擎羊　　　　【子女】陀羅　　　　【疾厄】天魁　　　　【田宅】天鉞
・勇気があり、事務処理能力に優れ、独立創業の才もあり、名声を得る。命宮宮威弱ければその限りではない。
・腎の気、すなわち腎臓、生殖器・泌尿器や婦人科系などの病気に注意。
・配偶者とは仲良く、結婚生活はそれなりに安定する。

丙年生
【疾厄】天同（禄）　【兄弟】天機（権）　【官禄】廉貞（忌）　【命宮】禄存
【父母】擎羊　　　　【兄弟】陀羅　　　　【遷移】天魁　　　　【官禄】天鉞
・事業／仕事上で困難や苦労に遭遇することがある。感情に波があり懐才不遇の感を抱きやすい。逆境時には酒に溺れたり、投機や賭博に手を染める恐れがあるので注意すること。

丁年生
【疾厄】太陰（禄）　【疾厄】天同（権）　【兄弟】天機（科）　【子女】巨門（忌）　【父母】禄存
【福徳】擎羊　　　　【命宮】陀羅　　　　【遷移】天魁　　　　【官禄】天鉞
・生家は比較的安定した家庭であり、安定した運勢であるが、さほど大きな成功は狙えない。
・子供のために苦労をかけられることがある。

戊年生
【財帛】貪狼（禄）　【疾厄】太陰（権）　【兄弟】天機（忌）　【命宮】禄存
【父母】擎羊　　　　【兄弟】陀羅　　　　【財帛】天魁　　　　【福徳】天鉞
・財運は良く、基本的に富命であるが、特殊な方面や仕事で収入を得る暗示がある。
・命宮宮威強ければ基本以上の成功を収め、弱ければ基本よりワンランク劣り、財産の形成までに相当の努力と苦労を伴うことになる。また文芸・芸術の方面にも造詣がある。

己年生
【財帛】武曲（禄）　【財帛】貪狼（権）　【兄弟】天梁（科）　【父母】禄存
【福徳】擎羊　　　　【命宮】陀羅　　　　【疾厄】天魁　　　　【田宅】天鉞
・生家は豊かで父祖の事業を継ぐ人も多く、財運は旺盛で金銭に困ることはない。
・命宮宮威弱ければ得財まで苦労するか、あるいは得た財を酒色に散財する恐れがある。

庚年生
【子女】太陽（禄）　【財帛】武曲（権）　【疾厄】太陰（科）　【疾厄】天同（忌）
【田宅】禄存　　　　【官禄】擎羊　　　　【福徳】陀羅・天鉞　【財帛】天魁
・蓄財の意欲にあふれ、忙しく働いて財を得る。また不動産運も良好である。
・健康、特に神経系の疾病に注意。
・活発で朗らかな子供に恵まれる。

辛年生
【子女】巨門（禄）　【子女】太陽（権）　【官禄】禄存　　　　【奴僕】擎羊
【田宅】陀羅　　　　【父母】天魁　　　　【子女】天鉞
・職場ではそこそこの地位を得ることができる。
・子供や不動産に恵まれるが、配偶者は健康にすぐれないことがある。

壬年生
【兄弟】天梁（禄）　【命宮】紫微（権）　【財帛】武曲（忌）　【遷移】禄存
【疾厄】擎羊　　　　【奴僕】陀羅　　　　【夫妻】天魁　　　　【命宮】天鉞
・地位や権威には恵まれるが大きく財を得ることは難しく、経済面での心労を被る。
・芸術方面に傾注することで桃花の難を軽減させることができる。

癸年生
【官禄】破軍（禄）　【子女】巨門（権）　【疾厄】太陰（科）　【財帛】貪狼（忌）　【疾厄】禄存
【財帛】擎羊　　　　【遷移】陀羅　　　　【夫妻】天魁　　　　【命宮】天鉞
・意外な収入を得ることがあるが、成功と失敗が交錯する。
・多芸多才の人ではあるが、酒色で財を失うことのないよう注意が必要である。

67　紫微巳・命宮午

紫微（旺） 七殺（平） [化殺為権格] ・宮威強－兄弟は優秀で、それぞれ発展し成功するが、あまり力にはなってくれない。 ・宮威弱－兄弟との関係は良好とは言えず、縁も薄い。 【兄弟】　　　　巳	[命無正曜格] [日月並明格]	[命無正曜格] [府相朝垣格] ・中には親戚や祖父母、その他両親以外の者によって養育される人もいる。 ・宮威強－両親は比較的裕福である。 ・宮威弱－両親のどちらかと意見が激しく対立することがある。 【父母】　　　　未	[命無正曜格] [日月並明格] [機月同梁格] ・ときに空しい気持ちになることがあるので、なにか気分転換することを見つけるようにするとよい。 ・曲昌同宮加会－ハイセンスな趣味を持つ。 ・宮威弱－気苦労が多く、心配性の傾向がある。 【福徳】　　　　申
天機（利） 天梁（廟） [機月同梁格] [機梁加会格] ・配偶者は聡明で計画性に優れ沈着冷静な人である。 ・宮威強－家庭内では配偶者が力を持つので、晩婚の方がうまくいく。 ・宮威弱－夫婦の意見に齟齬がみられ、うまくいかない恐れもあるので、十分な意思疎通を図ること。 【夫妻】　　　　辰	\multicolumn{2}{c|}{**命無正曜格** 対宮主星を命宮主星とみなして判断。 **日月並命格** 快活なれどアバウトでルーズな一面も。 ・命宮対宮は月生滄海格となり、天同と太陰の良さと特徴が存分に発揮される。また三合宮（財帛宮）は巨日同宮格となり、情熱的で明朗快活な人でもある。従って穏やかな性格の中に、進取の気性を持つことになる。 ・温厚で優しく、風流を愛し多芸多才である。 ・繊細で美的センスにあふれ、生活に潤いを求める。また多情多感で芸術的才能にも恵まれている。 ・聡明で秀気にあふれ、起居動作も優雅で品がある。謙譲の美徳を備え、ユーモアを解し、官公庁や企業にあれば高位に昇ることができる。 ・男女ともに異性との縁が多く、異性から多くの助力、支援を得ることができる。 ・命宮宮威弱－神経質となり、感情に波がある。また人からの支援や援助を受けるのをよしとせず拒むようなところがある。 ・女性の中には汗水垂らして働くのを厭い、男性に依存して生きていくような人もいる。}		廉貞（平） 破軍（陥） [殺拱廉貞格] ・宮威強－不動産は買ったり売ったりで、長く保有することは難しい。 ・宮威弱－不動産を獲得することは難しい。 ・火羊が同宮すれば火災に注意。 ・羊陀が同宮すれば盗難に注意。 【田宅】　　　　酉
天相（陥） ・宮威強－平凡な子供であり、縁も薄いものとなる。 ・宮威弱－あまり優秀な子供ではなく、何かと面倒をかけられる。羊陀同宮すれば反抗的で親不孝な子供となることがある。空劫同宮すれば、育てにくい子供である。 【子女】　　　　卯			[命無正曜格] ・基本的に事業／職業運は良好であるが、経済界やビジネスには向かない。 ・文化教育関係、公職、法律関係、漢方鍼灸医、公益事業、慈善事業、宗教関係、運命学者、占い師、自由業などに適性がある。 【官禄】　　　　戌
太陽（旺） 巨門（廟） [巨日同宮格] ・宮威強－求財には相当の努力と苦労を伴う。若いうちは苦労するが、中年以降に蓄財するようになる。 ・宮威弱－財は集まってもなかなか貯まらない。 【財帛】　　　　寅	武曲（廟） 貪狼（廟） [貪武同行格] [日月夾命格] ・宮威強－おおむね健康である。 ・宮威弱－痔疾、皮膚病、眼科疾患、手足の疾病、手足の骨折、生殖器系や泌尿器系の疾患などに注意すること。 【疾厄】　　　　丑	天同（旺） 太陰（廟） [機月同梁格] [月生滄海格] ・宮威強－遠地に赴いたり外出することで実力者の知遇を得て発展する。 ・宮威弱－交通事故や外出先での怪我や事故に注意すること。特に羊陀が同宮加会すれば、なおのこと注意を要する。 【遷移】　　　　子	天府（地） ・宮威強－部下後輩友人は聡明で実力があり、大いに助力を受ける。 ・宮威弱－部下後輩友人はあまり助けにはならないが、害を受けるということもない。 【奴僕】　　　　亥

甲年生
【田宅】廉貞（禄）　　【田宅】破軍（権）　　【疾厄】武曲（科）　　【財帛】太陽（忌）
【財帛】禄存　　　　　【子女】擎羊　　　　　【疾厄】陀羅・天魁　　【父母】天鉞
　・事業／仕事運は普通であるが、大きな財産を築くのは難しいかもしれない。
　・住居や家庭内のことを、自分の意見で仕切りたがる傾向がある。

乙年生
【夫妻】天機（禄）　　【夫妻】天梁（権）　　【兄弟】紫微（科）　　【遷移】太陰（忌）　　【子女】禄存
【夫妻】擎羊　　　　　【財帛】陀羅　　　　　【遷移】天魁　　　　　【福徳】天鉞
　・大きな仕事を成し遂げるのは難しいかもしれない。
　・配偶者は優秀で財力もあり、大いに力になってくれるが、気の強い人なので家庭内の実権は配偶者
　　が握ることになる（亭主関白カカア天下）。

丙年生
【遷移】天同（禄）　　【夫妻】天機（権）　　【田宅】廉貞（忌）　　【兄弟】禄存
【命宮】擎羊　　　　　【夫妻】陀羅　　　　　【奴僕】天魁　　　　　【田宅】天鉞
　・酒食や交際に浪費したり無駄遣いする傾向がある。家庭内は配偶者が実権を握る傾向がある。
　・仕事上で苦労することもあるが、その他の星をよく見て判断すること。

丁年生
【遷移】太陰（禄）　　【遷移】天同（権）　　【夫妻】天機（科）　　【財帛】巨門（忌）　　【命宮】禄存
【父母】擎羊　　　　　【兄弟】陀羅　　　　　【奴僕】天魁　　　　　【田宅】天鉞
　・少しく安定した運勢であるが、大きな財産を築くのは難しいかもしれない。
　・配偶者は賢く聡明で、協力と支援を得ることができる。

戊年生
【疾厄】貪狼（禄）　　【遷移】太陰（権）　　【夫妻】天機（忌）　　【兄弟】禄存
【命宮】擎羊　　　　　【夫妻】陀羅　　　　　【疾厄】天魁　　　　　【父母】天鉞
　・少しく安定した生活を送る運勢である。
　・結婚生活は波風が立つ暗示があるので、安定のための努力をすること。

己年生
【疾厄】武曲（禄）　　【疾厄】貪狼（権）　　【夫妻】天梁（科）　　【命宮】禄存
【父母】擎羊　　　　　【兄弟】陀羅　　　　　【遷移】天魁　　　　　【福徳】天鉞
　・事業／職業運は良好で、安定した生活を送ることができる。
　・配偶者は賢く聡明で、協力と支援を得ることができる。
　・頑固でやっかいな病気に悩まされることがあるので、健康には注意すること。

庚年生
【財帛】太陽（禄）　　【疾厄】武曲（権）　　【遷移】太陰（科）　　【遷移】天同（忌）
【福徳】禄存　　　　　【田宅】擎羊　　　　　【父母】陀羅・天鉞　　【疾厄】天魁
　・基本的に良好な財運を持つ人であるが、移動先での事象や健康上の問題が事業に影響を与える恐
　　れがあるので注意すること。

辛年生
【財帛】巨門（禄）　　【財帛】太陽（権）　　【田宅】禄存　　　　　【官禄】擎羊
【福徳】陀羅　　　　　【命宮】天魁　　　　　【財帛】天鉞
　・基本的に良好で安定した財運である。
　・その他の星がどこに入るかをよく見て判断すること。

壬年生
【夫妻】天梁（禄）　　【兄弟】紫微（権）　　【疾厄】武曲（忌）　　【奴僕】禄存
【遷移】擎羊　　　　　【官禄】陀羅　　　　　【子女】天魁　　　　　【兄弟】天鉞
　・大きな目的を達成するのには困難を伴う。健康に留意して安定した生き方を選択するのがよい。
　・配偶者が大いに力になってくれるが、家庭内は配偶者が実権を握ることがある。

癸年生
【田宅】破軍（禄）　　【財帛】巨門（権）　　【遷移】太陰（科）　　【疾厄】貪狼（忌）　　【遷移】禄存
【疾厄】擎羊　　　　　【奴僕】陀羅　　　　　【子女】天魁　　　　　【兄弟】天鉞
　[対面朝斗格] 商才あって財を得るが、化忌に会うを嫌う。
　・基本的に成功し地位と名誉と富を得る命であるが、健康には十分注意すること。

第2章　紫微斗数14主星配置一覧　　159

68　紫微巳・命宮未

紫微（旺）七殺（平）[化殺為権格]・情熱的な恋をし、急に結婚することがある。落ち着いて愛情を育むことが大事である。・結婚後は配偶者が家庭内の実権を握るようになる。・宮威弱－結婚生活は波風が立つことになるか、別離の暗示あり注意。【夫妻】　　　　巳	[命無正曜格][日月並明格]・宮威強－兄弟間の仲はよいものとなるが、成長後はそれぞれが独立し、あまり協力は得られない。・宮威弱－兄弟との関係は良好とは言えず、あまり力になってくれない。【兄弟】　　　　午	[命無正曜格][府相朝垣格]　　　　　　　　　【命宮】　　　　未	[命無正曜格][日月並明格][機月同梁格]・親戚や祖父母、その他両親以外の者によって養育される可能性がある。・宮威強－両親との縁は薄いものとなる。・宮威弱－両親のどちらかと意見が対立し反発することがある。【父母】　　　　申
天機（利）天梁（廟）[機月同梁格][機梁加会格]・宮威強－賢くて親孝行な子供に恵まれる。・宮威弱－両親は子供を愛情をもって育てるが、病弱であったり手のかかる子供である。羊陀が同宮加会すれば子供は親に反抗するようになる。【子女】　　　　辰	**命無正曜格** 対宮主星を命宮主星とみなして判断。 **府相朝垣格** 目上の引き立て、実力者の支援を受ける。 家内安全に心がけること。 ・個性は強固で忍耐強く、心に大きな志を抱く。 ・仕事にも意欲を燃やし、不断の努力をする。 ・多芸多才で文武両道に優れるが、他人に拘束されることを嫌う。 ・冒険心に富み、危険を顧みず突き進む。 ・大器晩成型であり、中年以降に運が開けてくる。若年中は奮闘努力が必要であるが、その努力が中年以降に花開くのである。 ・計算高く、中には吝嗇（ケチ）な人もいる。 ・飲酒に溺れる暗示があるので、酒を嗜む人は節制が肝要である。 ・人に知られず隠れた桃花事象の暗示あり。 ・曲昌同宮加会－異性関係のトラブルの暗示があるので注意すること。 ・昌鈴陀同宮加会－事故や怪我の暗示あり注意。特に陀羅が独守すると身体のどこかに傷跡が残るようになる。		廉貞（平）破軍（陥）[殺拱廉貞格]・宮威強－いろいろなことにチャレンジし、忙しい日々を送る。新しいことを始めるのを好む。・宮威弱－事故やトラブルにまきこまれ、怪我をする恐れがあるので注意すること。羊陀が同宮加会すればなおさらである。【福徳】　　　　酉
天相（陥）・宮威強－大きな財を得ることは難しいので、無駄使いを慎み、貯蓄を心がけることが大事である。・宮威弱－大きく蓄財することは難しい。【財帛】　　　　卯	^		[命無正曜格]・宮威強－大きくはないが不動産を取得することはできる。・宮威弱－あまり大きな不動産を取得することはなく、居所も質素なものである。また転居が多くなる傾向がある。・火羊同宮－火災に注意。・羊陀が同宮すれば盗難に注意。【田宅】　　　　戌
太陽（旺）巨門（廟）[巨日同宮格]・宮威強－基本的に健康である。・宮威弱－頭痛、脳疾患、糖尿病、高血圧、眼科系疾患、胃腸病などに注意。【疾厄】　　　　寅	武曲（廟）貪狼（廟）[貪武同行格][日月夾命格]・宮威強－遠地に赴いたり外出することが多くなり、またそのことで人の縁を得てチャンスをつかむ。特に火鈴が同宮すればなおさらである。・宮威弱－遠地に赴くとあまりよいことがない。【遷移】　　　　丑	天同（旺）太陰（廟）[機月同梁格][月生滄海格]・宮威強－部下後輩友人との関係は良好で、何かと力になってくれる。特に女性との関係は良好である。・宮威弱－部下後輩友人はあまり頼りにならない。【奴僕】　　　　子	天府（地）・経理・財務関係、教育、人事、行政、農業、軽工業、税務関係などに適性がある。・起業したりビジネスをするのには向かない。二番手のポジションがよい。【官禄】　　　　亥

甲年生
【福徳】廉貞（禄）　　【福徳】破軍（権）　【遷移】武曲（科）　【疾厄】太陽（忌）
【疾厄】禄存　　　　　【財帛】擎羊　　　　【遷移】陀羅・天魁　【命宮】天鉞
［天乙拱命格］学識高く、人の縁に恵まれ幸運を得る。
　・命宮宮威強ければ少しく成功を得、弱ければ成功のために相当の努力と苦労を伴うことになる。
　・健康に優れず病気がちとなることがあるので、健康には十分注意すること。

乙年生
【子女】天機（禄）　　【子女】天梁（権）　【夫妻】紫微（科）　【奴僕】太陰（忌）　【財帛】禄存
【子女】擎羊　　　　　【疾厄】陀羅　　　　【奴僕】天魁　　　　【父母】天鉞
　・少しく安定した生活を送ることができる。　・暖かい家族に恵まれ、和やかな家庭生活を送る。子
　供は優秀で自分の意見をしっかりと持ち、親に意見するようなこともある。

丙年生
【奴僕】天同（禄）　　【子女】天機（権）　【福徳】廉貞（忌）　【夫妻】禄存
【兄弟】擎羊　　　　　【子女】陀羅　　　　【官禄】天魁　　　　【福徳】天鉞
　・配偶者は聡明で、配偶者がなにかと力になってくれる。
　・何かと気苦労が多く、穏やかな気持ちになれないことがある。

丁年生
【奴僕】太陰（禄）　　【奴僕】天同（権）　【子女】天機（科）　【疾厄】巨門（忌）　【兄弟】禄存
【命宮】擎羊　　　　　【夫妻】陀羅　　　　【官禄】天魁　　　　【福徳】天鉞
　・優秀で親孝行な子供に恵まれる。
　・健康にすぐれず病気がちとなることがあるので、健康には十分注意すること。

戊年生
【遷移】貪狼（禄）　　【奴僕】太陰（権）　【子女】天機（忌）　【夫妻】禄存
【兄弟】擎羊　　　　　【子女】陀羅　　　　【遷移】天魁　　　　【命宮】天鉞
［天乙拱命格］学識高く、人の縁に恵まれ幸運を得る。
　・配偶者は優秀で聡明であり協力と支援を得られるが、子供との関係はあまり良好とは言えない。
　・遠地に赴いたり外出が多く、特殊な方面や仕事で収入を得るが、大きく蓄財するのは難しい。

己年生
【遷移】武曲（禄）　　【遷移】貪狼（権）　【子女】天梁（科）　【兄弟】禄存
【命宮】擎羊　　　　　【夫妻】陀羅　　　　【奴僕】天魁　　　　【父母】天鉞
　・遠地に赴くか活発に外出活動することで人の縁を得て、チャンスと運をつかむ。
　・命宮宮威強ければ成功し、地位と名誉と財を得るが、弱ければそのために苦労を伴うことになる。

庚年生
【疾厄】太陽（禄）　　【遷移】武曲（権）　【奴僕】太陰（科）　【奴僕】天同（忌）
【父母】禄存　　　　　【福徳】擎羊　　　　【命宮】陀羅・天鉞　【遷移】天魁
［天乙拱命格］学識高く、人の縁に恵まれ幸運を得る。
　・地位と名誉を手にするが、大きな財産を築くのは難しい。比較的恵まれた環境で生育する。
　・部下後輩友人の中にはいい人もいれば、そうでない人もいる。よくよく人を見て交友すること。

辛年生
【疾厄】巨門（禄）　　【疾厄】太陽（権）　【福徳】禄存　　　　【田宅】擎羊
【父母】陀羅　　　　　【兄弟】天魁　　　　【疾厄】天鉞
　・大きな成功を望むことは難しいが、その他の星がどこに入るかをよく見て判断すること。
　・頑固でやっかいな病気に罹ることがあるので、健康には注意すること。

壬年生
【子女】天梁（禄）　　【夫妻】紫微（権）　【遷移】武曲（忌）　【官禄】禄存
【奴僕】擎羊　　　　　【田宅】陀羅　　　　【財帛】天魁　　　　【夫妻】天鉞
　・命宮宮威強ければ、事業／仕事運は上々であり、弱ければそこそこの事業運となる。
　・家庭内は配偶者が実権を握るようになる（亭主関白カカア天下）。
　・交通事故など外出先での事故や怪我に注意すること。

癸年生
【福徳】破軍（禄）　　【疾厄】巨門（権）　【奴僕】太陰（科）　【遷移】貪狼（忌）　【奴僕】禄存
【遷移】擎羊　　　　　【官禄】陀羅　　　　【財帛】天魁　　　　【夫妻】天鉞
　・命宮宮威強ければ、そこそこ安定した運勢である。
　・交通事故など外出先での事故や怪我に注意すること。

第２章　紫微斗数14主星配置一覧　　161

69　紫微巳・命宮申

【子女】　　　　　　巳	【夫妻】　　　　　　午	【兄弟】　　　　　　未	【命宮】　　　　　　申
紫微（旺） 七殺（平） [化殺為権格] ・宮威強－子供は非常に優秀であり、また子供との関係も良好である。 ・宮威弱－子供は勇しく元気であるが、あまり親の言うことを聞かない。空劫が同宮すれば、育てにくい子供である。	[命無正曜格] [日月並明格] ・宮威強－夫婦仲睦まじく幸せな結婚生活を送ることができる。 ・宮威弱－夫婦の間は淡々としたものとなるが、反目し合うとか、仲違いするとかというものではない。 ・昌曲左右が同宮すると異性問題の暗示あり注意。	[命無正曜格] [府相朝垣格] ・宮威強－兄弟のなかには仲がよく身近にいる者もいれば、縁が薄く疎遠になる者もいる。 ・宮威弱－兄弟との関係はあまり良好なものではなく、兄弟同士で相談したり話し合うこともあまりない。	[命無正曜格] [日月並明格] [機月同梁格]

【財帛】　　　　　　辰		【父母】　　　　　　酉
天機（利） 天梁（廟） [機月同梁格] [機梁加会格] ・宮威強－特殊な方面や仕事で収入を得ることがある。 ・宮威弱－財は入っても、それを留めておくのが難しい。	**命無正曜格** 対宮主星を命宮主星とみなして判断。 **日月並命格** 快活なれどアバウトでルーズな一面も。 **機月同梁格** 抜群の企画力と事務処理能力を発揮。 ・進取の気性に富み、困難をものともせず事業に邁進する。優れた能力を持ち多芸多才。 ・特に弁説の才に優れる。個性は強烈で頑固なところもある。事業上の競争が多く、ライバルも多い。変化変動の多い人生である。 ・困難を恐れず克服して目標を達成する。 ・緊張の中にあって工夫や努力するのを好む。 ・遷移宮に文曲が入るのを嫌い、移り気な性格となり、桃花の気味を帯び、感情も不安定となる。 ・命宮宮威強－中には裸一貫で事業を立ち上げ成功させる者もいる。それほどでなくても、しっかりと事業を守り継続させていく。 ・命宮宮威弱－言い争いや口舌の災いを招く暗示。一生を通じて口舌や争いがついてまわる。また物事のはじめはよいが、締めくくりがルーズで、いわゆる竜頭蛇尾となる。実行力に欠けるところがあるので、公務員や事務員など、安定した職業に就くとよい。	廉貞（平） 破軍（陥） [殺拱廉貞格] ・宮威強－比較的恵まれた家庭環境で育つが、両親は厳しく子供を教育し躾ける。従って両親との関係はあまり良好とは言えない。 ・宮威弱－両親のどちらかと対立し、衝突するようになる。

【疾厄】　　　　　　卯		【福徳】　　　　　　戌
天相（陥） ・宮威強－大病を患うことはなく、おおむね健康である。ただちょっとした病気にはよく罹るようになる。 ・宮威弱－頭痛や神経痛に注意。また傷跡や痣が残ることがある。 ・化禄化権加会－皮膚病の暗示あり注意。		[命無正曜格] ・宮威強－明朗快活な性格であり、知識欲も強く、向上心に富んだ努力家である。 ・宮威弱－落ち着きのないところがあり、せっかちで、ちょっとしたことでも大騒ぎする。

【遷移】　　　　　　寅	【奴僕】　　　　　　丑	【官禄】　　　　　　子	【田宅】　　　　　　亥
太陽（旺） 巨門（廟） [巨日同宮格] ・宮威強－遠行や外出により運をつかんで成功する。特に創業運が上昇する。 ・宮威弱－外出や遠地に赴くと苦労することになる。また羊陀が同時に加会すれば交通事故など、外出先での事故や怪我の暗示があるので注意。	武曲（廟） 貪狼（廟） [貪武同行格] [日月夾命格] ・宮威強－部下後輩友人とは、いったん心を開けば仲良くなる。 ・宮威弱－部下後輩友人とは飲食飲酒を伴う付き合いが多くなり、面倒を被ることもある。	天同（旺） 太陰（廟） [機月同梁格] [月生滄海格] ・仕事に関しては怠惰でルーズな面が見られ、あまり仕事熱心ではない。 ・監督業務、警察や自衛隊、分析計画業務、公務員、果樹園・釣り池の経営、教育宗教関係などに向く。 ・宮威弱－文書問題に注意。	天府（地） ・宮威強－立派な住宅に住むことができる。 ・宮威弱－社宅や賃貸住宅などに住むことになり、なかなか自分の住宅を持てない。 ・基本的に、転居することは少ない。 ・火羊同宮－火災に注意。 ・羊陀が同宮すれば盗難に注意。

甲年生
【父母】廉貞（禄）　　【父母】破軍（権）　　【奴僕】武曲（科）　　【遷移】太陽（忌）
【遷移】禄存　　　　　【疾厄】擎羊　　　　　【奴僕】陀羅・天魁　　【兄弟】天鉞
- やや神経質となる傾向があり、小ぶりにまとまる運勢である。命宮宮威強ければ、成功し財を得るが、弱ければそれほどのこともなく、孤独になりがちである。
- 裕福で恵まれた家庭環境に育つが、両親は子供を厳しく躾け教育する。

乙年生
【財帛】天機（禄）　　【財帛】天梁（権）　　【子女】紫微（科）　　【官禄】太陰（忌）　　【疾厄】禄存
【財帛】擎羊　　　　　【遷移】陀羅　　　　　【官禄】天魁　　　　　【命宮】天鉞
- 財を得ることはできるが、それを維持し、大きく蓄財することは難しい。
- 聡明で優秀な子供に恵まれる。

丙年生
【官禄】天同（禄）　　【財帛】天機（権）　　【父母】廉貞（忌）　　【子女】禄存
【夫妻】擎羊　　　　　【財帛】陀羅　　　　　【田宅】天魁　　　　　【父母】天鉞
- 一から事業を始めて成功する可能性がある。
- 生まれ育った環境はあまり恵まれたものとは言えず、両親との関係も良好ではない。

丁年生
【官禄】太陰（禄）　　【官禄】天同（権）　　【財帛】天機（科）　　【遷移】巨門（忌）　　【夫妻】禄存
【兄弟】擎羊　　　　　【子女】陀羅　　　　　【田宅】天魁　　　　　【父母】天鉞
［三奇加会格］地位ある人の援助と幸運に恵まれる吉格。
- 基本的に大きな成功を収め、地位と名誉と財を得て結婚生活も安泰な運勢ではあるが、遠地に赴いたり頻繁に外出することで苦労する暗示がある。また外出先での怪我や事故に注意すること。

戊年生
【奴僕】貪狼（禄）　　【官禄】太陰（権）　　【財帛】天機（忌）　　【子女】禄存
【夫妻】擎羊　　　　　【財帛】陀羅　　　　　【奴僕】天魁　　　　　【兄弟】天鉞
- 地位や名誉を得ることはできるが、あまり大きな財は築かない。
- 仕事や事業上で自分の思いを通そうとして、苦労することがある。

己年生
【奴僕】武曲（禄）　　【奴僕】貪狼（権）　　【財帛】天梁（科）　　【夫妻】禄存
【兄弟】擎羊　　　　　【子女】陀羅　　　　　【官禄】天魁　　　　　【命宮】天鉞
- 基本的に、よい職に就き出世し高給を得る、また結婚生活も安定して幸せなものとなる運勢であるが、その他の星もよく見て判断すること。

庚年生
【遷移】太陽（禄）　　【奴僕】武曲（権）　　【官禄】太陰（科）　　【官禄】天同（忌）
【命宮】禄存　　　　　【父母】擎羊　　　　　【兄弟】陀羅・天鉞　　【奴僕】天魁
- 生地を離れ遠地に赴いたり、活発に外出することで発展する運勢である。しかし仕事は苦労を伴い、成功もあれば失敗もある。また、結婚生活は安定のための努力が必要である。

辛年生
【遷移】巨門（禄）　　【遷移】太陽（権）　　【父母】禄存　　　　　【福徳】擎羊
【命宮】陀羅　　　　　【夫妻】天魁　　　　　【遷移】天鉞
- 生地を離れ遠地に赴いたり、活発に外出することで発展する運勢であるが、その他の星もよく見て判断すること。

壬年生
【財帛】天梁（禄）　　【子女】紫微（権）　　【奴僕】武曲（忌）　　【田宅】禄存
【官禄】擎羊　　　　　【福徳】陀羅　　　　　【疾厄】天魁　　　　　【子女】天鉞
- そこそこ安定した運勢であるが、財も地位も自分の力量の範囲内で求めること。
- 子供は自意識が高く、しっかりと自分の意見を主張する。

癸年生
【父母】破軍（禄）　　【遷移】巨門（権）　　【官禄】太陰（科）　　【奴僕】貪狼（忌）　　【官禄】禄存
【奴僕】擎羊　　　　　【田宅】陀羅　　　　　【疾厄】天魁　　　　　【子女】天鉞
- 成功し地位と名誉を得られる運勢ではあるが、あまり大きな財は期待できない。
- 部下後輩友人からトラブルを被る恐れがあるので注意すること。
- 両親は激しい性格の人である。

70 紫微巳・命宮酉

【財帛】 巳	【子女】 午	【夫妻】 未	【兄弟】 申
紫微（旺） 七殺（平） [化殺為権格] ・宮威強－財運は良いが、特殊な分野や方面で財を成すことがある。 ・宮威弱－財運は変動激しく、入ったかと思えば出ていき、安定しない。	[命無正曜格] [日月並明格] ・宮威強－子供の数は少なくても縁は厚く、子供との関係は良好である。 ・宮威弱－子供に恵まれないか、あるいは子供との関係はあまりよくない。	[命無正曜格] [府相朝垣格] ・宮威強－晩婚に適する。夫婦お互いが相手を受け入れ、譲るところは譲り我慢するところは我慢すれば、末永く仲良く暮らすことができる。 ・宮威弱－夫婦の間には行き違いや対立の起こる可能性がある。 ・昌曲左右同宮－恋愛問題。	[命無正曜格] [日月並明格] [機月同梁格] ・宮威強－兄弟との関係はおおむね良好であり、それぞれ助け合う。 ・宮威弱－兄弟は散り散りになり、兄弟間の関係や縁は薄いものとなる。

【疾厄】 辰			【命宮】 酉
天機（利） 天梁（廟） [機月同梁格] [機梁加会格] ・幼少期は身体が弱く病弱であるが、成長して後は元気で健康となる。 ・生殖器系のほか、下半身の疾患に注意。 ・指先に怪我をしやすい。	\multicolumn{2}{c}{**殺拱廉貞格** いかんなくその才能を発揮するが、 自らを律し、生活を正すことが肝要。 ・大きな顔で、口も大きい。いささか落ち着きのない感じで、人から拘束されることを嫌う。 ・多芸多才で技能に優れ、新しいものが好きで新規事業などの創業の才がある。 ・性格は剛胆ではっきりしており、人と競争することを好むが、人とはよく交わり友人も多い。 ・忍耐強く、また冒険心にも富んでおり、困難に見舞われてもそれに打ち勝って、最後は人を驚かせるような成功を手にする。 ・未熟児として生まれるか、幼少期は身体が丈夫でない暗示。 ・変動運であり、人生の起伏が激しい。また冒険的なことや投機的なことを好む傾向がある。 ・曲昌加会－文武両道に優れ、文科系のことも体育会系のことも両方こなす。 ・命宮宮威弱－落ち着きがなく、絶えず動き回り、賭博を好み、はなはだしくは命がけの冒険に出ることもある。無謀な行いはつつしみ、特殊技能を身につけることが肝要である。}		廉貞（平） 破軍（陥） [殺拱廉貞格]

【遷移】 卯			【父母】 戌
天相（陥） ・宮威強－比較的安定し、転居移動も少ない。 ・宮威弱－生活に安定性を欠き、移動や移転をしてもあまりよいことがない。 ・羊陀同宮加会－交通事故など外出先での事故や怪我に注意。			[命無正曜格] ・宮威強－両親による教育熱心で子供を愛し、関係も良く、また健康である。 ・宮威弱－両親による教育や躾が厳しく、子供は嫌気がさし、関係も良好ではない。

【奴僕】 寅	【官禄】 丑	【田宅】 子	【福徳】 亥
太陽（旺） 巨門（廟） [巨日同宮格] ・宮威強－交友は広範囲にわたり、良い部下や後輩友人に恵まれる。 ・宮威弱－あまり良い部下や後輩には恵まれない。	武曲（廟） 貪狼（廟） [貪武同行格] [日月夾命格] ・ビジネス、商業界、投機関係、冒険家、手工芸、タイピスト、宝石、装飾、洋裁、華道（生け花）、ハウスキーピング（家事）などに適性がある。	天同（旺） 太陰（廟） [機月同梁格] [月生滄海格] ・宮威強－父祖から不動産を継承し、また自分で不動産を管理経営し財を築く。 ・宮威弱－不動産を売ったり買ったりで、あまり大きな不動産は残らない。	天府（地） ・宮威強－自分をよくコントロールし、あまり衝動的な行動を起こすことはなく、安定している。 ・宮威弱－安定性に欠けるようになり、忙しくあちこち走り回ることになる。

甲年生
【命宮】廉貞（禄）　　【命宮】破軍（権）　　【官禄】武曲（科）　　【奴僕】太陽（忌）
【奴僕】禄存　　　　　【遷移】擎羊　　　　　【官禄】陀羅・天魁　　【夫妻】天鉞
［三奇加会格］地位ある人の援助と幸運に恵まれる吉格。
・命宮宮威強ければ、順風満帆な人生で地位と名誉と財を手にすることができる。弱ければ成功することはできるが、そのために相当の努力と苦労を伴うことになる。

乙年生
【疾厄】天機（禄）　【疾厄】天梁（権）　【財帛】紫微（科）　【田宅】太陰（忌）　【遷移】禄存
【疾厄】擎羊　　　　【奴僕】陀羅　　　　【田宅】天魁　　　　【兄弟】天鉞
・命宮宮威強ければ、高位高官に昇り高い給与を得る。弱くても、それなりの財と地位を手にすることができるが、そのためには相当の苦労と努力を要する。

丙年生
【田宅】天同（禄）　【疾厄】天機（権）　【命宮】廉貞（忌）　【財帛】禄存
【子女】擎羊　　　　【疾厄】陀羅　　　　【福徳】天魁　　　　【命宮】天鉞
・財運は良好ではあるが、起伏の多い人生となり、また事故や災難に会う暗示があるので慎重な行動が求められる。

丁年生
【田宅】太陰（禄）　【田宅】天同（権）　【疾厄】天機（科）　【奴僕】巨門（忌）　【子女】禄存
【夫妻】擎羊　　　　【財帛】陀羅　　　　【福徳】天魁　　　　【命宮】天鉞
・命宮宮威強ければ中くらいの安定した運勢であり、平穏な人生を送る。
・比較的快適な住居を得て、家庭を大事にする。

戊年生
【官禄】貪狼（禄）　【田宅】太陰（権）　【疾厄】天機（忌）　【財帛】禄存
【子女】擎羊　　　　【疾厄】陀羅　　　　【官禄】天魁　　　　【夫妻】天鉞
・高位高官に昇り、高い給与を得る。命宮宮威強ければ、特殊な方面や仕事で実力を発揮する。弱ければ財の収支が安定しない恐れがある。身体は丈夫ではなく病気がちとなる暗示があるので、健康には十分注意すること。

己年生
【官禄】武曲（禄）　【官禄】貪狼（権）　【疾厄】天梁（科）　【子女】禄存
【夫妻】擎羊　　　　【財帛】陀羅　　　　【田宅】天魁　　　　【兄弟】天鉞
・基本的に高い職位に就き高給を得、また安定した結婚生活を送ることができる良好な運勢であるが、その他の星がどこに入るかもよく見て判断すること。

庚年生
【奴僕】太陽（禄）　【官禄】武曲（権）　【田宅】太陰（科）　【田宅】天同（忌）
【兄弟】禄存　　　　【命宮】擎羊　　　　【夫妻】陀羅・天鉞　【官禄】天魁
・責任の重い仕事や困難な仕事を任され苦労するが、その困難によく耐える。ただ夫婦関係は互いが自分の思いを主張し、配偶者が家庭内の実権を握るようになる。

辛年生
【奴僕】巨門（禄）　【奴僕】太陽（権）　【命宮】禄存　　　　【父母】擎羊
【兄弟】陀羅　　　　【子女】天魁　　　　【奴僕】天鉞
・基本的に安定した運勢であるが、その他の星もよく見て判断すること。
・部下や後輩、友人知己が力になってくれる。

壬年生
【疾厄】天梁（禄）　【財帛】紫微（権）　【官禄】武曲（忌）　【福徳】禄存
【田宅】擎羊　　　　【父母】陀羅　　　　【遷移】天魁　　　　【財帛】天鉞
・大きな成功を得ることはないが、本人はそこそこ満足した人生であると思う。
・夫婦間で意見の対立が起こることがある。

癸年生
【命宮】破軍（禄）　【奴僕】巨門（権）　【田宅】太陰（科）　【官禄】貪狼（忌）　【田宅】禄存
【官禄】擎羊　　　　【福徳】陀羅　　　　【遷移】天魁　　　　【財帛】天鉞
・勤め人としては高位に昇るには難しいが、不動産を取得したり活用すれば、思わぬところで財を得ることがある。しかし突然失うこともあるので注意すること。

71　紫微巳・命宮戌

【疾厄】　　　　　巳	【財帛】　　　　　午	【子女】　　　　　未	【夫妻】　　　　　申
紫微（旺） 七殺（平） [化殺為権格] ・宮威強－おおむね健康である。 ・宮威弱－胃腸病、呼吸器疾患などに注意すること。	[命無正曜格] [日月並明格] ・宮威強－安定した財運を持ち、財産を築くことができる。 ・宮威弱－財運はさほど強いものではない。	[命無正曜格] [府相朝垣格] ・子供の中には優秀な者もいれば、そうでない者もいる。 ・宮威弱－子供はあまり優秀ではなく、場合によっては悪い遊びを覚えるような子もいる。羊陀が同宮すれば、子供は親に反抗的で、親不孝な子供となる。	[命無正曜格] [日月並明格] [機月同梁格] ・宮威強－結婚生活はおおむね安定したものとなる。 ・宮威弱－結婚生活は波風が立ち、不安定になる恐れがあるので、安定させる努力が必要である。 ・昌曲左右天姚が同宮すれば、異性問題や恋愛トラブルの暗示があるので、注意が必要である。

【遷移】　　　　　辰			【兄弟】　　　　　酉
天機（利） 天梁（廟） [機月同梁格] [機梁加会格] ・遠地や海外に赴く機会が多くなる。 ・宮威強－遠地に赴いたり外出することでチャンスをつかみ発展する。 ・宮威弱－遠地に赴いて苦労したり物事が滞る恐れがある。羊陀が同宮すれば事故やトラブルに注意。		**命無正曜格** 対宮主星を命宮主星とみなして判断。 ・品格があり、高潔で温和で優しい人である。 ・才能にあふれ聡明。先見の明があり、優れた企画力と戦略能力を持ち、分析力に優れ、また弁も立つ。インテリタイプである。 ・書画や文学、芸術に親しみ、特定の技術に長けている。 ・女性は手芸なども得意だが、やや神経質となるので晩婚に適す。 ・曲昌加会－超人的な頭脳と知能の持ち主となるが、化忌が加われば幻想を抱くようになる。 ・命宮宮威弱－品性に劣るところがあり、策を弄ぶようになる。また理論や理屈ばかりを語り、実行力に乏しいところがあり、それによりトラブルを招くことがある。 ・空劫同宮加会－悲観的な考えにとらわれ、現実から逃避しやすい。哲学や宗教、玄学に魅せられていくようになる。	廉貞（平） 破軍（陥） [殺拱廉貞格] ・宮威強－兄弟は優秀で、それぞれ発展し成功するが、あまり力にはなってくれない。 ・宮威弱－兄弟との関係は良好なものとは言えない。化忌や羊陀が同宮すれば、兄弟から迷惑を被ることがある。

【奴僕】　　　　　卯			【命宮】　　　　　戌
天相（陥） ・部下後輩友人は頼りなく優秀な者もおらず、あまり力にはならない。			[命無正曜格]

【官禄】　　　　　寅	【田宅】　　　　　丑	【福徳】　　　　　子	【父母】　　　　　亥
太陽（旺） 巨門（廟） [巨日同宮格] ・宮威強－リーダーシップに優れ、リーダーとして活躍する。激しい競争の中で成果を上げる。 ・宮威弱－途中で職業を変えることがある。 ・マスコミ、広告宣伝、教育、医薬、法律関係、哲学、運命学者（占い師）に適す。	武曲（廟） 貪狼（廟） [貪武同行格] [日月夾命格] ・宮威強－父祖から財産を受け継ぎ、また自分でも不動産を獲得する。 ・宮威弱－父祖からの不動産を手放してしまうこともある。 ・火羊同宮－火災に注意。	天同（旺） 太陰（廟） [機月同梁格] [月生滄海格] ・宮威強－心配事もなく、一生を幸福に過ごすことができる。 ・宮威弱－気がかりなことがあり、気苦労も多く、心を乱すようになる。 ・天姚などの桃花星に会えば異性問題に注意。	天府（地） ・概ね、裕福で恵まれた家庭環境で育つ。両親は大地のような人で、子供を分けへだてなく育てる。 ・宮威強－両親との関係は良好である。 ・宮威弱－両親のどちらかと意見が合わず対立することがある。

甲年生
【兄弟】廉貞（禄）　　【兄弟】破軍（権）　　【田宅】武曲（科）　　【官禄】太陽（忌）
【官禄】禄存　　　　　【奴僕】擎羊　　　　　【田宅】陀羅・天魁　　【子女】天鉞
　・事業／仕事運はあまり芳しくなく、苦労することがある。
　・兄弟や友人の中に、高飛車にものを言うが力になってくれる人がいる。

乙年生
【遷移】天機（禄）　　【遷移】天梁（権）　　【疾厄】紫微（科）　　【福徳】太陰（忌）　　【奴僕】禄存
【遷移】擎羊　　　　　【官禄】陀羅　　　　　【福徳】天魁　　　　　【夫妻】天鉞
　・見た目は順調なように見えるが、内実は浮き沈みがあり、富や名誉を獲得するのにも波があるので、焦らず堅実に歩んでいくこと。
　・なにかと気苦労や心配事が多くなるので、ストレスをうまく発散させること。

丙年生
【福徳】天同（禄）　　【遷移】天機（権）　　【兄弟】廉貞（忌）　　【疾厄】禄存
【財帛】擎羊　　　　　【遷移】陀羅　　　　　【父母】天魁　　　　　【兄弟】天鉞
　［貴星夾命格］人の援助に恵まれる。
　・基本的に安定した良好な運勢であるが、その他の星がどこに入るかをよく見て判断すること。
　・兄弟や友人はあまり力になってくれない。

丁年生
【福徳】太陰（禄）　　【福徳】天同（権）　　【遷移】天機（科）　　【官禄】巨門（忌）　　【財帛】禄存
【子女】擎羊　　　　　【疾厄】陀羅　　　　　【父母】天魁　　　　　【兄弟】天鉞
　・そこそこ安定した運勢で、中程度の成功と満足を得る。
　・結婚生活は安定に欠ける恐れがあるので、夫婦円満を心がけること。

戊年生
【田宅】貪狼（禄）　　【福徳】太陰（権）　　【遷移】天機（忌）　　【疾厄】禄存
【財帛】擎羊　　　　　【遷移】陀羅　　　　　【田宅】天魁　　　　　【子女】天鉞
　・そこそこ安定した運勢で、中程度の成功と満足を得る。
　・外出先での怪我や事故（交通事故など）に注意すること。

己年生
【田宅】武曲（禄）　　【田宅】貪狼（権）　　【遷移】天梁（科）　　【財帛】禄存
【子女】擎羊　　　　　【疾厄】陀羅　　　　　【福徳】天魁　　　　　【夫妻】天鉞
　・そこそこ安定した運勢であるが、その他の星がどこに入るかをよく見て判断すること。
　・住居の装飾や家庭内を、自分の思うように仕切りたがる傾向がある。

庚年生
【官禄】太陽（禄）　　【田宅】武曲（権）　　【福徳】太陰（科）　　【福徳】天同（忌）
【夫妻】禄存　　　　　【兄弟】擎羊　　　　　【子女】陀羅・天鉞　　【田宅】天魁
　・事業／仕事運は良好で、良い職に就き高給を得ることができ、また結婚生活も安定する。

辛年生
【官禄】巨門（禄）　　【官禄】太陽（権）　　【兄弟】禄存　　　　　【命宮】擎羊
【夫妻】陀羅　　　　　【財帛】天魁　　　　　【官禄】天鉞
　・事業／仕事運は良好で、良い職に就き高給を得ることができ、また結婚生活も安定する。

壬年生
【遷移】天梁（禄）　　【疾厄】紫微（権）　　【田宅】武曲（忌）　　【父母】禄存
【福徳】擎羊　　　　　【命宮】陀羅　　　　　【奴僕】天魁　　　　　【疾厄】天鉞
　・事業／仕事運は良好で、基本的に安定した良好な人生を送ることができる運勢であるが、その他の星がどこに入るかをよく見て判断すること。
　・比較的安定した家庭環境で育つ。

癸年生
【兄弟】破軍（禄）　　【官禄】巨門（権）　　【福徳】太陰（科）　　【田宅】貪狼（忌）　　【福徳】禄存
【田宅】擎羊　　　　　【父母】陀羅　　　　　【奴僕】天魁　　　　　【疾厄】天鉞
　・少しく安定した運勢である。仕事はうまくいくが、家庭内は配偶者が実権を握る傾向がある。
　・兄弟や友人が力になってくれる。
　・住居や家庭のことで問題を抱えることがある。

第2章　紫微斗数14主星配置一覧　　167

72　紫微巳・命宮亥

【遷移】巳	【疾厄】午	【財帛】未	【子女】申
紫微（旺） 七殺（平） [化殺為権格] ・宮威強－遠行や外出は運を呼び込み、有利な出来事をもたらす。 ・宮威弱－外出しても空しい結果になることが多い。 ・羊陀同宮加会－交通事故や、外出先での怪我や事故に注意。	[命無正曜格] [日月並明格] ・おおむね健康である。 ・気管支炎、風邪、のぼせや悪寒、貧血（女性の場合）、怪我に注意。 ・羊火加会－ホルモン異常、代謝障害などに注意。	[命無正曜格] [府相朝垣格] ・宮威強－財運は安定性に欠け、良いときもあればそうでないときもある。 ・宮威弱－大きな財を築くのは難しい。	[命無正曜格] [日月並明格] [機月同梁格] ・宮威強－子供との縁は深く、立派な子供が育つ。 ・宮威弱－子供の中には良い子もいれば、そうでない子もいる。 ・空劫同宮－育てにくい子供である。 ・羊陀同宮－子供は親の言うことを聞かない傾向がある。

【奴僕】辰			【夫妻】酉
天機（利） 天梁（廟） [機月同梁格] [機梁加会格] ・宮威強－部下や後輩友人は多く、また専門知識に優れているが、その関係は流動的である。 ・宮威弱－部下や後輩友人は優れた人物であるが、あまり助けにはならない。	・容貌は端正で、物腰は優雅で気品がある。 ・外柔内剛の気質で、現況を肯定し、激昂するようなことはない。したがって人間関係にも恵まれ、危機や困難に遭遇しても目上の人や友人の助けにより乗り越えることができる。しかし一方で現状に満足することで明日への努力を怠り、ルーズに流される一面もある。 ・活動的で家でじっとしているのを好まず、外出を好み、忙しくあちこち飛び回る。また外地や外出先で人の縁を得たりチャンスをつかみ、それが成功に結びつくことになる。 ・知的好奇心が旺盛で多芸多才である。 ・仕事には真面目に取り組むが、人より抜きん出て成功を収めるとか、独創的なアイデアを実現させるということはないので、あまり職業を変えず、堅実で安定した職業に就くのがよい。 ・命宮宮威強－少しく成功し、安定した人生を送ることができる。 ・命宮宮威弱－心に志を抱くのだが、人として小ぶりにまとまる傾向がある。 ・昌曲加会－文学などの芸術的才能に恵まれ、書画や骨董などの趣味を持つ人もいる。		廉貞（平） 破軍（陥） [殺拱廉貞格] ・配偶者は強烈な個性の持ち主である。 ・宮威強－家庭内では配偶者が実権を持ち、尻に敷かれるようになる。 ・宮威弱－夫婦間を安定させる努力が必要である。 ・昌曲左右が同宮すると異性問題の暗示あり注意。

【官禄】卯			【兄弟】戌
天相（陥） ・宮威強－堅実で安定した職業に就くのがよい。 ・宮威弱－事業運はあまり高いものではない。 ・財務経理関係、代理店、商社、工芸関係、写真、サービス業、教育研究、などに適す。			[命無正曜格] ・宮威強－兄弟は仲良く、縁も深く、互いに助け合うようになる。 ・宮威弱－兄弟間の縁は薄いものとなり、兄弟それぞれが独立して活動することになる。 ・羊陀同宮－兄弟の中に軽佻浮薄な人がいて、対立するようになる。

【田宅】寅	【福徳】丑	【父母】子	【命宮】亥
太陽（旺） 巨門（廟） [巨日同宮格] ・宮威強－父祖から不動産を受け継ぐことがある。 ・宮威弱－父祖からの不動産を守るのは難しい。 ・火羊が同宮すれば火災に注意。 ・羊陀が同宮すれば盗難に注意。	武曲（廟） 貪狼（廟） [貪武同行格] [日月夾命格] ・宮威強－大きな目的や願望を抱き、それを実現、成効させることに喜びを見出す。 ・宮威弱－酒色やあまりよろしくない趣味で散財する恐れがある。	天同（旺） 太陰（廟） [機月同梁格] [月生滄海格] ・宮威強－両親、特に母親の愛情を深く受けて育つ。 ・宮威弱－基本的に親子の情は厚いが、時に感情の行き違いが生じることがある。	天府（地）

甲年生
【夫妻】廉貞（禄）　【夫妻】破軍（権）　【福徳】武曲（科）　【田宅】太陽（忌）
【田宅】禄存　　　　【官禄】擎羊　　　　【福徳】陀羅・天魁　【財帛】天鉞
・配偶者は経済力があり有能ではあるが、自分の思いを通そうとする人なので、意見を聞き入れてもらえない恐れがある。
・家庭内にトラブルや悩みの恐れがあり、不動産の運用や投資には向かない。

乙年生
【奴僕】天機（禄）　【奴僕】天梁（権）　【遷移】紫微（科）　【父母】太陰（忌）　【官禄】禄存
【奴僕】擎羊　　　　【田宅】陀羅　　　　【父母】天魁　　　　【子女】天鉞
・人間関係に恵まれ、素晴らしい後輩や友人の助力に浴する。
・事業運は安定しているが、両親、とくに母親が病弱か短命の恐れがある。

丙年生
【父母】天同（禄）　【奴僕】天機（権）　【夫妻】廉貞（忌）　【遷移】禄存
【疾厄】擎羊　　　　【奴僕】陀羅　　　　【命宮】天魁　　　　【夫妻】天鉞
・恵まれた家庭環境か、暖かく優しい両親のもとで育つ。
・配偶者が家庭内で思うようにふるまうので、意見の対立が起きることがある。

丁年生
【父母】太陰（禄）　【父母】天同（権）　【奴僕】天機（科）　【田宅】巨門（忌）　【疾厄】禄存
【財帛】擎羊　　　　【遷移】陀羅　　　　【命宮】天魁　　　　【夫妻】天鉞
・恵まれた家庭環境で育つが、両親は子供を厳しく躾け養育する傾向がある。
・基本、大きな事業を成し遂げるのは難しいが、その他の星がどこに入るかをよく見て判断する。

戊年生
【福徳】貪狼（禄）　【父母】太陰（権）　【奴僕】天機（忌）　【遷移】禄存
【疾厄】擎羊　　　　【奴僕】陀羅　　　　【福徳】天魁　　　　【財帛】天鉞
・命宮宮威強ければ成功し、かなりの財を築くことができる。弱ければ相当の努力と苦労した後に成功と財を得ることになる。
・厳格な両親で子供を厳しく躾け教育し、家庭内は母親が仕切っている。

己年生
【福徳】武曲（禄）　【福徳】貪狼（権）　【奴僕】天梁（科）　【疾厄】禄存
【財帛】擎羊　　　　【遷移】陀羅　　　　【父母】天魁　　　　【子女】天鉞
・命宮宮威強ければ成功し、かなりの財を築くことができる。弱ければ相当の努力と苦労した後に成功と財を得ることになる。

庚年生
【田宅】太陽（禄）　【福徳】武曲（権）　【父母】太陰（科）　【父母】天同（忌）
【子女】禄存　　　　【夫妻】擎羊　　　　【財帛】陀羅・天鉞　【福徳】天魁
・それなりに成功を収めるが、大きな財産を築くのは難しいかもしれない。
・生まれ育った家庭環境は、あまり恵まれたものとは言えない。

辛年生
【田宅】巨門（禄）　【田宅】太陽（権）　【夫妻】禄存　　　　【兄弟】擎羊
【子女】陀羅　　　　【疾厄】天魁　　　　【田宅】天鉞
・家庭内は安定し、幸せな家庭を築く。
・そこそこ安定した中くらいの運勢であるが、その他の星がどこに入るかもよく見て判断すること。

壬年生
【奴僕】天梁（禄）　【遷移】紫微（権）　【福徳】武曲（忌）　【命宮】禄存
【父母】擎羊　　　　【兄弟】陀羅　　　　【官禄】天魁　　　　【遷移】天鉞
・外地や遠地で大きく発展する可能性があるが、大きな財産を築くのは難しいかもしれない。また心配事が多くなる暗示がある。

癸年生
【夫妻】破軍（禄）　【田宅】巨門（権）　【父母】太陰（科）　【福徳】貪狼（忌）　【父母】禄存
【福徳】擎羊　　　　【命宮】陀羅　　　　【官禄】天魁　　　　【遷移】天鉞
・家庭内は配偶者が実権を握ることになる（亭主関白カカア天下）。
・両親がインテリであったり、恵まれた家庭環境で育つ。

73 紫微午・命宮子

天機（平） ・宮威強－部下後輩友人は有能で大いに助けになる。 ・宮威弱－部下後輩友人は気まぐれで心が変わりやすいので、あまり信用しすぎず警戒すること。 ・昌曲加会－SNSやメールなどを通じた友人ができ、とても仲良くなる。 【奴僕】　　　巳	紫微（廟） [極響離明格] [府相朝垣格] ・宮威強－遠地や外出先で実力者や地位のある人の知己を得てチャンスをつかみ、また支援を得る。 ・宮威弱－遠地や外出先で些細で煩雑な面倒事が発生する。 ・羊陀同宮加会－外出先での事故や怪我に注意。 【遷移】　　　午	[命無正曜格] [明珠出海格] [日月並明格] ・元気そうに見えて潜在的に病因を持つことがあるので、定期健診を。 ・心臓病、寒気、気管支炎、風邪、膿などに注意。 ・羊火加会－飲酒過多による疾病に注意。 ・陀忌加会－耳や目の疾病に注意。 【疾厄】　　　未	破軍（地） ・豪快に金を使うか、なにかと金銭が出ていくことになる。 ・宮威強－最初は支出の方が多いが、次第に蓄財するようになる。 ・宮威弱－財を築くのは難しい。 【財帛】　　　申
七殺（廟） ・工業、商業、軍隊や警察公安などの内勤業務、哲学の研究著述、文芸創作、個人的なサービス業、体育教師、スポーツ選手などに向く。 【官禄】　　　辰	\multicolumn{2}{c}{**泛水桃花格** 蝶が蜜を求め花に群がるように、 恋に身をやつす。 ・命宮宮威強ければ、チャーミングな容貌と美しい肢体に恵まれ異性の目を惹き付ける。 ・文学や芸術に関心が強く、音楽やダンス、文学や映画、舞台芸術などに才能があり、また多芸多才である。 ・基本的に情け深い優しい人であるが、ともすれば情に流されることがあるので注意が必要である。 ・一方、物欲やその他の欲求が強く、自分ひとりで決断し、目的まで最短距離を進む。 ・左右魁鉞同宮－大志を抱き事業に邁進する。 ・曲昌同宮加会－桃花が強くなり、センスもよくなるが、恋多き人となりスキャンダルをまき散らすことがあるので注意が必要である。 ・命宮宮威弱－酒色に身をやつし、深夜まで遊び歩くようになる。陀羅が同宮すると、そのことにより疲弊することになる。 ・火鈴同宮－突然発展し、突然破れる。 ・羊か陀と化忌同宮－性を巡るトラブルに会う恐れがある。**		[命無正曜格] ・元気で活動的な子供に恵まれる。宮威が強ければその傾向が強くなり、立派に育つ。 ・空劫同宮－子供はいないか、いても育てにくい子供である。 【子女】　　　酉
太陽（廟） 天梁（廟） [日照雷門格] [日月並明格] ・宮威強－大いに不動産を所有することができる。 ・宮威弱－不動産を所有できないか、家屋や家庭のことで面倒な目に会う。 ・火羊同宮－火災に注意。 ・羊陀が同宮すれば盗難に注意。 【田宅】　　　卯			天府（廟） 廉貞（利） [天府朝垣格] ・宮威強－配偶者は優しくもあり厳しくもあるが、逞しく頼りになり、夫婦仲良く添い遂げることができる。 ・宮威弱－夫婦間の縁は薄いものとなり、距離を置くようになる。 ・昌曲左右－異性関係注意。 【夫妻】　　　戌
武曲（地） 天相（廟） [紫府朝垣格] ・宮威強－人生の前半は苦労も多いが、後半はその苦労から逃れ、安定した人生を送ることができる。 ・宮威弱－何かと気苦労が多くなる。 【福徳】　　　寅	天同（不） 巨門（不） ・宮威強－両親は病弱であるか、ルーズでアバウトな性格の人である。 ・宮威弱－あまり恵まれた環境では育たず、また両親との縁も薄く、場合によっては対立することもある。 【父母】　　　丑	貪狼（旺） [泛水桃花格] 【命宮】　　　子	太陰（廟） [月朗天門格] [日月並明格] ・宮威強－兄弟仲はとてもよく、お互いに助け合う。 ・宮威弱－兄弟との縁はあるが、それほど強い縁ではない。静かな関係である。 【兄弟】　　　亥

甲年生
【夫妻】廉貞（禄）　　【財帛】破軍（権）　　【福徳】武曲（科）　　【田宅】太陽（忌）
【福徳】禄存　　　　　【田宅】擎羊　　　　　【父母】陀羅・天魁　　【疾厄】天鉞
・夫婦で共通の嗜好やセンスを持っており、芸術や芸能娯楽を一緒に楽しみ、いろんな人たちと賑やかに交際する。中には飲食業や服飾業などの仕事を夫婦で営む人もいる。
・財運もなかなかのものである。

乙年生
【奴僕】天機（禄）　　【田宅】天梁（権）　　【遷移】紫微（科）　　【兄弟】太陰（忌）　　【田宅】禄存
【官禄】擎羊　　　　　【福徳】陀羅　　　　　【命宮】天魁　　　　　【財帛】天鉞
・真面目で良識があり、優れた見識を持つが、人の目や他人の評価を気にするところがある。
・異性関係については十分理性と節度を保つこと。

丙年生
【父母】天同（禄）　　【奴僕】天機（権）　　【夫妻】廉貞（忌）　　【奴僕】禄存
【遷移】擎羊　　　　　【官禄】陀羅　　　　　【兄弟】天魁　　　　　【子女】天鉞
・結婚生活は波風が立つ暗示があるので、夫婦仲良く理解しあう努力が大切である。
・裕福で優しく理解のある両親の元で育つ。

丁年生
【兄弟】太陰（禄）　　【父母】天同（権）　　【奴僕】天機（科）　　【父母】巨門（忌）　　【遷移】禄存
【疾厄】擎羊　　　　　【奴僕】陀羅　　　　　【兄弟】天魁　　　　　【子女】天鉞
［科権禄夾格］財も地位も得る吉格。
・両親との関係は良好とは言えず、場合によっては対立することもある。また健康には注意が必要。

戊年生
【命宮】貪狼（禄）　　【兄弟】太陰（権）　　【奴僕】天機（忌）　　【奴僕】禄存
【遷移】擎羊　　　　　【官禄】陀羅　　　　　【父母】天魁　　　　　【疾厄】天鉞
・財運はあるが願望や欲求も強いため、蓄財するには困難を伴う。
・部下後輩や友人によりトラブルや損害を被る恐れがある。

己年生
【福徳】武曲（禄）　　【命宮】貪狼（権）　　【田宅】天梁（科）　　【遷移】禄存
【疾厄】擎羊　　　　　【奴僕】陀羅　　　　　【命宮】天魁　　　　　【財帛】天鉞
・そこそこ安定した良好な運勢であるが、その他の星がどこに入るかをよく見て判断すること。

庚年生
【田宅】太陽（禄）　　【福徳】武曲（権）　　【兄弟】太陰（科）　　【父母】天同（忌）
【財帛】禄存　　　　　【子女】擎羊　　　　　【疾厄】陀羅・天鉞　　【父母】天魁
・生まれ育った環境は恵まれているとは言いがたく、両親との関係も良いとは言えない。
・命宮や田宅宮の宮威強ければ、不動産や快適な住居を手にすることができる。

辛年生
【父母】巨門（禄）　　【田宅】太陽（権）　　【子女】禄存　　　　　【夫妻】擎羊
【財帛】陀羅　　　　　【遷移】天魁　　　　　【福徳】天鉞
・あまり安定した運勢とは言えないが、その他の星がどこに入るかをよく見て判断すること。
・両親は裕福であるが、途中で財を失うようなことがある。

壬年生
【田宅】天梁（禄）　　【遷移】紫微（権）　　【福徳】武曲（忌）　　【兄弟】禄存
【命宮】擎羊　　　　　【夫妻】陀羅　　　　　【田宅】天魁　　　　　【奴僕】天鉞
・不安定な生活となる恐れがあるので、まずは生活を整えることが肝要である。
・なにかと心配事があり、精神的にも安定しないことが多い。

癸年生
【財帛】破軍（禄）　　【父母】巨門（権）　　【兄弟】太陰（科）　　【命宮】貪狼（忌）　　【命宮】禄存
【父母】擎羊　　　　　【兄弟】陀羅　　　　　【田宅】天魁　　　　　【奴僕】天鉞
［双禄朝垣格］財運に恵まれるが、投機事業は要注意。［科権禄夾格］財も地位も得る吉格。
・財は大きく入る運であるが、交際や酒色に金銭を使い、あまり蓄財できない恐れがある。無駄な出費や浪費をコントロールすることが蓄財への道である。

74　紫微午・命宮丑

天機（平） ・宮威強－グループのリーダーや小さな店の店主にはなれるが、大きな事業の経営には向かない。 ・宮威弱－職をいろいろ変えることになり、あまり高い地位は得られない。 ・サービス業、ファッション、エステ、ヘアメイク、花屋、ランジェリーショップなどに適す。 【官禄】　　　　巳	紫微（廟） [極響離明格] [府相朝垣格] ・宮威強－部下後輩友人には立派な者がいる。 ・宮威弱－部下後輩友人の中に、えらそうで横柄な者がいる。 【奴僕】　　　　午	[命無正曜格] [明珠出海格] [日月並明格] ・生地を離れることや、遠地に赴くことはあまりよくない。そこで苦労することになる。 ・宮威弱－遠行には災害を伴う暗示あり。外出先で事故や怪我を負うことになるので注意。羊陀加会すれば特に注意。 【遷移】　　　　未	破軍（地） ・宮威強－おおむね健康である。 ・宮威弱－できもの、アトピー性皮膚炎などに注意。陀羅が加会すれば手足など身体のどこかに傷を負い、傷跡が残ることになる。 【疾厄】　　　　申
七殺（廟） ・宮威強－少しく不動産を所有する。 ・宮威弱－ひとつの家屋や不動産を長く保持するのは難しい。 ・火羊が同宮すれば火災に注意。 ・羊陀が同宮すれば盗難に注意。 【田宅】　　　　辰	・研究心が旺盛で、企画力、分析力に長けている。頭の回転の速い人なので自信家が多く、時に強引で独断的となることもある。 ・話し好きでよくしゃべるが、言い方に問題があり、人から誤解を受けることがある。 ・多忙で、絶えず何かをして動き回っている。 ・仕事の上では独特の発想を持ち、猥雑な環境でも仕事をすることができる。 ・サービス業、学術研究などに向き、大きなビジネスを自ら創始するのには向かない。 ・恋愛や結婚は波乱含みの暗示。 ・若年中は苦労するが、中年以降安定する。		[命無正曜格] ・宮威強－少しく蓄財することはできるが、大きな財を築くのは難しい。 ・宮威弱－財運はあまり大きなものではない。 【財帛】　　　　酉
太陽（廟） 天梁（廟） [日照雷門格] [日月並明格] ・考えることが好きで、自然科学や哲学などの研究を好む。宮威強ければ、思考を深め一定の成果を上げる。弱ければ、物事をいろいろ考えて神経衰弱気味となる。 【福徳】　　　　卯	・なにごとも欲を出して無理強いするとトラブルを招くことになるので注意。 ・命宮宮威強－家にいるのを好み、新規の物事に手を出すのは好まず、あるものを受け入れ安定した生活を送ることができる。 ・命宮宮威弱－口舌のトラブルの暗示。苦労症で、自分の境遇を他者や社会のせいにする。精神的に不安定となりやすいので、物事を慎重に運ぶように心がけること。 ・文曲同宮－医学や玄学（占術、神秘学、宗教など）に関心を持ち、才能を発揮する。 ・火鈴忌加会－顔に大きなホクロがある。		天府（廟） 廉貞（利） [天府朝垣格] ・宮威強－子供との縁は深く、仲がよく、子供は力になってくれる。 ・宮威弱－子供との縁は薄く、子供と仲違いすることもある。 ・空劫同宮－子供はいないか、いても育てにくい子供である。 【子女】　　　　戌
武曲（地） 天相（廟） [紫府朝垣格] ・両親のうち片方は厳しく、もう片方は優しい人である。両親は愛情深く子供を育てる。 ・宮威強－両親との関係は良好で仲もよい。 ・宮威弱－両親との関係はあまり良好とは言えない。 【父母】　　　　寅	天同（不） 巨門（不） 【命宮】　　　　丑	貪狼（旺） [泛水桃花格] ・宮威強くても兄弟間の縁は薄いものとなる。宮威弱ければ、兄弟とは不仲となり、トラブルを被ることがある。 【兄弟】　　　　子	太陰（廟） [月朗天門格] [日月並明格] ・宮威強－配偶者は賢く能力のある人で、幸せな結婚生活を送れる。 ・宮威弱－配偶者は身体が弱く、健康に注意する必要がある。 ・昌曲左右姚が同宮すれば異性問題の恐れがあるので注意すること。 【夫妻】　　　　亥

甲年生
【子女】廉貞（禄）　　【疾厄】破軍（権）　　【父母】武曲（科）　　【福徳】太陽（忌）
【父母】禄存　　　　　【福徳】擎羊　　　　　【命宮】陀羅・天魁　　【遷移】天鉞
［天乙拱命格］学識高く、人の縁に恵まれ幸運を得る。
　・事業／仕事運は波があり、なかなか思うようにはいかない。
　・両親は頭がよくインテリで、立派な人である。

乙年生
【官禄】天機（禄）　　【福徳】天梁（権）　　【奴僕】紫微（科）　　【夫妻】太陰（忌）　　【福徳】禄存
【田宅】擎羊　　　　　【父母】陀羅　　　　　【兄弟】天魁　　　　　【疾厄】天鉞
　・事業／仕事運は良好で、よい職業に就き出世することができる。
　・結婚生活には波があり、安定しない傾向がある。夫婦円満を心がけること。

丙年生
【命宮】天同（禄）　　【官禄】天機（権）　　【子女】廉貞（忌）　　【官禄】禄存
【奴僕】擎羊　　　　　【田宅】陀羅　　　　　【夫妻】天魁　　　　　【財帛】天鉞
　・財運はあるが、何事も怠惰となり、ルーズに流されることがあるので注意すること。
　・子供に手を焼いたり、煩わされる暗示がある。

丁年生
【夫妻】太陰（禄）　　【命宮】天同（権）　　【官禄】天機（科）　　【命宮】巨門（忌）　　【奴僕】禄存
【遷移】擎羊　　　　　【官禄】陀羅　　　　　【夫妻】天魁　　　　　【財帛】天鉞
　・常に新しいことを始めようとするが、なかなか一筋縄には行かない。命宮宮威強ければ、そこそこ
　　安定した運勢である。　・結婚運は良好で、幸せな結婚生活を送ることができる。

戊年生
【兄弟】貪狼（禄）　　【夫妻】太陰（権）　　【官禄】天機（忌）　　【官禄】禄存　　　　　【奴僕】擎羊
【田宅】陀羅　　　　　【命宮】天魁　　　　　【遷移】天鉞
［天乙拱命格］学識高く、人の縁に恵まれ幸運を得る。
　・あまり高い地位には就けないが、命宮宮威強ければ安定した人生を送ることができる。
　・家庭内の実権は配偶者が握ることになる（亭主関白カカア天下）。

己年生
【父母】武曲（禄）　　【兄弟】貪狼（権）　　【福徳】天梁（科）　　【奴僕】禄存
【遷移】擎羊　　　　　【官禄】陀羅　　　　　【兄弟】天魁　　　　　【疾厄】天鉞
［科権禄夾格］命宮宮威強ければ、地位も財産を望むままに得ることができる。
　・親戚縁者は裕福で立派な人が多く、また地位ある人や実力者の援助を受ける暗示がある。

庚年生
【福徳】太陽（禄）　　【父母】武曲（権）　　【夫妻】太陰（科）　　【命宮】天同（忌）
【疾厄】禄存　　　　　【財帛】擎羊　　　　　【遷移】陀羅・天鉞　　【命宮】天魁
［天乙拱命格］学識高く、人の縁に恵まれ幸運を得る。
　・少しく財を築き安定した生活を送ることができるが、精神的に不安定となることが多い。
　・厳しい教えの家風であり、両親は厳格に子弟を躾け教育する。

辛年生
【命宮】巨門（禄）　　【福徳】太陽（権）　　【財帛】禄存　　　　　【子女】擎羊
【疾厄】陀羅　　　　　【奴僕】天魁　　　　　【父母】天鉞
［双禄朝垣格］財運に恵まれるが、投機事業は要注意。
　・少しく財を得ることはできるが、大きな財を築くのは難しい。

壬年生
【福徳】天梁（禄）　　【奴僕】紫微（権）　　【父母】武曲（忌）　　【夫妻】禄存
【兄弟】擎羊　　　　　【子女】陀羅　　　　　【福徳】天魁　　　　　【官禄】天鉞
　・大きな財は得られず、金銭の悩みを抱える。命宮宮威強ければそれなりに安定した運勢である。
　・生家はあまり裕福でないか、あるいは両親との関係が悪く、縁は薄くなる暗示がある。

癸年生
【疾厄】破軍（禄）　　【命宮】巨門（権）　　【夫妻】太陰（科）　　【兄弟】貪狼（忌）　　【兄弟】禄存
【命宮】擎羊　　　　　【夫妻】陀羅　　　　　【福徳】天魁　　　　　【官禄】天鉞
　・大きな成功を望むことはできないが、配偶者は聡明で立派な人で、力になり、安定した幸せな結婚
　　生を送ることができる。
　・兄弟や友人から、なにか面倒をかけられることがある。

75 紫微午・命宮寅

【田宅】 巳	【官禄】 午	【奴僕】 未	【遷移】 申
天機（平） ・宮威強－不動産を売ったり買ったりするので、ひとつの住居に長くいることはない。 ・宮威弱－あまり大きな不動産は持てない。 ・火羊が同宮すれば火災に注意。 ・羊陀が同宮すれば盗難に注意。	紫微（廟） [極響離明格] [府相朝垣格] ・宮威強－リーダーシップを発揮し、高い職位に昇り高給を得る。 ・宮威弱－リーダーシップを発揮できず、高い職位に昇るのは難しい。 ・宗教、哲学、占術、学術研究、著述業、百貨店、行政、大企業勤務などに適す。	[命無正曜格] [明珠出海格] [日月並明格] ・優秀な部下後輩友人もいれば、あまり優秀でない人もいる。 ・宮威強－部下後輩友人が大いに助けになってくれる。 ・宮威弱－部下や後輩友人のためにトラブルを被ることがある。	破軍（地） ・外出運や移動運はあまりよいものではない。疲労ばかりが募る。 ・羊陀同宮加会－交通事故など外出先での事故や怪我に注意。

【福徳】 辰			【疾厄】 酉
七殺（廟） ・冒険心やチャレンジ精神に富み、ある日突然動き出すようなところがある。 ・宮威弱ければ、あちこち動き回っても、それは徒労に終わることになる。	**紫府朝垣格** 人格高潔、富貴と健康長寿に恵まれ 地位ある人の援助に浴す。 ・強さと優しさを兼ね備えた人で、謙虚で才能豊か（多芸多才）である。 ・勤勉で社交的なため、地位ある人の助けを受ける。まず生活に困窮することはない。 ・正義感あふれる人であり、人のために尽くすのを好む世話好きな人である。 ・逆境の中にあっても泰然自若としている。 ・基本的に慎重で穏健なのだが、時として人の意表を突く行動に出ることがある。外面と内面に違いがあり（剛と柔）、感情にムラがあり気持ちが一定しないところがある。 ・恋愛や結婚において弱気になる恐れ、あるいは気が多くなる暗示あり。 ・命宮宮威強－財と地位と名誉を手にし、新しい事業や物事を創始する才能がある。政治家や実業家として発展し、企業や組織の中枢に身を置くようになる。 ・命宮宮威弱－さらに火星と同宮すれば、人と意見が合わず対立することになる。また怪我をしたり、金銭のトラブルを被る暗示がある。		[命無正曜格] ・宮威強－おおむね健康である。 ・宮威弱－便秘、ホルモン異常、心臓病などに注意すること。

【父母】 卯			【財帛】 戌
太陽（廟） 天梁（廟） [日照雷門格] [日月並明格] ・生家はどちらかと言うと伝統的な家風の家で、両親との関係は良好で、仲もよい。 ・宮威弱－両親のどちらかと意見が合わず対立するようになる。			天府（廟） 廉貞（利） [天府朝垣格] ・宮威強－財運は良好で、商業やビジネスの分野で成功し財を得る。 ・宮威弱－財を得るまでに困難を伴い、財は入ったり出たりでなかなか安定しない。

【命宮】 寅	【兄弟】 丑	【夫妻】 子	【子女】 亥
武曲（地） 天相（廟） [紫府朝垣格]	天同（不） 巨門（不） ・兄弟にはあまり立派な人はいない。宮威強ければ兄弟仲はよいが、兄弟から面倒を被ることがある。 ・宮威弱－兄弟仲はあまりよいものではなく、その関係も冷めたものとなる。	貪狼（旺） [泛水桃花格] ・惚れっぽく恋愛体質の人が多い。恋愛中は相手に夢中で心を開いて自分をさらけ出す。しかし結婚後は気の多さが災いすることがあるので注意。 ・昌曲左右同宮－異性関係で問題を起こす恐れがあるので注意すること。	太陰（廟） [月朗天門格] [日月並明格] ・宮威強－良い子供に恵まれ、子供とはよい関係である。 ・宮威弱－子供は優秀であるが、よい関係を築くのは難しいかもしれない。羊陀に会えば、子供は親の言うことを聞かず反抗するようになる。

甲年生
【財帛】廉貞（禄）　【遷移】破軍（権）　【命宮】武曲（科）　【父母】太陽（忌）
【命宮】禄存　　　　【父母】擎羊　　　　【兄弟】陀羅・天魁　【奴僕】天鉞
［三奇加会格］財運強く幸運に恵まれ大いに発展する吉命。［科権禄主格］吉命だが凶星の冲破を恐れる。
［双禄朝垣格］財運に恵まれるが投機事業は要注意。
　・生家が貧しいか、両親との縁が薄い暗示がある。命宮宮威強ければ大いに発展し財と地位と名誉を
　　手にする。宮威弱くてもそれなりに安定した良好な運勢である。

乙年生
【田宅】天機（禄）　【父母】天梁（権）　【官禄】紫微（科）　【子女】太陰（忌）　【父母】禄存
【福徳】擎羊　　　　【命宮】陀羅　　　　【夫妻】天魁　　　　【遷移】天鉞
　・命宮や官禄の宮威強ければ高い職位に昇り高給を得るが、弱ければ平凡なサラリーマン等となる。
　・両親は落ち着いた謹厳で立派な人であるが、子供の躾や教育は厳しい。

丙年生
【兄弟】天同（禄）　【田宅】天機（権）　【財帛】廉貞（忌）　【田宅】禄存
【官禄】擎羊　　　　【福徳】陀羅　　　　【子女】天魁　　　　【疾厄】天鉞
　・命宮宮威強ければそこそこ安定した運勢であるが、弱ければ少々不安定な運勢となる。
　・自宅のことや家庭内のことで、自分の意見や思いを通そうとすることがある。

丁年生
【子女】太陰（禄）　【兄弟】天同（権）　【田宅】天機（科）　【兄弟】巨門（忌）　【官禄】禄存
【奴僕】擎羊　　　　【田宅】陀羅　　　　【子女】天魁　　　　【疾厄】天鉞
　・そこそこの地位に昇る運勢ではあるが、命宮の宮威が弱ければそれほどのこともないであろう。
　・兄弟や友人の中に、威丈高で高飛車な態度を取る者がいるが、力になってくれる。

戊年生
【夫妻】貪狼（禄）　【子女】太陰（権）　【田宅】天機（忌）　【田宅】禄存
【官禄】擎羊　　　　【田宅】陀羅　　　　【兄弟】天魁　　　　【奴僕】天鉞
　・配偶者や子供など、家族との関係は良好で家庭内も安定する、命宮宮威が強ければ幸せな家庭を築
　　くことができる。

己年生
【命宮】武曲（禄）　【夫妻】貪狼（権）　【父母】天梁（科）　【官禄】禄存
【奴僕】擎羊　　　　【命宮】陀羅　　　　【夫妻】天魁　　　　【遷移】天鉞
　・両親や目上の人の助力にあずかることができる。また本人も一定の成功を収める。
　・配偶者は自分の考えを持ち、夫婦それぞれが自分の仕事や役割を担うようになる。また家庭では配
　　偶者が実権を握る傾向がある（亭主関白カカア天下）。

庚年生
【父母】太陽（禄）　【命宮】武曲（権）　【子女】太陰（科）　【兄弟】天同（忌）
【遷移】禄存　　　　【疾厄】擎羊　　　　【奴僕】陀羅・天鉞　【兄弟】天魁
　・優秀な家系に生まれ、父祖の業を引き継いで発展させる。命宮宮威が強ければ大いに発展し、弱け
　　れば成功のためには相当の努力と苦労を伴うこととなる。
　・兄弟や友人から、なにか面倒をかけられることがある。

辛年生
【兄弟】巨門（禄）　【父母】太陽（権）　【疾厄】禄存　　　　【財帛】擎羊
【遷移】陀羅　　　　【官禄】天魁　　　　【命宮】天鉞
［化権禄夾格］財と地位をそなえた吉命。
　・両親は教育熱心で子供に対して厳しいが、大きな援助を与えてくれる。

壬年生
【父母】天梁（禄）　【官禄】紫微（権）　【命宮】武曲（忌）　【子女】禄存
【夫妻】擎羊　　　　【財帛】陀羅　　　　【父母】天魁　　　　【田宅】天鉞
　・基本的に成功し発展する運勢であるが、突然の失敗や事故や落胆に襲われる暗示がある。
　・両親は金銭には淡白な人だが、真面目で正義感のある人で、愛情深く育てられる。

癸年生
【遷移】破軍（禄）　【兄弟】巨門（権）　【子女】太陰（科）　【夫妻】貪狼（忌）　【夫妻】禄存
【兄弟】擎羊　　　　【子女】陀羅　　　　【父母】天魁　　　　【田宅】天鉞
　・生地を離れて、あるいは活発に外出、外交することで成功する。
　・仕事に熱中するあまり家庭をおろそかにすることがあるので注意すること。

第2章　紫微斗数14主星配置一覧　　175

76 紫微午・命宮卯

【福徳】 巳	【田宅】 午	【官禄】 未	【奴僕】 申
天機（平） ・常に現状に対する問題意識を持ち考え続けるのでなかなか心が休まらず、精神的にも安定しない。 ・宮威強－精神的満足度はそこそこである。 ・宮威弱－精神的満足を得にくくなる。	紫微（廟） [極響離明格] [府相朝垣格] ・宮威強－不動産を得、また立派な住居に住もうことができる。 ・宮威弱－不動産を得たとしても手放すようなことになり、不動産運はあまり良好ではない。	[命無正曜格] [明珠出海格] [日月並明格] ・マスコミ、サービス業、飲食業、公務員、医薬、貿易、代理店、政治、営業、宗教関係、中古品売買などに適性がある。 ・宮威強－成功もするが失敗することもある。 ・宮威弱－大きな成功を得るのは難しい。	破軍（地） ・宮威強－優秀な部下や友人後輩に恵まれ、大いに支援を得る。しかしその交友は長く続かない傾向がある。 ・宮威弱－部下友人後輩は多いが、それぞれが忙しかったり落ち着きがない人であったりして、あまり力にはならない。

【父母】 辰			【遷移】 酉
七殺（廟） ・両親は大変厳格で躾にも厳しい人で、宮威強ければ、子供はその教えを守り立派に成長する。 宮威弱ければ子供はその厳しさに耐えきれず、早くに家を飛び出したり親に反抗するようになる。		日照雷門格 正義の人、責任感の人。 要領の悪いのが玉にキズ。 日月並命格 快活なれどアバウトでルーズな一面も。	[命無正曜格] ・宮威強－遠地に赴いたり外出し活動することで、有力者との縁を得てチャンスをつかむ。 ・宮威弱－なかなか居所が定まらず、各地を転々とすることになる。 ・羊陀同宮加会－交通事故など、外出先での怪我や事故には注意すること。

【命宮】 卯			【疾厄】 戌
太陽（廟） 天梁（廟） [日照雷門格] [日月並明格]		・豪放にして磊落。正義感にあふれ人と和し、公明正大で誠実で正直な人である。責任感が強い一方、要領よく立ち回るのは苦手である。 ・富貴の中にあって自分の本分を忘れず、貧窮の中にあっても自らその喜びを探す。 ・幼少の頃から向学心が強く、熱心に知識を吸収する。 ・命宮宮威強－集団の中においてはリーダーシップを発揮し、容易に成功を収める。 ・命宮宮威弱－誠実な人ではあるが、人間として小さくまとまる傾向がある。追いつめられると思わぬ行動を起こすことがあるので、事務職や公共事業、公務員などに向き、自分で事業を創業するには向いていない。 ・女性は男性のような気概を持ち夫を凌駕するようになるので心優しい男性に嫁ぐのがよい。 ・「日照雷門格」「日月並命格」は化忌を恐れず宮威強ければ、かえって急激に発展する。 ・禄存と同宮すれば相当の財産を築く。	天府（廟） 廉貞（利） [天府朝垣格] ・宮威強－おおむね健康である。 ・宮威弱－便秘、内分泌失調、心臓病、皮膚病、神経痛、痔疾などに注意。 ・羊陀火鈴同宮－精神不安。また、手足に傷が残ることがある。

【兄弟】 寅	【夫妻】 丑	【子女】 子	【財帛】 亥
武曲（地） 天相（廟） [紫府朝垣格] ・宮威強－兄弟それぞれが発展成功するが、その縁は薄いものとなる。 ・宮威弱－兄弟はバラバラで、力を合わせることは少ない。	天同（不） 巨門（不） ・宮威強－夫婦間の関係は浅いものとなるのが、互いに距離を置くことでかえってうまくいく。 ・宮威弱－夫婦間で言い争いが絶えず、家庭内の安定をはかるのが難しい。 ・昌曲左右が同宮すれば、複数の異性との恋愛など男女問題に注意。	貪狼（旺） [泛水桃花格] ・宮威強－子供は才能豊かで、立派に育つ。 ・宮威弱－子供は多趣味で、あまり力にはなってくれない。 ・羊陀同宮－親の言うことを聞かず最悪の場合、親に反抗するようになる。	太陰（廟） [月朗天門格] [日月並明格] ・宮威強－それなりの財産を築くことができる。 ・宮威弱－財は入ったり出たりでなかなか貯まらない。 ・忌空劫同宮－忌空劫は財を消す作用があるので、注意が必要である。

甲年生
【疾厄】廉貞（禄）　　【奴僕】破軍（権）　　【兄弟】武曲（科）　　【命宮】太陽（忌）
【兄弟】禄存　　　　　【命宮】擎羊　　　　　【夫妻】陀羅・天魁　　【官禄】天鉞
・命宮宮威強ければ、日々厳しい責任を負いながら努力し苦労する中で、それなりに成功し地位を獲得する。命宮宮威弱ければ、なかなか自分の意見を聞き入れてもらえず、苦労する。
・部下友人後輩の中に、自己主張が強く自分の意見を曲げない人がいる。

乙年生
【福徳】天機（禄）　　【命宮】天梁（権）　　【田宅】紫微（科）　　【財帛】太陰（忌）　　【命宮】禄存
【父母】擎羊　　　　　【兄弟】陀羅　　　　　【子女】天魁　　　　　【奴僕】天鉞
・基本的に自己努力により成功をつかむ人であるのだが、命宮宮威強くとも財運はさほど大きくはない。命宮宮威弱ければ、あまり大きな財産を築くことはない。

丙年生
【夫妻】天同（禄）　　【福徳】天機（権）　　【疾厄】廉貞（忌）　　【福徳】禄存
【田宅】擎羊　　　　　【父母】陀羅　　　　　【財帛】天魁　　　　　【遷移】天鉞
・意志が強く大きな希望を抱く。命宮宮威強ければその願いはかない、それなりに成功するが、弱ければ大きな成功は望めない。配偶者は力になってくれるが、健康には注意すること。

丁年生
【財帛】太陰（禄）　　【夫妻】天同（権）巨門（忌）　　【福徳】天機（科）　　【田宅】禄存
【官禄】擎羊　　　　　【福徳】陀羅　　　　　【財帛】天魁　　　　　【遷移】天鉞
・名はあっても実を伴わず、事業運は波乱含みで大きな成功は望めないし、結婚生活も波風が立つ恐れがある。そこそこの財産を築くことはできる。

戊年生
【子女】貪狼（禄）　　【財帛】太陰（権）　　【福徳】天機（忌）　　【福徳】禄存
【田宅】擎羊　　　　　【父母】陀羅　　　　　【夫妻】天魁　　　　　【官禄】天鉞
・地位を得ることはできるが大きな財は築かない。様々なことに思い悩み、精神的な安定を得られにくい傾向がある。一過性の成功で終わる可能性がある。

己年生
【兄弟】武曲（禄）　　【子女】貪狼（権）　　【命宮】天梁（科）　　【田宅】禄存
【官禄】擎羊　　　　　【福徳】陀羅　　　　　【子女】天魁　　　　　【奴僕】天鉞
・誠実で聡明な人柄であり、命宮宮威強ければ成功し、地位と名誉を手にするが、弱ければそれほどのこともない。

庚年生
【命宮】太陽（禄）　　【兄弟】武曲（権）　　【財帛】太陰（科）　　【夫妻】天同（忌）
【奴僕】禄存　　　　　【遷移】擎羊　　　　　【官禄】陀羅・天鉞　　【夫妻】天魁
・富も地位も名誉も手にすることができる。しかし結婚生活は波乱含みで、そのことが事業運にも影響することがあるので、夫婦円満を心がけること。

辛年生
【夫妻】巨門（禄）　　【命宮】太陽（権）　　【遷移】禄存　　　　　【疾厄】擎羊
【奴僕】陀羅　　　　　【田宅】天魁　　　　　【兄弟】天鉞
・基本的に安定した吉運である。ただ口舌のトラブルを起こす暗示があるので注意すること。
・胸に大きな望みを抱き、自分の思いを実現しようとする。
・配偶者は力になってくれる。

壬年生
【命宮】天梁（禄）　　【田宅】紫微（権）　　【兄弟】武曲（忌）　　【財帛】禄存
【子女】擎羊　　　　　【疾厄】陀羅　　　　　【命宮】天魁　　　　　【福徳】天鉞
［双禄朝垣格］命宮宮威強ければ、忙しいながらも財産を築く。しかし宮威弱ければ、得た財によりトラブルや悩みが起こる暗示があるので注意すること。
・住居や家庭内のことを、自分の思うように仕切りたいと考えるようになる。

癸年生
【奴僕】破軍（禄）　　【夫妻】巨門（権）　　【財帛】太陰（科）　　【子女】貪狼（忌）　　【子女】禄存
【夫妻】擎羊　　　　　【財帛】陀羅　　　　　【命宮】天魁　　　　　【福徳】天鉞
・子供運には恵まれないか、子供に苦労するか、セックスのトラブルの暗示。
・家庭内は配偶者が実権を握るようになる（亭主関白カカア天下）。

第2章　紫微斗数14主星配置一覧　　177

77　紫微午・命宮辰

天機（平） ・宮威強－両親は平均的な人であり、その関係も淡々としたものである。 ・宮威弱－両親は何かと欠点の多い人であるが、子供を愛し大事にする。 【父母】　　　　巳	紫微（廟） [極響離明格] [府相朝垣格] ・自尊心が強く、自信家で堂々とした態度を取る。 ・宮威弱－面子や対面にこだわり失敗することがある。 ・天姚、紅鸞、昌曲が同宮加会すれば、異性好きで好色となる傾向が出てくる。 【福徳】　　　　午	[命無正曜格] [明珠出海格] [日月並明格] ・宮威強－不動産運はあまり大きなものではない。 ・宮威弱－なかなか居所が定まらず、小さな借家に住むようになる。 ・火羊が同宮すれば火災に注意。 ・羊陀が同宮すれば盗難に注意。 【田宅】　　　　未	破軍（地） ・大規模市場、芸術関係、演芸関係、仲買業、交通運輸関係、投資関係、加工業、警察消防自衛隊、肉体労働などに適す。 【官禄】　　　　申
七殺（廟） 【命宮】　　　　辰	・眉は太く眉骨が盛り上がり、目は大きく鋭い目つきをしており、彫りの深い顔立ちである。 ・独立の気概が強く、人の傘下に入ったり人に付き従うことを好まない。気性が激しくせっかちだが、忍耐強く、困難に負けずに物事に取り組む。変動運である。 ・拘束されたり干渉されるのを嫌うので、しばしば上司と対立しがちである。一方、部下や後輩など目下の者の面倒をよく見て力になる。 ・喜怒哀楽が激しく、それを素直に顔に出す。 ・独立心旺盛で、何事にも自分の考えと勇気と行動力で向かっていく。危機や困難に会っても自力で解決しようとする。 ・昨日の敵は今日の友という度量の広さもある。 ・政治談義を好み、何事も独力で解決し成し遂げようとする。一生を通じて変化の多い人生である。 ・命宮宮威強－忍耐強く信念を貫き、困難な課題にも勇猛果敢に挑戦し事業を成し遂げる。 ・命宮宮威弱－人間関係に問題があり、孤軍奮闘することとなる。傲慢で無礼な感じを人に与える。感情が一定せず、退くを知らない。最悪の場合、犯罪に手を染めたり、反社会的な人物となることもある。		[命無正曜格] ・宮威強－部下後輩友人は大いに力になってくれる。 ・宮威弱－部下後輩友人はあまり力にならない。 【奴僕】　　　　酉
太陽（廟） 天梁（廟） [日照雷門格] [日月並明格] ・宮威強－兄弟との縁は深く仲もよく、大いに助けられる。 ・宮威弱－兄弟の中には仲のよい者もいれば、そうでない者もいる。 【兄弟】　　　　卯			天府（廟） 廉貞（利） [天府朝垣格] ・宮威強－遠地に赴いたり外出することで、実力者との縁ができ支援を得、チャンスをつかむことができる。 ・宮威弱－転居や転職が多くなり、生活に安定を欠くことになる。 【遷移】　　　　戌
武曲（地） 天相（廟） [紫府朝垣格] ・宮威強－夫婦ともに個性が強く、また自己主張が強く、結婚生活に不安定さが生じる。互いに譲りあい理解しあう努力が必要である。 ・宮威弱－結婚生活は波乱含みとなる暗示がある。 ・昌曲左右同宮－恋愛問題。 【夫妻】　　　　寅	天同（不） 巨門（不） ・宮威強－子供は怠惰で向上心に欠けるところがあり、親は心配する。 ・宮威弱－子供に恵まれないか、あるいは子供は親の言うことを聞かなくなる。空劫が同宮すれば育てにくい子供である。 【子女】　　　　丑	貪狼（旺） [泛水桃花格] ・宮威強－貪欲に財を求める傾向がある。 ・宮威弱－投機や賭事、情事などに金銭を投ずるようになるので注意と節制が必要である。 【財帛】　　　　子	太陰（廟） [月朗天門格] [日月並明格] ・宮威強－おおむね健康である。 ・宮威弱－神経衰弱、物忘れ、婦人科系疾患、腎臓病、腰痛などに注意。 ・また業務上の事故や災害に注意。 【疾厄】　　　　亥

甲年生
【遷移】廉貞（禄）　　【官禄】破軍（権）　　【夫妻】武曲（科）　　【兄弟】太陽（忌）
【夫妻】禄存　　　　　【兄弟】擎羊　　　　　【子女】陀羅・天魁　【田宅】天鉞
　・事業／仕事運は良好であり、また結婚生活も幸福なものである。
　・兄弟の中に、ひとくせあるような人がいる。

乙年生
【父母】天機（禄）　　【兄弟】天梁（権）　　【福徳】紫微（科）　　【疾厄】太陰（忌）　　【兄弟】禄存
【命宮】擎羊　　　　　【夫妻】陀羅　　　　　【財帛】天魁　　　　　【官禄】天鉞
　［科権禄夾格］財も地位も得る吉格である。
　・比較的裕福で良好な家庭環境で育つ。
　・両親や親戚縁者、友人知己が支えてくれ、事業運も良好である。
　・健康には十分留意すること。

丙年生
【子女】天同（禄）　　【父母】天機（権）　　【遷移】廉貞（忌）　　【父母】禄存
【福徳】擎羊　　　　　【命宮】陀羅　　　　　【疾厄】天魁　　　　　【奴僕】天鉞
　・事業運はあまり良好とは言えないが、その他の星もよく見て判断すること。
　・裕福で良好な家庭環境で育つが、両親は教育熱心で、厳しく子弟を教育する。

丁年生
【疾厄】太陰（禄）　　【子女】天同（権）　　【父母】天機（科）　　【子女】巨門（忌）　　【福徳】禄存
【田宅】擎羊　　　　　【父母】陀羅　　　　　【疾厄】天魁　　　　　【奴僕】天鉞
　・少しく安定した運勢であるが、子供に煩わされることがある。
　・両親がインテリか知識層の家庭に育つ。

戊年生
【財帛】貪狼（禄）　　【疾厄】太陰（権）　　【父母】天機（忌）　　【父母】禄存
【福徳】擎羊　　　　　【命宮】陀羅　　　　　【子女】天魁　　　　　【田宅】天鉞
　・普通とは異なる特殊な方面や仕事で財を得ることがある。また、財の出入りは激しい。
　・安定した家庭環境で育つが、両親との縁は薄くなる。

己年生
【夫妻】武曲（禄）　　【財帛】貪狼（権）　　【兄弟】天梁（科）　　【福徳】禄存
【田宅】擎羊　　　　　【父母】陀羅　　　　　【財帛】天魁　　　　　【官禄】天鉞
　・よい職に就き高給を得て、財と権威を得る。
　・配偶者は裕福な家庭の生まれであるが、夫婦間で意見の対立を見ることがある。

庚年生
【兄弟】太陽（禄）　　【夫妻】武曲（権）　　【疾厄】太陰（科）　　【子女】天同（忌）
【官禄】禄存　　　　　【奴僕】擎羊　　　　　【田宅】陀羅・天鉞　　【子女】天魁
　・中程度の安定した運勢であるが、家庭内は配偶者が実権を握り、亭主関白カカア天下となる。
　・子供に何か面倒をかけられることがある。

辛年生
【子女】巨門（禄）　　【兄弟】太陽（権）　　【奴僕】禄存　　　　　【遷移】擎羊
【官禄】陀羅　　　　　【福徳】天魁　　　　　【夫妻】天鉞
　・基本的に、あまり強い運気を持つとは言えないが、その他の星もよく見て判断すること。
　・兄弟や友人の中に威丈高で高飛車な態度を取る人がいるが、力になってくれる。

壬年生
【兄弟】天梁（禄）　　【福徳】紫微（権）　　【夫妻】武曲（忌）　　【疾厄】禄存
【財帛】擎羊　　　　　【遷移】陀羅　　　　　【兄弟】天魁　　　　　【父母】天鉞
　［貴星夾命格］人の援助に恵まれる。
　・大きな志を抱き、信念の実現に向けて果敢に挑戦する。
　・一生独身であるか、結婚しても結婚生活は波乱含みの暗示があるので夫婦円満を心がけること。

癸年生
【官禄】破軍（禄）　　【子女】巨門（権）　　【疾厄】太陰（科）　　【財帛】貪狼（忌）　　【財帛】禄存
【子女】擎羊　　　　　【疾厄】陀羅　　　　　【兄弟】天魁　　　　　【父母】天鉞
　［貴星夾命格］人の援助に恵まれる。
　・事業や仕事の上で、ひたすら前進し、撤退や再考をしないといったところがあり、財運も安定しないことがある。自分をよく知りコントロールすることが大事である。

第2章　紫微斗数14主星配置一覧　　179

78　紫微午・命宮巳

天機（平） 【命宮】　　　　　巳	紫微（廟） [極響離明格] [府相朝垣格] ・両親はプライドが高く、真面目で謹厳な家庭に育つ。 ・宮威強－両親は子供を慈しみ、力になってくれる。 ・宮威弱－両親とは意見が合わず、対立するようになる。 【父母】　　　　　午	[命無正曜格] [明珠出海格] [日月並明格] ・宮威強－なかなか精神的満足は得られにくい。 ・吉星が同宮加会すれば、他からの助力を得られるが、それに頼り怠惰に流される傾向が出てくる。 ・宮威弱－多くを考え過ぎ悩むため、考えるばかりで行動に結びつかない。 【福徳】　　　　　未	破軍（地） ・宮威強－不動産物件を売買するが、長くひとつの物件を持ち続けることはない。 ・宮威弱－不動産を得るのは難しい。 ・火羊が同宮すれば火災に注意。 ・羊陀が同宮すれば盗難に注意。 【田宅】　　　　　申
七殺（廟） ・宮威強－兄弟はそれぞれが発展し活躍するが、兄弟間はしだいに疎遠になり、縁も薄くなる。 ・宮威弱－兄弟仲はあまり良好とは言えない。 【兄弟】　　　　　辰	・色白で、痩せ形の体型で背は高い（インテリタイプ）。 ・命宮宮威強－物腰は柔らかく穏やかで、冷静沈着の人であり、まず激昂するようなことはない。手堅く物事の守りを固めるが、自分から打って出るのは得意ではない。男性は助手や戦略企画など、人を補佐したりサポートする立場や仕事に向く。女性は亭主をよくサポートし家を守る良妻賢母となる。 ・宮威弱－黄色みを帯びた肌をしており、神経過敏となる。善良な人ではあるが、傷つきやすく憂いを感じることがある。 ・男性は女性との縁が多く、女性から支援・助力を受けることができる（命宮対宮太陰（廟）「月朗天門格」）。 ・化忌同宮加会－つまらない策を弄し、失敗して後悔することがある。		[命無正曜格] ・公職や公務員、貿易、建築、技術、宗教文物の取り扱いなどに向く。 ・宮威強－組織やグループのリーダーとなる。 ・宮威弱－低い職位に甘んじることとなる。陀羅が同宮すれば昇進は遅れ、空劫が同宮すればビジネスや商売には向かない。 【官禄】　　　　　酉
太陽（廟） 天梁（廟） [日照雷門格] [日月並明格] ・宮威強－配偶者は多才で能力に優れ、いろいろなことに挑戦し事業を発展させる。 ・宮威弱－配偶者はわがままで夫婦仲はよくない。 ・晩婚がよろしい。 【夫妻】　　　　　卯			天府（廟） 廉貞（利） [天府朝垣格] ・宮威強－部下後輩友人からの支援を多く受ける。 ・宮威弱－部下友人後輩に恵まれず、化忌や空劫が同宮加会すれば部下や友人によりトラブルを被る。 【奴僕】　　　　　戌
武曲（地） 天相（廟） [紫府朝垣格] ・宮威強－子供の中には良い子もいれば、そうではない子もいる。 ・宮威弱－子供は不器用でいつも両親が面倒を見てやらなければならない。 【子女】　　　　　寅	天同（不） 巨門（不） ・宮威強－財は入ったり出たりで一定せず、金銭が入っても大きく蓄財するのは難しい。 ・宮威弱－金銭に事欠き、やりくりに頭を悩ますようになる。 【財帛】　　　　　丑	貪狼（旺） [泛水桃花格] ・宮威強－おおむね健康である。 ・宮威弱－生殖器、泌尿器などの疾患に注意。 ・擎羊同宮加会－痔疾、肝炎、眼病の恐れがある。 ・陀羅同宮加会－痔疾、眼病の恐れがある。 【疾厄】　　　　　子	太陰（廟） [月朗天門格] [日月並明格] ・宮威強－生地を離れ、遠地に赴いて発展する。 ・異性や地位のある人からの援助を多く受ける。 ・宮威弱－あまり遠地に行かない方がよい。 ・羊陀同宮加会－交通事故など、外出先での怪我や事故には注意すること。 【遷移】　　　　　亥

甲年生
【奴僕】廉貞（禄）　　【田宅】破軍（権）　　【子女】武曲（科）　　【夫妻】太陽（忌）
【子女】禄存　　　　　【夫妻】擎羊　　　　　【財帛】陀羅・天魁　　【福徳】天鉞
- 大きな成功を手にすることは難しい。
- 結婚生活も波乱含みなので、夫婦円満を心がけること。
- 優秀な子供には恵まれる。

乙年生
【命宮】天機（禄）　【夫妻】天梁（権）　【父母】紫微（科）　【遷移】太陰（忌）　【夫妻】禄存
【兄弟】擎羊　　　【子女】陀羅　　　【疾厄】天魁　　　【田宅】天鉞
- 鋭敏な感覚を持ち、思考力に優れたアイデアマンであるが、財運の変動が大きく女性にはあまり良い配合ではない。また遠地や外出先で事故や怪我の恐れがあるので注意すること。
- 家庭内は配偶者が実権を握る傾向がある（亭主関白カカア天下）。

丙年生
【財帛】天同（禄）　【命宮】天機（権）　【奴僕】廉貞（忌）　【命宮】禄存
【父母】擎羊　　　【兄弟】陀羅　　　【遷移】天魁　　　【官禄】天鉞
[双禄朝垣格] 命宮宮威強ければ財運に恵まれ高位に昇ることができるが、投機事業には要注意。

丁年生
【遷移】太陰（禄）　【財帛】天同（権）巨門（忌）　【命宮】天機（科）　【父母】禄存
【福徳】擎羊　　　【命宮】陀羅　　　【遷移】天魁　　　【官禄】天鉞
- 三奇加会格ではあるが化忌も加会するので破格とする。本来吉命ではあるが、その他の星曜の配合をよく見て判断しなければならない。

戊年生
【疾厄】貪狼（禄）　【遷移】太陰（権）　【命宮】天機（忌）　【命宮】禄存
【父母】擎羊　　　【兄弟】陀羅　　　【財帛】天魁　　　【福徳】天鉞
- 女性はおおむね吉運であるが、男性は異性との接触により失敗する恐れがあるので注意すること。
- 運勢は波乱含みで、成敗が一定しない傾向がある。その他の星もよく見て判断すること。

己年生
【子女】武曲（禄）　【疾厄】貪狼（権）　【夫妻】天梁（科）　【父母】禄存
【福徳】擎羊　　　【命宮】陀羅　　　【疾厄】天魁　　　【田宅】天鉞
- 結婚生活は安定し、幸福を得られる。
- 晩年やっかいな疾病に悩まされる恐れがあるので、健康管理には留意すること。

庚年生
【夫妻】太陽（禄）　【子女】武曲（権）　【遷移】太陰（科）　【財帛】天同（忌）
【田宅】禄存　　　【官禄】擎羊　　　【福徳】陀羅・天鉞　【財帛】天魁
- 命宮官禄宮威強ければ高い地位に昇ることができ、宮威弱ければそこそこの成功を得る。ただし大きな財産を築くのは難しい。

辛年生
【財帛】巨門（禄）　【夫妻】太陽（権）　【官禄】禄存　　【奴僕】擎羊
【田宅】陀羅　　　【父母】天魁　　　【子女】天鉞
- 中くらいの地位と成果を得ることができる運勢であるが、財は出たり入ったりである。
- 家庭内は配偶者が実権を握る傾向がある（亭主関白カカア天下）。

壬年生
【夫妻】天梁（禄）　【父母】紫微（権）　【子女】武曲（忌）　【遷移】禄存
【疾厄】擎羊　　　【奴僕】陀羅　　　【夫妻】天魁　　　【命宮】天鉞
- 比較的安定した人生を送る運勢であるが、公私ともになにかと煩わされることが多く多忙である。
- 配偶者は実家が裕福か、あるいは聡明で有能な人で、力になってくれる。
- 両親は子弟を厳しく躾け教育する傾向がある。

癸年生
【田宅】破軍（禄）　【財帛】巨門（権）　【遷移】太陰（科）　【疾厄】貪狼（忌）　【疾厄】禄存
【財帛】擎羊　　　【遷移】陀羅　　　【夫妻】天魁　　　【命宮】天鉞
- 地位や名誉を得ることができるが、大きな財産を築くのは難しい。
- 一生を通じて病気がちで健康問題に悩まされる暗示があるので、健康には留意すること。

79 紫微午・命宮午

【兄弟】　　　　　巳	【命宮】　　　　　午	【父母】　　　　　未	【福徳】　　　　　申
天機（平） ・兄弟は多くない。 ・兄弟との縁は薄い。 ・宮威強－兄弟の中に聡明で成功する者がいる。 ・宮威弱－兄弟の中に内気で身体の弱い者がいる。また兄弟によりトラブルを被ることがある。	紫微（廟） [極響離明格] [府相朝垣格]	[命無正曜格] [明珠出海格] [日月並明格] ・両親とは時として意見が合わず不満を募らすこともあるが、基本的には両親は子供を愛し育てる。 ・宮威弱－両親とは意見が合わず、反目し合うようになる。	破軍（地） ・落ち着きがなく気ばかり焦るようなところがある。 ・表面は華やかだが内面は不安をかかえている。 ・常に何かが不足するように感じる。 ・宮威強－移動と変化に富んだ人生。天馬が同宮加会すればなおさら。 ・宮威弱－精神的抑圧、情緒不安定。信仰して吉。

【夫妻】　　　　　辰			【田宅】　　　　　酉
七殺（廟） ・配偶者は強い性格で、決断力がある。 ・一目惚れしやすく、すぐに結婚をすることもある（特に昌曲同宮すれば）。 ・配偶者は気性が激しくせっかちで感情の変化が激しいので、晩婚に適す。 ・天姚左右同宮－複数の異性との恋愛の暗示あり。 ・宮威弱－別れやすい。		**極響離明格** 政界・財界・法曹界などで大躍進、大出世する。 **府相朝垣格** 目上の引き立て、実力者の支援を受ける。晩婚に適す。 ・紫微が午宮に入るのは良好な配置である。容姿は尊貴を帯び、寡黙で忍耐力がある。 ・独特の見識を持ち、高邁な理想を抱き、気宇は広大である。富貴ともに満ち衣食に困ることはない。 ・女命は夫を助け、子を育み、容姿は端正で気品に満ちている。 ・左右の扶助（同宮加会）なければ独立の気概にあふれるが、時に孤独を感じることがある。 ・左右同宮あるいは曲昌加会すれば君臣慶会格となり、人の縁に助けられ伸びていく。 ・刺激を喜び、都市生活を好み、生活に変化を求める。華やかなものを愛し、桃花の傾向あり。 ・昌曲同宮－文学・音楽・演劇などの芸術的才能。 ・火鈴同宮－情緒不安定や軽率な言動により誤解されることがある。	[命無正曜格] ・静寂な場所に住むのがよい。 ・宮威強－不動産を得る。 ・宮威弱－大きな不動産を得るのは難しい。 ・火羊が同宮すれば火災に注意。 ・羊陀が同宮すれば盗難に注意。

【子女】　　　　　卯			【官禄】　　　　　戌
太陽（廟） 天梁（廟） [日照雷門格] [日月並明格] ・子供が多くなる傾向あり。 ・宮威強－子供は聡明で高学歴となるか成功する。 ・宮威弱－子供は両親に心配をかけるようになる。			天府（廟） 廉貞（利） [天府朝垣格] ・政界、財界、学術、金融、宗教、電気、飲食業、娯楽、演芸、保育士などに向く。経営者の才あり。 ・効率的に仕事を進める。上司に忠実、部下に優しい。 ・宮威強－上級管理職として成功する。 ・宮威弱－発展は困難。

【財帛】　　　　　寅	【疾厄】　　　　　丑	【遷移】　　　　　子	【奴僕】　　　　　亥
武曲（地） 天相（廟） [紫府朝垣格] ・基本的に財運は強い。 ・財界、経済界で活躍する。いくつもの仕事を兼業することもある。 ・宮威強－突然財を得る。 ・宮威弱－財は入ったり出たりで一定しない。	天同（不） 巨門（不） ・風邪をひきやすい。 ・腎臓、泌尿器、胃腸関係の疾患に注意。また心臓病、皮膚病に注意。 ・羊火鈴加会－飲酒過多。 ・陀忌加会－目、耳の疾患。 ・宮威強－おおむね健康。 ・宮威弱－病気がち。	貪狼（旺） [泛水桃花格] ・遠地へ赴いたり活発に外出することで運をつかむ。 ・姚加会－刺激を求める。 ・都市、繁華街を好み吉。 ・異性の援助で財を得る。 ・宮威強－遠地で成功。 ・宮威弱－遠地は不利、異性とトラブルの暗示。 ・羊陀加会－外出先での事故や怪我の暗示あり注意。	太陰（廟） [月朗天門格] [日月並明格] ・友人部下後輩は多く、彼らの支援、援助を受ける。 ・女性に縁がある。 ・宮威強－友人部下後輩との関係は良好である。 ・宮威弱－友人部下後輩はつまらない者が多く、縁も薄い。

甲年生
【官禄】廉貞（禄）　　【福徳】破軍（権）　　【財帛】武曲（科）　　【子女】太陽（忌）
【財帛】禄存　　　　　【子女】擎羊　　　　　【疾厄】陀羅・天魁　　【父母】天鉞
- 事業運が強く、あきらめず頑張ることで道が開ける。困難な時期や苦労を経て成功と富を手にする。若年中は苦労も多いが、中年以降頭角を現し、晩年は安泰である。
- 喜び楽しみを得られない、あるいは認めない傾向があり、社会的成功の影に心労を伴う。

乙年生
【兄弟】天機（禄）　　【子女】天梁（権）　　【命宮】紫微（科）　　【奴僕】太陰（忌）　　【子女】禄存
【夫妻】擎羊　　　　　【財帛】陀羅　　　　　【遷移】天魁　　　　　【福徳】天鉞
- 命宮宮威強ければ、目上の人の引き立てを受けて名を上げ、利益を手にする。学術研究の分野で名をなす。命宮宮威弱ければ、大きな成功は望めないので安定した生活を心がけること。
- 友人や部下との関係で、何か損なことや面倒事を被るようなことがある。

丙年生
【疾厄】天同（禄）　　【兄弟】天機（権）　　【官禄】廉貞（忌）　　【兄弟】禄存
【命宮】擎羊　　　　　【夫妻】陀羅　　　　　【奴僕】天魁　　　　　【田宅】天鉞
- 仕事の上で懐才不遇の目に会い、望むような地位は得られにくい。命宮宮威弱ければ仕事と家庭の両立が難しく、その間で悩むことになる。その他の星がどこに入るかをよく見て判断すること。

丁年生
【奴僕】太陰（禄）　　【疾厄】天同（権）巨門（忌）　　【兄弟】天機（科）　　【命宮】禄存
【父母】擎羊　　　　　【兄弟】陀羅　　　　　【奴僕】天魁　　　　　【田宅】天鉞
- 命宮宮威弱ければ、大きな財を得ることは難しく、また健康には十分留意すること。

戊年生
【遷移】貪狼（禄）　　【奴僕】太陰（権）　　【兄弟】天機（忌）　　【兄弟】禄存
【命宮】擎羊　　　　　【夫妻】陀羅　　　　　【疾厄】天魁　　　　　【父母】天鉞
- 遠地で発展する。警察や自衛官にも向く。命宮宮威強ければ大きな成功を得ることができる。火星鈴星が遷移宮にあれば突如として発展する。酒食の席にも縁が多く、命宮宮威弱ければ桃花に流され、異性との交際に身をやつすようになるので注意が必要である。

己年生
【財帛】武曲（禄）　　【遷移】貪狼（権）　　【子女】天梁（科）　　【命宮】禄存
【父母】擎羊　　　　　【兄弟】陀羅　　　　　【遷移】天魁　　　　　【福徳】天鉞
[双禄朝垣格] 財運に恵まれるが投機に注意。命宮宮威弱ければ財を成すまでに苦労を伴う。殺星の冲破を恐れるので他に、曲（忌）がどこに入るかよく見て判断すること。

庚年生
【子女】太陽（禄）　　【財帛】武曲（権）　　【奴僕】太陰（科）　　【疾厄】天同（忌）
【福徳】禄存　　　　　【田宅】擎羊　　　　　【父母】陀羅・天鉞　　【疾厄】天魁
- 命宮宮威強ければ、そこそこの成功を得る。命宮宮威弱ければ一生を通じて病気に悩まされる。

辛年生
【疾厄】巨門（禄）　　【子女】太陽（権）　　【田宅】禄存　　　　　【官禄】擎羊
【福徳】陀羅　　　　　【命宮】天魁　　　　　【財帛】天鉞
- あまり実力のある家庭の出身ではない。目上の者や実力者の支援は受けにくい。命宮宮威強ければ少しく財を得ることはできるが、命宮宮威弱ければ大きな財を得ることはできない。その他の星がどこに入るかをよく見て判断すること。

壬年生
【子女】天梁（禄）　　【命宮】紫微（権）　　【財帛】武曲（忌）　　【奴僕】禄存
【遷移】擎羊　　　　　【官禄】陀羅　　　　　【子女】天魁　　　　　【兄弟】天鉞
- 力づくで物事を押し進めるといった強引なところがある。自主性に富み能力に優れ、権威と権力を手中に置くが、孤独であることを免れず、感情も不安定である。苦労した後に事を成す。命宮宮威強ければ成功するが、財は多くは得らない。命宮宮威弱ければ財運も悪くなる。

癸年生
【福徳】破軍（禄）　　【疾厄】巨門（権）　　【奴僕】太陰（科）　　【遷移】貪狼（忌）　　【遷移】禄存
【疾厄】擎羊　　　　　【奴僕】陀羅　　　　　【子女】天魁　　　　　【兄弟】天鉞
[対面朝斗格] 商才に優れビジネスの現場で頭角を現す。命宮宮威弱ければ少しの財を成すが、病気に悩まされる。また多く傷を受ける。色香に惑い、それに溺れる傾向があるので注意が必要。

80　紫微午・命宮未

天機（平）・結婚運、恋愛運は普通であるが、宮威弱ければ夫婦間の関係は希薄なものとなる。・男性は年の離れた若い女性と、女性は年の離れたずっと年長の男性と結婚するとうまくいく。・晩婚に適す。	紫微（廟）[極響離明格][府相朝垣格]・宮威強－兄弟の中に立派な者がおり、なにかと助けになってくれる。・宮威弱－兄弟の中に立派な人がいるが、あまり力にはなってくれず、最悪の場合、仲違いする。	[命無正曜格][明珠出海格][日月並明格]	破軍（地）・両親は強烈な個性の持ち主で、きつい性格をしており、両親との関係はあまりよくない。・宮威弱－両親とは意見が合わず、最悪の場合は対立や衝突をすることもある。
【夫妻】　　　　巳	【兄弟】　　　　午	【命宮】　　　　未	【父母】　　　　申
七殺（廟）・子供は活発で活動的で、強い個性の持ち主である。・宮威強－子供は自立心が強く、親の言うことをあまり聞かず親元を離れるようになる。・宮威弱－子供はいないか数が少なく、親の言うことをあまり聞かない。	\multicolumn{2}{c}{**命無正曜格**　対宮主星を命宮主星とみなして判断。　**府相朝垣格**　学識高く福禄に恵まれるが優柔不断な一面も。　**日月並命格**　快活なれどアバウトでルーズな一面も。・話し好きでよくしゃべるが、言い方に問題があり、人から誤解を受けることがある。・サービス業、学術研究などに向き、大きなビジネスを自ら創始するのには向かない。}	[命無正曜格]・人の話をよく聞き、また説得もうまいが、時に自分の言葉が誤解されることがある。・宮威強－自らリーダーシップを発揮し責任ある立場に就くが、そのために苦労することがある。・宮威弱－思うように事が進まず、頭を悩ませることがある。
【子女】　　　　辰			【福徳】　　　　酉
太陽（廟）天梁（廟）[日照雷門格][日月並明格]・特殊な方面や仕事で収入を得ることがある。金銭には淡白で欲がない。人に金銭を施すこともある。・宮威弱－投機や賭事に手を出すと失敗することもあるので注意すること。	・何事も欲を出して無理強いするとトラブルを招くことになるので注意。・命宮宮威強－事業／仕事運は比較的安定しており、中くらいの職位や給与を手にする。・命宮宮威強－口舌のトラブルの暗示。苦労症で、自分の境遇を他者や社会のせいにする。精神的に不安定となりやすいので、物事を慎重に運ぶように心がけること。・若干、意志薄弱な面が見られ、人の意見に流されることがある。またルーズなところもあり、怠惰に流される傾向がある。女性の場合、甘い言葉に乗って悲しい思いをしないように。また男性も他人に騙されないように注意。		天府（廟）廉貞（利）[天府朝垣格]・宮威強－かなりの不動産を得て、高級な住宅に住むことができる。・宮威弱－多くの不動産を所有するのは難しい。・火羊が同宮すれば火災に注意。・羊陀が同宮すれば盗難に注意。
【財帛】　　　　卯			【田宅】　　　　戌
武曲（地）天相（廟）[紫府朝垣格]・宮威強－基本的に健康である。・宮威弱－喘息、呼吸器や肺の疾病、喉の疾病、痛風、関節炎、糖尿病、腎臓炎などに注意。	天同（不）巨門（不）・生地を離れたり遠方に赴くことは運を損なう。・宮威強－遠地に赴いたり外出活動でチャンスをつかむこともあるが、成功のためには苦労を伴う。・宮威弱－遠地に赴くと困った事態に遭遇することがある。また屋外での事故や怪我に注意。	貪狼（旺）[泛水桃花格]・部下後輩友人は、楽しいことが好きで遊び好きな人が多い。・宮威強－遊び仲間が多くできる。・宮威弱－部下後輩友人からトラブルや面倒をかけられることがある。	太陰（廟）[月朗天門格][日月並明格]・宮威強－比較的良い職業に就き管理職となる。・宮威弱－事業／仕事運はそこそこ安定している。・電子電器関係、広告宣伝、下着服飾化粧品関係、文芸、運輸交通、不動産、その他女性に関する職種に適する。
【疾厄】　　　　寅	【遷移】　　　　丑	【奴僕】　　　　子	【官禄】　　　　亥

甲年生
【田宅】廉貞（禄）　　【父母】破軍（権）　　【疾厄】武曲（科）　　【財帛】太陽（忌）
【疾厄】禄存　　　　　【財帛】擎羊　　　　　【遷移】陀羅・天魁　　【命宮】天鉞
［天乙拱命格］学識高く、人の縁に恵まれ幸運を得る。
　・人に施すのをよしとするので、なかなか蓄財できないところがある。
　・比較的恵まれた家庭環境で育つが、両親が厳格で、子供を厳しく躾け教育する傾向がある。

乙年生
【夫妻】天機（禄）　【財帛】天梁（権）　【兄弟】紫微（科）　【官禄】太陰（忌）　【財帛】禄存
【子女】擎羊　　　　【疾厄】陀羅　　　【奴僕】天魁　　　　【父母】天鉞
　・真面目で正直な人で不屈の精神を持ち、それなりの財運もあるが、命宮宮威弱ければ事業上でのトラブルの暗示がある。　　・配偶者は優秀で実力もあるが、家庭内は配偶者が実権を握る傾向。

丙年生
【遷移】天同（禄）　【夫妻】天機（権）　【田宅】廉貞（忌）　【夫妻】禄存
【兄弟】擎羊　　　　【子女】陀羅　　　【官禄】天魁　　　　【福徳】天鉞
　・命宮宮威強ければ事業／仕事運は安定した順調な運勢であるが、弱ければそこそこの運勢である。
　・家庭生活は配偶者が実権を握ることになる（亭主関白カカア天下）。

丁年生
【官禄】太陰（禄）　【遷移】天同（権）　【夫妻】天機（科）　【遷移】巨門（忌）　【兄弟】禄存
【命宮】擎羊　　　　【夫妻】陀羅　　　【官禄】天魁　　　　【福徳】天鉞
　・少しく安定した運勢であるが、他者から誹謗中傷を受ける恐れがあるので注意が必要である。
　・配偶者は賢く聡明な人で、協力と支援を得ることができる。

戊年生
【奴僕】貪狼（禄）　【官禄】太陰（権）　【夫妻】天機（忌）　【夫妻】禄存
【兄弟】擎羊　　　　【子女】陀羅　　　【遷移】天魁　　　　【命宮】天鉞
［天乙拱命格］学識高く、人の縁に恵まれ幸運を得る。
　・名誉や地位を得るが財は貯まりにくいので、その他をよく見て判断すること。
　・夫妻宮に桃花星が同宮加会すれば、婚外恋愛や異性問題の暗示があるので注意すること。

己年生
【疾厄】武曲（禄）　【奴僕】貪狼（権）　【財帛】天梁（科）　【兄弟】禄存
【命宮】擎羊　　　　【夫妻】陀羅　　　【奴僕】天魁　　　　【父母】天鉞
　・あまり多くの財を築かない。中くらいの運勢である。その他の星もよく見て判断すること。
　・部下や後輩友人の中に威丈高で高飛車な人がいるが、力になってくれる。

庚年生
【財帛】太陽（禄）　【疾厄】武曲（権）　【官禄】太陰（科）　【遷移】天同（忌）
【父母】禄存　　　　【福徳】擎羊　　　【命宮】陀羅・天鉞　【遷移】天魁
［天乙拱命格］学識高く、人の縁に恵まれ幸運を得る。
　・命宮宮威強ければ成功し、それなりの財を築く。
　・遠地遠方に赴くと苦労を伴うことになる。

辛年生
【遷移】巨門（禄）　【財帛】太陽（権）　【福徳】禄存　　　【田宅】擎羊
【父母】陀羅　　　　【兄弟】天魁　　　【疾厄】天鉞
　・命宮宮威強ければ、そこそこ安定した運勢である。
　・その他の星がどこに入るかをよく見て判断すること。

壬年生
【財帛】天梁（禄）　【兄弟】紫微（権）　【疾厄】武曲（忌）　【官禄】禄存
【奴僕】擎羊　　　　【田宅】陀羅　　　【財帛】天魁　　　　【夫妻】天鉞
　・特殊な方面や仕事で収入を得ることがあるが、財産や金銭で苦労をすることがあるので注意。
　・事業／仕事運は良好である。
　・病気がちとなる恐れがあるので、健康には十分注意すること。

癸年生
【父母】破軍（禄）　【遷移】巨門（権）　【官禄】太陰（科）　【奴僕】貪狼（忌）　【奴僕】禄存
【遷移】擎羊　　　　【官禄】陀羅　　　【財帛】天魁　　　　【夫妻】天鉞
　・命宮宮威強ければ、そこそこ安定した運勢である。
　・その他の星がどこに入るかをよく見て判断すること。

81　紫微午・命宮申

天機（平） ・子供は並の人ではあるが、利発で、好奇心旺盛な子供である。 ・宮威強－子供の中には良い子もいれば、そうでない子もいる。 ・宮威弱－子供との縁は薄くなる。場合によっては子供に恵まれなかったりする。 【子女】　　　　　巳	紫微（廟） [極響離明格] [府相朝垣格] ・命宮破軍は熱しやすく冷めやすい傾向があるので晩婚に向く。 ・宮威強－夫婦仲はよく、幸せな結婚生活を送る。 ・天姚、紅鸞、昌曲が同宮加会したり左右が同宮すれば、三角関係や婚外恋愛など異性問題の暗示。 【夫妻】　　　　　午	[命無正曜格] [明珠出海格] [日月並明格] ・兄弟は個性が強いが、立派に成長する。 ・宮威強－兄弟とは仲がよく、また近くに住むようになる。 ・宮威弱－兄弟との仲がよくないか、面倒を持ちかけられることがある。 【兄弟】　　　　　未	破軍（地） 【命宮】　　　　　申
七殺（廟） ・普通とは少し変わった、特殊な方面や仕事で収入を得ることがあるが、突如財を得るかと思えば突如失うようなことがある。 ・宮威強－新規の事業や投機的事業により財を得る。 ・宮威弱－財により困難を招くことがある。 【財帛】　　　　　辰	・独特で強烈な個性の持ち主で、人に指図されるのを嫌い、喜怒哀楽に起伏が見られる。 ・好き嫌いが明確で、好きなことには寝食を忘れて没頭するが、嫌いなことには手を出さない。好きな人には親切にふるまうが、嫌いな人は避けるようになる。したがって、人間関係も偏ったものとなりがちである。 ・変動運であり、一生を通じて変化、変動が多い。また外地や外出することで運をつかむ。 ・間食を好むか、斜めに座ったり手で何か物を弄んだり、落ち着きのない感じを人に与える。 ・負けず嫌いで、指示されるよりも指示する方を好み、自分でやらなければ気が済まない。 ・せっかちで好奇心旺盛であるが、忍耐力に欠けるところがある。 ・武芸やスポーツ、投機など冒険的なことを好み、刺激を求める。旧態依然たるものを改めようとする。 ・女性の場合さっぱりした性格で、現代的美人タイプの人が多い。 ・中には霊感や直感に優れた人もいる。 ・天姚、紅鸞、昌曲などが同宮加会すると、異性関係で問題を起こす恐れあり注意。		[命無正曜格] ・両親との縁は薄くなる傾向がある。 ・宮威強－両親は優しく愛情の深い人であるが、打ち解けにくいところもある。 ・宮威弱－さらに四殺や化忌と同宮加会すれば、両親と意見が合わず対立するようになる。 【父母】　　　　　酉
太陽（廟） 天梁（廟） [日照雷門格] [日月並明格] ・宮威強－おおむね健康である。 ・宮威弱－高血圧、心臓疾患、痔疾、眼病、便秘、内分泌失調などに注意。 【疾厄】　　　　　卯			天府（廟） 廉貞（利） [天府朝垣格] ・苦労して努力する人である。足るを知り、自分の意見や見解を持つ。 ・宮威強－忙しく動き回ることになる。 ・宮威弱－気苦労や取り越し苦労が多く、心の中に難しい課題を抱えるようになる。 【福徳】　　　　　戌
武曲（地） 天相（廟） [紫府朝垣格] ・宮威強－生地を離れるか外出することでチャンスを得て発展する。 ・宮威弱－特に四殺や化忌が同宮加会すれば、外出先で揉め事や交通事故などの怪我や事故に会う恐れがあるので注意すること。 【遷移】　　　　　寅	天同（不） 巨門（不） ・宮威強－部下後輩友人の中に、どう扱ったらよいか困るような者がいる。 ・宮威弱－部下後輩友人のトラブルにより損害を被ることがある。さらに四殺や化忌が同宮加会すれば、彼らの中に反発し、逆らったり歯向かってくる者がいる。 【奴僕】　　　　　丑	貪狼（旺） [泛水桃花格] ・宮威強－事業運は比較的良好である。 ・宮威弱－事業運はさほど大きなものではない。 ・政治関係、企画計画業務、編集、飲食旅行業、株式芸能関係、モデル、娯楽服飾関係、教育関係などに適性がある。 【官禄】　　　　　子	太陰（廟） [月朗天門格] [日月並明格] ・立派で落ち着きのある閑静な住居に住むことができる。 ・宮威強－多くの不動産を所有することができる。動産を経営・管理する。 ・宮威弱－不動産を売ったり買ったりすることになりいささか安定を欠く。 【田宅】　　　　　亥

甲年生
【福徳】廉貞（禄）　【命宮】破軍（権）　【遷移】武曲（科）　【疾厄】太陽（忌）
【遷移】禄存　　　　【疾厄】擎羊　　　　【奴僕】陀羅・天魁　【兄弟】天鉞
・良好な運勢で、富と地位と名誉を得て成功する。
・健康上に懸念があり、病気がち（血圧、循環器）となる暗示があるので注意すること。

乙年生
【子女】天機（禄）　【疾厄】天梁（権）　【夫妻】紫微（科）　【田宅】太陰（忌）　【疾厄】禄存
【財帛】擎羊　　　　【遷移】陀羅　　　　【官禄】天魁　　　　【命宮】天鉞
・命宮宮威強ければ安定した運勢であるが、弱ければ波乱含みとなる。
・そこそこ安定した家庭環境で育つ。
・家屋住居や家庭内に不安定要素ある。

丙年生
【奴僕】天同（禄）　【子女】天機（権）　【福徳】廉貞（忌）　【子女】禄存
【夫妻】擎羊　　　　【財帛】陀羅　　　　【田宅】天魁　　　　【父母】天鉞
・事業運はあまり芳しいものではなく、また心に悩みを抱え精神が不安定になる傾向がある。
・子供はよい子に恵まれる　・優しい同僚や部下後輩に恵まれる。

丁年生
【田宅】太陰（禄）　【奴僕】天同（権）　【子女】天機（科）　【奴僕】巨門（忌）　【夫妻】禄存
【兄弟】擎羊　　　　【子女】陀羅　　　　【田宅】天魁　　　　【父母】天鉞
・事業／仕事運は普通に安定している。
・同僚部下友人後輩にだまされたりトラブルを被る暗示あり注意。
・子供はいないか、手のかかる子供で、子供に煩わされることがある。

戊年生
【官禄】貪狼（禄）　【田宅】太陰（権）　【子女】天機（忌）　【子女】禄存
【夫妻】擎羊　　　　【財帛】陀羅　　　　【奴僕】天魁　　　　【兄弟】天鉞
・飲食娯楽ファッション教育事業などで成功し、また良い職に就き高給を得ることができる。
・手のかかる子供で、子供に煩わされることがある。

己年生
【遷移】武曲（禄）　【官禄】貪狼（権）　【疾厄】天梁（科）　【夫妻】禄存
【兄弟】擎羊　　　　【子女】陀羅　　　　【官禄】天魁　　　　【命宮】天鉞
・生地を離れ遠地に赴くか、活発に外出、活動することでチャンスをつかみ運を開いて成功を収める。
・配偶者の支援と協力を得ることができる。
・その他の星がどこに入るかをよく見て判断すること。

庚年生
【疾厄】太陽（禄）　【遷移】武曲（権）　【田宅】太陰（科）　【奴僕】天同（忌）
【命宮】禄存　　　　【父母】擎羊　　　　【兄弟】陀羅・天鉞　【奴僕】天魁
・生地を離れ遠地に赴くか、活発に外出、活動することでチャンスをつかみ運を開いて成功を収める。
・部下友人後輩にだまされたりトラブルを被る暗示あり注意。

辛年生
【奴僕】巨門（禄）　【疾厄】太陽（権）　【父母】禄存　　　　【福徳】擎羊
【命宮】陀羅　　　　【夫妻】天魁　　　　【遷移】天鉞
・事業運は普通であり、命宮宮威強ければそこそこの運勢である。
・頑固でやっかいな病気に悩まされることがあるので、健康には注意すること。

壬年生
【疾厄】天梁（禄）　【夫妻】紫微（権）　【遷移】武曲（忌）　【田宅】禄存
【官禄】擎羊　　　　【福徳】陀羅　　　　【疾厄】天魁　　　　【子女】天鉞
・外出先での揉めごとや厄介ごと、事故や怪我、交通事故などに注意すること。
・家庭内では配偶者が実権を握ることになる（亭主関白カカア天下）。

癸年生
【命宮】破軍（禄）　【奴僕】巨門（権）　【田宅】太陰（科）　【官禄】貪狼（忌）　【官禄】禄存
【奴僕】擎羊　　　　【田宅】陀羅　　　　【疾厄】天魁　　　　【子女】天鉞
・アミューズメント、飲食娯楽旅行業、教育関係、女性を伴う接待業などで財をなす。
・配偶者からの支援と協力を多く受ける。

第2章　紫微斗数14主星配置一覧　　187

82　紫微午・命宮酉

天機（平） ・宮威強－財を得ることができるが、そのためには相当の努力と苦労を伴うことになる。 ・宮威弱－苦労のわりにはなかなか蓄財できない。 【財帛】　　　　巳	紫微（廟） [極響離明格] [府相朝垣格] ・宮威強－優れた子供に恵まれる。 ・宮威弱－子供はしっかりとしていて立派に育つが、子供との関係は希薄なものになる。 【子女】　　　　午	[命無正曜格] [明珠出海格] [日月並明格] ・宮威強－配偶者との縁は決して強いものではない。 ・宮威弱－最悪の場合、配偶者と別れる恐れがある。 ・天姚、文昌文曲が同宮加会したり左輔右弼が同宮すれば婚外恋愛など異性関係で問題を起こす恐れがあるので注意が必要。 【夫妻】　　　　未	破軍（地） ・宮威強－兄弟はそれぞれ自立し、兄弟どうしの交流は少なくなる。 ・宮威弱－兄弟間の仲はあまりよいものではなく、また兄弟からトラブルや面倒事を被る恐れがある。 【兄弟】　　　　申
七殺（廟） ・喘息、気管支炎など呼吸器の疾患に注意。 ・羊同宮加会－手足の怪我、十二指腸潰瘍に注意。 ・陀火鈴同宮加会－怪我、ねんざなどに注意。 【疾厄】　　　　辰	**命無正曜格** 対宮主星を命宮主星とみなして判断。 ・豪放にして磊落。正義感にあふれ、人と和し、公明正大。誠実で正直な人である。責任感が強い一方、要領よく立ち回るのは苦手である。 ・富貴の中にあって自分の本分を忘れず、貧窮の中にあっても自らその喜びを探す。 ・根は正直で実直、誠実な人であるが、安定性に欠け、周囲からの影響を強く受ける。 ・命宮宮威強－成功を収めることができるが、そのためには不断の努力と激しい奮闘が必要となる。基本的に真面目な人であり、諦めずに困難に立ち向かう。 ・命宮宮威弱－気ままで熱しやすく冷めやすい。始めはよいのだが、その努力を最後まで継続するのが苦手で、竜頭蛇尾となる傾向が見られるようになる。		[命無正曜格] 【命宮】　　　　酉
太陽（廟） 天梁（廟） [日照雷門格] [日月並明格] ・宮威強－遠方に赴いたり活発に外出することでチャンスをつかみ発展する。海外に赴くこともある。 ・宮威弱－遠地に赴くことで苦労する。 【遷移】　　　　卯			天府（廟） 廉貞（利） [天府朝垣格] ・宮威強－両親は立派で愛情深い人であるが、子供を厳しく躾ける傾向がある。両親との関係は良好である。 ・宮威弱－子供は両親を敬うが、両親が厳しすぎるために親子の関係はあまり良好とは言えない。 【父母】　　　　戌
武曲（地） 天相（廟） [紫府朝垣格] ・宮威強－部下後輩友人との関係は良好で、大いに力になってくれる。 ・宮威弱－部下後輩友人の中にはいい人もいれば、そうでない人もいる。よく見て付き合わなければならない。 【奴僕】　　　　寅	天同（不） 巨門（不） ・あまり仕事熱心ではなく、重い責任を負わされることを嫌う傾向がある。 ・マスコミ、サービス業、飲食業、公務員、医薬関係、中小企業勤務などに適す。 ・宮威弱－事業／仕事運はあまり芳しいものではない。 【官禄】　　　　丑	貪狼（旺） [泛水桃花格] ・宮威強－不動産運は良好である。住居を綺麗に飾り、そのための出費を惜しまない。 ・宮威弱－住居や不動産のためにローンを抱えたり、無理することになる。 ・火羊同宮－火災に注意。 ・羊陀が同宮すれば盗難に注意。 【田宅】　　　　子	太陰（廟） [月朗天門格] [日月並明格] ・宮威強－心が広く精神的にも安定した毎日を送ることができる。 ・宮威弱－悩み事があり、憂鬱な気分になるときがある。 ・天姚や文昌、文曲が同宮加会すれば異性を好み、異性問題の恐れあり。 【福徳】　　　　亥

甲年生
【父母】廉貞（禄）　【兄弟】破軍（権）　【奴僕】武曲（科）　【遷移】太陽（忌）
【奴僕】禄存　　　　【遷移】擎羊　　　　【官禄】陀羅・天魁　【夫妻】天鉞
[科権禄夾格] 吉命である。
・基本的に運気はあまり強くないが、両親や兄弟友人、親戚縁者から多く助けられる。

乙年生
【財帛】天機（禄）　【遷移】天梁（権）　【子女】紫微（科）　【福徳】太陰（忌）　【遷移】禄存
【疾厄】擎羊　　　　【奴僕】陀羅　　　　【田宅】天魁　　　　【兄弟】天鉞
・命宮宮威強ければ安定した良好な運勢であるが、低ければそれほどでもない。
・気苦労が多く、くよくよと一人で悩むようなことがある。

丙年生
【官禄】天同（禄）　【財帛】天機（権）　【父母】廉貞（忌）　【財帛】禄存
【子女】擎羊　　　　【疾厄】陀羅　　　　【福徳】天魁　　　　【命宮】天鉞
・基本的に吉運ではあるが吉凶相半ばする面も見られるので、その他の星をよく見て判断すること。
・生育環境はあまり恵まれたものではなく、両親との関係も良好とは言えない。

丁年生
【福徳】太陰（禄）　【官禄】天同（権）　【財帛】天機（科）　【官禄】巨門（忌）　【子女】禄存
【夫妻】擎羊　　　　【財帛】陀羅　　　　【福徳】天魁　　　　【命宮】天鉞
・基本的に良好な命で吉運であるが、その中に吉凶相半ばする面も見られるので、あまり大きな成功
　は望まず、安定した堅実な人生を送るのがよい。
・仕事上で、書類のトラブルや意思疎通の不備で問題が起きることがあるので注意すること。

戊年生
【田宅】貪狼（禄）　【福徳】太陰（権）　【財帛】天機（忌）　【財帛】禄存
【子女】擎羊　　　　【疾厄】陀羅　　　　【官禄】天魁　　　　【夫妻】天鉞
・基本的に真面目で誠実な人ではあるが、大きな財産を得るのは難しい。

己年生
【奴僕】武曲（禄）　【田宅】貪狼（権）　【遷移】天梁（科）　【子女】禄存
【夫妻】擎羊　　　　【財帛】陀羅　　　　【田宅】天魁　　　　【兄弟】天鉞
・清廉潔白で清貧に甘んじる学者のようなところがある人なので、ビジネスや経済界にいるよりも
　教育や研究の方面に従事するのがよい。うまくいけばその方面で名を成す。
・住居を自分の好みに装飾し、また家庭内も自分の思うように采配したいと考える。

庚年生
【遷移】太陽（禄）　【奴僕】武曲（権）　【福徳】太陰（科）　【官禄】天同（忌）
【兄弟】禄存　　　　【命宮】擎羊　　　　【夫妻】陀羅・天鉞　【官禄】天魁
・命宮宮威強ければ少しく安定した運勢であるが、結婚生活は波乱含みの暗示があるので、夫婦円満
　を心がけること。

辛年生
【官禄】巨門（禄）　【遷移】太陽（権）　【命宮】禄存　　　　【父母】擎羊
【兄弟】陀羅　　　　【子女】天魁　　　　【奴僕】天鉞
・基本的に良好な命運で、成功と富を手にする。夫婦円満を心がけることで運が開ける。
・その他の星がどこに入るかをよく見て判断すること。

壬年生
【遷移】天梁（禄）　【子女】紫微（権）　【奴僕】武曲（忌）　【福徳】禄存
【田宅】擎羊　　　　【父母】陀羅　　　　【遷移】天魁　　　　【財帛】天鉞
・基本的に良好な運勢であるが、富よりも名誉や地位を得る運勢である。したがって、ビジネスや経
　済商業界よりも教育研究関係や公共機関などに身を置く方がよい。

癸年生
【兄弟】破軍（禄）　【官禄】巨門（権）　【福徳】太陰（科）　【田宅】貪狼（忌）　【田宅】禄存
【官禄】擎羊　　　　【福徳】陀羅　　　　【遷移】天魁　　　　【財帛】天鉞
・大きな成功は望めないが、安定した職業に就くとよい。
・結婚生活は配偶者が実権を握るようになる（亭主関白カカア天下）。
・住居や家庭内のことでゴタゴタすることがある。

83　紫微午・命宮戌

【疾厄】　　　　巳	【財帛】　　　　午	【子女】　　　　未	【夫妻】　　　　申
天機（平） ・宮威強－おおむね健康である。 ・宮威弱－皮膚病、内分泌失調、神経衰弱、眼病、流行性疾患（感染症）などに注意。	紫微（廟） [極響離明格] [府相朝垣格] ・宮威強－財運は良好で財産を築くことができる。 ・宮威弱－財運は不安定なところがある。	[命無正曜格] [明珠出海格] [日月並明格] ・おおむね良い子に恵まれる。 ・宮威弱－子供は親の話を聞かない。 ・空劫同宮－育てにくい子供である。 ・羊陀同宮－親に反抗し、親不孝な子供となる。	破軍（地） ・配偶者は勝ち気で喜怒哀楽が激しい。喜びも悲しみも素直に表現する感情の波が激しい人である。 ・左右昌曲や天姚が同宮すれば、恋愛の過程で婚外恋愛や三角関係など、異性関係で問題を起こす恐れがあるので注意が必要である。

【遷移】　　　　辰			【兄弟】　　　　酉
七殺（廟） ・宮威強－遠行を好み、遠地に赴いたり、多く出歩くようになる。 ・宮威弱－居所がなかなか定まらず、また遠地に赴くと苦労をしょいこむことになる。 ・羊陀加会－交通事故など外出先での怪我や事故に注意すること。		**天府朝垣格** 地位と名誉と名声に恵まれる。 ・端正な顔立ちをしており、立ち居振る舞いは颯爽としている。だいたい恵まれた家庭環境に育ち、親族からの助力を受け成長する。 ・多芸多才で才能に富み、攻守のバランスが取れているので、基本的に勤め人となっても自営業となってもよい。 ・活動力が旺盛で、あまり家でじっとしていることを好まず、楽しいと思うところを出歩くようになる。 ・実力者の支援を受ける運があり、基本的に財運は良好で安定している。 ・仕事や事業を進めるうえで決断力とリーダーシップを発揮し、事業を完遂させる。 ・命宮宮威弱ければ、苦労が多くなるが、その苦労に耐えて仕事を成し遂げる。ただ落ち着きがなくなり、賭事を好むようになり、また命がけの冒険に出ることもあるので、慎重な態度が必要である。 ・昌曲加会－基本的に剛柔のバランスが取れた人で、さらに文武両道に優れるようになる。 ・化禄加会－少年期は運が開けないが、30歳を過ぎたあたりから運が開けるようになる。	[命無正曜格] ・宮威強－兄弟の中には仲のよい者もいれば、そうでない者もいる。 ・宮威弱－兄弟間の仲はあまりよくないものとなる。

【奴僕】　　　　卯			【命宮】　　　　戌
太陽（廟） 天梁（廟） [日照雷門格] [日月並明格] ・宮威強－部下や後輩友人は正直な熱血漢が多く、大いに助けられる。 ・宮威弱－部下や後輩友人は明るい人なのだが、あまり助けにはならない。			天府（廟） 廉貞（利） [天府朝垣格]

【官禄】　　　　寅	【田宅】　　　　丑	【福徳】　　　　子	【父母】　　　　亥
武曲（地） 天相（廟） [紫府朝垣格] ・基本、勤め人でも自由業でも適しているし、複数の職業を兼業するのもよい。その他、主な適性は以下のとおり。 ・商売、会計関係、駐在外務、特殊技術職、サービス業など。	天同（不） 巨門（不） ・宮威強－少しの不動産を取得することはできるが維持するのは難しい。 ・宮威弱－不動産を所有するのは難しい。 ・火羊が同宮すれば火災に注意。 ・羊陀が同宮すれば盗難に注意。	貪狼（旺） [泛水桃花格] ・宮威強－多芸多才で多趣味となり、とにかく人生を楽しみたいと思う。また、小さなことに拘泥しない。 ・宮威弱－欲が多く、なかなか満足するということがない。 ・桃花星加会－異性関係や酒による失敗に注意。	太陰（廟） [月朗天門格] [日月並明格] ・宮威強－母親から大きな愛情を受けて育つ。家庭は母親が取り仕切っている。 ・宮威弱－母親が気を使いすぎてかえって子供をスポイルするようになる。

甲年生
【命宮】廉貞（禄）　　【夫妻】破軍（権）　　【官禄】武曲（科）　　【奴僕】太陽（忌）
【官禄】禄存　　　　　【奴僕】擎羊　　　　　【田宅】陀羅・天魁　【子女】天鉞
　・基本的に成功を収める良好な運勢である。配偶者は経済力や実力はあるが、自分の意見を押し通し
　　家庭内の実権を握ろうとする傾向があり、結婚生活は安穏というわけにはいかない。

乙年生
【疾厄】天機（禄）　　【奴僕】天梁（権）　　【財帛】紫微（科）　　【父母】太陰（忌）　【奴僕】禄存
【遷移】擎羊　　　　　【官禄】陀羅　　　　　【福徳】天魁　　　　　【夫妻】天鉞
　・地位や名誉を得られても、大きな財を築くのは難しい運勢である。命宮宮威弱ければ、さほど強い
　　運勢ではない。
　・生家はあまり豊かでないか、あるいは母親が病弱・短命の傾向となるか、母親との縁が薄くなる。

丙年生
【田宅】天同（禄）　　【疾厄】天機（権）　　【命宮】廉貞（忌）　　【疾厄】禄存
【財帛】擎羊　　　　　【遷移】陀羅　　　　　【父母】天魁　　　　　【兄弟】天鉞
　［貴星夾命格］人の援助に恵まれる。
　・反骨精神にあふれ、世の中の権威や社会に反抗するようなところがあり、性格も攻撃的である。ま
　　た、異性関係のトラブルには注意が必要である。

丁年生
【父母】太陰（禄）　　【田宅】天同（権）　　【疾厄】天機（科）　　【田宅】巨門（忌）　【財帛】禄存
【子女】擎羊　　　　　【疾厄】陀羅　　　　　【父母】天魁　　　　　【兄弟】天鉞
　［貴星夾命格］人の援助に恵まれる。
　・財は得られても、あまり大きな名誉や地位は得られない。子供に恵まれないこともある。
　・恵まれた家庭環境の生まれであり、生家は経済的にもゆとりがある

戊年生
【福徳】貪狼（禄）　　【父母】太陰（権）　　【疾厄】天機（忌）　　【疾厄】禄存
【財帛】擎羊　　　　　【遷移】陀羅　　　　　【田宅】天魁　　　　　【子女】天鉞
　・生家は豊かでゆとりがあるが、昔風の厳格な家風の家庭環境で育ち、両親の躾や教育は厳しい。
　・健康には十分に注意すること。

己年生
【官禄】武曲（禄）　　【福徳】貪狼（権）　　【奴僕】天梁（科）　　【財帛】禄存
【子女】擎羊　　　　　【疾厄】陀羅　　　　　【福徳】天魁　　　　　【夫妻】天鉞
　・良い職を得て、高位に昇り高い給与を得ることのできる運勢である。

庚年生
【奴僕】太陽（禄）　　【官禄】武曲（権）　　【父母】太陰（科）　　【田宅】天同（忌）
【夫妻】禄存　　　　　【兄弟】擎羊　　　　　【子女】陀羅・天鉞　　【田宅】天魁
　・そこそこ安定した運勢であり、比較的平穏な人生を送る。
　・住居や家庭内のことで、頭を悩ませるようなことがある。

辛年生
【田宅】巨門（禄）　　【奴僕】太陽（権）　　【兄弟】禄存　　　　　【命宮】擎羊
【夫妻】陀羅　　　　　【財帛】天魁　　　　　【官禄】天鉞
　・大きな成功を望むのは難しい運勢であるが、その他の星もよく見て判断すること。

壬年生
【奴僕】天梁（禄）　　【財帛】紫微（権）　　【官禄】武曲（忌）　　【父母】禄存
【福徳】擎羊　　　　　【命宮】陀羅　　　　　【奴僕】天魁　　　　　【疾厄】天鉞
　・事業上の成功と失敗が交互に訪れる。大きな責任を負い苦労することになるが、それに耐えて成功
　　することになる。

癸年生
【夫妻】破軍（禄）　　【田宅】巨門（権）　　【父母】太陰（科）　　【福徳】貪狼（忌）　【福徳】禄存
【田宅】擎羊　　　　　【父母】陀羅　　　　　【奴僕】天魁　　　　　【疾厄】天鉞
　・おおむね安定した運勢であり、結婚生活も平穏である。
　・しかし精神的な安定は得られにくく、欲を出しすぎたり、気苦労の多い性格となる。

84　紫微午・命宮亥

【遷移】　　　　　　巳	【疾厄】　　　　　　午	【財帛】　　　　　　未	【子女】　　　　　　申
天機（平） ・宮威強－遠地遠方で発展する運勢である。 ・宮威弱－遠地に赴くことで苦労を被る。 ・擎羊、陀羅が同宮加会すると、交通事故など、外出先での怪我や事故に注意が必要である。	紫微（廟） [極響離明格] [府相朝垣格] ・宮威強－おおむね健康。 ・宮威弱－胃潰瘍に注意。また痩せていて体力がない。 ・羊鈴加会－胃炎、消化不良、胃腸潰瘍などに注意。 ・空劫加会－熱症、心臓性喘息や気管支炎の暗示。	[命無正曜格] [明珠出海格] [日月並明格] ・なにかと物入りで出費が多く、大きな財産を築くのは難しい。 ・宮威弱－蓄財するのはなかなか難しい。	破軍（地） ・子供はあまり親の言うことを聞かず、子供との縁は薄いものとなりがちである。 ・宮威弱－親子の仲が悪くなるか、子供ができないか、子供は早くに家を出いくようなことになる。 ・羊陀同宮－子供は親に反抗するようになる。

【奴僕】　　　　　　辰			【夫妻】　　　　　　酉
七殺（廟） ・宮威強－部下後輩友人は強烈な個性の持ち主で、深く付き合うことは難しい。 ・宮威弱－部下後輩友人により厄介ごとやトラブルを被る恐れがある。		**月朗天門格** 美しく温和で思慮深く邪心なし。 芸術学術の方面に才能ある艶福家。 **日月並命格** 快活なれどアバウトでルーズな一面も。 ・色白で美しく整った容貌をしており、知識欲も旺盛で、学識も豊かで聡明である。静かで清らか（清潔）なことを好み、感受性に優れ感情も豊か。早くから芸術的な世界や形而上学（玄学）に興味を持ち、その造詣も深い。 ・礼儀正しく、謙虚で穏やかな態度で人と接するので人間関係も良好である。 ・前途に満々たる希望を抱き、大きな理想を胸に抱く。ロマンチストでもある。 ・そのロマンチストぶりは異性との関係でも発揮され、男女ともに異性によくもてるようになる。異性関係には節度と注意が必要。 ・命宮宮威が弱いと、厳しい現実から目をそむけ、内向的、神経過敏となる。感情も一定せず、憂愁、憂鬱気分に陥り、自分で自分を責めるようなことになる。また視野も狭くなり、孤独となりがちである。 ・昌曲同宮－心理学、宗教学、占術などに才能があり、第六感（直感力）に優れている。	[命無正曜格] ・宮威強－配偶者は活動力のある元気な人で、基本的に夫婦仲は良好である。 ・宮威弱－夫婦の間に波風が立つことがあるので夫婦円満の努力が必要。 ・昌曲左右や天姚が同宮すれば恋愛の過程で複数の相手と交際したり、問題を起こす恐れがあるので異性関係には要注意。

【官禄】　　　　　　卯			【兄弟】　　　　　　戌
太陽（廟） 天梁（廟） [日照雷門格] [日月並明格] ・宮威強－事業運は旺盛で大いに出世し高い地位に昇り大きな権力を得る。 ・宮威弱－地位や権力を巡って人と争う恐れがある。 ・貿易、建築、代理業、政治、技術、宗教関係物品中古品販売、海外事業などに向く。			天府（廟） 廉貞（利） [天府朝垣格] ・宮威強－兄弟仲はよいが、ある者とは縁が深く、ある者とは縁が薄いようになる。 ・宮威弱－兄弟間はあまり仲がよいとは言えず、仲違いすることもある。

【田宅】　　　　　　寅	【福徳】　　　　　　丑	【父母】　　　　　　子	【命宮】　　　　　　亥
武曲（地） 天相（廟） [紫府朝垣格] ・宮威強－得たり失ったりはあるが、それなりの不動産は所有できる。 ・宮威弱－大きな不動産を所有するのは難しい。 ・火羊が同宮すれば火災に注意。 ・羊陀が同宮すれば盗難に注意。	天同（不） 巨門（不） ・宮威強－怠惰に流される傾向がある。 ・宮威弱－なかなか満足を得られず、万事やり直しを繰り返す傾向がある。	貪狼（旺） [泛水桃花格] ・両親に異性関係がルーズな人がいることがある。中には離婚して再婚する人もいる。 ・宮威強－両親は経済的に安定しており、比較的恵まれた環境で育つ。 ・宮威弱－両親はあまり裕福ではなく、また両親との縁は薄いものとなる。	太陰（廟） [月朗天門格] [日月並明格]

甲年生
【兄弟】廉貞（禄）　　【子女】破軍（権）　【田宅】武曲（科）　【官禄】太陽（忌）
【田宅】禄存　　　　　【官禄】擎羊　　　　【福徳】陀羅・天魁　【財帛】天鉞
・事業はスムーズにいかない傾向があるが、生活に窮するほどではない。
・結婚生活は波風が立つ恐れがあるので、安定させる努力が必要である。

乙年生
【遷移】天機（禄）　　【官禄】天梁（権）　【疾厄】紫微（科）　【命宮】太陰（忌）　【官禄】禄存
【奴僕】擎羊　　　　　【田宅】陀羅　　　　【父母】天魁　　　　【子女】天鉞
・策を弄し人を動かそうとする傾向があるが、なかなか思うようにはいかない。
・基本的に事業運は良く、思うように仕事をするが、財運はあまり強くないので、大きく稼ぐことは難しい。その他の星がどこ入るのかをよく見て判断すること。

丙年生
【福徳】天同（禄）　　【遷移】天機（権）　【兄弟】廉貞（忌）　【遷移】禄存
【疾厄】擎羊　　　　　【奴僕】陀羅　　　　【命宮】天魁　　　　【夫妻】天鉞
・少しく成功を得て安定する運勢であるが、その他の星がどこに入るかをよく見て判断すること。
・兄弟や友人から面倒をかけられる恐れがある。

丁年生
【命宮】太陰（禄）　　【福徳】天同（権）　【遷移】天機（科）　【福徳】巨門（忌）　【疾厄】禄存
【財帛】擎羊　　　　　【遷移】陀羅　　　　【命宮】天魁　　　　【夫妻】天鉞
[科名会禄格] まず学を深め技術を磨き、その後に財を得る。
・基本的に、成功し地位と名誉と財を得る運勢であるが、命宮宮威弱ければそのために苦労を伴うことになる。また精神的満足を得にくい傾向がある。　・比較的安定した家庭環境に育つ。

戊年生
【父母】貪狼（禄）　　【命宮】太陰（権）　【遷移】天機（忌）　【遷移】禄存
【疾厄】擎羊　　　　　【奴僕】陀羅　　　　【福徳】天魁　　　　【財帛】天鉞
・命宮宮威強ければ成功し、かなりの財を築くことができ、弱ければその度合いは小さくなる。
・交通事故や外出時の怪我や事故には注意すること。
・比較的恵まれた家庭環境に育つ。

己年生
【田宅】武曲（禄）　　【父母】貪狼（権）　【官禄】天梁（科）　【疾厄】禄存
【財帛】擎羊　　　　　【遷移】陀羅　　　　【父母】天魁　　　　【子女】天鉞
・地位と名誉を得ることはできるが、大きな財は築くのは難しい。事業や仕事では知恵を巡らせ創意工夫する。
・安定した家庭環境に生まれ、両親は子供を厳しく躾け教育する。

庚年生
【官禄】太陽（禄）　　【田宅】武曲（権）　【命宮】太陰（科）　【福徳】天同（忌）
【子女】禄存　　　　　【夫妻】擎羊　　　　【財帛】陀羅・天鉞　【福徳】天魁
・事業運・職業運は良く、よい職に就き高給を得るが、大きな財産を築くのは難しい。
・気苦労が多く、心配性となる暗示がある。

辛年生
【福徳】巨門（禄）　　【官禄】太陽（権）　【夫妻】禄存　　　　【兄弟】擎羊
【子女】陀羅　　　　　【疾厄】天魁　　　　【田宅】天鉞
・事業／職業運は良く、また夫婦仲も良く安定し、配偶者から多くの支援や協力を得る。
・その他の星がどこ入るのかをよく見て判断すること。

壬年生
【官禄】天梁（禄）　　【疾厄】紫微（権）　【田宅】武曲（忌）　【命宮】禄存
【父母】擎羊　　　　　【兄弟】陀羅　　　　【官禄】天魁　　　　【遷移】天鉞
・命宮宮威強ければ成功を得られるが、弱ければそのために相当の努力と苦労を伴うことになる。
・家庭内が多少ゴタゴタする。また大きな不動産を得ることは難しい。

癸年生
【子女】破軍（禄）　　【福徳】巨門（権）　【命宮】太陰（科）　【父母】貪狼（忌）　【父母】禄存
【福徳】擎羊　　　　　【命宮】陀羅　　　　【官禄】天魁　　　　【遷移】天鉞
・生育環境はあまり恵まれたものとは言えず、両親との縁も薄いものとなる。
・そのことに発奮し、少しく成功を得ることができるが、あまり大きな財は得られない。

85　紫微未・命宮子

【奴僕】　巳	【遷移】　午	【疾厄】　未	【財帛】　申
[命無正曜格] [府相朝垣格] ・部下や後輩友人はいろいろな者がいて、良い者もいればそうでない者もいるので、付き合いはそれぞれ考えなければいけない。 ・宮威弱－部下や後輩友人により面倒やトラブルを被る恐れがあるので注意すること。	天機（廟） [機月同梁格] ・宮威強－遠地に赴いたり外出することで運をつかみ発展する。家でじっとしていてはいけない。 ・宮威弱－郷里を離れたり遠地に赴くことにより、苦労することになる。 ・羊陀同宮加会－交通事故など外出先での事故や怪我の暗示あり注意。	紫微（廟） 破軍（旺） ・宮威強－おおむね健康である。 ・宮威弱－栄養不良、高血圧、心臓病に注意。 ・羊鈴加会－原因不明の慢性病に注意。 ・空劫加会－心臓病に注意。	[命無正曜格] ・宮威強－財運は良好である。 ・宮威弱－そこそこの財運である。

【官禄】　辰			【子女】　酉
太陽（旺） [丹墀桂墀格] ・向上心にあふれ、活発に社会活動や交際を行う。 ・宮威強－よい職に就き高給を得ることができる。 ・宮威弱－向上心に翳りが見えることになる。 ・行政、管理業務、財務、企画計画業務、報道関係、記者、文化教育関係などに適す。		天府（旺） ・宮威強－子供は親孝行で優しい子で、親子の関係は良好である。 ・宮威弱－子供は親元を離れ、散り散りになっていく。あるいは、子供の中には良好な関係の子もいれば、そうでない子もいるようになる。

中央:
石中穏玉格
珠も磨かざれば光らず。
若年中の激しい研磨で中年以降に輝く。

・分析力と連想力に優れ、旺盛な研究心を持つ。また弁舌にも優れ、頑固でもある。
・常に問題意識を持ち、理想が高いため現実のことがらに疑問や不満を持つようになり、徹底的に追求したり研究するようになる。
・自己の信念に従って行動し、あまり他人の意見に左右されることがない。行動や志向は主観的な傾向があり、それが他人には頑固と捉えられることになる。
・話術に優れ説得力のある話し方をするが、時にそれが過ぎて不快感を持たれる場合もある。
・金銭や物質の豊かさより精神の充実に価値を置く。
・命宮宮威強－背が高く大柄か太っている。石中穏玉格となるので若年中は苦労が多いが、その苦労を糧に中年以降発展する。
・命宮宮威弱－背が低く身体も小さくなる。口舌の災い、つまり言葉のトラブルに注意。
・化忌同宮－猜疑心が強くなる傾向があり、誤解がもとで口論を起こすことがあるので注意が必要である。

【田宅】　卯			【夫妻】　戌
武曲（利） 七殺（旺） ・宮威強－裸一貫で成功し、広く不動産を得たり経営することになる。 ・宮威弱－不動産を得たり失ったりする。 ・火羊が同宮すれば火災に注意。 ・羊陀が同宮すれば盗難に注意。			太陰（旺） [機月同梁格] [丹墀桂墀格] ・宮威強－夫婦の間は深い愛情で結ばれ、配偶者は優秀な人で、多くの協力と支援を得る。 ・宮威弱－夫婦間の関係は良好である。ただ配偶者は病弱であるか、あるいは何かトラブルを持ち込むことがある。

【福徳】　寅	【父母】　丑	【命宮】　子	【兄弟】　亥
天同（利） 天梁（廟） [機月同梁格] ・宮威強－人の気持ちをよく理解し、義理人情に厚く、困った人を助けるため、自他ともに幸福を得られる。 ・宮威弱－とにかく忙しくて、なかなか楽しむ余裕を持つことができない。	天相（廟） ・宮威強－両親は社会的な地位もあり、また進歩的な考えを受け入れ、誰にでもオープン・マインドな人である。両親との関係は良好で、愛情をもって育てられる。 ・宮威弱－両親との関係はあまり良好なものとは言えない。	巨門（旺） [石中穏玉格]	廉貞（陥） 貪狼（陥） ・宮威強－兄弟にあまり優れた者はいない。兄弟は好ましくない習慣や趣味を持ったり、兄弟から面倒やトラブルを持ち込まれることがある。 ・宮威弱－兄弟から深刻でやっかいな面倒やトラブルを持ち込まれる。

甲年生
【兄弟】廉貞（禄）　　【疾厄】破軍（権）　　【田宅】武曲（科）　　【官禄】太陽（忌）
【福徳】禄存　　　　　【田宅】擎羊　　　　　【父母】陀羅・天魁　　【疾厄】天鉞
・大きな成功や地位を期待するのは難しいが、大きく困窮することはない。
・頑固でやっかいな病気に悩まされる恐れがあるので、健康には注意すること。

乙年生
【遷移】天機（禄）　　【福徳】天梁（権）　　【疾厄】紫微（科）　　【夫妻】太陰（忌）　　【田宅】禄存
【官禄】擎羊　　　　　【福徳】陀羅　　　　　【命宮】天魁　　　　　【財帛】天鉞
・命宮宮威強ければ石中穏玉格となり、晩年運であり、また遠地に赴いたり外出することは吉。
・結婚生活は波風が立つ暗示があるので、夫婦仲良く理解しあう努力が大切である。

丙年生
【福徳】天同（禄）　　【遷移】天機（権）　　【兄弟】廉貞（忌）　　【奴僕】禄存
【遷移】擎羊　　　　　【官禄】陀羅　　　　　【兄弟】天魁　　　　　【子女】天鉞
・基本的に安定した良好な運勢であるが、その他の星もよく見て判断すること。
・兄弟や友人から、何かトラブルを被ることがある。

丁年生
【夫妻】太陰（禄）　　【福徳】天同（権）　　【遷移】天機（科）　　【命宮】巨門（忌）　　【遷移】禄存
【疾厄】擎羊　　　　　【奴僕】陀羅　　　　　【兄弟】天魁　　　　　【子女】天鉞
・少しく安定する運勢であるが、自分から発奮して物事に取り組むようなところは少ない。
・配偶者は優しく聡明で、大いに力になってくれる。

戊年生
【兄弟】貪狼（禄）　　【夫妻】太陰（権）　　【遷移】天機（忌）　　【奴僕】禄存
【遷移】擎羊　　　　　【官禄】陀羅　　　　　【父母】天魁　　　　　【疾厄】天鉞
・そこそこの運勢であり、あまり大きな成功を望んではいけない。
・家庭内は配偶者が実権を握ることになる（亭主関白カカア天下）。

己年生
【田宅】武曲（禄）　　【兄弟】貪狼（権）　　【福徳】天梁（科）　　【遷移】禄存
【疾厄】擎羊　　　　　【奴僕】陀羅　　　　　【命宮】天魁　　　　　【財帛】天鉞
・基本的に中程度の安定した運勢であるが、その他の星がどこにあるかもよく見て判断すること。
・兄弟や友人の中に我を通そうとする人がいるが、力になってくれる。

庚年生
【官禄】太陽（禄）　　【田宅】武曲（権）　　【夫妻】太陰（科）　　【福徳】天同（忌）
【財帛】禄存　　　　　【子女】擎羊　　　　　【疾厄】陀羅・天鉞　　【父母】天魁
・若年期は苦労するが、中年以降発展する（石中穏玉格）。
・なにかと気苦労が多く、精神的な安定を得ることが難しくなるので、注意すること。

辛年生
【命宮】巨門（禄）　　【官禄】太陽（権）　　【子女】禄存　　　　　【夫妻】擎羊
【財帛】陀羅　　　　　【遷移】天魁　　　　　【福徳】天鉞
・基本的に若年期は苦労するが、中年以降発展する運勢である（石中穏玉格）。その他の星がどこに入るかもよく見て判断すること。

壬年生
【福徳】天梁（禄）　　【疾厄】紫微（権）　　【田宅】武曲（忌）　　【兄弟】禄存
【命宮】擎羊　　　　　【夫妻】陀羅　　　　　【田宅】天魁　　　　　【奴僕】天鉞
・そこそこ安定した運勢である。
・あまり大きな家には住まないか、家庭内がごたごたするような暗示がある。

癸年生
【疾厄】破軍（禄）　　【命宮】巨門（権）　　【夫妻】太陰（科）　　【兄弟】貪狼（忌）　　【命宮】禄存
【父母】擎羊　　　　　【兄弟】陀羅　　　　　【田宅】天魁　　　　　【奴僕】天鉞
・若年期は苦労するが、中年以降発展する。命宮宮威強ければ成功し、地位と財を得る。弱ければ成功を得るためには相当の努力と苦労を伴うことになる。
・兄弟や友人から、何かトラブルを被ることがある。

86 紫微未・命宮丑

【官禄】　　　　巳	【奴僕】　　　　午	【遷移】　　　　未	【疾厄】　　　　申
[命無正曜格] [府相朝垣格] ・警察や自衛隊など、危険を伴う仕事に向く。 ・また、娯楽、飲食、美術装飾、書画骨董、演劇などにも向く。 ・化忌同宮加会－仕事上で事件を起こしたり巻き込まれることがあるので注意すること。	天機（廟） [機月同梁格] ・宮威強－部下後輩友人は聡明で能力も高く、多くの支援を得られる。 ・宮威弱－部下後輩友人は人を騙すようなところがあるので注意が必要。	紫微（廟） 破軍（旺） ・宮威強－遠地に赴くことや外出でチャンスをつかみ、実力者との縁を得て支援を受けることができる。 ・宮威弱－さらに羊陀と同宮加会すれば外出先で怪我したり事故に会う恐れがあるので注意すること。	[命無正曜格] ・宮威強－基本的におおむね健康である。 ・宮威弱－神経性胃炎、脚気などに注意。 ・羊陀火鈴加会－心臓病に注意。 ・空劫加会－癲癇持ちとなる傾向がある。

【田宅】　　　　辰			【財帛】　　　　酉
太陽（旺） [丹墀桂墀格] ・宮威強－不動産運は良好であり、日当りの良い広い家に住むことができる。 ・宮威弱－不動産運はあまり強いものではない。不動産を得たり失ったりする。	・思いやりがあって世話好きであり、とても面倒見がよい。したがって友人も多い。 ・温和で同情心に富んでいるので、いろいろな人脈や人間関係を築く。 ・謙虚で慎重な性格であり、物事に対して常に細心の注意をもって臨む。 ・人の世話で多忙となるが、誠意をもって対応するので、困難に会ったときも、友人知人や目上の人たちの支援を得て、乗り越えることができる。 ・サポーター役として最適である。 ・忍耐強く地道に努力を続ける。謙虚で協調性があるので、まとめ役として引き立てられ、責任ある立場に就くこともある。 ・考えが先に立ち、実行がおろそかになるきらいがある。 ・気品があり、美食やファッション、高級品を愛するところがある。 ・命宮宮威弱－野心を胸の内に秘め、虚勢を張り「虎の威を借りる狐」となることがある。 ・女命で曲昌加会－恋愛の過程で困難や障害に会う暗示があるので、結婚を決断するときには慎重な態度と熟慮が必要である。		天府（旺） ・宮威強－財運は良好で安定しており、財産を築くことができる。 ・宮威弱－財を得ることはできるが、なかなか蓄財できない。

【福徳】　　　　卯			【子女】　　　　戌
武曲（利） 七殺（旺） ・宮威強－個性は強烈であり、シビアな状況にもへこたれない。 ・宮威弱－人と一定の距離を置き、孤独となる。また、気持ちや心が揺れ動くことが多いので、何事にも慎重な態度が必要である。			太陰（旺） [機月同梁格] [丹墀桂墀格] ・宮威強－子供は賢く聡明であり、親孝行である。女の子の方が多い傾向がある。 ・宮威弱－子供は親の言うことをあまり聞かない。 ・空劫同宮－育てにくい子供となる恐れがある。

【父母】　　　　寅	【命宮】　　　　丑	【兄弟】　　　　子	【夫妻】　　　　亥
天同（利） 天梁（廟） [機月同梁格] ・宮威強－基本的に両親との関係は良好であるが、父親と母親で、教育方針や子供に接する態度が異なることがある。 ・両親は子供を愛して育てるが、子供は心を開かずなかなか親に懐かない。	天相（廟）	巨門（旺） [石中穏玉格] ・宮威強－兄弟との縁は薄く、関係もあまり良好とは言えない。 ・宮威弱－兄弟間で口論や言い争いがあり、仲違いする恐れがある。	廉貞（陥） 貪狼（陥） ・配偶者は欲求が強く、異性関係が盛んである暗示がある。 ・宮威弱－配偶者は結婚後も異性関係が派手であり、化忌が加会すれば再婚の可能性もある。 ・昌曲左右天姚が同宮すれば男女問題や恋愛トラブルの暗示あり注意。

甲年生
【夫妻】廉貞（禄）　　【遷移】破軍（権）　　【福徳】武曲（科）　　【田宅】太陽（忌）
【父母】禄存　　　　　【福徳】擎羊　　　　　【命宮】陀羅・天魁　　【遷移】天鉞
［天乙拱命格］学識高く、人の縁に恵まれ幸運を得る。
・人の縁や助けを得て運を開く運勢である。
・基本的に命宮宮威強ければ中くらいの運勢であり、弱ければやや不安定となる運勢である。

乙年生
【奴僕】天機（禄）　　【父母】天梁（権）　　【遷移】紫微（科）　　【子女】太陰（忌）　　【福徳】禄存
【田宅】擎羊　　　　　【父母】陀羅　　　　　【兄弟】天魁　　　　　【疾厄】天鉞
・命宮宮威強ければ安定した良好な運勢であり、弱ければそれよりやや劣る運勢である。
・裕福で恵まれた家庭に生まれるが、両親は厳格な人で、子供を厳しく躾け教育する傾向がある。

丙年生
【父母】天同（禄）　　【奴僕】天機（権）　　【夫妻】廉貞（忌）　　【官禄】禄存
【奴僕】擎羊　　　　　【田宅】陀羅　　　　　【夫妻】天魁　　　　　【財帛】天鉞
・比較的裕福で恵まれた家庭に生まれるが、事業運はさほど強いものではない。また結婚生活も波乱含みの暗示があるので、夫婦円満を心がけること。

丁年生
【子女】太陰（禄）　　【父母】天同（権）　　【奴僕】天機（科）　　【兄弟】巨門（忌）　　【奴僕】禄存
【遷移】擎羊　　　　　【官禄】陀羅　　　　　【夫妻】天魁　　　　　【財帛】天鉞
・事業運はあまり強いものではない。
・しっかりした家庭の生まれで、両親は厳格に子供を躾け教育する傾向がある。

戊年生
【夫妻】貪狼（禄）　　【子女】太陰（権）　　【奴僕】天機（忌）　　【官禄】禄存
【奴僕】擎羊　　　　　【田宅】陀羅　　　　　【命宮】天魁　　　　　【遷移】天鉞
［天乙拱命格］学識高く、人の縁に恵まれ幸運を得る。
・事業上の変動が多く、仕事を何度も変える可能性がある。結婚生活も変化に富む。
・部下や後輩や友人に足をすくわれる恐れがあるので注意すること。

己年生
【福徳】武曲（禄）　　【夫妻】貪狼（権）　　【父母】天梁（科）　　【奴僕】禄存
【遷移】擎羊　　　　　【官禄】陀羅　　　　　【兄弟】天魁　　　　　【疾厄】天鉞
・事業運、結婚運はあまり強いものではない。家庭内は配偶者が主導権を握るようになる。
・両親が知的でインテリな家庭の生まれである。

庚年生
【田宅】太陽（禄）　　【福徳】武曲（権）　　【子女】太陰（科）　　【父母】天同（忌）
【疾厄】禄存　　　　　【財帛】擎羊　　　　　【遷移】陀羅・天鉞　　【命宮】天魁
［天乙拱命格］学識高く、人の縁に恵まれ幸運を得る。
・おおむね安定した良好な運勢である。
・生育環境はあまり恵まれた環境とは言えず、両親との縁も薄く、関係も良好とは言えない。

辛年生
【兄弟】巨門（禄）　　【田宅】太陽（権）　　【財帛】禄存　　　　　【子女】擎羊
【疾厄】陀羅　　　　　【奴僕】天魁　　　　　【父母】天鉞
・少しく財を得ることができる。
・一生を通じて実力者や目上の人や友人知己の支援を受けることができる。

壬年生
【父母】天梁（禄）　　【遷移】紫微（権）　　【福徳】武曲（忌）　　【夫妻】禄存
【兄弟】擎羊　　　　　【子女】陀羅　　　　　【福徳】天魁　　　　　【官禄】天鉞
・基本的に成功し地位と財を得る命であるが、大きな財を築くのは難しい。
・比較的裕福な家庭環境に生まれるが、両親は人付き合いや人の面倒を見るので忙しい。

癸年生
【遷移】破軍（禄）　　【兄弟】巨門（権）　　【子女】太陰（科）　　【夫妻】貪狼（忌）　　【兄弟】禄存
【命宮】擎羊　　　　　【夫妻】陀羅　　　　　【福徳】天魁　　　　　【官禄】天鉞
・遠地に赴くか外出することで人の縁を得てチャンスをつかみ発展する。
・事業運、結婚運はあまり強いものではない。その他の星もよく見て判断すること。
・兄弟や友人の中に口やかましく、威丈高で高飛車な人がいるが、力になってくれる。

87　紫微未・命宮寅

【田宅】 巳	【官禄】 午	【奴僕】 未	【遷移】 申
[命無正曜格] [府相朝垣格] ・宮威強－それなりに不動産を所有するようになるが、ずっと保持できるかどうかは何とも言えない。 ・宮威弱－不動産を所得するのは難しい。 ・火羊が同宮すれば火災に注意。 ・羊陀が同宮すれば盗難に注意。	天機（廟） [機月同梁格] ・宮威強－政治に参加することを好み、また法律、医療関係、宗教、芸術関係でも活躍できる。ほかに広告宣伝、専門技術者、企画設計、翻訳・著述業、ガイド、営業などに適性がある。 ・宮威弱－職業はなかなか安定しない。	紫微（廟） 破軍（旺） ・宮威強－部下や後輩や友人は立派な者が多く、多くの力を得ることができる。 ・宮威弱－部下や後輩や友人の中に権力や地位に固執する者がいる。	[命無正曜格] ・宮威強－旅行を好み、あちこちの国や地方を訪れることになる。 ・宮威弱－外出や移動はできるだけ控えた方がよい外出先での怪我や事故の暗示がある。羊陀が同宮加会すればその可能性が高くなる。

【福徳】 辰		【疾厄】 酉
太陽（旺） [丹墀桂墀格] ・宮威強－スポーツや勝負ごとを好み、またいろいろな分野で活躍しヒーローとなる。 ・宮威弱－何にでも首を突っこみ、トラブルを招くことがある。	**機月同梁格** 抜群の企画力と事務処理能力で 主人の片腕となる大番頭。No.2狙いで大成功。 ・温和で善良な性格であるが、中には二面性を見せる人もいる。また神経質な一面もある。 ・欲は少なく、多くを自分の外に求めない。 ・気前がよく、常に動き回っていて、外出や旅行などの移動を好む。 ・企画力に優れ事務処理能力も備えているので文化事業や教育、宣伝などの分野で活躍する。また企業や組織でトップを補佐するブレーンとして活躍する。学術研究にも向く。 ・困難に遭遇しても、それを解決し、逆にチャンスとする才能と運を持っている。 ・命宮宮威強－人と和して人間関係も良好であるが、少し物事にルーズなところがある。 ・命宮宮威弱－どこか冷たい感じを漂わせ、あまり人とも交わらず一人でいることを好むようになる。また中には酒色に溺れるような人もいる。	天府（旺） ・宮威強－基本的に健康である。 ・宮威弱－胃腸を痛める風邪に注意。もし羊陀火鈴空劫と同宮加会すれば、怪我や手術により身体のどこかに傷跡が残るようになる。

【父母】 卯		【財帛】 戌
武曲（利） 七殺（旺） ・宮威強－両親との縁は薄く、関係もあまりよいものではない。 ・宮威弱－両親との関係はよろしくない。場合によっては意見の対立を見、反発するようになる。		太陰（旺） [機月同梁格] [丹墀桂墀格] ・宮威強－財産を築くことができる。 ・宮威弱－財は出たり入ったりでなかなか蓄財できない。

【命宮】 寅	【兄弟】 丑	【夫妻】 子	【子女】 亥
天同（利） 天梁（廟） [機月同梁格]	天相（廟） ・宮威強－兄弟間は仲がよく、多くの支援を得ることができる。 ・宮威弱－兄弟との関係は良好なものではなく、あまり助力を受けることができない。	巨門（旺） [石中穏玉格] ・宮威強－配偶者は話好きでよくしゃべる人である。ただ、夫婦間で意見がすれ違うことがある。 ・宮威弱－夫婦間で意見の対立を見る恐れがある。 ・昌曲左右が同宮すれば、複数の相手と恋愛したり異性関係で問題を起こす恐れがあるので注意。	廉貞（陥） 貪狼（陥） ・子供は悪い遊びを覚えたり、好ましくない習慣に染まることがあるが、宮威強ければさほど心配することはない。 ・宮威が弱ければ、子供は親の言うことを聞かず反抗するようになる。

甲年生
【子女】廉貞（禄）　　【奴僕】破軍（権）　【父母】武曲（科）　【福徳】太陽（忌）
【命宮】禄存　　　　　【父母】擎羊　　　　【兄弟】陀羅・天魁　【奴僕】天鉞
- ハイセンスで知的な家庭の生まれであり、子供との関係も比較的良好である。
- 苦労症で、些細なことを気に病むところがある。

乙年生
【官禄】天機（禄）　【命宮】天梁（権）　【奴僕】紫微（科）　【財帛】太陰（忌）　【父母】禄存
【福徳】擎羊　　　【命宮】陀羅　　　【夫妻】天魁　　　　【遷移】天鉞
- 事業運は良く、高い職位に昇り高給を手にすることができる。
- 財は入ったり出たりでなかなか蓄財できない。

丙年生
【命宮】天同（禄）　【官禄】天機（権）　【子女】廉貞（忌）　【田宅】禄存
【官禄】擎羊　　　【福徳】陀羅　　　【子女】天魁　　　　【疾厄】天鉞
- 事業運は良く、高い職位に昇り高給を手にすることができる。
- 子供には苦労をかけられることがある。

丁年生
【財帛】太陰（禄）　【命宮】天同（権）　【官禄】天機（科）　【夫妻】巨門（忌）　【官禄】禄存
【奴僕】擎羊　　　【田宅】陀羅　　　【子女】天魁　　　　【疾厄】天鉞
[三奇加会格] 財運強く、幸運に恵まれ大いに発展する吉命。
- 命宮宮威強ければ大きな財と地位と名誉を手にすることができる。弱ければ財と名誉は長続きしないか、あるいは得るために相当の努力と苦労を伴うことになる。
- 結婚生活は波風のある暗示があるので、夫婦円満を心がけること。

戊年生
【子女】貪狼（禄）　【財帛】太陰（権）　【官禄】天機（忌）　【田宅】禄存
【官禄】擎羊　　　【福徳】陀羅　　　【兄弟】天魁　　　　【奴僕】天鉞
- 命宮宮威強ければ、そこそこ安定した良好な運勢であり、弱ければやや不安定な運勢となる。
- 子供との関係は比較的良好である。

己年生
【父母】武曲（禄）　【子女】貪狼（権）　【命宮】天梁（科）　【官禄】禄存
【奴僕】擎羊　　　【田宅】陀羅　　　【夫妻】天魁　　　　【遷移】天鉞
- 事業運は良く、高い職位に昇り高給を手にすることができる。
- ハイセンスで知的な家庭の生まれであるが、子供は親の言うことを聞かないようになる。

庚年生
【福徳】太陽（禄）　【父母】武曲（権）　【財帛】太陰（科）　【命宮】天同（忌）
【遷移】禄存　　　【疾厄】擎羊　　　【奴僕】陀羅・天鉞　　【兄弟】天魁
- 財産や地位を得る可能性はあるが、感情に波があり怠惰に流される恐れがあるので、成敗はそのコントロールにかかっている。
- 両親は厳格な人で、厳しく子供を躾け教育する。

辛年生
【夫妻】巨門（禄）　【福徳】太陽（権）　【疾厄】禄存　　　【財帛】擎羊
【遷移】陀羅　　　【官禄】天魁　　　【命宮】天鉞
- 配偶者は裕福で立派な人である。
- 自由な時間や環境など、自分を存分に発散・表現できる場を求めるようになる。

壬年生
【命宮】天梁（禄）　【奴僕】紫微（権）　【父母】武曲（忌）　【子女】禄存
【夫妻】擎羊　　　【財帛】陀羅　　　【父母】天魁　　　　【田宅】天鉞
- 基本的に、安定した良好な運勢である。
- 生家はあまり裕福でないか、あるいは両親との関係が悪く縁が薄くなる暗示がある。

癸年生
【奴僕】破軍（禄）　【夫妻】巨門（権）　【財帛】太陰（科）　【子女】貪狼（忌）　【夫妻】禄存
【兄弟】擎羊　　　【子女】陀羅　　　【父母】天魁　　　　【田宅】天鉞
- 財運は良好で安定しているが、子供には苦労をかけられることがある。
- 配偶者は家庭内を仕切ろうとするので、配偶者と衝突することがある。

88 紫微未・命宮卯

[命無正曜格] [府相朝垣格] ・宮威強－忙中閑あり、忙しき中にも楽しみあり、苦労の中にも喜びありといった感じである。 ・宮威弱－酒色に溺れる暗示あり注意。 【福徳】　　　巳	天機（廟） [機月同梁格] ・宮威強－父祖からの財産はあまり期待できないが、自分の努力で家を建てるようになる。 ・宮威弱－大きな家に住むことはなく、転居も多くなる。 ・火羊同宮－火災に注意。 ・羊陀が同宮すれば盗難に注意。 【田宅】　　　午	紫微（廟） 破軍（旺） ・宮威強－事業運は良く、高い地位に昇り高給を得ることができる。 ・宮威弱－事業上の成功と失敗は交互に訪れる。 ・製造業、加工業、事務員、開発部門、企業コンサルタント、社会批評などの分野に適性がある。 【官禄】　　　未	[命無正曜格] ・宮威強－善良で真面目な部下や後輩、友人などに恵まれ、多くの助けを得る。 ・宮威弱－部下や後輩、友人との関係は良いものではない。 【奴僕】　　　申
太陽（旺） [丹墀桂墀格] ・宮威強－両親は朗らかで、ものごとを前向きに捉える建設的な人であり、生家の環境もよく、両親との仲もよい。 ・宮威弱－教育熱心で厳格な両親であるが、その縁はあまり深くない。 【父母】　　　辰	・強烈な個性の持ち主である。 ・成功と失敗は常に一瞬の間にあり、成敗は一枚のコインの裏表のようである。一生を通じて成敗の起伏が大きい。変動運である。 ・突然財をつかむかと思えば、突然失財する。 ・新規開拓、創業の精神に富み、公職や政治、大企業などに活躍の場を求める。 ・聡明で機知に富み、性格は率直で豪放、根が正直で、思ったことを歯に衣を着せずストレートに言うようなところがある。 ・リーダーシップを発揮するが、孤高の人といった感じで、すべてひとりで計画・決断し孤軍奮闘する。 ・冒険心に富み、極限に挑戦する。 ・命宮宮威強－遠方で発展し、人を頼らず独力で成功をつかむ。軍隊や警察、スポーツ選手などにも向く。 ・命宮宮威弱－粗暴な性格で、投げやりな態度を取ることがある。中にはどもったり言葉が不明瞭で、聞き取りにくい人もいる。怪我をすることが多く、中には犯罪に手を染める人もいる。		天府（旺） ・宮威強－生活は安定し、移動や移転も少なく安定した人生を送ることができる。 ・宮威弱－多く出歩くことになり、遠方に出向いて苦労することとなる。 ・羊陀が加会すれば外出先での事故（交通事故など）や怪我に注意すること。 【遷移】　　　酉
武曲（利） 七殺（旺） 【命宮】　　　卯			太陰（旺） [機月同梁格] [丹墀桂墀格] ・宮威強－おおむね健康である。 ・宮威弱－ホルモンバランスの異常などの内分泌失調や腎臓病などに注意。 【疾厄】　　　戌
天同（利） 天梁（廟） [機月同梁格] ・宮威強－兄弟は賢く立派な人で、仲がよく互いに助け合い、多くの支援を得ることができる。 ・宮威弱－兄弟とは離ればなれになるか、あるいは仲はよいのだが、兄弟のせいでトラブルを被ることがある。 【兄弟】　　　寅	天相（廟） ・宮威強－配偶者は優しく賢い人で、血を分けた親族以上に睦まじくなり、大いに助けられる。 ・宮威弱－配偶者との縁は薄いものとなる。夫婦間である程度の距離を置いた方がよい。 ・昌曲左右が同宮すると異性問題の暗示あり注意。 【夫妻】　　　丑	巨門（旺） [石中隠玉格] ・宮威強－はきはきとして落ち着きのある良い子供に恵まれる。 ・宮威弱－おしゃべりで両親を疲れさせる子供である。空劫が同宮すれば育てにくい子供となり、羊陀が同宮すれば親に逆らうようになる。 【子女】　　　子	廉貞（陥） 貪狼（陥） ・宮威強－特殊な分野や仕事で財を得る（火鈴が加会すればその傾向は強まる）。財は入ったり出たりである。 ・宮威弱－物の売買や投機的なことに興味を持つ。また浪費や無駄使いが多くなる。 【財帛】　　　亥

甲年生
【財帛】廉貞（禄）　　【官禄】破軍（権）　【命宮】武曲（科）　【父母】太陽（忌）
【兄弟】禄存　　　　　【命宮】擎羊　　　　【夫妻】陀羅・天魁　【官禄】天鉞
［三奇加会格］それなりに幸運に恵まれる吉格。
　・命宮宮威強ければ事業運は良く成功を収めるが、財は出たり入ったりである。
　・生育した家庭環境が不安定か、あるいは両親との仲が悪く、早くから対立する暗示がある。

乙年生
【田宅】天機（禄）　【兄弟】天梁（権）　【官禄】紫微（科）　【疾厄】太陰（忌）　【命宮】禄存
【父母】擎羊　　　　【兄弟】陀羅　　　　【子女】天魁　　　　【奴僕】天鉞
　・命宮宮威強ければ少しく財を得、不動産も所有することになる。
　・命宮宮威弱くともそれなりに安定した運勢だが、健康には十分に注意すること。

丙年生
【兄弟】天同（禄）　【田宅】天機（権）　【財帛】廉貞（忌）　【福徳】禄存
【田宅】擎羊　　　　【父母】陀羅　　　　【財帛】天魁　　　　【遷移】天鉞
　・財運はあまり大きなものではない。
　・兄弟や友人が大いに力になってくれる。

丁年生
【疾厄】太陰（禄）　【兄弟】天同（権）　【田宅】天機（科）　【子女】巨門（忌）　【田宅】禄存
【官禄】擎羊　　　　【福徳】陀羅　　　　【財帛】天魁　　　　【遷移】天鉞
　・命宮宮威強ければ、苦労した後に成功する。弱ければ成功のためには相当の努力を要する。
　・子供に手を焼き、苦労させられることがある。

戊年生
【財帛】貪狼（禄）　【疾厄】太陰（権）　【田宅】天機（忌）　【福徳】禄存
【田宅】擎羊　　　　【父母】陀羅　　　　【夫妻】天魁　　　　【官禄】天鉞
　・命宮宮威強ければ財は入ったり出たりである。宮威弱ければ浪費や無駄遣いが多く、投機的なもの
　　に手を出すことがある。
　・面倒でやっかいな病気に悩まされる恐れがあるので、健康には注意すること。

己年生
【命宮】武曲（禄）　【財帛】貪狼（権）　【兄弟】天梁（科）　【田宅】禄存
【官禄】擎羊　　　　【福徳】陀羅　　　　【子女】天魁　　　　【奴僕】天鉞
　・命宮宮威強ければ財産を築くことができるが、それを維持するのには相当の苦労と努力が必要で
　　ある。命宮宮威弱ければ金銭トラブルの暗示があるので注意すること。

庚年生
【父母】太陽（禄）　【命宮】武曲（権）　【疾厄】太陰（科）　【兄弟】天同（忌）
【奴僕】禄存　　　　【遷移】擎羊　　　　【官禄】陀羅・天鉞　【夫妻】天魁
　・両親は立派な人で生家は比較的裕福である。　・事業／仕事運は好調であるが、地位や名誉を得る
　　ことはできても大きな財産を築くのは難しい。命宮宮威弱ければそこそこの運勢である。

辛年生
【子女】巨門（禄）　【父母】太陽（権）　【遷移】禄存　　　　【疾厄】擎羊
【奴僕】陀羅　　　　【田宅】天魁　　　　【兄弟】天鉞
　・一定の成功を収める可能性はあるが、その他の星をよく見て判断すること。
　・両親はきつい性格で、子弟に対する躾や教育は厳しいものがある。

壬年生
【兄弟】天梁（禄）　【官禄】紫微（権）　【命宮】武曲（忌）　【財帛】禄存
【子女】擎羊　　　　【疾厄】陀羅　　　　【命宮】天魁　　　　【福徳】天鉞
　・基本的に良好な運勢の配置なのであるが、財帛宮の主星の状態がかんばしくない上、命宮（忌）と
　　なるので、なかなか成功が一定しない。もし命宮宮威弱ければ、それなりの運勢である。
　・兄弟や友人は、いろいろと力になってくれる。

癸年生
【官禄】破軍（禄）　【子女】巨門（権）　【疾厄】太陰（科）　【財帛】貪狼（忌）　【子女】禄存
【夫妻】擎羊　　　　【財帛】陀羅　　　　【命宮】天魁　　　　【福徳】天鉞
　・基本的に事業運は良好で、良い職業に就き高給を得ることができるが、財運は一定せず、人によっ
　　ては賭博や遊興に夢中になり散財したり無駄遣いに走ることもある。

89 紫微未・命宮辰

[命無正曜格] [府相朝垣格] ・宮威強－両親との縁は深いのであるが、互いに理解しがたいところがあり、なかなか心を通じ合えないことがある。 ・宮威弱－両親とは意見が合わず対立し、反発するようになる。 【父母】　　　　巳	天機（廟） [機月同梁格] ・宮威強－好奇心旺盛で、いろんなことに興味を持ち手を出すが、その興味は一定せず変わりやすいところがある。 ・宮威弱－人間関係に苦労することがある。胸襟を開くことが大事である。 ・化忌があれば自分で自分を苛むようなことがある。 【福徳】　　　　午	紫微（廟） 破軍（旺） ・宮威強－不動産を獲得しまた売買することで利益を手にするが、ひとつの不動産を長く所有することはない。 ・宮威弱－大きな不動産を所有するのは難しい。 ・火羊同宮－火災に注意。 ・羊陀が同宮すれば盗難に注意。 【田宅】　　　　未	[命無正曜格] ・特殊技術を生かす職業、法律関係（弁護士等）、マスコミ、出版、著述、教育文化関係、交通運輸関係などに向く。 ・宮威弱くても出世できるが、空劫が同宮加会すれば商業界（ビジネスや商売）には向かない。 【官禄】　　　　申
太陽（旺） [丹墀桂墀格] 【命宮】　　　　辰	\\multicolumn{2}{c\\|}{**丹墀桂墀格** 幼少の頃から向学心に富み、長じて出世。 変化の多い環境に臨機応変に対応。 ・堂々とした態度で長者の風格を持つ。 ・男女ともに、情熱にあふれ聡明で機敏である。 ・陽気な楽天家で、小さなことには拘泥せず、あまり損得を気にせず、正直無私である。 ・青雲の志、つまり少年時代の志を達成する。 ・積極的で前向きな性格で、世話好きである。また逆境の中にあっても努力し、目標を達成する。 ・女性も男性のような気概を持ち、おおむね早婚で、夫を助け、子を立派に育てる。 ・教育関係、マスコミ、外交、政治などの分野に向く。 ・太陽は地位や品格を司り、財産を司るものではないので、必ずしも大きな財を築くとは言えない。 ・命宮宮威強－青雲の志を達成し成功する。 ・命宮宮威弱－思い込みが激しく主観的となり、気ままな言動が多くなる。言は立つが実行力に欠けるところがあり、人間関係もギクシャクしてくる。}		天府（旺） ・宮威強－よい部下後輩友人に恵まれ、大いに助けになってくれる。 ・宮威弱－友人や部下後輩の中に、表面上は愛想がいいが、腹の中ではそう思っていない人がいる。そのような人を見極めるのが肝要である。 【奴僕】　　　　酉
武曲（利） 七殺（旺） ・兄弟の個性は強烈であり相手をするのが難しい。宮威弱ければ兄弟との関係は良好ではなく、不仲となる。 【兄弟】　　　　卯			太陰（旺） [機月同梁格] [丹墀桂墀格] ・宮威強－遠地に赴いたり活発に外出することで人の縁を得、チャンスをつかんで発展する。 ・宮威弱－あまり出歩かないようになる。外出先での事故や怪我に注意。 ・羊陀が加会すれば特に交通事故などに注意。 【遷移】　　　　戌
天同（利） 天梁（廟） [機月同梁格] ・宮威強－配偶者は聡明で細かいことにもよく気づき、力になってくれる。 ・宮威弱－配偶者はルーズで怠惰な面がある。 ・昌曲左右姚が同宮すれば複数の異性との恋愛や、三角関係など、男女問題の恐れあり注意。 【夫妻】　　　　寅	天相（廟） ・宮威強－子供は親の言うことをよく聞く孝行者である。 ・宮威弱－子供はあまり優秀な子ではなく、力になってはくれない。 ・空劫同宮－育てるのが難しい子供である。 ・火鈴羊同宮－子供は親の言うことを聞かず逆らうようになる。 【子女】　　　　丑	巨門（旺） [石中穏玉格] ・宮威強－コミュニケーションや会話、研究などで財を得る。 ・宮威弱－蓄財のためには相応の困難と努力を伴うことになる。 【財帛】　　　　子	廉貞（陥） 貪狼（陥） ・幼児期に傷を負ったり、アトピー、皮膚疾患の恐れあり。 ・眼病に注意。 ・腎臓、生殖器系の疾患に注意。 ・EDの暗示あり。 ・鼻炎に注意。 【疾厄】　　　　亥

甲年生
【疾厄】廉貞（禄）　【田宅】破軍（権）　【兄弟】武曲（科）　【命宮】太陽（忌）
【夫妻】禄存　　　　【兄弟】擎羊　　　　【子女】陀羅・天魁　【田宅】天鉞
・浮沈の多い人生であり、仕事上も波があり、両親との関係もあまり良好とは言えない。
・配偶者は賢く立派な人で、多く助けられ、結婚生活は安定したものとなる。

乙年生
【福徳】天機（禄）　【夫妻】天梁（権）　【田宅】紫微（科）　【遷移】太陰（忌）　【兄弟】禄存
【命宮】擎羊　　　　【夫妻】陀羅　　　　【財帛】天魁　　　　【官禄】天鉞
・大きな成功を得ることは難しく、また外出先で事故や怪我の暗示があるが、命宮宮威強ければ、それなりに安定した生活を送ることはできる。
・家庭内では配偶者が実権を握ることになる（亭主関白カカア天下）。

丙年生
【夫妻】天同（禄）　【福徳】天機（権）　【疾厄】廉貞（忌）　【父母】禄存
【福徳】擎羊　　　　【命宮】陀羅　　　　【疾厄】天魁　　　　【奴僕】天鉞
・配偶者は裕福であるか、優しく立派な人で、安定した結婚生活を送る。
・出血を伴う怪我や事故、手術の暗示があるので注意すること。
・よい家の生まれか、あるいは立派な両親を持つ。

丁年生
【遷移】太陰（禄）　【夫妻】天同（権）　【福徳】天機（科）　【財帛】巨門（忌）　【福徳】禄存
【田宅】擎羊　　　　【父母】陀羅　　　　【疾厄】天魁　　　　【奴僕】天鉞
・遠地に赴くか遠地との交流、活発に外出することによりチャンスをつかみ成功する。ただ大きな財産を築くのは難しい。異性からの支援を多く受けるが、男女関係には注意すること。命宮宮威強ければ、まあまあ安定した運勢である。　・家庭内では配偶者が実権を握ることになる。

戊年生
【疾厄】貪狼（禄）　【遷移】太陰（権）　【福徳】天機（忌）　【父母】禄存
【福徳】擎羊　　　　【命宮】陀羅　　　　【子女】天魁　　　　【田宅】天鉞
・地位や名誉を手にするが、大きな財を築くのは難しい。
・よい家の生まれか、あるいは立派な両親を持つ。

己年生
【兄弟】武曲（禄）　【疾厄】貪狼（権）　【夫妻】天梁（科）　【福徳】禄存
【田宅】擎羊　　　　【父母】陀羅　　　　【財帛】天魁　　　　【官禄】天鉞
・配偶者は聡明な人で、その助けを受け、少しく成功する。
・頑固でやっかいな病気になる恐れがあるので、健康には注意すること。

庚年生
【命宮】太陽（禄）　【兄弟】武曲（権）　【遷移】太陰（科）　【夫妻】天同（忌）
【官禄】禄存　　　　【奴僕】擎羊　　　　【田宅】陀羅・天鉞　【子女】天魁
［科名会禄格］学問や研究、試験などの分野で能力を発揮する。命宮宮威強ければ地位と富を手に入れることができるが、弱ければ成功するまでに苦労することとなる。女性からの援助を得る。
・結婚生活は不安定なものとなりやすいので、夫婦円満を心がけること。

辛年生
【財帛】巨門（禄）　【命宮】太陽（権）　【奴僕】禄存　　　　【遷移】擎羊
【官禄】陀羅　　　　【福徳】天魁　　　　【夫妻】天鉞
・基本的に事業運も財運も良好で、成功を得られる運勢である。他の星も詳細に吟味して判断せよ。

壬年生
【夫妻】天梁（禄）　【田宅】紫微（権）　【兄弟】武曲（忌）　【疾厄】禄存
【財帛】擎羊　　　　【遷移】陀羅　　　　【兄弟】天魁　　　　【父母】天鉞
［貴星夾命格］人の援助に恵まれる。
・多忙ではあるが、それなりの成功を収める運勢である。
・配偶者の実家は裕福か、あるいは配偶者は立派な人で、その助けを受ける。

癸年生
【田宅】破軍（禄）　【財帛】巨門（権）　【遷移】太陰（科）　【疾厄】貪狼（忌）　【財帛】禄存
【子女】擎羊　　　　【疾厄】陀羅　　　　【兄弟】天魁　　　　【父母】天鉞
［貴星夾命格］人の援助に恵まれる。［科権禄主格］吉運の命。
・成功し地位と名誉や財を得ることができるが、健康には十分に注意すること。

90　紫微未・命宮巳

【命宮】　　　　巳	【父母】　　　　午	【福徳】　　　　未	【田宅】　　　　申
[命無正曜格] [府相朝垣格]	天機（廟） [機月同梁格] ・宮威強－両親は立派で地位のある人で、大きな支援を受けることができる。 ・宮威弱－両親とは意見が合わず対立するようになる。	紫微（廟） 破軍（旺） ・宮威強－大きな志を抱き、努力を重ね、難事を乗り越え目的を達成する。 ・宮威弱－大きな希望を抱くが、あまり大きな成功は望めない。 ・天姚紅鸞昌曲などが同宮加会すれば、異性と親しむことを喜び、色情に流される傾向がある。	[命無正曜格] ・宮威強－多少ではあるが不動産を取得することができる。 ・宮威弱－不動産にはあまり縁がない。 ・火羊が同宮すれば火災に注意。 ・羊陀が同宮すれば盗難に注意。

【兄弟】　　　　辰	【官禄】　　　　酉
太陽（旺） [丹墀桂墀格] ・宮威強－兄弟は力があり、互いに助け合い、関係は良好である。 ・宮威弱－兄弟との縁は薄いものであり、それぞれが自立し、互いにあまり干渉しない。	天府（旺） ・宮威強－良い職に就き高給を得ることができる。 ・宮威弱－あまり高い地位への出世は期待できない。 ・公務員、公共事業体職員、教育関係、会計業務、家電関係、製造業、金属製品販売などに適性がある。

命無正曜格
対宮主星を命宮主星とみなして判断。

府相朝垣格
目上の引き立て、実力者の支援を受ける。

・酒色を愛するロマンチストで楽天家である。
・好奇心旺盛で、何事も広く浅く通暁する。
・文芸、音楽、芸術、芸能を好み、多芸多才で才能豊かであるが、欲は強い。
・個性的な性格で刺激を好み、新しい物事が好きで、勝負事を好み、勝負運もある。
・異性関係のトラブルの暗示あり注意。
・命宮宮威強－大物であり、大きな理想を抱き困難を乗り越え、立ちはだかる敵を打ち倒し、目標を達成する。また男女ともに美しい容貌をしており、綺麗な目をしている。
・命宮宮威弱－容貌はあまり美しいとは言えず、貪欲で情に流され、異性関係でスキャンダルを引き起こすことがある。また口先がうまく目立ちたがりで、人のものを奪って自分のものにしたがる。
・女命で昌曲が加会すれば、魅力的で美しい肢体に恵まれ、歌やダンスの才能がある。男性の目を惹き、また自身も多情のため、スキャンダルの渦中に身を投ずるようなことになる。

【夫妻】　　　　卯	【奴僕】　　　　戌
武曲（利） 七殺（旺） ・惚れやすく、一目で恋に落ちるような傾向があるので、冷静にお互いのことを理解しあう態度が必要である。 ・宮威弱－夫婦間で互いの意見を主張しあい、意見が合わない。最悪の場合は離婚して再婚することになるので注意が必要。	太陰（旺） [機月同梁格] [丹墀桂墀格] ・宮威強－部下後輩友人は大いに助けになる。特に女性の部下後輩友人から多くの支援を得る。 ・宮威弱－部下後輩友人はあまり助けにはならない。特に女性からはトラブルを持ち込まれる。

【子女】　　　　寅	【財帛】　　　　丑	【疾厄】　　　　子	【遷移】　　　　亥
天同（利） 天梁（廟） [機月同梁格] ・宮威強－親子の情は深く関係も良好である。また可愛くて優秀な子供に恵まれる。 ・宮威弱－育てにくい子供となるか、あるいは親の言うことをあまり聞かない子供である。	天相（廟） ・宮威強－財運は良好で安定している。 ・宮威弱－財は出たり入ったりで、なかなか蓄財できない。	巨門（旺） [石中穏玉格] ・宮威強－おおむね健康でいられる。 ・宮威弱－高血圧、血栓症、腹部膨張感、胃炎、消化不良、下痢、肺の疾患などに注意。	廉貞（陥） 貪狼（陥） ・家にこもることを好まず、あちこち出歩くようになる。 ・宮威強－仕事の関係で遠地に赴いたり外出するようになる。 ・宮威弱－盛り場や歓楽街に出入りし、トラブルに会うことがある。 ・羊陀同宮加会－事故注意。

甲年生
【遷移】廉貞（禄）　【福徳】破軍（権）　【夫妻】武曲（科）　【兄弟】太陽（忌）
【子女】禄存　　　　【夫妻】擎羊　　　　【財帛】陀羅・天魁　【福徳】天鉞
- 酒色を好み、多趣味で嗜好も多岐にわたる。命宮宮威強ければ一風変わった（特殊な）方面に才能を示す。命宮宮威弱ければ品性に欠けるようなところがある。

乙年生
【父母】天機（禄）　【子女】天梁（権）　【福徳】紫微（科）　【奴僕】太陰（忌）　【夫妻】禄存
【兄弟】擎羊　　　　【子女】陀羅　　　　【疾厄】天魁　　　　【田宅】天鉞
- 配偶者や親族から多くの支援を受け、命宮宮威強ければ生活に困るようなことはない。弱ければ自分で努力して成長しようという気概に乏しいところがある。
- 比較的恵まれた家庭環境に育ち、両親から多くの支援と援助を受ける。

丙年生
【子女】天同（禄）　【父母】天機（権）　【遷移】廉貞（忌）　【命宮】禄存
【父母】擎羊　　　　【兄弟】陀羅　　　　【遷移】天魁　　　　【官禄】天鉞
- 楽しいことや遊ぶことが好きで、ややもすると浪蕩に流れるきらいがあるので注意が必要である。
- 可愛くて優秀な子供に恵まれ、親子の関係も良好である。
- 両親は厳しく子弟を教育し躾ける傾向がある。

丁年生
【奴僕】太陰（禄）　【子女】天同（権）　【父母】天機（科）　【疾厄】巨門（忌）　【父母】禄存
【福徳】擎羊　　　　【命宮】陀羅　　　　【遷移】天魁　　　　【官禄】天鉞
- 命宮宮威強ければそこそこ安定する運勢であるが、弱ければ病気や健康に悩まされることになる。
- 両親がインテリで、知的水準の高い環境で生育する。
- 子供は自己主張が強く、自分の意見をしっかりと持った子供である。

戊年生
【遷移】貪狼（禄）　【奴僕】太陰（権）　【父母】天機（忌）　【命宮】禄存
【父母】擎羊　　　　【兄弟】陀羅　　　　【財帛】天魁　　　　【福徳】天鉞
- 本来は遠地に赴いて発展する運ではあるが、一発勝負に賭けるようなことになる。
- 生育する家庭環境があまり恵まれていないか、あるいは両親と対立する。

己年生
【夫妻】武曲（禄）　【遷移】貪狼（権）　【子女】天梁（科）　【父母】禄存
【福徳】擎羊　　　　【命宮】陀羅　　　　【疾厄】天魁　　　　【田宅】天鉞
- 物事を力づくで進めようとするところがあり、目的達成のためには手段を選ばないことがあるので、法や倫理に触れることがないように注意しなければならない。

庚年生
【兄弟】太陽（禄）　【夫妻】武曲（権）　【奴僕】太陰（科）　【子女】天同（忌）
【田宅】禄存　　　　【官禄】擎羊　　　　【福徳】陀羅・天鉞　【財帛】天魁
- 命宮宮威強ければ中くらいに安定する運勢であるが、弱ければやや不安定となる。
- 家庭内は配偶者が実権を握ることになる（亭主関白カカア天下）。

辛年生
【疾厄】巨門（禄）　【兄弟】太陽（権）　【官禄】禄存　　　　【奴僕】擎羊
【田宅】陀羅　　　　【父母】天魁　　　　【子女】天鉞
- 命宮宮威強ければ中くらいに安定する運勢であるが、弱ければやや不安定となる。
- 兄弟や友人の中に、高圧的で高飛車な態度を取る者がいるが、力になってくれる。

壬年生
【子女】天梁（禄）　【福徳】紫微（権）　【夫妻】武曲（忌）　【遷移】禄存
【疾厄】擎羊　　　　【奴僕】陀羅　　　　【夫妻】天魁　　　　【命宮】天鉞
- 命宮宮威強ければ中くらいに安定する運勢であるが、弱ければやや不安定となる。
- 夫婦間で波風の立つ暗示があるので、安定させる努力が必要である。

癸年生
【福徳】破軍（禄）　【疾厄】巨門（権）　【奴僕】太陰（科）　【遷移】貪狼（忌）　【疾厄】禄存
【財帛】擎羊　　　　【遷移】陀羅　　　　【夫妻】天魁　　　　【命宮】天鉞
- 酒色や色気に溺れ、つまらない争いに手を染めることのないよう注意が必要である。
- 頑固でやっかいな病気に悩まされることがあるので、健康には注意すること。

91　紫微未・命宮午

[命無正曜格] [府相朝垣格] ・宮威強－兄弟はそれぞれ独立独歩であるが、中に品行のよくない者がいることがある。 ・宮威弱－兄弟がそれぞれの道を行き、交わることは少ない。 【兄弟】　　　　巳	天機（廟） [機月同梁格] 【命宮】　　　　午	紫微（廟） 破軍（旺） ・宮威強－両親は立派な人で、大いに助け支援してくれる。 ・宮威弱－家の伝統や父親の方針が厳格で、それに反発するようになる。 【父母】　　　　未	[命無正曜格] ・宮威強－清い心の持ち主で、欲も少なく何事にも泰然自若とした態度でいられる。 ・宮威弱－思い悩むことが多く、自然と宗教や哲学に関心を持ち親しむようになる。 【福徳】　　　　申
太陽（旺） [丹墀桂墀格] ・宮威強－配偶者は優秀でずば抜けた才能の持ち主である。 ・宮威弱－配偶者は強烈な個性の持ち主で人の意見を聞かず独善的である。 ・昌曲左右姚が同宮すれば複数の異性との恋愛など男女問題の恐れがあるので注意を要する。 【夫妻】　　　　辰	\multicolumn{2}{c|}{**機月同梁格** 抜群の企画力と事務処理能力で 主人の片腕となる大番頭。No.2狙いで大成功。 ・眉目秀麗で温厚で善良な性格。聡明で礼儀正しく、好奇心や知識欲が旺盛で人並み外れた才能を示す。また企画力も群を抜いたものがあり創意工夫を重ね、事務処理能力も高い。 ・事業運もよく、自ら起業する者もいる。 ・計画を立てるのは好むが、ともすれば実行力に欠けることがある（計画倒れ）。 ・命宮宮威が弱ければ権謀術数をもてあそび、人を惑わせるようなところがある。 ・研究教育職、学術・教育関係、事務職、企業の企画スタッフ、著述業などに適性がある。 ・女性の場合、仕事を持ってもよく、また専業主婦であってもしっかりと家を守る良妻賢母となる。 ・昌曲同宮－文章能力に優れ、芸術や学術の方面に才能がある。 ・火鈴同宮－気苦労が多くなり、精神的煩悶を引き起こす。頑固、意固地となる傾向がある。 ・空劫同宮－神秘的な事柄に引かれる傾向がある。また、現実逃避の暗示。}		天府（旺） ・宮威強－生活は落ち着き、引っ越すことも少なくてすむ。 ・宮威弱－それなりの生活能力はあるが、住居は社宅や公団住宅や賃貸住宅になる。 ・火羊が同宮すれば火災に注意。 ・羊陀が同宮すれば盗難に注意。 【田宅】　　　　酉
武曲（利） 七殺（旺） ・宮威強－子供は才能に優れ独立心が強く、おとなしく両親の言うことを聞かない。 ・宮威弱－全く両親の言うことを聞かず反抗するようになる。 【子女】　　　　卯			太陰（旺） [機月同梁格] [丹墀桂墀格] ・宮威強－事業運は良好で大いに出世する。 ・宮威弱－高い地位や役職を望むのは難しく最悪は失職の憂き目にも会う。 ・曲昌が同宮すれば宗教的方面に適性がある。 ・曲昌が同宮すれば宗教、文学、芸術方面に適性。 【官禄】　　　　戌
天同（利） 天梁（廟） [機月同梁格] ・宮威強－事業欲は旺盛でその才覚で財をつかむ。 ・宮威弱－投機やギャンブルで失敗する暗示があるので注意すること。欲を出すと、かえって財を失う。 【財帛】　　　　寅	天相（廟） ・宮威強－おおむね健康である。 ・宮威弱－頭痛、神経痛、消化器系の疾患に注意。 ・化禄か化権が加会すれば皮膚病に注意。 【疾厄】　　　　丑	巨門（旺） [石中穏玉格] ・宮威強－遠地に赴いて苦労することになるが、遠地であっても一ヶ所に留まるならば幸運をつかむことができる。 ・宮威弱－対外運はあまり良好ではなく、問題を抱える恐れがある。 ・羊陀加会－外出先での事故や怪我に注意。 【遷移】　　　　子	廉貞（陥） 貪狼（陥） ・宮威強－部下後輩友人は才能に富み、意欲にあふれる。彼らは友好的で友は友を呼ぶ。しかし部下後輩友人からトラブルを被ることがあるので注意。 ・宮威弱－部下後輩友人にはロクなものがいない。部下は反発するようになる。 【奴僕】　　　　亥

甲年生
【奴僕】廉貞（禄）　　【父母】破軍（権）　　【子女】武曲（科）　　【夫妻】太陽（忌）
【財帛】禄存　　　　　【子女】擎羊　　　　　【疾厄】陀羅・天魁　　【父母】天鉞
・命宮宮威強ければ少しく財を得、弱くとも穏やかな運勢ではある。
・結婚生活は波風が立つ恐れがあるので夫婦円満を心がけること。両親は躾や教育などに厳しい。

乙年生
【命宮】天機（禄）　　【財帛】天梁（権）　　【父母】紫微（科）　　【官禄】太陰（忌）　　【子女】禄存
【夫妻】擎羊　　　　　【財帛】陀羅　　　　　【遷移】天魁　　　　　【福徳】天鉞
・発想や思考は柔軟で実行力にも恵まれ、また宗教や哲学を愛好する。成功する運勢であるが、得財の過程で苦労を伴い、表面上はよく見えても財は入ったり出たりということがある、大器晩成の運勢であろう。

丙年生
【財帛】天同（禄）　　【命宮】天機（権）　　【奴僕】廉貞（忌）　　【兄弟】禄存
【命宮】擎羊　　　　　【夫妻】陀羅　　　　　【奴僕】天魁　　　　　【田宅】天鉞
・基本的に安定した良好な運勢である。
・部下や友人が力にならず、最悪、足を引っ張られることがある。
・やや自己主張が強く、自分の思いを通そうとする傾向がある。

丁年生
【官禄】太陰（禄）　　【財帛】天同（権）　　【命宮】天機（科）　　【遷移】巨門（忌）　　【命宮】禄存
【父母】擎羊　　　　　【兄弟】陀羅　　　　　【奴僕】天魁　　　　　【田宅】天鉞
[三奇加会格] 加えて命宮禄存。名誉を得、富と地位・官位を手中に収める。命宮宮威弱ければ、相当の努力と苦労をした後に成功を収めるようになる。基本、大器晩成運ではある。
・慌てて事に及ぶと失敗する。外地や外出先で意外なことに出会うが、口舌の災いに注意。

戊年生
【奴僕】貪狼（禄）　　【官禄】太陰（権）　　【命宮】天機（忌）　　【兄弟】禄存
【命宮】擎羊　　　　　【夫妻】陀羅　　　　　【疾厄】天魁　　　　　【父母】天鉞
・事業を行う上で異性からの助力を得るが、異性関係には注意すること。命宮宮威強ければ困難に耐えるが、弱ければ大きな発展は望めない。友人部下後輩のせいで失敗する恐れあり注意。

己年生
【子女】武曲（禄）　　【奴僕】貪狼（権）　　【財帛】天梁（科）　　【命宮】禄存
【父母】擎羊　　　　　【兄弟】陀羅　　　　　【遷移】天魁　　　　　【福徳】天鉞
・落ち着いた運勢で、文芸に才がある。他人のためになる仕事で浄財を得る。
・部下後輩友人はワンマンで支配欲や出世欲が強い者が多く、反発するようになる。

庚年生
【夫妻】太陽（禄）　　【子女】武曲（権）　　【官禄】太陰（科）　　【財帛】天同（忌）
【福徳】禄存　　　　　【田宅】擎羊　　　　　【父母】陀羅・天鉞　　【疾厄】天魁
・学術方面の追求や公務員などに適すが、大きな財を得ることは難しい。
・配偶者は優秀で能力があるが、配偶者に頭が上がらなくなる。

辛年生
【遷移】巨門（禄）　　【夫妻】太陽（権）　　【田宅】禄存　　　　　【官禄】擎羊
【福徳】陀羅　　　　　【命宮】天魁　　　　　【財帛】天鉞
・弁舌に優れ外交手腕に長け、外地遠方で発展する。
・家庭内は配偶者が実権を握る（亭主関白カカア天下）傾向がある。

壬年生
【財帛】天梁（禄）　　【父母】紫微（権）　　【子女】武曲（忌）　　【奴僕】禄存
【遷移】擎羊　　　　　【官禄】陀羅　　　　　【子女】天魁　　　　　【兄弟】天鉞
・思いもよらない方面から財を得ることがあるが、そのことが逆に負担になる。
・子供との縁は薄い。
・両親は立派な人であるが、子弟を厳しく躾け教育する。

癸年生
【父母】破軍（禄）　　【遷移】巨門（権）　　【官禄】太陰（科）　　【奴僕】貪狼（忌）　　【遷移】禄存
【疾厄】擎羊　　　　　【奴僕】陀羅　　　　　【子女】天魁　　　　　【兄弟】天鉞
[化権禄主格] 命宮宮威強ければ地位と財産を得ることができ、弱ければ中程度の運勢である。
・弁舌に優れ、自信に満ちた話しぶりで人を敬服させる。

92　紫微未・命宮未

【夫妻】　　　　　　巳	【兄弟】　　　　　　午	【命宮】　　　　　　未	【父母】　　　　　　申
[命無正曜格] [府相朝垣格] ・男女とも早くから恋愛をする傾向があり、女性は少女時代から男性の注目を集める。晩婚に適す。 ・宮威強－配偶者は喜びをもたらしてくれる。 ・宮威弱－惚れやすく飽きやすい。同時に複数の相手と恋に陥る恐れ。配偶者は頑迷な人の暗示。	天機（廟） [機月同梁格] ・兄弟の中に聡明で優れた才能を備えた人、あるいは高学歴の人がいる。 ・友人知人も聡明な人多し。 ・宮威強－仲がよい。 ・宮威弱－兄弟の中に神経質で身体の弱い者がいるか、疎遠となる者がいる。	紫微（廟） 破軍（旺）	[命無正曜格] ・宮威強－両親に愛されて育つ。ただ、いささか厳格に育てられる。 ・宮威弱－家長の権限の強い家庭で、両親に愛されるが、子供は息苦しく感じる時がある。

【子女】　　　　　　辰			【福徳】　　　　　　酉
太陽（旺） [丹墀桂墀格] ・宮威強－子供は明朗快活な性格で、社会に出て活躍するようになる。また親孝行である。 ・宮威弱－子供運は良好であるが、羊が同宮加会すれば親に逆らうようになり、空劫が同宮加会すれば育てにくい子供となる傾向がある。	・容貌容姿はすこぶる魅力にあふれ注目を浴び、異性から助力や支援を得ることができる。 ・眉の幅は広く太い。 ・思慮深いが、考え過ぎて悩むことがある。 ・独立心が強く決断力に富む。表面は平静を保っているが内心穏やかでないことがある。 ・多彩な生活を好み、高い理想を持つ。 ・好き嫌いが明確で、ヘソを曲げると動かない。 ・遠地（外出先）で有力者の援助を受け、人との縁は良好で評判もよい。 ・単調で固定的な仕事には向かず、変化に富んだ仕事を好む。財運・事業運は変動多く、中晩年に至って成果を上げる。拘束されることを嫌う。大都市にて発展する。 ・恋愛は多くの波があるので晩婚に適す。 ・命宮宮威強ければ大きな野心を抱き、実行力を備え、チャレンジングな人生を送る。 ・命宮宮威弱ければ、偏った個性の人となり、動作も不安定で怪我をしやすくなる。 ・昌曲同宮－文学・音楽・演劇などの芸術的才能。 ・火鈴同宮－情緒不安定や軽率な言動により誤解されることがある。 ・空劫同宮－時として精神的空虚感に苛まれ、哲学や宗教に傾倒して心の安定を得る。		天府（旺） ・表面は穏やかであるが、内心は現状に満足せず常に改善を考えている。 ・宮威弱－なにかと気苦労が多く、安定した生活や精神の安定を得にくい傾向がある。 ・天姚、紅鸞、昌曲が同宮加会すれば異性との交友を好み、恋多き人となる。

【財帛】　　　　　　卯			【田宅】　　　　　　戌
武曲（利） 七殺（旺） ・財界、商工界に向く。 ・豪放にして金に糸目をつけない気風あり。 ・宮威強－一定の財を得る。 ・宮威弱－収入よりも支出の方が多く、蓄財は困難である。			太陰（旺） [機月同梁格] [丹墀桂墀格] ・宮威強－大きな不動産を得る。 ・宮威弱－大きな不動産を得るのは難しい。 ・河川湖沼の付近や、郊外、静かな土地に縁があり適している。 ・火羊同宮－火災に注意。 ・羊陀同宮－盗難注意。

【疾厄】　　　　　　寅	【遷移】　　　　　　丑	【奴僕】　　　　　　子	【官禄】　　　　　　亥
天同（利） 天梁（廟） [機月同梁格] ・宮威強－おおむね健康。 ・宮威弱－神経衰弱に悩まされ薬を手放せない。 ・羊陀火鈴加会－心臓病。 ・空劫加会－癇癪持ち、神経性胃炎、脚気。 ・陀羅が同宮すると、原因の特定できない奇病に悩まされることになる。	天相（廟） ・宮威強－外地や外出先で有力者の支援を得る。 ・宮威弱－長く郷里におり少しく遠出する。 ・羊陀が同宮加会すれば、交通事故など、外出先や移動先での事故や怪我に注意すること。	巨門（旺） [石中穏玉格] ・宮威強－友人は多く、友人や部下に助けられ、交友は長く続く。 ・宮威弱－友人に影響されやすくなり、また多数の部下を統率管理する能力に欠ける。 ・化忌が入ると友人や部下との関係は良好なものとは言えず確執を生む。	廉貞（陥） 貪狼（陥） ・宮威強－警察、政界、商工会、娯楽飲食演芸、スポーツ、その他特殊な技術や経験を生かす分野に適す。 ・宮威弱－肉体労働など体力を要する仕事や危険な業務に就く。 ・曲昌に化忌が伴って入ると失言や文書上のトラブルを起こす暗示あり。

甲年生

【官禄】廉貞（禄）　　【命宮】破軍（権）　　【財帛】武曲（科）　　【子女】太陽（忌）
【疾厄】禄存　　　　　【財帛】擎羊　　　　　【遷移】陀羅・天魁　　【命宮】天鉞

[三奇加会格] 名誉を得、富と地位・官位を手中に収める。第5大限に三奇が加会するので、その時に大きく発展、大器晩成型と言える。桃花運あり。一生を通じて驚くことに多く出会う。
[天乙拱命格] 学識高く文章に優れる。幸運に恵まれ、地位ある人の助力にあずかる。桃花注意。

乙年生

【兄弟】天機（禄）　　【疾厄】天梁（権）　　【命宮】紫微（科）　　【田宅】太陰（忌）　　【財帛】禄存
【子女】擎羊　　　　　【疾厄】陀羅　　　　　【奴僕】天魁　　　　　【父母】天鉞

・命宮宮威強ければ、苦労の末に成功をつかむ。学術研究の分野で名をなす。命宮宮威弱ければ成功もひとときのものとなり、浮沈の多い人生となる。結婚生活も波乱含みの暗示あり注意。

丙年生

【疾厄】天同（禄）　　【兄弟】天機（権）　　【官禄】廉貞（忌）　　【夫妻】禄存
【兄弟】擎羊　　　　　【子女】陀羅　　　　　【官禄】天魁　　　　　【福徳】天鉞

・仕事の上で懐才不遇な目に会い、望むような地位は得られにくい。命宮宮威弱ければ逆境に陥り、事業運は浮沈が多い。結婚生活も障害を伴う恐れあり。その他の星をよく見て判断すること。

丁年生

【田宅】太陰（禄）　　【疾厄】天同（権）　　【兄弟】天機（科）　　【奴僕】巨門（忌）　　【兄弟】禄存
【命宮】擎羊　　　　　【夫妻】陀羅　　　　　【官禄】天魁　　　　　【福徳】天鉞

・命宮宮威弱ければ成功を得ることは難しく、部下や友人と口舌の災いがある。

戊年生

【官禄】貪狼（禄）　　【田宅】太陰（権）　　【兄弟】天機（忌）　　【夫妻】禄存
【兄弟】擎羊　　　　　【子女】陀羅　　　　　【遷移】天魁　　　　　【命宮】天鉞

[天乙拱命格] 学識高く文章に優れる。幸運に恵まれ、地位ある人の助力にあずかる。
・事業を行う上で異性からの助力を得る。娯楽性の高い事業で財を得る可能性。事業運は波があり、浮き沈みが激しい。命官宮威強ければそれなりの財と地位を得るが、結婚生活は波乱含み。

己年生

【財帛】武曲（禄）　　【官禄】貪狼（権）　　【疾厄】天梁（科）　　【兄弟】禄存
【命宮】擎羊　　　　　【夫妻】陀羅　　　　　【奴僕】天魁　　　　　【父母】天鉞

・基本的に財と地位に恵まれ生活に困窮することはないが、事業を進める過程で人に恨まれることもある。異性との縁が多い。その他の星がどこに入るかをよく見て判断すること。

庚年生

【子女】太陽（禄）　　【財帛】武曲（権）　　【田宅】太陰（科）　　【疾厄】天同（忌）
【父母】禄存　　　　　【福徳】擎羊　　　　　【命宮】陀羅・天鉞　　【遷移】天魁

[天乙拱命格] 学識高く文章に優れる。幸運に恵まれ、地位ある人の助力にあずかる。
・蓄財の意欲と才覚に富み、財運は良い。人間関係を良好に保つこと、でないと孤独な人となる。

辛年生

【奴僕】巨門（禄）　　【子女】太陽（権）　　【福徳】禄存　　　　　【田宅】擎羊
【父母】陀羅　　　　　【兄弟】天魁　　　　　【疾厄】天鉞

・おおむね安定した運勢であるが、その他の星がどこに入るかをよく見て判断すること。
・部下後輩友人の中に有能な者がいて、力になってくれる。
・子供は自意識が強く、自分の意見をしっかりと持ち、主張するようになる。

壬年生

【疾厄】天梁（禄）　　【命宮】紫微（権）　　【財帛】武曲（忌）　　【官禄】禄存
【奴僕】擎羊　　　　　【田宅】陀羅　　　　　【財帛】天魁　　　　　【夫妻】天鉞

・自主性に富み能力に優れ、権威と権力を手中に置くが、孤独であることをを免れず、感情も不安定である。命宮宮威弱ければ金銭のことで頭を悩ませることになる。

癸年生

【命宮】破軍（禄）　　【奴僕】巨門（権）　　【田宅】太陰（科）　　【官禄】貪狼（忌）　　【奴僕】禄存
【遷移】擎羊　　　　　【官禄】陀羅　　　　　【財帛】天魁　　　　　【夫妻】天鉞

・成功と失敗が交互に訪れる変動運の人。恋愛の機会も多いが、この人の場合、桃花は身を滅ぼす。酒食風流の場は十分に注意し、真面目に慎み深く行動すること。

93 紫微未・命宮申

【子女】 巳	【夫妻】 午	【兄弟】 未	【命宮】 申
[命無正曜格] [府相朝垣格] ・宮威強－子供はあまり親の面倒を見ようとはせず、自分のことばかり考える。 ・宮威弱－優れた子供には恵まれず、親不孝であり、親子の間で対立することがある。 ・空劫同宮－育てにくい子供である。	天機（廟） [機月同梁格] ・宮威強－夫婦間の縁は薄いものとなり、若年の恋は実りにくいので、晩婚に適す。 ・宮威弱－別離の恐れあり夫婦の間のコミュニケーションを密にすること。 ・昌曲左右姚が同宮すれば複数の異性との恋愛など男女問題の恐れあり。	紫微（廟） 破軍（旺） ・宮威強－兄弟の中に実力があり成功する者がいるが、あまり力にはなってくれない。 ・宮威弱－兄弟は立派な人であるが、全く頼りにはならない。	[命無正曜格]

【財帛】 辰			【父母】 酉
太陽（旺） [丹墀桂墀格] ・宮威強－財運は良く、大きく稼いで大きく使う。 ・宮威弱－豪快に金銭を支出し、浪費する傾向がある。		天府（旺） ・生まれ育った環境は比較的良好で、両親は子供を愛情を持って育む。 ・宮威弱－生まれ育った環境は良好だが、両親とのトラブルや理解しあえないことがあるので注意すること。

命無正曜格
対宮主星を命宮主星とみなして判断。

・温和で善良な性格であるが、中には二面性を見せる人もいる。また神経質な一面もある。
・時に、外面はうまく合わせるが内心不満を抱えたり、口ではいいことを言うが実は満足していないようなことがある。
・欲は少なく、多くを自分の外に求めない。
・気前がよく、常に動き回っていて、外出や旅行などの移動を好む。
・自分には甘く他人には厳しいところがある。
・困難に遭遇しても、それを解決し、逆にチャンスとする才能と運を持っている。
・一生を通じて変動が多い。
・命宮宮威強－人と和し、人間関係も良好である。どちらかといえば豊満で肉付きがよい。聡明で沈着冷静であり才能を内に秘める。旅行を好み、高級志向な面もある。
・命宮宮威弱－どこか冷たい感じを漂わせ、あまり人とも交わらず一人でいることを好むようになる。また中には酒色に溺れるような人もいる。個性が強く、妥協や譲歩を嫌うところがある。

【疾厄】 卯			【福徳】 戌
武曲（利） 七殺（旺） ・宮威強－おおむね健康で元気である。 ・宮威弱－晩年、骨折や骨格異常となる恐れがある。手足に傷跡が残ることも。 ・循環器系の疾病に注意。 ・化忌同宮－肺癌の恐れがあるので注意すること。			太陰（旺） [機月同梁格] [丹墀桂墀格] ・宮威強－ロマンティックな思考やスタイルを好み、喜や幸福を追い求める。 ・宮威弱－理想が高すぎてなかなか満足できず、憂鬱にとらわれる。 ・天姚、紅鸞、昌曲が同宮加会－異性交友を好む。

【遷移】 寅	【奴僕】 丑	【官禄】 子	【田宅】 亥
天同（利） 天梁（廟） [機月同梁格] ・宮威強－遠地に赴いて発展する。外出や活動によってチャンスを得る。 ・宮威弱－遠地に赴くことで苦労をしょいこむことになる。 ・羊陀同宮加会－移動して苦労することを表す。また外出時の事故に注意。	天相（廟） ・宮威強－部下後輩友人はいい人たちで、とても力になってくれる。 ・宮威弱－部下後輩友人はいい人たちで、気持ちも通じ合うが、あまり力にはなってくれない。	巨門（旺） [石中隠玉格] ・食品関係、外交関係、マスコミ、専門技術、教育翻訳、ガイド、司会者などに適性がある。 ・仕事や職種をいろいろと変える可能性がある。 ・宮威弱－事業／職業運はあまり良好ではなく、仕事で苦労することになる。	廉貞（陥） 貪狼（陥） ・宮威強－父祖から不動産を受け継いでも、それを維持するのは難しい。 ・宮威弱－不動産を維持管理することができない。 ・火羊が同宮すれば火災に注意。 ・羊陀が同宮すれば盗難に注意。

甲年生
【田宅】廉貞（禄）　　【兄弟】破軍（権）　　【疾厄】武曲（科）　　【財帛】太陽（忌）
【遷移】禄存　　　　　【疾厄】擎羊　　　　　【奴僕】陀羅・天魁　　【兄弟】天鉞
・仕事や事業は成功することもあれば失敗することもある。命宮宮威弱ければ、あまり大きな成功は望めない。

乙年生
【夫妻】天機（禄）　【遷移】天梁（権）　【兄弟】紫微（科）　【福徳】太陰（忌）　【疾厄】禄存
【財帛】擎羊　　　　【遷移】陀羅　　　　【官禄】天魁　　　　【命宮】天鉞
・仕事／事業運はさほど強いものではない。
・配偶者は財力があるか、有能な人で協力を得られるが、感情にやや不安定なところがある。
・気苦労や心配事が多く、憂鬱な気持ちになることがある。

丙年生
【遷移】天同（禄）　　【夫妻】天機（権）　　【田宅】廉貞（忌）　　【子女】禄存
【夫妻】擎羊　　　　　【財帛】陀羅　　　　　【田宅】天魁　　　　　【父母】天鉞
・比較的安定した運勢である。
・家庭内は配偶者が実権を握ることになる（亭主関白カカア天下）。

丁年生
【福徳】太陰（禄）　【遷移】天同（権）　【夫妻】天機（科）　【官禄】巨門（忌）　【夫妻】禄存
【兄弟】擎羊　　　　【子女】陀羅　　　　【田宅】天魁　　　　【父母】天鉞
・事業／仕事運はさほど大きいものではなく、安定に欠ける傾向がある。
・配偶者（および配偶者の実家）が裕福であるか有能な人で、生活は安定する。家庭内は配偶者が実権を握り、そのことに内心不満を感じることもある。

戊年生
【田宅】貪狼（禄）　　【福徳】太陰（権）　　【夫妻】天機（忌）　　【子女】禄存
【夫妻】擎羊　　　　　【財帛】陀羅　　　　　【奴僕】天魁　　　　　【兄弟】天鉞
・大きな財を築くのは難しい。ただ両親や父祖から相続や援助を受けることができる。
・結婚生活は波風が立つ暗示があり、安定させる努力をすること。

己年生
【疾厄】武曲（禄）　　【田宅】貪狼（権）　　【遷移】天梁（科）　　【夫妻】禄存
【兄弟】擎羊　　　　　【子女】陀羅　　　　　【官禄】天魁　　　　　【命宮】天鉞
・命宮宮威強ければ、事業／仕事運もまあまあの運勢だが、弱ければ大きな成功や出世を望むのは難しい。　・配偶者からの協力と支援を得ることができる。
・住居を自分の好みに装飾し、また家庭内も自分の思うように采配したいと考える。

庚年生
【財帛】太陽（禄）　　【疾厄】武曲（権）　　【福徳】太陰（科）　　【命宮】禄存
【父母】擎羊　　　　　【兄弟】陀羅・天鉞　　【奴僕】天魁
［双禄朝垣格］財運に恵まれるが、投機事業は要注意。
・命宮宮威強ければ成功を収め地位と名誉と財を得るが、外出時の事故や怪我には注意すること。
・気苦労や心配事が多く、憂鬱な気持ちになることがある。

辛年生
【官禄】巨門（禄）　　【財帛】太陽（権）　　【父母】禄存　　　　　【福徳】擎羊
【命宮】陀羅　　　　　【夫妻】天魁　　　　　【遷移】天鉞
・基本的に良好な運勢であり、成功することができるが、その他の星がどこに入るかをよく見て判断すること。

壬年生
【遷移】天梁（禄）　　【兄弟】紫微（権）　　【疾厄】武曲（忌）　　【田宅】禄存
【官禄】擎羊　　　　　【福徳】陀羅　　　　　【疾厄】天魁　　　　　【子女】天鉞
・命宮宮威強ければ少しく安定した運勢だが、弱ければそこそこの運勢である。
・事故や怪我、病気などには注意すること（特に幼児期）。

癸年生
【兄弟】破軍（禄）　【官禄】巨門（権）　【福徳】太陰（科）　【田宅】貪狼（忌）　【官禄】禄存
【奴僕】擎羊　　　　【田宅】陀羅　　　　【疾厄】天魁　　　　【子女】天鉞
・大きな成功は望めないが、少しく安定し成功を得る運勢である。
・不動産は入手したり手放したりで、なかなか安定しない。

94　紫微未・命宮酉

[命無正曜格] [府相朝垣格] ・宮威強－商売やビジネスを好み、財を得ることがある。特殊な分野や方面で財を成すことがある。 ・宮威弱－投機や賭事を好み、大きく蓄財することは難しい。 【財帛】　　　巳	天機（廟） [機月同梁格] ・宮威強－子供は賢く聡明で活発である。 ・宮威弱－子供の数は少ない。もし化忌や羊陀空劫と同宮加会すれば親不孝な子供か、身体の弱い子供で病気がちな恐れがある。 【子女】　　　午	紫微（廟） 破軍（旺） ・宮威強－配偶者は優秀であるが自尊心が高く、家の中での主導権を握るようになる。 ・宮威弱－配偶者は尊大でプライドが高く、それを受け止めるのに苦労する。 ・桃花星があれば多くの恋愛を経験するが、それによるトラブルに注意。 【夫妻】　　　未	[命無正曜格] ・宮威強－兄弟の中には仲のよい人もいれば、そうでない人もいる。 ・宮威弱－兄弟のために悩まされたり面倒を被るようなことになる。 【兄弟】　　　申
太陽（旺） [丹墀桂墀格] ・宮威強－おおむね健康である。 ・眼科系疾患、めまい、偏頭痛、弱視などに注意。 ・ほかに肝臓、甲状腺関係などにも注意すること。 【疾厄】　　　辰	\multicolumn{2}{l}{・だいたいが豊満な感じで，特に中年以降太りやすい体質である。 ・人間関係に恵まれ協調性もあるので、困難に遭遇しても地位ある人や友人の助けにより乗り越えることができる。 ・活動的で家でじっとしているのを好まず、外出を好み、忙しくあちこち飛び回る。 ・仕事熱心で、簡単に仕事や職場を変えたりせずに真面目に忠実に仕事に励む。 ・知的好奇心が旺盛で多芸多才である。 ・命宮宮威強－穏やかな人格であるが大きな希望を抱き、またよくリーダーシップを発揮し実力者や友人の助力を得て成功する。 ・命宮宮威弱－細い目をしている。外面と内面に差があり、外面は穏健で柔順を装っていても、内心は反抗心を持つようなところがある。また投機的なことを好むようになる。大雑把でこだわりのない性格は、ややもすると怠惰に流れ、現状に甘んじ万事ルーズとなりがちである。 ・昌曲加会－文学などの芸術的才能に恵まれ、書画や骨董などの趣味を持つ人もいる。}		天府（旺） 【命宮】　　　酉
武曲（利） 七殺（旺） ・宮威強－活動力旺盛で活発に動き回り、外地で成功をつかむ。 ・宮威弱－なかなか居所が一ヶ所に定まらないようになる。 ・羊陀同宮加会－交通事故や、外出先での怪我や事故に注意。 【遷移】　　　卯			太陰（旺） [機月同梁格] [丹墀桂墀格] ・宮威強－恵まれた家庭環境に生まれ、両親の愛情を受けて幸福な幼年時代を過ごす。 ・宮威弱－恵まれた環境に生まれるが、両親との縁は薄いものとなる。もし空劫や化忌が同宮すればその傾向は強くなる。 【父母】　　　戌
天同（利） 天梁（廟） [機月同梁格] ・宮威強－部下や後輩友人との関係は良好であり、中には刎頸の友のような者もいる。 ・宮威弱－部下や後輩友人たちに誠実に接するが、トラブルを被ったり、煩わされることがある。 【奴僕】　　　寅	天相（廟） ・宮威強－公務員となっても民間企業のスタッフになってもよく、事業運は良好である。 ・宮威弱－安定した職業に就いた方がよい。 ・適職－芸術、撮影、教育研究職、医療関係、政治、高級飲食店、法律関係、商社、代理店など。 【官禄】　　　丑	巨門（旺） [石中穏玉格] ・宮威強－不動産を売買するには適さず、不動産運はさほど大きなものではない。 ・宮威弱－立派な住居に住むことは難しい。 ・火羊が同宮すれば火災に注意。 ・羊陀が同宮すれば盗難に注意。 【田宅】　　　子	廉貞（陥） 貪狼（陥） ・飲食街や歓楽街で豪遊したいと思うが、それには財力が不足する。 ・宮威弱－酒色のトラブルに注意。 【福徳】　　　亥

甲年生
【福徳】廉貞（禄）　【夫妻】破軍（権）　【遷移】武曲（科）　【疾厄】太陽（忌）
【奴僕】禄存　　　　【遷移】擎羊　　　　【官禄】陀羅・天魁　【夫妻】天鉞
- 命宮宮威強ければ財を得ることができ、弱ければ中くらいの運勢である。
- 配偶者が家庭内の実権を握るようになる。
- 健康には十分注意すること。

乙年生
【子女】天機（禄）　【奴僕】天梁（権）　【夫妻】紫微（科）　【父母】太陰（忌）　【遷移】禄存
【疾厄】擎羊　　　　【奴僕】陀羅　　　　【田宅】天魁　　　　【兄弟】天鉞
- 命宮宮威強ければ安定した運勢であり、弱ければ中くらいの運勢である。
- 配偶者はプライドが高く、体面やメンツにこだわる人である。
- あまり恵まれた家庭環境でないか、母親が病弱である可能性がある。

丙年生
【奴僕】天同（禄）　【子女】天機（権）　【福徳】廉貞（忌）　【財帛】禄存
【子女】擎羊　　　　【疾厄】陀羅　　　　【福徳】天魁　　　　【命宮】天鉞
- 大きな財産を築くのは難しいが、その他の星もよく見て判断すること。
- 子供は賢く、はっきりと自分の意見を主張するようになる。

丁年生
【父母】太陰（禄）　【奴僕】天同（権）　【子女】天機（科）　【田宅】巨門（忌）　【子女】禄存
【夫妻】擎羊　　　　【財帛】陀羅　　　　【福徳】天魁　　　　【命宮】天鉞
- 不動産運は大きくはなく、あまり不動産には恵まれない。
- 恵まれた家庭環境に育つ。

戊年生
【福徳】貪狼（禄）　【父母】太陰（権）　【子女】天機（忌）　【財帛】禄存
【子女】擎羊　　　　【疾厄】陀羅　　　　【官禄】天魁　　　　【夫妻】天鉞
- 山あり谷ありの人生である。命宮宮威弱ければ何かと苦労しがちになる。
- 子供に面倒をかけられたり、煩わされる恐れがある。
- 両親は子弟を厳しく躾け教育する傾向がある。

己年生
【遷移】武曲（禄）　【福徳】貪狼（権）　【奴僕】天梁（科）　【子女】禄存
【夫妻】擎羊　　　　【財帛】陀羅　　　　【田宅】天魁　　　　【兄弟】天鉞
- 外地で発展する運勢である。積極的に行動・活動することが大事であり、そうすることで成功と発展を手にすることができる。

庚年生
【疾厄】太陽（禄）　【遷移】武曲（権）　【父母】太陰（科）　【奴僕】天同（忌）
【兄弟】禄存　　　　【命宮】擎羊　　　　【夫妻】陀羅・天鉞　【官禄】天魁
- 命宮宮威強ければ、安定した人生となるが財運はそれほど大きくはない。命宮宮威弱ければ中くらいの運勢である。

辛年生
【田宅】巨門（禄）　【疾厄】太陽（権）　【命宮】禄存　　　　【父母】擎羊
【兄弟】陀羅　　　　【子女】天魁　　　　【奴僕】天鉞
- 基本的に安定した運勢であるが、その他の星もよく見て判断すること。
- 面倒でやっかいな病気に罹る恐れがあるので、健康には注意すること。

壬年生
【奴僕】天梁（禄）　【夫妻】紫微（権）　【遷移】武曲（忌）　【福徳】禄存
【田宅】擎羊　　　　【父母】陀羅　　　　【遷移】天魁　　　　【財帛】天鉞
- 中くらいの安定した運勢である。
- 配偶者は家庭内で実権を握りたがる（亭主関白カカア天下）。

癸年生
【夫妻】破軍（禄）　【田宅】巨門（権）　【父母】太陰（科）　【福徳】貪狼（忌）　【田宅】禄存
【官禄】擎羊　　　　【福徳】陀羅　　　　【遷移】天魁　　　　【財帛】天鉞
- 命宮宮威強ければ、それなりに安定した人生を送ることができる。
- 配偶者の方が家庭内で実権を握り、恐々とするようになる（亭主関白カカア天下）。
- 両親は知的でインテリである。

95　紫微未・命宮戌

【疾厄】巳	【財帛】午	【子女】未	【夫妻】申
[命無正曜格] [府相朝垣格] ・病気がちであり、健康には十分注意する必要がある。 ・眼科系の疾患、腎臓病、EDなどの恐れあり。 ・また幼少期病弱でアトピーや皮膚病などの恐れあり。	天機（廟） [機月同梁格] ・宮威強－起業し事業を新しく始めるのに向いているが、財は出たり入ったりである。 ・宮威弱－大きな財産を築くのは難しい。	紫微（廟） 破軍（旺） ・宮威強－子供は優秀で、子供との縁も厚いものである。 ・宮威弱－子供は親に反抗するようになる。 ・空劫同宮－育てにくい子供である。	[命無正曜格] ・宮威強－安定した結婚生活を送ることができる。 ・宮威弱－配偶者は怠惰でルーズな傾向があり、人に対しても食ってかかるようなところがあり、夫婦仲は安定しない。 ・昌曲左右姚同宮－恋愛の過程で複数の相手と恋をしたり異性問題を起こす恐れあり注意。

【遷移】辰			【兄弟】酉
太陽（旺） [丹墀桂墀格] ・宮威強－活動力旺盛で活発に動き回り、外地で成功をつかむ。早くに家を出て自分の意思で生きていく人もいる。 ・宮威弱－生地を離れ遠地に赴くのは推奨できない。 ・羊陀同宮加会－交通事故など、外出先での怪我や事故に注意が必要。			天府（旺） ・宮威強－兄弟は仲良くお互いに助け合う。 ・宮威弱－兄弟は狭量で器が小さな人で、兄弟との関係もあまり良好とは言えない。

機月同梁格
抜群の企画力と事務処理能力で
主人の片腕となる大番頭。No.2狙いで大成功。

丹墀桂墀格
幼少の頃から向学心に富み、長じて出世。
変化の多い環境に臨機応変に対応。

・性格は優しく穏やかで、人と争うことを嫌い、謙虚な態度で人と接する。
・感受性が強く、早くから宗教、哲学、心理学などの玄学、人文科学に興味を示す。
・芸術的感性にも優れているが、ともすれば神経過敏になり、憂鬱な気持ちになりがちである。
・命宮宮威強－端正な顔立ちで、聡明であり善良な性格をしている。博学多才で、フットワークも軽い。
・命宮宮威弱－内向的な性格となり、どちらかと言えば寡黙である。視野が狭くなり、疑い深くなり、孤独な世界に閉じこもることもある。中には辛さを飲酒で紛らわせようとする人もいる。
・男女ともに女性との縁が多くある。
・昌曲同宮－心理学、宗教学、占術などに才能があり、研究者になるのもよい。中には第六感の優れた人もいる。

【奴僕】卯	【田宅】丑	【福徳】子	【命宮】戌
武曲（利） 七殺（旺） ・部下や後輩友人との交友は良好で楽しいものとなる。宮威強ければ大いに力になってくれる。 ・宮威弱－部下や後輩友人とは意見が合わず、敵対するようになる。			太陰（旺） [機月同梁格] [丹墀桂墀格]
天同（利） 天梁（廟） [機月同梁格] ・自分の自由が利き、自分で仕事のスケジュールや段取りを決めることができる仕事（自由業など）に適す。 ・また、特殊専門技術者、法律家、弁護士、出版業、著述業、企画管理業務、運輸交通関係などに適す。	天相（廟） ・宮威強－不動産運は良好で、不動産管理・経営などに手を出すのもよい。 ・宮威弱－多くの不動産を所有するのは難しい。 ・火羊が同宮すれば火災に注意。 ・羊陀が同宮すれば盗難に注意。	巨門（旺） [石中穏玉格] ・気苦労が多く、いろいろなことを考えるようになる。また、些細なことで心を煩わせることがあるので、気晴らしや、広い観点を持つことが大切である。	廉貞（陥） 貪狼（陥） ・宮威強－両親は警察や公安、自衛隊などの特殊な業務に就いていることがある。 ・宮威弱－両親との縁は薄いものとなる。 ・昌曲左右が同宮加会すれば両親のどちらかが桃花の気味を帯び、離婚して再婚する人もいる。
【官禄】寅	【田宅】丑	【福徳】子	【父母】亥

甲年生
【父母】廉貞（禄）　【子女】破軍（権）　【奴僕】武曲（科）　【遷移】太陽（忌）
【官禄】禄存　　　　【奴僕】擎羊　　　　【田宅】陀羅・天魁　【子女】天鉞
　・職業運は良好で出世する可能性あるが、交通事故や外出時の怪我や事故には注意すること。
　・恵まれた家庭環境に育つが、両親とは早くに別れることになるかもしれない。

乙年生
【財帛】天機（禄）　【官禄】天梁（権）　【子女】紫微（科）　【命宮】太陰（忌）　【奴僕】禄存
【遷移】擎羊　　　　【官禄】陀羅　　　　【福徳】天魁　　　　【夫妻】天鉞
　・基本的に財と名誉に恵まれる運勢であるが、健康に優れないことがあり、また精神的にも安定しないことがあるので、注意すべきである。

丙年生
【官禄】天同（禄）　【財帛】天機（権）　【父母】廉貞（忌）　【疾厄】禄存
【財帛】擎羊　　　　【遷移】陀羅　　　　【父母】天魁　　　　【兄弟】天鉞
［貴星夾命格］人の援助に恵まれる。
　・自分で事業を起業する運があり、事業／仕事運は良好である。
　・両親と意見の対立を見るか、あるいは両親のどちらかが病気がちで短命となる恐れがある。

丁年生
【命宮】太陰（禄）　【官禄】天同（権）　【財帛】天機（科）　【福徳】巨門（忌）　【財帛】禄存
【子女】擎羊　　　　【疾厄】陀羅　　　　【父母】天魁　　　　【兄弟】天鉞
［三奇加会格］地位ある人の援助と幸運に恵まれる吉格。
［相禄朝垣格］財運に恵まれるが、投機事業は要注意。［貴星夾命格］人の援助に恵まれる。
　・少しく安定した運勢であるが、舌禍（言葉のトラブル）には用心すること。

戊年生
【父母】貪狼（禄）　【命宮】太陰（権）　【財帛】天機（忌）　【疾厄】禄存
【財帛】擎羊　　　　【遷移】陀羅　　　　【田宅】天魁　　　　【子女】天鉞
　・自分の意思を通そうとして、頑固になることがある。
　・比較的豊かで恵まれた家庭環境に育つが、両親のどちらかとは縁が薄くなることがある。

己年生
【奴僕】武曲（禄）　【父母】貪狼（権）　【官禄】天梁（科）　【財帛】禄存
【子女】擎羊　　　　【疾厄】陀羅　　　　【福徳】天魁　　　　【夫妻】天鉞
　・真面目に仕事に取り組み、知恵を絞り工夫することで仕事をこなしていく。起業するのもよい。
　・両親は厳しく子供を躾け教育するが、場合によっては両親と対立、反発することがある。

庚年生
【遷移】太陽（禄）　【奴僕】武曲（権）　【命宮】太陰（科）　【官禄】天同（忌）
【夫妻】禄存　　　　【兄弟】擎羊　　　　【子女】陀羅・天鉞　【田宅】天魁
［科名会禄格］学問を深め技術を磨き、その後に財を得る。
　・成功を得る可能性はあるが、その途上で足下をすくわれることもあるので用心すること。
　・結婚生活は意見の相違を見ることがあるので、夫婦円満を心がけること。

辛年生
【福徳】巨門（禄）　【遷移】太陽（権）　【兄弟】禄存　　　　【命宮】擎羊
【夫妻】陀羅　　　　【財帛】天魁　　　　【官禄】天鉞
　・自分の意思を通そうとして頑固になることがある。その他の星もよく見て判断すること。

壬年生
【官禄】天梁（禄）　【子女】紫微（権）　【奴僕】武曲（忌）　【父母】禄存
【福徳】擎羊　　　　【命宮】陀羅　　　　【奴僕】天魁　　　　【疾厄】天鉞
　・真面目に事業／仕事に取り組み、それなりの成功を収めることができるが、子供は親の言うことをあまり聞かないか、育てにくい子供であることがある。
　・家庭環境は比較的恵まれているが、両親との縁は薄いものとなる。

癸年生
【子女】破軍（禄）　【福徳】巨門（権）　【命宮】太陰（科）　【父母】貪狼（忌）　【福徳】禄存
【田宅】擎羊　　　　【父母】陀羅　　　　【奴僕】天魁　　　　【疾厄】天鉞
　・命宮宮威強ければ、少しくリーダーシップを発揮し安定した人生であるが、その他の星がどこに入るかをよく見て判断すること。
　・家庭環境は恵まれているとは言いがたく、幼少時は孤独で両親との縁も薄いものとなる。

第2章　紫微斗数14主星配置一覧

96　紫微未・命宮亥

【遷移】　巳	【疾厄】　午	【財帛】　未	【子女】　申
[命無正曜格] [府相朝垣格] ・宮威強－転居することが多くなる。また賑やかな都会や繁華街の近辺に住むことを好む。 ・宮威弱－遠行は不利であり、遠地に赴くと災難や事故に会うことがある。 ・羊陀同宮加会－交通事故など外出先での事故や怪我に注意。	天機（廟） [機月同梁格] ・宮威強－おおむね健康で元気であるが、幼少期は病弱なことがある。 ・宮威弱－高血圧、胃病、神経衰弱、不眠症などに注意。	紫微（廟） 破軍（旺） ・宮威強－進取の気性に富み、得財蓄財に力を注ぐあまり、普通ではない特殊な分野や方面で財を成すことがある。 ・宮威弱－投機や賭博を好むようになる。	[命無正曜格] ・宮威強－子供は親の言うことを素直によく聞き、親孝行で、親が年を行くとその面倒をよく見る。 ・宮威弱－子供とは縁が薄いか、縁が深く仲良くても子供が成人すると散っていき身近にはいないか、あるいは子供のことで面倒を被ることになる。

【奴僕】　辰		【夫妻】　酉
太陽（旺） [丹墀桂墀格] ・宮威強－部下後輩友人との関係は良好で大いに力になってくれる。 ・宮威弱－部下後輩友人との関係はある時は良くある時は悪く、親密な時もあれば冷淡な時もあり一定しない。	・酒色を愛するロマンチストで楽天家である。 ・好奇心旺盛で、何事も広く浅く通暁する。 ・文芸、音楽、芸術、芸能を好み、多芸多才で才能豊かであるが、欲は深い。 ・異性関係のトラブルの暗示あり注意。 ・命宮宮威強－大物であり、大きな理想を抱き困難を乗り越え、立ちはだかる敵を打ち倒し目標を達成する。また男女ともに美しい容貌をしており、特にその綺麗な目は人を惹き付けずにはおかない。 ・命宮宮威弱－容貌はあまり美しいとは言えず、貪欲で情に流され、異性関係でスキャンダルを引き起こすことがある。また口先がうまく目立ちたがりで、人のものを奪って自分のものにしたがるようになる。 ・女命で昌曲が加会すれば、魅力的で美しい肢体に恵まれ、歌やダンスの才能がある。男性の目を惹き、また自身も多情のためスキャンダルの渦中に身を投ずるようなことになる。	天府（旺） ・宮威強－配偶者は聡明で能力のある人で、夫婦は相和し、仲睦まじく暮らすことができる。 ・宮威弱－夫婦間は淡々とした関係となるか、あるいは深く愛し合うが諸事情で離れて過ごすことが多くなる。あるいは配偶者が健康に優れない恐れがある。

【官禄】　卯		【兄弟】　戌
武曲（利） 七殺（旺） ・宮威強－創業の才があり金融、経済界で発展する。また適職は以下のとおり。 ・技術者、印刷、衣服加工、武術、接骨、営業員、理髪ヘアサロン、投機関係、冒険家、警察、スポーツ選手、体育教師など。		太陰（旺） [機月同梁格] [丹墀桂墀格] ・宮威強－兄弟姉妹は仲がよく、互いに助け合う。 ・宮威弱－兄弟間は縁が薄いものとなるか、仲はよくてもあまり助けにはならない。

【田宅】　寅	【福徳】　丑	【父母】　子	【命宮】　亥
天同（利） 天梁（廟） [機月同梁格] ・宮威強－父祖から不動産を継承することができる。 ・宮威弱－保有する不動産のことで面倒や煩わしいことに悩まされることがある。 ・火羊同宮－火災に注意。 ・羊陀が同宮すれば盗難に注意。	天相（廟） ・宮威強－よい趣味を持ち美食家でもあり、精神的には落ち着いて過ごすことができる。また健康長寿である。 ・宮威弱－求めるものがなかなか得られず、悲しい思いをすることがある。	巨門（旺） [石中穏玉格] ・宮威強－立派な両親であるが、子供を厳しく躾け育てるので、子供は懐かなくなることがある。 ・宮威弱－親子の間で意見の対立を見ることがある。	廉貞（陥） 貪狼（陥）

甲年生
【命宮】廉貞（禄）　　【財帛】破軍（権）　【官禄】武曲（科）　【奴僕】太陽（忌）
【田宅】禄存　　　　　【官禄】擎羊　　　　【福徳】陀羅・天魁　【財帛】天鉞
［三奇加会格］地位ある人の援助と幸運に恵まれる吉格。
・命宮宮威強ければ成功し、大いに財を築き名誉と地位を得る。ただしそのためには苦労と努力を要する。弱ければ品性に欠けるところがあり、危険な目に遭遇することとなる。

乙年生
【疾厄】天機（禄）　　【田宅】天梁（権）　【財帛】紫微（科）　【兄弟】太陰（忌）　【官禄】禄存
【奴僕】擎羊　　　　　【田宅】陀羅　　　　【父母】天魁　　　　【子女】天鉞
・命宮宮威強ければ中くらいの運勢で、特殊な仕事や方面で収入を得る。弱ければ苦労が多くなる。

丙年生
【田宅】天同（禄）　　【疾厄】天機（権）　【命宮】廉貞（忌）　【遷移】禄存
【疾厄】擎羊　　　　　【奴僕】陀羅　　　　【命宮】天魁　　　　【夫妻】天鉞
・大きな仕事を成し遂げるのは難しく、また、やっかいな疾患や事故などの暗示もあるが、その他の星がどこに入るかをよく見て判断すること。

丁年生
【兄弟】太陰（禄）　　【田宅】天同（権）　【疾厄】天機（科）　【父母】巨門（忌）　【疾厄】禄存
【財帛】擎羊　　　　　【遷移】陀羅　　　　【命宮】天魁　　　　【夫妻】天鉞
・命宮宮威強ければ、それなりに安定した運勢である。
・両親との関係は良好とは言えず、しばしば対立し口論する。

戊年生
【命宮】貪狼（禄）　　【兄弟】太陰（権）　【疾厄】天機（忌）　【遷移】禄存
【疾厄】擎羊　　　　　【奴僕】陀羅　　　　【福徳】天魁　　　　【財帛】天鉞
［双禄朝垣格］財運に恵まれるが投機事業は要注意。
・命宮宮威強ければ、巡ってきたチャンスを捉え発展する。弱ければ、そこそこの運勢である。
・健康や事故には十分注意すること。

己年生
【官禄】武曲（禄）　　【命宮】貪狼（権）　【田宅】天梁（科）　【疾厄】禄存
【財帛】擎羊　　　　　【遷移】陀羅　　　　【父母】天魁　　　　【子女】天鉞
・成功を収め財と地位を手にするが、いささか傍若無人となり、人をないがしろにする傾向があるので十分注意しなければならない。

庚年生
【奴僕】太陽（禄）　　【官禄】武曲（権）　【兄弟】太陰（科）　【田宅】天同（忌）
【子女】禄存　　　　　【夫妻】擎羊　　　　【財帛】陀羅・天鉞　【福徳】天魁
・地位を得ることはできるが、大きな財を築くのは難しい。命宮宮威強ければ警察や自衛官、公務員などに適し、弱ければ特殊技術を身につけ専門職となるのがよい。

辛年生
【父母】巨門（禄）　　【奴僕】太陽（権）　【夫妻】禄存　　　　【兄弟】擎羊
【子女】陀羅　　　　　【疾厄】天魁　　　　【田宅】天鉞
・生家は裕福で恵まれた環境で育ち、父祖から大きな恵みを受ける暗示がある。
・配偶者からの助力を得るが、酒色には注意すること。

壬年生
【田宅】天梁（禄）　　【財帛】紫微（権）　【官禄】武曲（忌）　【命宮】禄存
【父母】擎羊　　　　　【兄弟】陀羅　　　　【官禄】天魁　　　　【遷移】天鉞
・大きな成功は得られないが、チャンスは訪れるので、それを逃さず成果を長続きさせるように努力することが肝心である。

癸年生
【財帛】破軍（禄）　　【父母】巨門（権）　【兄弟】太陰（科）　【命宮】貪狼（忌）　【父母】禄存
【福徳】擎羊　　　　　【命宮】陀羅　　　　【官禄】天魁　　　　【遷移】天鉞
・特殊技術や特殊な方面で努力し活躍することになる。
・命宮宮威弱ければ酒色のトラブルには十分に注意すること。
・両親は厳格な人で、子供を厳しく躾け教育する。

97　紫微申・命宮子

【奴僕】　　　巳	【遷移】　　　午	【疾厄】　　　未	【財帛】　　　申
太陽（旺） [丹墀桂墀格] ・宮威強－部下や後輩や友人は公平で活動的な人で、大いに助けられる。 ・宮威弱－部下や後輩友人はプライドが高く、付き合いにくい感じがする。	**破軍（廟）** [英星入廟格] ・宮威強－生地を離れたり遠地に赴いてチャンスをつかみ成功する。 ・宮威弱－なかなか居所が一ヶ所に定まらない傾向がある。 ・羊陀同宮－交通事故や、外出先での事故や怪我に注意。手術を伴う大怪我の恐れもあるので注意。	**天機（陥）** [機梁加会格] ・顔に怪我や傷を受ける暗示。目の疾患、手足の怪我、神経衰弱、不眠症、胃病、高血圧などに注意。	**紫微（旺）** **天府（地）** [紫府同宮格] ・基本的に財運は良く、宮威強ければ相当の財産を築くことができる。 ・宮威強－財運は良好である。 ・宮威弱－財運は思うほど高いものではない。

【官禄】　　　辰			【子女】　　　酉
武曲（廟） [将星得地格] [府相朝垣格] ・宮威強－事業は順調であり、勤め人となっても上位の職位に出世する。 ・宮威弱－事業上の困難に出会うこととなる。 ・ビジネス、商業経済界、警察、自衛官、スポーツ選手、スポーツ用品関係奇術師などに適す。	・眉毛は濃く目が大きい。宮威強ければ丈夫で頑丈な身体をしている。 ・剛毅と柔和のバランスが取れた人で、細心の注意を払い大胆に行動する。 ・仕事や事業を行う上において、決断力と実行力を発揮し、困難に遭遇してもそれを克服する力がある。 ・謙虚で努力家で交際範囲は広い。 ・家庭環境は良好で、地位のある人や実力者の支援を受けることができる。 ・根はせっかちで冒険を好む。 ・異性問題には注意が必要である。 ・一生を通じて変化や変動が多い。 ・命宮宮威強く左右と同宮加会すれば地位を得て大きな権力を握ることができる。 ・曲昌同宮－攻守のバランスが取れた人で、ビジネスやマネジメントで成功する。 ・命宮宮威弱－人から拘束されることを嫌い、不安定な人生となりがちなので、協調性を育成することが肝要である。さらに化忌と同宮すると道半ばで蹉跌を味わう暗示がある。 ・桃花星が同宮加会すると異性問題が発生することがあるので注意すること。		**太陰（旺）** [丹墀桂墀格] ・子供は男の子より女の子の方が多くなる傾向がある。 ・宮威強－子供はとても可愛く聡明で感情豊かな子である。 ・宮威弱－普通の子供であり、子供との縁も薄いものである。

【田宅】　　　卯			【夫妻】　　　戌
天同（平） ・宮威強－快適な住居に住むことができる。 ・宮威弱－不動産を取得することは難しく、住居もあまり快適ではない。 ・火羊が同宮すれば火災に注意。 ・羊陀が同宮すれば盗難に注意。			**貪狼（廟）** ・配偶者は美しく魅力的な人で、多芸多才でしかも異性にもよくもてる。 ・宮威弱－配偶者には好ましくない習慣があり、結婚生活は安泰ではない。 ・昌曲左右天姚が同宮すれば男女問題や恋愛トラブルの暗示あり注意。

【福徳】　　　寅	【父母】　　　丑	【命宮】　　　子	【兄弟】　　　亥
七殺（廟） [七殺朝斗格] ・刺激やスリルのあることを好む。 ・宮威強－孤独を好むようになる。 ・桃花星同宮－異性に心を奪われ問題を起こすことがあるので注意すること。 ・宮威弱－人間関係に問題が生じることがある。	**天梁（旺）** [機梁加会格] [日月並明格] ・宮威強－生まれた家庭環境は良好である。 ・両親は昔風の教訓を教えるような古臭い人で、子供は尊敬するが辟易し、距離を置くようになる。 ・宮威弱－生まれた家庭環境は、あまり良好ではない。	**廉貞（平）** **天相（廟）**	**巨門（旺）** [日月並明格] ・兄弟の中に、きつい言葉で人を傷つけてしまうような人がいる。 ・宮威強－兄弟との縁は薄く、あまり仲もよくはない。 ・宮威弱－兄弟間の仲は悪く、対立することがある。

甲年生
【命宮】廉貞（禄）　　【遷移】破軍（権）　【官禄】武曲（科）　【奴僕】太陽（忌）
【福徳】禄存　　　　　【田宅】擎羊　　　　【父母】陀羅・天魁　【疾厄】天鉞
［三奇加会格］大いに幸運に恵まれ発展する。
・命宮宮威強ければ大きな成功を収め地位と名誉と財を得る。弱くとも相当の財と地位を手に入れるが、その場合は個性が強烈となり人に礼儀を失することがある。

乙年生
【疾厄】天機（禄）　　【父母】天梁（権）　【財帛】紫微（科）　【子女】太陰（忌）　【田宅】禄存
【官禄】擎羊　　　　　【福徳】陀羅　　　　【命宮】天魁　　　　【財帛】天鉞
・生家は裕福で、また父の代から財運には恵まれている。両親は子供を厳しく躾け教育する。
・ただし家庭内は安穏であるかというと、なかなかそうはいかない。

丙年生
【田宅】天同（禄）　　【疾厄】天機（権）　【命宮】廉貞（忌）　【奴僕】禄存
【遷移】擎羊　　　　　【官禄】陀羅　　　　【兄弟】天魁　　　　【子女】天鉞
・勝負事や競争が好きで何かとチャレンジするが、一方で怪我や病気に悩まされることがあるので事故や健康には注意すること。

丁年生
【子女】太陰（禄）　　【田宅】天同（権）　【疾厄】天機（科）　【兄弟】巨門（忌）　【遷移】禄存
【疾厄】擎羊　　　　　【奴僕】陀羅　　　　【兄弟】天魁　　　　【子女】天鉞
・命宮宮威強ければそこそこ安定した運勢であるが、弱ければ安定を得られにくい。

戊年生
【夫妻】貪狼（禄）　　【子女】太陰（権）　【疾厄】天機（忌）　【奴僕】禄存
【遷移】擎羊　　　　　【官禄】陀羅　　　　【父母】天魁　　　　【疾厄】天鉞
・命宮宮威強ければそこそこ安定した運勢であるが、弱ければ安定を得られにくい。
・配偶者は財力があるか、あるいは配偶者の助力で活躍したり蓄財するが、配偶者は異性関係に派手な人もいる。また健康には十分注意すること。

己年生
【官禄】武曲（禄）　　【夫妻】貪狼（権）　【父母】天梁（科）　【遷移】禄存
【疾厄】擎羊　　　　　【奴僕】陀羅　　　　【命宮】天魁　　　　【財帛】天鉞
・基本的に地位と財を得て成功する良好な運勢であるが、結婚生活は配偶者が自分の意見を通し、配偶者に仕切られる可能性がある（亭主関白カカア天下）。
・ハイセンスで知的な家庭の生まれである。

庚年生
【奴僕】太陽（禄）　　【官禄】武曲（権）　【子女】太陰（科）　【田宅】天同（忌）
【財帛】禄存　　　　　【子女】擎羊　　　　【疾厄】陀羅・天鉞　【父母】天魁
・命宮宮威強ければ地位と財を得て成功する良好な運勢である。弱ければ成功するが、そのためには相当の努力と苦労を伴うことになる。
・住居や家庭のことで、頭を悩ませることがある。

辛年生
【兄弟】巨門（禄）　　【奴僕】太陽（権）　【子女】禄存　　　　【夫妻】擎羊
【財帛】陀羅　　　　　【遷移】天魁　　　　【福徳】天鉞
・両親や兄弟、友人知人などの助けを受けるが、命運としては中くらいの運勢である。
・部下や後輩友人の中に威丈高で高飛車な人がいるが、力になってくれる。

壬年生
【父母】天梁（禄）　　【財帛】紫微（権）　【官禄】武曲（忌）　【兄弟】禄存
【命宮】擎羊　　　　　【夫妻】陀羅　　　　【田宅】天魁　　　　【奴僕】天鉞
・少しく財を得るが、出世して高い地位を得るのは難しい。仕事の上で苦労することがある。
・生家は裕福で家庭環境は良好である。

癸年生
【遷移】破軍（禄）　　【兄弟】巨門（権）　【子女】太陰（科）　【夫妻】貪狼（忌）　【命宮】禄存
【父母】擎羊　　　　　【兄弟】陀羅　　　　【田宅】天魁　　　　【奴僕】天鉞
・生地を離れ遠地に赴いてチャンスをつかみ発展し、活発に活動することで成功して地位と財を得るが、そのためにはそれなりの努力と苦労を伴う。
・夫婦の間で波風が立つ恐れがあるので、夫婦円満を心がけること。

98 紫微申・命宮丑

太陽（旺）[丹墀桂墀格]・宮威強－頭領運があり、リーダーとなる。化禄や禄存が加会すれば大いに活躍する。・宮威弱－事業運はあまり大きなものではない。・宣伝、広告、法律関係、公務員、教員、営業員などに向く。【官禄】　　　　巳	破軍（廟）[英星入廟格]・宮威強－部下後輩友人は豪快な者が多く、大いに力になってくれる。・宮威弱－部下後輩友人はあまり優秀ではなく、うだつの上がらない、怪しげな人もいて、あまり力にはなってくれない。【奴僕】　　　　午	天機（陥）[機梁加会格]・宮威強－頻繁に動き回りなかなか一ヶ所に居所をを定めない。・宮威弱－遠地に赴いたり外出することで苦労をしょいこむことになる。さらに羊陀同宮すれば外出先での怪我や事故、特に交通事故には注意すること。【遷移】　　　　未	紫微（旺）天府（地）[紫府同宮格]・宮威強－幼少期に大きな病気をするが、それ以降は、おおむね健康である。・宮威弱－痛風に注意。【疾厄】　　　　申
武曲（廟）[将星得地格][府相朝垣格]・宮威強－不動産運は良好で、高層住宅に住むようになる。・宮威弱－長く不動産を保有することは難しい。・火羊が同宮すれば火災に注意。・羊陀が同宮すれば盗難に注意。【田宅】　　　　辰	\multicolumn{2}{c|}{**機梁加会格** 神算を操る希代の策士。先読みにかけては人後に落ちぬが、策士策に溺れぬよう。 **日月並命格** 快活なれどアバウトでルーズな一面も。 ・義侠心に厚く、困っている人を見ると手を差し伸べずにはいられない。世話好きで親分肌なので多くの人から尊敬される。 ・若くして老成した感じを人に与え、長者の風格を備えている。 ・金銭には淡白で、人に施すようになる。 ・幼少時に大病を患うが、それにより長じてからはかえって健康を手に入れる。 ・礼儀正しく謙虚で聡明である。一方で磊落な面もあり、小さなことにはあまり拘泥しない。 ・宗教や哲学、医学などの学術研究を好む。 ・女性の場合、慈悲心に富み、子供に対しては教育熱心で、良妻賢母となる。 ・命宮宮威強－熱心に事業に取り組み、人より一頭抜きん出て成功を収める。天馬が加会すると、放蕩不羈となりやすい。 ・命宮宮威弱－高慢となり、人の恩を忘れて人間関係に支障をきたす恐れがあるので、自戒を怠らないようにすること。}		太陰（旺）[丹墀桂墀格]・宮威強－蓄財する。特にビジネス界で活躍する。・宮威弱－財を得るのだが、なかなか蓄財できない。【財帛】　　　　酉
天同（平）・人と交わり、余裕を持ってのんびりと暮らすことを好み、人にも施すので人間関係は良好である。・化禄禄存同宮－怠惰でルーズでアバウトな一面がある。・宮威弱－心中に何か不安を抱え、なにかと気苦労が多くなる。【福徳】　　　　卯			貪狼（廟）・宮威強－子供の関心は多岐にわたり、なにをしでかすかわからないところがある。・宮威弱－子供は、あまり人の話を聞かず、学業にもあまり力を入れない。空劫同宮すれば育てにくい子供であり、羊陀同宮すれば親に逆らう親不孝な子供となる。【子女】　　　　戌
七殺（廟）[七殺朝斗格]・宮威強－両親のうちどちらかは、人の言うことを聞かず暴走するようなところがある。基本的に縁は薄いものである。・宮威弱－両親は、喜怒哀楽の変化が激しく、場合によっては子供をシバキたおしてスパルタ教育をするようなことがある。【父母】　　　　寅	天梁（旺）[機梁加会格][日月並明格]【命宮】　　　　丑	廉貞（平）天相（廟）・宮威強－兄弟は立派な人で社会的に成功するが、その関係は良くも悪くもなく普通である。あるいは一人とは仲がよく、一人とは仲がよくない。・宮威弱－兄弟との縁は薄いものであり、仲もあまりよくない。【兄弟】　　　　子	巨門（旺）[日月並明格]・宮威強－配偶者はよくしゃべる人で、基本的に善良であるが、失言が多い。・宮威弱－夫婦間の意思疎通がうまく取れず悩むことになるので、普段からよくコミュニケーションを取っておくこと。・昌曲左右同宮－恋愛問題。【夫妻】　　　　亥

甲年生
【兄弟】廉貞（禄）　【奴僕】破軍（権）　【田宅】武曲（科）　【官禄】太陽（忌）
【父母】禄存　　　　【福徳】擎羊　　　　【命宮】陀羅・天魁　【遷移】天鉞
[天乙拱命格] 学識高く、人の縁に恵まれ幸運を得る。
・事業上の困難に遭遇することがあるが、命宮や官禄宮の宮威強ければリーダーシップを発揮し、成功することができる。　・比較的恵まれた家庭環境で育つ。

乙年生
【遷移】天機（禄）　【命宮】天梁（権）　【疾厄】紫微（科）　【財帛】太陰（忌）　【福徳】禄存
【田宅】擎羊　　　　【父母】陀羅　　　　【兄弟】天魁　　　　【疾厄】天鉞
[権禄尋逢格] 専門技術を研究・開発しそれで財を得る。
・基本的に良好な運勢で成功を収め、名誉と地位を手にするが、大きな財を得るのは難しい。

丙年生
【福徳】天同（禄）　【遷移】天機（権）　【兄弟】廉貞（忌）　【官禄】禄存
【奴僕】擎羊　　　　【田宅】陀羅　　　　【夫妻】天魁　　　　【財帛】天鉞
・命宮宮威強ければ事業／職業運はそこそこの運勢で、弱ければそれよりも劣る運勢である。
・兄弟や友人の中にせっかちで、何でも白黒つけたがる人がいて、面倒を被ることがある。

丁年生
【財帛】太陰（禄）　【福徳】天同（権）　【遷移】天機（科）　【夫妻】巨門（忌）　【奴僕】禄存
【遷移】擎羊　　　　【官禄】陀羅　　　　【夫妻】天魁　　　　【財帛】天鉞
・基本的に良好な命運であり、名誉と地位と財を得ることができる。命宮宮威弱ければ、成功のために相当の努力と苦労を伴うことになる。　・結婚生活は波風が立つ暗示があるので注意すること。

戊年生
【子女】貪狼（禄）　【財帛】太陰（権）　【遷移】天機（忌）　【官禄】禄存
【奴僕】擎羊　　　　【田宅】陀羅　　　　【命宮】天魁　　　　【遷移】天鉞
[天乙拱命格] 学識高く、人の縁に恵まれ幸運を得る。
・吉凶相半ばする配置となるので、その他の星がどこに入るかをよく見て判断すること。

己年生
【田宅】武曲（禄）　【子女】貪狼（権）　【命宮】天梁（科）　【奴僕】禄存
【遷移】擎羊　　　　【官禄】陀羅　　　　【兄弟】天魁　　　　【疾厄】天鉞
・命宮宮威強ければ、真面目で地位と名誉を得る人であるが、弱ければそれほどでもない。その他の星がどこに入るかをよく見て判断すること。

庚年生
【官禄】太陽（禄）　【田宅】武曲（権）　【財帛】太陰（科）　【福徳】天同（忌）
【疾厄】禄存　　　　【財帛】擎羊　　　　【遷移】陀羅・天鉞　【命宮】天魁
[天乙拱命格] 学識高く、人の縁に恵まれ幸運を得る。
・命宮宮威強ければ、知的な分野で成功するが、弱ければそれほどでもない。その他の星がどこに入るかをよく見て判断すること。

辛年生
【夫妻】巨門（禄）　【官禄】太陽（権）　【財帛】禄存　　　　【子女】擎羊
【疾厄】陀羅　　　　【奴僕】天魁　　　　【父母】天鉞
・基本的にそこそこ安定した運勢である。
・配偶者から多くの協力と支援を得ることができる。

壬年生
【命宮】天梁（禄）　【疾厄】紫微（権）　【田宅】武曲（忌）　【夫妻】禄存
【兄弟】擎羊　　　　【子女】陀羅　　　　【福徳】天魁　　　　【官禄】天鉞
・基本的に安定した良好な運勢であるが、大きな家には住めなかったり、家庭内でいささかゴタゴタすることがあるかもしれない。

癸年生
【奴僕】破軍（禄）　【夫妻】巨門（権）　【財帛】太陰（科）　【子女】貪狼（忌）　【兄弟】禄存
【命宮】擎羊　　　　【夫妻】陀羅　　　　【福徳】天魁　　　　【官禄】天鉞
・基本的に中くらいの安定した運勢であるが、家庭内は配偶者が実権を握る傾向がある（亭主関白カカア天下）。
・子供に手を焼いたり、煩わされることがある。

99 紫微申・命宮寅

太陽（旺）[丹墀桂墀格] ・宮威強－不動産運は良好であり、高台や高層住宅や、日当りのよい住居に住むのを好む。 ・宮威弱－不動産を長く保持するのは難しい。 ・火羊が同宮すれば火災に注意。 ・羊陀が同宮すれば盗難に注意。 【田宅】　　　　　巳	破軍（廟）[英星入廟格] ・宮威強－創業起業の能力がある。 ・宮威弱－事業運はあまり安定したものではない。 ・夫婦共同事業、警察、自衛官、海外事業、文学、芸術、仲買業、営業関係、肉体労働などに適性がある。 【官禄】　　　　　午	天機（陥）[機梁加会格] ・宮威強－部下後輩友人とはなかなか打ち解けられず、中には礼儀をわきまえない人もいるので注意すること。 ・宮威弱－部下後輩友人の中には人を惑わすような人もいるので、注意すること。 【奴僕】　　　　　未	紫微（旺）天府（地）[紫府同宮格] ・宮威強－遠地に赴いたり外出することで実力者との縁ができ支援を得る。そしてチャンスをつかみ成功する。 ・宮威弱－遠地に赴くと居所が定まらず苦労することになる。 【遷移】　　　　　申
武曲（廟）[将星得地格][府相朝垣格] ・進取の気性に富み、常に新しいものを創始することを考える。 ・宮威強－仕事熱心で、ワーカホリックと言えるくらい仕事に打ち込む。 ・宮威弱－とにかく忙しく、なかなかのんびりした時間を持てない。 【福徳】　　　　　辰	\[2列にまたがる中央セル\]		太陰（旺）[丹墀桂墀格] ・宮威強－おおむね健康である。 ・宮威弱－白内障、緑内障、網膜剥離、腎臓病、婦人科系、泌尿器系疾患などに注意。 【疾厄】　　　　　酉
天同（平） ・宮威強－両親は優しい人で、両親との関係はとても良好である。 ・宮威弱－両親との関係はよく、気持も通じるが、両親との縁が薄くなるかあるいは両親が病気がちとなる。 【父母】　　　　　卯			貪狼（廟） ・宮威強－人に施し、あまり気にせずお金を使ってしまう。 ・宮威弱－なんとかやっていける程度の財は得る。 ・火鈴同宮－特殊な方面や仕事で収入を得る。また、突然財を得るが、突然得た財を失うこともある。 【財帛】　　　　　戌
七殺（廟）[七殺朝斗格] 【命宮】　　　　　寅	天梁（旺）[機梁加会格][日月並明格] ・宮威強－兄弟間は仲良く良好な関係であるが、兄弟により難儀を被ることがある。しかしよくその世話を焼き面倒を見る。 ・宮威弱－兄弟に煩わされることになるが、兄弟のために何かと便宜をはかり面倒を見る。 【兄弟】　　　　　丑	廉貞（平）天相（廟） ・宮威強－配偶者は優しく聡明で、申し分のない人である。幸せな結婚生活を送ることができる。 ・宮威弱－配偶者は異性関係がルーズとなることがあるので注意が必要である。 ・昌曲左右が同宮すると異性問題の暗示あり注意。 【夫妻】　　　　　子	巨門（旺）[日月並明格] ・宮威強－子供はよくしゃべる子であるが、親の言うことを聞くよい子である。 ・宮威弱－子供はあまり親の言うことを聞かない。空劫同宮すれば育てにくい子供であり、羊陀同宮すれば親に逆らう親不孝な子供となる。 【子女】　　　　　亥

七殺朝斗格

戦って戦って戦って、そして勝利はわが手に。
戦った後の成功。

・眉は太く眉骨が盛り上がり、目は大きく鋭い目つきをしており、彫りの深い顔立ちである。
・独立の気概が強く、人の傘下に入ったり人に付き従うことを好まない。気性が激しくせっかちだが、忍耐強く、困難に負けずに物事に取り組む。変動運である。
・拘束されたり干渉されるのを嫌うので、しばしば上司と対立しがちである。一方で部下や後輩など目下の者の面倒をよく見て力になる。
・喜怒哀楽が激しく、それを素直に顔に出す。
・独立心旺盛で、何事にも自分の考えと勇気と行動力で向かっていく。危機や困難に会っても自力で解決しようとする。
・昨日の敵は今日の友という度量の広さもある。
・命宮宮威強－忍耐強く信念を貫き、困難な課題にも勇猛果敢に挑戦し、事業を成し遂げる。
・命宮宮威弱－人間関係に問題があり、孤軍奮闘することとなる。傲慢で無礼な感じを人に与える。感情が一定せず、退くを知らない。
・火鈴加会－突然に財を得ることがあるが、突然発展し突然破れるのであまり財は残さない。

甲年生
【夫妻】廉貞（禄）　　【官禄】破軍（権）　　【福徳】武曲（科）　　【田宅】太陽（忌）
【命宮】禄存　　　　　【父母】擎羊　　　　　【兄弟】陀羅・天魁　　【奴僕】天鉞
・命宮宮威強ければ、よい職に就き高給を得て成功する運勢である。また配偶者の実家は富裕であるか配偶者の協力と支援を得る。宮威弱ければ成功し財と地位を得るが、そのためには相当の努力と苦労を伴う。　・夫婦間で互いに譲り合えば、幸せな結婚生活を送ることができる。

乙年生
【奴僕】天機（禄）　　【兄弟】天梁（権）　　【遷移】紫微（科）　　【疾厄】太陰（忌）　　【父母】禄存
【福徳】擎羊　　　　　【命宮】陀羅　　　　　【夫妻】天魁　　　　　【遷移】天鉞
・地位と名誉を得ることができるが、あまり大きな財産は築かない。
・健康には十分に注意すること。

丙年生
【父母】天同（禄）　　【奴僕】天機（権）　　【夫妻】廉貞（忌）　　【田宅】禄存
【官禄】擎羊　　　　　【福徳】陀羅　　　　　【子女】天魁　　　　　【疾厄】天鉞
・事業運は少しく安定する運勢だが、結婚生活は波乱含みである。夫婦円満を心がけること。
・比較的裕福で恵まれた家庭環境に育つ。

丁年生
【疾厄】太陰（禄）　　【父母】天同（権）　　【奴僕】天機（科）　　【子女】巨門（忌）　　【官禄】禄存
【奴僕】擎羊　　　　　【田宅】陀羅　　　　　【子女】天魁　　　　　【疾厄】天鉞
・命宮宮威強ければ中程度に安定した運勢であり、弱ければそれよりやや劣る運勢である。
・子供の中に、ずる賢く、言い訳ばかりするような子がいる。
・両親は真面目に、だが厳格に子供を育てる傾向がある。

戊年生
【財帛】貪狼（禄）　　【疾厄】太陰（権）　　【奴僕】天機（忌）　　【田宅】禄存
【官禄】擎羊　　　　　【福徳】陀羅　　　　　【兄弟】天魁　　　　　【奴僕】天鉞
・財運は良好であり、命宮宮威強ければ大きく蓄財する。もし財帛に火鈴が同宮加会すれば、特殊な方面や仕事から収入を得る。　・頑固でやっかいな病気に悩まされることがある。

己年生
【福徳】武曲（禄）　　【財帛】貪狼（権）　　【兄弟】天梁（科）　　【官禄】禄存
【奴僕】擎羊　　　　　【田宅】陀羅　　　　　【夫妻】天魁　　　　　【遷移】天鉞
・基本的に財運もよく良好な運勢であるが、その他の星がどこに入るかをよく見て判断すること。
・兄弟や友人の中に、とても真面目で賢い人がいる。

庚年生
【田宅】太陽（禄）　　【福徳】武曲（権）　　【疾厄】太陰（科）　　【父母】天同（忌）
【遷移】禄存　　　　　【疾厄】擎羊　　　　　【奴僕】陀羅・天鉞　　【兄弟】天魁
・命宮宮威強ければ良好な運勢であり、弱くてもまあまあ平均的な運勢である。
・生育した家庭環境はさほど恵まれたものではないか、両親のどちらかが短命である。あるいは両親との縁が薄い暗示がある。

辛年生
【子女】巨門（禄）　　【田宅】太陽（権）　　【疾厄】禄存　　　　　【財帛】擎羊
【遷移】陀羅　　　　　【官禄】天魁　　　　　【命宮】天鉞
・大きく成功するとは言えないが、その他の星がどこに入るかをよく見て判断すること。
・子供は明るく、よくしゃべる子である。

壬年生
【兄弟】天梁（禄）　　【遷移】紫微（権）　　【福徳】武曲（忌）　　【子女】禄存
【夫妻】擎羊　　　　　【財帛】陀羅　　　　　【父母】天魁　　　　　【田宅】天鉞
・遠地遠方に赴くか、外出することでチャンスをつかみ成功するが、あまり大きな財は築かない。
・精神的に煩悶し、自分を追いつめる傾向があるので注意すること。

癸年生
【官禄】破軍（禄）　　【子女】巨門（権）　　【疾厄】太陰（科）　　【財帛】貪狼（忌）　　【夫妻】禄存
【兄弟】擎羊　　　　　【子女】陀羅　　　　　【父母】天魁　　　　　【田宅】天鉞
・配偶者の協力と支援を得て、事業を成功させる。
・交際費や遊興費が大きくなる恐れがあるので注意すること。

100　紫微申・命宮卯

【福徳】　　　　巳	【田宅】　　　　午	【官禄】　　　　未	【奴僕】　　　　申
太陽（旺） ［丹墀桂墀格］ ・本来はのんびりした性格で怠惰でルーズなところがあるが、それではいけないと思い、時に発奮して頑張ることもある。だがその頑張りも一過性のものに終わることが多いので、発奮する仕掛けや機会が大事である。	破軍（廟） ［英星入廟格］ ・不動産を所有するが、変化を好むことから、それを長く保持することは難しい。 ・宮威弱－不動産を所有することは難しい。あるいはしばしば転居を繰り返す。	天機（陥） ［機梁加会格］ ・公務員や公共事業、宗教関係、社会福祉、教育、財務経理、営業員、種苗業、生花育成業などに向く。 ・宮威弱－ひとつの仕事を続けるのが困難となる。	紫微（旺） 天府（地） ［紫府同宮格］ ・宮威強－実力のある部下や後輩、友人に恵まれ、大いに助けられる。 ・宮威弱－部下後輩や友人はプライドが高く、あまり力にはなってくれない。

【父母】　　　　辰	【命宮】　　　　卯		【遷移】　　　　酉
武曲（廟） ［将星得地格］ ［府相朝垣格］ ・両親は厳格な人で、教育や躾も厳しい。 ・宮威強－厳しい両親と折り合っていくが、縁は薄いものとなり仲もあまりよくはない。 ・宮威弱－両親とは意見が合わず、対立するようになる。	天同（平） ・目は丸く、太り気味の体型の人が多い。 ・好奇心旺盛で新しいものが好きで、女性との縁（特に移動先で）があり、女性から助力を受けることができる。 ・企画力や事務処理能力に優れている。 ・ひとつの仕事に集中し、それを成し遂げることで達成感を味わう。 ・命宮宮威強－謙虚で礼儀正しく度量が広い。親しみやすくフレンドリーな雰囲気を持ち、決して激昂することはなく、人と争うことはない。従って安定した変化の少ない人生を送る。曲昌や鸞喜、天姚などと同宮加会すればロマンティックな出来事に多く遭遇する。 ・命宮宮威弱－怠惰でルーズな性格となる。煩わしい事柄を嫌い、あまり積極性も発揮しない。曲昌や鸞喜、天姚などと同宮加会すれば異性に心を乱されることが多くなる。 ・化禄と同宮加会すると怠惰に流れ、万事アバウトな怠け者となる。この場合、むしろ凶星と同宮加会するか、化権と同宮加会するのを喜ぶ。そうなることで怠けた心に喝が入り、奮発するようになる。 ・化忌が同宮加会すると精神に安定を欠き、人を騙したり人に騙されたりするようになる。		太陰（旺） ［丹墀桂墀格］ ・遠地に赴いたり活発に活動することで人の縁を得てチャンスをつかみ発展する。特に女性や地位ある人の支援を受ける。 ・宮威強－外地で大いに発展、成功する。 ・宮威弱－成功のためには相当の努力と苦労を伴うことになる。

			【疾厄】　　　　戌
			貪狼（廟） ・宮威強－おおむね健康である。 ・宮威弱－酒色による病や性病、EDの恐れあり。 ・羊陀加会－痔疾に注意。 ・火鈴加会－めまい、偏頭痛などに注意。

【兄弟】　　　　寅	【夫妻】　　　　丑	【子女】　　　　子	【財帛】　　　　亥
七殺（廟） ［七殺朝斗格］ ・兄弟は個性が強烈で、子供の頃は仲が悪く、よく喧嘩する。 ・宮威強－成長した後は兄弟それぞれが自分の道を歩み、あまり親しく交わることはない。 ・宮威弱－互いに争うようになり、兄弟間で対立することになる。	天梁（旺） ［機梁加会格］ ［日月並明格］ ・配偶者は公明正大で義理を重んじる人である。先生か上司と結婚したような感じになる。実際、かなり年上の人と結婚する可能性がある。 ・宮威弱－夫婦間で意見が合わず対立するようになる。	廉貞（平） 天相（廟） ・子供は束縛されたり頭ごなしに命令されることを嫌う。 ・宮威強－それなりに安定した関係となる。 ・宮威弱－子供は親の言うことを聞かず逆らうようになる。 ・空劫同宮－育てにくい子供である。	巨門（旺） ［日月並明格］ ・会話やコミュニケーションを通じて財を得る。ただし収入は不安定。 ・宮威強－それなりに蓄財することができる。 ・宮威弱－財を巡って口論やトラブルが起きる恐れがある。

甲年生
【子女】廉貞（禄）　　【田宅】破軍（権）　　【父母】武曲（科）　　【福徳】太陽（忌）
【兄弟】禄存　　　　　【命宮】擎羊　　　　　【夫妻】陀羅・天魁　　【官禄】天鉞
- 命宮宮威強ければ、それなりに安定した人生を送ることができるが、弱ければなにかと悩むことが多くなる運勢である。

乙年生
【官禄】天機（禄）　　【夫妻】天梁（権）　　【奴僕】紫微（科）　　【遷移】太陰（忌）　　【命宮】禄存
【父母】擎羊　　　　　【兄弟】陀羅　　　　　【子女】天魁　　　　　【奴僕】天鉞
- 高位の職位に就くことができるが、そのためには相当の努力と苦労を伴う。また事業を進める過程で多くの困難を乗り越える必要がある。外出運は芳しくなく、事故や怪我の暗示あり注意。

丙年生
【命宮】天同（禄）　　【官禄】天機（権）　　【子女】廉貞（忌）　　【福徳】禄存
【田宅】擎羊　　　　　【父母】陀羅　　　　　【財帛】天魁　　　　　【遷移】天鉞
- 本来はとても良好な運勢であり、命宮宮威強ければ大きな成功をつかむことができるが、弱ければ成功と失敗が交互に訪れることになる。子供には面倒をかけられることがある。

丁年生
【遷移】太陰（禄）　　【命宮】天同（権）　　【官禄】天機（科）　　【財帛】巨門（忌）　　【田宅】禄存
【官禄】擎羊　　　　　【福徳】陀羅　　　　　【財帛】天魁　　　　　【遷移】天鉞
[三奇加会格] 幸運に恵まれる吉格。[権禄尋逢格] 専門能力とビジネスセンスを兼ね備える。
- 本来はとても良好な運勢であり成功を得ることができるが、起伏が激しく、目的達成のために苦労する。命宮宮威が強ければ良好で安定した運勢である。

戊年生
【疾厄】貪狼（禄）　　【遷移】太陰（権）　　【官禄】天機（忌）　　【福徳】禄存
【田宅】擎羊　　　　　【父母】陀羅　　　　　【夫妻】天魁　　　　　【官禄】天鉞
- 事業運はなかなか安定しない。
- 命宮宮威強ければそこそこ安定した運勢であるが、弱ければやや不安定な運勢となる。

己年生
【父母】武曲（禄）　　【疾厄】貪狼（権）　　【夫妻】天梁（科）　　【田宅】禄存
【官禄】擎羊　　　　　【福徳】陀羅　　　　　【子女】天魁　　　　　【奴僕】天鉞
- 両親兄弟配偶者などの親戚縁者や友人知己が力になってくれるが、本人はいたってのんびりしたところがある。

庚年生
【福徳】太陽（禄）　　【父母】武曲（権）　　【遷移】太陰（科）　　【命宮】天同（忌）
【奴僕】禄存　　　　　【遷移】擎羊　　　　　【官禄】陀羅・天鉞　　【夫妻】天魁
- 思うように物事が進まず、失望したり、いらついたりすることがある。しかし命宮宮威強ければ、それなりに安定した運勢である。

辛年生
【財帛】巨門（禄）　　【福徳】太陽（権）　　【遷移】禄存　　　　　【疾厄】擎羊
【奴僕】陀羅　　　　　【田宅】天魁　　　　　【兄弟】天鉞
- 基本的に財に恵まれる運勢であるが、命宮宮威弱ければ、財を得るために相当の努力と苦労を伴うことになる。あるいは得財のために義理を欠くようなことがある。

壬年生
【夫妻】天梁（禄）　　【奴僕】紫微（権）　　【父母】武曲（忌）　　【財帛】禄存
【子女】擎羊　　　　　【疾厄】陀羅　　　　　【命宮】天魁　　　　　【福徳】天鉞
- 配偶者は財力があるか、配偶者の助力により蓄財することができる。
- 一生を通じて衣食に困窮することはない。比較的安定した運勢である。
- 生家はあまり裕福でないか、あるいは両親との関係が悪く、縁が薄くなる暗示がある。

癸年生
【田宅】破軍（禄）　　【財帛】巨門（権）　　【遷移】太陰（科）　　【疾厄】貪狼（忌）　　【子女】禄存
【夫妻】擎羊　　　　　【財帛】陀羅　　　　　【命宮】天魁　　　　　【福徳】天鉞
- 創意工夫と、人の縁や助けにより財を築くことができる。命宮宮威強ければ比較的安定した運勢であるが、健康には十分注意すること。

101　紫微申・命宮辰

太陽（旺） [丹墀桂墀格] ・両親との縁は深く、また仲もよい。 ・宮威強ければ両親は社会的にも認められた人であり、朗らかで物事を前向きに捉える人であるが、弱ければ、それほどのこともない。 【父母】　　　　巳	破軍（廟） [英星入廟格] ・現状に不満や問題を感じそれを改善、改革しようとする。 ・宮威強－思ったことはすぐに実行に移したくなるので、変化や変動の多い人生となる。 ・宮威弱－一生を通じて変動が多く、なかなか安定しない傾向がある。 【福徳】　　　　午	天機（陥） [機梁加会格] ・宮威強－不動産を売ったり買ったり、所有したり手放したりする。 ・宮威弱－住居が一定しない傾向がある。 ・火羊が同宮すれば火災に注意。 ・羊陀が同宮すれば盗難に注意。 【田宅】　　　　未	紫微（旺） 天府（地） [紫府同宮格] ・宮威強－目上の者や地位ある人の引き立てによりチャンスを得る。 ・宮威弱－事業上、競争やトラブルが多くなる。 ・貿易商社、専門技術者、財務関係、大規模建築、政治、百貨店関連などに向く。 【官禄】　　　　申
武曲（廟） [将星得地格] [府相朝垣格] 【命宮】　　　　辰	\[2列結合\] **将星得地格** 奮闘努力して新たな平野を開き、新天地を求める。 **府相朝垣格** 目上の引き立て、実力者の支援を受ける。 家内安全に心がけること。 ・堅忍不抜で剛毅な性格で、自信家で決断力も実行力も備えるが、せっかちで短気なところがある。 ・基本的に成功運を持ち、財運も良好である。特に経済界、ビジネス・商業界で成功する。 ・若年中の刻苦勉励、奮闘努力が中年以降に花を開く。基本は中～晩年運である。 ・命宮宮威強－実務能力に優れ、即断即決で問題を先送りすることなく、物事をてきぱきと片付け、成功を手にすることができる。 ・凶星が同宮加会することで、かえって武曲星の強さが現れ、決断力を発揮する。ただし凶星の同宮加会は１～２個がよく、多く加会するのはやはりよくない。 ・命宮宮威弱－せっかちで勇み足を踏み、失敗することがある。また自分や人を欺くことがある。		太陰（旺） [丹墀桂墀格] ・宮威強－女性の友人や後輩、部下などから多くの支援を受ける。 ・宮威弱－友人や後輩部下からの支援はそれほどのものでもない。 【奴僕】　　　　酉
天同（平） ・宮威強－兄弟の数は多く縁も深く、兄弟間は仲のよい関係となる。 ・宮威弱－兄弟との縁は薄く、仲もよくない。兄弟はあまり頼りにはならない。 【兄弟】　　　　卯			貪狼（廟） ・大都市や華やかな雰囲気の場所に行くことを好み、昌曲が同宮すればさらにその傾向は強くなる。 ・宮威強－遠地に赴いたりいろいろな所に出かけるようになる。 ・火鈴に会えば外出先や遠地でチャンスをつかみ、突然発展する。宮威弱ければ外出先で苦労する。 【遷移】　　　　戌
七殺（廟） [七殺朝斗格] ・配偶者は独立心旺盛で、人に指図されたり干渉されるのを嫌うので、その意見を尊重すること。 ・宮威弱－結婚生活はあまり良好なものとなりにくいので、夫婦間の努力が必要である。 ・昌曲左右が同宮すると異性問題の暗示あり注意。 【夫妻】　　　　寅	天梁（旺） [機梁加会格] [日月並明格] ・宮威強－元気で理屈っぽい子供であり、両親にいろいろなことで議論を吹っかけるようになる。 ・宮威弱－子供は冷めた感じであり、親子の間で不協和音が響くことになる。 【子女】　　　　丑	廉貞（平） 天相（廟） ・ビジネスの世界で財を築くことになる。 ・宮威強－少しく財産を得る。 ・宮威弱－財運は安定せず、財は入ったり出たりする。 【財帛】　　　　子	巨門（旺） [日月並明格] ・宮威強－おおむね健康である。 ・宮威弱－高血圧や低血圧、晩年は肺や胃腸病に注意すること。もし化忌があれば目や耳の疾患、羊火と加会すれば酒色に伴う疾病を患う暗示があるので注意すること。 【疾厄】　　　　亥

甲年生
【財帛】廉貞（禄）　　【福徳】破軍（権）　　【命宮】武曲（科）　　【父母】太陽（忌）
【夫妻】禄存　　　　　【兄弟】擎羊　　　　　【子女】陀羅・天魁　　【田宅】天鉞
・大きな志や希望を持ち、冒険や投機を好む。命宮宮威強ければ大きな財と地位を得、弱ければそこそこの運勢である。
・生家は貧しいか、あるいは安定した家庭環境ではなく、また両親との縁も薄い。

乙年生
【田宅】天機（禄）　　【子女】天梁（権）　　【官禄】紫微（科）　　【奴僕】太陰（忌）　　【兄弟】禄存
【命宮】擎羊　　　　　【夫妻】陀羅　　　　　【財帛】天魁　　　　　【官禄】天鉞
・知識やアイデアを生かして成功する。命宮宮威強ければ真面目で気品のある人であるが、弱ければそれほどのこともない。

丙年生
【兄弟】天同（禄）　　【田宅】天機（権）　　【財帛】廉貞（忌）　　【父母】禄存
【福徳】擎羊　　　　　【命宮】陀羅　　　　　【疾厄】天魁　　　　　【奴僕】天鉞
[双禄夾命格]大きな富と地位を手にすることができる格局ではあるが、事業運はそれほど大きなものではない。特に投機や賭博や冒険は危険なので慎むこと。

丁年生
【奴僕】太陰（禄）　　【兄弟】天同（権）　　【田宅】天機（科）　　【疾厄】巨門（忌）　　【福徳】禄存
【田宅】擎羊　　　　　【父母】陀羅　　　　　【疾厄】天魁　　　　　【奴僕】天鉞
・命宮宮威強ければそこそこ安定した中くらいの運勢である。
・病気がちとなる恐れがあるので、健康には十分注意すること。

戊年生
【遷移】貪狼（禄）　　【奴僕】太陰（権）　　【田宅】天機（忌）　　【父母】禄存
【福徳】擎羊　　　　　【命宮】陀羅　　　　　【子女】天魁　　　　　【田宅】天鉞
・命宮宮威強ければそこそこ安定した中くらいの運勢である。
・よい家の生まれか、あるいは立派な両親を持つ。

己年生
【命宮】武曲（禄）　　【遷移】貪狼（権）　　【子女】天梁（科）　　【福徳】禄存
【田宅】擎羊　　　　　【父母】陀羅　　　　　【財帛】天魁　　　　　【官禄】天鉞
[権禄尋逢格]　専門技術とビジネスセンスを兼ね備えている。専門技術を研究し起業する。
・財運は良く、基本的に成功を得る運勢であるが、その他の星がどこに入るのかをよく見て判断すること。

庚年生
【父母】太陽（禄）　　【命宮】武曲（権）　　【奴僕】太陰（科）　　【兄弟】天同（忌）
【官禄】禄存　　　　　【奴僕】擎羊　　　　　【田宅】陀羅・天鉞　　【子女】天魁
・命宮宮威強ければ良好な運勢で地位と名誉を得るが、財運はあまり大きなものではない。弱ければ成功のために多くの苦労と努力を伴うことになる。
・よい家の生まれか、あるいは立派な両親を持つ。

辛年生
【疾厄】巨門（禄）　　【父母】太陽（権）　　【奴僕】禄存　　　　　【遷移】擎羊
【官禄】陀羅　　　　　【福徳】天魁　　　　　【夫妻】天鉞
・目上の人や実力者の支援を得られるが、基本的にはそこそこ安定した中くらいの運勢である。
・両親は厳しく、子供の教育や躾は厳格である。

壬年生
【子女】天梁（禄）　　【官禄】紫微（権）　　【命宮】武曲（忌）　　【疾厄】禄存
【財帛】擎羊　　　　　【遷移】陀羅　　　　　【兄弟】天魁　　　　　【父母】天鉞
[貴星夾命格]　人の援助に恵まれる。
・地位や名誉を手にするが、財運はさほど大きなものではない。
・大きな権力を手にすることもあるが、敵も多くなるので注意が必要である。

癸年生
【福徳】破軍（禄）　　【疾厄】巨門（権）　　【奴僕】太陰（科）　　【遷移】貪狼（忌）　　【財帛】禄存
【子女】擎羊　　　　　【疾厄】陀羅　　　　　【兄弟】天魁　　　　　【父母】天鉞
[貴星夾命格]　人の援助に恵まれる。
・知恵と創意工夫でそれなりに成功するが、やや不安定な運勢である。

102　紫微申・命宮巳

太陽（旺） ［丹墀桂墀格］ 【命宮】　　　　巳	破軍（廟） ［英星入廟格］ ・両親と離れて暮らす暗示がある。宮威弱ければ、両親とはあまり会話もなく、距離を置くようになる。 ・生家は不安定で落ち着きに欠けるきらいがある。 【父母】　　　　午	天機（陥） ［機梁加会格］ ・考えすぎてクヨクヨと思い悩むことが多い。 ・宮威強－哲学や心理学、神秘学や占術などを好むようになる。 ・宮威弱－空想に耽ることが多く、ときにノイローゼ気味となることがある。 【福徳】　　　　未	紫微（旺） 天府（地） ［紫府同宮格］ ・宮威強－見晴らしのよい高台か高層住宅に住むようになる。また住居は友人知人に自慢できる立派なものである。 ・宮威弱－さほど豪華で立派な住居に住まうことはない。 【田宅】　　　　申
武曲（廟） ［将星得地格］ ［府相朝垣格］ ・宮威強－兄弟は個性の強い人で、仲良くいつも一緒に過ごすということはあまりないが、長じて大人同士の付き合いができるようになる。 ・宮威弱－兄弟とはあまり良好な関係とはならない。 【兄弟】　　　　辰	\multicolumn{2}{c}{丹墀桂墀格 幼少の頃から向学心に富み、長じて出世。 変化の多い環境に臨機応変に対応。 ・角張った男っぽい顔をしており、情熱的で朗らかな人である。細かいことには拘泥しない。また向上心が強く、不断の努力を続ける。 ・一生を通じて食べるのには困らない。 ・趣味と仕事を一致させる傾向があり、仕事と生活を両立させる。仕事を通じて自分を成長させる。 ・少年時代の夢や志を実現させようとする。 ・欠点は持続力が欠如することである。そうなると自信不足にも陥る。何事も持続する努力を怠ると中年以降、変化が訪れる。 ・結婚生活も、新婚当初はよいが、時を経るにつれ当初の想いや情熱が枯れてくる。持続させる努力が大事である。 ・女性は夫を助け、子供を立派に育て上げる。 ・金銭にはわりと淡白で潔癖である。 ・命宮宮威強－公明正大で大人の風格を持ち、その気質は気高く立派である。女性も男性のような気概を持つ。 ・命宮宮威弱－向上心に欠けるところがあり、進退のタイミングを誤ることがある。}		太陰（旺） ［丹墀桂墀格］ ・職業運は安定しており、職業を変えることは少ない。 ・公務員、公共事業、海外事業、水産、農業、文学文芸、広告宣伝に向く。 ・宮威強ければビジネスで活躍し利益を上げるが、弱ければ業務上の苦労が多くなる。 【官禄】　　　　酉
天同（平） ・宮威強－夫婦間は愛情があふれ、幸せな結婚生活を送ることができる。 ・宮威弱－結婚生活は安定しない。晩婚に適す。 ・昌曲左右姚が同宮すれば複数の異性との恋愛など男女問題の恐れがあるので、異性関係には注意が必要。 【夫妻】　　　　卯			貪狼（廟） ・宮威強－部下後輩友人は多いが、その中には上品な者もいるが下品な者もいる。 ・曲昌が同宮すれば部下友人後輩は才能が豊かな人が多いが、その中に享楽的で遊び好きな人がいる。 ・宮威弱－後輩や部下友人によるトラブルをしょいこむことになる。 【奴僕】　　　　戌
七殺（廟） ［七殺朝斗格］ ・宮威強－活発で競争や勝負ごとが好きな子供であるが、縁は薄いものとなる。 ・宮威弱－子供は少ないか子供には恵まれない。あるいは子供は親の言うことを聞かず逆らうようになる。 【子女】　　　　寅	天梁（旺） ［機梁加会格］ ［日月並明格］ ・宮威強－基本的に金銭には淡白で、金銭よりも義理人情を重んじるので、大きな財産は築けない。 ・宮威弱－大きな財産は築かない。また財を得てもそれが元で頭を悩ませるようなことになる。 【財帛】　　　　丑	廉貞（平） 天相（廟） ・宮威強－おおむね健康であり病気になることは少ない。 ・宮威弱－消化器系の疾患や糖尿病、結石、皮膚病、痔疾に注意すること。空劫が加会すれば手足に傷が残るようなことがある。 【疾厄】　　　　子	巨門（旺） ［日月並明格］ ・外地や外出先で言葉のトラブルを引き起こす恐れがあるので注意すること。 ・羊陀が同宮加会したり宮威が弱いと交通事故など、外出先での事故や怪我の恐れがあるので注意すること。 【遷移】　　　　亥

甲年生
【疾厄】廉貞（禄）　　【父母】破軍（権）　　【兄弟】武曲（科）　　【命宮】太陽（忌）
【子女】禄存　　　　　【夫妻】擎羊　　　　　【財帛】陀羅・天魁　【福徳】天鉞
［化権禄夾格］命宮宮威強ければ財産も地位も思うままに手に入れることができるとされるが、命宮化忌となるので中くらいの運勢であり、宮威弱ければやや寂しい運勢である。
・両親は騒がしく威圧的な人で、子弟を厳しく躾け教育するが、両親との関係は良好である。

乙年生
【福徳】天機（禄）　　【財帛】天梁（権）　　【田宅】紫微（科）　　【官禄】太陰（忌）　　【夫妻】禄存
【兄弟】擎羊　　　　　【子女】陀羅　　　　　【疾厄】天魁　　　　　【田宅】天鉞
・それなりに財を得ることはできる。
・事業運は不安定で、高位に出世することは難しいし、事業も困難を伴う。
・結婚生活は比較的良好である。

丙年生
【夫妻】天同（禄）　　【福徳】天機（権）　　【疾厄】廉貞（忌）　　【命宮】禄存
【父母】擎羊　　　　　【兄弟】陀羅　　　　　【遷移】天魁　　　　　【官禄】天鉞
・命宮宮威強ければ基本的に順調で良好な運勢であるが、弱ければそこそこの運勢である。
・事故や手術の暗示があるので、健康には十分に注意すること。

丁年生
【官禄】太陰（禄）　　【夫妻】天同（権）　　【福徳】天機（科）　　【遷移】巨門（忌）　　【父母】禄存
【福徳】擎羊　　　　　【命宮】陀羅　　　　　【遷移】天魁　　　　　【官禄】天鉞
・生家はそこそこ安定した家庭であり、命宮宮威強ければ安定した運勢であり、目上の人や地位のある人の支援を得るが、外出時や遠地でのトラブルの恐れがあるので注意すること。

戊年生
【奴僕】貪狼（禄）　　【官禄】太陰（権）　　【福徳】天機（忌）　　【命宮】禄存
【父母】擎羊　　　　　【兄弟】陀羅　　　　　【財帛】天魁　　　　　【福徳】天鉞
・命宮宮威強ければ安定した良好な運勢であり、宮威弱くとも中くらいの運勢である。
・なにかと気苦労が多く、心配性である。

己年生
【兄弟】武曲（禄）　　【奴僕】貪狼（権）　　【財帛】天梁（科）　　【父母】禄存
【福徳】擎羊　　　　　【命宮】陀羅　　　　　【疾厄】天魁　　　　　【田宅】天鉞
・生家はそこそこ安定した家庭であり、また自分もそれなりの財を得る。
・命宮宮威強ければ成功を収めることができるが、弱ければ中くらいの運勢である。

庚年生
【命宮】太陽（禄）　　【兄弟】武曲（権）　　【官禄】太陰（科）　　【夫妻】天同（忌）
【田宅】禄存　　　　　【官禄】擎羊　　　　　【福徳】陀羅・天鉞　　【財帛】天魁
・命宮宮威強ければ高い地位や名誉を得ることは難しいが、財産を築くことができる。宮威弱ければ、成功を収め財を築くまでに相当の努力と苦労を伴うことになる。
・結婚生活は安定を欠くようになるので、夫婦円満を心がけること。

辛年生
【遷移】巨門（禄）　　【命宮】太陽（権）　　【官禄】禄存　　　　　【奴僕】擎羊
【田宅】陀羅　　　　　【父母】天魁　　　　　【子女】天鉞
［権禄尋逢格］専門技術とビジネスセンスを兼ね備える。命宮宮威強ければ地位と財を得ることができる。弱くても少しく安定した運勢である。

壬年生
【財帛】天梁（禄）　　【田宅】紫微（権）　　【兄弟】武曲（忌）　　【遷移】禄存
【疾厄】擎羊　　　　　【奴僕】陀羅　　　　　【夫妻】天魁　　　　　【命宮】天鉞
・命宮宮威強ければ大きく成功し、地位と財を得ることができる。弱くても少しく安定した運勢である。

癸年生
【父母】破軍（禄）　　【遷移】巨門（権）　　【官禄】太陰（科）　　【奴僕】貪狼（忌）　　【疾厄】禄存
【財帛】擎羊　　　　　【遷移】陀羅　　　　　【夫妻】天魁　　　　　【命宮】天鉞
・生家は裕福な家庭であり、命宮宮威強ければ成功を収め地位と財産を手に入れる。宮威弱ければ相当の努力と苦労をした後に成功を収めることとなる。
・後輩や友人から損害やトラブルを被ることがあるので注意すること。

103　紫微申・命宮午

太陽（旺） [丹墀桂墀格] ・宮威強－兄弟は優秀で有能であり、それぞれが発展する。 ・宮威弱－表面は和やかで仲良く打ち解けているが、それぞれが腹に一物を持ち、なかなか本心をさらけ出さないようになる。 【兄弟】　　　　　　　巳	破軍（廟） [英星入廟格] 【命宮】　　　　　　　午	天機（陥） [機梁加会格] ・宮威強－両親は教育熱心で、比較的厳しく子供を躾ける。 ・宮威弱－両親との縁は薄いものであり、あまり多くの助けは期待できない。 【父母】　　　　　　　未	紫微（旺） 天府（地） [紫府同宮格] ・宮威強－大きな志を抱き自負心も強く自信家で、目的に向かって迷わずに進んでいく。 ・宮威弱－志や目標を高く掲げるが、高過ぎて失敗する恐れもあるので、よく考えること。 【福徳】　　　　　　　申
武曲（廟） [将星得地格] [府相朝垣格] ・夫婦ともに個性が強く、夫婦間で争う暗示があるので注意すること。 ・宮威強－配偶者とは少し距離を置いた関係の方が夫婦間を良好に保つ。 ・宮威弱－夫婦間で対立が起こり波風が立つ恐れがあるので注意すること。 【夫妻】　　　　　　　辰	**英星入廟格** 変化や変動を友とする現実派。 新し物好きな改革家。外国にも縁がある。 ・独特で強烈な個性の持ち主で、人に指図されるのを嫌い、喜怒哀楽に起伏が見られる。 ・好き嫌いが明確で、好きなことには寝食を忘れて没頭するが、嫌いなことには手を出さない。好きな人には親切にふるまうが、嫌いな人は避けるようになる。したがって、人間関係も偏ったものとなりがちである。 ・変動運であり、一生を通じて変化、変動が多い。また外地や外出することで運をつかむ。		太陰（旺） [丹墀桂墀格] ・宮威強－落ち着いた快適な住居に住むことができる。 ・宮威弱－不動産は得られず、居所もなかなか定まらない傾向がある。 ・火羊が同宮すれば火災に注意。 ・羊陀が同宮すれば盗難に注意。 【田宅】　　　　　　　酉
天同（平） ・基本的に優しく穏やかな子供である。 ・宮威強－子供との縁は深いものとなる。 ・宮威弱－怠惰な子供となり、縁も薄いものとなる。空劫が同宮すれば育てにくい子供となり、羊陀が同宮すれば親の言うことを聞かない子供となる。 【子女】　　　　　　　卯	・間食を好むか、斜めに座ったり手で何か物を弄んだり、落ち着きのない感じを人に与える。 ・負けず嫌いで、指示されるよりも指示する方を好み、自分でやらなければ気が済まない。 ・せっかちで好奇心旺盛であるが、忍耐力に欠けるところがある。 ・命宮宮威強－非常時や混乱した状況で力を発揮する。ドサクサに強い。 ・命宮宮威弱－事故や怪我に注意。 ・破軍は昌曲と同宮加会を喜ばず、いったんは成功しても、突如破れることがある。 ・若い頃から哲学や宗教、神秘学に傾倒する。		貪狼（廟） ・警察や自衛官、消防、経理会計関係の業務、スポーツ選手、スポーツ関連用品、運輸業、飲食業、娯楽関係などに適性がある。 ・火鈴が同宮加会すれば、冒険的投機的な業務に興味を持つようになる。 【官禄】　　　　　　　戌
七殺（廟） [七殺朝斗格] ・横財運（突如財を得る運）である。 ・ただし、宮威強くても横財運のため、長く財産を保持するのは難しい。 ・宮威弱－最終的には財産を失う（あるいは大きく蓄財できない）恐れがある。 【財帛】　　　　　　　寅	天梁（旺） [機梁加会格] [日月並明格] ・宮威強－幼少時は身体が弱いが、長じてからはおおむね健康である。 ・宮威弱－手や足の指に怪我をする恐れあり注意。蓄膿症、神経衰弱、胃病、眼病などに注意。 【疾厄】　　　　　　　丑	廉貞（平） 天相（廟） ・宮威強－広く移動、外出して人の縁を得て運をつかみ発展する。忙しいが、安定して事業を推進する。 ・宮威弱－外出先や移動時に事故や怪我をする暗示がある。特に羊陀が同宮加会すればその傾向が強まるので注意すること。 【遷移】　　　　　　　子	巨門（旺） [日月並明格] ・宮威強－人間関係は複雑となる恐れがある。部下後輩友人との交際も少し距離を置いたものとなる。 ・宮威弱－部下後輩友人との交友は長続きしない。 【奴僕】　　　　　　　亥

甲年生
【遷移】廉貞（禄）　【命宮】破軍（権）　【夫妻】武曲（科）　【兄弟】太陽（忌）
【財帛】禄存　　　　【子女】擎羊　　　　【疾厄】陀羅・天魁　【父母】天鉞
[権禄尋逢格] 専門技術を研究・開発し、それで財を得る。
・基本的に良好な運勢であり、成功し地位と名誉と財を得ることができる。
・配偶者から多くの協力と支援を受け、幸福な人生を送ることができる。

乙年生
【父母】天機（禄）　【疾厄】天梁（権）　【福徳】紫微（科）　【田宅】太陰（忌）　【子女】禄存
【夫妻】擎羊　　　　【財帛】陀羅　　　　【遷移】天魁　　　　【福徳】天鉞
・高い理想や志を抱く。不動産を獲得するが、それを長く保有するのは難しい。
・生育環境はそれなりに安定しているが、両親との縁は薄く、関係もあまりよいとは言えない。

丙年生
【子女】天同（禄）　【父母】天機（権）　【遷移】廉貞（忌）　【兄弟】禄存
【命宮】擎羊　　　　【夫妻】陀羅　　　　【奴僕】天魁　　　　【田宅】天鉞
・外出時に怪我をしたり事故に会う恐れがあるので注意すること。
・生育環境は裕福とは言いがたいが、両親は厳格に子供を躾け教育するので、両親に反発する。

丁年生
【田宅】太陰（禄）　【子女】天同（権）　【父母】天機（科）　【奴僕】巨門（忌）　【命宮】禄存
【父母】擎羊　　　　【兄弟】陀羅　　　　【奴僕】天魁　　　　【田宅】天鉞
・基本的に吉運であるが、大きな財を築くのは難しい。
・部下後輩友人により何かトラブルを被る暗示がある。
・両親は知的でインテリである。

戊年生
【官禄】貪狼（禄）　【田宅】太陰（権）　【父母】天機（忌）　【兄弟】禄存
【命宮】擎羊　　　　【夫妻】陀羅　　　　【疾厄】天魁　　　　【父母】天鉞
・事業運は良好で、高職に就き出世することができる。
・親兄弟親族とは縁が薄い傾向があり、晩年は寂しいものとなる恐れがある。

己年生
【夫妻】武曲（禄）　【官禄】貪狼（権）　【疾厄】天梁（科）　【命宮】禄存
【父母】擎羊　　　　【兄弟】陀羅　　　　【遷移】天魁　　　　【福徳】天鉞
・基本的に吉運であり、成功を得られる運勢である。
・配偶者は出自が裕福で、有能で実力がある。家庭内は配偶者が実権を握る傾向がある。
・その他の星がどこに入るかをよく見て判断すること。

庚年生
【兄弟】太陽（禄）　【夫妻】武曲（権）　【田宅】太陰（科）　【子女】天同（忌）
【福徳】禄存　　　　【田宅】擎羊　　　　【父母】陀羅・天鉞　【疾厄】天魁
・命宮宮威強ければ少しく安定した運勢であり、弱ければそこそこの運勢である。
・夫婦の間は互いに自分の主張をぶつけ安定に欠き、配偶者が家庭内の実権を握る傾向がある。

辛年生
【奴僕】巨門（禄）　【兄弟】太陽（権）　【田宅】禄存　　　　【官禄】擎羊
【福徳】陀羅　　　　【命宮】天魁　　　　【財帛】天鉞
・大きな財産を築くことは難しいが、友人知人の協力や助力に恵まれる。
・その他の星がどこに入るかをよく見て判断すること。

壬年生
【疾厄】天梁（禄）　【福徳】紫微（権）　【夫妻】武曲（忌）　【奴僕】禄存
【遷移】擎羊　　　　【官禄】陀羅　　　　【子女】天魁　　　　【兄弟】天鉞
・大きな理想や志を抱くが、目的を達成するのには困難を伴う。
・夫婦の間は互いに自分の主張をぶつけ、安定に欠けるきらいがある。

癸年生
【命宮】破軍（禄）　【奴僕】巨門（権）　【田宅】太陰（科）　【官禄】貪狼（忌）　【遷移】禄存
【疾厄】擎羊　　　　【奴僕】陀羅　　　　【子女】天魁　　　　【兄弟】天鉞
・命宮宮威強ければ、基本的に発展し成功する運勢である。弱ければ大きな理想を抱くが、その達成には困難を伴うことになる。
・部下や後輩友人の中に口やかましく威丈高な人がいるが、力になってくれる。

104　紫微申・命宮未

太陽（旺） [丹墀桂墀格] ・配偶者は快活で、家庭内の実権は配偶者が握る傾向がある。 ・宮威弱－配偶者は元気であるが独断専行となり、家庭内に不和をもたらすことがある。 ・昌曲左右姚が同宮すれば複数の異性との恋愛など異性問題に注意。 【夫妻】　　　巳	破軍（廟） [英星入廟格] ・宮威強－兄弟とは淡々とした関係になり、それぞれが発展するが、あまり親しく交わることはない。 ・宮威弱－兄弟間の仲はよくない。また兄弟がおらず一人っ子である可能性もある。 【兄弟】　　　午	天機（陥） [機梁加会格] 【命宮】　　　未	紫微（旺） 天府（地） [紫府同宮格] ・宮威強－よい家庭の生まれで、両親の慈愛に浴する。 ・宮威弱－運気下降ぎみの家の生まれであり、両親もさほど元気ではない。 【父母】　　　申
武曲（廟） [将星得地格] [府相朝垣格] ・宮威強－子供の個性は強烈で子供との縁は薄い。 ・宮威弱－子供との関係は良好とは言えず、また子供は怪我をしやすくなる。 【子女】　　　辰	\[機梁加会格\] 神算を操る希代の策士。先読みにかけては人後に落ちぬが、策士策に溺れぬよう。 ・中くらいか小柄の体格で痩身。目つきに何とも言えない特徴がある。 ・企画力は群を抜いたものがあり、創意工夫を重ねる。 ・命宮宮威強ければ敏捷に行動する。個性が強く、社会に対しても問題意識を持ち、政治談義を好む。言葉や言い回しに少しトゲがある。 ・命宮宮威が弱ければ策をもてあそび、人を惑わせるようなところがある。また放言が多く、多く語るが実行することは少ない。結局策士策に溺れ、つまずくようなことになるので注意が必要である。 ・曲昌が化忌を伴って入ると、巧言を弄して人の反発を買うようになる。 ・昌曲同宮－文章能力に優れ、芸術や学術の方面に才能がある。 ・火鈴同宮－気苦労が多くなり、精神的煩悶を引き起こす。頑固、意固地になる傾向がある。 ・空劫同宮－神秘的な事柄に引かれる傾向がある。また、現実逃避の暗示。		太陰（旺） [丹墀桂墀格] ・宮威強－誰にでも心を開き、容易に信頼関係を結ぶことができる。 ・宮威弱－些細なことも気になり、なかなか心が落ち着かない。 【福徳】　　　酉
天同（平） ・宮威強－倹約に努めることにより少しく蓄財する。化禄、禄存があれば大きく蓄財する。 ・宮威弱－大きな財を得ることは難しい。 【財帛】　　　卯			貪狼（廟） ・宮威強－不動産を取得し、きれいで立派な住居に住むことができる。 ・宮威弱－不動産運は芳しくない。 ・火羊が同宮すれば火災に注意。 ・羊陀が同宮すれば盗難に注意。 【田宅】　　　戌
七殺（廟） [七殺朝斗格] ・呼吸器系の疾患に注意。 ・曲昌同宮－手術や血を流すような怪我の暗示。 ・火鈴加会－血便、下半身の疾患に注意。 ・宮威弱－身体のどこかに傷跡を残す。 【疾厄】　　　寅	天梁（旺） [機梁加会格] [日月並明格] ・宮威強－旅行や外出を好み、外出先で人の縁に恵まれチャンスをつかむ。 ・宮威弱－旅に出ても困難に会うことが多い。軽々しく動き回ることは慎まなければならない。 ・羊陀加会－外出先での事故や怪我に注意。 【遷移】　　　丑	廉貞（平） 天相（廟） ・宮威強－良い友に恵まれ、また忠実な部下後輩を得ることができる。 ・宮威弱－友人は信用のおけない人が集まり、部下も失敗ばかりして、いずれは離れていく。 【奴僕】　　　子	巨門（旺） [日月並明格] ・文化教育法律外交関係、マスコミ、娯楽業、代理店、海外事業、営業員。コミュニケーションを生かせる仕事に向く。 ・職業運は良く、宮威強ければ高い職位に昇進できる。禄存化禄があれば、ビジネス一般に向く。 【官禄】　　　亥

甲年生
【奴僕】廉貞（禄）　【兄弟】破軍（権）　【子女】武曲（科）　【夫妻】太陽（忌）
【疾厄】禄存　　　　【財帛】擎羊　　　　【遷移】陀羅・天魁　【命宮】天鉞
［天乙拱命格］学識高く、文章に優れる。幸運に恵まれ、地位ある人の助力にあずかる。異性関係に注意。
・結婚生活は障害や波風の生じる暗示あり、夫婦円満を心がけること。

乙年生
【命宮】天機（禄）　【遷移】天梁（権）　【父母】紫微（科）　【福徳】太陰（忌）　【財帛】禄存
【子女】擎羊　　　　【疾厄】陀羅　　　　【奴僕】天魁　　　　【父母】天鉞
［双禄朝垣格］順調な運勢であり地位も得るが、財については流動性が高く、出たり入ったりという傾向がある。投機性の高い事業には向かない。　・心労多いか、あるいは健康に優れない。

丙年生
【財帛】天同（禄）　【命宮】天機（権）　【奴僕】廉貞（忌）　【夫妻】禄存
【兄弟】擎羊　　　　【子女】陀羅　　　　【官禄】天魁　　　　【福徳】天鉞
・基本的に順調で良好な運勢であるが、不労所得を得ようとしたり策に走る恐れがあるので、その点には注意が必要である。

丁年生
【福徳】太陰（禄）　【財帛】天同（権）　【命宮】天機（科）　【官禄】巨門（忌）　【兄弟】禄存
【命宮】擎羊　　　　【夫妻】陀羅　　　　【官禄】天魁　　　　【福徳】天鉞
・少しく聡明な人であるが、成敗が一定せず懐才不遇をかこつこともある。
・心に余裕を持ち、精神的に満ち足りた楽しい日々を送ることができる。

戊年生
【田宅】貪狼（禄）　【福徳】太陰（権）　【命宮】天機（忌）　【夫妻】禄存
【兄弟】擎羊　　　　【子女】陀羅　　　　【遷移】天魁　　　　【命宮】天鉞
［天乙拱命格］学識高く、文章に優れる。幸運に恵まれ、地位ある人の助力にあずかる。異性関係に注意。
・策を弄し失敗することがある。その結果、心身ともに疲弊し不眠がちとなる。宮威弱ければ、その傾向が強くなる。

己年生
【子女】武曲（禄）　【田宅】貪狼（権）　【遷移】天梁（科）　【兄弟】禄存
【命宮】擎羊　　　　【夫妻】陀羅　　　　【奴僕】天魁　　　　【父母】天鉞
・命宮宮威強ければ地位や名誉を得ることができるが、財は多くは得られない。命宮宮威弱ければ発言や文書の失敗により孤立することがある。

庚年生
【夫妻】太陽（禄）　【子女】武曲（権）　【福徳】太陰（科）　【財帛】天同（忌）
【父母】禄存　　　　【福徳】擎羊　　　　【命宮】陀羅・天鉞　【遷移】天魁
［天乙拱命格］学識高く、文章に優れる。幸運に恵まれ、地位ある人の助力にあずかる。異性関係に注意。
・大きく蓄財することは難しい。家庭内は配偶者が実権を握る傾向がある。

辛年生
【官禄】巨門（禄）　【夫妻】太陽（権）　【福徳】禄存　　　　【田宅】擎羊
【父母】陀羅　　　　【兄弟】天魁　　　　【疾厄】天鉞
・地位と財産を得ることができるが、家庭内は配偶者が実権を握る（亭主関白カカア天下）傾向がある。

壬年生
【遷移】天梁（禄）　【父母】紫微（権）　【子女】武曲（忌）　【官禄】禄存
【奴僕】擎羊　　　　【田宅】陀羅　　　　【財帛】天魁　　　　【夫妻】天鉞
・裕福で安定した家の生まれであるが、両親は子弟を厳しく躾け教育する。
・遠地に赴いて発展するが、成敗吉凶が背中合わせの人生なので、よく諸星の配合を観察すること。

癸年生
【兄弟】破軍（禄）　【官禄】巨門（権）　【福徳】太陰（科）　【田宅】貪狼（忌）　【奴僕】禄存
【遷移】擎羊　　　　【官禄】陀羅　　　　【財帛】天魁　　　　【夫妻】天鉞
・命宮宮威強ければ少しく成功を収め財も得る。宮威弱くてもそれなりの成果を得られるが、そのために相当の努力と苦労を要することになる。

105　紫微申・命宮申

太陽（旺） [丹墀桂墀格] ・子供は優秀で立派に活躍する。 ・宮威強－子供は父母が驚くほどの成功を手にする。 ・宮威弱－人の話を聞かず育てにくい子供である。 【子女】　　　巳	**破軍（廟）** [英星入廟格] ・配偶者は喜怒哀楽の激しい、感情に波のある人。 ・恋愛においては、熱しやすく冷めやすい。従って早婚には適さない。晩婚がよく姉さん女房がよい。 ・昌曲左右天姚が同宮すれば男女問題や恋愛トラブルの暗示あり注意。 ・宮威弱－独身の可能性。 【夫妻】　　　午	**天機（陥）** [機梁加会格] ・兄弟は少なく縁も薄く、兄弟との関係も良好とは言えない。 ・宮威弱－兄弟はいないか、いても兄弟から迷惑やトラブルを被る恐れがある。 【兄弟】　　　未	**紫微（旺）** **天府（地）** [紫府同宮格] 【父母】　　　申
武曲（廟） [将星得地格] [府相朝垣格] ・宮威強－金融界や財界にあって発展、あるいは事業を興し富を得る。化禄や禄存と加会すれば、なおよい。 ・火鈴同宮すれば突然財をつかみ、突然財を失う。 ・宮威弱－大きな財を築くことは難しい。 【財帛】　　　辰	**紫府同宮格** 帝星2星相見え、その強さは最強・強大。 しかしその強さゆえの孤独・寂しさも。 **（府相朝垣格）** 目上の引き立て、実力者の支援を受ける。 晩婚に適す。 ・社会的に成功を収め、地位・名誉・財に恵まれ健康長寿である。 ・帝星2星同宮はその勢いが強きに過ぎ、時に空しさにとらわれたり、孤独感を感じ、思い悩む。 ・保守的で温厚な人で、現状に満足する性格。		**太陰（旺）** [丹墀桂墀格] ・母親との関係が強い暗示。 ・宮威強－父母との関係は良好で多くの支援を受く。 ・宮威弱－母親が短命となるか、災厄を被る恐れがあるので注意すること。さらに化忌が同宮すれば両親とは意見が合わず、反目し合うようになる。 【父母】　　　酉
天同（平） ・宮威強－一生を通じて病気になることは少ない。 ・宮威弱－神経衰弱、不眠症、水腫、肥満、手足の関節痛、リューマチなど。 ・比較的風邪を引きやすい。 【疾厄】　　　卯	・他者に対し親身になりきれないところもある。 ・人には弱みを見せたくない性格である。 ・きめ細かな思考を要求される仕事に向く。 ・艱難を乗り越え目標達成を遂行する。 ・天馬加会－衝動的な行動。さらに陀羅が加会すれば失敗の暗示。 ・曲昌同宮－文学・音楽・演劇などの芸術的才能。 ・火鈴同宮－情緒不安定や軽率な言動により誤解されることがある。 ・空劫同宮－時として精神的空虚感に苛まれ、猜疑心強く、内面に幻想と矛盾を抱える。 ・女性は、おとなしく家庭におさまる人ではないので、何か仕事を持つとよい。		**貪狼（廟）** ・刺激を求め、物欲も強く目的を達成しようとする（狙った獲物は入手する）。 ・曲昌同宮－芸術を愛好するようになる。 ・火鈴同宮－強烈な個性の持ち主となる。 ・天姚、紅鸞、昌曲が同宮加会すれば、恋愛上のトラブルを引き起こす恐れがある。 【福徳】　　　戌
七殺（廟） [七殺朝斗格] ・宮威強－早くに家を離れ遠地で成功する。 ・外出を好み家には不在がちで刺激的な生活を好む。 ・宮威弱－外出先や移転先でなかなか受け入れられない（特に羊陀同宮）。 ・羊陀が同宮すれば、外出先での事故や怪我の暗示あり注意。 【遷移】　　　寅	**天梁（旺）** [機梁加会格] [日月並明格] ・人を集める力に優れ部下や友人運は良好である。 ・宮威強－多くの友人や部下の支援を得られる。 ・宮威弱－共同作業には向かず、友人部下から面倒やトラブルを被ることになる。 【奴僕】　　　丑	**廉貞（平）** **天相（廟）** ・公的機関に勤めても民間企業に勤めても良好である。 ・宮威強－高位に昇る。 ・宮威弱－低い地位で仕事上の苦労が多くなる。 ・金融経済、政治、工業、チェーン店などに向く。 ・化忌同宮－訴訟や業務上のトラブルに注意。 【官禄】　　　子	**巨門（旺）** [日月並明格] ・宮威強－広く大きな住居に住む。 ・宮威弱－不動産運はさほど良好なものではない。 ・火羊が同宮すれば火災に注意。 ・羊陀が同宮すれば盗難に注意。 【田宅】　　　亥

甲年生
【官禄】廉貞（禄）　【夫妻】破軍（権）　【財帛】武曲（科）　【子女】太陽（忌）
【遷移】禄存　　　【疾厄】擎羊　　　【奴僕】陀羅・天魁　【兄弟】天鉞
・事業は順調に発展し、組織にあっては高位高官に昇りつめる。財にも恵まれるが、経済的には締まり屋（けちんぼう）となる傾向が伺える。
・家族や家庭、子供のことでゴタゴタすることがある。

乙年生
【兄弟】天機（禄）　【奴僕】天梁（権）　【命宮】紫微（科）　【父母】太陰（忌）　【疾厄】禄存
【財帛】擎羊　　　【遷移】陀羅　　　【官禄】天魁　　　【命宮】天鉞
・事務処理能力に優れ、仕事上のコミュニケーションもよく、成功を収める。財産は多くはない。
・父母宮の宮威弱ければ生家は落魄するか、父母に背くようになる。

丙年生
【疾厄】天同（禄）　【兄弟】天機（権）　【官禄】廉貞（忌）　【子女】禄存
【夫妻】擎羊　　　【財帛】陀羅　　　【田宅】天魁　　　【父母】天鉞
・仕事の上で懐才不遇な目に会い逆境に陥り、投機や賭博に走る恐れがある。
・疾厄宮の宮威強ければ生涯健康でいられる。

丁年生
【父母】太陰（禄）　【疾厄】天同（権）　【兄弟】天機（科）　【田宅】巨門（忌）　【夫妻】禄存
【兄弟】擎羊　　　【子女】陀羅　　　【田宅】天魁　　　【父母】天鉞
［科権禄夾格］基本的に吉命であるが、健康には注意すること。
・生家は裕福で両親との関係も良好だが、自分の家庭や住居のことでゴタゴタすることがある。

戊年生
【福徳】貪狼（禄）　【父母】太陰（権）　【兄弟】天機（忌）　【子女】禄存
【夫妻】擎羊　　　【財帛】陀羅　　　【奴僕】天魁　　　【兄弟】天鉞
・福徳宮に陀羅や桃花星が同宮加会すれば酒食歓楽色情に流される恐れがあるので注意すること。
・両親は厳しい人であり、両親との関係は良好とは言えない。　・事業の成功は難しいが、命宮宮威強ければそこそこの成功は望める。弱ければ兄弟や友人のトラブルに悩まされることがある。

己年生
【財帛】武曲（禄）　【福徳】貪狼（権）　【奴僕】天梁（科）　【夫妻】禄存
【兄弟】擎羊　　　【子女】陀羅　　　【官禄】天魁　　　【命宮】天鉞
・配偶者から協力と支援を受け、力になってくれる。命宮宮威強ければ、そこそこの財産を得ることができ、弱ければ少しく蓄財する。

庚年生
【子女】太陽（禄）　【財帛】武曲（権）　【父母】太陰（科）　【疾厄】天同（忌）
【命宮】禄存　　　【父母】擎羊　　　【兄弟】陀羅・天鉞　【奴僕】天魁
・富と名誉と地位に恵まれる良好な運勢である。
・健康、特に下半身の疾患に注意すること。
・女性はおとなしく家庭の主婦におさまるタイプではないので、何か仕事を持つとよい。

辛年生
【田宅】巨門（禄）　【子女】太陽（権）　【父母】禄存　　　【福徳】擎羊
【命宮】陀羅　　　【夫妻】天魁　　　【遷移】天鉞
・命宮宮威強ければ出身はさほどでなくとも、地位ある人や実力者に助けられ上級の職位に就く。弱ければそれほどでもない。

壬年生
【奴僕】天梁（禄）　【命宮】紫微（権）　【財帛】武曲（忌）　【田宅】禄存
【官禄】擎羊　　　【福徳】陀羅　　　【疾厄】天魁　　　【子女】天鉞
・管理能力に優れ権威と権力を手中に置くが、大きな財産を得るのは難しい。命宮宮威弱ければ、力ずくで物事を進めようとして、最後は失敗することになる。

癸年生
【夫妻】破軍（禄）　【田宅】巨門（権）　【父母】太陰（科）　【福徳】貪狼（忌）　【官禄】禄存
【奴僕】擎羊　　　【田宅】陀羅　　　【疾厄】天魁　　　【子女】天鉞
・裕福な出自の妻を娶る（裕福な家庭に嫁ぐ）か、あるいは配偶者が有能な人で、協力と支援を得る。
・何かと気苦労が多く、ときに憂鬱な気分に襲われることがある。
・両親はインテリで学問や芸術に造詣のある人だが、病気がちなことがある。

106　紫微申・命宮酉

太陽（旺） [丹墀桂墀格] ・宮威強－財運には恵まれ、またその得た財を気前よく使う。 ・宮威弱－あまり大きな財は得にくい。財は入ったり出たりである。 ・化忌同宮－財産や経理を巡って紛争やトラブルの暗示あり注意。 【財帛】　　　　　巳	破軍（廟） [英星入廟格] ・子供の個性は強烈で、親の言うことをなかなか聞かない傾向がある。 ・宮威強－子供は立派に成長するが、成長してからはそれぞれ独立し、あまり実家に顔を見せない。 ・宮威弱－子供に恵まれないか、子供が親に反抗するようになる。 【子女】　　　　　午	天機（陥） [機梁加会格] ・配偶者や恋人は嫉妬深いところがあり、疑い深く相手に執着し束縛するようなところがある。 ・宮威強－年の離れたカップルとなるが、うまくいく。 ・宮威弱－早熟で、早くから恋愛と失恋を繰り返す傾向がある。 【夫妻】　　　　　未	紫微（旺） 天府（地） [紫府同宮格] ・宮威強－兄弟の中に力のある立派な人がいて、仲もよく、大いに支援を受けることができる。 ・宮威弱－兄弟の中に立派な人がいるが、それほど大きな助力は得られない。 【兄弟】　　　　　申
武曲（廟） [将星得地格] [府相朝垣格] ・宮威強－おおむね健康である。 ・宮威弱－呼吸器、気管支肺炎などに注意。 ・化忌火鈴同宮－肺炎に注意。 【疾厄】　　　　　辰	丹墀桂墀格 幼少の頃より求学の志が高く、長じて後に出世する。 ・色白で美しく整った容貌をしており聡明である。静かで清らか（清潔）なことを好む。感受性に優れ感情も豊かで、芸術的な世界や形而上学（玄学）に興味を持ち、またその造詣も深い。 ・礼儀正しく、謙虚で穏やかな態度で人と接するので人間関係も良好である。 ・前途に満々たる希望、大きな理想を抱く。ロマンチストでもある。 ・そのロマンチストぶりは異性との関係でも発揮され、男女ともに異性によくもてるようになる。従って異性関係には節度と注意が必要である。 ・外出運は良好で、外出先で人の縁に恵まれる。 ・命宮宮威が弱いと、厳しい現実から目をそむけ、怠惰な世界に流される傾向があり、視野が狭くなり、孤独となることがある。 ・昌曲同宮－心理学、宗教学、占術などに才能があり、第六感（直感力）に優れている。 ・化忌同宮－いろいろと企み、策を巡らせ、人を欺くこともある。		太陰（旺） [丹墀桂墀格] 【命宮】　　　　　酉
天同（平） ・宮威強－遠地や外出先で実力者や地位のある者の知己を得てチャンスをつかむことができる。 ・宮威弱－あまり大きく動くのは不利で、むしろ動かずじっとしていた方がよい。また交通事故や、外出先での怪我や事故に注意すること。 【遷移】　　　　　卯			貪狼（廟） ・宮威強－両親との関係は良く、家庭環境も良好である。 ・宮威弱－親子間はあまり仲がよいとは言えず、中には意見の対立が起こることもある。 【父母】　　　　　戌
七殺（廟） [七殺朝斗格] ・部下や後輩友人は強烈な個性の持ち主が多く、上司を上司と思わないところがあるので、注意して付き合う必要がある。大きな助力は得られない。 ・宮威弱－部下や後輩友人の中に逆らう者がいて、損害や面倒を被る恐れがあるので注意すること。 【奴僕】　　　　　寅	天梁（旺） [機梁加会格] [日月並明格] ・宮威強－人より抜きん出て、高い地位と報酬を得ることができる。しかしあまり商売には向かない。 ・公務員、研究教育職、慈善事業、医療関係、宗教文物取扱、多角化経営、兼業兼職、アルバイターなどに適性がある。 【官禄】　　　　　丑	廉貞（平） 天相（廟） ・宮威強－不動産を所有することができる。 ・宮威弱－大きな不動産を手に入れるのは難しい。 ・火羊が同宮すれば火災に注意。 ・羊陀が同宮すれば盗難に注意。 【田宅】　　　　　子	巨門（旺） [日月並明格] ・あまり深く考えずに判断したりものを言ったりするような、やや軽佻な面がある。 ・宮威強－自分の性格を自覚して注意し、うまくやることができる。 ・宮威弱－人の話はよく聞いて、言葉を選んで話すようにすること。 【福徳】　　　　　亥

甲年生
【田宅】廉貞（禄）　【子女】破軍（権）　【疾厄】武曲（科）　【財帛】太陽（忌）
【奴僕】禄存　　　　【遷移】擎羊　　　　【官禄】陀羅・天魁　【夫妻】天鉞
・大きな財運は期待できないが、その他の星もよく見て判断すること。
・子供は自意識が強く、しっかりと自分の意見を主張するようになる。

乙年生
【夫妻】天機（禄）　【官禄】天梁（権）　【兄弟】紫微（科）　【命宮】太陰（忌）　【遷移】禄存
【疾厄】擎羊　　　　【奴僕】陀羅　　　　【田宅】天魁　　　　【兄弟】天鉞
・職業運は良く、権威ある地位を得られる。
・配偶者は財力もあり有能な人であるが、場合により病弱であることがある。

丙年生
【遷移】天同（禄）　【夫妻】天機（権）　【田宅】廉貞（忌）　【財帛】禄存
【子女】擎羊　　　　【疾厄】陀羅　　　　【福徳】天魁　　　　【命宮】天鉞
・基本的に成功を収める命であるが、配偶者は家庭内の実権を握るようになりがちである（亭主関白カカア天下）。

丁年生
【命宮】太陰（禄）　【遷移】天同（権）　【夫妻】天機（科）　【福徳】巨門（忌）　【子女】禄存
【夫妻】擎羊　　　　【財帛】陀羅　　　　【福徳】天魁　　　　【命宮】天鉞
［権禄尋逢格］専門技術を研究・開発し、それをビジネスにつなげる才がある。
・基本的に地位と名誉と財を得て成功する命であるが、命宮宮威強ければさらによい。
・結婚生活は配偶者の尻に敷かれる恐れがある。

戊年生
【父母】貪狼（禄）　【命宮】太陰（権）　【夫妻】天機（忌）　【財帛】禄存
【子女】擎羊　　　　【疾厄】陀羅　　　　【官禄】天魁　　　　【夫妻】天鉞
・比較的恵まれた家庭環境に育ち、リーダーシップを発揮し事業や仕事で成功を収める。
・結婚は一度で終わらず、再婚する可能性がある。

己年生
【疾厄】武曲（禄）　【父母】貪狼（権）　【官禄】天梁（科）　【子女】禄存
【夫妻】擎羊　　　　【財帛】陀羅　　　　【田宅】天魁　　　　【兄弟】天鉞
・財産や利益よりも、名誉を得る運勢である。
・両親は昔気質の厳格な人で、子供を厳しく躾け教育する。

庚年生
【財帛】太陽（禄）　【疾厄】武曲（権）　【命宮】太陰（科）　【遷移】天同（忌）
【兄弟】禄存　　　　【命宮】擎羊　　　　【夫妻】陀羅・天鉞　【官禄】天魁
・命宮宮威強ければ財産を築くことができるが、弱くてもそれなりに安定した人生である。
・面倒でやっかいな病気に罹る恐れがあるので、健康には注意すること。

辛年生
【福徳】巨門（禄）　【財帛】太陽（権）　【命宮】禄存　　　　【父母】擎羊
【兄弟】陀羅　　　　【子女】天魁　　　　【奴僕】天鉞
・基本的に財を得て安定した人生を送ることができる運勢であるが、その他の星がどこに入るのかをよく見て判断すること。

壬年生
【官禄】天梁（禄）　【兄弟】紫微（権）　【疾厄】武曲（忌）　【福徳】禄存
【田宅】擎羊　　　　【父母】陀羅　　　　【遷移】天魁　　　　【財帛】天鉞
・財産や利益よりも、地位と名誉を得る運勢である。
・健康には十分注意すること。

癸年生
【子女】破軍（禄）　【福徳】巨門（権）　【命宮】太陰（科）　【父母】貪狼（忌）　【田宅】禄存
【官禄】擎羊　　　　【福徳】陀羅　　　　【遷移】天魁　　　　【財帛】天鉞
・命宮宮威強ければ地位と名誉を得るが、大きな財産を築くのは難しい。
・両親との縁は薄く、最悪の場合は対立し衝突するようになる。

107　紫微申・命宮戌

太陽（旺）[丹墀桂墀格] ・宮威強－おおむね健康である。 ・宮威弱－眼科系疾患、めまい、偏頭痛に注意。 ・高血圧や脳溢血にも注意が必要である。 【疾厄】　　　巳	破軍（廟）[英星入廟格] ・宮威強－財運は順調で、かなりの財を得ることができるが、変動も大きい。大きく入って大きく出ていく。 ・宮威弱－財産を浪費し消費してしまう。 ・火鈴同宮－特殊な方面や仕事で収入を得る。 【財帛】　　　午	天機（陥）[機梁加会格] ・宮威強－子供は特に優秀ということはなく普通の子供であり、関係も薄いものとなる。 ・宮威弱－子供はあまり優秀な子供ではない。 ・空劫同宮－育てにくい子供となる。 ・羊陀同宮－子供は親の話を聞かない。 【子女】　　　未	紫微（旺）天府（地）[紫府同宮格] ・宮威強－配偶者は非常に優秀で実家も裕福である。夫婦に年齢差があることがあり、晩婚に適す。 ・宮威弱－配偶者は欲が強く、細かいことまで口を出して管理する。 【夫妻】　　　申
武曲（廟）[将星得地格][府相朝垣格] ・非常に活動力があり、好んで外地に赴いたり外出するようになる。 ・宮威強－外地や外出先で大いに発展しチャンスをつかむ。 ・羊陀同宮加会－交通事故や外出先での怪我や事故の暗示あり注意。 【遷移】　　　辰	・背が高く大柄な方であるが、人に威圧感を与えるようなことはない。文学や芸術、音楽やダンス、映画や舞台芸術などに関心があり、多芸多才で交友も広く、人と交際することを好む。 ・基本的に情け深い優しい人であるが、ともすれば情に流されることがあるので注意が必要である。一方、物欲やその他の欲求が強く、自分ひとりで決断し目標まで最短距離を進む。 ・活動的で行動力がある。変動運であり、変化を好む。気前がよく思い切って出費するので、金銭管理はしっかりと行った方がよい。 ・好奇心旺盛で、占いや神秘学を研究する人もいる。 ・命宮宮威弱－言説が一定しないことがあり、また酒色を好み遊び歩くようになる。 ・昌曲同宮－人との交流においていささか軽佻な面が見られ、上品でセンスのある人であるが、言葉や態度を過度に飾る傾向がある。 ・火鈴同宮－突然発展し、突然破れる。 ・羊陀同宮－子供の頃、事故や怪我に会い、顔に傷跡が残ることがある。 ・女命火鈴同宮－美人であり、さらに桃花星が会すれば妖艶な魅力をたたえることになる。		太陰（旺）[丹墀桂墀格] ・宮威強－兄弟仲良く心を通じ合い、互いに助け合う。 ・宮威弱－兄弟との縁は薄く、関係も良好とは言えない。気持ちもなかなか通じ合わない。 【兄弟】　　　酉
天同（平） ・宮威強－部下や後輩友人は友好的でフレンドリーな人が多く、多くの支援を得られる。 ・宮威弱－部下や後輩友人は、表向きはよいが、内心は不協和音を発している。 【奴僕】　　　卯			貪狼（廟） 【命宮】　　　戌
七殺（廟）[七殺朝斗格] ・宮威強－創業の才があり権力を握ることができる。 ・宮威弱－初めはよいが締めくくりを疎かにする。 ・警察、自衛隊、消防、工芸関係、海外事業、学術研究、重工業、金属関係製造業などに向く。その他、チャレンジングな仕事に向いている。 【官禄】　　　寅	天梁（旺）[機梁加会格][日月並明格] ・宮威強－父祖から家屋や不動産を受け継ぐ可能性がある。それは立派だが古いものである。 ・宮威弱－不動産により煩わしい面倒事を受けることがある。 【田宅】　　　丑	廉貞（平）天相（廟） ・欲求が強く、いろいろなものを欲しがり、集めることがある。 ・宮威強－仕事が忙しく、しかし仕事に邁進する。 ・宮威弱－多忙を極め、幸せを味わう心のゆとりを持つのが難しい。 【福徳】　　　子	巨門（旺）[日月並明格] ・両親は言葉がきつく、厳しく叱責されることがある。 ・宮威強－両親との関係はあまり良好ではない。 ・宮威弱－両親とは距離を置き、離れるようになる。あるいは両親のどちらかに反抗・対立するようになる。 【父母】　　　亥

甲年生
【福徳】廉貞（禄）　　【財帛】破軍（権）　　【遷移】武曲（科）　　【疾厄】太陽（忌）
【官禄】禄存　　　　　【奴僕】擎羊　　　　　【田宅】陀羅・天魁　　【子女】天鉞
・基本的に財と地位を得て成功する良好な運勢であり、配偶者は有能で大きな協力と支援を得ることができるが、本人は身体があまり丈夫ではないので、健康には十分な注意を要する。

乙年生
【子女】天機（禄）　　【田宅】天梁（権）　　【夫妻】紫微（科）　　【兄弟】太陰（忌）　　【奴僕】禄存
【遷移】擎羊　　　　　【官禄】陀羅　　　　　【福徳】天魁　　　　　【夫妻】天鉞
・命宮宮威強ければ、よい職を得て少しく安定した運勢であるが、弱ければ大きな事業を成すことは難しい。
・配偶者から多くの協力と支援を得ることができる。

丙年生
【奴僕】天同（禄）　　【子女】天機（権）　　【福徳】廉貞（忌）　　【疾厄】禄存
【財帛】擎羊　　　　　【遷移】陀羅　　　　　【父母】天魁　　　　　【兄弟】天鉞
[貴星夾命格] 人の援助に恵まれる。
・気苦労が多く、いささか精神的安定を欠くようになる恐れがある。

丁年生
【兄弟】太陰（禄）　　【奴僕】天同（権）　　【子女】天機（科）　　【父母】巨門（忌）　　【財帛】禄存
【子女】擎羊　　　　　【疾厄】陀羅　　　　　【父母】天魁　　　　　【兄弟】天鉞
[貴星夾命格] 人の援助に恵まれる。
・大きな事業を成すことは難しいが、その中にも人生の楽しみを見つる。
・生まれた家庭環境はあまり恵まれたものとは言えず、両親との関係も良好とは言えない。

戊年生
【命宮】貪狼（禄）　　【兄弟】太陰（権）　　【子女】天機（忌）　　【疾厄】禄存
【財帛】擎羊　　　　　【遷移】陀羅　　　　　【田宅】天魁　　　　　【子女】天鉞
・命宮宮威強ければ才能豊かで多芸多才の人となり、弱ければあまり良い趣味嗜好を持たない。
・両親との関係は、あまり良好とは言えない。

己年生
【遷移】武曲（禄）　　【命宮】貪狼（権）　　【田宅】天梁（科）　　【財帛】禄存
【子女】擎羊　　　　　【疾厄】陀羅　　　　　【福徳】天魁　　　　　【夫妻】天鉞
[権禄尋逢格] 専門技術を研究・開発し、それで財を得る。
・強烈な個性の持ち主で、仕事も自ら創業し、宮仕えをよしとしない。基本的に財も名誉も得て成功する運勢であるが、その他の星もよく見て判断すること。

庚年生
【疾厄】太陽（禄）　　【遷移】武曲（権）　　【兄弟】太陰（科）　　【奴僕】天同（忌）
【夫妻】禄存　　　　　【兄弟】擎羊　　　　　【子女】陀羅・天鉞　　【田宅】天魁
・そこそこ安定した運勢である。配偶者は優秀で協力と支援を得ることができる。

辛年生
【父母】巨門（禄）　　【疾厄】太陽（権）　　【兄弟】禄存　　　　　【命宮】擎羊
【夫妻】陀羅　　　　　【財帛】天魁　　　　　【官禄】天鉞
・事業運は平均的なものである。頑固でやっかいな病気に悩まされる恐れがあるので健康に注意。
・比較的裕福で恵まれた家庭環境で成長する。

壬年生
【田宅】天梁（禄）　　【夫妻】紫微（権）　　【遷移】武曲（忌）　　【父母】禄存
【福徳】擎羊　　　　　【命宮】陀羅　　　　　【奴僕】天魁　　　　　【疾厄】天鉞
・大きな事業を成すことは難しいが、配偶者の実家が裕福であるか、配偶者が優秀で、協力と支援を得ることができる。ただ、配偶者が家庭内の実権を握るようになる（亭主関白カカア天下）。

癸年生
【財帛】破軍（禄）　　【父母】巨門（権）　　【兄弟】太陰（科）　　【命宮】貪狼（忌）　　【福徳】禄存
【田宅】擎羊　　　　　【父母】陀羅　　　　　【奴僕】天魁　　　　　【疾厄】天鉞
[科権禄夾格] 財と地位を得る吉格。
・交際と遊興に身をやつす恐れがある。一方、特殊な方面や仕事で収入を得ることがある。
・両親は激しく子供を叱責し、厳しく躾け教育する傾向がある。

108　紫微申・命宮亥

【遷移】　　　　　巳	【疾厄】　　　　　午	【財帛】　　　　　未	【子女】　　　　　申
太陽（旺） [丹墀桂墀格] ・宮威強－遠地に赴いたり外出することで発展する。 ・宮威弱－遠地や外出先で苦労することになる。 ・宮威弱く羊陀が同宮加会すれば、交通事故など外出先での事故や怪我の暗示があるので注意すること。	破軍（廟） [英星入廟格] ・宮威強－おおむね健康である。 ・宮威弱－膿やかさぶたなどの皮膚疾患に注意。また手足に怪我をして傷跡が残ることもある。	天機（陥） [機梁加会格] ・宮威強－得財のためには相当の努力と苦労を伴うことになる。財運は一定せず、なかなか蓄財できない。 ・宮威弱－あまり大きな財運は期待できない。	紫微（旺） 天府（地） [紫府同宮格] ・宮威強－立派な子供に恵まれる。 ・宮威弱－子供との縁は薄く、子供との関係もあまり良好とは言えない。空劫同宮すれば育てにくい子供であり、羊陀同宮すれば親の言うことを聞かない子供となる。

【奴僕】　　　　　辰	日月並命格	【夫妻】　　　　　酉
武曲（廟） [将星得地格] [府相朝垣格] ・部下後輩友人は容易に打ち解けて仲良くなるが、いい人もいればそうでない人もいるので交際には注意が必要である。 ・宮威弱－部下後輩友人とは仲違いしたり欺かれる恐れがあるので注意が必要である。	快活なれどアバウトでルーズな一面も。 ・分析力と連想力に優れ、旺盛な研究心を持つ。また弁舌にも優れ、頑固でもある。 ・常に問題意識を持ち、理想が高いため現実の事柄に疑問や不満を持つようになり、徹底的に追求したり研究するようになる。 ・自己の信念に従って行動し、あまり他人の意見に左右されることがない。行動や志向は主観的な傾向があり、それが他人には頑固と捉えられることになる。 ・話術に優れ説得力のある話し方をするが、それが過ぎて不快感を持たれる場合もある。 ・金銭や物質より精神的充実に価値を置く。 ・善良な人なのではあるが、親切さをあまり表に出さないので、近寄りがたい感じを与える人もいる。歯に衣を着せずにものを言い、文学や芸術を好むが誇張した表現となりがち。 ・命宮宮威弱－人の陰口を言うようになり、口舌の災いを招くことがあるので注意が必要。また、行動や考えに一貫性を欠き、変わりやすくなる。健康にも注意が必要である。 ・化忌同宮－頼る者がおらず、自分で不正な考えを抱き、結局は自分も人も傷つけることになる。	太陰（旺） [丹墀桂墀格] ・配偶者は賢く優秀である。 ・宮威強－配偶者の実家は裕福な可能性がある。 ・宮威弱－配偶者との縁は薄いものであり、化忌が同宮すれば結婚生活は波風が立つことになるので安定させる努力が必要である。

【官禄】　　　　　卯		【兄弟】　　　　　戌
天同（平） ・仕事に対してはのんびりしたところが見られるので、基本的に自由業に適す。 ・教育関係、マスコミ関係、旅行業、芸術関係、音楽作詞、水族館勤務、果樹園や農場の経営などに向く。		貪狼（廟） ・基本的に兄弟は少ない。 ・宮威強－兄弟各々が自分のことを考え、それぞれ独立する。 ・宮威弱－兄弟との関係はあまり良好なものでないか、兄弟との縁が薄くなる。

【田宅】　　　　　寅	【福徳】　　　　　丑	【父母】　　　　　子	【命宮】　　　　　亥
七殺（廟） [七殺朝斗格] ・不動産運はあり、不動産を管理するようになる。 ・宮威強－不動産により利益を得、もし化禄や禄存が同宮すればその利益ははなはだ大きくなる。 ・宮威弱－不動産売買により損失を被る恐れがあるので用心すること。	天梁（旺） [機梁加会格] [日月並明格] ・精神的に成熟し高尚な考えや趣味を持ち、また長寿でもある。 ・宮威強－宗教や哲学などについて思いを巡らし、また玄学にも関心がある。 ・宮威弱－玄学や精神世界に興味を持つが、考えすぎて疲弊することがある。	廉貞（平） 天相（廟） ・宮威強－両親との関係は一般的で普通なものとなる。 ・宮威弱－両親との縁は薄いものとなり、関係もあまり良好とは言えない。さらに化忌が同宮すれば、両親のどちらかと対立するようなことになる。	巨門（旺） [日月並明格]

甲年生
【父母】廉貞（禄）　　【疾厄】破軍（権）　　【奴僕】武曲（科）　　【遷移】太陽（忌）
【田宅】禄存　　　　　【官禄】擎羊　　　　　【福徳】陀羅・天魁　　【財帛】天鉞
・事業運はまあまあであるが、交通事故や外出先での怪我や事故に注意が必要である。
・比較的裕福で良好な家庭環境で育つ。

乙年生
【財帛】天機（禄）　　【福徳】天梁（権）　　【子女】紫微（科）　　【夫妻】太陰（忌）　　【官禄】禄存
【奴僕】擎羊　　　　　【田宅】陀羅　　　　　【父母】天魁　　　　　【子女】天鉞
・財運はあるのだが、出たり入ったりでなかなか安定しない傾向がある。
・事業／職業運は比較的良好である。
・結婚生活は波風が立つ暗示があるので注意すること。

丙年生
【官禄】天同（禄）　　【財帛】天機（権）　　【父母】廉貞（忌）　　【遷移】禄存
【疾厄】擎羊　　　　　【奴僕】陀羅　　　　　【命宮】天魁　　　　　【夫妻】天鉞
・よい職に就き高給を得ることができるが、大きく蓄財するのは難しいかもしれない。
・両親との関係は良好とは言えず、その縁も薄いものとなる。
・その他の星がどこに入るのかもよく見て判断すること。

丁年生
【夫妻】太陰（禄）　　【官禄】天同（権）　　【財帛】天機（科）　　【命宮】巨門（忌）　　【疾厄】禄存
【財帛】擎羊　　　　　【遷移】陀羅　　　　　【命宮】天魁　　　　　【夫妻】天鉞
・基本的に良好な運勢であるが、その良さは実体を伴わない恐れがある。
・配偶者は裕福な家庭の出身であるか、あるいは聡明で有能な人の可能性がある。
・比較的良好な環境で育つが、幼児期に病気がちで両親に心配をかけるかもしれない。

戊年生
【兄弟】貪狼（禄）　　【夫妻】太陰（権）　　【財帛】天機（忌）　　【遷移】禄存
【疾厄】擎羊　　　　　【奴僕】陀羅　　　　　【福徳】天魁　　　　　【財帛】天鉞
・事業／仕事運はよいのではあるが、実体を伴わない恐れがある（思うほど蓄財できない）。
・結婚生活は配偶者が主導権を握り、亭主関白カカア天下となる可能性が高い。

己年生
【奴僕】武曲（禄）　　【兄弟】貪狼（権）　　【福徳】天梁（科）　　【疾厄】禄存
【財帛】擎羊　　　　　【遷移】陀羅　　　　　【父母】天魁　　　　　【子女】天鉞
・大きな成功は望めないが、その他の星がどこに入るかをよく見て判断すること。

庚年生
【遷移】太陽（禄）　　【奴僕】武曲（権）　　【夫妻】太陰（科）　　【官禄】天同（忌）
【子女】禄存　　　　　【夫妻】擎羊　　　　　【財帛】陀羅・天鉞　　【福徳】天魁
・事業／職業運はそれほど良いとは言えない。足るを知ることが肝要である。
・部下や後輩友人の中に威丈高で高飛車な人がいるが、力になってくれる。

辛年生
【命宮】巨門（禄）　　【遷移】太陽（権）　　【夫妻】禄存　　　　　【兄弟】擎羊
【子女】陀羅　　　　　【疾厄】天魁　　　　　【田宅】天鉞
[権禄尋逢格] 専門技術を研究・開発し、それで財を得る。
・基本的に成功を収める良好な命運であるが（権禄尋逢格）、その他の星をよく見て判断すること。

壬年生
【福徳】天梁（禄）　　【子女】紫微（権）　　【奴僕】武曲（忌）　　【命宮】禄存
【父母】擎羊　　　　　【兄弟】陀羅　　　　　【官禄】天魁　　　　　【遷移】天鉞
・少しく安定した運勢であるが、部下後輩友人との付き合いには慎重な態度を要する。
・子供は自分の意見を持ち、しっかりと主張するようになる。

癸年生
【疾厄】破軍（禄）　　【命宮】巨門（権）　　【夫妻】太陰（科）　　【兄弟】貪狼（忌）　　【父母】禄存
【福徳】擎羊　　　　　【命宮】陀羅　　　　　【官禄】天魁　　　　　【遷移】天鉞
・命宮宮威強ければ、発言が注目を集めることになるが、弱ければ弁舌により災いを招く恐れがあるので注意が必要である。
・配偶者からは、多くの協力や支援を得られる。

109　紫微酉・命宮子

武曲（平） **破軍（平）** ・宮威強－部下後輩友人は多く、力になってくれる。ただしその交友はあまり長続きせず、常に新しい人に入れ替わる。 ・宮威弱－心から打ち解け安心できる部下後輩友人には、なかなか巡りあわない。 【奴僕】　　　　巳	**太陽（旺）** [日麗中天格] ・遠地に赴いたり外出を好むようになる。 ・宮威強－あちこち動き回ったり移動するのが好きで、苦労を惜しまない。 ・宮威弱－交通事故や外出先での事故や怪我に注意すること。特に羊陀が同時に加会したり化忌が同宮すると危険性が高まる。 【遷移】　　　　午	**天府（廟）** [日月夾命格] ・基本的におおむね健康である。 ・火鈴加会－腸胃潰瘍、胃腸穿孔、筋肉痛、外傷などに注意。 【疾厄】　　　　未	**天機（地）** **太陰（利）** [機月同梁格] ・宮威強－自分の力で財を成すことができる。 ・宮威弱－大きな財産を築くのは難しい。 【財帛】　　　　申
天同（平） [機月同梁格] ・仕事の上で、やや怠惰でルーズに流される面がある。 ・公務員、教育関係、著述業、学術研究、広告、歌手、作曲などに向く。 ・宮威弱－職業に不満を持ちやすく、職業を変えることが多くなる。 【官禄】　　　　辰	**寿星入廟格** 豪放磊落。難問も臆せず解決。 人を率いる大親分。 **機月同梁格** 抜群の企画力と事務処理能力で主人の片腕となる大番頭。No.2狙いで大成功。 ・義侠心に厚く、困っている人を見ると手を差し伸べずにはいられない。世話好きで親分肌なので多くの人から尊敬される。 ・若くして老成した感じを人に与え、長者の風格を備えている。 ・金銭には淡白で、人に施すようになる。 ・病気がちで医者や薬との縁が切れないが、それがかえって長命につながる。 ・礼儀正しく謙虚で聡明である。一方で磊落な面もあり、小さなことにはあまり拘泥しない。 ・宗教や哲学、医学などの学術研究を好む。 ・孤高の精神を持ち、群れることを好まない。 ・命宮宮威強－熱心に事業に取り組み、人より一頭抜きん出て成功を収める。 ・命宮宮威弱－高慢となり、人の恩を忘れて人間関係に支障をきたす恐れがあるので、自戒を忘らないようにすること。		**紫微（旺）** **貪狼（利）** [桃花犯主格] ・精力旺盛で、特に避妊しなければ子だくさんとなる可能性がある。 ・宮威強－子供はよい子であり、両親は安心していられる。 ・宮威弱－子供は悪習に染まる恐れがあるので、注意が必要である。 【子女】　　　　酉
[命無正曜格] [府相朝垣格] ・宮威強－不動産運は良好である。 ・宮威弱－大きな不動産を得るのは難しい。 ・火羊が同宮すれば火災に注意。 ・羊陀が同宮すれば盗難に注意。 【田宅】　　　　卯			**巨門（陥）** ・配偶者は年齢差がある方がうまくいく。 ・宮威強－夫婦間で多少のいざこざが起こる。 ・宮威弱－夫婦間に問題が発生する恐れがあるので十分に対処すること。 ・昌曲左右が同宮すれば、複数の異性との恋愛など男女問題の恐れがあるので注意が必要である。 【夫妻】　　　　戌
[命無正曜格] ・思慮深く、考え深い人であるが、ときに考え過ぎて疲弊することがある。 ・宮威強－それでも精神的に安定した人生を送る。 ・宮威弱－心配性で気苦労が多くなる。 【福徳】　　　　寅	**廉貞（利）** **七殺（廟）** [路上埋屍格] ・両親は落ち着きがなく騒がしい人であり、また子供を厳しく躾け教育する。 ・宮威強－両親との縁は薄くなる。 ・宮威弱－両親と意見の対立を見、衝突することがある。 【父母】　　　　丑	**天梁（廟）** [寿星入廟格] [機月同梁格] 【命宮】　　　　子	**天相（地）** ・宮威強－兄弟との縁は深く、その関係も良好である。 ・宮威弱－兄弟との縁は薄く、その関係も良好とは言えない。 【兄弟】　　　　亥

甲年生
【父母】廉貞（禄）　　【奴僕】破軍（権）　　【奴僕】武曲（科）　　【遷移】太陽（忌）
【福徳】禄存　　　　　【田宅】擎羊　　　　　【父母】陀羅・天魁　　【疾厄】天鉞
　・中くらいの平凡で安定した運勢であるが、命宮宮威弱ければ若干不安定な運勢となる。
　・遠行や外出は不利である。遠地に赴いて苦労することがある。また外出先で怪我の暗示がある。
　・比較的裕福で恵まれた家庭環境で育つ。

乙年生
【財帛】天機（禄）　　【命宮】天梁（権）　　【子女】紫微（科）　　【財帛】太陰（忌）　　【田宅】禄存
【官禄】擎羊　　　　　【福徳】陀羅　　　　　【命宮】天魁　　　　　【財帛】天鉞
　・独自の個性を持ち、少し威丈高で高飛車な態度で人と相対するところがある。
　・管理監督業務を好み、権力や権威を志向するが、財運はさほどでもない。

丙年生
【官禄】天同（禄）　　【財帛】天機（権）　　【父母】廉貞（忌）　　【奴僕】禄存
【遷移】擎羊　　　　　【官禄】陀羅　　　　　【兄弟】天魁　　　　　【子女】天鉞
　・事業／仕事運は良好であり、一定の成果を手にすることができる。
　・両親との関係はあまり良好とは言えず、対立するようなこともある。

丁年生
【財帛】太陰（禄）　　【官禄】天同（権）　　【財帛】天機（科）　　【夫妻】巨門（忌）　　【遷移】禄存
【疾厄】擎羊　　　　　【奴僕】陀羅　　　　　【兄弟】天魁　　　　　【子女】天鉞
［三奇加会格］地位ある人の援助と幸運に恵まれる吉格。
［対面朝斗格］商才あって財を得るが、化忌に会うを嫌う。
　・命宮宮威強ければ大きく成功し、地位と名誉と財を得る。弱ければそのために努力と苦労を伴う。
　・結婚生活は波風の立つ暗示があるので、夫婦円満を心がけること。

戊年生
【子女】貪狼（禄）　　【財帛】太陰（権）　　【財帛】天機（忌）　　【奴僕】禄存
【遷移】擎羊　　　　　【官禄】陀羅　　　　　【父母】天魁　　　　　【疾厄】天鉞
　・中程度の運勢であり、あまり大きな成功を望んではいけない。
　・独特の趣味を持つことがある。

己年生
【奴僕】武曲（禄）　　【子女】貪狼（権）　　【命宮】天梁（科）　　【遷移】禄存
【疾厄】擎羊　　　　　【奴僕】陀羅　　　　　【命宮】天魁　　　　　【財帛】天鉞
［対面朝斗格］商才あって財を得るが、化忌に会うを嫌う。
　・幼年期は病弱であるが、それにより一病息災を得る。最新技術に通じ頭角を現す。少しく財を得、
　　少しく安定した人生を送る。

庚年生
【遷移】太陽（禄）　　【奴僕】武曲（権）　　【財帛】太陰（科）　　【官禄】天同（忌）
【財帛】禄存　　　　　【子女】擎羊　　　　　【疾厄】陀羅・天鉞　　【父母】天魁
　・そこそこの運勢である。

辛年生
【夫妻】巨門（禄）　　【遷移】太陽（権）　　【子女】禄存　　　　　【夫妻】擎羊
【財帛】陀羅　　　　　【遷移】天魁　　　　　【福徳】天鉞
　・生地を離れるか遠方に赴いて発展するが、居所がなかなか定まらない。
　・配偶者の実家は裕福であるか、配偶者は有能な人だが、結婚生活はやや安定に欠ける傾向がある。

壬年生
【命宮】天梁（禄）　　【子女】紫微（権）　　【奴僕】武曲（忌）　　【兄弟】禄存
【命宮】擎羊　　　　　【夫妻】陀羅　　　　　【田宅】天魁　　　　　【奴僕】天鉞
　・成功し、それなりに財を得ることができる。
　・部下や後輩や友人に足をすくわれる恐れがあるので注意すること。

癸年生
【奴僕】破軍（禄）　　【夫妻】巨門（権）　　【財帛】太陰（科）　　【子女】貪狼（忌）　　【命宮】禄存
【父母】擎羊　　　　　【兄弟】陀羅　　　　　【田宅】天魁　　　　　【奴僕】天鉞
　・少しく安定した運勢である。
　・配偶者は口やかましく、家庭内は配偶者が実権を握る傾向がある（亭主関白カカア天下）。
　・子供に手を焼いたり、煩わされることがある。

110 紫微酉・命宮丑

武曲（平） 破軍（平） ・決断力と開拓精神に富んでいて創業の才もあるが、事業上の起伏変動は激しいものがある。 ・警察、消防、自衛官、投機・投資関係、エンジニア、スポーツ選手、冒険家、奇術師などに適性がある。 【官禄】　　　　　巳	太陽（旺） [日麗中天格] ・宮威強－部下や後輩や友人の中に明るく情熱的で行動的な者がいて、お互いに助け合い発展する。 ・宮威弱－部下や後輩や友人により面倒やトラブルをしょいこむことになる。 【奴僕】　　　　　午	天府（廟） [日月夾命格] ・宮威強－遠地や外出先で地位や実力のある人の縁を得て多く支援を受ける。遠方にて発展する。 ・宮威弱－遠地に赴くと苦労することになる。また驚くような事態に遭遇する。 ・羊陀同宮加会－外出先での事故や怪我に注意。 【遷移】　　　　　未	天機（地） 太陰（利） [機月同梁格] ・皮膚病、アトピー、肝臓病、腹部膨張感、痔疾に注意。 ・羊火同宮加会－眼科系、両手両脚の無力感。 【疾厄】　　　　　申
天同（平） [機月同梁格] ・父祖から家屋田畑不動産を継承するのは難しい。宮威強ければ自力で不動産を取得するが、弱ければそれもまた難しい。 ・火羊が同宮すれば火災に注意。 ・羊陀が同宮すれば盗難に注意。 【田宅】　　　　　辰	路上埋屍格 事故に注意。乱暴な行動を改め、細心の注意を。 安全運転に心がけよ。 ・勇猛な性格で、強気で大胆である。またせっかちで、何事も白黒をつけたがる。 ・開拓精神に富み、物事を創始する創業の才がある。 ・冒険心に溢れ、何事も極限まで挑戦するのを喜ぶようなところがある。 ・基本的に変動運であり、人生は起伏に富んでいる。成効と失敗が交互に訪れる。 ・あまり人の意見を聞かず、ひとりで考えひとりで行動するのを好む。独断専行型である。 ・若年中は苦労するが、その苦労を克服する力はある。 ・七殺はよく廉貞の桃花を抑制する。とは言え、酒色賭事には十分注意し節制した方がよい。 ・命宮宮威弱ければ、ひたすら突き進み、退くことを知らないようになる。中には法を犯す者もいるので注意が必要である。		紫微（旺） 貪狼（利） [桃花犯主格] ・宮威強－財運は良好である。火鈴か鸞喜が同宮すると、特殊な方面や仕事で収入を得ることがある。 ・宮威弱－勤労意欲が低く、放蕩や酒色に耽り散財する可能性がある。 【財帛】　　　　　酉
[命無正曜格] [府相朝垣格] ・物欲や所有欲が強くなる。 ・宮威強－朗らかな人で、精神的にも安定している。 ・宮威弱－何かと気苦労が多く、精神の安定を得るのが難しい。 【福徳】　　　　　卯			巨門（陥） ・宮威強－あまり優秀な子供は得られない。 ・宮威弱－子供に恵まれないか、恵まれても育てにくい子供である。なかなか両親の言うことを聞かない。さらに羊陀同宮すれば子供は親に反抗するようになり、空劫同宮すれば育てにくい子供である。 【子女】　　　　　戌
[命無正曜格] ・宮威強－生まれた家庭の環境は、まあまあ恵まれた環境である。 ・宮威弱－両親とは意見が合わず衝突するようになる。 【父母】　　　　　寅	廉貞（利） 七殺（廟） [路上埋屍格] 【命宮】　　　　　丑	天梁（廟） [寿星入廟格] [機月同梁格] ・宮威強－兄弟をかわいがりとても仲がよいが、そのため兄弟の面倒を見たり難儀を引き受けることがある。 ・宮威弱－兄弟とは距離をおくようになるか、縁があっても感情的な確執が発生する恐れがある。 【兄弟】　　　　　子	天相（地） ・宮威強－配偶者は聡明で優秀な人で、配偶者の親戚からも多く支援を受けることがある。 ・宮威弱－表面上は仲良く暮らしていても、心の中にはわだかまりが残ることになる。 ・昌曲左右天姚が同宮すれば男女問題や恋愛トラブルの暗示あり注意。 【夫妻】　　　　　亥

甲年生
【命宮】廉貞（禄）　　【官禄】破軍（権）　　【官禄】武曲（科）　　【奴僕】太陽（忌）
【父母】禄存　　　　　【福徳】擎羊　　　　　【命宮】陀羅・天魁　　【遷移】天鉞
［三奇加会格］大いに幸運に恵まれ発展する。［天乙拱命格］学識高く、人の縁に恵まれ幸運を得る。
・命宮宮威強ければ大きな成功を収め、地位と名誉と財を得る。弱ければ友人や仲間の助力は期待できず独力で進むことになり、相当の努力と苦労と困難の後に成功を手にする。

乙年生
【疾厄】天機（禄）　　【兄弟】天梁（権）　　【財帛】紫微（科）　　【疾厄】太陰（忌）　　【福徳】禄存
【田宅】擎羊　　　　　【父母】陀羅　　　　　【兄弟】天魁　　　　　【疾厄】天鉞
・命宮宮威強ければ成功し、財と地位に恵まれ発展する。弱くても並以上の運勢であり一生を通じて窮することはないが、健康には十分注意すること。

丙年生
【田宅】天同（禄）　　【疾厄】天機（権）　　【命宮】廉貞（忌）　　【官禄】禄存
【奴僕】擎羊　　　　　【田宅】陀羅　　　　　【夫妻】天魁　　　　　【財帛】天鉞
・中くらいの職位に昇り、中くらいの給料を得る。何にでも突っ込んでいくので、交通事故やその他の事故、また人間関係の衝突などには十分注意すること。

丁年生
【疾厄】太陰（禄）　　【田宅】天同（権）　　【疾厄】天機（科）　　【子女】巨門（忌）　　【奴僕】禄存
【遷移】擎羊　　　　　【官禄】陀羅　　　　　【夫妻】天魁　　　　　【財帛】天鉞
・命宮宮威強ければそこそこ安定した運勢であるが、弱ければ安定を失いがちである。
・生まれた家庭環境は良好であるが、子供に煩わされることがある。

戊年生
【財帛】貪狼（禄）　　【疾厄】太陰（権）　　【疾厄】天機（忌）　　【官禄】禄存
【奴僕】擎羊　　　　　【田宅】陀羅　　　　　【命宮】天魁　　　　　【遷移】天鉞
［天乙拱命格］学識高く、人の縁に恵まれ幸運を得る。
・命宮宮威強ければ財と地位に恵まれ発展する。弱ければ相当の努力と苦労をした後に財を得る。
・健康には十分注意すること。

己年生
【官禄】武曲（禄）　　【財帛】貪狼（権）　　【兄弟】天梁（科）　　【奴僕】禄存
【遷移】擎羊　　　　　【官禄】陀羅　　　　　【兄弟】天魁　　　　　【疾厄】天鉞
・基本的に大きな財を得て成功する運勢であるが、その他の星がどこに入るのかをよく見て判断すること。

庚年生
【奴僕】太陽（禄）　　【官禄】武曲（権）　　【疾厄】太陰（科）　　【田宅】天同（忌）
【疾厄】禄存　　　　　【財帛】擎羊　　　　　【遷移】陀羅・天鉞　　【命宮】天魁
［天乙拱命格］学識高く、人の縁に恵まれ幸運を得る。
・命宮宮威高ければ大いに出世し高給を得ることができるが、弱ければ相当の努力をした後に成功する。
・比較的良好な家庭環境で育つ。

辛年生
【子女】巨門（禄）　　【奴僕】太陽（権）　　【財帛】禄存　　　　　【子女】擎羊
【疾厄】陀羅　　　　　【奴僕】天魁　　　　　【父母】天鉞
・基本的にそこそこ安定した運勢であるが、その他の星がどこに入るのかをよく見て判断すること。
・部下や後輩、友人の中に威丈高で高飛車な人がいるが、力になってくれる。

壬年生
【兄弟】天梁（禄）　　【財帛】紫微（権）　　【官禄】武曲（忌）　　【夫妻】禄存
【兄弟】擎羊　　　　　【子女】陀羅　　　　　【福徳】天魁　　　　　【官禄】天鉞
・一生を通じて忙しく苦労も多いが、暖かい家庭には恵まれる。
・兄弟や友人が力になってくれる。

癸年生
【官禄】破軍（禄）　　【子女】巨門（権）　　【疾厄】太陰（科）　　【財帛】貪狼（忌）　　【兄弟】禄存
【命宮】擎羊　　　　　【夫妻】陀羅　　　　　【福徳】天魁　　　　　【官禄】天鉞
・成功と失敗が交互に訪れ、変化起伏の激しい人生である。
・子供は自意識が強く、自分の意見をはっきりと主張するようになる。

111　紫微酉・命宮寅

【田宅】　　　　巳	【官禄】　　　　午	【奴僕】　　　　未	【遷移】　　　　申
武曲（平） 破軍（平） ・宮威強－少しく不動産を所有することができる。 ・宮威弱－不動産を得ることは難しい。 ・火羊が同宮すれば火災に注意。 ・羊陀が同宮すれば盗難に注意。	太陽（旺） [日麗中天格] ・宮威強－事業／仕事運は良好で良い職に就き高給を得るが、ビジネスや経済界には向かない。 ・宮威弱－中くらいには出世する。仕事熱心で、休まず懸命に仕事をする。 ・医薬関係、保険、中古品売買、海外事業、学術研究、公共サービスなどに適す。	天府（廟） [日月夾命格] ・宮威強－部下後輩友人が大いに力になってくれ、助けてくれる。 ・宮威弱－部下後輩友人の方が力を持ち、なにかと指示してきたり高飛車にものを言ったりする。あるいは部下友人後輩はあまり力になってくれない。	天機（地） 太陰（利） [機月同梁格] ・宮威強－遠地に赴いたり外出することで発展する。忙しいがまた喜びも多い。 ・宮威弱－遠地に赴いたり活発に外出するのはよろしくない。あまり動き回らずに静観するのがよい。 ・羊陀同宮加会－外出先での事故や怪我に注意。

【福徳】　　　　辰	命無正曜格	【疾厄】　　　　酉
天同（平） [機月同梁格] ・宮威強－怠惰に流され、漫然と日々を送るが、それなりに楽しく満足に暮らす。 ・宮威弱－怠惰な傾向に拍車がかかり、酷い場合、家にこもってばかりで、あまり熱心に仕事をしないようになる。	対宮主星を命宮主星とみなして判断。 ・容姿は爽やかで、芸術や文学を好み花鳥風月を愛でる風流人といった趣きだが、ややせっかちなところがある。頭の回転も早い。 ・比較的おだやかな運勢で、中年以降に吉運が巡って来る。 ・神経質なところがあり、感情に波がある。金銭には淡白で、静かでゆとりのある生活を好む。文化事業、学術研究、教師、公務員など頭脳労働に向く。 ・男性は生来のロマンティストで優しく、女性心理をつかむことに長けている。 ・女性は、優しさの中に一本芯の通ったところがあり良妻賢母となる。女性美を具える。 ・命宮宮威弱ければ疑い深く、物事を考え過ぎて失敗するようなところがある。また幼少時に事故や怪我、災難に会う暗示がある。 ・曲昌同宮－宗教界や術数、芸術芸能界で成功。 ・桃花同宮加会－芸術芸能界で成功。	紫微（旺） 貪狼（利） [桃花犯主格] ・宮威強－基本的に健康である。 ・宮威弱－怪我をしやすく精力不足、腎臓や泌尿器系、生殖器系の疾患などに注意。 ・貪狼化忌－ED、早漏、冷感症、子宮の異常などの恐れがある。

【父母】　　　　卯		【財帛】　　　　戌
[命無正曜格] [府相朝垣格] ・両親は立派な人だが縁は薄く、場合によっては親戚縁者や他人によって養育されることもある。 ・宮威強－実家や生育環境は比較的良好であるが、それでも両親との縁は薄くなる。 ・宮威弱－両親と意見が合わず対立するようになる。		巨門（陥） ・基本的に財運はあまり強くはなく、財を得るために苦労することになる。 ・宮威弱－財を得ることはあっても、なかなか蓄財できない。さらに化忌が同宮すると、何か見えない手段で財を得ようとすることがあるので、注意が必要である。

【命宮】　　　　寅	【兄弟】　　　　丑	【夫妻】　　　　子	【子女】　　　　亥
[命無正曜格]	廉貞（利） 七殺（廟） [路上埋屍格] ・兄弟は少ない。宮威強ければ兄弟の中に立派で成功する者もいるが、あまり力にはなってくれない。 ・宮威弱－兄弟は大きな成功はせず、関係もあまりよいものではない。あるいは兄弟に面倒をかけられることがある。	天梁（廟） [寿星入廟格] [機月同梁格] ・宮威強－配偶者は家にいて、家庭内を取り仕切ることが好きである。 ・宮威弱－配偶者は落ち着きがなく、マイペースに事を進めるようになる。 ・男性は、年上でしっかりした女性を妻にする傾向がある。	天相（地） ・子供はおとなしくて穏やかな性格である。 ・宮威強－子供は親孝行で親の言うことをよく聞く。 ・宮威弱－いい子なのだが内向的で怠け者となる傾向があり、親との縁も薄くなる。空劫同宮すれば育てにくい子供となる。

甲年生
【兄弟】廉貞（禄）　　【田宅】破軍（権）　　【田宅】武曲（科）　　【官禄】太陽（忌）
【命宮】禄存　　　　　【父母】擎羊　　　　　【兄弟】陀羅・天魁　　【奴僕】天鉞
・事業／仕事運はあまり良好ではないが、なんとか生活はしていける。
・命宮宮威強ければ、そこそこ安定した運勢である。

乙年生
【遷移】天機（禄）　　【夫妻】天梁（権）　　【疾厄】紫微（科）　　【遷移】太陰（忌）　　【父母】禄存
【福徳】擎羊　　　　　【命宮】陀羅　　　　　【夫妻】天魁　　　　　【遷移】天鉞
・吉凶相半ばする運勢であり、一生を通じて波や変動が多い。財も出たり入ったりである。
・家庭内は配偶者が実権を握ることになる（亭主関白カカア天下）。

丙年生
【福徳】天同（禄）　　【遷移】天機（権）　　【兄弟】廉貞（忌）　　【田宅】禄存
【官禄】擎羊　　　　　【福徳】陀羅　　　　　【子女】天魁　　　　　【疾厄】天鉞
・ルーズでアバウトな性格で、できるだけ面倒は避けて楽に生きたいと思うようになる。
・それでもなんとか社会人としてやっていくことはできる。

丁年生
【遷移】太陰（禄）　　【福徳】天同（権）　　【遷移】天機（科）　　【財帛】巨門（忌）　　【官禄】禄存
【奴僕】擎羊　　　　　【田宅】陀羅　　　　　【子女】天魁　　　　　【疾厄】天鉞
・上々の運勢であり、それなりの成功を収め、地位や名誉を手にするが、財産や収入のことで何か問題が生じ、大きな財産を築くのは難しい。
・配偶者は賢く実力のある人で、大いに助けられる。

戊年生
【疾厄】貪狼（禄）　　【遷移】太陰（権）　　【遷移】天機（忌）　　【田宅】禄存
【官禄】擎羊　　　　　【福徳】陀羅　　　　　【兄弟】天魁　　　　　【奴僕】天鉞
・企画力、作戦能力に長け、策を弄することを好むが、策に溺れないよう注意が必要である。成功も収めるが失敗も訪れる。やや変動運である。

己年生
【田宅】武曲（禄）　　【疾厄】貪狼（権）　　【夫妻】天梁（科）　　【官禄】禄存
【奴僕】擎羊　　　　　【田宅】陀羅　　　　　【夫妻】天魁　　　　　【遷移】天鉞
・命宮宮威強ければ、少しく安定した運勢であり、弱ければそこそこの運勢である。
・配偶者は優秀な人であるが、配偶者が家庭内の実権を握ることになる。
・頑固でやっかいな病気に悩まされることがあるので、健康には注意すること。

庚年生
【官禄】太陽（禄）　　【田宅】武曲（権）　　【遷移】太陰（科）　　【福徳】天同（忌）
【遷移】禄存　　　　　【疾厄】擎羊　　　　　【奴僕】陀羅・天鉞　　【兄弟】天魁
・命宮宮威強ければ、少しく安定した運勢となるが、出費を嫌いケチくさくなることがある。
・怠惰でルーズな性格となり、面倒を避けて楽なことを求める傾向がある。
・家の中のことは、自分の思うとおりにしたいと思う。

辛年生
【財帛】巨門（禄）　　【官禄】太陽（権）　　【疾厄】禄存　　　　　【財帛】擎羊
【遷移】陀羅　　　　　【官禄】天魁　　　　　【命宮】天鉞
・地位と名誉を得て成功するが、大きな財産を築くのは難しい。
・その他の星がどこに入るかをよく見て判断すること。

壬年生
【夫妻】天梁（禄）　　【疾厄】紫微（権）　　【田宅】武曲（忌）　　【子女】禄存
【夫妻】擎羊　　　　　【財帛】陀羅　　　　　【父母】天魁　　　　　【田宅】天鉞
・平均的な運勢であるが、家庭内は配偶者が実権を握る傾向がある。
・家屋住居のことや家庭のことで、何か問題が発生する恐れがある。

癸年生
【田宅】破軍（禄）　　【財帛】巨門（権）　　【遷移】太陰（科）　　【疾厄】貪狼（忌）　　【夫妻】禄存
【兄弟】擎羊　　　　　【子女】陀羅　　　　　【父母】天魁　　　　　【田宅】天鉞
・命宮宮威強ければ、少しく安定した運勢となる。弱ければ、苦労のわりには財は貯まらない。
・配偶者から多くの協力と支援を得られる。

112　紫微酉・命宮卯

武曲（平） 破軍（平） ・仕事のことで悩みが生じ、あまり楽しむ余裕を持てない。 ・宮威強－忙しく仕事に取り組むことになる。 ・宮威弱－仕事が気になって仕方がなくなる。また心配性で気苦労が多くなる。 【福徳】　　　　　　巳	太陽（旺） [日麗中天格] ・宮威強－見晴らしのよい高台か高層住宅、あるいは日当りのよい家に住み、不動産運は良好である。 ・宮威弱－不動産運はあまり良好とは言えず、大きな家を得るのは難しい。 ・火羊同宮－火災に注意。 ・羊陀が同宮すれば盗難に注意。 【田宅】　　　　　　午	天府（廟） [日月夾命格] ・宮威強－よい職に就き出世し高給を得ることができる。 ・宮威弱－あまり高い地位には昇れない。 ・政治関係、公務員、商業界、金融業、不動産、畜産農業、加工業などに適性がある。 【官禄】　　　　　　未	天機（地） 太陰（利） [機月同梁格] ・宮威強－部下後輩友人は優秀でハイクラス、ハイセンスな者が多いが、普通の関係である。 ・宮威弱－部下後輩友人はなにかと企んだり本心を打ち明けないので、交友は思うようにいかない。 【奴僕】　　　　　　申
天同（平） [機月同梁格] ・宮威強－両親は子供を深く愛するが、子供に多くの期待や要求を持つことになる。 ・宮威弱－両親との関係はあまり良くないか、良くても気持ちが通じないことがあり、意見が対立することがある。 【父母】　　　　　　辰		命無正曜格 対宮主星を命宮主星とみなして判断。 府相朝垣格 目上の引き立て、実力者の支援を受ける。 家内安全に心がけること。 ・強烈な個性を持ち、フットワークも軽く処世術にも長けている。 ・仕事の態度は友好的でコミュニケーション能力にも優れている。 ・文芸や表現、音楽や語学に才があり、多芸多才である。	紫微（旺） 貪狼（利） [桃花犯主格] ・宮威強－遠地に赴いたり活発に外出することにより、人の縁を得てチャンスをつかみ発展する。 ・宮威弱－外地に赴くと、そこで人情に流され失敗することがある。 ・羊陀同宮加会－外出先での怪我や事故に注意。 【遷移】　　　　　　酉
[命無正曜格] [府相朝垣格] 【命宮】　　　　　　卯	・野心家であり、大利を求め小利には目を向けない。 ・命宮宮威強－事業において頭角を現し、重要な職務を担うことになる。 ・命宮宮威弱－遊び好きな面があり、鷥喜が同宮すれば賭事を好み、生活が乱れる恐れがある。 ・酒食を好み、華やかな場所や物事を好む。 ・桃花星が加会すれば異性交遊に身をやつす。 ・火鈴同宮－突如発展し突如散財する。 ・羊陀同宮－色情の事件を引き起こす暗示。 ・空劫同宮－桃花は抑制され、自らを律し、芸術や宗教に親しみ、身を全うする。		巨門（陥） ・幼少期に怪我や病気をする暗示があり、長じてからは坐骨神経痛などに悩まされる恐れがある。 ・ほかに火傷、目や耳の疾患、皮膚病、肺炎などに注意すること。 【疾厄】　　　　　　戌
[命無正曜格] ・兄弟の中には、良好な関係の者もいれば、そうでない者もいる。宮威強ければ、仲のよい兄弟が多くなる。 【兄弟】　　　　　　寅	廉貞（利） 七殺（廟） [路上埋屍格] ・宮威強－配偶者は個性が強く、家庭内でも実権を握ろうとするので、ひたすら我慢を強いられる（尻に敷かれる）。 ・宮威弱－配偶者と意見や気持ちが合わず、結婚生活は波乱含みとなる暗示があるので注意すること。 【夫妻】　　　　　　丑	天梁（廟） [寿星入廟格] [機月同梁格] ・宮威強－子供たちは正直で真面目で賢く、親孝行なよい子供である。 ・宮威弱－子供は落ち着きがなく、マイペースである。また子供によってトラブルを被ることがある。 【子女】　　　　　　子	天相（地） ・宮威強－ドカンと入る大きな財運ではないが、真面目にコツコツ稼ぐ運なので、少しく蓄財できる。 ・宮威弱－財は入ったと思えば出ていってしまい、なかなか蓄財できない。 【財帛】　　　　　　亥

甲年生
【夫妻】廉貞（禄）　　【福徳】破軍（権）　　【福徳】武曲（科）　　【田宅】太陽（忌）
【兄弟】禄存　　　　　【命宮】擎羊　　　　　【夫妻】陀羅・天魁　　【官禄】天鉞
・大きな希望と志を抱くが、あまり尊大な態度を取ると反感を招くこともあるから注意すること。
・配偶者の実家は裕福であるか、あるいは配偶者は聡明で有能で、配偶者から協力と支援を得る。

乙年生
【奴僕】天機（禄）　　【子女】天梁（権）　　【遷移】紫微（科）　　【奴僕】太陰（忌）　　【命宮】禄存
【父母】擎羊　　　　　【兄弟】陀羅　　　　　【子女】天魁　　　　　【奴僕】天鉞
・命宮宮威強ければ、遠地に赴いたり活発に外出することで少しく成功する。弱ければ、あまり大きな成功は得られない。中には各地を転々として居所がなかなか定まらない人もいる。
・子供は自立心に富み自己主張が強いので、あまり親の言うことを聞かない傾向がある。

丙年生
【父母】天同（禄）　　【奴僕】天機（権）　　【夫妻】廉貞（忌）　　【福徳】禄存
【田宅】擎羊　　　　　【父母】陀羅　　　　　【財帛】天魁　　　　　【遷移】天鉞
・比較的裕福で良好な環境で生育する。父祖の仕事や財産を継ぎ守ることで運が開く。
・結婚は波乱含みとなる暗示があるので、夫婦円満を心がけること。

丁年生
【奴僕】太陰（禄）　　【父母】天同（権）　　【奴僕】天機（科）　　【疾厄】巨門（忌）　　【田宅】禄存
【官禄】擎羊　　　　　【福徳】陀羅　　　　　【財帛】天魁　　　　　【遷移】天鉞
・命宮宮威強ければ、少しく安定した運勢であるが、弱ければやや不安定な運勢となる。
・安定し恵まれた家庭で生育するが、健康には十分注意すること。

戊年生
【遷移】貪狼（禄）　　【奴僕】太陰（権）　　【奴僕】天機（忌）　　【福徳】禄存
【田宅】擎羊　　　　　【父母】陀羅　　　　　【夫妻】天魁　　　　　【官禄】天鉞
・遠地に赴いたり活発に外出活動することで発展する。若年中は事業に波や変動があり苦労するが、中年以降は安定し、少しく成功を得ることができる。

己年生
【福徳】武曲（禄）　　【遷移】貪狼（権）　　【子女】天梁（科）　　【田宅】禄存
【官禄】擎羊　　　　　【福徳】陀羅　　　　　【子女】天魁　　　　　【奴僕】天鉞
・遠地に赴いたり頻繁に外出することは、苦労や努力、頑張りを求められることになるが、頑張った結果、財と平穏を得ることができる。
・子供は賢く、正直で真面目で親孝行な子供である。

庚年生
【田宅】太陽（禄）　　【福徳】武曲（権）　　【奴僕】太陰（科）　　【父母】天同（忌）
【奴僕】禄存　　　　　【遷移】擎羊　　　　　【官禄】陀羅・天鉞　　【夫妻】天魁
・そこそこ安定した運勢であるが、自分の我を通そうとする傾向がある。
・生育した家庭環境はあまり恵まれたものではないか、両親と意見が合わないことがある。

辛年生
【疾厄】巨門（禄）　　【田宅】太陽（権）　　【遷移】禄存　　　　　【疾厄】擎羊
【奴僕】陀羅　　　　　【田宅】天魁　　　　　【兄弟】天鉞
・命宮宮威強ければ、遠地に赴くか外出活動することで少しく成功する。弱ければ、さほど大きな成功は得られず、中には各地を転々として、なかなか居所が定まらないような人もいる。
・住居のことや家庭内において、自分の主張を通そうとする傾向がある。

壬年生
【子女】天梁（禄）　　【遷移】紫微（権）　　【福徳】武曲（忌）　　【財帛】禄存
【子女】擎羊　　　　　【疾厄】陀羅　　　　　【命宮】天魁　　　　　【福徳】天鉞
・命宮宮威強ければ忙しく働き、それなりの成功を得るが、大きな財を築くのは難しい。
・気苦労が多くなったり、心配事を抱えることがある。

癸年生
【福徳】破軍（禄）　　【疾厄】巨門（権）　　【奴僕】太陰（科）　　【遷移】貪狼（忌）　　【子女】禄存
【夫妻】擎羊　　　　　【財帛】陀羅　　　　　【命宮】天魁　　　　　【福徳】天鉞
・大きな成功は望めないが、命宮宮威強ければ少しく安定する。しかし各地を転々としてなかなか居所が定まらないか、あるいは浪費する傾向がある。弱ければ不安定な運勢となる。
・部下後輩友人の中に優しく賢い人がいて、力になってくれる。

113　紫微酉・命宮辰

武曲（平） 破軍（平） ・両親は頑固で厳格な人で、子弟を厳しく教育する。 ・宮威強－子供は黙ってその躾に耐えるが、両親との仲は良好ではなく、縁も薄いものとなる。 ・宮威弱－両親と対立し、子供は早くから家を出て自立するようになる。 【父母】　　　　　　巳	太陽（旺） [日麗中天格] ・宮威強－活発に活動し、いつも忙しく走り回っているようになる。 ・宮威弱－なんにでも首を突っ込みたくなる。火鈴が同宮すれば、あちこちでトラブルや衝突を起こすことになる。 【福徳】　　　　　　午	天府（廟） [日月夾命格] ・宮威強－父母や父祖の不動産を継承するか、あるいは自力で不動産を獲得する。 ・宮威弱－大きな不動産を所有するのは難しい。 ・火羊が同宮すれば火災に注意。 ・羊陀が同宮すれば盗難に注意。 【田宅】　　　　　　未	天機（地） 太陰（利） [機月同梁格] ・基本的に職業運は良好だが、あまりビジネスには向かない。 ・観光業、営業、神職僧侶などの精神世界、流通業などに向く。 ・曲昌加会－設計士、会計士などに向く。 【官禄】　　　　　　申
天同（平） [機月同梁格] 【命宮】　　　　　　辰	\\ **機月同梁格** 抜群の企画力と事務処理能力で 主人の片腕となる大番頭。No.2狙いで大成功。 ・丸顔で、身体も太り気味の人が多い。 ・優しく温和な性格で、話し方もうまく弁舌の才がある。争いを嫌う平和主義者である。一方で煩わしい物事を嫌い、現状に満足し、怠惰に流される傾向がある。 ・企画力や事務処理能力に優れ、公共機関や文化芸術や研究職など頭脳労働で活躍する。 ・金銭には淡白で、あまり気にかけず自然に集まる財産で満足するようなところがある。 ・事業を始めた場合、最初は苦労するが、後に成果を得ることができる。 ・命宮宮威強－のんびりと構えているのだが、自然にうまく回っていく。女性の中には甘い生活を求め愛人となる者もいる。 ・命宮宮威弱－苦しいことや煩わしいことを避けて怠惰な人生を送りたいと望む。口舌の災いを招く暗示あり。 ・羊、陀、化忌同宮－肥満となる。 ・左右加会－目上の人や両親に甘やかされ、怠惰な性格が助長される。 ・化禄同宮－財運ゆえに怠惰が助長される。		紫微（旺） 貪狼（利） [桃花犯主格] ・交友は広く、後輩や部下友人などが多い。 ・宮威強－後輩や部下友人には立派な者が多く、力になってくれる。 ・宮威弱－誤解や勘違いにより後輩や部下友人を失う恐れがあるので注意すること。 【奴僕】　　　　　　酉
[命無正曜格] [府相朝垣格] ・宮威強－兄弟仲はよく、兄弟間で助け合う。 ・宮威弱－兄弟は立派な人であるが、あまり助けにはならない。 【兄弟】　　　　　　卯	^	^	巨門（陥） ・外出運はあまり良くない。遠地に赴いたり頻繁に外出することで争いやトラブルを招く恐れがある。 ・宮威強－外出先での紛糾はそう恐れなくともよい。 ・宮威弱－外出先で口舌の争いやトラブルに会い孤立無縁となる恐れがある。交通事故など、外出先での事故や怪我に注意。 【遷移】　　　　　　戌
[命無正曜格] ・恋愛運は安定に欠ける傾向がある。しかし宮威強ければ、安定した恋愛生活や結婚生活を送ることができる。 ・昌曲左右姚が同宮すれば恋愛の過程で複数の相手と恋愛したり、異性関係で問題を起こす恐れがあるので注意が必要である。 【夫妻】　　　　　　寅	廉貞（利） 七殺（廟） [路上埋屍格] ・宮威強－子供の数は少なく、子供は家庭外の世界に興味を持ち、家に寄り付かなくなる傾向がある。 ・宮威弱－子供に恵まれないか、子供とは意見が合わず、親子で対立するようなことになる。 【子女】　　　　　　丑	天梁（廟） [寿星入廟格] [機月同梁格] ・宮威強－財産を細かくきちんと管理するが、基本的に金銭には淡白である。 ・宮威弱－財産や金銭のことで煩わしい思いをすることになる。 【財帛】　　　　　　子	天相（地） ・宮威強－おおむね健康である。 ・宮威弱－怪我や栄養失調などに注意。 ・火鈴加会－身体のどこかに傷跡が残る恐れがある。また関節炎や痔疾に注意。 【疾厄】　　　　　　亥

甲年生
【子女】廉貞（禄）　　【父母】破軍（権）　　【父母】武曲（科）　　【福徳】太陽（忌）
【夫妻】禄存　　　　　【兄弟】擎羊　　　　　【子女】陀羅・天魁　　【田宅】天鉞
・命宮宮威強ければ両親や配偶者の助けを受け、安定した人生を送る。弱ければ思うようには行かないことが多くなる。
・よい家の生まれか、あるいは立派な両親を持つが、両親は子弟を厳しく躾け教育する。

乙年生
【官禄】天機（禄）　　【財帛】天梁（権）　　【奴僕】紫微（科）　　【官禄】太陰（忌）　　【兄弟】禄存
【命宮】擎羊　　　　　【夫妻】陀羅　　　　　【財帛】天魁　　　　　【官禄】天鉞
・命宮宮威強ければ、少しく成功し、財と地位を手にする。弱ければ、それなりに安定した運勢であるが、成功のためには相当の努力と苦労を伴う。

丙年生
【命宮】天同（禄）　　【官禄】天機（権）　　【子女】廉貞（忌）　　【父母】禄存
【福徳】擎羊　　　　　【命宮】陀羅　　　　　【疾厄】天魁　　　　　【奴僕】天鉞
・命宮宮威強ければ、安穏としていても実力者の援助を受け、それなりに幸福な人生を送ることができる。弱ければ、成功のためには相当の努力と苦労を伴う。

丁年生
【官禄】太陰（禄）　　【命宮】天同（権）　　【官禄】天機（科）　　【遷移】巨門（忌）　　【福徳】禄存
【田宅】擎羊　　　　　【父母】陀羅　　　　　【疾厄】天魁　　　　　【奴僕】天鉞
［三奇加会格］地位ある人の援助と幸運に恵まれる吉格。
・怠惰に流されず成功と財を得る運勢であるが、外出運は安定せず住居が定まらないか、あるいは外出先で事故や怪我をする暗示があるので注意すること。

戊年生
【奴僕】貪狼（禄）　　【官禄】太陰（権）　　【官禄】天機（忌）　　【父母】禄存
【福徳】擎羊　　　　　【命宮】陀羅　　　　　【子女】天魁　　　　　【田宅】天鉞
・事業／仕事運は変化に富む。
・少しく余裕のある安定した家庭の生まれである。

己年生
【父母】武曲（禄）　　【奴僕】貪狼（権）　　【財帛】天梁（科）　　【福徳】禄存
【田宅】擎羊　　　　　【父母】陀羅　　　　　【財帛】天魁　　　　　【官禄】天鉞
・財産をよく管理し、命宮宮威強ければ財と地位を得、弱くてもそこそこ安定した運勢である。
・よい家の生まれか、あるいは立派な両親を持つ。

庚年生
【福徳】太陽（禄）　　【父母】武曲（権）　　【官禄】太陰（科）　　【命宮】天同（忌）
【官禄】禄存　　　　　【奴僕】擎羊　　　　　【田宅】陀羅・天鉞　　【子女】天魁
・命宮宮威強ければ事業／仕事運は良好で、よい職に就く。弱くても、それなりの職に就く。
・満足することを知らず、怒り多くいらいらし、精神の安定を欠くことがある。
・厳格な家の生まれで、両親は子供を厳しく躾け育てる。

辛年生
【遷移】巨門（禄）　　【福徳】太陽（権）　　【奴僕】禄存　　　　　【遷移】擎羊
【官禄】陀羅　　　　　【福徳】天魁　　　　　【夫妻】天鉞
・基本的に大きな財を得ることは難しい運勢であるが、その他の星がどこに入るかをよく見て判断すること。

壬年生
【財帛】天梁（禄）　　【奴僕】紫微（権）　　【父母】武曲（忌）　　【疾厄】禄存
【財帛】擎羊　　　　　【遷移】陀羅　　　　　【兄弟】天魁　　　　　【父母】天鉞
［貴星夾命格］人の援助に恵まれる。
・命宮宮威強ければ財を得るが、弱ければ財によって悩みが生じる恐れがある。
・両親との縁は薄いものとなり、両親とは不仲になったり、意見が合わず対立することがある。

癸年生
【父母】破軍（禄）　　【遷移】巨門（権）　　【官禄】太陰（科）　　【奴僕】貪狼（忌）　　【財帛】禄存
【子女】擎羊　　　　　【疾厄】陀羅　　　　　【兄弟】天魁　　　　　【父母】天鉞
［貴星夾命格］人の援助に恵まれる。
・命宮宮威強ければ少しく財を得て成功するが、弱ければそこそこに安定した運勢である。

114　紫微酉・命宮巳

武曲（平） 破軍（平）	太陽（旺） [日麗中天格] ・宮威強－両親は善良で立派な人であり、両親とは良好な関係である。 ・宮威弱－両親との縁は薄く、化忌が同宮すれば、両親と意見が合わず対立するようになる。	天府（廟） [日月夾命格] ・宮威強－福分厚く、誰にでも心を開く。満足することを知り、安泰な日々を送ることができる。 ・宮威弱－満足することを知らず、なかなかに苦労が多くなる。	天機（地） 太陰（利） [機月同梁格] ・宮威強ければ引っ越し移転のたびに運気は上昇し、弱ければ移転のたびに運を損なう恐れがあるので注意が必要である。 ・火羊が同宮すれば火災に注意。 ・羊陀が同宮すれば盗難に注意。
【命宮】　　　　巳	【父母】　　　　午	【福徳】　　　　未	【田宅】　　　　申
天同（平） [機月同梁格] ・宮威強－兄弟仲は睦まじく良好な関係である。 ・宮威弱－兄弟仲はあまりよくない。言い争うようになる。	・背はさほど高くはないが、全身から精力がみなぎっている感じを人に与える。 ・個性は剛強で冒険的精神に富む。行動力に優れ、困難な中にあっても的確な決断を行う。 ・じっとしていることを好まず、スポーツや車の運転を好み、人と競うことを好む。 ・若年中は苦労が多いが、家を出て自分で生活する頃より次第に発展し、中年以降に成功する。 ・一生を通じて変化変動が多く、突発的に財を得るかと思えば突発的に失う。 ・投機や冒険を好み、狙った獲物は逃がさない（設定した目標は必ず実現する）。 ・昌曲同宮加会－言論でその個性や主張を表現する。政治評論家や代議士、社会派の作家などになる。 ・空劫同宮－金銭に執着し、そのためにトラブルを起こしたり、あるいは無駄遣いや浪費に走ることがあるので注意が必要である。 ・火鈴同宮－突発的な災難に会う暗示があるので注意すること。		紫微（旺） 貪狼（利） [桃花犯主格] ・宮威強－リーダーシップを発揮し、よい職と地位を得ることができる。 ・宮威弱－宮仕えとなるよりは自営起業する。 ・多角化経営、芸術関係、芸事（華道、茶道、割烹、囲碁将棋、楽器演奏など）、美容関係などに適す。
【兄弟】　　　　辰			【官禄】　　　　酉
[命無正曜格] [府相朝垣格] ・宮威強－配偶者はセンスがよく趣味の幅も広く、生活に潤いを求める。幸せな結婚生活を送ることができる。 ・宮威弱－別離の危険性があるので注意。 ・天姚、昌曲、左右などが同宮すれば、結婚生活は穏やかなものにはならない（異性関係注意）。			巨門（陥） ・部下や後輩友人達とは意見が合わず、ギクシャクした関係となる。時に、言い争うようなこともある。
【夫妻】　　　　卯			【奴僕】　　　　戌
[命無正曜格] ・宮威強－賢い子供に恵まれるが、その子との縁は深くはなく、子供との間に距離を感じるようになる。 ・宮威弱－子供との縁は薄く、場合によっては子供に恵まれないこともある。	廉貞（利） 七殺（廟） [路上埋屍格] ・宮威強－ハイリスク・ハイリターンな投資や仕事を行い成果を得る。 ・宮威弱－賭博や投機的な仕事に入れ込み損をする。化忌や空劫があればその損は確実である。	天梁（廟） [寿星入廟格] [機月同梁格] ・宮威強－おおむね健康である。 ・宮威弱－内分泌異常、中毒、食中毒、誤診による被害の暗示あり。こじらせると大病となるので注意が必要である。	天相（地） ・宮威強－容易に動くことはなくどっしりと構えている。安定した人生を送ることができる。 ・宮威弱－思わぬことで移動せざるを得ないことになるが、そのことでかえって吉を呼び込む。 ・羊陀同宮加会－交通事故など外出先での事故や怪我に注意。
【子女】　　　　寅	【財帛】　　　　丑	【疾厄】　　　　子	【遷移】　　　　亥

甲年生
　【財帛】廉貞（禄）　　【命宮】破軍（権）　　【命宮】武曲（科）　　【父母】太陽（忌）
　【子女】禄存　　　　　【夫妻】擎羊　　　　　【財帛】陀羅・天魁　　【福徳】天鉞
　［三奇加会格］幸運に恵まれ大いに発展する吉命。
　　・自力で努力し成功と財を得るが、命宮宮威弱ければ成功のために相当の努力と苦労を伴う。
　　・生まれた家庭環境はあまり芳しくないか、両親とは良好な関係ではなく、力になってくれない。
乙年生
　【田宅】天機（禄）　　【疾厄】天梁（権）　　【官禄】紫微（科）　　【田宅】太陰（忌）　　【夫妻】禄存
　【兄弟】擎羊　　　　　【子女】陀羅　　　　　【疾厄】天魁　　　　　【田宅】天鉞
　　・事業／仕事運は良好で、出世し高給を得る。　・結婚生活は安定した幸せなものとなる。
　　・不動産は買ったり売ったりで、ひとつのものを長く所有するのは難しい。
丙年生
　【兄弟】天同（禄）　　【田宅】天機（権）　　【財帛】廉貞（忌）　　【命宮】禄存
　【父母】擎羊　　　　　【兄弟】陀羅　　　　　【遷移】天魁　　　　　【官禄】天鉞
　　・基本的に財運はあるのだが、それを大きく増やしたり長く保つのは難しい。
　　・兄弟や友人が大いに力になってくれる。
丁年生
　【田宅】太陰（禄）　　【兄弟】天同（権）　　【田宅】天機（科）　　【奴僕】巨門（忌）　　【父母】禄存
　【福徳】擎羊　　　　　【命宮】陀羅　　　　　【遷移】天魁　　　　　【官禄】天鉞
　　・両親が裕福で、その財産（不動産を含む）を継承するか、不動産関係の仕事や事業で財を得ること
　　　がある。
戊年生
　【官禄】貪狼（禄）　　【田宅】太陰（権）　　【田宅】天機（忌）　　【命宮】禄存
　【父母】擎羊　　　　　【兄弟】陀羅　　　　　【財帛】天魁　　　　　【福徳】天鉞
　　・自力で努力し、命宮宮威強ければかなりの財を築き、弱ければそれなりの財を得る。
　　・生まれた家庭環境はあまり芳しくないか、両親はあまり力になってくれない。
己年生
　【命宮】武曲（禄）　　【官禄】貪狼（権）　　【疾厄】天梁（科）　　【父母】禄存
　【福徳】擎羊　　　　　【命宮】陀羅　　　　　【疾厄】天魁　　　　　【田宅】天鉞
　　・基本的に成功し財と地位を得る良好な運勢であるが、その他の星がどこに入るかをよく見て判断
　　　すること。
庚年生
　【父母】太陽（禄）　　【命宮】武曲（権）　　【田宅】太陰（科）　　【兄弟】天同（忌）
　【田宅】禄存　　　　　【官禄】擎羊　　　　　【福徳】陀羅・天鉞　　【財帛】天魁
　　・物事を創始するのを好み、起業の思いにあふれ、命宮宮威強ければ起業・創業し成功する。命宮宮
　　　威弱ければ大きな成功は得られない。
　　・生家は裕福か、両親との関係は良好で力になってくれる。
辛年生
　【奴僕】巨門（禄）　　【父母】太陽（権）　　【官禄】禄存　　　　　【奴僕】擎羊
　【田宅】陀羅　　　　　【父母】天魁　　　　　【子女】天鉞
　　・基本的にそこそこ安定した運勢であるが、その他の星をよく見て判断すること。
　　・両親は厳格な人で、子供を厳しく躾け教育する。
壬年生
　【疾厄】天梁（禄）　　【官禄】紫微（権）　　【命宮】武曲（忌）　　【遷移】禄存
　【疾厄】擎羊　　　　　【奴僕】陀羅　　　　　【夫妻】天魁　　　　　【命宮】天鉞
　　・命宮宮威強ければ、そこそこ安定した運勢であるが、弱ければそれほどのこともない。
　　・外出先での事故や怪我に注意すること。
癸年生
　【命宮】破軍（禄）　　【疾厄】巨門（権）　　【田宅】太陰（科）　　【官禄】貪狼（忌）　　【疾厄】禄存
　【財帛】擎羊　　　　　【遷移】陀羅　　　　　【夫妻】天魁　　　　　【命宮】天鉞
　　・基本的に命宮宮威強ければ、財と地位を得る良好な運勢であるが、そのためには相当の奮闘努力と
　　　苦労を伴うことになる。弱ければ、事業上のトラブルの恐れがあるので注意すること。

115　紫微酉・命宮午

【兄弟】　　　　　巳	【命宮】　　　　　午	【父母】　　　　　未	【福徳】　　　　　申
武曲（平） 破軍（平） ・兄弟は少なく、兄弟はきつい性格をしている。 ・宮威強－兄弟姉妹は各々発展し活躍するが、しだいに疎遠となり縁も薄くなる。 ・宮威弱－兄弟仲はあまりよいものではなく、場合によっては諍うようなこともある。	太陽（旺） [日麗中天格]	天府（廟） [日月夾命格] ・宮威強－両親は立派な人で、両親から大きな愛情と支援を得る。 ・宮威弱－父親が病弱であるか、意見が合わず対立することがある。	天機（地） 太陰（利） [機月同梁格] ・宮威強－好奇心旺盛で、知識欲がはなはだ強い。化科同宮すれば直感に優れ研究熱心である。 ・宮威弱－心労多く心配性で、物質的に満たされた生活を送っていても憂慮に堪えない。

【夫妻】　　　　　辰			【田宅】　　　　　酉
天同（平） [機月同梁格] ・宮威強－配偶者は優しく善良な人で仲睦まじく暮らしていく。 ・宮威弱－離別の恐れあり注意。 ・昌曲左右天姚が同宮すれば男女問題や恋愛トラブルの暗示あり注意。	\multicolumn{2}{c}{**日麗中天格** さんさんと輝く太陽さえぎる雲もなし。 ただし紫外線が過ぎると毒に。 ・豪放磊落な性格で、度量が広い。頭の回転も早く才能にあふれ、自信に満ちている。世話好きで多くの人と交友する。 ・命宮宮威強－何事にも果敢に挑戦し成功を収める。また熱心に人の世話を焼く。ただし時にその熱心さが煙たがられることもある。 ・命宮宮威弱－したたかで自信に満ちた態度がかえって人の反感を買い、孤独に悩むことになる。 ・曲昌同宮－若年にして認められる。 ・禄存同宮－ビジネスに適性あり。 ・四殺加会－物質的にも精神的にも障害多く、不安定な一生を送りやすい。疾病を持ちやすく、特に視力と心臓に注意。 ・空劫同宮－とかく出費がかさみ、金銭の悩みを持つことになる。}		紫微（旺） 貪狼（利） [桃花犯主格] ・宮威強－父祖からの不動を維持し発展させる。 ・宮威弱－あまり大きな不動産は所有しない。 ・火羊が同宮すれば火災に注意。 ・羊陀が同宮すれば盗難に注意。

【子女】　　　　　卯			【官禄】　　　　　戌
[命無正曜格] [府相朝垣格] ・宮威強－子供の数は少ないが、よい子供である。 ・宮威弱－子供に恵まれないか、あっても子供との縁は薄く、子供との関係も良好とは言えない。			巨門（陥） ・宮威強－高位に昇るのは難しく、就いた職業も長続きしない傾向がある。 ・宮威弱－仕事上のミスや事務処理の手違いが問題となり、仕事を替えることがある。 ・法律、公共、教育、研究、自由業、楽器販売、清掃などに向き、経営や商売には不向きである。

【財帛】　　　　　寅	【疾厄】　　　　　丑	【遷移】　　　　　子	【奴僕】　　　　　亥
[命無正曜格] ・宮威強－財運はあまり強くはないが、学問や芸術、教育関係の仕事で財を得る。 ・宮威弱－財を得ても出ていってしまう。	廉貞（利） 七殺（廟） [路上埋屍格] ・宮威強－おおむね健康である。 ・宮威弱－循環器系、血液の疾患の暗示。眼疾、めまい、偏頭痛、鼻喉、喘息などの暗示。四肢に怪我や傷跡の残る暗示あり。晩年、癌の暗示あり注意。	天梁（廟） [寿星入廟格] [機月同梁格] ・宮威強－旅行が好きでバッグひとつで旅立つことも苦にならない。 ・宮威弱－居所が定まらず各地を転々とすることがある。 ・羊陀同宮加会－交通事故など、外出先での怪我や事故には注意すること。	天相（地） ・宮威強－友人や部下後輩は優しくてよい人で、大いに力になってくれる。 ・宮威弱－よい友人や部下後輩に恵まれるが、あまり力にはなってくれない。

甲年生
【疾厄】廉貞（禄）　　【兄弟】破軍（権）　　【兄弟】武曲（科）　　【命宮】太陽（忌）
【財帛】禄存　　　　　【子女】擎羊　　　　　【疾厄】陀羅・天魁　　【父母】天鉞
・命宮宮威強ければそれなりの成功を収め、弱ければそこそこの運勢である。
・兄弟や友人の中に、頭は良いが威丈高で高飛車な態度を取る人がいる。

乙年生
【福徳】天機（禄）　　【遷移】天梁（権）　　【田宅】紫微（科）　　【福徳】太陰（忌）　　【子女】禄存
【夫妻】擎羊　　　　　【財帛】陀羅　　　　　【遷移】天魁　　　　　【福徳】天鉞
・命宮宮威強ければ少しく財を得、宮威弱ければそこそこ安定した運勢である。
・心配性で杞憂に苛まれることがあるので、気分転換が必要である。

丙年生
【夫妻】天同（禄）　　【福徳】天機（権）　　【疾厄】廉貞（忌）　　【兄弟】禄存
【命宮】擎羊　　　　　【夫妻】陀羅　　　　　【奴僕】天魁　　　　　【田宅】天鉞
・配偶者の実家が裕福か、あるいは配偶者は聡明で優秀な人で、大いに力になってくれる。
・晩年やっかいな疾病に悩まされる恐れがあるので、健康管理には留意すること。

丁年生
【福徳】太陰（禄）　　【夫妻】天同（権）　　【福徳】天機（科）　　【官禄】巨門（忌）　　【命宮】禄存
【父母】擎羊　　　　　【兄弟】陀羅　　　　　【奴僕】天魁　　　　　【田宅】天鉞
・命宮宮威強ければそこそこ安定した運勢であるが、そうでなければ波乱含みで不安定な運勢となる。また家庭内は配偶者が実権を握る傾向がある（亭主関白カカア天下）。

戊年生
【田宅】貪狼（禄）　　【福徳】太陰（権）　　【福徳】天機（忌）　　【兄弟】禄存
【命宮】擎羊　　　　　【夫妻】陀羅　　　　　【疾厄】天魁　　　　　【父母】天鉞
・命宮宮威強ければそこそこ安定した運勢であるが、そうでなければ波乱含みで不安定な運勢となる。
・住居やインテリアを自分の好みで奇麗に飾ろうとする。

己年生
【兄弟】武曲（禄）　　【田宅】貪狼（権）　　【遷移】天梁（科）　　【命宮】禄存
【父母】擎羊　　　　　【兄弟】陀羅　　　　　【遷移】天魁　　　　　【福徳】天鉞
・命宮宮威強ければそこそこ安定した運勢であるが、そうでなければ波乱含みで不安定な運勢となる。また住居や家庭内のことを自分の意見や主張で仕切ろうとする傾向がある。

庚年生
【命宮】太陽（禄）　　【兄弟】武曲（権）　　【福徳】太陰（科）　　【夫妻】天同（忌）
【福徳】禄存　　　　　【田宅】擎羊　　　　　【父母】陀羅・天鉞　　【疾厄】天魁
・命宮宮威強ければ安定した運勢であるが、弱ければいささか不安定な運勢となる。
・結婚・恋愛生活に障害の暗示があるので、夫婦円満を心がけること。

辛年生
【官禄】巨門（禄）　　【命宮】太陽（権）　　【田宅】禄存　　　　　【官禄】擎羊
【福徳】陀羅　　　　　【命宮】天魁　　　　　【財帛】天鉞
・権威や権力を握ろうとし、それを果たす。
・命宮宮威強ければそこそこの運勢であるが、宮威弱ければいささか不安定な運勢となる。

壬年生
【遷移】天梁（禄）　　【田宅】紫微（権）　　【兄弟】武曲（忌）　　【奴僕】禄存
【遷移】擎羊　　　　　【官禄】陀羅　　　　　【子女】天魁　　　　　【兄弟】天鉞
・命宮宮威強ければそこそこ安定した運勢であるが、そうでなければ波乱含みで不安定な運勢となる。また、友人や兄弟から迷惑を被ることがある。

癸年生
【兄弟】破軍（禄）　　【官禄】巨門（権）　　【福徳】太陰（科）　　【田宅】貪狼（忌）　　【遷移】禄存
【疾厄】擎羊　　　　　【奴僕】陀羅　　　　　【子女】天魁　　　　　【兄弟】天鉞
・命宮宮威強ければそこそこ安定した運勢であるが、そうでなければ波乱含みで不安定な運勢となる。また、住居や家庭のことで何かゴタゴタしたことが発生する暗示がある。

116　紫微酉・命宮未

武曲（平） 破軍（平） ・配偶者は強烈な個性の持ち主で、容易に恋に落ち、また互いに恋愛には開放的な考えを持つ。 ・宮威弱－配偶者や恋人に我慢して耐え忍ぶようなことになる。 ・昌曲左右天姚が同宮すれば男女問題や恋愛トラブルの暗示あり注意。 【夫妻】　　　　　巳	太陽（旺） [日麗中天格] ・宮威強－兄弟の中に成功する者がいて、多くの支援を受けることができる。 ・宮威弱－兄弟の中に成功する者がいるが、その人はちょっと変わった人であまり力にはなってくれない。 【兄弟】　　　　　午	天府（廟） [日月夾命格] 【命宮】　　　　　未	天機（地） 太陰（利） [機月同梁格] ・両親は立派な人で、恵まれた家庭環境に育つ。 ・宮威強－両親から多くの援助を受けることができる。 ・宮威弱－両親からの支援はあまり期待できない。 【父母】　　　　　申
天同（平） [機月同梁格] ・宮威強－子供は両親思いのよい子供たちである。 ・宮威弱－子供は何事においてもルーズで怠惰な傾向がある。しかし両親には懐く。 ・陀羊同宮すれば親に反抗する親不孝な子となる。 【子女】　　　　　辰	\multicolumn{2}{c|}{**日月夾命格** 太陽太陰命を挟めば、 財豊かで成功者となる人である。 ・額が広く、温厚で度量が広く思いやりのある人である。だいたいが豊満な感じで、特に中年以降太りやすい体質である。 ・めったに人の悪口を言うことはなく、人に好かれ、人間関係も良好で友人知己は多い。 ・活動力は旺盛で、真面目に仕事に打ち込む。 ・多芸多才でいろいろなところで才能を発揮するが、何かひとつの専門分野に長けるようなことは苦手である。専門家というよりはオールラウンドプレーヤーである。 ・大雑把なところがあり、女性でも細かな家事などが苦手な人が多い。 ・命宮宮威強－穏やかな人格であるが、よくリーダーシップを発揮し、常に部下や顧客のことを考え行動し、高位高職に就くことができる。官僚となっても大企業に就職しても自分で起業しても良好である。 ・命宮宮威弱－外面と内面に差があり、外面は穏健で柔順を装っていても、内心は反抗心を持っているようなところがある。}		紫微（旺） 貪狼（利） [桃花犯主格] ・宮威強－新しいものが好きである。飲食や楽しいことが大好きで、生活に喜びを見つけ人生を謳歌する。 ・宮威弱－品性に欠けるようなところが出てきて、楽しみのために生活を犠牲にすることがある。 【福徳】　　　　　酉
[命無正曜格] [府相朝垣格] ・宮威強－財運は豊かで安定している。もしも本宮（財帛宮）か対宮（福徳宮）に火鈴があれば、さらにそれは確実となる。 ・宮威弱－大きな財を得ることは難しい。空劫があれば、なおのこと難しい。 【財帛】　　　　　卯			巨門（陥） ・宮威強－少しく不動産を所有することができる。 ・宮威弱－不動産運には恵まれない。 ・火羊が同宮すれば火災に注意。 ・羊陀が同宮すれば盗難に注意。 【田宅】　　　　　戌
[命無正曜格] ・宮威強－基本的に健康である。 ・宮威弱－皮膚病、アトピー、肝臓病、腹部膨張感など。ほかに神経系や泌尿器系の疾患に注意。 ・羊火加会－眼科系疾患、四肢無力感など。 【疾厄】　　　　　寅	廉貞（利） 七殺（廟） [路上埋屍格] ・遠地や外出先で人の縁を得てチャンスをつかみ発展する。 ・宮威弱－遠行や頻繁な外出は運を低下させる。 ・羊陀同宮加会－交通事故など外出先での怪我や事故に注意。 【遷移】　　　　　丑	天梁（廟） [寿星入廟格] [機月同梁格] ・宮威強－優秀で正直な部下や後輩に恵まれ、大いに助けられ、また彼らがなにかと力になってくれる。 ・宮威弱－部下や後輩は性格が強く頑固で、なかなか打ちとけることができない。 【奴僕】　　　　　子	天相（地） ・宮威強－官僚や公務員、大企業勤務、自らの起業、いずれもよい。 ・宮威弱－あまり高位の職階は望めない。 ・製品加工業、事務員、行政関係、文化教育関係、個人事務所、投資関係などに適す。 【官禄】　　　　　亥

甲年生
【遷移】廉貞（禄）　　【夫妻】破軍（権）　　【夫妻】武曲（科）　　【兄弟】太陽（忌）
【疾厄】禄存　　　　　【財帛】擎羊　　　　　【遷移】陀羅・天魁　　【命宮】天鉞
［天乙拱命格］学識高く、人の縁に恵まれ幸運を得る。
　・まあまあ恵まれた家庭環境で育ち、遠地に赴いてチャンスをつかみ発展する。
　・配偶者は家庭内の実権を握り譲らないので（亭主関白カカア天下）、結婚生活は多少窮屈である。

乙年生
【父母】天機（禄）　　【奴僕】天梁（権）　　【福徳】紫微（科）　　【父母】太陰（忌）　　【財帛】禄存
【子女】擎羊　　　　　【疾厄】陀羅　　　　　【奴僕】天魁　　　　　【父母】天鉞
　・少しく財を得る命である。　・裕福で恵まれた家庭に生まれるが、両親が途中で経済的に困窮する
　　か、母親の健康が優れない恐れがある。

丙年生
【子女】天同（禄）　　【父母】天機（権）　　【遷移】廉貞（忌）　　【夫妻】禄存
【兄弟】擎羊　　　　　【子女】陀羅　　　　　【官禄】天魁　　　　　【福徳】天鉞
　・事業／仕事運は中くらいの運勢である。　・外出時に事故や怪我をする暗示あり。
　・両親は教育熱心で、子供の躾には厳しい。

丁年生
【父母】太陰（禄）　　【子女】天同（権）　　【父母】天機（科）　　【田宅】巨門（忌）　　【兄弟】禄存
【命宮】擎羊　　　　　【夫妻】陀羅　　　　　【官禄】天魁　　　　　【福徳】天鉞
　・そこそこ安定した中くらいの運勢である。
　・しっかりした家庭の生まれであり、父祖からの余慶を受ける。

戊年生
【福徳】貪狼（禄）　　【父母】太陰（権）　　【父母】天機（忌）　　【夫妻】禄存
【兄弟】擎羊　　　　　【子女】陀羅　　　　　【遷移】天魁　　　　　【命宮】天鉞
［天乙拱命格］学識高く、人の縁に恵まれ幸運を得る。
　・命宮宮威強ければ、事業／仕事運は中くらいで、弱ければやや劣る運勢である。
　・配偶者は経済力があり、力になってくれる。
　・両親は激しい性格の人で、子供にも厳しく、恵まれた家庭の生まれとは言いがたい。

己年生
【夫妻】武曲（禄）　　【福徳】貪狼（権）　　【奴僕】天梁（科）　　【兄弟】禄存
【命宮】擎羊　　　　　【夫妻】陀羅　　　　　【奴僕】天魁　　　　　【父母】天鉞
　・大きな理想を抱き、命宮宮威強ければ、それなりに成功を得られるが、弱ければあまり大きな成功
　　は期待できない。　・配偶者は強烈な個性の人であるが、力になってくれる。

庚年生
【兄弟】太陽（禄）　　【夫妻】武曲（権）　　【父母】太陰（科）　　【子女】天同（忌）
【父母】禄存　　　　　【福徳】擎羊　　　　　【命宮】陀羅・天鉞　　【遷移】天魁
［天乙拱命格］学識高く、人の縁に恵まれ幸運を得る。
［科権禄夾格］財産も地位も望むままに得る吉格。
　・亭主関白カカア天下となり、結婚生活は配偶者が主導権を握るようになる。

辛年生
【田宅】巨門（禄）　　【兄弟】太陽（権）　　【福徳】禄存　　　　　【田宅】擎羊
【父母】陀羅　　　　　【兄弟】天魁　　　　　【疾厄】天鉞
　・基本的に安定した運勢であるが、その他の星がどこに入るのかをよく見て判断すること。

壬年生
【奴僕】天梁（禄）　　【福徳】紫微（権）　　【夫妻】武曲（忌）　　【官禄】禄存
【奴僕】擎羊　　　　　【田宅】陀羅　　　　　【財帛】天魁　　　　　【夫妻】天鉞
　・清らかで品格のある人であり、人望もあり名誉と称賛を得る。
　・恋愛や結婚に関しては、何かと障害や波風が生じる恐れがある。

癸年生
【夫妻】破軍（禄）　　【田宅】巨門（権）　　【父母】太陰（科）　　【福徳】貪狼（忌）　　【奴僕】禄存
【遷移】擎羊　　　　　【官禄】陀羅　　　　　【財帛】天魁　　　　　【夫妻】天鉞
　・配偶者から多くの助力を得るが、配偶者の個性が強烈なため恐々とするところがある。
　・両親が知的でインテリな家庭の生まれである。
　・住居や家庭内のことを、自分で仕切ろうとするところがある。

117　紫微酉・命宮申

武曲（平） 破軍（平） ・好奇心旺盛な子供であるが攻撃性も強く、なかなか静かにおとなしくしていない。 ・宮威弱－人の話を聞かない子供で、自分で思ったようにしか行動しない。育てにくい子ではある。またよく怪我をする子供である。 【子女】　　　　　巳	太陽（旺） [日麗中天格] ・配偶者は優秀で能力があり、男性の場合、妻の尻に敷かれることになる。 ・宮威強－配偶者の事業運はよく、気力のある人。 ・宮威弱－夫婦間で思いに相違があり、食い違いが生じる恐れがある。 ・昌曲左右が同宮すると異性問題の暗示あり注意。 【夫妻】　　　　　午	天府（廟） [日月夾命格] ・宮威強－兄弟仲がよく、互いに助け合う。 ・宮威弱－表向きは平穏であるが、兄弟間で心理的な距離ができる。 【兄弟】　　　　　未	天機（地） 太陰（利） [機月同梁格] 【命宮】　　　　　申
天同（平） [機月同梁格] ・宮威強－財運には恵まれるが、苦労した後に財を得るという運勢である。 ・宮威弱－何かと金銭が出ていき、蓄財するのは難しい。 【財帛】　　　　　辰	機月同梁格 抜群の企画力と事務処理能力で主人の片腕となる大番頭。No.2狙いで大成功。 ・容姿は爽やかで、芸術や文学を好み花鳥風月を愛でる風流人といった趣きだが、ややせっかちなところがある。頭の回転も早い。 ・比較的おだやかな運勢で、中年以降に吉運が巡ってくる。 ・企画や事務処理能力に優れ、トップの補佐官やブレーンとして力を発揮する。一方で神経質なところがあり、感情に波がある。金銭には淡白で、静かでゆとりのある生活を好む。文化事業、学術研究、教師、公務員など頭脳労働に向く。 ・男性は生来のロマンティストで優しく、女性心理をつかむことに長けている。 ・女性は、優しさの中に一本芯の通ったところがあり良妻賢母となる。女性美を具える。 ・命宮宮威弱ければ疑い深く、物事を考え過ぎて失敗するようなところがある。 ・曲昌同宮－宗教界や術数、芸術芸能界で成功。 ・天桃同宮加会－芸術芸能界で成功。		紫微（旺） 貪狼（利） [桃花犯主格] ・宮威強－豊かな家庭に生まれるが、両親との縁は薄い。 ・宮威弱－両親のどちらかと意見が合わず、対立することになる。 【父母】　　　　　酉
[命無正曜格] [府相朝垣格] ・宮威強－おおむね健康である。 ・宮威弱－消化器や生殖器系、心気疾患に注意。 ・癸年生まれの人は、対宮貪狼の化忌に冲破されるので、下半身の疾病（ED、早漏、冷感症、生理不順、子宮・腎臓・泌尿器の疾患など）に注意が必要である。 【疾厄】　　　　　卯			巨門（陥） ・心配性で、些細なことでも心を痛め神経をすり減らす傾向がある。 ・宮威弱ければ心労の絶えない日々を送ることになる。 【福徳】　　　　　戌
[命無正曜格] ・宮威強－生地を離れて発展する。また対外運・外出運は良好であるが、努力や苦労した後に成功する。 ・宮威弱－居所が定まらず各地を転々とすることになる。 ・羊陀同宮加会－交通事故など、外出先での事故や怪我に注意すること。 【遷移】　　　　　寅	廉貞（利） 七殺（廟） [路上埋屍格] ・友人や部下後輩は、強烈な性格な人が多くなる。 ・宮威強－友人や部下後輩を通じてチャンスをつかみ、発展につなげることができる。 ・宮威弱－友人や部下後輩に面倒をかけられるようなことがある。 【奴僕】　　　　　丑	天梁（廟） [寿星入廟格] [機月同梁格] ・教育、学術、文化、医療、情報、調査、探偵、保険などの方面に適す。ただしビジネス界には向かない。 ・宮威強－高い職位に昇ることができる。 ・宮威弱－普通であるが、仕事のことで苦労する。 【官禄】　　　　　子	天相（地） ・快適な住居に住むことができる。宮威強ければ多くの不動産を得るが、弱ければそうではない。 ・移転や引っ越しは比較的少ない人である。 ・火羊が同宮すれば火災に注意。 ・羊陀が同宮すれば盗難に注意。 【田宅】　　　　　亥

甲年生
【奴僕】廉貞（禄）　【子女】破軍（権）　【子女】武曲（科）　【夫妻】太陽（忌）
【遷移】禄存　　　　【疾厄】擎羊　　　【奴僕】陀羅・天魁　【兄弟】天鉞
・命宮宮威強ければ、少しく安定した運勢で、倹約することで蓄財する。
・命宮宮威弱ければ、あまり良好な命ではなく、結婚生活に障害や波風が生じる恐れがある。

乙年生
【命宮】天機（禄）　【官禄】天梁（権）　【父母】紫微（科）　【命宮】太陰（忌）　【疾厄】禄存
【財帛】擎羊　　　　【遷移】陀羅　　　　【官禄】天魁　　　　【命宮】天鉞
・命宮宮威強ければ頭の回転も早く、優れた発想力でたいていのことは実現する。ただし財運に恵まれるが支出も多く、大きな蓄財は困難である。命宮宮威弱ければ自分を責め、苦しむようになる。
・豊かで立派な家庭の生まれである。

丙年生
【財帛】天同（禄）　【命宮】天機（権）　【奴僕】廉貞（忌）　【子女】禄存
【夫妻】擎羊　　　　【疾厄】陀羅　　　　【田宅】天魁　　　　【父母】天鉞
・企画計画弁論に優れ、命宮宮威強ければ富と名誉と地位を手にする。命宮宮威弱ければ相当の努力と苦労の後に財を築くが、酒色やゆとりある生活を求め、闘争心や覇気に欠けるところがある。

丁年生
【命宮】太陰（禄）　【財帛】天同（権）　【命宮】天機（科）　【福徳】巨門（忌）　【夫妻】禄存
【兄弟】擎羊　　　　【子女】陀羅　　　　【田宅】天魁　　　　【父母】天鉞
[三奇加会格] 名誉を得、富と地位・官位を手中に収める。一方で容易に人に心を開かず、気苦労が絶えない。配偶者は裕福か、あるいは配偶者の助けにより財を得ることができる。

戊年生
【父母】貪狼（禄）　【命宮】太陰（権）　【命宮】天機（忌）　【子女】禄存
【夫妻】擎羊　　　　【財帛】陀羅　　　　【奴僕】天魁　　　　【兄弟】天鉞
・心配性で気苦労が多いが、命宮宮威強ければ重責にも耐え権力を志向する。命宮宮威弱ければ何事も人任せにして、結局はつまずくようになる。
・結婚生活の主導権は配偶者が握る傾向がある。

己年生
【子女】武曲（禄）　【父母】貪狼（権）　【官禄】天梁（科）　【夫妻】禄存
【兄弟】擎羊　　　　【子女】陀羅　　　　【官禄】天魁　　　　【命宮】天鉞
・生家は立派な家庭で、両親の子弟に対する躾や教育は、厳しい傾向がある。
・職場での評判は上々で、基本的に安定した命運である。

庚年生
【夫妻】太陽（禄）　【子女】武曲（権）　【命宮】太陰（科）　【財帛】天同（忌）
【命宮】禄存　　　　【父母】擎羊　　　　【兄弟】陀羅・天鉞　【奴僕】天魁
・命宮宮威強ければ安定した運勢である。
・浪費や支出が多く、財運は一定しない。配偶者の生家は裕福であるか、あるいは配偶者は聡明で有能な人であるが、家庭生活の実権は配偶者が握るようになる。

辛年生
【福徳】巨門（禄）　【夫妻】太陽（権）　【父母】禄存　　　　【福徳】擎羊
【命宮】陀羅　　　　【夫妻】天魁　　　　【遷移】天鉞
・命宮宮威強ければおおむね安定した運勢である。
・雑事些事に心を煩わされることがある。
・家庭内は配偶者が実権を握る（亭主関白カカア天下）傾向がある。

壬年生
【官禄】天梁（禄）　【父母】紫微（権）　【子女】武曲（忌）　【田宅】禄存
【官禄】擎羊　　　　【福徳】陀羅　　　　【疾厄】天魁　　　　【子女】天鉞
・公共事業や教育などの分野で成功し地位を得るが、多くの財は得られない。
・命宮宮威強ければ大いに発展し、弱ければ相当の努力と苦労をした後に成功をつかむ。

癸年生
【子女】破軍（禄）　【福徳】巨門（権）　【命宮】太陰（科）　【父母】貪狼（忌）　【官禄】禄存
【奴僕】擎羊　　　　【田宅】陀羅　　　　【疾厄】天魁　　　　【子女】天鉞
・高い地位と名誉を得ることができるが、両親が離婚や再婚をする暗示がある。
・元気で活発な子供に恵まれる。

118　紫微酉・命宮酉

武曲（平） **破軍（平）** ・若年時は財に恵まれないが中・晩年に財を築く。 ・宮威強－多く儲けるが支出も多い（無駄遣いに注意）。 ・宮威弱－収支が一定せず蓄財は難しい。 【財帛】　　　　　巳	**太陽（旺）** [日麗中天格] ・宮威強－子供に恵まれるが、強烈な個性の子供である。 ・宮威弱－子供運は並である。化忌、天刑が同宮加会すれば、親子の縁は薄いものとなり、関係もあまり良好とは言えない。 【子女】　　　　　午	**天府（廟）** [日月夾命格] ・宮威強－配偶者は財運と名声に恵まれる人であり、配偶者と仲睦まじく末永く添い遂げる。 ・宮威弱－配偶者は何かの欠点を抱えている。 ・晩婚に適す。 ・昌曲左右天姚が同宮すれば男女問題や恋愛トラブルの暗示あり注意。 【夫妻】　　　　　未	**天機（地）** **太陰（利）** [機月同梁格] ・兄弟の中に心根が優しく善良で、聡明で優れた才能を備えた人がいる。 ・友人知人も聡明な人が多い。 ・宮威強－仲がよい。 ・宮威弱－兄弟の中に移り気な者がいるか、疎遠となる。 【兄弟】　　　　　申
天同（平） [機月同梁格] ・宮威強－おおむね健康である。 ・宮威弱－神経衰弱、不眠、糖尿病、肥満、感冒、神経痛（座骨神経痛など）、婦人科の疾病に注意。 【疾厄】　　　　　辰	\<td colspan="2"\>		**紫微（旺）** **貪狼（利）** [桃花犯主格] 【命宮】　　　　　酉
[命無正曜格] [府相朝垣格] ・家にこもるのは好まず、外出がちとなる。 ・宮威強－交友も広く、多くの友人ができ、また外出することでチャンスをつかむ。 ・宮威弱－遊び好きとなり、時に深夜深更に至るまで飲み歩いたり遊び歩いたりするようになる。 【遷移】　　　　　卯			**巨門（陥）** ・両親は口うるさい人で、それに反感を抱き対立するようになる。また両親の仲もあまりよくない。宮威強くても両親との縁は薄く関係も良好ではない。 ・出自はあまり恵まれた環境ではない。 【父母】　　　　　戌
[命無正曜格] ・友人や部下後輩の中には聡明で優れた才能を持つ人がいる。 ・宮威強－友人や部下後輩が力になってくれる。 ・宮威弱－部下や友人を損なうようなことがる。あるいは部下後輩友人から面倒をかけられることがあり、多くの助力や支援は期待できない。 【奴僕】　　　　　寅	**廉貞（利）** **七殺（廟）** [路上埋屍格] ・多くの職業を経験する（職業を変える）。上司との関係は良好ではない。 ・宮威強－警察公安関係、重工業、電気、機械、技術修理、占術、理容などに適す。 ・宮威弱－少し偏った職業に就く。 【官禄】　　　　　丑	**天梁（廟）** [寿星入廟格] [機月同梁格] ・宮威強－父祖から不動産を受け継ぎ、また立派な住居に住むことができる。 ・宮威弱－古びた家に住むようになる。 ・火羊が同宮すれば火災に注意。 ・羊陀が同宮すれば盗難に注意。 【田宅】　　　　　子	**天相（地）** ・宮威強－穏やかで人と争うことを好まず、一生を安泰に過ごすことができる。服装、料理、住まいに関心を払う。また長寿である。 ・宮威弱－何かと気苦労が多く、憂鬱な気分になることがある。 【福徳】　　　　　亥

桃花犯主格
魅力にあふれ恋多き人生。
芸術的創作活動をする人には必要な才能・資質。

・強烈な個性を持ち、フットワークも軽く処世術にも長けている。
・命宮宮威強ければ、事業において頭角を現し、重要な職務を担うことになる。
・仕事の態度は友好的でコミュニケーション能力にも優れている。
・文芸や表現、音楽や語学に才がある。
・野心家であり、大利を求め小利には目もくれぬといったふうなところがある。
・酒食を好み、華やかな場所や物事を好む。
・桃花星が加会すれば色恋に溺れ、恋愛関係のトラブルを起こすことがある。
・火鈴同宮－突如発展し突如散財する。
・羊陀同宮－情事、恋愛トラブルに注意。
・空劫化忌が同宮加会すれば、恋愛や色情の性質は抑制され真面目な人となり、芸術や宗教に親しみ身を全うする。

甲年生
【官禄】廉貞（禄）　　【財帛】破軍（権）　　【財帛】武曲（科）　　【子女】太陽（忌）
【奴僕】禄存　　　　　【遷移】擎羊　　　　　【官禄】陀羅・天魁　　【夫妻】天鉞

［三奇加会格］命宮の宮威強ければ名誉を得、富と地位・官位を手中に収め大いに発展する。世俗を離れ精神世界で生きるような人もいる。命宮宮威弱ければ、成功のために相当の努力と苦労を伴うことになる。

乙年生
【兄弟】天機（禄）　　【田宅】天梁（権）　　【命宮】紫微（科）　　【兄弟】太陰（忌）　　【遷移】禄存
【疾厄】擎羊　　　　　【奴僕】陀羅　　　　　【田宅】天魁　　　　　【兄弟】天鉞

・聡明で多芸多才。名誉を得、命宮宮威強ければ少しく富み、高位高官に昇る。
・命宮宮威弱ければ、高尚な趣味を解する趣味人といった感じになる。

丙年生
【疾厄】天同（禄）　　【兄弟】天機（権）　　【官禄】廉貞（忌）　　【財帛】禄存
【子女】擎羊　　　　　【疾厄】陀羅　　　　　【福徳】天魁　　　　　【命宮】天鉞

・事業を進めるうえで懐才不遇の目に会い、大きく出世するのは難しい。
・宮威弱ければ、特殊技能を生かした職業に就く。中にはつまらない人物となる人もいる。

丁年生
【兄弟】太陰（禄）　　【疾厄】天同（権）　　【兄弟】天機（科）　　【父母】巨門（忌）　　【子女】禄存
【夫妻】擎羊　　　　　【財帛】陀羅　　　　　【福徳】天魁　　　　　【命宮】天鉞

・父母宮宮威弱ければ両親は早世の恐れがあるか、あるいは両親とは対立することになる。
・事業上でも困難を伴い、病気がちとなるが、兄弟や友人に助けられる。

戊年生
【命宮】貪狼（禄）　　【兄弟】太陰（権）　　【兄弟】天機（忌）　　【財帛】禄存
【子女】擎羊　　　　　【疾厄】陀羅　　　　　【官禄】天魁　　　　　【夫妻】天鉞

［双禄朝垣格］命宮宮威強ければ財に恵まれ、また興味の範囲は広く多才であるが、投機的な事業には注意を要する。
・命宮宮威弱ければ、異性関係のトラブルに注意。

己年生
【財帛】武曲（禄）　　【命宮】貪狼（権）　　【田宅】天梁（科）　　【子女】禄存
【夫妻】擎羊　　　　　【財帛】陀羅　　　　　【田宅】天魁　　　　　【兄弟】天鉞

・命宮宮威強ければ、大きく富を得ることができる。
・命宮宮威弱ければ、満足を知らず、足下をすくわれ失敗する恐れがある。

庚年生
【子女】太陽（禄）　　【財帛】武曲（権）　　【兄弟】太陰（科）　　【疾厄】天同（忌）
【父母】禄存　　　　　【命宮】擎羊　　　　　【夫妻】陀羅・天鉞　　【官禄】天魁

・奮闘努力の後に財産を得る。
・身体が弱く病気や倦怠感に悩まされ、それが事業や目的達成の足を引っ張ることがある。
・兄弟友人は聡明で能力があり、多く力になってくれる。

辛年生
【父母】巨門（禄）　　【子女】太陽（権）　　【命宮】禄存　　　　　【父母】擎羊
【兄弟】陀羅　　　　　【子女】天魁　　　　　【奴僕】天鉞

・遷移宮に禄存入坐は少しく良好な運勢ではあるが、その他の星もよく見て判断すること。
・両親は裕福であるか、実力のある人であるが、両親との関係はあまり良好とは言えない。

壬年生
【田宅】天梁（禄）　　【命宮】紫微（権）　　【財帛】武曲（忌）　　【福徳】禄存
【田宅】擎羊　　　　　【父母】陀羅　　　　　【遷移】天魁　　　　　【財帛】天鉞

・ワンマンで強烈な個性の持ち主となる。異性との交際を好む。
・大きな財を築くことは難しい。

癸年生
【財帛】破軍（禄）　　【父母】巨門（権）　　【兄弟】太陰（科）　　【命宮】貪狼（忌）　　【田宅】禄存
【官禄】擎羊　　　　　【福徳】陀羅　　　　　【遷移】天魁　　　　　【財帛】天鉞

［科権禄夾格］成功し、地位と名誉を手にすることができる。
・投機的なことに手を出し、突然発展するかと思えば突然全てを失うようなことがある。

119 紫微酉・命宮戌

【疾厄】巳	【財帛】午	【子女】未	【夫妻】申
武曲（平） 破軍（平） ・幼児期の怪我やアトピー、風疹などに注意。 ・糖尿病、眼科系疾患（遠視、視覚異常など）に注意。 ・骨折にも注意。 ・化忌同宮－思わぬことで危険に遭遇することがあるので注意が必要である。	太陽（旺） [日麗中天格] ・宮威強－財運は良好で、また大いに金銭を使う。喜んで人に振る舞うような傾向がある。 ・宮威弱－浪費傾向が強くなる。金銭の支出管理はしっかりした方がよい。	天府（廟） [日月夾命格] ・基本的に多くの子に恵まれる運勢であるが、現在の少子化傾向の実態に合わせて判断すること。 ・宮威強－親孝行な子供であり、親の側にいて力になってくれる。 ・宮威弱－平凡で普通の子供である。	天機（地） 太陰（利） [機月同梁格] ・早婚の傾向があり、夫婦間の年齢差は大きい方である。 ・配偶者の方が家庭内の実権を握るようになる。 ・宮威弱－夫婦間で会話がなくなり、仮面夫婦となる恐れがあるので、夫婦間の対話が大事である。

【遷移】辰	（中央上段）	（中央下段）	【兄弟】酉
天同（平） [機月同梁格] ・宮威強－遠地や外出先で苦労することがある。 ・宮威弱－遠地や外出先で怪我をしたりダメージを受けることがあるので注意すること。 ・羊陀同宮加会－交通事故など外出先での事故や怪我の暗示あり注意。	・分析力と連想力に優れ、旺盛な研究心を持つ。また弁舌にも優れ、頑固でもある。 ・常に問題意識を持ち、理想が高いため現実の事柄に疑問や不満を持つようになり、徹底的に追求したり研究するようになる。 ・自己の信念に従って行動し、あまり他人の意見に左右されることがない。行動や志向は主観的な傾向があり、それが他人には頑固と捉えられることになる。 ・話術に優れ説得力のある話し方をするが、それが過ぎて不快感を持たれる場合もある。 ・金銭や物質より精神的充実に価値を置く。	・自由気ままに振る舞い、怠惰に流される傾向がある。思ったことははっきり口に出し、主観が強く自分本位に行動する傾向があるので口舌の災いや他人とのトラブルに注意。 ・命宮宮威弱－軽佻浮薄な面があり、楽しいことや流行を追い求め飛び回るようなところがある。一生を通じて変動や是非が多くなる。 ・陀羅同宮－大事なことを日延べして、直前に焦るようなところがある。 ・化忌加会－中には犯罪を犯したり、残念な最後を迎える人もいるので、十分に身を慎むことが肝要である。	紫微（旺） 貪狼（利） [桃花犯主格] ・兄弟は才能豊かで、また実現欲や物欲が強い。 ・宮威強－兄弟仲良く、多くの支援や協力を得ることができる。 ・宮威弱－兄弟の中に、気持ちが合わず仲のよくない者がいる。

【奴僕】卯			【命宮】戌
[命無正曜格] [府相朝垣格] ・宮威強－部下後輩友人は立派な人が多く、こちらの方が恐縮し卑屈になることもある。 ・宮威弱－部下後輩友人は有能であるが貪欲でもあるので、あまり良い影響は受けない。			巨門（陥）

【官禄】寅	【田宅】丑	【福徳】子	【父母】亥
[命無正曜格] ・仕事や職場、職位を変わりやすい暗示がある。あまり商売やビジネスには向かない。 ・外回り、外交関係、旅行観光業、神職、霊能師などに向く。 ・ほかに教育関係、広報宣伝行政など。 ・昌曲加会－設計、会計業務、流通業界などに向く。	廉貞（利） 七殺（廟） [路上埋屍格] ・宮威強－不動産運はあるが、それを長く所有することは難しい。 ・宮威弱－不動産を所有することは難しい。 ・火羊が同宮すれば火災に注意。 ・羊陀が同宮すれば盗難に注意。	天梁（廟） [寿星入廟格] [機月同梁格] ・清らかな心を持ち、思慮深く、宗教や哲学の研究を好み、文学にも親しむ。 ・宮威強－社会のために働くことを好み、世のため人のために労力を尽くす。また長寿である。 ・宮威弱－煩わしいことに悩まされ気苦労が多く、思うようにいかない。	天相（地） ・宮威強－両親は裕福で、比較的恵まれた環境で育つ。 ・宮威弱－両親と意見が合わず、対立したり仲違いすることがある。

甲年生
【田宅】廉貞（禄）　　【疾厄】破軍（権）　　【疾厄】武曲（科）　　【財帛】太陽（忌）
【官禄】禄存　　　　　【奴僕】擎羊　　　　　【田宅】陀羅・天魁　　【子女】天鉞
・中程度の事業／職業運であり、足るを知ることが肝要である。
・頑固でやっかいな病気に悩まされることがあるので、健康には注意すること。

乙年生
【夫妻】天機（禄）　　【福徳】天梁（権）　　【兄弟】紫微（科）　　【夫妻】太陰（忌）　　【奴僕】禄存
【遷移】擎羊　　　　　【官禄】陀羅　　　　　【福徳】天魁　　　　　【夫妻】天鉞
・配偶者は財運があり聡明で能力もあるが、内向的で暗い感じとなる。また家庭内は配偶者が主導権を握ることになる。

丙年生
【遷移】天同（禄）　　【夫妻】天機（権）　　【田宅】廉貞（忌）　　【疾厄】禄存
【財帛】擎羊　　　　　【遷移】陀羅　　　　　【父母】天魁　　　　　【兄弟】天鉞
［貴星夾命格］人の援助に恵まれる。
・命宮宮威強ければ少しく成功し財を得る。弱くても生活に困窮するようなことにはならない。
・配偶者が家庭内の実権を握り（亭主関白カカア天下）、口を挟む余地がない。

丁年生
【夫妻】太陰（禄）　　【遷移】天同（権）　　【夫妻】天機（科）　　【命宮】巨門（忌）　　【財帛】禄存
【子女】擎羊　　　　　【疾厄】陀羅　　　　　【父母】天魁　　　　　【兄弟】天鉞
［貴星夾命格］人の援助に恵まれる。
・自分の思いを通そうとして、物事をいささか強引に進めるところがある。
・配偶者は優秀で、大いに協力と支援を得られるが、家庭内は配偶者主導となる。

戊年生
【兄弟】貪狼（禄）　　【夫妻】太陰（権）　　【夫妻】天機（忌）　　【疾厄】禄存
【財帛】擎羊　　　　　【遷移】陀羅　　　　　【田宅】天魁　　　　　【子女】天鉞
・比較的恵まれた家庭環境で成長するが、基本的に中程度の運勢である。
・配偶者は家庭内の実権を握ろうとして対立し、結婚生活には波が立つ恐れがあるので、よく話し合うこと。

己年生
【疾厄】武曲（禄）　　【兄弟】貪狼（権）　　【福徳】天梁（科）　　【財帛】禄存
【子女】擎羊　　　　　【疾厄】陀羅　　　　　【福徳】天魁　　　　　【夫妻】天鉞
・命宮宮威強ければ少しく安定する運勢であるが、その他の星もよく見て判断すること。
・兄弟や友人の中に威丈高で高飛車な人がいるが、力になってくれる。

庚年生
【財帛】太陽（禄）　　【疾厄】武曲（権）　　【夫妻】太陰（科）　　【遷移】天同（忌）
【夫妻】禄存　　　　　【兄弟】擎羊　　　　　【子女】陀羅・天鉞　　【田宅】天魁
・命宮宮威強ければ財を得るが、弱ければ中程度の財運である。
・配偶者から協力と支援を得て助けられる。

辛年生
【命宮】巨門（禄）　　【財帛】太陽（権）　　【兄弟】禄存　　　　　【命宮】擎羊
【夫妻】陀羅　　　　　【財帛】天魁　　　　　【官禄】天鉞
・基本的に、命宮宮威強ければ成功し、地位と名誉と財を手にする。弱ければ成功のために相当の苦労と努力を伴うようになるが、その他の星もよく見て判断すること。

壬年生
【福徳】天梁（禄）　　【兄弟】紫微（権）　　【疾厄】武曲（忌）　　【父母】禄存
【福徳】擎羊　　　　　【命宮】陀羅　　　　　【奴僕】天魁　　　　　【疾厄】天鉞
・基本的に、そこそこ安定した中程度の運勢である。
・特に晩年、健康を崩す恐れがあるので健康には十分留意すること。

癸年生
【疾厄】破軍（禄）　　【命宮】巨門（権）　　【夫妻】太陰（科）　　【兄弟】貪狼（忌）　　【福徳】禄存
【田宅】擎羊　　　　　【父母】陀羅　　　　　【奴僕】天魁　　　　　【疾厄】天鉞
・我が強く、強引に自分の思いを通そうとするところがある。
・兄弟や友人から面倒を被る恐れがあるので、注意すること。

120　紫微酉・命宮亥

武曲（平） 破軍（平） ・宮威強－遠地に赴いたり外出することで苦労することになる。 ・宮威弱－外出先で事故や怪我をする暗示あり注意。さらに羊陀同宮や化忌同宮すればその傾向は強まる。特に交通事故などには十分注意すること。 【遷移】　　　　　　巳	太陽（旺） [日麗中天格] ・眼疾、めまい、偏頭痛、弱視、心臓病、労務災害などに注意。 【疾厄】　　　　　　午	天府（廟） [日月夾命格] ・節約に努めるが、倹約が過ぎてケチとなるきらいがある。 ・宮威強－財産を築くことができる。 ・宮威弱－あまり大きな財産は築かない。 【財帛】　　　　　　未	天機（地） 太陰（利） [機月同梁格] ・宮威強－子供は聡明で優秀である。 ・宮威弱－普通で平凡な子供である。さらに化忌が同宮すれば私生児であるか縁が薄くなる恐れがある。 【子女】　　　　　　申
天同（平） [機月同梁格] ・宮威強－部下後輩友人は善良でフレンドリーな人が多く、多く助けてくれるが、その力はあまり期待しない方がよい。 ・宮威弱－部下後輩友人とは長く付き合うことができない。 【奴僕】　　　　　　辰	・思いやりがあって世話好きであり、とても面倒見がよい。したがって友人も多い。 ・温和で同情心に富んでいるので、いろいろな人脈や人間関係を築く。 ・謙虚で慎重な性格であり、物事に対して常に細心の注意をもって臨む。 ・人の世話で多忙となるが、誠意をもって対応するので、困難に会ったときも、友人知人や目上の人たちの助力を得て、乗り越えることができる。 ・サポーター役として最適である。 ・忍耐強く地道に努力を続ける。謙虚で協調性があるので、まとめ役として引き立てられ、責任ある立場に就くこともある。 ・考えが先に立ち、実行がおろそかになるきらいがある。 ・人と争ったり比較することを嫌う。 ・待ち合わせ時間などについては厳格である。 ・命宮宮威強－友人知人から多くの助力を得て安定した人生を送ることができる。 ・命宮宮威弱－心がうわつき、思い違いや勘違いを起こしやすくなる。 ・女性は家庭の主婦となって幸せを得る。		紫微（旺） 貪狼（利） [桃花犯主格] ・若年期の恋愛は失敗する恐れがあるので、早婚はよろしくない。晩婚に適する。 ・宮威弱－配偶者が派手好きで問題を起こす恐れがあるので注意。 ・昌曲左右が同宮すると異性問題の暗示あり注意。 【夫妻】　　　　　　酉
[命無正曜格] [府相朝垣格] ・多角化経営、芸術、華道茶道、楽器演奏、囲碁将棋、編み物、料理関係、娯楽飲食業などに適性がある。 ・事業運は中くらいである。 【官禄】　　　　　　卯			巨門（陥） ・宮威強－兄弟との縁は薄く、関係もよいとは言えない。 ・宮威弱－兄弟仲は悪く、反発し合う。 【兄弟】　　　　　　戌
[命無正曜格] ・宮威強－あまり大きな不動産は獲得できない。 ・宮威弱－なかなか居所が定まらず、常に移転することになる。 ・火羊が同宮すれば火災に注意。 ・羊陀が同宮すれば盗難に注意。 【田宅】　　　　　　寅	廉貞（利） 七殺（廟） [路上埋屍格] ・宮威強－仕事熱心で、自分から忙しく動き回る。忙しさの中に幸福感を感じる。 ・宮威弱－忙しく動き回るわりには成果が上がらない。 【福徳】　　　　　　丑	天梁（廟） [寿星入廟格] [機月同梁格] ・宮威強－両親の庇護や援助を受け、また両親は健康長寿である。 ・宮威弱－両親は子供を厳しく躾け教育するが、子は両親によく懐き慕う。 【父母】　　　　　　子	天相（地） 【命宮】　　　　　　亥

甲年生
【福徳】廉貞（禄）　　【遷移】破軍（権）　　【遷移】武曲（科）　　【疾厄】太陽（忌）
【田宅】禄存　　　　　【官禄】擎羊　　　　　【福徳】陀羅・天魁　　【財帛】天鉞
・遠地に赴いてチャンスをつかんで発展する。外出することでチャンスをつかむ。
・事業／仕事運は良好であるが、大きな財を築くのは難しい。また健康には十分注意すること。

乙年生
【子女】天機（禄）　　【父母】天梁（権）　　【夫妻】紫微（科）　　【子女】太陰（忌）　　【官禄】禄存
【奴僕】擎羊　　　　　【田宅】陀羅　　　　　【父母】天魁　　　　　【子女】天鉞
・事業／仕事運は旺盛ではないが、結婚生活は安定し配偶者から多くの協力と支援を得る。しかし家庭内は配偶者が実権を握る傾向がある。
・両親は厳格に子供を躾け教育する。

丙年生
【奴僕】天同（禄）　　【子女】天機（権）　　【福徳】廉貞（忌）　　【遷移】禄存
【疾厄】擎羊　　　　　【奴僕】陀羅　　　　　【命宮】天魁　　　　　【夫妻】天鉞
・少しく安定した運勢である。
・なかなか満足できず、焦ったり、いらいらする。気苦労が多く、精神的安定を得にくい傾向がある。その他の星がどこに入るかをよく見て判断すること。

丁年生
【子女】太陰（禄）　　【奴僕】天同（権）　　【子女】天機（科）　　【兄弟】巨門（忌）　　【疾厄】禄存
【財帛】擎羊　　　　　【遷移】陀羅　　　　　【命宮】天魁　　　　　【夫妻】天鉞
・そこそこの運勢である。
・兄弟や友人から面倒をかけられる恐れがあるので、注意すること。

戊年生
【夫妻】貪狼（禄）　　【子女】太陰（権）　　【子女】天機（忌）　　【遷移】禄存
【疾厄】擎羊　　　　　【奴僕】陀羅　　　　　【福徳】天魁　　　　　【財帛】天鉞
・少しく安定した運勢である。　・配偶者は聡明で能力があり、配偶者から多くの協力と支援を得る。
・よい子供もいるが、そうでない子供もいる。

己年生
【遷移】武曲（禄）　　【夫妻】貪狼（権）　　【父母】天梁（科）　　【疾厄】禄存
【財帛】擎羊　　　　　【遷移】陀羅　　　　　【父母】天魁　　　　　【子女】天鉞
・比較的安定した良好な運勢である。
・両親は知的なインテリであり、良好な家庭環境で育つ。

庚年生
【疾厄】太陽（禄）　　【遷移】武曲（権）　　【子女】太陰（科）　　【奴僕】天同（忌）
【子女】禄存　　　　　【夫妻】擎羊　　　　　【財帛】陀羅・天鉞　　【福徳】天魁
・遠地に赴いて発展する。外出することで人の縁やチャンスをつかむ。
・命宮宮威強ければ成功し名誉と地位を得るが、大きな財は築かない。弱ければそこそこである。

辛年生
【兄弟】巨門（禄）　　【疾厄】太陽（権）　　【夫妻】禄存　　　　　【兄弟】擎羊
【子女】陀羅　　　　　【疾厄】天魁　　　　　【田宅】天鉞
・兄弟や友人が力になってくれる。
・命宮宮威強ければ事業／仕事運は良好で成功し、弱ければそこそこの運勢である。

壬年生
【父母】天梁（禄）　　【夫妻】紫微（権）　　【遷移】武曲（忌）　　【命宮】禄存
【父母】擎羊　　　　　【兄弟】陀羅　　　　　【官禄】天魁　　　　　【遷移】天鉞
・家庭内は配偶者が実権を握る傾向がある（亭主関白カカア天下）。外出時の事故や怪我に注意。
・両親に愛され庇護を受けて育ち、両親は心配性で何かと気をつかってくれる。

癸年生
【遷移】破軍（禄）　　【兄弟】巨門（権）　　【子女】太陰（科）　　【夫妻】貪狼（忌）　　【父母】禄存
【福徳】擎羊　　　　　【命宮】陀羅　　　　　【官禄】天魁　　　　　【遷移】天鉞
・命宮宮威強ければ、遠地に赴いたり外出することでチャンスをつかみ発展する。命宮宮威弱ければ、生活は安定するのだが、なかなか居所が定まらない。
・自分や配偶者に婚外恋愛や異性問題の暗示があるので注意すること。

121　紫微戌・命宮子

【奴僕】　　　　　巳	【遷移】　　　　　午	【疾厄】　　　　　未	【財帛】　　　　　申
天同（廟） ・宮威強－部下後輩友人とは仲良く交際するが、あまり力にはならない。 ・宮威弱－部下後輩友人は有能な者が少なく、付き合っていても疲れるばかりである。	天府（旺） 武曲（旺） ・宮威強－遠地に赴いたり外出することでチャンスをつかみ発展する。 ・宮威弱－遠地に赴いたり外出することで苦労することになる。 ・羊陀同宮－交通事故など外出先での事故に注意。	太陽（地） 太陰（不） [日月同臨格] ・宮威強－おおむね健康である。 ・宮威弱－眼科系疾患、視力障害、高血圧症、低血圧症、婦人科系、泌尿器科系の疾病に注意。	貪狼（平） ・宮威強－財運は良好である。 ・火鈴と同宮加会すれば、突然財を得、突然失うようなことがある。 ・宮威弱－飲食交際遊興に金銭を使い、無駄遣いや浪費をする傾向がある。

【官禄】　　　　　辰		【子女】　　　　　酉
破軍（旺） ・宮威強－人の傘下に入ることを好まず、自身で創業するようになる。 ・宮威弱－それなりの成功を収めるが、職業は変わりやすい。 ・専門技術者、経理会計関係、警察消防自衛隊、営業員、外科医師などに適性がある。	**七殺朝斗格** 戦って戦って戦って、そして勝利はわが手に。 戦った後の成功。 ・眉は太く眉骨が盛り上がり、目は大きく鋭い目つきをしており、彫りの深い顔立ちである。 ・独立の気概が強く、人の傘下に入ったり人に付き従うことを好まない。気性が激しくせっかちだが、忍耐強く困難に負けずに物事に取り組む。変動運である。 ・拘束されたり干渉されるのを嫌うので、しばしば上司と対立しがちである。一方で部下や後輩など目下の者の面倒をよく見て力になる。 ・喜怒哀楽が激しく、それを素直に顔に出す。 ・独立心旺盛で、何事にも自分の考えと勇気と行動力で向かっていく。危機や困難に会っても自力で解決しようとする。 ・昨日の敵は今日の友という度量の広さもある。 ・命宮宮威強－忍耐強く信念を貫き、困難な課題にも勇猛果敢に挑戦し事業を成し遂げる。 ・命宮宮威弱－孤軍奮闘し、苦労することとなる。喜怒哀楽は一定しない。怪我や事故の暗示があるので注意が必要である。 ・昌曲と陀羊が加会すれば身体のどこかに痣やシミが残る。	天機（旺） 巨門（廟） [巨機同臨格] ・宮威強－沈着冷静で聡明な子供である。 ・宮威弱－子供は少ないか、子供には恵まれないことがある。空劫同宮すれば育てにくい子供であり、羊陀同宮すれば親の言うことを聞かない親不孝な子供となる。

【田宅】　　　　　卯		【夫妻】　　　　　戌
[命無正曜格] ・宮威強－不動産は買ったり売ったりで、長く一定のものを保有することは難しい。 ・不動産を所得するのは難しい。 ・火羊が同宮すれば火災に注意。 ・羊陀が同宮すれば盗難に注意。		紫微（地） 天相（地） ・この人の強烈な個性を優しく包み込み受け入れてくれる、温厚でよくできた配偶者である。 ・宮威強－夫婦間で年齢差がある方がうまくいく。 ・宮威弱－結婚生活に波風が立つ恐れがあるので、安定させる努力をすること。

【福徳】　　　　　寅	【父母】　　　　　丑	【命宮】　　　　　子	【兄弟】　　　　　亥
廉貞（廟） [紫府朝垣格] [雄宿朝垣格] [府相朝垣格] ・宮威強－物欲が強く娯楽を好み、いろいろな人と交際交遊する。 ・宮威弱－酒色にのめりこむ恐れがあるので、節制が肝要である。	[命無正曜格] [二曜同臨格] （[日月照壁格]） ・どちらかと言えば父親との縁が深く、母親との縁は薄くなる。 ・宮威弱－母親と対立するようなことがある。	七殺（旺） [七殺朝斗格]	天梁（陥） ・宮威強－兄弟は優しく情け深い人で、とても仲がよいのだが、頼られて迷惑を被ることもある。 ・宮威弱－兄弟がいないかいても縁は薄いものとなり、孤独感を味わう。

甲年生
【福徳】廉貞（禄）　　【官禄】破軍（権）　　【遷移】武曲（科）　　【疾厄】太陽（忌）
【福徳】禄存　　　　　【田宅】擎羊　　　　　【父母】陀羅・天魁　　【疾厄】天鉞
- 基本的に良好な運勢であり、成功し地位と名誉と財を得ることができる。命宮宮威弱ければ、成功を収めるが、そのために相当の努力と苦労を伴うことになる。
- 生育した家庭環境はさほど恵まれたものではない。
- 健康には十分留意すること。

乙年生
【子女】天機（禄）　　【兄弟】天梁（権）　　【夫妻】紫微（科）　　【疾厄】太陰（忌）　　【田宅】禄存
【官禄】擎羊　　　　　【福徳】陀羅　　　　　【命宮】天魁　　　　　【財帛】天鉞
- 平凡で安定した運勢である。
- よい子供に恵まれ、子供が助けてくれるようになる。

丙年生
【奴僕】天同（禄）　　【子女】天機（権）　　【福徳】廉貞（忌）　　【奴僕】禄存
【遷移】擎羊　　　　　【官禄】陀羅　　　　　【兄弟】天魁　　　　　【子女】天鉞
- 子供は個性が強く、親の言うことを聞かない傾向がある。
- 精神的安定に欠け、気苦労が多くなる傾向がある。

丁年生
【疾厄】太陰（禄）　　【奴僕】天同（権）　　【子女】天機（科）　　【子女】巨門（忌）　　【遷移】禄存
【疾厄】擎羊　　　　　【奴僕】陀羅　　　　　【兄弟】天魁　　　　　【子女】天鉞
［対面朝斗格］商才あって財を得るが、化忌に会うを嫌う。
- 少しく安定した運勢であるが、命宮宮威弱ければ大きな成功は得にくい。
- 子供は親孝行の子もいれば、そうでない子もいる。
- 部下や後輩友人の中に、威丈高で高飛車な態度を取る者がいるが、力になる。

戊年生
【財帛】貪狼（禄）　　【疾厄】太陰（権）　　【子女】天機（忌）　　【奴僕】禄存
【遷移】擎羊　　　　　【官禄】陀羅　　　　　【父母】天魁　　　　　【疾厄】天鉞
- 財を得ることができるが、高い地位や名誉を手にするのは難しい。
- 子供に苦労をかけられるか、親不孝な子供であることがある。

己年生
【遷移】武曲（禄）　　【財帛】貪狼（権）　　【兄弟】天梁（科）　　【遷移】禄存
【疾厄】擎羊　　　　　【奴僕】陀羅　　　　　【命宮】天魁　　　　　【財帛】天鉞
［対面朝斗格］商才あって財を得るが、化忌に会うを嫌う。
- 基本的に財運に恵まれた良好な運勢であるが、その他の星がどこに入るかをよく見て判断すること。

庚年生
【疾厄】太陽（禄）　　【遷移】武曲（権）　　【疾厄】太陰（科）　　【奴僕】天同（忌）
【財帛】禄存　　　　　【子女】擎羊　　　　　【疾厄】陀羅・天鉞　　【父母】天魁
- 生地を離れるか、遠方に赴いてチャンスをつかみ成功する。少しく安定した運勢である。

辛年生
【子女】巨門（禄）　　【疾厄】太陽（権）　　【子女】禄存　　　　　【夫妻】擎羊
【財帛】陀羅　　　　　【遷移】天魁　　　　　【福徳】天鉞
- 明るくてよくしゃべる子供に恵まれる。
- 頑固でやっかいな病気に罹ることがあるので、健康には注意すること。

壬年生
【兄弟】天梁（禄）　　【夫妻】紫微（権）　　【遷移】武曲（忌）　　【兄弟】禄存
【命宮】擎羊　　　　　【夫妻】陀羅　　　　　【田宅】天魁　　　　　【奴僕】天鉞
- 外出を喜び、あちこち飛び回るが、困難や危機に会うこともあるので注意すること。
- 家庭内は配偶者が実権を握り、亭主関白カカア天下となる。

癸年生
【官禄】破軍（禄）　　【子女】巨門（権）　　【疾厄】太陰（科）　　【財帛】貪狼（忌）　　【命宮】禄存
【父母】擎羊　　　　　【兄弟】陀羅　　　　　【田宅】天魁　　　　　【奴僕】天鉞
- 事業上の変動が多い。
- 子供は個性が強く、親の言うことを聞かない傾向がある。

122　紫微戌・命宮丑

【官禄】　　　　　巳	【奴僕】　　　　　午	【遷移】　　　　　未	【疾厄】　　　　　申
天同（廟） ・宮威強－事務職、サービス・娯楽業などに向く。 ・ガツガツ仕事するタイプではなく、ほどほどの成果で満足する。 ・骨董、郵便、リサイクル業、古書店、旅行業、社会福祉関係、療養所などにも適性がある。	天府（旺） 武曲（旺） ・宮威強－部下後輩友人から多くの支援を受ける。 ・宮威弱－部下後輩友人とは、あまり深い付き合いにはならない。 ・羊陀同宮－部下後輩友人とはそりが合わない。	太陽（地） 太陰（不） [日月同臨格] ・宮威強－早くに家を出ることになるが、実力者の援助を得ることができる。 ・宮威弱－各地を転々として、なかなか居所が定まらない。 ・羊陀同宮加会－交通事故や外出先での怪我や事故に注意すること。	貪狼（平） ・肝臓、腎臓の疾患、生殖器系の疾患などに注意。 ・宮威弱－痔疾、暴飲暴食、眼病、めまい、偏頭痛、泌尿器系の疾患などに注意。

【田宅】　　　　　辰			【財帛】　　　　　酉
破軍（旺） ・なかなか居所が定まらず、常に住居の改装や改築を行う傾向がある。 ・宮威強－頻繁に不動産の売買や取引を行う傾向がある。 ・宮威弱－なかなか居所が定まらず、結果的に古い家屋や住居に住むことになる。		天機（旺） 巨門（廟） [巨機同臨格] ・宮威強－財は入ったり出たりで、なかなか留まらず、大きく蓄財するのは難しい。 ・宮威弱－大きな財を得ることは難しい。

命無正曜格
対宮主星を命宮主星とみなして判断。

二曜同臨格
聡明だが保守的。富と地位に恵まれるが
感情や運期に波がある。

・感情が一定しないところがある。熱くなっているかと思えば冷めていたり、勤勉かと思えば怠惰なことがあり、気前がいいと思えばケチになったりする。
・事務職やデスクワークに向き、ビジネス、営業や経営には向かない。
・仕事の上で時間や性差を気にしない。つまり昼夜転倒しても気にせず、男女の役割区分などもあまり気にしない。
・命宮宮威強－聡明で俊敏であるが感情に起伏があり、また成敗は交互に訪れる。
・命宮宮威弱－傲慢なところがあり、頑固で物事に固執するところがある。竜頭蛇尾に終わりがちである。
・女命は、女性的優しさや美貌と、男性的な強さや決断力を併せ持つ。家庭と仕事を両立させる。多くの恋愛を経た後に結婚する。
・遷移宮に化忌が入れば、生みの親のほかに親類縁者など、育ての親がいる暗示がある。

【福徳】　　　　　卯			【子女】　　　　　戌
[命無正曜格] ・宮威強－なかなか穏やかな気持ちにはなれず、精神が安定しない。 ・宮威弱－なにかと気苦労や心配事が多くなる傾向がある。		紫微（地） 天相（地） ・宮威強－優秀な子供に恵まれる。 ・宮威弱－子供は平均的で平凡である。羊陀が同宮加会すれば、子供は親に逆らうようになる。空劫同宮すれば、育てにくい子供である。

【父母】　　　　　寅	【命宮】　　　　　丑	【兄弟】　　　　　子	【夫妻】　　　　　亥
廉貞（廟） [紫府朝垣格] [雄宿朝垣格] [府相朝垣格] ・宮威強－両親は、せっかちで何事も白黒つけたがるような人であり、両親との関係もあまり良好とは言えない。 ・宮威弱－両親は遊戯歓楽にふける傾向がある。	[命無正曜格] [二曜同臨格] （[日月照壁格]）	七殺（旺） [七殺朝斗格] ・宮威強－兄弟の数は少なく、成長した後は、それぞれが自立し離れていくので、あまり力はならない。 ・宮威弱－兄弟間の縁は薄いものとなり、良好な関係とは言えない。最悪の場合、対立するようになる。	天梁（陥） ・宮威強－配偶者は家庭内のことを取り仕切りたがる傾向がある。 ・宮威弱－配偶者は細かいことでもいちいち指図し仕切るようになる。 ・昌曲左右天姚が同宮すれば男女問題や恋愛トラブルの暗示あり注意。

甲年生
【父母】廉貞（禄）　　【田宅】破軍（権）　　【奴僕】武曲（科）　　【遷移】太陽（忌）
【父母】禄存　　　　　【福徳】擎羊　　　　　【命宮】陀羅・天魁　　【遷移】天鉞
［天乙拱命格］学識高く、人の縁に恵まれ幸運を得る。
　・そこそこ安定した運勢であるが、交通事故など外出時の事故や怪我には注意すること。
　・裕福で恵まれた家庭環境に育つ。

乙年生
【財帛】天機（禄）　　【夫妻】天梁（権）　　【子女】紫微（科）　　【遷移】太陰（忌）　　【福徳】禄存
【田宅】擎羊　　　　　【父母】陀羅　　　　　【兄弟】天魁　　　　　【疾厄】天鉞
　・基本的に良好な命運で成功を得ることができるが、外出時の怪我や事故には注意すること。
　・配偶者は優秀で実力もあるが、家庭内は配偶者が実権を握る（亭主関白カカア天下）傾向がある。

丙年生
【官禄】天同（禄）　　【財帛】天機（権）　　【父母】廉貞（忌）　　【官禄】禄存
【奴僕】擎羊　　　　　【田宅】陀羅　　　　　【夫妻】天魁　　　　　【財帛】天鉞
　・事業／仕事運は良好であり、よい職に就き高給を得ることができる。
　・生育環境はあまり恵まれたものではなく、両親との関係も良好とは言えない。

丁年生
【遷移】太陰（禄）　　【官禄】天同（権）　　【財帛】天機（科）　　【財帛】巨門（忌）　　【奴僕】禄存
【遷移】擎羊　　　　　【官禄】陀羅　　　　　【夫妻】天魁　　　　　【財帛】天鉞
［三奇加会格］幸運に大いに富み発展する。
　・基本的に良好な運勢で成功を収めるが、蓄財するためには困難が伴う。

戊年生
【疾厄】貪狼（禄）　　【遷移】太陰（権）　　【財帛】天機（忌）　　【官禄】禄存
【奴僕】擎羊　　　　　【田宅】陀羅　　　　　【命宮】天魁　　　　　【遷移】天鉞
［天乙拱命格］学識高く、人の縁に恵まれ幸運を得る。
　・名誉や地位を得ることができるが、財はなかなか貯まりにくく、大きく蓄財するのは難しい。

己年生
【奴僕】武曲（禄）　　【疾厄】貪狼（権）　　【夫妻】天梁（科）　　【奴僕】禄存
【遷移】擎羊　　　　　【官禄】陀羅　　　　　【兄弟】天魁　　　　　【疾厄】天鉞
　・いささか安定に欠ける運勢であるが、部下後輩友人たちは大きく力になってくれる。
　・配偶者は賢く聡明な人で、協力と支援を得ることができる。

庚年生
【遷移】太陽（禄）　　【奴僕】武曲（権）　　【遷移】太陰（科）　　【官禄】天同（忌）
【疾厄】禄存　　　　　【財帛】擎羊　　　　　【遷移】陀羅・天鉞　　【命宮】天魁
［天乙拱命格］学識高く、人の縁に恵まれ幸運を得る。
　・基本的に良好な運勢ではあるが、事業／仕事上で困難に出会うことがあるので、あまり大それた望みを抱かず、堅実な人生を送る方がよい。

辛年生
【財帛】巨門（禄）　　【遷移】太陽（権）　　【財帛】禄存　　　　　【子女】擎羊
【疾厄】陀羅　　　　　【奴僕】天魁　　　　　【父母】天鉞
［禄合鴛鴦格］財に恵まれる吉格だが、凶星の冲破を恐れる。人に施して吉。
　・生地を離れて遠地に赴いたり、あるいはあちこち出歩くようになる。

壬年生
【夫妻】天梁（禄）　　【子女】紫微（権）　　【奴僕】武曲（忌）　　【夫妻】禄存
【兄弟】擎羊　　　　　【子女】陀羅　　　　　【福徳】天魁　　　　　【官禄】天鉞
　・命宮宮威強ければ、そこそこ安定した良好な運勢であり、弱ければ、いささか安定に欠ける。
　・配偶者は真面目で立派な人であり、配偶者の協力と支援を得ることができるが、家庭内は配偶者が実権を握る傾向がある。

癸年生
【田宅】破軍（禄）　　【財帛】巨門（権）　　【遷移】太陰（科）　　【疾厄】貪狼（忌）　　【兄弟】禄存
【命宮】擎羊　　　　　【夫妻】陀羅　　　　　【福徳】天魁　　　　　【官禄】天鉞
　・命宮宮威強ければ、地位と名誉を得るが、大きな財を築くのは難しいかもしれない。
　・病気がちとなる恐れがあるので、健康には十分注意すること。

123　紫微戌・命宮寅

【田宅】　　　　　　　巳	【官禄】　　　　　　　午	【奴僕】　　　　　　　未	【遷移】　　　　　　　申
天同（廟） ・宮威強－多く不動産を所有し、快適な住居に住むことができる。 ・宮威弱－あまり大きな不動産は獲得できない。 ・火羊が同宮すれば火災に注意。 ・羊陀が同宮すれば盗難に注意。	天府（旺） 武曲（旺） ・決断力とリーダーシップを発揮する。 ・宮威強－事業は発展し大きな権力を握る。 ・宮威弱－あまり出世しないか特殊技術者となる。 ・財界、金融界、財務企画、不動産、建築、公務員などに適性がある。	太陽（地） 太陰（不） [日月同臨格] ・部下や後輩や友人はいろいろなタイプの者がいる。 ・女性よりも男性との縁が多くなる。 ・宮威強－よい部下や後輩に恵まれる。 ・宮威弱－部下や後輩友人とは意見が合わず、対立することがある。	貪狼（平） ・宮威強－刺激や新しいものを好み、喜んで外出・旅行・遠行するようになる。 ・宮威弱－外出先や遠地で異性とのトラブルを起こす恐れあり注意。また旅先でのトラブルに注意。 ・羊陀と同宮加会すれば、交通事故など、外出先での怪我や事故に注意。

【福徳】　　　　　　　辰		【疾厄】　　　　　　　酉
破軍（旺） ・思いつきで動くことがあり、人と競争することを好む。 ・宮威強－思ったことは実行せずにはいられないので、成功と失敗の波が大きい。 ・宮威弱－悲観的な気持ちになることがある。 ・姚花星が同宮加会すると異性問題の恐れあり。	**紫府朝垣格** 人格高潔、富貴と健康長寿に恵まれ地位ある人の援助に浴す。 **府相朝垣格** 目上の引き立て、実力者の支援を受ける。家内安全に心がけること。 **雄宿朝垣格** 個性強く聡明。自分の思ったことは必ず実行・実現し、他を顧みない。	天機（旺） 巨門（廟） [巨機同臨格] ・宮威強－おおむね健康である。 ・宮威弱－代謝異常、栄養不足、流行性疾患などに注意。 ・火星加会－中風やめまいなどに注意。

【父母】　　　　　　　卯		【財帛】　　　　　　　戌
[命無正曜格] ・宮威強－親子で意見の対立を見たり争うようなことはないが、あまり良好な関係ではない。 ・宮威弱－両親と対立し、ひどいときは衝突するようなこともある。	・個性は強烈で所有欲が強い。 ・美男美女とは言いがたいが、ファッションには気をつかい、なかなかのお洒落である。 ・芸術的資質に恵まれ多芸多才で才能豊かである。また趣味の幅が広く、弁も立つ。 ・我慢強いが、せっかちで負けず嫌いである。 ・自分を基準に物事を考え、上司となれば頼もしいが部下にも厳しい要求をする。 ・刺激を求め冒険心にあふれ、人と競うことを好むので、変化に富んだ人生を送る。 ・異性との縁が多く、助力も得る。ロマンスからスキャンダルに発展することがあるので、酒色賭事には十分な距離を置いて節制することが肝要である。	紫微（地） 天相（地） ・宮威強－基本的に財運は良く、安定した財を築くことができる。 ・宮威弱－財は出たり入ったりで、なかなか安定しない。

【命宮】　　　　　　　寅	【兄弟】　　　　　　　丑	【夫妻】　　　　　　　子	【子女】　　　　　　　亥
廉貞（廟） [紫府朝垣格] [雄宿朝垣格] [府相朝垣格]	[命無正曜格] [二曜同臨格] （[日月照壁格]） ・兄弟は少ないか、あるいは兄弟がいないことがある。 ・宮威強－兄弟との関係はあまり良好とは言えない。 ・宮威弱－兄弟とは仲が悪くなり、噛み合わない。	七殺（旺） [七殺朝斗格] ・配偶者は元気で溌刺としており、身体も丈夫である。 ・出会ってすぐに交際し、あまり期間をおかず結婚する傾向がある。 ・宮威弱－夫婦の気性が激しく、どこかで衝突することがある。	天梁（陥） ・子供との関係はあまり良好なものではない。 ・羊陀が同宮すれば親不孝で育てにくい子供か、あるいは子供ができないこともある。 ・宮威弱－子供は親の言うことを聞かないか、病気がちとなる恐れがある。

甲年生

【命宮】廉貞（禄）	【福徳】破軍（権）	【官禄】武曲（科）	【奴僕】太陽（忌）
【命宮】禄存	【父母】擎羊	【兄弟】陀羅・天魁	【奴僕】天鉞

［禄合鴛鴦格］財に恵まれる吉格。
 ・基本的に成功し財と地位の両方を手に入れる良好な運勢である。
 ・部下後輩友人に足下をすくわれないように注意すること。

乙年生

【疾厄】天機（禄）	【子女】天梁（権）	【財帛】紫微（科）	【奴僕】太陰（忌）	【父母】禄存
【福徳】擎羊	【命宮】陀羅	【夫妻】天魁	【遷移】天鉞	

 ・基本的に良好な命で、財産を得ることができる。
 ・女性の後輩や友人に注意すること。トラブルの暗示あり。

丙年生

【田宅】天同（禄）	【疾厄】天機（権）	【命宮】廉貞（忌）	【田宅】禄存
【官禄】擎羊	【福徳】陀羅	【子女】天魁	【疾厄】天鉞

 ・経済的には安定しており、家庭内も良好であるが、健康（特に伝染病や、その他頑固でやっかいな病気）には注意すること。

丁年生

【奴僕】太陰（禄）	【田宅】天同（権）	【疾厄】天機（科）	【疾厄】巨門（忌）	【官禄】禄存
【奴僕】擎羊	【田宅】陀羅	【子女】天魁	【疾厄】天鉞	

 ・両親や兄弟親族友人知己の助けを受けて成功し発展する。しかし命宮宮威弱ければ、その成功はさほど大きなものではない。
 ・健康には十分注意すること。

戊年生

【遷移】貪狼（禄）	【奴僕】太陰（権）	【疾厄】天機（忌）	【田宅】禄存
【官禄】擎羊	【福徳】陀羅	【兄弟】天魁	【奴僕】天鉞

 ・命宮宮威強ければ、友人や実力者の助けを大いに受け発展する。また遠方で発展する暗示あり。弱ければ、苦しいことを避けて楽な事を求めるようになるので、大成は難しい。

己年生

【官禄】武曲（禄）	【遷移】貪狼（権）	【子女】天梁（科）	【官禄】禄存
【奴僕】擎羊	【田宅】陀羅	【夫妻】天魁	【遷移】天鉞

 ・基本的に大きな仕事を成し遂げて成功する良好な運勢であるが、その他の星がどこに入るのかをよく見て判断すること。

庚年生

【奴僕】太陽（禄）	【官禄】武曲（権）	【奴僕】太陰（科）	【田宅】天同（忌）
【遷移】禄存	【疾厄】擎羊	【奴僕】陀羅・天鉞	【兄弟】天魁

 ・命宮宮威強ければ高い地位を手に入れ財産も築く。弱くてもそれなりの成功を得ることができる良好な運勢である。
 ・部下や後輩、友人知己が力になってくれる。

辛年生

【疾厄】巨門（禄）	【奴僕】太陽（権）	【疾厄】禄存	【財帛】擎羊
【遷移】陀羅	【官禄】天魁	【命宮】天鉞	

 ・生まれた家庭環境も、本人もそれなりに安定した命運であるが、その他の星がどこに入るのかをよく見て判断すること。

壬年生

【子女】天梁（禄）	【財帛】紫微（権）	【官禄】武曲（忌）	【子女】禄存
【夫妻】擎羊	【財帛】陀羅	【父母】天魁	【田宅】天鉞

 ・財を得ることはできるが、大きな財を築くことは難しいか、あるいは財産を維持管理することが難しくなる傾向がある。

癸年生

【福徳】破軍（禄）	【疾厄】巨門（権）	【奴僕】太陰（科）	【遷移】貪狼（忌）	【夫妻】禄存
【兄弟】擎羊	【子女】陀羅	【父母】天魁	【田宅】天鉞	

 ・基本的に順調な運勢であるが、異性関係で問題を起こす恐れがあるので、注意が必要である。
 ・頑固でやっかいな病気に罹る恐れがあるので、健康には注意すること。

124　紫微戌・命宮卯

【福徳】　　巳	【田宅】　　午	【官禄】　　未	【奴僕】　　申
天同（廟） ・ルーズで怠惰に流される傾向があり、面倒を避けゆとりや余裕のある生活を求めるようになる。 ・宮威弱－自分はあまり働かず、そのくせ他人には何かと注文をつけたり、文句を言ったりする。	天府（旺） 武曲（旺） ・宮威強－不動産を所有することができる。 ・宮威弱－大きな不動産を所有したり、不動産を長く保有することは難しい。 ・火羊が同宮すれば火災に注意。 ・羊陀が同宮すれば盗難に注意。	太陽（地） 太陰（不） [日月同臨格] ・事業上の成功と失敗は交互に訪れ、事業運は変動運と言える。 ・公職、政治関係、選挙、教師、民間企業社員、チェーン店、サービス業などに適性がある。	貪狼（平） ・部下後輩友人は多才で活動力旺盛な人が多い。 ・宮威強－部下後輩友人とは意見が合い、気持ちを通じ合える。 ・宮威弱－単なる遊び友達で終わる。また後輩友人に悪い遊びに誘われたり悪い影響を受けることがある。

【父母】　　辰			【遷移】　　酉
破軍（旺） ・両親との縁は薄く、関係もあまり良好とは言えない。 ・宮威強ければ生家は裕福であり、弱ければ生家は貧しいものとなる傾向がある。 ・いずれにせよ、早くから家を離れ、両親との間には距離ができることになる。		天機（旺） 巨門（廟） [巨機同臨格] ・宮威強－活発に外出活動することで、よいことも悪いことにも会うが、外出や遠地に赴くことでチャンスを得て発展する。 ・宮威弱－転々としてなかなか居所が定まらない。 ・羊陀同宮加会－外出時の怪我や事故に注意。	

命無正曜格
対宮主星を命宮主星とみなして判断。

・頭の回転がよく、いろんなことに理解が早く、研究熱心な勉強家である。また雄弁でフットワークも軽く、動き回る。
・命宮宮威強－博学多能で分析力に優れ、科学技術や芸術の方面など、知的分野で成功を収める。また企画・計画力にも優れている。
・新規事業を立ち上げるのにも向くが、若年中は苦労する。しかし中年以降、発展する。
・個性が強く自分の感情に流されるところがある。
・命宮宮威弱－平凡な命であるが、人を惑わせることがある。特に女性は蠱惑的となる。両親との縁が薄くなる傾向があり、幼少時に怪我や大きな病気をすることがある。
・曲昌と羊陀が同宮すれば身体のどこかに痣や傷跡を持つことになる。

【命宮】　　卯			【疾厄】　　戌
[命無正曜格]			紫微（地） 天相（地） ・宮威強－おおむね健康である。 ・宮威弱－栄養不良、心臓病、糖尿病、消化器系の疾患、黄疸などに注意。

【兄弟】　　寅	【夫妻】　　丑	【子女】　　子	【財帛】　　亥
廉貞（廟） [紫府朝垣格] [雄宿朝垣格] [府相朝垣格] ・兄弟は才能豊かな人で、活動力も旺盛である。 ・宮威強－兄弟とは仲がよく良好な関係である。 ・宮威弱－兄弟との関係はあまり良好なものではない。	[命無正曜格] [二曜同臨格] （[日月照壁格]） ・夫婦のうちどちらかが欠点を持つか、カップルとして何かが欠けるようなことになる。お互いの欠点を認め合い補い合う心が大切である。 ・昌曲左右天姚が同宮すれば男女問題や恋愛トラブルの暗示あり注意。	七殺（旺） [七殺朝斗格] ・個性的で活発な子供である。 ・宮威強－子供は成長後、事業を成功させたり出世したりする。 ・宮威弱－子供は、あまり大きくは成功しない。空劫同宮すれば育てにくい子供となり、羊陀同宮すれば親に逆らう子になる。	天梁（陥） ・細かく支出や財産を管理する。あまり一般的でない特殊な方面や仕事で収入を得ることがある。 ・宮威強－財産管理に心を砕くようになる。 ・宮威弱－あまり大きな財は得られない。

甲年生
　【兄弟】廉貞（禄）　　【父母】破軍（権）　　【田宅】武曲（科）　　【官禄】太陽（忌）
　【兄弟】禄存　　　　　【命宮】擎羊　　　　　【夫妻】陀羅・天魁　　【官禄】天鉞
　[科権禄夾格] すこぶる吉命。とは言えこの配置は、高い地位に昇ることは難しい。
　・両親は厳しく子供を躾け育てる傾向がある。
乙年生
　【遷移】天機（禄）　　【財帛】天梁（権）　　【疾厄】紫微（科）　　【官禄】太陰（忌）　　【命宮】禄存
　【父母】擎羊　　　　　【兄弟】陀羅　　　　　【子女】天魁　　　　　【奴僕】天鉞
　・それなりに財を得る運勢ではあるが、高い地位に出世したり大きな名誉を得るのは難しい。
　・事業／仕事運は波があり、困難な時期を乗り越える必要がある。
　・しっかりと財産管理や収支管理をするようになる。
丙年生
　【福徳】天同（禄）　　【遷移】天機（権）　　【兄弟】廉貞（忌）　　【福徳】禄存
　【田宅】擎羊　　　　　【父母】陀羅　　　　　【財帛】天魁　　　　　【遷移】天鉞
　・成功し富と地位と名誉を得る運勢であるが、財産管理に腐心することがある。
　・兄弟との関係は、あまり良好なものとは言えない。
丁年生
　【官禄】太陰（禄）　　【福徳】天同（権）　　【遷移】天機（科）　　【遷移】巨門（忌）　　【田宅】禄存
　【官禄】擎羊　　　　　【福徳】陀羅　　　　　【財帛】天魁　　　　　【遷移】天鉞
　・吉凶相半ばする運勢なので、人生の起伏の波が大きくなることが想定される。その他の星がどこに
　　入るかをよく見て判断すること。
戊年生
　【奴僕】貪狼（禄）　　【官禄】太陰（権）　　【遷移】天機（忌）　　【福徳】禄存
　【田宅】擎羊　　　　　【父母】陀羅　　　　　【夫妻】天魁　　　　　【官禄】天鉞
　・そこそこ安定した運勢であり、それなりの成功を収めることができる。
　・交通事故など、遠行や外出時の怪我や事故には注意すること。
己年生
　【田宅】武曲（禄）　　【奴僕】貪狼（権）　　【財帛】天梁（科）　　【田宅】禄存
　【官禄】擎羊　　　　　【福徳】陀羅　　　　　【子女】天魁　　　　　【奴僕】天鉞
　・あまり大きな財を築くことはないが、その他の星がどこに入るかをよく見て判断すること。
　・部下や後輩友人の中に、高圧的で高飛車な言動をする者がいるが、力になってくれる。
　・家庭内は安定し、幸せな家庭生活を送ることができる。
庚年生
　【官禄】太陽（禄）　　【田宅】武曲（権）　　【官禄】太陰（科）　　【福徳】天同（忌）
　【奴僕】禄存　　　　　【遷移】擎羊　　　　　【官禄】陀羅・天鉞　　【夫妻】天魁
　・事業／仕事運は良好で、命宮宮威強ければ、高い地位に出世することができる。
　・気分が優れず、気苦労が多くなったり憂鬱な気持ちになることがあるので用心すること。
辛年生
　【遷移】巨門（禄）　　【官禄】太陽（権）　　【遷移】禄存　　　　　【疾厄】擎羊
　【奴僕】陀羅　　　　　【田宅】天魁　　　　　【兄弟】天鉞
　・事業／仕事運は良好で、そこそこの地位に出世することができる。
　・その他の星がどこに入るかをよく見て判断すること。
壬年生
　【財帛】天梁（禄）　　【疾厄】紫微（権）　　【田宅】武曲（忌）　　【財帛】禄存
　【子女】擎羊　　　　　【疾厄】陀羅　　　　　【命宮】天魁　　　　　【福徳】天鉞
　[禄合鴛鴦格] 財に恵まれる吉格だが、凶星の冲破を恐れる。人に施して吉。
　・財運には恵まれるが、財産管理に心を煩わせることがある。
癸年生
　【父母】破軍（禄）　　【遷移】巨門（権）　　【官禄】太陰（科）　　【奴僕】貪狼（忌）　　【子女】禄存
　【夫妻】擎羊　　　　　【財帛】陀羅　　　　　【命宮】天魁　　　　　【福徳】天鉞
　・事業／仕事運は良好で、高位に昇ることができるが、金銭問題や財産管理のことで心を煩わされる
　　ことがある。また、比較的恵まれた家庭環境で生育する。
　・部下後輩友人の中に、酒色や娯楽、悪い遊びに誘う者がいる。

第２章　紫微斗数14主星配置一覧　　273

125　紫微戌・命宮辰

天同（廟）
・宮威強－両親は優しく愛情深い人で、両親との関係も良好である。
・宮威弱－両親との縁は薄くなるか、どちらかの親が病弱となる恐れがある。

【父母】　巳

天府（旺）
武曲（旺）
・宮威強－細かいことに拘らず、堂々としている。
・宮威弱－苦労症であり、また気苦労も多くなる。
・天姚などの桃花星と同宮加会すれば、異性と交友することを好むようになる。

【福徳】　午

太陽（地）
太陰（不）
[日月同臨格]
・宮威強－不動産運はさほど大きなものではなく、得ることもあれば失うこともある。
・宮威弱－大きな不動産を得ることは難しい。
・火羊同宮－火災に注意。
・羊陀が同宮すれば盗難に注意。

【田宅】　未

貪狼（平）
・宮威強－事業運は比較的良好である。
・宮威弱－特殊技術を身につけ、何かの専門職となるのがよい。
・政治関係、企画計画業務、編集、飲食旅行業、株式、芸能関係、モデル、娯楽服飾関係、教育関係などに適性がある。
・火鈴加会－投機関係。

【官禄】　申

破軍（旺）

【命宮】　辰

[命無正曜格]
・宮威強－兄弟の仲には仲のよい者もいれば、疎遠となる者もいる。
・宮威弱－兄弟仲はあまり良好とは言えない。

【兄弟】　卯

・独特で強烈な個性の持ち主で、人に指図されるのを嫌い、喜怒哀楽に起伏が見られる。
・好き嫌いが明確で、好きなことには寝食を忘れて没頭するが、嫌いなことには手を出さない。好きな人には親切にふるまうが、嫌いな人は避けるようになる。したがって、人間関係も偏ったものとなりがちである。
・変動運であり、一生を通じて変化、変動が多い。また外地や外出することで運をつかむ。
・間食を好むか、斜めに座ったり手で何か物を弄んだり落ち着きのない感じを人に与える。
・負けず嫌いで、指示されるよりも指示する方を好み、自分でやらなければ気が済まない。
・せっかちで好奇心旺盛であるが、忍耐力に欠けるところがある。
・刺激的、挑戦的なことを好み、古きを改め新しきを作るのを好む。
・命宮宮威弱－親戚縁者との縁が薄い暗示あり。
・曲昌同宮加会－文学や芸術を愛好するが、創作活動を本職にはせず、趣味の範囲に留めるのがよい。
・天姚などの桃花星や昌曲が同宮加会すると、異性関係で問題を起こす恐れあり注意。

天機（旺）
巨門（廟）
[巨機同臨格]
・宮威強－部下後輩友人はあまり力にはならないが交友は長く続く。また、常に新しい人との出会いがある。
・宮威弱－部下後輩友人の中に、うわべは取り繕うが心中計り知れない者がいるので注意すること。

【奴僕】　酉

紫微（地）
天相（地）
・宮威強－遠地に赴いたり活発に外出、活動することでチャンスをつかみ発展する。
・宮威弱－遠地に赴くとトラブルに見舞われたり、苦労することになる。羊陀が同宮加会すれば、交通事故など外出時の怪我や事故に注意すること。

【遷移】　戌

廉貞（廟）
[紫府朝垣格]
[雄宿朝垣格]
[府相朝垣格]
・宮威強－配偶者は趣味も多く才能豊かな人で、また夫婦間の趣味や嗜好も合い、幸せな結婚生活を送ることができる。
・宮威弱－配偶者は強烈な個性の持ち主で、相容れないところがある。

【夫妻】　寅

[命無正曜格]
[二曜同臨格]
（[日月照壁格]）
・宮威強－子供には良い子もいれば、そうでない子もいる。女の子よりも男の子の方が優秀で縁も深いことになる。
・宮威弱－子供に恵まれないか、いても縁は薄いものとなる。

【子女】　丑

七殺（旺）
[七殺朝斗格]
・宮威強－特殊な方面や仕事で収入を得ることがあるが、財は出たり入ったりで、なかなか蓄財できない。
・宮威弱－投機性の高い事業や賭事には注意すること。

【財帛】　子

天梁（陥）
・長く医者や薬と付き合わなければならにような場合もあるが、かえって「一病息災」へと転じることができる。
・蓄膿症、内分泌異常、胃病、消化不良などに注意。
・火鈴同宮加会－身体に傷跡が残るか、胃がんや乳がんの暗示あり注意。

【疾厄】　亥

甲年生
　【夫妻】廉貞（禄）　【命宮】破軍（権）　【福徳】武曲（科）　【田宅】太陽（忌）
　【夫妻】禄存　　　　【兄弟】擎羊　　　　【子女】陀羅・天魁　【田宅】天鉞
　・自分に自信を持ち、精神的に安定している。また配偶者の実家は裕福であるか、あるいは配偶者の
　　支援と協力を得て結婚生活も安定する。
乙年生
　【奴僕】天機（禄）　【疾厄】天梁（権）　【遷移】紫微（科）　【田宅】太陰（忌）　【兄弟】禄存
　【命宮】擎羊　　　　【夫妻】陀羅　　　　【財帛】天魁　　　　【官禄】天鉞
　・遠地に赴いてチャンスをつかみ発展するが、財よりも名誉や地位を得る運勢である。
　・家庭内が少しゴタゴタする恐れがある。
丙年生
　【父母】天同（禄）　【奴僕】天機（権）　【夫妻】廉貞（忌）　【父母】禄存
　【福徳】擎羊　　　　【命宮】陀羅　　　　【疾厄】天魁　　　　【奴僕】天鉞
　・結婚生活は波風が立つ恐れがあるので、夫婦円満を心がけること。
　・比較的裕福で良好な家庭環境で育つ。
　・部下や後輩友人の中に威丈高で高飛車な人がいるが、力になってくれる。
丁年生
　【田宅】太陰（禄）　【父母】天同（権）　【奴僕】天機（科）　【奴僕】巨門（忌）　【福徳】禄存
　【田宅】擎羊　　　　【父母】陀羅　　　　【疾厄】天魁　　　　【奴僕】天鉞
　・少しく安定した運勢である。
　・両親は厳格で、子供を厳しく躾け教育する。
戊年生
　【官禄】貪狼（禄）　【田宅】太陰（権）　【奴僕】天機（忌）　【父母】禄存
　【福徳】擎羊　　　　【命宮】陀羅　　　　【子女】天魁　　　　【田宅】天鉞
　・命宮宮威強ければ高位高職に就くことができるが、弱ければそこそこの成功である。
　・比較的安定した家庭環境で育つ。
己年生
　【福徳】武曲（禄）　【官禄】貪狼（権）　【疾厄】天梁（科）　【福徳】禄存
　【田宅】擎羊　　　　【父母】陀羅　　　　【財帛】天魁　　　　【官禄】天鉞
　・よい職に就き高給を得て幸福な人生を送る。命宮宮威弱くてもそこそこ中ぐらいの運勢である。
庚年生
　【田宅】太陽（禄）　【福徳】武曲（権）　【田宅】太陰（科）　【父母】天同（忌）
　【官禄】禄存　　　　【奴僕】擎羊　　　　【田宅】陀羅・天鉞　【子女】天魁
　・事業／仕事運は、少しく安定している。
　・生まれ育った環境はあまり良好なものとは言えず、両親との縁も薄い。
辛年生
　【奴僕】巨門（禄）　【田宅】太陽（権）　【奴僕】禄存　　　　【遷移】擎羊
　【官禄】陀羅　　　　【福徳】天魁　　　　【夫妻】天鉞
　・平凡な運勢であるが、その他の星がどこに入るかをよく見て判断すること。
　・住居や家庭内のことで、自分の趣味や意見を通そうとするところがある。
壬年生
　【疾厄】天梁（禄）　【遷移】紫微（権）　【福徳】武曲（忌）　【疾厄】禄存
　【財帛】擎羊　　　　【遷移】陀羅　　　　【兄弟】天魁　　　　【父母】天鉞
　［貴星夾命格］人の援助に恵まれる。
　・基本的にあまり強い運勢ではないが、その他の星がどこに入るかをよく見て判断すること。
　・遠地に赴いたり、活発に外出することでチャンスをつかむ。
癸年生
　【命宮】破軍（禄）　【奴僕】巨門（権）　【田宅】太陰（科）　【官禄】貪狼（忌）【財帛】禄存
　【子女】擎羊　　　　【疾厄】陀羅　　　　【兄弟】天魁　　　　【父母】天鉞
　［貴星夾命格］人の援助に恵まれる。
　［双禄朝垣格］財運に恵まれるが、投機事業は要注意。
　・財運に恵まれた良好な運勢であるが、事業上の困難に出会う暗示があり、苦労した後に成功する運
　　勢である。

126　紫微戌・命宮巳

天同（廟） 【命宮】　　　　巳	天府（旺） 武曲（旺） ・宮威強－父祖や先祖から何らかのものを承継する。 ・宮威弱－両親との縁は薄いものであり、仲もあまりよくない。場合によっては意見が対立し、反目し合うようなことがある。 【父母】　　　　午	太陽（地） 太陰（不） [日月同臨格] ・なかなか心の中が安定しない。 ・宮威強－比較的精神は安定し、幸せな人生を送る。 ・化忌同宮－不平や不満をつのらせ、心の中が安定しない。 【福徳】　　　　未	貪狼（平） ・宮威強－住居のインテリアなどに工夫をこらし、美しく住み心地のよいものにしようとする。 ・宮威弱－インテリアが気にいらないとか、すぐに引っ越ししなくてはならないとか、住居に関して煩わされることが多くなる。 【田宅】　　　　申
破軍（旺） ・宮威強－兄弟とは次第に離れ離れとなり、仲もあまりよくない。 ・宮威弱－兄弟とは仲が悪く反目し合うか、あるいは兄弟がいない。 【兄弟】　　　　辰	・丸顔で、身体も太り気味の人が多い。 ・基本的に温和で人当たりがよくフレンドリーで善良な人であるが、ともすれば怠惰に流れ面倒なことを嫌う傾向がある。したがって、苦労して物事を成就させようとはしない。 ・まず激昂することなく、基本的に争いを嫌う平和主義者である。 ・家にいるのを好むが、家事は苦手である。 ・単純な仕事、余裕のある仕事を好む。 ・表面は和やかに人と接するが、内心は冷徹な一面もある。 ・企画力に優れ独特の思想を持ち説得力もあるので、専門技術や学術研究、芸術関係、弁護士、教職、政治家などの頭脳労働に向いている。 ・生活に情趣を求め、コレクションの趣味あり。 ・この人は1～2個の凶星に会うのがよい。凶星の刺激によりルーズでアバウトな性格に喝が入る。しかし3～4個以上加会するのは、やはりよくない。 ・化禄があればさらに怠惰となるので、その場合は化忌が加会するか、化権が加会するとよい。奮発するようになる。 ・化忌に凶星が加わると怠惰に逃避する傾向がある。		天機（旺） 巨門（廟） [巨機同臨格] ・弁護士、司法書士、教育関係、占い師、マスコミ、翻訳、著述業、司法、政界などに適性がある。 【官禄】　　　　酉
[命無正曜格] ・宮威強－晩婚に適す。 ・宮威弱－結婚生活に波風の立つ恐れがあるので、夫婦円満を心がけることが肝要である。 ・昌曲左右天姚が同宮すれば、異性問題や恋愛トラブルの暗示があるので、注意が必要である。 【夫妻】　　　　卯	^	^	紫微（地） 天相（地） ・宮威強－優秀な部下や後輩、友人に恵まれ、いろいろと力になってくれる。 ・宮威弱－部下や後輩、友人たちとは、長く交友を結ぶことは難しい。 【奴僕】　　　　戌
廉貞（廟） [紫府朝垣格] [雄宿朝垣格] [府相朝垣格] ・子供は賢く遊び好きで、元気である。 ・宮威強－子供は才能豊かで、いろんなことに挑戦したがるようになる。 ・宮威弱－子供はあまりよくない習慣や悪い遊びを覚えることがある。 【子女】　　　　寅	[命無正曜格] [二曜同臨格] （[日月照壁格]） ・財運は良好であり、少しく財産を築く命である。 ・宮威弱－財運はそこそこであるが、財を得るまでには相当の努力と苦労を伴うことになる。 【財帛】　　　　丑	七殺（旺） [七殺朝斗格] ・宮威強－おおむね健康である。 ・宮威弱－幼少時は病弱である暗示がある。長じてからは痔疾に悩まされる。また、十二指腸潰瘍、めまい、結膜炎などの疾患などに注意すること。 【疾厄】　　　　子	天梁（陥） ・あまり自分から遠地に赴いたり外出することを好まない。もし遠地に赴くと苦労を伴うことになる。 ・宮威弱－遠地に赴くとトラブルに見舞われたり、苦労することになる。 ・羊陀同宮加会－外出時の怪我や事故に注意。 【遷移】　　　　亥

甲年生
【子女】廉貞（禄）　【兄弟】破軍（権）　【父母】武曲（科）　【福徳】太陽（忌）
【子女】禄存　　　　【夫妻】擎羊　　　　【財帛】陀羅・天魁　【福徳】天鉞
・命宮宮威強ければ平凡で安定した人生となるが、弱ければ次点の命である。
・ハイセンスで知的な家庭の生まれである。

乙年生
【官禄】天機（禄）　【遷移】天梁（権）　【奴僕】紫微（科）　【福徳】太陰（忌）　【夫妻】禄存
【兄弟】擎羊　　　　【子女】陀羅　　　　【疾厄】天魁　　　　【田宅】天鉞
・事業／仕事運は良好で、高位に昇り高給を得ることができる。
・住居はなかなか一定せず、移動や転居を繰り返す傾向がある。
・他人に容易に胸の内を明かさない。また気苦労が多く、いろいろと心配し悩むことがある。

丙年生
【命宮】天同（禄）　【官禄】天機（権）　【子女】廉貞（忌）　【命宮】禄存
【父母】擎羊　　　　【兄弟】陀羅　　　　【遷移】天魁　　　　【官禄】天鉞
［禄合鴛鴦格］財に恵まれる吉格。
・基本的に財運豊かな運勢であるが、その他の星をよく見て判断すること。

丁年生
【福徳】太陰（禄）　【命宮】天同（権）　【官禄】天機（科）　【官禄】巨門（忌）　【父母】禄存
【福徳】擎羊　　　　【命宮】陀羅　　　　【遷移】天魁　　　　【官禄】天鉞
・命宮宮威強ければ発奮し自分の意見を通そうとして頑張るが、事業運は吉凶混雑するので、粘り強く挑戦することが大事である。命宮宮威弱ければこだわりが強く我を通そうとする。

戊年生
【田宅】貪狼（禄）　【福徳】太陰（権）　【官禄】天機（忌）　【命宮】禄存
【父母】擎羊　　　　【兄弟】陀羅　　　　【財帛】天魁　　　　【福徳】天鉞
・事業運は変化が多いが、それなりの財を得ることはできる。命宮宮威強ければ、そこそこ安定した運勢である。

己年生
【父母】武曲（禄）　【田宅】貪狼（権）　【遷移】天梁（科）　【父母】禄存
【福徳】擎羊　　　　【命宮】陀羅　　　　【疾厄】天魁　　　　【田宅】天鉞
・居所が一定しない傾向がある。
・生家は裕福か、あるいは両親との縁が厚い。

庚年生
【福徳】太陽（禄）　【父母】武曲（権）　【福徳】太陰（科）　【命宮】天同（忌）
【田宅】禄存　　　　【官禄】擎羊　　　　【福徳】陀羅・天鉞　【財帛】天魁
・命宮宮威強ければ発奮して成功を手にするが、弱ければ感情が一定せずクヨクヨと悩んだりする。
・生家はしっかりした家であるが、裕福とは限らない。
・両親は厳格で、子弟を厳しく躾け教育する。

辛年生
【官禄】巨門（禄）　【福徳】太陽（権）　【官禄】禄存　　　　【奴僕】擎羊
【田宅】陀羅　　　　【父母】天魁　　　　【子女】天鉞
・基本的に地位と名誉と財を得、幸せな結婚生活を送る運勢であるが、その他の星もよく見て判断すること。

壬年生
【遷移】天梁（禄）　【奴僕】紫微（権）　【父母】武曲（忌）　【遷移】禄存
【疾厄】擎羊　　　　【奴僕】陀羅　　　　【夫妻】天魁　　　　【命宮】天鉞
・財を築くことができるが、そのために心労や悩みを伴うことになる。
・両親は力になってくれないか、あるいはその関係はあまり良好とは言えない。

癸年生
【兄弟】破軍（禄）　【官禄】巨門（権）　【福徳】太陰（科）　【田宅】貪狼（忌）　【疾厄】禄存
【財帛】擎羊　　　　【遷移】陀羅　　　　【夫妻】天魁　　　　【命宮】天鉞
・命宮宮威強ければ安定した良好な運勢であり、弱ければそこそこ安定した運勢である。
・住居や家庭のことで、頭を悩ませることがある。

127　紫微戌・命宮午

【兄弟】　　　　　　巳	【命宮】　　　　　　午	【父母】　　　　　　未	【福徳】　　　　　　申
天同（廟） ・宮威強－兄弟間は仲良く互いに助け合う。 ・宮威弱－兄弟間の仲はあまりよいものではない。場合によっては兄弟により面倒やトラブルを被ることがある。	天府（旺） 武曲（旺）	太陽（地） 太陰（不） ［日月同臨格］ ・宮威強－母親との縁は薄く、父親との方が縁は深くなる。 ・宮威弱－母親とは対立したり意見が合わなかったりして、あまりよい関係は築けない。	貪狼（平） ・宮威強－新しもの好きで好きなものを自分のものとし、手元に起きたくなる。 ・宮威弱－嗜好はころころと変わり、酒に浸るようなことがある。人によっては最悪、賭博や麻薬、ひいては犯罪に手を出す恐れもあるので注意が必要である。

【夫妻】　　　　　　辰			【田宅】　　　　　　酉
破軍（旺） ・恋愛に関しては熱しやすく冷めやすい傾向がある。 ・宮威強－カカア天下でうまくいく。思ったことは忌憚なく話し合うこと。 ・宮威弱－配偶者とは少し距離を置いた方がうまくいく。	・落ち着いた感じの容貌であるが、その中に気力がみなぎる。 ・武曲の剛（剛毅独断）と天府の柔（穏健慎重）がうまく中和し、バランスの取れた命運（性格）となる。 ・命宮宮威強－聡明で決断力があり、また企画／行動力に優れ、経営手腕を発揮し大事業を成功させる。もし金融界にあれば大きな権力を握ることになる。また長寿である。 ・攻めと守りのバランスがよく、全体を俯瞰すると同時に細部に神経が働き、基本的に豪快であるがその中に繊細な一面を持っている。 ・女命であっても男まさりな志を抱き、仕事を持ち、家でじっとしているのを好まない。温和な夫に嫁ぐのが望ましい。 ・命宮宮威弱－外面は誠実な態度を見せるが内面は冷淡であり、裏表のある性格となる傾向がある。また強情で人との折り合いが悪く、孤立する恐れがある。技術職に就けば比較的安定した人生を送ることができる。		天機（旺） 巨門（廟） ［巨機同臨格］ ・多く転居をすることになり、宮威強くても一カ所に長く留まることはない。 ・宮威弱－住居を転々とすることになる。 ・火羊が同宮すれば火災に注意。 ・羊陀が同宮すれば盗難に注意。

【子女】　　　　　　卯			【官禄】　　　　　　戌
［命無正曜格］ ・宮威強－子供の数は少ないが、賢くよい子供に恵まれる。 ・宮威弱－子供との縁は薄く、場合によっては子供がいないこともある。			紫微（地） 天相（地） ・宮威強－事業を成功させることができる。宮仕えよりも自分で創業したいと思うが、勤め人もよい。 ・宮威弱－高い地位に昇るのは難しい。 ・政界、財界、金融業、医療関係、上級公務員、社会福祉、投機投資、不動産業などに向く。

【財帛】　　　　　　寅	【疾厄】　　　　　　丑	【遷移】　　　　　　子	【奴僕】　　　　　　亥
廉貞（廟） ［紫府朝垣格］ ［雄宿朝垣格］ ［府相朝垣格］ ・宮威強－大いに稼ぎ、大いに使う（無駄遣いも多い）。 ・宮威弱－支出の方が大きくなり、財を残すのが難しくなる。	［命無正曜格］ ［二曜同臨格］ （［日月照壁格］） ・宮威強－おおむね健康である。 ・宮威弱－眼病、視力低下、高血圧・低血圧症、頭痛、肝臓病などに注意。	七殺（旺） ［七殺朝斗格］ ・宮威強－外出や遠行に伴い運が開ける。また、あちこち動き回るのが好きな人である。遠地に赴いて発展する。 ・宮威弱－生地を離れたり遠地に赴いて苦労する暗示がある。 ・羊陀同宮加会－外出先での事故や怪我に注意。	天梁（陥） ・宮威強－部下や後輩友人からは、それほど大きな支援は期待できない。 ・宮威弱－部下後輩友人は常に多忙で、あまりあてにはできない。もし空劫羊陀化忌などが同宮すれば、部下後輩友人などからトラブルを被る恐れがある。

甲年生
【財帛】廉貞（禄）　　【夫妻】破軍（権）　　【命宮】武曲（科）　　【父母】太陽（忌）
【財帛】禄存　　　　　【子女】擎羊　　　　　【疾厄】陀羅・天魁　　【父母】天鉞
・成功し、地位と名誉と財産を得ることができる運勢であるが、家庭内では配偶者が実権を握る。
・父親との縁は薄く、意見が合わなくなる。最悪、早くに父親が亡くなることもある。

乙年生
【田宅】天機（禄）　　【奴僕】天梁（権）　　【官禄】紫微（科）　　【父母】太陰（忌）　　【子女】禄存
【夫妻】擎羊　　　　　【財帛】陀羅　　　　　【遷移】天魁　　　　　【福徳】天鉞
・両親との縁は薄いものとなるが、職業／事業運は良好で出世することができる。
・不動産により大きな財を得ることができる。
・部下後輩友人の中に、威丈高で高飛車な態度を取る者がいるが、力になってくれる。

丙年生
【兄弟】天同（禄）　　【田宅】天機（権）　　【財帛】廉貞（忌）　　【兄弟】禄存
【命宮】擎羊　　　　　【夫妻】陀羅　　　　　【奴僕】天魁　　　　　【田宅】天鉞
・あまり大きな財は得られない。
・自宅のことや家庭内のことで、自分の意見や思いを通そうとすることがある。

丁年生
【父母】太陰（禄）　　【兄弟】天同（権）　　【田宅】天機（科）　　【田宅】巨門（忌）　　【命宮】禄存
【父母】擎羊　　　　　【兄弟】陀羅　　　　　【奴僕】天魁　　　　　【田宅】天鉞
[化権禄夾格] 良好な運勢である。
・職業運はあまり良くないのだが、両親や兄弟親戚友人の助けを受けて安定した生活を送る。

戊年生
【福徳】貪狼（禄）　　【父母】太陰（権）　　【田宅】天機（忌）　　【兄弟】禄存
【命宮】擎羊　　　　　【夫妻】陀羅　　　　　【疾厄】天魁　　　　　【父母】天鉞
・父祖の支援や財産に助けられる。しっかりした家系の生まれである。
・両親は子供を厳しく躾け教育する傾向がある。

己年生
【命宮】武曲（禄）　　【福徳】貪狼（権）　　【奴僕】天梁（科）　　【命宮】禄存
【父母】擎羊　　　　　【兄弟】陀羅　　　　　【遷移】天魁　　　　　【福徳】天鉞
[禄合鴛鴦格] 財運に恵まれ高位に昇ることができる。
・自由になる時間を求めたり、自由にふるまいたいと思うことがある。

庚年生
【父母】太陽（禄）　　【命宮】武曲（権）　　【父母】太陰（科）　　【兄弟】天同（忌）
【福徳】禄存　　　　　【田宅】擎羊　　　　　【父母】陀羅・天鉞　　【疾厄】天魁
・成功し、地位も財産も手にすることができる運勢である。
・兄弟や友人から、なにか面倒をかけられることがある。
・裕福でしっかりした家庭の出自であるが、父親とは意見の合わないことがある。

辛年生
【田宅】巨門（禄）　　【父母】太陽（権）　　【田宅】禄存　　　　　【官禄】擎羊
【福徳】陀羅　　　　　【命宮】天魁　　　　　【財帛】天鉞
・基本的に安定した良好な運勢である。
・父親が躾や教育に厳しく、子供は反発するようになる。

壬年生
【奴僕】天梁（禄）　　【官禄】紫微（権）　　【命宮】武曲（忌）　　【奴僕】禄存
【遷移】擎羊　　　　　【官禄】陀羅　　　　　【子女】天魁　　　　　【兄弟】天鉞
・命宮宮威強ければ事業で成功を収めることができるが、そのためには苦労を伴う。
・命宮宮威弱ければ、成功のためには相当の努力と苦労が必要である。

癸年生
【夫妻】破軍（禄）　　【田宅】巨門（権）　　【父母】太陰（科）　　【福徳】貪狼（忌）　　【遷移】禄存
【疾厄】擎羊　　　　　【奴僕】陀羅　　　　　【子女】天魁　　　　　【兄弟】天鉞
[化権禄夾格] 良好な運勢であるが、欲が深く、満たされない思いを抱くことがある。

128 紫微戌・命宮未

【夫妻】 巳	【兄弟】 午	【命宮】 未	【父母】 申
天同（廟） ・宮威強－年の離れたカップルであれば、仲睦まじく暮らすことができる。 ・宮威弱－夫婦の間で少し食い違いができる。 ・昌曲左右天姚が同宮すれば男女問題や恋愛トラブルの暗示あり注意。	天府（旺） 武曲（旺） ・宮威強－兄弟は個性が強く、それぞれが独立して活躍し、不要な干渉はしない。 ・宮威弱－兄弟仲はあまり良好とは言えない。	太陽（地） 太陰（不） [日月同臨格]	貪狼（平） ・宮威強－両親は外出や遊ぶことが好きで、あまり子供を顧みない傾向がある。 ・宮威弱－両親はおしゃれで華やかであるが、異性関係が派手になる恐れがある。

【子女】 辰			【福徳】 酉
破軍（旺） ・宮威強－独立心旺盛な子供で、生地を離れ遠地で発展する。 ・宮威弱－子供とは対立するか、あるいは子供ができない（できにくい）。	中央		天機（旺） 巨門（廟） [巨機同臨格] ・宮威強－好奇心が強く、ものを考えたり研究することに喜びを見出す。 ・宮威弱－空想癖があり、ときにファンタジーと現実の区別がつかなくなり心を乱すことがある。

日月同臨格
博愛の人であるが、感情にムラがある。
公務員や団体職員に向く。

・感情が一定しないところがある。熱くなっているかと思えば冷めていたり、真面目かと思えば怠けたりするところがあり、切羽詰まると一夜にして意見を変えたりすることもある。
・したがって事務職やデスクワークに向き、ビジネス、営業や経営にはあまり向かない。
・仕事の上で時間や性差を気にしない。つまり昼夜転倒しても気にせず、男女の役割区分などもあまり気にしない。
・命宮宮威強－聡明で俊敏であるが、感情に起伏があり一定しない。
・命宮宮威弱－傲慢なところがあり、頑固で物事に固執するところがある。始めるのはよいが締めくくりをなおざりにする。何事も竜頭蛇尾となりがちである。
・男命は比較的良好で、明るく情熱的でもあり、男性的な強さや決断力を併せ持つ。
・異性関係が乱れる恐れあり、注意が必要。

【財帛】 卯			【田宅】 戌
[命無正曜格] ・宮威強－財運は良好ではあるが、大きな財を築くまでには至らない。 ・宮威弱－財が入っても貯まらずに出て行ってしまう（出費が多い）。			紫微（地） 天相（地） ・不動産には恵まれ、高層住宅や華麗で立派な住居に住むようになる。 ・火羊が同宮すれば火災に注意。 ・羊陀が同宮すれば盗難に注意。

【疾厄】 寅	【遷移】 丑	【奴僕】 子	【官禄】 亥
廉貞（廟） [紫府朝垣格] [雄宿朝垣格] [府相朝垣格] ・宮威強－幼児期は身体が弱く、アトピーや皮膚病にかかりやすい。 ・宮威弱－晩年は癌に注意。 ・腎臓病、尿毒症、尿酸過多に注意。	[命無正曜格] [二曜同臨格] （[日月照壁格]） ・宮威強－遠地に赴いたり活発に外出活動することで人の縁を得てチャンスをつかむ。 ・宮威弱－遠地に赴くのはあまりよろしくない。 ・羊陀同宮加会－交通事故など、外出先での怪我や事故には注意すること。	七殺（旺） [七殺朝斗格] ・宮威強－部下後輩友人は気が強く怒りやすく、時に暴走する。力を合わせて一つのことを成し遂げるのは難しい。 ・宮威弱－部下後輩友人は多いが、頼りない者が多く、あまり力にならない。	天梁（陥） ・法律、公共、教育、研究などに向き、経営や商売には不向きである。 ・調査、情報、保険、探偵、海外事業、サービス業などにも向く。 ・宮威弱－職業を転々とするか、変わった職業に就くことがある。

甲年生
【疾厄】廉貞（禄）　【子女】破軍（権）　【兄弟】武曲（科）　【命宮】太陽（忌）
【疾厄】禄存　　　　【財帛】擎羊　　　　【遷移】陀羅・天魁　【命宮】天鉞
[天乙拱命格] 学識高く、人の縁に恵まれ幸運を得る。
・兄弟や友人の中に利発で行動的な人がいる。　・経営やビジネスには不向き。

乙年生
【福徳】天機（禄）　【官禄】天梁（権）　【田宅】紫微（科）　【命宮】太陰（忌）　【財帛】禄存
【子女】擎羊　　　　【疾厄】陀羅　　　　【奴僕】天魁　　　　【父母】天鉞
・命宮宮威強ければ大きく成功し、地位と財を得ることができる。
・命宮宮威弱ければ成功して財を得たとしても何かと不安がつきまとう。

丙年生
【夫妻】天同（禄）　【福徳】天機（権）　【疾厄】廉貞（忌）　【夫妻】禄存
【兄弟】擎羊　　　　【子女】陀羅　　　　【官禄】天魁　　　　【福徳】天鉞
・事業運は順調である。また配偶者やその実家が裕福であるか、あるいは配偶者が有能で、なにかと力になってくれる。貧血か、怪我や手術の暗示あり注意。

丁年生
【命宮】太陰（禄）　【夫妻】天同（権）　【福徳】天機（科）　【福徳】巨門（忌）　【兄弟】禄存
【命宮】擎羊　　　　【夫妻】陀羅　　　　【官禄】天魁　　　　【福徳】天鉞
・命宮宮威強ければ苦労して努力した後に成功する。
・男性は女性と接する機会が多く、よくもてて美しい妻を娶る。女性は女性的魅力にあふれた人であるが感情に波がある。結婚後は配偶者が家庭内の実権を握る（亭主関白カカア天下）。

戊年生
【父母】貪狼（禄）　【命宮】太陰（権）　【福徳】天機（忌）　【夫妻】禄存
【兄弟】擎羊　　　　【子女】陀羅　　　　【遷移】天魁　　　　【命宮】天鉞
[天乙拱命格] 学識高く、人の縁に恵まれ幸運を得る。
・良好な家庭環境で生育する。命宮宮威強ければ基本的に成功を手にすることができる。

己年生
【兄弟】武曲（禄）　【父母】貪狼（権）　【官禄】天梁（科）　【兄弟】禄存
【命宮】擎羊　　　　【夫妻】陀羅　　　　【奴僕】天魁　　　　【父母】天鉞
[科権禄夾格] 命宮宮威強ければ、地位も財産も望むままに得ることができる。
・両親は厳しく子弟を躾け教育するので、若い頃は両親に反発することがある。

庚年生
【命宮】太陽（禄）　【兄弟】武曲（権）　【命宮】太陰（科）　【夫妻】天同（忌）
【父母】禄存　　　　【福徳】擎羊　　　　【命宮】陀羅・天鉞　【遷移】天魁
[天乙拱命格] 学識高く、人の縁に恵まれ幸運を得る。
・命宮宮威強ければ少しく財を得ることができる。
・結婚生活は波がある暗示あり。夫婦円満を心がけること。

辛年生
【福徳】巨門（禄）　【命宮】太陽（権）　【福徳】禄存　　　　【田宅】擎羊
【父母】陀羅　　　　【兄弟】天魁　　　　【疾厄】天鉞
・命宮宮威強ければ苦労して努力した後に成功する。弱ければ中くらいの運勢である。
・自己主張が強く、自分の思いを通そうとする傾向がある。

壬年生
【官禄】天梁（禄）　【田宅】紫微（権）　【兄弟】武曲（忌）　【官禄】禄存
【奴僕】擎羊　　　　【田宅】陀羅　　　　【財帛】天魁　　　　【夫妻】天鉞
・命宮宮威強ければ少しく成功するが、財運は弱い（金銭欲はそれほど強くない）。
・夫婦仲はよく、穏やかな家庭を築く。

癸年生
【子女】破軍（禄）　【福徳】巨門（権）　【命宮】太陰（科）　【父母】貪狼（忌）　【奴僕】禄存
【遷移】擎羊　　　　【官禄】陀羅　　　　【財帛】天魁　　　　【夫妻】天鉞
・大きな望みと目標を持つ。命宮宮威強ければ成功することができるが、大きく蓄財するのは難しい。弱ければ少しく成功する。
・生まれた家庭や生育環境は、あまり良好なものとは言えない。

129　紫微戌・命宮申

天同（廟） ・穏やかで優しく親切で、社交的な子供である。 ・宮威強－親孝行だが、才能や実力は平均的な普通の子供である。 ・宮威弱－穏やかで純粋な子供であるが、怠惰でまけぐせがある。 【子女】　　　巳	天府（旺） 武曲（旺） ・配偶者は激しく剛強な性格を持つ一面、賢く穏やかで理性的な面もある。 ・宮威強－夫婦の間で一定の距離を置くことでうまくいく。 ・宮威弱－夫婦関係に波が立つ恐れがあるので注意すること。 ・昌曲左右同宮－恋愛問題。 【夫妻】　　　午	太陽（地） 太陰（不） [日月同臨格] ・男兄弟とは仲がよく、宮威強ければ大いに助け合う。 ・女姉妹とはあまり仲がよくない。宮威弱ければ仲が悪くなる。 ・男性の友人との関係は良好であるが、女性の友人とはそれほどでもない。 【兄弟】　　　未	貪狼（平） 【命宮】　　　申
破軍（旺） ・財運は一定しない。 ・宮威強－普通とは少し違った特殊な方面や仕事で収入を得ることがあり、化禄同宮すれば突如大きく発展する。 ・宮威弱－突如財を破る恐れがある。物の売買には十分注意すること。また賭博や投機にも注意すること。 【財帛】　　　辰	・細面の顔で目鼻立ちは整っている。活動的で変化の多い仕事を好む。また何事においても能動的であり挑戦的であるが、事業の起伏や変動が大きい。 ・文学や芸術、音楽やダンス、映画や舞台芸術などに関心があり、また多芸多才である。交友も広く、人と交際することを好む。政治に興味を示す人もいる。 ・基本的に情け深い優しい人であるが、ともすれば情に流されることがあるので注意が必要である。一方、物欲やその他の欲求が強く、自分ひとりで決断し目標まで最短距離を進む。 ・昌曲同宮－人との交流においていささか軽佻浮薄な面が見られ、言葉や態度を飾る傾向がある。		天機（旺） 巨門（廟） [巨機同臨格] ・宮威強－両親は子供を大事にかわいがるが細かく口やかましいので、子供は辟易とすることがある。 ・宮威弱－親子の意見の相違が大きくなり、場合によっては対立する。 【父母】　　　酉
[命無正曜格] ・宮威強－おおむね健康である。 ・宮威弱－代謝異常、栄養不良、貧血、睡眠障害などに注意。 ・火加会－中風やめまいの暗示あり注意。 【疾厄】　　　卯	・命宮宮威弱－不穏なことを考え、目的のためには手段を選ばないようになり、つまらぬ策を弄したり、酒色を好み遊び歩くようになる。 ・火鈴同宮－突然発展し、突然破れる。 ・羊か陀と化忌同宮－性を巡るトラブルに会う恐れがある。 ・女命火鈴同宮－美人であり、さらに姚花星が加会すれば妖艶な魅力をたたえることになる。		紫微（地） 天相（地） ・宮威強－精神的にも安定し、大人（大物）の風格を漂わせる。 ・宮威弱－何かと気苦労が多く、なかなか気が安まらない。 【福徳】　　　戌
廉貞（廟） [紫府朝垣格] [雄宿朝垣格] [府相朝垣格] ・宮威強－活動力は旺盛で遠地や外地で発展する。 ・宮威弱－遠地や外地に赴くとなぜか消極的になり、活動力が低下する。事故に注意。 ・羊陀同宮加会－外出先での事故や怪我に注意。 【遷移】　　　寅	[命無正曜格] [二曜同臨格] （[日月照壁格]） ・宮威強－部下後輩友人の中には良い者もいれば、そうでない者もいる。 ・宮威弱－あまり良い部下後輩友人には恵まれない。また部下後輩友人のために災難やトラブルを被る恐れがある。 【奴僕】　　　丑	七殺（旺） [七殺朝斗格] ・宮威強－事業運は良好で高い地位を手に入れる。 ・宮威弱－体力が必要な労働に従事するが、あまり出世は望めない。 ・工芸品設計、建築業、民間企業の管理部門、軍隊警察消防、財務経理関係、金属関係、加工業、スポーツ関係などに向く。 【官禄】　　　子	天梁（陥） ・宮威強－父祖から多くの不動産を受け継ぐことはない。古い住宅や社屋に住むことが多い。 ・宮威弱－不動産を運用することには適さない。また住む所も猥雑な環境であることが多い。 ・火羊同宮－火災に注意。 ・羊陀が同宮すれば盗難に注意。 【田宅】　　　亥

甲年生
【遷移】廉貞（禄）　【財帛】破軍（権）　【夫妻】武曲（科）　【兄弟】太陽（忌）
【遷移】禄存　　　　【疾厄】擎羊　　　　【奴僕】陀羅・天魁　【兄弟】天鉞
- 成功し、財と地位と名誉を手に入れることができる良好な運勢である。
- 夫婦仲もよく、家庭運も良好である。
- 兄弟や友人から面倒を被ることがある。

乙年生
【父母】天機（禄）　【田宅】天梁（権）　【福徳】紫微（科）　【兄弟】太陰（忌）　【疾厄】禄存
【財帛】擎羊　　　　【遷移】陀羅　　　　【官禄】天魁　　　　【命宮】天鉞
- そこそこ安定した運勢である。
- 比較的恵まれた家庭環境に生まれ育つが、兄弟や友人から面倒を被ることがある。

丙年生
【子女】天同（禄）　【父母】天機（権）　【遷移】廉貞（忌）　【子女】禄存
【夫妻】擎羊　　　　【財帛】陀羅　　　　【田宅】天魁　　　　【父母】天鉞
- 悪い習慣や趣味に染まる恐れがあるが、その他の星もよく見て判断すること。
- 両親は教育熱心で、子弟を厳しく躾け教育する傾向がある。

丁年生
【兄弟】太陰（禄）　【子女】天同（権）　【父母】天機（科）　【父母】巨門（忌）　【夫妻】禄存
【兄弟】擎羊　　　　【子女】陀羅　　　　【田宅】天魁　　　　【父母】天鉞
［科権禄夾格］財も地位も得る吉格。
- そこそこ安定した運勢である。
- 両親は知的で教育熱心であるが口やかましく、縁は薄くなり関係もあまり良好とは言えない。

戊年生
【命宮】貪狼（禄）　【兄弟】太陰（権）　【父母】天機（忌）　【子女】禄存
【夫妻】擎羊　　　　【財帛】陀羅　　　　【奴僕】天魁　　　　【兄弟】天鉞
- 変動運であり特殊な方面に才能を発揮するが、異性関係には注意が必要である。
- 生育環境はあまり恵まれたものではなく、両親との関係もあまり良好とは言えない。

己年生
【夫妻】武曲（禄）　【命宮】貪狼（権）　【田宅】天梁（科）　【夫妻】禄存
【兄弟】擎羊　　　　【子女】陀羅　　　　【官禄】天魁　　　　【命宮】天鉞
- 基本的に大きな財運もあり、配偶者からの支援も得て成功する運勢であるが、その他の星がどこに入るのかをよく見て判断すること。

庚年生
【兄弟】太陽（禄）　【夫妻】武曲（権）　【兄弟】太陰（科）　【子女】天同（忌）
【命宮】禄存　　　　【父母】擎羊　　　　【兄弟】陀羅・天鉞　【奴僕】天魁
- 命宮宮威強ければ少しく安定した運勢であり、弱ければ中程度の運勢である。
- 家庭内は配偶者が実権を握り、亭主関白カカア天下となる恐れがある。

辛年生
【父母】巨門（禄）　【兄弟】太陽（権）　【父母】禄存　　　　【福徳】擎羊
【命宮】陀羅　　　　【夫妻】天魁　　　　【遷移】天鉞
- 恵まれた家庭環境に育つが、基本的に大きな成功を得ることは難しい。しかし心身ともに健康である。

壬年生
【田宅】天梁（禄）　【福徳】紫微（権）　【夫妻】武曲（忌）　【田宅】禄存
【官禄】擎羊　　　　【福徳】陀羅　　　　【疾厄】天魁　　　　【子女】天鉞
- そこそこ安定した中程度の運勢である。
- 配偶者は個性が強く、自分の言い分を通そうとするので、結婚生活は波乱含みの暗示がある。

癸年生
【財帛】破軍（禄）　【父母】巨門（権）　【兄弟】太陰（科）　【命宮】貪狼（忌）　【官禄】禄存
【奴僕】擎羊　　　　【田宅】陀羅　　　　【疾厄】天魁　　　　【子女】天鉞
［科権禄夾格］財も地位も得る吉格。
- 配偶者は聡明で能力ある立派な人で、配偶者から大きな協力と支援を得る。
- 悪い習慣や異性や賭博に浸る恐れがあるので注意が必要である。また変動運でもあり、意外な成功や失敗に会う。　・両親は古風で厳格な人で、厳しい躾けや教育を施す。

第2章　紫微斗数14主星配置一覧

130 紫微戌・命宮酉

天同（廟） ・宮威強－倹約に努め、財産を築くことができる。 ・宮威弱－浪費や支出が多く、なかなか蓄財できない。 【財帛】　　　　　巳	天府（旺） 武曲（旺） ・父母と子供との関係は、父母それぞれ、子供それぞれで異なる。 ・宮威強ければ子供との縁は厚く関係も良好だが、弱ければその縁は薄いものとなる。 【子女】　　　　　午	太陽（地） 太陰（不） [日月同臨格] ・女性の場合しっかりとした男性に嫁ぐが、男性の場合あまり優秀ではない女性と結婚する恐れあり。 ・宮威強－夫婦ともに協力し、よい家庭を築く。 ・宮威弱－離別の恐れあり。夫婦円満を心がけること。 ・昌曲左右同宮－恋愛問題。 【夫妻】　　　　　未	貪狼（平） ・宮威強－兄弟間は疎遠となり縁は薄い。 ・宮威弱－兄弟間は不仲となる。兄弟の中に何かの障害を持つ人や、悪い習慣にはまる人がいる可能性がある。 【兄弟】　　　　　申
破軍（旺） ・肺炎、喘息、気管支炎や生殖器系・婦人科の疾患に注意すること。 ・宮威強－さほど深刻な病態にはならない。 ・宮威弱－EDや生理不順に悩まされる恐れがある。 【疾厄】　　　　　辰	\multicolumn{2}{l|}{巨機同臨格 探究心、好奇心の塊。 頑固なところが玉にキズ。 ・頭の回転がよくて理解が早く、研究熱心な勉強家である。また雄弁でフットワークも軽く、動き回る。 ・命宮宮威強－博学多能で分析力に優れ、科学技術や芸術の方面など、知的分野で成功を収める。 ・新規事業を立ち上げるのにも向くが、若年中は苦労する。しかし中年以降、発展する。 ・個性が強く、自分の感情に流されるところがある。 ・命宮宮威弱－平凡な命であるが、人を惑わせることがある。特に女性は蠱惑的な魅力を持つ人もいる。 ・羊陀が同宮すれば、身体のどこかに痣や傷跡を持つ人もいる。}	天機（旺） 巨門（廟） [巨機同臨格] 【命宮】　　　　　酉
[命無正曜格] ・宮威強－生地を離れたり遠方に赴いたり活発に行動して吉。動かずに坐して待つ態度は不利である。 ・宮威弱－遠地に赴いても勢い余って効果なし。この場合、坐して待つ方がよい。 ・羊陀同宮加会－外出先での事故や怪我に注意。また遠地で苦労する暗示。 【遷移】　　　　　卯			紫微（地） 天相（地） ・宮威強－中くらいの家柄の出身で、両親との関係も普通である。 ・宮威弱－両親や祖父母はあまり力になってくれない。 【父母】　　　　　戌
廉貞（廟） [紫府朝垣格] [雄宿朝垣格] [府相朝垣格] ・交友は広く、特に異性の友人が多い。 ・宮威強－部下後輩友人と和気あいあいと交わる。 ・宮威弱－部下後輩友人により損害を被る恐れあり。 【奴僕】　　　　　寅	[命無正曜格] [二曜同臨格] （[日月照壁格]） ・宮威強－文化教育関係、芸能映画関係の職種で活躍することができる。 ・ほかに政治、公職、チェーン店、サービス業など。 ・宮威弱－職をいくつも変わることになり、職業運は安定せず、高い地位も得にくくなる。 【官禄】　　　　　丑	七殺（旺） [七殺朝斗格] ・不動産を長く所有するのは難しい。 ・宮威強－住宅や不動産を売買し利益を得ることができる。 ・宮威弱－転居が多いか、しばしば住居の改修やリフォームをすることになる。 【田宅】　　　　　子	天梁（陥） ・ドライでクール、人間関係には淡白である。 ・宮威弱－迷信にとらわれたり、欲にかられたり、思考が一定しなかったり、心に不安を抱えるようになる。 【福徳】　　　　　亥

甲年生
【奴僕】廉貞（禄）　　【疾厄】破軍（権）　　【子女】武曲（科）　　【夫妻】太陽（忌）
【奴僕】禄存　　　　　【遷移】擎羊　　　　　【官禄】陀羅・天魁　　【夫妻】天鉞
・配偶者と考え方や嗜好に差があり、意見の対立を招く。夫妻宮宮威強ければそれほど心配することはないが、弱ければ結婚生活は波乱含みとなる恐れがあるので、夫婦円満を心がけること。

乙年生
【命宮】天機（禄）　　【福徳】天梁（権）　　【父母】紫微（科）　　【夫妻】太陰（忌）　　【遷移】禄存
【疾厄】擎羊　　　　　【奴僕】陀羅　　　　　【田宅】天魁　　　　　【兄弟】天鉞
・基本的に財運に恵まれる運勢である。
・結婚生活は何かと波風が立つ傾向があるので、夫婦円満を心がけること。
・立派で裕福な家の生まれである可能性がある。

丙年生
【財帛】天同（禄）　　【命宮】天機（権）　　【奴僕】廉貞（忌）　　【財帛】禄存
【子女】擎羊　　　　　【疾厄】陀羅　　　　　【福徳】天魁　　　　　【命宮】天鉞
[禄合鴛鴦格] 財運に恵まれ高位に昇ることができる。基本的に財にも地位にも恵まれるが、命宮宮威強ければその傾向が強くなり、弱ければ相当の努力と苦労の後に成功をつかむことになる。

丁年生
【夫妻】太陰（禄）　　【財帛】天同（権）　　【命宮】天機（科）　　【命宮】巨門（忌）　　【子女】禄存
【夫妻】擎羊　　　　　【財帛】陀羅　　　　　【福徳】天魁　　　　　【命宮】天鉞
・財にも地位にも恵まれる運勢であるが、そのためには多少とも苦労を伴う。命宮宮威弱ければ口舌の災いを伴い、成功のためには相当の努力と苦労を要する。

戊年生
【兄弟】貪狼（禄）　　【夫妻】太陰（権）　　【命宮】天機（忌）　　【財帛】禄存
【子女】擎羊　　　　　【疾厄】陀羅　　　　　【官禄】天魁　　　　　【夫妻】天鉞
・疑心暗鬼にとらわれ不眠にも悩まされ、空回りするようになるが、もともと福分は厚く大きな災難に見舞われるようなことはない。
・家庭内は配偶者が実権を握る傾向がある（亭主関白カカア天下）。

己年生
【子女】武曲（禄）　　【兄弟】貪狼（権）　　【福徳】天梁（科）　　【子女】禄存
【夫妻】擎羊　　　　　【財帛】陀羅　　　　　【田宅】天魁　　　　　【兄弟】天鉞
・命宮宮威強ければ高潔な人柄となるが、宮威弱ければ寂しい人生を送るようになる。
・兄弟や友人の中に、高飛車で高圧的な態度を取る人がいる。

庚年生
【夫妻】太陽（禄）　　【子女】武曲（権）　　【夫妻】太陰（科）　　【財帛】天同（忌）
【兄弟】禄存　　　　　【命宮】擎羊　　　　　【夫妻】陀羅・天鉞　　【官禄】天魁
・財運は入ったり出たりで一定しない。
・家族との関係は安定しており、夫婦仲もよく幸福な家庭生活を得られる。
・子供は自己主張が強く、しっかりした子だが、なかなか親の言うことを聞かない。

辛年生
【命宮】巨門（禄）　　【夫妻】太陽（権）　　【命宮】禄存　　　　　【父母】擎羊
【兄弟】陀羅　　　　　【子女】天魁　　　　　【奴僕】天鉞
[禄合鴛鴦格] 財運に恵まれ高位に昇ることができる。　・弁舌に優れ、頭の回転も早い。
・家庭内は配偶者が実権を握る傾向がある（亭主関白カカア天下）。

壬年生
【福徳】天梁（禄）　　【父母】紫微（権）　　【子女】武曲（忌）　　【福徳】禄存
【田宅】擎羊　　　　　【父母】陀羅　　　　　【遷移】天魁　　　　　【財帛】天鉞
・命宮宮威強ければ少しく財を蓄え、弱くても小康運であり比較的安定した運勢である。何事にも奮闘努力するようになる。

癸年生
【疾厄】破軍（禄）　　【命宮】巨門（権）　　【夫妻】太陰（科）　　【兄弟】貪狼（忌）　　【田宅】禄存
【官禄】擎羊　　　　　【福徳】陀羅　　　　　【遷移】天魁　　　　　【財帛】天鉞
・命宮宮威強ければ少しく財を蓄え地位を得る。命宮宮威弱ければ成功も財も小さくまとまった運勢となる。
・兄弟や友人に、トラブルや面倒をかけられることがある。

131　紫微戌・命宮戌

【疾厄】巳	【財帛】午	【子女】未	【夫妻】申
天同（廟） ・宮威強－おおむね健康で問題なく過せる。 ・宮威弱－風邪、呼吸器。 ・陀同宮－肥満、眼疾、感染症の恐れあり。 ・火鈴加会－体のどこかに痣を持つ暗示。 ・空劫化忌加会－下腹部や体の下部の疾患に注意。	天府（旺） 武曲（旺） ・宮威強－蓄財の努力を惜しまず、浪費を抑え、富を蓄える。 ・宮威弱－収入があるかと思えば支出があり、なかなか蓄財できない。	太陽（地） 太陰（不） ［日月同臨格］ ・子供の中では女児よりも男児との方が縁が深い。 ・宮威強－男児は優秀であるが女児は普通である。 ・宮威弱－何かと子供には苦労をかけられ、成長した後も、あまり力にはならない。	貪狼（平） ・宮威強－配偶者は美人（美男子）で多芸多才で才能豊かな人である。 ・左右昌曲同宮－恋多き人となり、異性問題や三角関係が起きる恐れがあるので注意すること。 ・宮威弱－配偶者や恋愛の相手は多情で、趣味や嗜好に問題がある。

【遷移】辰	（府相朝垣格） 目上の引き立て、実力者の支援にあずかる。 家内安全に心がけよ。	【兄弟】酉
破軍（旺） ・宮威強－外地で大いに発展する。移動、移転でチャンスをつかむ。 ・宮威弱－生地を離れたり外出することで運気低迷し苦労することがある。さらに羊陀などが加会すれば交通事故など、外出先での怪我や事故の暗示があるので注意すること。	・命宮宮威強ければ温厚で穏やかな性格となる。他人の目を気にして行動を自制する。リーダーシップがあり忍耐力もあるので、行政機関や企業において成功する。 ・命宮宮威弱ければ、進取の気性に富み、新しいことを創始しようとするが力不足となり、なかなかチャンスが巡ってこない。活躍の時をじっと待つことになる。 ・命宮宮威平であれば純真な性格で、身を慎み規律を守る。勤め人や公務員などに適す。 ・羊陀が同宮－身体のどこかに痣や傷跡が残る人もいる。 ・火鈴同宮－毛髪がちぢれている（ウェーブがかかっている）か、色素が薄いか（赤毛茶髪）、少し毛髪に特徴がある。情緒不安定や軽率な言動により誤解されることがある。 ・空劫同宮－時として精神的空虚感に苛まれ、猜疑心強く、内面に幻想と矛盾を抱える。	天機（旺） 巨門（廟） ［巨機同臨格］ ・宮威強－兄弟に聡明で智恵に優れ、また弁の立つ者がいるが、その人とは淡々とした関係である。 ・宮威弱－兄弟の中に人を惑わせたり策略を巡らす人がいて、兄弟仲はあまりよくはない。

【奴僕】卯		
［命無正曜格］ ・部下後輩友人はあまり力になってはくれない。 ・宮威弱－部下後輩友人に恵まれないか、あるいは疎遠となる。		紫微（地） 天相（地） 【命宮】戌

【官禄】寅	【田宅】丑	【福徳】子	【父母】亥
廉貞（廟） ［紫府朝垣格］ ［雄宿朝垣格］ ［府相朝垣格］ ・宮威強－民間企業でも公務員でも高位高官に昇ることができる。また美的・芸術的なセンスにも恵まれ、服飾、美容化粧、演芸娯楽方面にも適性。 ・宮威弱－事業運はあまり大きなものではない。	［命無正曜格］ ［二曜同臨格］ （［日月照壁格］） ・宮威強－不動産を取得するが、長く所有し続けることは難しい。 ・宮威弱－大きな不動産を得ることは難しい。 ・火羊が同宮すれば火災に注意。 ・羊陀が同宮すれば盗難に注意。	七殺（旺） ［七殺朝斗格］ ・宮威強－あわただしい毎日で、なかなか落ち着いた生活を送れない。 ・宮威弱－焦りや不安にかられ、自分の責任や家庭をないがしろにする恐れがあるので、注意が必要である。	天梁（陥） ・宮威強－両親は厳しく子供を躾ける人で、もし化権が同宮すればその傾向が強くなる。 ・宮威弱－両親のどちらかが病弱となる恐れがあるので、両親の健康には注意すること。

甲年生
【官禄】廉貞（禄）　　【遷移】破軍（権）　　【財帛】武曲（科）　　【子女】太陽（忌）
【官禄】禄存　　　　　【奴僕】擎羊　　　　　【田宅】陀羅・天魁　　【子女】天鉞
［三奇加会格］命宮宮威強ければ名誉を得、富と地位・官位を手中に収め、大いに発展する。命宮宮威弱ければ特殊な職業に就き特殊な嗜好を持ち、成功と失敗を繰り返す。大器晩成運である。
・子供は育てにくい子供か、親子間の関係は良好ではない暗示がある。

乙年生
【兄弟】天機（禄）　　【父母】天梁（権）　　【命宮】紫微（科）　　【子女】太陰（忌）　　【奴僕】禄存
【遷移】擎羊　　　　　【官禄】陀羅　　　　　【福徳】天魁　　　　　【夫妻】天鉞
［化権禄夾格］兄弟友人から多く支援を得ることができ、成功と名利を得ることができる。
・両親の教育方針は厳しく、子供は苦労する。
・育てにくい子供であるか、親子間の関係は良好ではない暗示がある。

丙年生
【疾厄】天同（禄）　　【兄弟】天機（権）　　【官禄】廉貞（忌）　　【疾厄】禄存
【財帛】擎羊　　　　　【遷移】陀羅　　　　　【父母】天魁　　　　　【兄弟】天鉞
［貴星夾命格］人の援助に恵まれ、受けた恩を返すことで運を伸ばす。
・事業を進める上で困難に遭遇することがあるが、一生を通じておおむね健康でいられる。

丁年生
【子女】太陰（禄）　　【疾厄】天同（権）　　【兄弟】天機（科）　　【兄弟】巨門（忌）　　【財帛】禄存
【子女】擎羊　　　　　【疾厄】陀羅　　　　　【父母】天魁　　　　　【兄弟】天鉞
［貴星夾命格］人の援助に恵まれ、受けた恩を返すことで運を伸ばす。
・よいこともあれば悪いこともある。やや安定性に欠ける運勢である。

戊年生
【夫妻】貪狼（禄）　　【子女】太陰（権）　　【兄弟】天機（忌）　　【疾厄】禄存
【財帛】擎羊　　　　　【遷移】陀羅　　　　　【田宅】天魁　　　　　【子女】天鉞
・命宮宮威強ければ一定の成功を収め、弱ければそれほどのこともない。
・恋愛や異性関係には注意すること。
・兄弟や友人の中に、つまらぬ策を弄する人がいて、迷惑を被ることがある。

己年生
【財帛】武曲（禄）　　【夫妻】貪狼（権）　　【父母】天梁（科）　　【財帛】禄存
【子女】擎羊　　　　　【疾厄】陀羅　　　　　【福徳】天魁　　　　　【夫妻】天鉞
［禄合鴛鴦格］財運に恵まれ、ビジネスや商売の世界に向く。
・結婚生活は配偶者が家庭の実権を握り（亭主関白カカア天下）、なかなかスムーズにはいかない。
・両親は文化的なことに興味や造詣が深いが、大きな成功を収める人ではない。

庚年生
【子女】太陽（禄）太陰（科）　　　　　　　　【財帛】武曲（権）　　【疾厄】天同（忌）
【夫妻】禄存　　　　　【兄弟】擎羊　　　　　【子女】陀羅・天鉞　　【田宅】天魁
・事業運は旺盛であり一定の成功を収めるが、健康面や体力面で問題がある。成功度合いは命宮、財帛、官禄の宮威をよく見て判断しなければならない。

辛年生
【兄弟】巨門（禄）　　【子女】太陽（権）　　【兄弟】禄存　　　　　【命宮】擎羊
【夫妻】陀羅　　　　　【財帛】天魁　　　　　【官禄】天鉞
・生得的な運勢はさほど強くないが、一生を通じて友人や地位ある人の支援を得ることができる。
・配偶者や子供は優秀で、家庭的には恵まれた人生を送る。

壬年生
【父母】天梁（禄）　　【命宮】紫微（権）　　【財帛】武曲（忌）　　【父母】禄存
【福徳】擎羊　　　　　【命宮】陀羅　　　　　【奴僕】天魁　　　　　【疾厄】天鉞
・命宮宮威強ければ中ぐらいの運勢であり、弱ければそれほどのこともない運勢である。

癸年生
【遷移】破軍（禄）　　【兄弟】巨門（権）　　【子女】太陰（科）　　【夫妻】貪狼（忌）　　【福徳】禄存
【田宅】擎羊　　　　　【父母】陀羅　　　　　【奴僕】天魁　　　　　【疾厄】天鉞
・命宮宮威強ければ少しく蓄財し、弱ければ相当の努力と苦労をした後に蓄財する。
・恋愛の過程は順調ではなく、晩婚に適す。

132　紫微戌・命宮亥

【遷移】 巳	【疾厄】 午	【財帛】 未	【子女】 申
天同（廟） ・宮威強－遠地に赴いたり外出したり生地を離れてチャンスをつかみ発展する。 ・宮威弱－移動により苦労をしょいこむことになる。 ・羊陀同宮や化忌同宮－外出先での怪我や事故、特に交通事故などには注意すること。	天府（旺） 武曲（旺） ・宮威強－基本的に健康である。 ・宮威弱－皮膚病、偏頭痛、嘔吐、めまい、睡眠障害、骨腫瘍などに注意。	太陽（地） 太陰（不） [日月同臨格] ・財運は一定せず、若年中は財が集まらないが、中年以降、財が貯まるようになる。 ・宮威弱－財運はあまり大きなものではない。	貪狼（平） ・宮威強－活発で元気な子供であり、意欲的で前向きである。 ・宮威弱－子供は親の言うことを聞かず、悪い遊びを覚え、悪習に染まる恐れがある。空劫同宮すれば育てにくい子供であり、羊陀同宮すれば、親の言うことを聞かない親不孝な子供となる。

【奴僕】 辰		【夫妻】 酉
破軍（旺） ・宮威強－部下後輩友人は能力のある人で、大いに力になってくれる。 ・宮威弱－部下後輩友人は個性的だが、腕のよくない職人といったところがあり、あまり力にはならない。 ・部下後輩友人との交友はあまり長続きしない。	・仕事には真面目に取り組むが、頑固で人の意見をあまり聞かない。冷静で物事を細かく検討し判断するが、自由気ままに過ごしたいと思う。また内向的な人もいる。冷静沈着で、あまり感情を表に出さない。 ・金銭には淡白で、人に施すようになる。 ・幼少時に大病や怪我を患うことがある。 ・義侠心に厚く、困っている人を見ると手を差し伸べずにはいられない。世話好きで親分肌なので多くの人から尊敬される。 ・若くして老成した感じを人に与え、長者の風格を備えている。 ・命宮宮威強－熱心に事業に取り組み、人より一頭抜きん出て成功を収める。天馬と四殺が同宮加会すると放蕩不羈となりやすく、悪い仲間とつるんだり身持ちが悪くなる恐れあり。 ・命宮宮威弱－高慢となり、人の恩を忘れて人間関係に支障をきたす恐れがあるので、自戒を怠らないようにすること。また特殊な技術や神秘的な世界に興味を抱き、術数や神秘術を研究するようになる。 ・化権加会－情報を収集して分析する情報局員や、特殊な任務を行う業務に就くことがある。	天機（旺） 巨門（廟） [巨機同臨格] ・宮威強－夫婦間に離齬が生じ、コミュニケーションが取れないことがあるので注意すること。 ・宮威弱－結婚生活に波風が立つ暗示があるので、努力すること。 ・昌曲左右が同宮すると異性問題の暗示あり注意。

【官禄】 卯		【兄弟】 戌
[命無正曜格] ・法律関係、司法書士、教育関係、占術家、広告宣伝、翻訳著述業、政治などに適性がある。 ・ビジネスや商売にはあまり向かない。		紫微（地） 天相（地） ・宮威強－兄弟は立派な人で、大いに助けてもらえる。 ・宮威弱－兄弟とは気が合わず、その関係も良好とは言えない。

【田宅】 寅	【福徳】 丑	【父母】 子	【命宮】 亥
廉貞（廟） [紫府朝垣格] [雄宿朝垣格] [府相朝垣格] ・宮威強－良質な不動産を入手することができる。 ・宮威弱－不動産運はあまり大きくはない。 ・火羊が同宮すれば火災に注意。 ・羊陀が同宮すれば盗難に注意。	[命無正曜格] [二曜同臨格] （[日月照壁格]） ・なにかと気苦労が多く、なかなか心の安定が得られない。元気なときと、そうでないときが交互に訪れる。	七殺（旺） [七殺朝斗格] ・両親は強烈な個性を持つ人で、古風で厳格な方針で子供を育てる。 ・宮威強－両親とは距離を置くようになる。 ・宮威弱－両親と対立し、家を出ていくようなこともある。	天梁（陥）

甲年生
【田宅】廉貞（禄）　【奴僕】破軍（権）　【疾厄】武曲（科）　【財帛】太陽（忌）
【田宅】禄存　　　　【官禄】擎羊　　　　【福徳】陀羅・天魁　【財帛】天鉞
・金銭的な問題で困惑することがある。
・部下や後輩友人の中に、威丈高で高飛車な人がいるが、力になってくれる。

乙年生
【夫妻】天機（禄）　【命宮】天梁（権）　【兄弟】紫微（科）　【財帛】太陰（忌）　【官禄】禄存
【奴僕】擎羊　　　　【田宅】陀羅　　　　【父母】天魁　　　　【子女】天鉞
・いささかワンマンな傾向があり、人に対して強権的になり思い通りに動かそうとするが、かえって不利を招くので注意が必要である。
・配偶者は聡明で協力と支援を得られる。その助力により財を得る。

丙年生
【遷移】天同（禄）　【夫妻】天機（権）　【田宅】廉貞（忌）　【遷移】禄存
【疾厄】擎羊　　　　【奴僕】陀羅　　　　【命宮】天魁　　　　【夫妻】天鉞
・基本的に良好な運勢で、成功し地位と名誉と財を得るが、家庭内は配偶者が実権を握り、亭主関白カカア天下となる。
・住居や家庭内のことで、煩わされることがある。

丁年生
【財帛】太陰（禄）　【遷移】天同（権）　【夫妻】天機（科）　【夫妻】巨門（忌）　【疾厄】禄存
【財帛】擎羊　　　　【遷移】陀羅　　　　【命宮】天魁　　　　【夫妻】天鉞
・基本的に良好な運勢で、成功し地位と名誉と財を得るが、夫婦間に齟齬が生じる恐れがあるので夫婦間の会話を大切にすること。
・比較的良好な家庭環境で育つ。

戊年生
【子女】貪狼（禄）　【財帛】太陰（権）　【夫妻】天機（忌）　【遷移】禄存
【疾厄】擎羊　　　　【奴僕】陀羅　　　　【福徳】天魁　　　　【財帛】天鉞
・財を得ることはできるが、高い地位や名誉を得るのは難しい。
・夫婦間に齟齬が生じる恐れがあるので、夫婦間の会話を大切にすること。

己年生
【疾厄】武曲（禄）　【子女】貪狼（権）　【命宮】天梁（科）　【疾厄】禄存
【財帛】擎羊　　　　【遷移】陀羅　　　　【父母】天魁　　　　【子女】天鉞
・あまり大きな財を得ることはないが、命宮宮威強ければ地位と名誉を得る運勢である。

庚年生
【財帛】太陽（禄）　【疾厄】武曲（権）　【財帛】太陰（科）　【遷移】天同（忌）
【子女】禄存　　　　【夫妻】擎羊　　　　【財帛】陀羅・天鉞　【福徳】天魁
・少しく財を築くが、そのためには相当の努力と苦労を伴う。
・頑固でやっかいな病気に悩まされることがあるので、健康には注意すること。

辛年生
【夫妻】巨門（禄）　【財帛】太陽（権）　【夫妻】禄存　　　　【兄弟】擎羊
【子女】陀羅　　　　【疾厄】天魁　　　　【田宅】天鉞
・配偶者の協力と支援により地位を得、財を築く。
・その他の星がどこに入るかをよく見て判断すること。

壬年生
【命宮】天梁（禄）　【兄弟】紫微（権）　【疾厄】武曲（忌）　【命宮】禄存
【父母】擎羊　　　　【兄弟】陀羅　　　　【官禄】天魁　　　　【遷移】天鉞
・財を得るが、うまく運用管理できず、かえって悩むことがある。
・病気がちとなりやすいので、健康には十分留意すること。

癸年生
【奴僕】破軍（禄）　【夫妻】巨門（権）　【財帛】太陰（科）　【子女】貪狼（忌）　【父母】禄存
【福徳】擎羊　　　　【命宮】陀羅　　　　【官禄】天魁　　　　【遷移】天鉞
・少しく安定した良好な運勢であるが、家庭内は配偶者が実権を握り、亭主関白カカア天下となる。
・子供には、なにかと苦労をかけられる。

133　紫微亥・命宮子

【奴僕】　　　　巳	【遷移】　　　　午	【疾厄】　　　　未	【財帛】　　　　申
天府（地） ・宮威強－部下後輩友人は聡明で実力があり、大いに力になってくれる。 ・宮威弱－部下後輩友人はあまり助けにはならないが、害を受けるということはない。	天同（陥） 太陰（不） [機月同梁格] ・遠地に赴いたり活発に外出することは不利となり運を損なう恐れがある。 ・宮威弱－交通事故や外出先での怪我や事故に注意すること。特に羊陀が同宮加会すれば、なおのこと注意を要する。	武曲（廟） 貪狼（廟） [貪武同行格] [日月夾命格] ・宮威強－おおむね健康である。 ・宮威弱－痔疾、皮膚病、眼科疾患、手足の疾病、手足の骨折、生殖器系や泌尿器系の疾患などに注意すること。	太陽（地） 巨門（廟） [巨日同宮格] ・宮威強－求財には相当の努力と苦労を伴う。若いうちは苦労するが、中年以降に蓄財するようになる。 ・宮威弱－財は集まってもなかなか貯まらない。

【官禄】　　　　辰			【子女】　　　　酉
[命無正曜格] ・基本的に事業／職業運は良好であるが、経済界やビジネスには向かない。 ・文化教育関係、公職、法律関係、漢方鍼灸医、公益事業、慈善事業、宗教関係、運命学者、占い師、自由業などに適性がある。		命無正曜格 対宮主星を命宮主星とみなして判断。 ・内向的な性格で、温和で、決して激昂するようなことはない平和主義者である。明朗快活な一面もあるが、表面は一歩退き他人とうまく協調していく一方で、内心は不満を抱くような一面もある。 ・温厚で優しく、風流を愛し多芸多才である。 ・繊細で美的センスにあふれ生活に潤いを求める。また多情多感で芸術的才能にも恵まれている。 ・命宮宮威強－聡明で秀気にあふれ、起居動作も優雅で品がある。謙譲の美徳を備えユーモアを解し、官公庁や企業にあれば高位に昇ることができる。 ・男女ともに異性との縁が多く、異性から多くの助力、支援を得ることができるが、場合によっては（命宮宮威弱ければ）、異性間のトラブルを発生させることもあるので、注意が必要である。 ・命宮宮威弱－神経質となり感情に波がある。また人からの支援や援助を受けるのをよしとせず拒むようなところがある。 ・女性の中には汗水垂らして働くのを厭い、男性に依存して生きていくような人もいる。	天相（陥） ・宮威強－平凡な子供であり、子供との縁も薄いものとなる。 ・宮威弱－あまり優秀な子供ではなく、何かと面倒をかけられる。羊陀同宮すれば反抗的で親不孝な子供となることがある。空劫同宮すれば、育てにくい子供である。

【田宅】　　　　卯			【夫妻】　　　　戌
廉貞（平） 破軍（陥） [殺拱廉貞格] ・宮威強－不動産は買ったり売ったりで、長く保有することは難しい。 ・宮威弱－不動産を獲得することは難しい。 ・火羊が同宮すれば火災に注意。 ・羊陀が同宮すれば盗難に注意。			天機（利） 天梁（廟） [機月同梁格] [機梁加会格] ・配偶者は聡明で計画性に優れ沈着冷静な人である。 ・宮威強－家庭内では配偶者が力を持つので、晩婚の方がうまくいく。 ・宮威弱－夫婦の意見に齟齬がみられ、うまくいかない恐れもあるので、十分な意思疎通を図ること。

【福徳】　　　　寅	【父母】　　　　丑	【命宮】　　　　子	【兄弟】　　　　亥
[命無正曜格] [機月同梁格] ・ときに空しい気持ちになることがあるので、なにか気分転換することを見つけるようにするとよい。 ・曲昌同宮加会－ハイセンスな趣味を持つ。 ・宮威弱－気苦労が多く、心配性の傾向がある。	[命無正曜格] [府相朝垣格] ・中には親戚や祖父母、その他両親以外の者によって養育される人もいる。 ・宮威強－両親は比較的裕福である。 ・宮威弱－両親のどちらかと意見が対立することがある。	[命無正曜格]	紫微（旺） 七殺（平） [化殺為権格] ・宮威強－兄弟は優秀で、それぞれ発展し成功するが、あまり力にはなってくれない。 ・宮威弱－兄弟との関係は良好とは言えず縁も薄い。

甲年生
【田宅】廉貞（禄）　　【田宅】破軍（権）　　【疾厄】武曲（科）　　【財帛】太陽（忌）
【福徳】禄存　　　　　【田宅】擎羊　　　　　【父母】陀羅・天魁　　【疾厄】天鉞
・事業／仕事運は普通であるが、大きな財産を築くのは難しいかもしれない。
・住居や家庭内のことを、自分の意見で仕切りたがる傾向がある。

乙年生
【夫妻】天機（禄）　　【夫妻】天梁（権）　　【兄弟】紫微（科）　　【遷移】太陰（忌）　　【田宅】禄存
【官禄】擎羊　　　　　【福徳】陀羅　　　　　【命宮】天魁　　　　　【財帛】天鉞
・大きな仕事を成し遂げるのは難しいかもしれない。
・配偶者は優秀で財力もあり、大いに力になってくれるが、気の強い人なので家庭内の実権は配偶者が握ることになる（亭主関白カカア天下）。

丙年生
【遷移】天同（禄）　　【夫妻】天機（権）　　【田宅】廉貞（忌）　　【奴僕】禄存
【遷移】擎羊　　　　　【官禄】陀羅　　　　　【兄弟】天魁　　　　　【子女】天鉞
・酒食や交際に浪費したり無駄遣いする傾向がある。家庭内は配偶者が実権を握る傾向がある。
・仕事上で苦労することもあるが、その他の星をよく見て判断すること。

丁年生
【遷移】太陰（禄）　　【遷移】天同（権）　　【夫妻】天機（科）　　【財帛】巨門（忌）　　【遷移】禄存
【疾厄】擎羊　　　　　【奴僕】陀羅　　　　　【兄弟】天魁　　　　　【子女】天鉞
［対面朝斗格］商才あって財を得るが、化忌に会うを嫌う。
・少しく安定した運勢であるが、大きな財産を築くのは難しいかもしれない。
・配偶者は賢く聡明で、協力と支援を得ることができる。

戊年生
【疾厄】貪狼（禄）　　【遷移】太陰（権）　　【夫妻】天機（忌）　　【奴僕】禄存
【遷移】擎羊　　　　　【官禄】陀羅　　　　　【父母】天魁　　　　　【疾厄】天鉞
・少しく安定した生活を送る運勢である。
・結婚生活は波風が立つ暗示があるので、安定のための努力をすること。

己年生
【疾厄】武曲（禄）　　【疾厄】貪狼（権）　　【夫妻】天梁（科）　　【遷移】禄存
【疾厄】擎羊　　　　　【奴僕】陀羅　　　　　【命宮】天魁　　　　　【財帛】天鉞
［対面朝斗格］商才あって財を得るが、化忌に会うを嫌う。
・事業／職業運は良好で、安定した生活を送ることができる。
・配偶者は賢く聡明で、協力と支援を得ることができる。

庚年生
【財帛】太陽（禄）　　【疾厄】武曲（権）　　【遷移】太陰（科）　　【遷移】天同（忌）
【財帛】禄存　　　　　【子女】擎羊　　　　　【疾厄】陀羅・天鉞　　【父母】天魁
［禄合鴛鴦格］財に恵まれる吉格だが、凶星の冲破を恐れる。人に施して吉。
・基本的に良好な財運を持つ人であるが、移動先での事象や健康上の問題が事業に影響を与える恐れがあるので注意すること。

辛年生
【財帛】巨門（禄）　　【財帛】太陽（権）　　【子女】禄存　　　　　【夫妻】擎羊
【財帛】陀羅　　　　　【遷移】天魁　　　　　【福徳】天鉞
・基本的に良好で安定した財運である。
・その他の星がどこに入るかをよく見て判断すること。

壬年生
【夫妻】天梁（禄）　　【兄弟】紫微（権）　　【疾厄】武曲（忌）　　【兄弟】禄存
【命宮】擎羊　　　　　【夫妻】陀羅　　　　　【田宅】天魁　　　　　【奴僕】天鉞
・大きな目的を達成するのには困難を伴う。健康に留意して安定した生き方を選択するのがよい。
・配偶者が大いに力になってくれるが、家庭内は配偶者が実権を握ることがある。

癸年生
【田宅】破軍（禄）　　【財帛】巨門（権）　　【遷移】太陰（科）　　【疾厄】貪狼（忌）　　【命宮】禄存
【父母】擎羊　　　　　【兄弟】陀羅　　　　　【田宅】天魁　　　　　【奴僕】天鉞
・基本的に成功し地位と名誉と富を得る命であるが、健康には十分注意すること。

134　紫微亥・命宮丑

天府（地） ・経理・財務関係、教育、人事、行政、農業、軽工業、税務関係などに適性がある。 ・起業したりビジネスをするのには向かない。二番手のポジションがよい。 【官禄】　　　　　巳	天同（陥） 太陰（不） [機月同梁格] ・宮威強－部下後輩友人との関係は、一定の距離ができ、冷めたものとなる。特に女性とはそのような関係になりやすい。 ・宮威弱－部下後輩友人はあまり頼りにならない。 【奴僕】　　　　　午	武曲（廟） 貪狼（廟） [貪武同行格] [日月夾命格] ・宮威強－遠地に赴いたり頻繁に外出することが多くなり、またそのことで人の縁を得てチャンスをつかむ。特に火鈴が同宮すればなおさらである。 ・宮威弱－遠地に赴くとあまりよいことがない。 【遷移】　　　　　未	太陽（地） 巨門（廟） [巨日同宮格] ・宮威強－基本的に健康である。 ・宮威弱－頭痛、脳疾患、糖尿病、低血圧、眼科系疾患、胃腸病などに注意。 【疾厄】　　　　　申
[命無正曜格] ・宮威強－大きくはないが不動産を取得することはできる。 ・宮威弱－あまり大きな不動産を取得することはなく、居所も質素なものである。また転居が多くなる傾向がある。 ・火羊同宮－火災に注意。 ・羊陀が同宮すれば盗難に注意。 【田宅】　　　　　辰		命無正曜格 対宮主星を命宮主星とみなして判断。 府相朝垣格 目上の引き立て、実力者の支援を受ける。 家内安全に心がけること。 ・個性は強固で忍耐強く、心に大きな志を抱く。 ・仕事にも意欲を燃やし不断の努力をする。 ・多芸多才で文武両道に優れるが、他人に拘束されることを嫌う。 ・冒険心に富み、危険を顧みず突き進む。 ・大器晩成型であり中年以降に運が開けてくる。若年中は奮闘努力が必要であるが、その努力が中年以降に花開くのである。 ・計算高く、中には吝嗇（ケチ）な人もいる。 ・飲酒に溺れる暗示があるので、酒を嗜む人は節制が肝要である。 ・人に知られず隠れた桃花事象の暗示あり。 ・曲昌同宮加会－異性関係のトラブルの暗示があるので注意すること。 ・昌鈴陀同宮加会－事故や怪我の暗示あり注意。特に陀羅が独守すると身体のどこかに傷跡が残るようになる。	天相（陥） ・宮威強－大きな財を得ることは難しいので、無駄使いを慎み、貯蓄を心がけることが大事である。 ・宮威弱－大きく蓄財することは難しい。 【財帛】　　　　　酉
廉貞（平） 破軍（陥） [殺拱廉貞格] ・宮威強－いろいろなことにチャレンジし、忙しい日々を送る。新しいことを始めるのを好む。 ・宮威弱－事故やトラブルにまきこまれ、怪我をする恐れがあるので注意すること。羊陀が同宮加会すればなおさらである。 【福徳】　　　　　卯			天機（利） 天梁（廟） [機月同梁格] [機梁加会格] ・宮威強－賢くて親孝行な子供に恵まれる。 ・宮威弱－両親は子供を愛情をもって育てるが、子供は病弱であったり、何かと手のかかる子供である。羊陀が同宮加会すれば子供は親に反抗するようになる。 【子女】　　　　　戌
[命無正曜格] [機月同梁格] ・親戚や祖父母、その他両親以外の者によって養育される可能性がある。 ・宮威強－両親との関係は比較的良好である。 ・宮威弱－両親のどちらかと意見が対立し反発することがある。 【父母】　　　　　寅	[命無正曜格] [府相朝垣格] 【命宮】　　　　　丑	[命無正曜格] ・宮威強－兄弟間の仲はよいものとなるが、成長後はそれぞれが独立し、あまり協力は得られない。 ・宮威弱－兄弟との関係は良好とは言えず、あまり力になってくれない。 【兄弟】　　　　　子	紫微（旺） 七殺（平） [化殺為権格] ・情熱的な恋をし、急に結婚することがある。落ち着いて愛情を育むことが大事である。 ・結婚後は配偶者が家庭内の実権を握るようになる。 ・宮威弱－結婚生活は波風が立つことになるか、別離の暗示あり注意。 【夫妻】　　　　　亥

甲年生
【福徳】廉貞（禄）　　【福徳】破軍（権）　【遷移】武曲（科）　【疾厄】太陽（忌）
【父母】禄存　　　　　【福徳】擎羊　　　　【命宮】陀羅・天魁　【遷移】天鉞
［天乙拱命格］学識高く、人の縁に恵まれ幸運を得る。
　・命宮宮威強ければ少しく成功を得、弱ければ成功のために相当の努力と苦労を伴うことになる。
　・比較的恵まれた家庭環境で育つが、健康には十分注意すること。

乙年生
【子女】天機（禄）　　【子女】天梁（権）　【夫妻】紫微（科）　【奴僕】太陰（忌）　【福徳】禄存
【田宅】擎羊　　　　　【父母】陀羅　　　　【兄弟】天魁　　　　【疾厄】天鉞
　・少しく安定した生活を送ることができる。　・暖かい家族に恵まれ、和やかな家庭生活を送る。子供は優秀で自分の意見をしっかりと持ち、親に意見するようなこともある。

丙年生
【奴僕】天同（禄）　　【子女】天機（権）　【福徳】廉貞（忌）　【官禄】禄存
【奴僕】擎羊　　　　　【田宅】陀羅　　　　【夫妻】天魁　　　　【財帛】天鉞
　・事業／仕事運は、まあまあである。
　・一方、何かと気苦労が多く、穏やかな気持ちになれないことがある。

丁年生
【奴僕】太陰（禄）　　【奴僕】天同（権）　【子女】天機（科）　【疾厄】巨門（忌）　【奴僕】禄存
【遷移】擎羊　　　　　【官禄】陀羅　　　　【夫妻】天魁　　　　【財帛】天鉞
　・優秀で親孝行な子供に恵まれる。
　・健康にすぐれず病気がちとなることがあるので、健康には十分注意すること。

戊年生
【遷移】貪狼（禄）　　【奴僕】太陰（権）　【子女】天機（忌）　【官禄】禄存
【奴僕】擎羊　　　　　【田宅】陀羅　　　　【命宮】天魁　　　　【遷移】天鉞
［天乙拱命格］学識高く、人の縁に恵まれ幸運を得る。
　・事業／仕事運は中まあまあであるが、子供との関係はあまり良好とは言えない。
　・遠地に赴いたり外出が多く、特殊な方面や仕事で収入を得るが、大きく蓄財するのは難しい。

己年生
【遷移】武曲（禄）　　【遷移】貪狼（権）　【子女】天梁（科）　【奴僕】禄存
【遷移】擎羊　　　　　【官禄】陀羅　　　　【兄弟】天魁　　　　【疾厄】天鉞
　・遠地に赴くか活発に外出活動することで人の縁を得て、チャンスと運をつかむ。
　・命宮宮威強ければ成功し地位と名誉と財を得るが、弱ければそのために苦労を伴うことになる。

庚年生
【疾厄】太陽（禄）　　【遷移】武曲（権）　【奴僕】太陰（科）　【奴僕】天同（忌）
【疾厄】禄存　　　　　【財帛】擎羊　　　　【遷移】陀羅・天鉞　【命宮】天魁
［天乙拱命格］学識高く、人の縁に恵まれ幸運を得る。
　・地位と名誉を手にするが、大きな財産を築くのは難しい。
　・部下後輩友人の中にはいい人もいれば、そうでない人もいる。よく人を見て交友すること。

辛年生
【疾厄】巨門（禄）　　【疾厄】太陽（権）　【財帛】禄存　　　　【子女】擎羊
【疾厄】陀羅　　　　　【奴僕】天魁　　　　【父母】天鉞
　・大きな成功を望むことは難しいが、その他の星がどこに入るかをよく見て判断すること。
　・頑固でやっかいな病気に罹ることがあるので、健康には注意すること。

壬年生
【子女】天梁（禄）　　【夫妻】紫微（権）　【遷移】武曲（忌）　【夫妻】禄存
【兄弟】擎羊　　　　　【子女】陀羅　　　　【福徳】天魁　　　　【官禄】天鉞
　・命宮宮威強ければ、事業／仕事運は上々であり、弱ければそこそこの事業運となる。
　・家庭内は配偶者が実権を握るようになる（亭主関白カカア天下）。
　・交通事故など外出先での事故や怪我に注意すること。

癸年生
【福徳】破軍（禄）　　【疾厄】巨門（権）　【奴僕】太陰（科）　【遷移】貪狼（忌）　【兄弟】禄存
【命宮】擎羊　　　　　【夫妻】陀羅　　　　【福徳】天魁　　　　【官禄】天鉞
　・命宮宮威強ければ、そこそこ安定した運勢である。
　・交通事故など外出先での事故や怪我に注意すること。

第2章　紫微斗数14主星配置一覧　　293

135　紫微亥・命宮寅

天府（地）	天同（陥）太陰（不）	武曲（廟）貪狼（廟）	太陽（地）巨門（廟）
・宮威強－立派な住宅に住むことができる。 ・宮威弱－社宅や賃貸住宅などに住むことになり、なかなか自分の住宅を持てない。 ・基本的に、転居することは少ない。 ・火羊同宮－火災に注意。 ・羊陀が同宮すれば盗難に注意。 【田宅】　　　　　　巳	[機月同梁格] ・仕事に関しては怠惰でルーズな面が見られ、あまり仕事熱心ではない。 ・監督業務、警察や自衛隊、分析計画業務、公務員、果樹園・釣り池の経営、教育宗教関係などに向く。 ・宮威弱－文書や言葉のトラブルに注意すること。 【官禄】　　　　　　午	[貪武同行格] [日月夾命格] ・宮威強－部下後輩友人には、いい人もいればそうでない人もいるが、いったん心を開けば仲良くなる。 ・宮威弱－部下後輩友人とは飲食飲酒を伴う付き合いが多くなり、面倒を被ることもある。 【奴僕】　　　　　　未	[巨日同宮格] ・宮威強－遠行や外出により運をつかんで成功する。特に創業運が上昇する。 ・宮威弱－外出や遠地に赴くと苦労することになる。また羊陀が同時に加会すれば交通事故など、外出先での事故や怪我の暗示があるので注意。 【遷移】　　　　　　申
[命無正曜格] ・宮威強－明朗快活な性格であり、知識欲も強く向上心に富んだ努力家である。 ・宮威弱－落ち着きのないところがあり、せっかちで、ちょっとしたことでも大騒ぎする。 【福徳】　　　　　　辰	\multicolumn{2}{c}{命無正曜格 対宮主星を命宮主星とみなして判断。 機月同梁格 抜群の企画力と事務処理能力で主人の片腕となる大番頭。No.2狙いで大成功。 ・進取の気性に富み、困難をものともせず事業に邁進する。優れた能力を持ち、多芸多才。 ・特に弁説の才に優れる。 ・個性は強烈で頑固なところがある。 ・事業上の競争が多くライバルも多い。変化変動の多い人生である。 ・緊張の中にあって工夫や努力するのを好む。 ・困難を恐れず克服して目標を達成する。 ・遷移宮に文曲が入るのを嫌う。その場合、移り気な性格となり桃花の気味を帯び、感情も不安定となる。 ・命宮宮威弱－言い争いや口舌の災いを招く暗示。一生を通じて口舌や争いがついてまわる。また物事のはじめはよいが、締めくくりがルーズであり、いわゆる竜頭蛇尾となる。 ・化忌に冲されるのを嫌う。 ・出版や新聞、マスコミなど、文筆に携わる人は文章や文字、言葉によるトラブルに注意が必要である。}		天相（陥） ・宮威強－大病を患うことはなく、おおむね健康である。ただちょっとした病気にはよく罹るようになる。 ・宮威弱－頭痛や神経痛に注意。また傷跡や痣が残ることがある。 ・化禄化権加会－皮膚病の暗示あり注意。 【疾厄】　　　　　　酉
廉貞（平）破軍（陥） [殺拱廉貞格] ・宮威強－比較的恵まれた家庭環境で育つが、両親は厳しく子供を教育し躾ける。両親との関係はあまり良好とは言えない。 ・宮威弱－両親のどちらかと対立し、衝突するようになる。 【父母】　　　　　　卯			天機（利）天梁（廟） [機月同梁格] [機梁加会格] ・宮威強－特殊な方面や仕事で収入を得ることがある。 ・宮威弱－財は入っても、それを留めておくのが難しい。 【財帛】　　　　　　戌
[命無正曜格] [機月同梁格] 【命宮】　　　　　　寅	[命無正曜格] [府相朝垣格] ・宮威強－兄弟の中には仲がよく身近にいる者もいれば、縁が薄く疎遠になる者もいる。 ・宮威弱－兄弟との関係はあまり良好なものではなく、兄弟同士で相談したり話し合うこともあまりない。 【兄弟】　　　　　　丑	[命無正曜格] ・配偶者は穏やかで親しみやすい人であるが、あまり力を発揮しない傾向がある。 ・宮威弱－結婚生活に障害が起きる恐れがあるので、その解消のための努力が必要である。 ・昌曲左右天姚が同宮すれば男女問題や恋愛トラブルの暗示あり注意。 【夫妻】　　　　　　子	紫微（旺）七殺（平） [化殺為権格] ・宮威強－子供は非常に優秀であり、また子供との関係も良好である。 ・宮威弱－子供は勇しく元気であるが、あまり親の言うことを聞かない。空劫が同宮すれば、育てにくい子供である。 【子女】　　　　　　亥

甲年生
【父母】廉貞（禄）　　【父母】破軍（権）　　【奴僕】武曲（科）　　【遷移】太陽（忌）
【命宮】禄存　　　　　【父母】擎羊　　　　　【兄弟】陀羅・天魁　　【奴僕】天鉞
- やや神経質となる傾向があり、小ぶりにまとまる運勢である。命宮宮威強ければ、成功し財を得るが、弱ければそれほどのこともなく、孤独になりがちである。
- 裕福で恵まれた家庭環境に育つが、両親は子供を厳しく躾け教育する。

乙年生
【財帛】天機（禄）　　【財帛】天梁（権）　　【子女】紫微（科）　　【官禄】太陰（忌）　　【父母】禄存
【福徳】擎羊　　　　　【命宮】陀羅　　　　　【夫妻】天魁　　　　　【遷移】天鉞
- 財を得ることはできるが、それを維持し、大きく蓄財することは難しい。
- 聡明で優秀な子供に恵まれる。

丙年生
【官禄】天同（禄）　　【財帛】天機（権）　　【父母】廉貞（忌）　　【田宅】禄存
【官禄】擎羊　　　　　【福徳】陀羅　　　　　【子女】天魁　　　　　【疾厄】天鉞
- 一から事業を始めて成功する可能性がある。
- 生まれ育った環境はあまり恵まれたものとは言えず、両親との関係も良好ではない。

丁年生
【官禄】太陰（禄）　　【官禄】天同（権）　　【財帛】天機（科）　　【遷移】巨門（忌）　　【官禄】禄存
【奴僕】擎羊　　　　　【田宅】陀羅　　　　　【子女】天魁　　　　　【疾厄】天鉞
［三奇加会格］地位ある人の援助と幸運に恵まれる吉格。
- 基本的に大きな成功を収め、地位と名誉と財を得る運勢ではあるが、遠地に赴いたり頻繁に外出することで苦労する暗示がある。また外出先での怪我や事故に注意すること。

戊年生
【奴僕】貪狼（禄）　　【官禄】太陰（権）　　【財帛】天機（忌）　　【田宅】禄存
【官禄】擎羊　　　　　【福徳】陀羅　　　　　【兄弟】天魁　　　　　【奴僕】天鉞
- 地位や名誉を得ることはできるが、あまり大きな財は築かない。
- 仕事や事業上で自分の思いを通そうとして、苦労することがある。

己年生
【奴僕】武曲（禄）　　【奴僕】貪狼（権）　　【財帛】天梁（科）　　【官禄】禄存
【奴僕】擎羊　　　　　【田宅】陀羅　　　　　【夫妻】天魁　　　　　【遷移】天鉞
- 基本的に、よい職に就き出世し高給を得る、また結婚生活も安定して幸せなものとなる運勢である。その他の星もよく見て判断すること。

庚年生
【遷移】太陽（禄）　　【奴僕】武曲（権）　　【官禄】太陰（科）　　【官禄】天同（忌）
【遷移】禄存　　　　　【疾厄】擎羊　　　　　【奴僕】陀羅・天鉞　　【兄弟】天魁
- 生地を離れ遠地に赴いたり、活発に外出することで発展する運勢である。しかし仕事は苦労を伴い、成功もあれば失敗もある。また、結婚生活は安定のための努力が必要である。

辛年生
【遷移】巨門（禄）　　【遷移】太陽（権）　　【疾厄】禄存　　　　　【財帛】擎羊
【遷移】陀羅　　　　　【官禄】天魁　　　　　【命宮】天鉞
- 生地を離れ遠地に赴いたり、活発に外出することで発展する運勢であるが、その他の星もよく見て判断すること。

壬年生
【財帛】天梁（禄）　　【子女】紫微（権）　　【奴僕】武曲（忌）　　【子女】禄存
【夫妻】擎羊　　　　　【財帛】陀羅　　　　　【父母】天魁　　　　　【田宅】天鉞
- そこそこ安定した運勢であるが、財も地位も自分の力量の範囲内で求めること。
- 子供は自意識が高く、しっかりと自分の意見を主張する。

癸年生
【父母】破軍（禄）　　【遷移】巨門（権）　　【官禄】太陰（科）　　【奴僕】貪狼（忌）　　【夫妻】禄存
【兄弟】擎羊　　　　　【子女】陀羅　　　　　【父母】天魁　　　　　【田宅】天鉞
- 成功し地位と名誉を得られる運勢ではあるが、あまり大きな財は期待できない。
- 部下後輩友人からトラブルを被る恐れがあるので注意すること。
- 両親は激しい性格の人である。

136 紫微亥・命宮卯

【福徳】 巳	【田宅】 午	【官禄】 未	【奴僕】 申
天府（地） ・宮威強－自分をよくコントロールし、あまり衝動的な行動を起こすことはなく、安定している。 ・宮威弱－安定性に欠けるようになり、忙しくあちこち走り回ることになる。	天同（陥） 太陰（不） [機月同梁格] ・父祖から家屋不動産を継承するのは難しい。 ・宮威弱－住居が定まらないような場合がある。 ・火羊が同宮すれば火災に注意。 ・左か右と羊が同宮すれば盗難に注意。	武曲（廟） 貪狼（廟） [貪武同行格] [日月夾命格] ・ビジネス、商業界、投機関係、冒険家、手工芸、タイピスト、宝石、装飾、洋裁、華道（生け花）、ハウスキーピング（家事）などに適性がある。	太陽（地） 巨門（廟） [巨日同宮格] ・宮威強－交友は広範囲にわたり、良い部下や後輩友人に恵まれる。 ・宮威弱－あまり良い部下や後輩友人には恵まれない。

【父母】 辰	殺拱廉貞格	【遷移】 酉
[命無正曜格] ・宮威強－両親は教育熱心で子供を愛し、関係も良く、また健康である。 ・宮威弱－両親は教育や子供の躾に厳しく、子供は嫌気がさし、関係も良好ではない。	いかんなくその才能を発揮するが、自らを律し、生活を正すことが肝要。 ・大きな顔で、口も大きい。いささか落ち着きのない感じで、人から拘束されることを嫌う。 ・多芸多才で技能に優れ、新しいものが好きで新規事業などの創業の才がある。 ・性格は剛胆ではっきりしており、人と競争することを好むが、人とはよく交わり友人も多い。 ・忍耐強く、また冒険心にも富んでおり、困難に見舞われてもそれに打ち勝って、最後は人を驚かせるような成功を手にする。 ・未熟児として生まれるか、幼少期は身体が丈夫でない暗示。 ・変動運であり、人生の起伏が激しい。また冒険的なことや投機的なことを好む傾向がある。 ・曲昌加会－文武両道に優れ、文科系のことも体育会系のことも両方こなす。 ・命宮宮威弱－落ち着きがなく、絶えず動き回り、賭博を好み、はなはだしくは命がけの冒険に出ることもある。無謀な行いはつつしみ、特殊技能を身につけることが肝要である。	天相（陥） ・宮威強－比較的安定し、転居移動も少ない。 ・宮威弱－生活に安定性を欠き、移動や移転をしてもあまりよいことがない。 ・羊陀同宮加会－交通事故など外出先での事故や怪我に注意。

【命宮】 卯		【疾厄】 戌
廉貞（平） 破軍（陥） [殺拱廉貞格]		天機（利） 天梁（廟） [機月同梁格] [機梁加会格] ・幼少期は病弱であるが、成長して後は元気で健康となる。 ・生殖器系のほか、下半身の疾患に注意。 ・指先に怪我をしやすい。

【兄弟】 寅	【夫妻】 丑	【子女】 子	【財帛】 亥
[命無正曜格] [機月同梁格] ・宮威強－兄弟の中には良好な関係の者もいれば、そうでない者もいる。 ・宮威弱－兄弟はそれぞれ散り散りになり、兄弟間の関係や縁は薄いものとなる。	[命無正曜格] [府相朝垣格] ・宮威強－晩婚に適する。夫婦お互いが相手を受け入れ、譲るところは譲り我慢することろは我慢すれば、末永く仲良く暮らすことができる。 ・宮威弱－夫婦の間には行き違いや対立の起こる可能性がある。 ・昌曲左右同宮－恋愛問題。	[命無正曜格] ・宮威強－子供との関係は普通であり、子供もまた平凡で普通の子である。 ・宮威弱－子供に恵まれないか、あるいは子供との関係はあまりよくない。	紫微（旺） 七殺（平） [化殺為権格] ・宮威強－財運は良いが、特殊な分野や方面で財を成すことがある。 ・宮威弱－財運は変動激しく、入ったかと思えば出ていき、安定しない。

甲年生

【命宮】廉貞（禄）　　【命宮】破軍（権）　　【官禄】武曲（科）　　【奴僕】太陽（忌）
【兄弟】禄存　　　　　【命宮】擎羊　　　　　【夫妻】陀羅・天魁　　【官禄】天鉞

[三奇加会格] 地位ある人の援助と幸運に恵まれる吉格。
・命宮宮威強ければ、順風満帆な人生で地位と名誉と財を手にすることができる。弱ければ成功することはできるが、そのために相当の努力と苦労を伴うことになる。

乙年生

【疾厄】天機（禄）　　【疾厄】天梁（権）　　【財帛】紫微（科）　　【田宅】太陰（忌）　　【命宮】禄存
【父母】擎羊　　　　　【兄弟】陀羅　　　　　【子女】天魁　　　　　【奴僕】天鉞

・命宮宮威強ければ、高位高官に昇り高い給与を得る。弱くても、それなりの財と地位を手にすることができるが、そのためには相当の苦労と努力を要する。

丙年生

【田宅】天同（禄）　　【疾厄】天機（権）　　【命宮】廉貞（忌）　　【福徳】禄存
【田宅】擎羊　　　　　【父母】陀羅　　　　　【財帛】天魁　　　　　【遷移】天鉞

・変化変動運であり、起伏の多い人生となる。また事故や災難に会う暗示があるので、慎重な行動が求められる。

丁年生

【田宅】太陰（禄）　　【田宅】天同（権）　　【疾厄】天機（科）　　【奴僕】巨門（忌）　　【田宅】禄存
【官禄】擎羊　　　　　【福徳】陀羅　　　　　【財帛】天魁　　　　　【遷移】天鉞

・命宮宮威強ければ中くらいの安定した運勢であり、平穏な人生を送る。
・比較的快適な住居を得て、家庭を大事にする。

戊年生

【官禄】貪狼（禄）　　【田宅】太陰（権）　　【疾厄】天機（忌）　　【福徳】禄存
【田宅】擎羊　　　　　【父母】陀羅　　　　　【夫妻】天魁　　　　　【官禄】天鉞

・高位高官に昇り、高い給与を得る。命宮宮威強ければ、普通（一般）とは違った特殊な方面や仕事で実力を発揮する。弱ければ財の収支が安定しない恐れがある。身体は丈夫ではなく病気がちとなる暗示があるので、健康には十分注意すること。

己年生

【官禄】武曲（禄）　　【官禄】貪狼（権）　　【疾厄】天梁（科）　　【田宅】禄存
【官禄】擎羊　　　　　【福徳】陀羅　　　　　【子女】天魁　　　　　【奴僕】天鉞

・基本的に高い職位に就き高給を得、また安定した結婚生活を送ることができる良好な運勢であるが、その他の星がどこに入るかもよく見て判断すること。

庚年生

【奴僕】太陽（禄）　　【官禄】武曲（権）　　【田宅】太陰（科）　　【田宅】天同（忌）
【奴僕】禄存　　　　　【遷移】擎羊　　　　　【官禄】陀羅・天鉞　　【夫妻】天魁

・責任の重い仕事や困難な仕事を任され苦労するが、その困難によく耐える。ただ夫婦関係は互いが自分の思いを主張し、配偶者が家庭内の実権を握るようになる。

辛年生

【奴僕】巨門（禄）　　【奴僕】太陽（権）　　【遷移】禄存　　　　　【疾厄】擎羊
【奴僕】陀羅　　　　　【田宅】天魁　　　　　【兄弟】天鉞

・基本的に安定した運勢であるが、その他の星もよく見て判断すること。
・部下や後輩、友人知己が力になってくれる。

壬年生

【疾厄】天梁（禄）　　【財帛】紫微（権）　　【官禄】武曲（忌）　　【財帛】禄存
【子女】擎羊　　　　　【疾厄】陀羅　　　　　【命宮】天魁　　　　　【福徳】天鉞

・財を得ることはできるが、あまり高い地位や名誉は得にくい。
・夫婦間で意見の対立が起こることがある。

癸年生

【命宮】破軍（禄）　　【奴僕】巨門（権）　　【田宅】太陰（科）　　【官禄】貪狼（忌）　　【子女】禄存
【夫妻】擎羊　　　　　【財帛】陀羅　　　　　【命宮】天魁　　　　　【福徳】天鉞

・勤め人としては高位に昇るには難しいが、不動産を取得したり活用すれば、思わぬところで財を得ることがある。しかし突然失うこともあるので注意すること。

137 紫微亥・命宮辰

天府（地） ・おおむね、裕福で恵まれた家庭環境で育つ。両親は大地のような人で、子供を分けへだてなく育てる。 ・宮威強－両親との関係は良好である。 ・宮威弱－両親のどちらかと意見が合わず対立することがある。 【父母】　　　　　　巳	天同（陥） 太陰（不） [機月同梁格] ・考え過ぎたり気にし過ぎたりする傾向があり、なにかと気苦労が多く、なかなか心が休まらない。 ・最悪、神経過敏となり心を乱すことになる。 ・天姚その他桃花星が同宮加会すれば、異性問題を起こすことがある。 【福徳】　　　　　　午	武曲（廟） 貪狼（廟） [貪武同行格] [日月夾命格] ・宮威強－父祖から財産を受け継ぎ、また自分でも不動産を獲得する。 ・宮威弱－父祖からの不動産を手放してしまうこともある。 ・火羊同宮－火災に注意。 【田宅】　　　　　　未	太陽（地） 巨門（廟） [巨日同宮格] ・宮威強－リーダーシップに優れ、リーダーとして活躍する。激しい競争の中で成果を上げる。 ・宮威弱－途中で職業を変えることがある。 ・マスコミ、広告宣伝、教育、医薬、法律関係、哲学、運命学者（占い師）に適す。 【官禄】　　　　　　申
[命無正曜格] 【命宮】　　　　　　辰		**命無正曜格** 対宮主星を命宮主星とみなして判断。 ・品格があり、高潔で温和で優しい人である。 ・才能にあふれ聡明。先見の明があり、優れた企画力と戦略能力を持ち、分析力に優れ、また弁も立つ。インテリタイプである。 ・書画や文学、芸術に親しみ、特定の技術に長けている。 ・女性は手芸なども得意だが、やや神経質となるので晩婚に適す。 ・曲昌加会－超人的な頭脳と知能の持ち主となるが、化忌が加われば幻想を抱くようになる。 ・命宮宮威弱－品性に劣るところがあり、策を弄ぶようになる。また理論や理屈ばかりを語り、実行力に乏しいところがあり、それによりトラブルを招くことがある。 ・空劫同宮加会－悲観的な考えにとらわれ、現実から逃避しやすい。哲学や宗教、玄学に魅せられていくようになる。	天相（陥） ・部下後輩友人は頼りなく、優秀な者もいない。 【奴僕】　　　　　　酉
廉貞（平） 破軍（陥） [殺拱廉貞格] ・宮威強－兄弟は優秀で、それぞれ発展し成功するが、あまり力にはなってくれない。 ・宮威弱－兄弟との関係は良好なものとは言えない。化忌や羊陀が同宮すれば、兄弟から迷惑を被ることがある。 【兄弟】　　　　　　卯			天機（利） 天梁（廟） [機月同梁格] [機梁加会格] ・遠地や海外に赴く機会が多くなる。 ・宮威強－遠地に赴いたり外出することでチャンスをつかみ発展する。 ・宮威弱－遠地に赴いて苦労したり物事が滞る恐れがある。羊陀が同宮すれば事故やトラブルに注意。 【遷移】　　　　　　戌
[命無正曜格] [機月同梁格] ・宮威強－結婚生活はおおむね安定したものとなる。 ・宮威弱－結婚生活は波風が立ち、不安定になる恐れがあるので、安定させる努力が必要である。 ・昌曲左右天姚が同宮すれば、異性問題や恋愛トラブルの暗示があるので、注意が必要である。 【夫妻】　　　　　　寅	[命無正曜格] [府相朝垣格] ・子供の中には優秀な者もいれば、そうでない者もいる。 ・宮威弱－子供はあまり優秀ではなく、場合によっては悪い遊びを覚えるような子もいる。羊陀が同宮すれば、親に反抗的で、親不孝な子供となる。 【子女】　　　　　　丑	[命無正曜格] ・宮威強－チャンスが巡る時もあれば、逃す時もあり、財運はなかなか一定しない。 ・宮威弱－財運はさほど良好なものではない。 【財帛】　　　　　　子	紫微（旺） 七殺（平） [化殺為権格] ・宮威強－おおむね健康である。 ・宮威弱－胃腸病、呼吸器疾患などに注意すること。 【疾厄】　　　　　　亥

甲年生
【兄弟】廉貞（禄）　　【兄弟】破軍（権）　　【田宅】武曲（科）　　【官禄】太陽（忌）
【夫妻】禄存　　　　　【兄弟】擎羊　　　　　【子女】陀羅・天魁　　【田宅】天鉞
・事業／仕事運はあまり芳しくなく、苦労することがある。
・兄弟や友人の中に、高飛車にものを言うが力になってくれる人がいる。

乙年生
【遷移】天機（禄）　　【遷移】天梁（権）　　【疾厄】紫微（科）　　【福徳】太陰（忌）　　【兄弟】禄存
【命宮】擎羊　　　　　【夫妻】陀羅　　　　　【財帛】天魁　　　　　【官禄】天鉞
・見た目は順調なように見えるが、内実は浮き沈みがあり、富や名誉を獲得するのにも波があるので、焦らず堅実に歩んでいくこと。
・なにかと気苦労や心配事が多くなるので、ストレスをうまく発散させること。

丙年生
【福徳】天同（禄）　　【遷移】天機（権）　　【兄弟】廉貞（忌）　　【父母】禄存
【福徳】擎羊　　　　　【命宮】陀羅　　　　　【疾厄】天魁　　　　　【奴僕】天鉞
・基本的に安定した良好な運勢であるが、その他の星がどこに入るかをよく見て判断すること。
・兄弟や友人はあまり力になってくれない。
・比較的安定した家庭環境で育つ。

丁年生
【福徳】太陰（禄）　　【福徳】天同（権）　　【遷移】天機（科）　　【官禄】巨門（忌）　　【福徳】禄存
【田宅】擎羊　　　　　【父母】陀羅　　　　　【疾厄】天魁　　　　　【奴僕】天鉞
・そこそこ安定した運勢で、中程度の成功と満足を得る。
・結婚生活は安定に欠ける恐れがあるので、夫婦円満を心がけること。

戊年生
【田宅】貪狼（禄）　　【福徳】太陰（権）　　【遷移】天機（忌）　　【父母】禄存
【福徳】擎羊　　　　　【命宮】陀羅　　　　　【子女】天魁　　　　　【田宅】天鉞
・そこそこ安定した運勢で、中程度の成功と満足を得る。
・比較的安定した家庭環境で育つ。

己年生
【田宅】武曲（禄）　　【田宅】貪狼（権）　　【遷移】天梁（科）　　【福徳】禄存
【田宅】擎羊　　　　　【父母】陀羅　　　　　【財帛】天魁　　　　　【官禄】天鉞
・そこそこ安定した運勢であるが、その他の星がどこに入るかをよく見て判断すること。
・住居や家庭内のことを、自分の思うように仕切りたがる傾向がある。

庚年生
【官禄】太陽（禄）　　【田宅】武曲（権）　　【福徳】太陰（科）　　【福徳】天同（忌）
【官禄】禄存　　　　　【奴僕】擎羊　　　　　【田宅】陀羅・天鉞　　【子女】天魁
・事業／仕事運は良好で、良い職に就き高給を得ることができ、また結婚生活も安定するが、金銭や財産のことで頭を悩ますことがある。

辛年生
【官禄】巨門（禄）　　【官禄】太陽（権）　　【奴僕】禄存　　　　　【遷移】擎羊
【官禄】陀羅　　　　　【福徳】天魁　　　　　【夫妻】天鉞
・事業／仕事運は良好で、基本的に安定した良好な人生を送ることができる運勢であるが、その他の星がどこに入るかをよく見て判断すること。

壬年生
【遷移】天梁（禄）　　【疾厄】紫微（権）　　【田宅】武曲（忌）　　【疾厄】禄存
【財帛】擎羊　　　　　【遷移】陀羅　　　　　【兄弟】天魁　　　　　【父母】天鉞
［貴星夾命格］人の援助に恵まれる。
・事業／仕事運は良好で、基本的に安定した良好な人生を送ることができる運勢である。
・家のことで問題を抱えることがある。

癸年生
【兄弟】破軍（禄）　　【官禄】巨門（権）　　【福徳】太陰（科）　　【田宅】貪狼（忌）　　【財帛】禄存
【子女】擎羊　　　　　【疾厄】陀羅　　　　　【兄弟】天魁　　　　　【父母】天鉞
［貴星夾命格］人の援助に恵まれる。
・少しく安定した運勢である。仕事はうまくいくが、家庭内は配偶者が実権を握る傾向がある。
・兄弟や友人が力になってくれるが、住居や家庭のことで問題を抱えることがある。

138　紫微亥・命宮巳

天府（地） 【命宮】　　　　巳	天同（陥） 太陰（不） [機月同梁格] ・両親との縁は薄いものとなりがちで、関係もあまり良好ではない。 ・宮威弱－最悪の場合は、両親と意見が合わず対立するようになるか、または両親に面倒をかけられることがある。 【父母】　　　　午	武曲（廟） 貪狼（廟） [貪武同行格] [日月夾命格] ・宮威強－大きな目的や願望を抱き、それを実現、成功させることに喜びを見出す。 ・宮威弱－酒色やあまりよろしくない趣味で散財することがある。 【福徳】　　　　未	太陽（地） 巨門（廟） [巨日同宮格] ・宮威強－父祖から不動産を受け継ぐことがある。 ・宮威弱－父祖からの不動産を守るのは難しい。 ・火羊が同宮すれば火災に注意。 ・羊陀が同宮すれば盗難に注意。 【田宅】　　　　申
[命無正曜格] ・宮威強－兄弟は仲良く、縁も深く互いに助け合うようになる。 ・宮威弱－兄弟間の縁は薄いものとなり、兄弟それぞれが独立して活動することになる。 ・羊陀同宮－兄弟の中に軽佻浮薄な人がいて、対立するようになる。 【兄弟】　　　　辰	・容貌は端正で、物腰は優雅で気品がある。 ・外柔内剛の気質で、現況を肯定し、激昂するようなことはない。したがって人間関係にも恵まれ、危機や困難に遭遇しても目上の人や友人の助けにより乗り越えることができる。しかし一方で現状に満足することで明日への努力を怠り、ルーズに流される一面もある。 ・活動的で家でじっとしているのを好まず、外出を好み、忙しくあちこち飛び回る。また外地や外出先で人の縁を得たりチャンスをつかみ、それが成功に結びつくことになる。 ・知的好奇心が旺盛で多芸多才である。 ・仕事には真面目に取り組むが、人より抜きん出て成功を収めるとか、独創的なアイデアを実現させるということはないので、あまり職業を変えず、堅実で安定した職業に就くのがよい。 ・命宮宮威強－少しく成功し、安定した人生を送ることができる。 ・命宮宮威弱－心に志を抱くのだが、人として小ぶりにまとまる傾向がある。 ・昌曲加会－文学などの芸術的才能に恵まれ、書画や骨董などの趣味を持つ人もいる。		天相（陥） ・宮威強－堅実で安定した職業に就くのがよい。 ・宮威弱－事業運はあまり高いものではない。 ・財務経理関係、代理店、商社、工芸関係、写真、サービス業、教育研究などに適す。 【官禄】　　　　酉
廉貞（平） 破軍（陥） [殺拱廉貞格] ・配偶者は強烈な個性の持ち主である。 ・宮威強－家庭内では配偶者が実権を持ち、尻に敷かれるようになる。 ・宮威弱－夫婦間を安定させる努力が必要である。 ・昌曲左右が同宮すると異性問題の暗示あり注意。 【夫妻】　　　　卯			天機（利） 天梁（廟） [機月同梁格] [機梁加会格] ・宮威強－部下や後輩友人は多く、また専門知識に優れているが、その関係は流動的である。 ・宮威弱－部下や後輩友人は優れた人物であるが、あまり助けにはならない。 【奴僕】　　　　戌
[命無正曜格] [機月同梁格] ・宮威強－子供との縁は深く、立派な子供が育つ。 ・宮威弱－子供の中には良い子もいれば、そうでない子もいる。 ・空劫同宮－育てにくい子供である。 ・羊陀同宮－子供は親の言うことを聞かない傾向がある。 【子女】　　　　寅	[命無正曜格] [府相朝垣格] ・宮威強－財運は安定性に欠け、良いときもあればそうでないときもある。 ・宮威弱－大きな財を築くのは難しい。 【財帛】　　　　丑	[命無正曜格] ・健康については不安定であり、十分な注意が必要である。 ・気管支炎、風邪、のぼせや悪寒、貧血（女性の場合）、怪我に注意。 ・羊火加会－ホルモン異常、代謝障害などに注意。 【疾厄】　　　　子	紫微（旺） 七殺（平） [化殺為権格] ・宮威強－遠行や外出は運を呼び込み、有利な出来事をもたらす。 ・宮威弱－外出しても空しい結果になることが多い。 ・羊陀同宮加会－交通事故や、外出先での怪我や事故に注意。 【遷移】　　　　亥

甲年生
【夫妻】廉貞（禄）　【夫妻】破軍（権）　【福徳】武曲（科）　【田宅】太陽（忌）
【子女】禄存　　　　【夫妻】擎羊　　　　【財帛】陀羅・天魁　【福徳】天鉞
・配偶者は経済力があり有能な人ではあるが、自分の思いを通そうとするので、意見を聞き入れてもらえない恐れがある。
・家庭内にトラブルや悩みの恐れがあり、不動産の運用や投資には向かない。

乙年生
【奴僕】天機（禄）　【奴僕】天梁（権）　【遷移】紫微（科）　【父母】太陰（忌）　【夫妻】禄存
【兄弟】擎羊　　　　【子女】陀羅　　　　【疾厄】天魁　　　　【田宅】天鉞
・人間関係に恵まれ素晴らしい後輩や友人の助力に浴する。
・事業運は安定しているが、両親、とくに母親が病弱か短命の恐れがある。

丙年生
【父母】天同（禄）　【奴僕】天機（権）　【夫妻】廉貞（忌）　【命宮】禄存
【父母】擎羊　　　　【兄弟】陀羅　　　　【遷移】天魁　　　　【官禄】天鉞
・恵まれた家庭環境か、暖かく優しい両親のもとで育つ。
・配偶者が家庭内で思うようにふるまうので、意見の対立が起きることがある。

丁年生
【父母】太陰（禄）　【父母】天同（権）　【奴僕】天機（科）　【田宅】巨門（忌）　【父母】禄存
【福徳】擎羊　　　　【命宮】陀羅　　　　【遷移】天魁　　　　【官禄】天鉞
・恵まれた家庭環境で育つ。両親は子供を厳しく躾け養育する傾向がある。
・基本、大きな事業を成し遂げるのは難しいが、その他の星がどこに入るかをよく見て判断する。

戊年生
【福徳】貪狼（禄）　【父母】太陰（権）　【奴僕】天機（忌）　【命宮】禄存
【父母】擎羊　　　　【兄弟】陀羅　　　　【財帛】天魁　　　　【福徳】天鉞
・命宮宮威強ければ成功し、かなりの財を築くことができる。弱ければ相当の努力と苦労した後に成功と財を得ることになる。
・厳格な両親で子供を厳しく躾け教育し、家庭内は母親が仕切っている。

己年生
【福徳】武曲（禄）　【福徳】貪狼（権）　【奴僕】天梁（科）　【父母】禄存
【福徳】擎羊　　　　【命宮】陀羅　　　　【疾厄】天魁　　　　【田宅】天鉞
・命宮宮威強ければ成功し、かなりの財を築くことができる。弱ければ相当の努力と苦労した後に成功と財を得ることになる。

庚年生
【田宅】太陽（禄）　【福徳】武曲（権）　【父母】太陰（科）　【父母】天同（忌）
【田宅】禄存　　　　【官禄】擎羊　　　　【福徳】陀羅・天鉞　【財帛】天魁
・聡明で優れた能力を持ち成功するが、大きな財産を築くのは難しい。
・生まれ育った家庭環境は、あまり恵まれたものとは言えない。

辛年生
【田宅】巨門（禄）　【田宅】太陽（権）　【官禄】禄存　　　　【奴僕】擎羊
【田宅】陀羅　　　　【父母】天魁　　　　【子女】天鉞
・家庭内は安定し、幸せな家庭を築く。
・そこそこ安定した中くらいの運勢であるが、その他の星がどこに入るかもよく見て判断すること。

壬年生
【奴僕】天梁（禄）　【遷移】紫微（権）　【福徳】武曲（忌）　【遷移】禄存
【疾厄】擎羊　　　　【奴僕】陀羅　　　　【夫妻】天魁　　　　【命宮】天鉞
・外地や遠地で大きく発展する可能性があるが、大きな財産を築くのは難しいかもしれない。また心配事が多くなる暗示がある。

癸年生
【夫妻】破軍（禄）　【田宅】巨門（権）　【父母】太陰（科）　【福徳】貪狼（忌）　【疾厄】禄存
【財帛】擎羊　　　　【遷移】陀羅　　　　【夫妻】天魁　　　　【命宮】天鉞
・家庭内は配偶者が実権を握ることになる（亭主関白カカア天下）。
・両親がインテリで、知的な雰囲気の家庭環境で育つ。

139　紫微亥・命宮午

天府（地） ・宮威強－兄弟との縁は厚く仲がよく、互いに助け合う。 ・宮威弱－兄弟との縁は薄く、成長してからは交流も少なくなり、それぞれの道を行くようになる。 【兄弟】　　　巳	天同（陥） 太陰（不） [機月同梁格] 【命宮】　　　午	武曲（廟） 貪狼（廟） [貪武同行格] [日月夾命格] ・宮威強－両親は裕福でセンスのある人である。 ・宮威弱－両親のどちらかと対立するようになる。 【父母】　　　未	太陽（地） 巨門（廟） [巨日同宮格] ・宮威強－明朗快活な人で小さなことは気にしない。名誉を重んじ、困った人には手をさしのべる博愛の人である。 ・宮威弱－プライドが高く、勝ち負けにこだわる。 ・天姚などの桃花星があれば異性を好むようになる。 【福徳】　　　申
[命無正曜格] ・宮威強－配偶者は優秀で夫婦それぞれが仕事を持つこともある。 ・宮威弱－夫婦間の関係は冷めたものとなりがちである。化忌が同宮すればその傾向は強くなる。 ・昌曲左右天姚が同宮すれば、異性問題や恋愛トラブルの暗示があるので、注意が必要である。 【夫妻】　　　辰	**機月同梁格** 抜群の企画力と事務処理能力で 主人の片腕となる大番頭。No.2狙いで大成功。 ・天同と太陰の長所が半減する配置である。 ・温厚で優しく、風流を愛し多芸多才であり、特に夜間の時間帯に生まれた人は良好。 ・繊細で美的センスにあふれ、生活に潤いを求める。また多情多感で芸術的才能にも恵まれている。 ・聡明で秀気にあふれ、起居動作も優雅で品がある。謙譲の美徳を備え、ユーモアのセンスもある。生活は怠惰に流れる傾向があり、あまり危機感を感じることはなく呑気である。 ・男女ともに異性との縁が多く、異性から多くの助力、支援を得ることができる。 ・命宮宮威弱－身体が脆弱となりがちである。また万事消極的で、何事も人任せでルーズとなり、不平不満を抱くようになる。 ・女性の中には汗水垂らして働くのを厭い、男性に依存して生きていくような人もいる。 ・羊同宮－馬頭帯箭格となり、外地で創業するか新規分野、新境地で活躍する。 ・昌曲加会－中には霊感のある人もいて、宗教の信仰や研究、占いや神秘学の研究を行う。		天相（陥） ・宮威強－父祖から家屋や不動産を受け継ぐが、それを維持するのは困難である。 ・宮威弱－大きな不動産を取得することは難しく、住居も立派なものではない。 ・火羊同宮－火災に注意。 ・羊陀同宮－盗難に注意。 【田宅】　　　酉
廉貞（平） 破軍（陥） [殺拱廉貞格] ・宮威強－子供との縁は薄いものとなる。子供達は成長後、それぞれ独立して自分の人生を歩むようになる。 ・宮威弱－子供は親の言うことを聞かず、親に逆らうようになる。 【子女】　　　卯	^	^	天機（利） 天梁（廟） [機月同梁格] [機梁加会格] ・弁護士等の法律関係、教育関係、公職公務員、占いや神秘学の研究家、広告宣伝、著述業、翻訳業などに向く。また企業にあっては戦略スタッフなどのブレーンに適する。 ・女性は他に芸能・芸術界にも向く。 【官禄】　　　戌
[命無正曜格] [機月同梁格] ・宮威強－財運は中くらいである。 ・宮威弱－財を得ても出ていってしまい、大きく蓄財することは難しい。 【財帛】　　　寅	[命無正曜格] [府相朝垣格] ・宮威強－おおむね健康である。 ・宮威弱－泌尿器科や婦人科系の疾病に注意。特に羊陀火鈴が同宮加会すれば痔疾、皮膚病、眼・手足の疾患などに注意すること。 【疾厄】　　　丑	[命無正曜格] ・宮威強－生地を離れたり遠方に赴くと不安になり活動力が低下する。 ・宮威弱－外出時の事故や怪我に注意。羊陀と同宮加会すれば、その傾向が強くなるので注意すること。 【遷移】　　　子	紫微（旺） 七殺（平） [化殺為権格] ・宮威強－よい部下や後輩友人に恵まれ、協力してくれる。 ・宮威弱－部下や友人後輩はプライドが高く、なかなか言うことを聞いてくれない。 【奴僕】　　　亥

甲年生

【子女】廉貞（禄）　【子女】破軍（権）　【父母】武曲（科）　【福徳】太陽（忌）
【財帛】禄存　　　　【子女】擎羊　　　　【疾厄】陀羅・天魁　【父母】天鉞

- 精神的に安定しないところがあり、財運もあまり強くはない。
- 両親は知性あるインテリか、一定の社会的ステータスのある人である。

乙年生

【官禄】天機（禄）　【官禄】天梁（権）　【奴僕】紫微（科）　【命宮】太陰（忌）　【子女】禄存
【夫妻】擎羊　　　　【財帛】陀羅　　　　【遷移】天魁　　　　【福徳】天鉞

- 一定の成功を収め地位と財を得るが、心の満足は得られにくい傾向がある。
- 夫婦それぞれが自立し、自分の仕事や生き方をすることがある。

丙年生

【命宮】天同（禄）　【官禄】天機（権）　【子女】廉貞（忌）　【兄弟】禄存
【命宮】擎羊　　　　【夫妻】陀羅　　　　【奴僕】天魁　　　　【田宅】天鉞

[馬頭帯箭格] 外地で創業し苦労して成功するか、外出が運を呼び込む。　・命宮宮威強ければ組織の中で高位に昇ることができるが、弱ければ専門技術の技術者に向く。

丁年生

【命宮】太陰（禄）　【命宮】天同（権）　【官禄】天機（科）　【福徳】巨門（忌）　【命宮】禄存
【父母】擎羊　　　　【兄弟】陀羅　　　　【奴僕】天魁　　　　【田宅】天鉞

[三奇加会格] 大いに富み発展する。[科権禄主格] 福分高い吉格。[権禄巡逢格] 吉祥あふれる吉格。
[禄合鴛鴦格] 財に恵まれる吉格だが、凶星の冲破を恐れる。人に施して吉。

- 基本的に実力と幸運に恵まれ成功する運勢であるが、出る杭は打たれることもある。口舌のトラブルには注意すること。財を得てかえって心穏やかでないこともある。人に施して吉を呼ぶ。

戊年生

【父母】貪狼（禄）　【命宮】太陰（権）　【官禄】天機（忌）　【兄弟】禄存
【命宮】擎羊　　　　【夫妻】陀羅　　　　【疾厄】天魁　　　　【父母】天鉞

[双禄夾命格] 大きな富と地位を手にし成功者となる。[馬頭帯箭格] 外地や外出が運を呼び込む。

- 生家は比較的裕福であり、基本的に良好な運勢であるが、事業運は変化が多く、結婚生活も一定したものではない。

己年生

【父母】武曲（禄）　【父母】貪狼（権）　【官禄】天梁（科）　【命宮】禄存
【父母】擎羊　　　　【兄弟】陀羅　　　　【遷移】天魁　　　　【福徳】天鉞

- 生家は比較的裕福であり、基本的に事業／仕事運も良く、高職高給を得られる命である。
- 両親は子供を厳しく躾け教育する。

庚年生

【福徳】太陽（禄）　【父母】武曲（権）　【命宮】太陰（科）　【命宮】天同（忌）
【福徳】禄存　　　　【田宅】擎羊　　　　【父母】陀羅・天鉞　【疾厄】天魁

- よい親兄弟親戚に恵まれる運であるが、本人は悩むことがある。
- 両親は子供を厳しく躾け教育する。

辛年生

【福徳】巨門（禄）　【福徳】太陽（権）　【田宅】禄存　　　　【官禄】擎羊
【福徳】陀羅　　　　【命宮】天魁　　　　【財帛】天鉞

- 基本的に幸運に恵まれた良好な運勢であるが、その他の星がどこに入るかをよく見て判断すること。

壬年生

【官禄】天梁（禄）　【奴僕】紫微（権）　【父母】武曲（忌）　【奴僕】禄存
【遷移】擎羊　　　　【官禄】陀羅　　　　【子女】天魁　　　　【兄弟】天鉞

- 責任ある立場や職位に就くが苦労もある。それなりに成功するが、あまり大きな財は築かない。
- 生家はあまり裕福でないか、あるいは両親との関係が悪く縁は薄くなる。

癸年生

【子女】破軍（禄）　【福徳】巨門（権）　【命宮】太陰（科）　【父母】貪狼（忌）　【遷移】禄存
【疾厄】擎羊　　　　【奴僕】陀羅　　　　【子女】天魁　　　　【兄弟】天鉞

[対面朝斗格] 商才あり、ビジネスの現場で頭角を現し財を得る。

- 命宮宮威強ければ、財と地位を手に入れ成功する。弱ければ、成功のためには相当の努力と苦労を伴うようになる。

140　紫微亥・命宮未

天府（地）・宮威強－配偶者は素晴らしい人で、理想的な結婚生活を送ることができる。・宮威弱－配偶者との縁は薄いものとなる。・昌曲左右天姚が同宮すれば、異性問題や恋愛トラブルの暗示があるので、注意が必要である。【夫妻】　　　　　　巳	天同（陥）太陰（不）[機月同梁格]・宮威強－兄弟との縁は深く、兄弟仲がよい。中に優しく頭のいい人がいて多くの助力を得る。・宮威弱－兄弟との縁は薄く、仲もよくない。【兄弟】　　　　　　午	武曲（廟）貪狼（廟）[貪武同行格][日月夾命格]【命宮】　　　　　　未	太陽（地）巨門（廟）[巨日同宮格]・宮威強－立派でしっかりした両親に愛され、多く助けられる。・宮威弱－両親との縁は薄くなり、仲もあまりよいものではない。【父母】　　　　　　申
[命無正曜格]・宮威強－賢く責任感のあるしっかりしたよい子供に恵まれる。・宮威弱－親の言うことを聞かなかったり、なにかと育てにくい子供である。【子女】　　　　　　辰	**貪武同行格**若いうちは苦労も多いが、中年以降に大発展。**日月夾命格**太陽太陰命宮を挟めば、財産を築き、成功者となる人である。・個性は強固で忍耐強く、心に大きな望みや野望、目標を抱く。・仕事にも意欲を燃やし、不断の努力をする。・有能で何事にも多芸多才な人であるが、他人に拘束されることを嫌う。・冒険心に富み、危険を顧みず突き進む。・大器晩成型であり、中年以降に運が開けてくる。若年中は奮闘努力が必要であるが、その努力が中年以降に花開くのである。・計算高く、中には吝嗇（ケチ）な人もいる。・飲酒に溺れる暗示があるので、酒を嗜む人は節制が肝要である。・人に知られず隠れた異性関係の暗示あり。・命宮宮威強ければ財運に恵まれる。・曲昌同宮加会－異性関係のトラブルの暗示があるので注意すること。・昌鈴陀同宮加会－事故や怪我の暗示あり注意。		天相（陥）・宮威強－楽しく人生を送ることができる。・宮威弱－常に切羽詰まった気持ちに支配され、なかなか落ち着くことができない。リラックスしたり癒される趣味や方法を見つけるのが大事。・天姚や昌曲などの桃花星が同宮加会すれば異性との交際を好むようになる。【福徳】　　　　　　酉
廉貞（平）破軍（陥）[殺拱廉貞格]・宮威強－基本的に財運は良いが、やや安定しない財運である。また自らの才能を生かし財を得る。・宮威弱－大きな財産を築くのは難しい。【財帛】　　　　　　卯			天機（利）天梁（廟）[機月同梁格][機梁加会格]・宮威強－不動産を売買し常に転居を繰り返す。・宮威弱－家にいてもあまり落ち着くことができない。・火羊が同宮すれば火災に注意。・羊陀が同宮すれば盗難に注意。【田宅】　　　　　　戌
[命無正曜格][機月同梁格]・宮威強－おおむね健康である。・宮威弱－頭痛、脳疾患、糖尿病、高血圧などの疾患に注意。また神経性脱毛症などにも注意。【疾厄】　　　　　　寅	[命無正曜格][府相朝垣格]・宮威強－外出運や対外運は良好で安定している。・宮威弱－交通事故など、外出先での事故や怪我に注意すること。特に羊陀が同宮加会すれば、その可能性が高くなる。【遷移】　　　　　　丑	[命無正曜格]・宮威強－部下後輩友人とはよい関係に恵まれ、多くの力を得ることができる。・宮威弱－部下や後輩友人とは交際も薄くなり、大きな支援は得られない。【奴僕】　　　　　　子	紫微（旺）七殺（平）[化殺為権格]・宮威強－よい職を得て高位に昇ることができる。・宮威弱－仕事の上での責任が重く苦労する。・警察消防、司法書士、財務管理、チェーン店など。もし昌曲左右の同宮加会があれば建築設計インテリアデザインなども適す。【官禄】　　　　　　亥

甲年生
【財帛】廉貞（禄）　　【財帛】破軍（権）　【命宮】武曲（科）　【父母】太陽（忌）
【疾厄】禄存　　　　　【財帛】擎羊　　　　【遷移】陀羅・天魁　【命宮】天鉞
［三奇加会格］幸運に恵まれ、チャンスをつかみ財を得る。
［天乙拱命格］学識高く、人の縁に恵まれ幸運を得る。
・両親は厳しくて近寄りがたいか、あるいは弱くてあまり頼りにならない。

乙年生
【田宅】天機（禄）　【田宅】天梁（権）　【官禄】紫微（科）　【兄弟】太陰（忌）　【財帛】禄存
【子女】擎羊　　　　【疾厄】陀羅　　　　【奴僕】天魁　　　　【父母】天鉞
・事業運は順調でそれなりの成功を収める。
・不動産により財を得る暗示あり。

丙年生
【兄弟】天同（禄）　【田宅】天機（権）　【財帛】廉貞（忌）　【夫妻】禄存
【兄弟】擎羊　　　　【子女】陀羅　　　　【官禄】天魁　　　　【福徳】天鉞
・配偶者から多くの支援を受けるが、大きく蓄財するのは難しい。
・自宅のことや家庭内のことで、自分の意見や思いを通そうとすることがある。

丁年生
【兄弟】太陰（禄）　【兄弟】天同（権）　【田宅】天機（科）　【父母】巨門（忌）　【兄弟】禄存
【命宮】擎羊　　　　【夫妻】陀羅　　　　【官禄】天魁　　　　【福徳】天鉞
・生家は貧しいか、両親は厳しくて近寄りがたいか、あるいは弱くてあまり頼りにならない。友人兄
　弟縁者の支援を受けることができる。

戊年生
【命宮】貪狼（禄）　【兄弟】太陰（権）　【田宅】天機（忌）　【夫妻】禄存
【兄弟】擎羊　　　　【子女】陀羅　　　　【遷移】天魁　　　　【命宮】天鉞
［天乙拱命格］学識高く、人の縁に恵まれ幸運を得る。
・結婚生活は良好で家庭内は安定し、仕事に専念できる。
・兄弟や友人の中に、威丈高で高飛車な態度を取る者がいるが、力になってくれる。

己年生
【命宮】武曲（禄）　【命宮】貪狼（権）　【田宅】天梁（科）　【兄弟】禄存
【命宮】擎羊　　　　【夫妻】陀羅　　　　【奴僕】天魁　　　　【父母】天鉞
・基本的に良好で、成功を得ることができるよい運勢である。

庚年生
【父母】太陽（禄）　【命宮】武曲（権）　【兄弟】太陰（科）　【兄弟】天同（忌）
【父母】禄存　　　　【福徳】擎羊　　　　【命宮】陀羅・天鉞　【遷移】天魁
［天乙拱命格］学識高く、人の縁に恵まれ幸運を得る。
［科権禄夾格］命宮宮威強ければ、地位も財産を望むままに得ることができる。
・事業／仕事運は順調であるが、どちらかと言えば富よりも地位と名誉を得る傾向がある。

辛年生
【父母】巨門（禄）　【父母】太陽（権）　【福徳】禄存　　　　【田宅】擎羊
【父母】陀羅　　　　【兄弟】天魁　　　　【疾厄】天鉞
・生家は裕福で、立派な両親の下で育つ。命宮宮威強ければ富と地位を手にするが、そうでなければ
　父祖の財を継がず自力で成果を上げることになる。

壬年生
【田宅】天梁（禄）　【官禄】紫微（権）　【命宮】武曲（忌）　【官禄】禄存
【奴僕】擎羊　　　　【田宅】陀羅　　　　【財帛】天魁　　　　【夫妻】天鉞
・命宮宮威強ければ富と権力を手にするが、そうでなければ強引な進め方で事業を行い、人から恨み
　を買うことになる。

癸年生
【財帛】破軍（禄）　【父母】巨門（権）　【兄弟】太陰（科）　【命宮】貪狼（忌）　【奴僕】禄存
【遷移】擎羊　　　　【官禄】陀羅　　　　【財帛】天魁　　　　【夫妻】天鉞
［科権禄夾格］命宮宮威強ければ、地位も財産を望むままに得ることができる。
・良好な命運であるが命宮宮威弱ければ、さほどの成功は収め得ない。

141　紫微亥・命宮申

天府（地） ・宮威強－優秀な子供に恵まれる。 ・宮威弱－子供はあまり助けにならない。親の言うことを聞かなかったり、なにかと育てにくい子供である。 【子女】　　　　巳	天同（陥） 太陰（不） [機月同梁格] ・配偶者は内向的で神経質であり、物事を悲観的に捉える傾向がある。宮威強くとも結婚生活は憂いを含んだものとなる。 ・宮威弱－いずれ配偶者やパートナーと離別する。 ・昌曲左右が同宮すると異性問題の暗示あり注意。 【夫妻】　　　　午	武曲（廟） 貪狼（廟） [貪武同行格] [日月夾命格] ・兄弟の中に剛毅ではあるが成功する者がいる。しかし縁は薄く、関係もあまり良好とは言えない。 ・宮威弱－兄弟の中に激しく偏った個性の者がいる。 【兄弟】　　　　未	太陽（地） 巨門（廟） [巨日同宮格] 【命宮】　　　　申
[命無正曜格] ・宮威強－財運は良好で起業創業にも向いている。 ・宮威弱－財運は不安定となる。 【財帛】　　　　辰	\multicolumn{2}{c	}{巨日同宮格 自分があるのはライバルがいるから。 競争の中で喜びを見出す。 ・進取の気性に富み、困難をものともせず事業に邁進する。優れた能力を持ち多芸多才である。 ・特に弁説の才に優れる。 ・個性は強烈で頑固なところがある。 ・事業上の競争が多く、ライバルも多い。変化変動の多い人生である。 ・緊張の中にあって工夫や努力するのを好む。 ・文曲との同宮を嫌う。その場合、移り気な性格となり感情も不安定となる。異性関係も乱れることがあるので注意が必要である。 ・命宮宮威弱－言い争いや口舌の災いを招く暗示。一生を通じて言葉のトラブルや争いがついてまわる。}	天相（陥） ・宮威強－両親は立派で地位のある人であり、親子関係も良好である。 ・宮威弱－生家は貧しく、親子の縁も薄い。親子関係はあまり良好とは言えない。 【父母】　　　　酉
廉貞（平） 破軍（陥） [殺拱廉貞格] ・宮威強－おおむね健康。怪我や外傷に注意。 ・宮威弱－幼年期のアトピーや事故の暗示。呼吸器系の疾病に注意。手脚に傷跡が残ったり顔面に怪我をする恐れあり（特に陀羅加会すれば）。 【疾厄】　　　　卯			天機（利） 天梁（廟） [機月同梁格] [機梁加会格] ・宮威強－明晰な精神の持ち主で、政治や社会情勢、哲学や宗教の研究などに興味を示す。 ・宮威弱－小さくまとまってしまい、心に憂いを持つようになる。 ・空劫や化忌と加会すれば空想にふけるようになる。 【福徳】　　　　戌
[命無正曜格] [機月同梁格] ・宮威強－遠地に赴いたり外出して活動することで人の縁を得てチャンスをつかむ。 ・宮威弱－移動や遠行は不利となる。 ・羊陀同宮加会－交通事故など、外出先での怪我や事故には注意すること。 【遷移】　　　　寅	[命無正曜格] [府相朝垣格] ・宮威強－力になってくれる部下後輩友人はあまり多くない。 ・宮威弱－部下後輩友人によってトラブルを被る恐れがある。 【奴僕】　　　　丑	[命無正曜格] ・宮威強－中くらいの地位を得る。 ・宮威弱－出世するのは難しい。 ・マスコミ、教育、医薬、法律、哲学、占い師、営業員、分析計画業務などに適性あり。 【官禄】　　　　子	紫微（旺） 七殺（平） [化殺為権格] ・都会地に住むのを好む。 ・宮威強－不動産を所有することができる。 ・宮威弱－大きな不動産を所有したり保持するのは難しい。 ・火羊同宮－火災に注意。 ・羊陀が同宮すれば盗難に注意。 【田宅】　　　　亥

甲年生
【疾厄】廉貞（禄）　【疾厄】破軍（権）　【兄弟】武曲（科）　【命宮】太陽（忌）
【遷移】禄存　　　　【疾厄】擎羊　　　　【奴僕】陀羅・天魁　【兄弟】天鉞
- 事業上大きな成功を得ることは難しい。欲を出して事を誤ることになる。
- 健康には注意すること。

乙年生
【福徳】天機（禄）　【福徳】天梁（権）　【田宅】紫微（科）　【夫妻】太陰（忌）　【疾厄】禄存
【財帛】擎羊　　　　【遷移】陀羅　　　　【官禄】天魁　　　　【命宮】天鉞
- 大きな成功を望むのは難しく、また結婚生活にも波があるので夫婦円満を心がけること。
- 多趣味で、精神的には安定し、少々のことではめげない人である。

丙年生
【夫妻】天同（禄）　【福徳】天機（権）　【疾厄】廉貞（忌）　【子女】禄存
【夫妻】擎羊　　　　【財帛】陀羅　　　　【田宅】天魁　　　　【父母】天鉞
- 比較的高い地位まで昇進することができ、配偶者も優秀かつ聡明な人で結婚生活は安定している。
- 健康上の問題が生じる恐れがあるので、健康には十分注意すること。

丁年生
【夫妻】太陰（禄）　【夫妻】天同（権）　【福徳】天機（科）　【命宮】巨門（忌）　【夫妻】禄存
【兄弟】擎羊　　　　【子女】陀羅　　　　【田宅】天魁　　　　【父母】天鉞
- 実力者や配偶者の支援を受けることができるが、家庭内は配偶者が実権を握る傾向がある。
- 口舌のトラブルや、自ら墓穴を掘り失敗するようなことがある。

戊年生
【兄弟】貪狼（禄）　【夫妻】太陰（権）　【福徳】天機（忌）　【子女】禄存
【夫妻】擎羊　　　　【財帛】陀羅　　　　【奴僕】天魁　　　　【兄弟】天鉞
- 事業運は良好で成功を収めるが、地位や名誉を得ても多くの財を築くのは難しい。
- 家庭内は配偶者が実権を握る傾向がある。

己年生
【兄弟】武曲（禄）　【兄弟】貪狼（権）　【福徳】天梁（科）　【夫妻】禄存
【兄弟】擎羊　　　　【子女】陀羅　　　　【官禄】天魁　　　　【命宮】天鉞
- 少しく成功を収めることができる。
- 特に友人知人や親類縁者から多くの助力を得ることができる。

庚年生
【命宮】太陽（禄）　【兄弟】武曲（権）　【夫妻】太陰（科）　【夫妻】天同（忌）
【命宮】禄存　　　　【父母】擎羊　　　　【兄弟】陀羅・天鉞　【奴僕】天魁
[禄合鴛鴦格] 財運は豊かで財産を築くことができる。
- 結婚生活や事業の上で波風が立つ暗示あり。夫婦円満を心がけること。
- 兄弟や友人の中に、威丈高で高飛車な態度を取る人がいる。

辛年生
【命宮】巨門（禄）　【命宮】太陽（権）　【父母】禄存　　　　【福徳】擎羊
【命宮】陀羅　　　　【夫妻】天魁　　　　【遷移】天鉞
[権禄巡逢格] 基本的に財と成功を手にすることができるが、それほど大きくはない。その他の星がどこに入るかをよく見て判断すること。時に身体に傷を残すこともある。

壬年生
【福徳】天梁（禄）　【田宅】紫微（権）　【兄弟】武曲（忌）　【田宅】禄存
【官禄】擎羊　　　　【福徳】陀羅　　　　【疾厄】天魁　　　　【子女】天鉞
- 命宮宮威強ければ、苦労はあるものの財産を築く。
- 命宮宮威弱ければ、困難と闘う必要が生じる。

癸年生
【疾厄】破軍（禄）　【命宮】巨門（権）　【夫妻】太陰（科）　【兄弟】貪狼（忌）　【官禄】禄存
【奴僕】擎羊　　　　【田宅】陀羅　　　　【疾厄】天魁　　　　【子女】天鉞
- 大きな野望と希望を抱き独立独歩、孤軍奮闘する。
- 配偶者の助力を得て暖かい家庭を築き、幸せな生活を送る。

142 紫微亥・命宮酉

【財帛】 巳	【子女】 午	【夫妻】 未	【兄弟】 申
天府（地） ・宮威強－財運は良好である。 ・宮威弱－あまり財運は強いものではない。	天同（陥） 太陰（不） [機月同梁格] ・子供はあまり力にはなってくれない。子供との縁は薄く、関係も良好とは言えない。 ・宮威弱－その傾向がさらに強まる。場合によっては子供に恵まれないこともあるか、子供は病弱である恐れもある。	武曲（廟） 貪狼（廟） [貪武同行格] [日月夾命格] ・配偶者は個性が強烈で、遊興や外遊を好み、願望や欲求も強い。 ・宮威弱－配偶者が家庭内の実権を握ることになる。 ・昌曲左右天姚が同宮すれば男女問題や恋愛トラブルの暗示あり注意。	太陽（地） 巨門（廟） [巨日同宮格] ・宮威強－兄弟との縁は深く仲良く、いろいろと助けられる。 ・宮威弱－兄弟との縁は薄く、仲もあまりよいとは言えない。兄弟それぞれが自分の道を歩むことになる。

【疾厄】 辰			【命宮】 酉
[命無正曜格] ・宮威強－おおむね健康である。 ・宮威弱－生殖器系や下半身の疾病に注意。また指先を怪我することがあるので注意。不眠症や神経衰弱にも注意。	・思いやりがあって世話好きであり、とても面倒見がよい。したがって友人も多い。 ・温和で同情心に富んでいるので、いろいろな人脈や人間関係を築く。 ・謙虚で慎重な性格であり、物事に対して常に細心の注意をもって臨む。 ・人の世話で多忙となるが、誠意をもって対応するので、困難に会ったときも、友人知人や目上の人たちの助力を得て、乗り越えることができる。 ・サポーター役として最適である。 ・忍耐強く地道に努力を続ける。謙虚で協調性があるので、まとめ役として引き立てられ、責任ある立場に就くこともある。 ・考えが先に立ち、実行がおろそかになるきらいがある。 ・考え過ぎて疑い深くなり、保守的となる傾向がある。また些細なことを心配する傾向がある。 ・命宮宮威強－事業運も良好で安定した人生を送ることができる。 ・命宮宮威弱－事業運は良好であるが、高い地位に昇るのは難しい。 ・女性は家庭の主婦となって幸せを得る。		天相（陥）

【遷移】 卯			【父母】 戌
廉貞（平） 破軍（陥） [殺拱廉貞格] ・宮威強－遠地に赴いたり外出することが多くなり、一生を通じて移動や転居を繰り返す。 ・宮威弱－遠地に赴いて苦労することになる。 ・羊陀同宮加会－交通事故など外出先での事故や怪我の暗示あり注意。			天機（利） 天梁（廟） [機月同梁格] [機梁加会格] ・両親は立派な人で、子供を厳しくしっかりと教育する。 ・宮威強－両親との関係は良好で、また両親は健康長寿である。 ・宮威弱－両親は子供を深く愛するが、子供はそれを理解せず応えない。

【奴僕】 寅	【官禄】 丑	【田宅】 子	【福徳】 亥
[命無正曜格] [機月同梁格] ・部下後輩友人は、いろいろな人がいて、いい人もいればそうでない人もいる。 ・宮威弱－忠実な部下とは言えず、後輩友人も、力になってくれる者よりも面倒をかけられる者の方が多くなる。	[命無正曜格] [府相朝垣格] ・宮威強－事業運は中くらいで、それなりの成功を収めることができる。 ・宮威弱－あまり大きな成功は期待できない。 ・ビジネス・商業界、投機関係、家事、手工業、宝石、装飾、洋裁、生け花などに適性がある。	[命無正曜格] ・不動産運は安定に欠け、売ったり買ったりするが長く保有することは難しい。 ・宮威弱－不動産を得ることは難しい。 ・火羊が同宮すれば火災に注意。 ・羊陀が同宮すれば盗難に注意。	紫微（旺） 七殺（平） [化殺為権格] ・宮威強－進取の気性に富む。熱心に仕事に取り組み、新しく物事を始めたりする。 ・宮威弱－自尊心が強く、ともすれば他人からは高慢と見なされる。自画自賛するが、実りは多くはない。

甲年生
【遷移】廉貞（禄）　　【遷移】破軍（権）　　【夫妻】武曲（科）　　【兄弟】太陽（忌）
【奴僕】禄存　　　　　【遷移】擎羊　　　　　【官禄】陀羅・天魁　　【夫妻】天鉞
・基本的に少しく成功する良好な運勢であるが、命宮宮威弱ければ平凡な運勢である。
・兄弟や友人から面倒をかけられる恐れがあるので、注意すること。

乙年生
【父母】天機（禄）　　【父母】天梁（権）　　【福徳】紫微（科）　　【子女】太陰（忌）　　【遷移】禄存
【疾厄】擎羊　　　　　【奴僕】陀羅　　　　　【田宅】天魁　　　　　【兄弟】天鉞
・少しく安定した運勢である。
・比較的恵まれた家庭環境で育つが、両親は子供を厳しく躾け教育する傾向がある。
・子供に手を焼いたり、子供に面倒をかけられることがある。

丙年生
【子女】天同（禄）　　【父母】天機（権）　　【遷移】廉貞（忌）　　【財帛】禄存
【子女】擎羊　　　　　【疾厄】陀羅　　　　　【福徳】天魁　　　　　【命宮】天鉞
・比較的安定した運勢であるが、外出先での事故や怪我には注意すること。
・両親は子供を厳しく躾け教育する傾向がある。

丁年生
【子女】太陰（禄）　　【子女】天同（権）　　【父母】天機（科）　　【兄弟】巨門（忌）　　【子女】禄存
【夫妻】擎羊　　　　　【財帛】陀羅　　　　　【福徳】天魁　　　　　【命宮】天鉞
・命宮宮威強ければ、中くらいの運勢であり、安定した人生を送ることができる。弱ければ、事業上の困難に遭遇することがある。
・両親が知的でインテリな家庭の生まれであるが、兄弟との仲はあまり良好とは言えない。

戊年生
【夫妻】貪狼（禄）　　【子女】太陰（権）　　【父母】天機（忌）　　【財帛】禄存
【子女】擎羊　　　　　【疾厄】陀羅　　　　　【官禄】天魁　　　　　【夫妻】天鉞
・生活は安定し、夫婦関係も円満である。
・生まれた家庭環境は、あまり経済的に恵まれた環境ではないかもしれない。

己年生
【夫妻】武曲（禄）　　【夫妻】貪狼（権）　　【父母】天梁（科）　　【子女】禄存
【夫妻】擎羊　　　　　【財帛】陀羅　　　　　【田宅】天魁　　　　　【兄弟】天鉞
・配偶者から多く助けられ支援を得るが、家庭内は配偶者が主導権を握る（亭主関白カカア天下）傾向がある。
・両親は知的でインテリな家庭の生まれである。

庚年生
【兄弟】太陽（禄）　　【夫妻】武曲（権）　　【子女】太陰（科）　　【子女】天同（忌）
【兄弟】禄存　　　　　【命宮】擎羊　　　　　【夫妻】陀羅・天鉞　　【官禄】天魁
・基本的に安定した中程度の運勢であるが、その他の星がどこにあるのかよく見て判断すること。

辛年生
【兄弟】巨門（禄）　　【兄弟】太陽（権）　　【命宮】禄存　　　　　【父母】擎羊
【兄弟】陀羅　　　　　【子女】天魁　　　　　【奴僕】天鉞
・諸星の配置的には弱いが遷移に禄存が入ることもあり、その他の星がどこに入るかをよく見て判断すること。
・兄弟の中に口やかましくて、威丈高な者がいることがある。

壬年生
【父母】天梁（禄）　　【福徳】紫微（権）　　【夫妻】武曲（忌）　　【福徳】禄存
【田宅】擎羊　　　　　【父母】陀羅　　　　　【遷移】天魁　　　　　【財帛】天鉞
・事業運は良好であるが、結婚生活は波風が立つことがあるので夫婦円満を心がけること。
・生まれた家庭環境は良好で、両親から多く愛されて育つ。

癸年生
【遷移】破軍（禄）　　【兄弟】巨門（権）　　【子女】太陰（科）　　【夫妻】貪狼（忌）　　【田宅】禄存
【官禄】擎羊　　　　　【福徳】陀羅　　　　　【遷移】天魁　　　　　【財帛】天鉞
・大きな成功は望めないが、それなりに安定した人生を送る。
・配偶者が遊び好きな人で、結婚生活は波風が立つ恐れがある。
・兄弟や友人の中に、口やかましく威丈高で高飛車な人がいるが、力になってくれる。

143　紫微亥・命宮戌

天府（地） ・宮威強－基本的に健康で健康運はおおむね安定している。 ・宮威弱－痛風、関節炎、痔疾などに注意。また体のどこかに傷が残るようになる。 【疾厄】　　　　巳	天同（陥） 太陰（不） [機月同梁格] ・宮威強－財運は普通であり、生活に困ることはない。 ・宮威弱－わけのわからない出費が続き、財運は安定しない。 【財帛】　　　　午	武曲（廟） 貪狼（廟） [貪武同行格] [日月夾命格] ・宮威強－子供はいろいろなことに興味を持ち活発だが、子供との縁は薄くなる。 ・宮威弱－子供は親の言うことを聞かず、関係もあまり良好とは言えない。 【子女】　　　　未	太陽（地） 巨門（廟） [巨日同宮格] ・男女を問わず配偶者は仕事熱心で事業に取り組む。家の中では男性が主導権を握る（亭主関白）。 ・宮威弱－配偶者は大きく事を成すことができないが、家の中は亭主関白である。 ・昌曲左右同宮－恋愛問題。 【夫妻】　　　　申
[命無正曜格] ・宮威強－生地を離れ遠地に赴いたり、活発に外出・活動することで吉運を招来する。 ・宮威弱－あちこち彷徨い居所が一定しない。 【遷移】　　　　辰	\multicolumn{2}{c|}{**機月同梁格** 抜群の企画力と事務処理能力で 主人の片腕となる大番頭。No.2狙いで大成功。 **機梁加会格** 神算を操る希代の策士。先読みにかけては 人後に落ちぬが、策士策に溺れぬよう。 ・縦長の顔で、唇は薄い。 ・品格があり、高潔で温和で優しい人である。 ・才能にあふれ聡明。先見の明があり、優れた企画力と戦略能力を持ち、分析力に優れ、また弁も立つ。 ・書画や文学、芸術に親しみ、特定の技術に長けている。}	天相（陥） ・宮威強－兄弟に成功したり力になってくれる人はあまりいないが、兄弟との仲は良好である。 ・宮威弱－兄弟から迷惑や被害を被ることがある。 【兄弟】　　　　酉
廉貞（平） 破軍（陥） [殺拱廉貞格] ・部下後輩友人は多いが、いろいろな者がいて、とても親密になる者もいれば、衝突する者もいる。 【奴僕】　　　　卯	・女性は手芸なども得意だが、やや神経質となるので晩婚に適す。 ・曲昌加会－超人的な頭脳と知能の持ち主となるが、化忌が加われば幻想を抱くようになる。 ・命宮宮威弱ければ、品性に劣るところがあり、つまらない策を弄ぶようになる。 ・空劫同宮－悲観的な考えにとらわれ、現実から逃避しやすい。哲学や宗教、玄学に魅せられていくようになる。		天機（利） 天梁（廟） [機月同梁格] [機梁加会格] 【命宮】　　　　戌
[命無正曜格] [機月同梁格] ・宮威強－高位高官に昇ることができる。法律関係、教育、自由業などに適す。 ・宮威弱－中くらいの地位まで昇ることができる。 ・広告宣伝、教育、医薬、法律、哲学、占術などに適す。 【官禄】　　　　寅	[命無正曜格] [府相朝垣格] ・宮威強－不動産運は安定し、それなりに不動産を所有することになる。 ・宮威弱－不動産を得たと思えば売却することになり不動産運は一定しない。 ・火羊が同宮すれば火災に注意。 ・羊陀が同宮すれば盗難に注意。 【田宅】　　　　丑	[命無正曜格] ・宮威強－精神的に安定し、ゆとりのある時間を持つことができる。 ・宮威弱－他人を自分の思うようにしたいと思い、心労を重ねることになる。 ・天姚や昌曲が同宮加会すると異性と親しむことを好むようになる。 【福徳】　　　　子	紫微（旺） 七殺（平） [化殺為権格] ・両親はプライドの高い人で、打ち解けることができない。宮威強くてもその縁は薄いものである。 ・宮威弱－両親とは対立するようになり、互いに距離を置くようになる。 【父母】　　　　亥

甲年生
【奴僕】廉貞（禄）　　【奴僕】破軍（権）　　【子女】武曲（科）　　【夫妻】太陽（忌）
【官禄】禄存　　　　　【奴僕】擎羊　　　　　【田宅】陀羅・天魁　　【子女】天鉞
・命宮宮威強ければそこそこ安定した運勢であるが、結婚生活は波風が立つ恐れがあるので、夫婦円満を心がけること。
・命宮宮威弱ければ、やや偏屈な個性の人であり、結婚生活も順調とは言えない。

乙年生
【命宮】天機（禄）　　【命宮】天梁（権）　　【父母】紫微（科）　　【財帛】太陰（忌）　　【奴僕】禄存
【遷移】擎羊　　　　　【官禄】陀羅　　　　　【福徳】天魁　　　　　【夫妻】天鉞
・基本的に聡明で発想力の豊かな人で、成功を収めるが、財運は入ったり出たりで一定しない。
・自分の思いを通そうとする傾向がある。

丙年生
【財帛】天同（禄）　　【命宮】天機（権）　　【奴僕】廉貞（忌）　　【疾厄】禄存
【財帛】擎羊　　　　　【遷移】陀羅　　　　　【父母】天魁　　　　　【兄弟】天鉞
・本人の努力により成功を収めることができる。
・命宮宮威弱ければ苦労した後、少しく成功を収める。

丁年生
【財帛】太陰（禄）　　【財帛】天同（権）　　【命宮】天機（科）　　【夫妻】巨門（忌）　　【財帛】禄存
【子女】擎羊　　　　　【疾厄】陀羅　　　　　【父母】天魁　　　　　【兄弟】天鉞
［三奇加会格］大きな栄華と成功を手にすることができる。
・結婚生活は安定しない恐れがあるので、夫婦円満を心がけること。

戊年生
【子女】貪狼（禄）　　【財帛】太陰（権）　　【命宮】天機（忌）　　【疾厄】禄存
【財帛】擎羊　　　　　【遷移】陀羅　　　　　【田宅】天魁　　　　　【子女】天鉞
・基本的に良好な運勢で、成功し発展することができる。
・些細なことにこだわり反抗し、容易に人に心を開かないところがある。

己年生
【子女】武曲（禄）　　【子女】貪狼（権）　　【命宮】天梁（科）　　【財帛】禄存
【子女】擎羊　　　　　【疾厄】陀羅　　　　　【福徳】天魁　　　　　【夫妻】天鉞
・真面目で清らかな心の持ち主であるが、大きな財を蓄えるわけではない。
・命宮宮威弱ければ寂しい人生を送ることになるが、その他の星の配合をよく見て判断すること。

庚年生
【夫妻】太陽（禄）　　【子女】武曲（権）　　【財帛】太陰（科）　　【財帛】天同（忌）
【夫妻】禄存　　　　　【兄弟】擎羊　　　　　【子女】陀羅・天鉞　　【田宅】天魁
・まあまあの成功を収める運勢である。配偶者からの支援や協力を得る。
・大きく蓄財することは難しい。
・子供はしっかりした意見を持ち、自己主張する。時に親にも意見するようなことがある。

辛年生
【夫妻】巨門（禄）　　【夫妻】太陽（権）　　【兄弟】禄存　　　　　【命宮】擎羊
【夫妻】陀羅　　　　　【財帛】天魁　　　　　【官禄】天鉞
・配偶者の支援で成功をつかむことになるが、家庭内では配偶者が実権を握る（亭主関白カカア天下）ことになる。

壬年生
【命宮】天梁（禄）　　【父母】紫微（権）　　【子女】武曲（忌）　　【父母】禄存
【福徳】擎羊　　　　　【命宮】陀羅　　　　　【奴僕】天魁　　　　　【疾厄】天鉞
・厳格な両親の下に生まれ、両親は子供を厳しく躾け教育するが、力になってくれる。
・そこそこの財を得て、健康長寿である。

癸年生
【奴僕】破軍（禄）　　【夫妻】巨門（権）　　【財帛】太陰（科）　　【子女】貪狼（忌）　　【福徳】禄存
【田宅】擎羊　　　　　【父母】陀羅　　　　　【奴僕】天魁　　　　　【疾厄】天鉞
・命宮宮威強ければ、大きな財は得られないが生活には困らない。
・家庭内は配偶者が実権を握る（亭主関白カカア天下）ことになる。

144　紫微亥・命宮亥

【遷移】　巳	【疾厄】　午	【財帛】　未	【子女】　申
天府（地） ・宮威強－外出運は良好で、生地を離れてチャンスに巡り会う。 ・宮威弱－外出運はあまりかんばしいものではない。	天同（陥） 太陰（不） [機月同梁格] ・宮威強－同陰ともに落陥しているので、健康には注意すること。 ・宮威弱－神経系や生殖器系の疾患、内分泌失調（ホルモンバランス）、代謝障害などに注意。	武曲（廟） 貪狼（廟） [貪武同行格] [日月夾命格] ・宮威強－積極的に事業経営に乗り出し大いに発展するが、基本、晩年運の人なので、人生の後半ほど発展する。 ・宮威弱－苦労のわりに財を得ることができない。 ・火鈴同宮－突如として幸運に恵まれ発展する。	太陽（地） 巨門（廟） [巨日同宮格] ・宮威強－子供は明朗快活で元気よく、家庭内は朗らかで和やかな空気に包まれる。長じてからは社会的に成功する優秀な子供である。 ・宮威弱－子供に恵まれないか、子供は病弱なことがある。

【奴僕】　辰	【夫妻】　酉
[命無正曜格] ・宮威強－部下後輩友人とは良好な関係を保つことができるが、大きな支援を得られるわけではない。左右が同宮すれば、その支援は大きく、地位ある人との知己も得ることができる。 ・宮威弱－部下後輩友人からの支援は得られず、むしろ足を引っ張られる。	天相（陥） ・宮威強－配偶者は平凡で特に目を引くようなところはないが、互いが譲り合い夫婦仲良く過ごすことができる。 ・宮威弱－夫婦で異なる想い・考えを抱き、何かと意見の対立や衝突が起こる。少し距離を置くことでうまくいく。

化殺為権格
自ら危地に飛び込み、人民を救う英雄。
険しい事態に遭遇し、九死に一生を得る。

・ワンマンで自分の思いを押し通そうとする。物事に果敢に挑み、決断も早い。気力にあふれ、苦労にもよく耐える。
・物事を創始創業するのを好み、大志を抱き、勇気を持って向上に努め、その道を邁進する。
・欠点として、持久力に乏しく物事を始めるのはよいが継続や締めくくりが苦手で、ともすると竜頭蛇尾で終わる。
・孤高の精神を持ち、他人の模倣を嫌うが、時に精神不安や孤独感に悩まされる。
・命宮宮威弱ければ孤軍奮戦を強いられることになるので、何か専門的な特殊技術を身につけ、専門分野で活躍するのがよい。
・天馬加会－衝動的な行動。さらに陀羅が加会すれば失敗の暗示。
・曲昌同宮－文学・音楽・演劇などの芸術的才能。
・火鈴同宮－情緒不安定や軽率な言動により誤解されることがある。
・空劫同宮－時として精神的空虚感に苛まれ猜疑心多く、内面に幻想と矛盾を抱える。

【官禄】　卯	【兄弟】　戌
廉貞（平） 破軍（陥） [殺拱廉貞格] ・宮威強－高位高官に昇ることができる。 ・宮威弱－職業運はあまりよいものではなく、高位に昇るのは難しい。 ・公務員、スポーツ選手、警察消防、工業、工芸に適す。	天機（利） 天梁（廟） [機月同梁格] [機梁加会格] ・宮威強－兄弟や友人は優秀で、それぞれが独立して発展し、いささか力になってくれる。 ・宮威弱－兄弟や友人の中に人を利用しようとする者がいて、あまり力にはならない。

【田宅】　寅	【福徳】　丑	【父母】　子	【命宮】　亥
[命無正曜格] [機月同梁格] ・宮威強－多くの不動産を所有することになり、住居も満足のいくものである。 ・宮威弱－それなりの不動産を所有する。 ・火羊が同宮すれば火災に注意。 ・羊陀が同宮すれば盗難に注意。	[命無正曜格] [府相朝垣格] ・宮威強－精神的満足度は普通である。 ・宮威弱－気がかりなことや心配事が発生する。	[命無正曜格] ・宮威強－安定した家庭の出身で、両親との関係も良好である。 ・宮威弱－両親との関係はあまり良好なものではない。	紫微（旺） 七殺（平） [化殺為権格]

甲年生
【官禄】廉貞（禄）　　【官禄】破軍（権）　　【財帛】武曲（科）　　【子女】太陽（忌）
【田宅】禄存　　　　　【官禄】擎羊　　　　　【福徳】陀羅・天魁　　【財帛】天鉞
［三奇加会格］宮威強ければ名誉を得、富と地位・官位を手中に収め、大いに発展する。
- 子供に苦労をかけられる恐れがある。

乙年生
【兄弟】天機（禄）　　【兄弟】天梁（権）　　【命宮】紫微（科）　　【疾厄】太陰（忌）　　【官禄】禄存
【奴僕】擎羊　　　　　【田宅】陀羅　　　　　【父母】天魁　　　　　【子女】天鉞
- 勇気があり、事務処理能力にも優れ、独立創業の才もあり、名声を得る。命宮宮威弱ければその限りではない。
- 晩年は腎の気、すなわち生殖器や泌尿器や婦人科系などの病気に注意。

丙年生
【疾厄】天同（禄）　　【兄弟】天機（権）　　【官禄】廉貞（忌）　　【遷移】禄存
【疾厄】擎羊　　　　　【奴僕】陀羅　　　　　【命宮】天魁　　　　　【夫妻】天鉞
- 事業／仕事上で困難や苦労に遭遇することがある。感情に波があり、懐才不遇の感を抱きやすい。逆境時には酒に溺れたり、投機や賭博に手を染める恐れがあるので注意すること。

丁年生
【疾厄】太陰（禄）　　【疾厄】天同（権）　　【兄弟】天機（科）　　【子女】巨門（忌）　　【疾厄】禄存
【財帛】擎羊　　　　　【遷移】陀羅　　　　　【命宮】天魁　　　　　【夫妻】天鉞
- 生家は比較的安定した家庭であり、安定した運勢であるが、さほど大きな成功は狙えない。
- 子供のために苦労をかけられることがある。

戊年生
【財帛】貪狼（禄）　　【疾厄】太陰（権）　　【兄弟】天機（忌）　　【遷移】禄存
【疾厄】擎羊　　　　　【奴僕】陀羅　　　　　【福徳】天魁　　　　　【財帛】天鉞
- 財運は良く基本的に富命であるが、特殊な方面や仕事で収入を得る暗示がある。
- 命宮宮威強ければ基本以上の成功を収め、弱ければ基本よりワンランク劣り、財産の形成までに相当の努力と苦労を伴うことになる。また文芸・芸術の方面にも造詣がある。

己年生
【財帛】武曲（禄）　　【財帛】貪狼（権）　　【兄弟】天梁（科）　　【疾厄】禄存
【財帛】擎羊　　　　　【遷移】陀羅　　　　　【父母】天魁　　　　　【子女】天鉞
- 生家は豊かで父祖の事業を継ぐ人も多く、財運は旺盛で金銭に困ることはない。
- 命宮宮威弱ければ得財まで苦労するか、得た財を酒色に散財する傾向がある。

庚年生
【子女】太陽（禄）　　【財帛】武曲（権）　　【疾厄】太陰（科）　　【疾厄】天同（忌）
【子女】禄存　　　　　【夫妻】擎羊　　　　　【財帛】陀羅・天鉞　　【福徳】天魁
- 蓄財の意欲にあふれ、忙しく働いて財を得る。また不動産運も良好である。
- 晩年は神経系の疾病に注意。
- 活発で朗らかな子供に恵まれる。

辛年生
【子女】巨門（禄）　　【子女】太陽（権）　　【夫妻】禄存　　　　　【兄弟】擎羊
【子女】陀羅　　　　　【疾厄】天魁　　　　　【田宅】天鉞
- おおむね安定した良好な運勢である。
- 子供や不動産に恵まれるが、配偶者は健康にすぐれないことがある。

壬年生
【兄弟】天梁（禄）　　【命宮】紫微（権）　　【財帛】武曲（忌）　　【命宮】禄存
【父母】擎羊　　　　　【兄弟】陀羅　　　　　【官禄】天魁　　　　　【遷移】天鉞
- 地位や権威には恵まれるが大きく財を得ることは難しく、経済面での心労を被る。
- 芸術方面に傾注することで桃花の難を軽減させることができる。

癸年生
【官禄】破軍（禄）　　【子女】巨門（権）　　【疾厄】太陰（科）　　【財帛】貪狼（忌）　　【父母】禄存
【福徳】擎羊　　　　　【命宮】陀羅　　　　　【官禄】天魁　　　　　【遷移】天鉞
- 意外な収入を得ることがあるが、成功と失敗が交錯する。
- 多芸多才の人ではあるが、酒色で財を失うことのないよう注意が必要である。

第3章 紫微斗数格局一覧表

No.	格局	構成	長所	短所
1	紫府同宮格 (大富大貴)	寅・申宮で紫微と天府同宮し宮威強	衣食に困ることなく、財物に不自由することがない。一生を通じて福分厚く、福貴をともに兼ね備える。禄星（禄存・化禄）と同宮加会すれば、一生を通じて財運に恵まれる。	帝星2星が同座することになるので、精神に波があり、孤独感や空しさに襲われることがある。晩婚に適する。もしも擎羊星と同宮加会すれば、巨商となる（大きなビジネスに成功する）が、心の中は穏やかではない。
2	紫府朝垣格 (食禄万満)	紫微あるいは天府が廟旺で命宮に加会、宮威強	人格高潔で、衣食に困ることなく、財運豊か。	
3	天府朝垣格 (必為重臣)	天府と廉貞が戌の命宮に入り宮威強	社会的な名声、地位と名誉を手にすることができる。女性は貞淑で主人に付き従う。	感情の起伏が激しく、結婚には不利である。晩婚が望ましい。
4	君臣慶会格 (才学経邦)	紫微が命宮にあって、左輔あるいは右弼が同宮、または文昌・文曲が同宮か三合加会	多くの人からの支援・助力に恵まれ、目上の人や実力者との縁を結び、その援助によって成功を手にする。	女性の場合、誘惑に注意。
5	府相朝垣格 (高官厚禄)	天府・天相が命宮に三合加会し宮威強	人と親しく交わり、目上の者や地位のある者から愛され、その助力に浴し成功を手にする。人情味の厚い人。	気の小さいところがあり、感情が一定せず、結婚生活に支障をきたす恐れあり。晩婚が望ましい。
6	機月同梁格 (事業穏定)	命宮に天機・太陰・天同・天梁の4星が同宮・加会、宮威強	思考力と卓抜した調整能力を備え、分析力と企画力に優れる。優秀な補佐役。	寅・申宮の命宮の場合、感情が安定せず、神経質になる傾向がある。
7	機梁加会格	命宮に天機・天梁が同宮・加会	博学にして頭脳明晰、先読み・計算に優れる。	自分の計算と策略に溺れ慢心すれば、人は離れ孤独になり、自ら嘆くような人生を送ることになる。
8	文梁振紀格	天梁が廟旺の地にあり文昌か文曲が同宮加会	常識やモラルにこだわり、それらを重視する。神機妙算の人でもある。	
9	巨日同宮格 (官封三代)	巨門と太陽が命宮で同宮（寅・申）、宮威強	強烈な個性を持ち、雄弁。絶えず動き回るか何かに挑戦。度量は広く、昨日の敵は今日の友とする。	ライバルが多く、ライバルと激しく競い合った後に成功する。その結果、是非の問題が生じやすい。
10	日麗中天格 (金燦光輝)	太陽が午の命宮に入り宮威強	自信家で世話好きで多くの人と交友する。決断も早く性急。	したたかで自信に満ちた態度は、人の反感を買い、人心が離れていく。
11	日照雷門格 (日出扶桑)	太陽が卯の命宮に入り宮威強	豪壮にして正義感にあふれ、人と和し、公明正大で誠実で正直な人。責任感が強く、集団の中においてはリーダーシップを握る。	要領よく立ち回るのは苦手。よい時と悪い時の差が激しく、不完全燃焼するとふさぎ込む。
12	曜梁昌禄格	11 日照雷門格のうち、禄存が命宮にあり、文昌が同宮・加会するもの	非常に良好な命。財と地位を併せ持つ。頭脳は群を抜いて優れ、また幸運にも恵まれる。	同上

No.	格局	構成	長所	短所
13	明珠出海格	命宮が未で無正曜。太陽が卯、太陰が亥にあって命宮に三合加会、宮威強	心は淡白で私心なく、公正で慈愛に満ちている。一生を通じて財と地位に恵まれ、健康と悦びにも恵まれる。公益福利や慈善事業の業務に就くことが最適であるが、教育研究分野においてもその才能を発揮する。	文昌・文曲が同宮・加会すれば桃花の暗示。破格であれば、富貴であっても実を得ず虚名となる。
14	月朗天門格（月落亥宮）	太陰が亥の命宮に入り、宮威強	優しい顔立ちの美男美女。天真爛漫で無邪気。温和で優しい性格で、決して激昂するようなことはなく、思慮深く遠慮がちな人。研究や学問など精神世界の物事を好み、細かく人の心を考え、一歩譲るようなところがある。	桃花の暗示あり。
15	日月並明格	太陽・太陰が廟旺地にあり、命宮と三方四正で加会	快活で誰に対しても胸襟を開く人。	殺星に会わなければ性格が懶惰で散漫になる傾向
16	月生滄海格	天同と太陰が子の命宮にあって宮威強	心は清澄で秀気にあふれ、立ち居振る舞いも優雅。ユーモアのセンスもあり人の縁に恵まれる。酒食を好み、また社交や旅行や娯楽の多い人生。	女性は感情不安定のきらいがあり、晩婚に適す。擎羊が入れば、事故に会うかセックスに問題が生じる可能性。
17	寿星入廟格	天梁が午の命宮にあって宮威強	豪放にして磊落、正直にして無私、学問にも秀で穏健な性格。難題に会ってもたくみに処理し、人を統率する力量にも恵まれる。健康長寿。	化禄・化科・化権に会えば、物事を針小棒大に吹聴する傾向が生まれ、酷い場合は大ぼら吹きに。
18	英星入廟格	破軍が子か午の命宮にあって宮威強	新しいものを創造することに喜びを見いだす。何事にも疑問を持って当たり、事実に基づいて行動する。早いうちに語学を習得して吉。	成功と失敗は、常に瞬時にやってくる。変化と起伏の多い人生。
19	石中穏玉格	巨門が子か午の命宮にあって宮威強	優れた才能と見識を持つ。若年中は苦労も多いが、中年以降その才能を発揮する。	若年中は苦労も多く理不尽な目にも会う。
20	七殺朝斗格	七殺が子か午か寅か申の命宮にあって宮威強	若い頃は辛酸を舐めることになるが、中年以降、運勢は安定する。変化の多い一生。底力があり苦労をものともせず、艱難辛苦、奮闘努力を経た後に成功。	黙り込むかと思ったら、滔々と弁をまくしたてるようなところがあり、常に孤独を感じている。変化起伏の多い人生で、是非紛糾の場面に遭遇することも。
21	馬頭帯箭格	貪狼、あるいは天同と太陰が午宮の命宮にあって、擎羊・火星・鈴星が同宮	外地にあって事業を創業する運があり、その機会に恵まれる。多くは困難な状況の中でのスタートとなるが、やりとげて故郷に錦を飾る	幼少期に大きな事故に会うような暗示があるが、成人後も身体に傷を負うようなことがあるので注意が必要。外出しがちになり、家庭をおろそかに。

No.	格局	構成	長所	短所
22	巨機同臨格	巨門と天機が卯または酉の命宮にあって宮威強	探究心・好奇心が旺盛で、何事も自分でやってみないと気がすまない。高度な知的業務に適性があり、特殊な芸術の方面でも才能を現す。企画・計画・参謀的な仕事も得意。	頑固で物事に固執するところがあり、諍いを生じることも。若年中はなにかと苦労も多く安定しないが、中年以降、事業を成功に導く。
23	天乙拱命格 (坐貴向貴)	天魁星・天鉞星がそれぞれ命宮と身宮に入るか、あるいは命宮と遷移宮に入る	高い学識を持ち、能力もあり、高学歴となる。一生を通じ、先輩や目上の者から目をかけられ、引き立てられることが多い。	男性で命宮に天鉞、女性で命宮に天魁が入る場合、桃花に注意。
24	三奇加会格	化禄・化権・化科の三奇が命宮の三方四正にある	大きな望みを持ち、運気よく僥倖に恵まれる。思わぬところ、意図しないところで、幸運や地位のある者からの援助を受ける。大きな事業を実現し成就する人。	若年中は苦労することも多い。大器晩成運。
25	権禄巡逢格	化禄と化権が命宮で同宮	大きな富と成功を思うままに。	宮威弱いと成功もそこそこ。
26	科権禄夾格	化禄・化権・化科の三奇が命宮の両隣にある	財産も地位も望むまま。	宮威弱いと成功もそこそこ。
27	双禄夾命格	禄存と化禄が命宮の両隣にあって宮威強	大きな富と地位を手にし、成功者になる。	宮威弱いと成功もそこそこ。
28	左右同宮格	左輔と右弼両星が命宮で同宮	読書を好み学識も深く企画力に優れ、込み入った問題も解きほぐし円満解決させる。人助けを好む性分。	宮威弱いと大きな成功は望めないが、大事には至らない。
29	文桂文華格	文昌と文曲両星が命宮で同宮、あるいは対宮の遷移宮で同宮	性情は温和で勤勉で聡明。多芸多彩で、またおしゃれ。文学・芸術方面に適性があり、その方面で名声を得る。	女性の場合、異性運に注意。
30	貪武同行格 (先貧後富)	貪狼と武曲が丑宮または未宮の命宮にあって宮威強	個性強く、つらい仕事や逆境を怖れず、負けず嫌いで、父祖の仕事を継承することなく外地にて成功。自ら起業し経営することに向く。30歳を超える頃から少しずつ頭角を現し成功に至る（中・晩年運）。	束縛や拘束を嫌い、我見に固執しやすく、なかなか人に頭を下げない。女性の場合、晩婚に適す。30歳くらいまでは何かと苦労多く、運勢も一定しない。
31	三合火貪格 (貪火相逢)	辰・戌・丑・未の命宮に貪狼があって、火星・鈴星と三方四正で加会	洞察力があり、機会を機敏に捉える能力に長けている。変化をチャンスと捉え、創業・起業にも向く。特に外国と頻繁に往来することはこの人にとって吉に作用する。	投機的な性格で、幸運と不運の波が激しいので、よくよく行運を見てその時を謀らなければならない。

No.	格局	構成	長所	短所
32	貪鈴朝垣格	辰・戌・丑・未の命宮に貪狼があって、火星・鈴星と三方四正で加会	洞察力があり、機会を機敏に捉える能力に長けている。変化をチャンスと捉え、創業・起業にも向く。特に外国と頻繁に往来することはこの人にとって吉に作用する。	投機的な性格で、幸運と不運の波が激しいので、よくよく行運を見てその時を謀らなければならない。
33	日月夾命格	命宮が丑・巳で両隣に太陽と太陰があって命宮を挟む	財産と地位・名誉をそなえる。	
34	文星夾命格	丑・未の命宮で、文昌と文曲が命宮の両隣にあって命宮を挟む	才能豊かで読書を好み学に優れ、地位のある人の助けを得て高い地位を手にすることができる。	財運はそれほど強いものではない。桃花の風を帯びるので注意。
35	文星拱命格	命宮の三方四正に文昌と文曲の両星があって宮威強	文筆に優れ学識も高い。マニアックな趣向を持つ。	宮威弱ければ大きな成功は望めない。エキセントリックな芸術に嵌ったりヲタク趣味に走ることもある。
36	貴星夾命格	天魁と天鉞が命宮の両隣にあって命宮を挟む	人の助力によって運命を伸ばす。運気衰退し難関に遭遇したときでも、どこからか援助の手が差し伸べられて難を逃れることができる。	中年以降、運気低迷。人に施し、人を助けることで吉に向かう。
37	廉貞文武格	廉貞と文昌あるいは文曲が寅・申の命宮で同宮	勇猛果敢な将軍星であるが、文昌・文曲の助けで思考力が増し、よくよく慎重に考えた後、行動にうつす。	個性が強く、衝動的に無謀な行為にも駆られやすい。
38	輔拱文星格	命宮に文昌・文曲があり、三方四正に左輔か右弼が加会	学生時代から向上心旺盛で学業に励み、成績優秀。	
39	雄宿朝垣格	廉貞星が寅・申の命宮にあって宮威強	個性が強く聰明で頭脳明晰。人生に対する目標や要求が高く結果に拘泥しない。	自分の好き嫌いで行動してしまい、最悪の場合は法に抵触する恐れもある。
40	権殺化禄格	擎羊星・陀羅星・火星・鈴星が廟旺で命宮にあって宮威強	勇猛果敢で剛胆な気性をしており、英気あふれる人。九死に一生を得る運の強さを持つ。冒険心や投機心に富み、危険を顧みない。	勢いが余って法を犯し、罰を受ける恐れもあるので注意が必要。宮威弱ければ、ひたすら頑固で身体に傷が残るような大怪我をするか、あるいは短命。
41	禄文拱命格	禄存が命宮にあって、三方四正に文昌と文曲が加会	富と地位を手に入れる。	破格であれば富も地位も得ることはできない。
42	禄合鴛鴦格（明禄暗禄）	禄存と化禄が命宮（財帛宮・遷移宮）で同宮	一生財運に恵まれ大富豪になり、また高位に昇る。	破格であれば、思わぬ災難や漏財や病気、また子供や家族が思わぬトラブルに見舞われて財を使い果たす。人に施すことで凶意を免れる。命宮に天同があれば性格は怠惰に流れ、天梁があればほら吹きとなる。

No.	格局	構成	長所	短所
43	双禄朝垣格	禄存あるいは化禄のどちらかが命宮にあって、もう一方が財帛宮にある	若年中は真面目に働き、中年以降、徐々に才覚を現し蓄財する。	財に溺れるようなことがあれば不吉を招く。投機性の高い事業には向かない。
44	禄馬配印格	命宮に天馬があり、禄存か化禄と同宮し、さらに天相星と同宮	外国との交渉や売買を扱う業務に適しており、その業種の能力を遺憾なく発揮。変化変動の中にチャンスを見いだす人であり、財界や商業の分野で活躍。	生産業や製造業の現場のように、固定的な業務には向かない。地方の公務員や農業に従事するのは不向きで、政財界で活躍する人。
45	禄馬交馳格	禄存星か化禄星が命宮にあって、天馬星が加会し宮威強	環境の変化により運を伸ばす。有力な外国人の支援に浴することができる。国をまたぐような事業で成功。	凶星と同宮するのを恐れ、火星と同宮すれば「戦馬」に変じ、陀羅星と同宮すれば「折足馬」となる。
46	科名会禄格	命宮に化科があって、対宮の遷移宮に化禄がある、あるいは逆に命宮に化禄があって遷移宮に化科がある	学問や研究、試験などの分野で能力を発揮。まず学を修めて後、財を得る。自分の技術や知識を磨いて、それを独自技術にまで高めて、そして成功を得る。	破格であれば（宮威弱ければ）たいしたことはない。
47	二曜同臨格	命宮が丑で対宮の未に太陽と太陰が同宮する、あるいは逆に命宮が未で対宮の丑に太陽と太陰が同宮し宮威強	聡明で智慧に優れ、富と地位を手にすることができる。	ときに感情の起伏が激しくなる一面もあり、円満な結婚生活のためには自己抑制の努力が必要。また運気にも波がある。
48	丹墀桂墀格	太陽が辰・巳宮の命宮に入るか、あるいは太陰が酉・戌宮の命宮に入り、太陽太陰ともに旺	年少の頃より学問を志し、熱心に研究に励む。公職に就くか大企業の要職に就く。	保守に過ぎる。感情に起伏あり。
49	甲第登庸格	命宮に化科があって、対宮（遷移宮）に化権がある	学業に優れ文章の才能があり、その文才で名をなす。学術・研究・専門分野で名声を得るか、あるいは事業の創業に際し、その文章能力が買われ重用される。	破格であれば（宮威弱ければ）たいしたことはない。
50	極響離明格	紫微星が午宮の命宮にあって宮威強	政界にあっても経済商業界にあっても大躍進を遂げる。大企業にあれば、重要幹部社員として取り立てられる。	破格であれば（宮威弱ければ）たいしたことはない。
51	化星逢貴格	天同が戌宮の命宮にあって丁年生まれ、巨門が辰宮の命宮にあって辛年生まれ	化曜星によって吉格となす特殊例。	
52	将星得地格	武曲星が廟で命宮にあって宮威強	奮闘努力、刻苦勉励した後に成功を得る。	結婚は晩婚に適す。
53	日月照壁格	丑宮か未宮の田宅宮に太陽星と太陰星が同宮し宮威強	多くの不動産に恵まれる。特に庚、辛、丁、戊生まれはよい。	一生を通じて変動が多い。

No.	格局	構成	長所	短所
54	財禄夾馬格	天馬が命宮にあり、命宮の両隣にそれぞれ武曲、禄存があって命宮を挟む	金銭管理に才能を発揮。	羊陀が同宮すれば眼病に注意。
55	命無正曜格	命宮に正曜（14主星）がない	対宮である遷移宮の星曜による。	遷移宮・父母宮の宮威弱ければ六親との縁薄い。他人の意見に影響されやすい人となる傾向。
56	対面朝斗格	禄存が午・子の遷移宮にある	商才に優れており、商売、ビジネスの現場で頭角を現し財を得る。	凶星に冲破されれば財を求めることは難しい。
57	科権禄主格	命宮に化科星、化権星、禄存星が加会し宮威強	福分高い吉格。	破格であれば（宮威弱ければ）吉の中に凶を帯びる。
58	輔弼朝垣格	禄存あるいは化禄が命宮にあり、左輔・右弼が三合会局する	武職においては高位に登り詰め、文人ならばその名誉は列公に並ぶ。	
59	兼文武格	武曲星と文曲星が命宮で同宮し宮威強	文武両道、学問や理論にも優れ、同時に応用技術、適応能力にも優れる。	女性は剛強な面を持ち、男性からは一歩距離を置かれてしまい、寂しい思いをすることもある。
60	貪狼逢火格	貪狼星と火星・鈴星が三方四正で加会し宮威強	「横発」すなわち、突発的に財を得る。	博徒の性格を帯びる。
61	輔弼拱主格	紫微が命宮にあって、左輔と右弼が三合加会	左輔、右弼の三合加会があれば桃花を抑制する。	
62	日月同臨格	太陽星と太陰星が丑宮か未宮の命宮にあって宮威強	明朗快活で活発。すぐれて博愛的な性格。	感情が一定しないところがある。熱中していてもそれを忘れたり、早とちりをして人を責めることもある。
63	刑囚夾印格	命宮に天相があって、廉貞と擎羊が三合会局	武勇に優れ、激しいビジネスの競争に勝利する。	宮威弱ければ自己の衝動に駆られ、法を犯すようなことも。
64	科明暗禄格	命宮に化科があって、対宮の遷移宮に化禄がある場合、あるいは逆に命宮に化禄があって遷移宮に化科がある場合、さらに巨門星が加会	学業や試験で名を上げて、その後に財を得る。ある日突如として発展する。	財を得た後、それをもって人に驕ったり自慢するようなことがあると、たちまちその財は失われる。得た財はできるだけ秘匿すること。
65	生不逢時格	命宮に廉貞があって、地劫・天空と加会	危機的な有事の際にその力を発揮。	平時はあまり活躍の場がない。
66	禄逢両殺格	禄存か化禄が天空か地劫と加会	宗教界や玄学（占いや神秘学など）の道に入って身を保つ。	財産を得たとしても投資や投機を誤るか、何らかの負債を追う。
67	馬落空亡格	天馬が命宮にあって、天空・地劫と加会		四方八方走り回ることになるが、財を得ることができない。

No.	格局	構成	長所	短所
68	日月蔵輝格	太陽が戌宮の命宮にあると落陥し、対宮の遷移宮に太陰星が落陥して座す	堅忍不抜の精神で刻苦勉励する。	ある者は父母が早世し孤児となり、またある者は家庭が非常に貧しく、幼い頃から生活のために苦労する。
69	財與囚仇格	武曲と廉貞が、それぞれ命宮と身宮に入る		金銭のために法を犯す。金銭が関係することには細心の注意をもって当たり、慎重の上にも慎重を期すこと。
70	一生孤貧格	破軍が命宮にあり落陥していて宮威弱		延々と貧窮する。努力し状況を改善しようとは思わず、安楽な道を選ぶ。
71	小人據位格 (君子在野)	紫微が命宮にあって、左輔・右弼・文昌・文曲などの同宮・加会がなく、擎羊・陀羅・火星・鈴星の四殺星が同宮・加会		心のこもったアドバイスを退け、耳にやさしい媚びへつらうような意見を聞く。努めてより多くの意見に耳を傾けるようにしなければならない。
72	両重華蓋格	禄存と化禄が命宮にあって天空・地劫が同宮・加会	精神世界には優れた適性と感覚を持つ。	財運は損なわれるが、宗教に救いを求める。
73	禄衰馬困格	大限が寅申巳亥の四馬地にあって禄存・化禄・天馬に会い、さらに天空・地劫・化忌と三方四正で加会		この10年は、ただ空しく走り回るだけで、すべて徒労に終わり困惑する。
74	権禄尋逢格	命宮に化権があり、対宮の遷移宮に化禄があって加会、あるいは逆に命宮に化禄があって遷移宮に化権がある	専門能力とビジネスのセンスを兼ね備えた人である。専門技術を研究し、それにより起業し財を得ることができる。	
75	化殺為権格	巳か亥の命宮で紫微と七殺が同宮	険しい事態に遭遇するも九死に一生を得る。厳しい目に会った後に成功する。	身体に傷を負うことは避けられない。
76	極居卯位格	卯か酉の命宮に紫微があって天空か地劫が同宮・加会	僧道すなわち宗教界で発展。	擎羊・陀羅などの殺星の冲破を受けると多情。
77	殺拱廉貞格	廉貞が卯か酉の命宮にあって七殺が三合で加会し宮威強	大いにその才能を生かして成功する。	巳か亥の命宮にあれば七殺と三合加会するが、貪狼と同宮するので色情注意。
78	巨逢四殺格	命宮に巨門があり四殺と同宮・加会	天空か地劫が加会していれば凶作用を中和。	孤独と辛さを感じながら成長し、長じてからも社会から重用されることがなく、困難な目に遭遇する。
79	命裡逢空格	天空あるいは地劫が命宮にあって十四主星がない	宗教の道か、また超現実的な感覚が必要な芸術の世界で成功。	成功と失敗が極端。考え方も独特で、常人とは異なっている。多くは衆人の理解を得ることができず、孤独。

No.	格局	構成	長所	短所
80	桃花犯主格	命宮に紫微と貪狼が同宮	華やかで美しく魅力的。美を追求する活動や職業で活躍。	男女ともに恋多く、それに振り回される。
81	泛水桃花格	命宮が亥か子で貪狼がある		軽佻浮薄で色恋の波にさらわれやすい。
82	風流綵杖格	命宮に貪狼があって陀羅星と同宮・加会		風流を重んじ、恥も外聞も気にせず恋愛に熱中する。
83	衆水朝東格	命宮が寅か申にあって破軍と文昌あるいは文曲が同宮	一生を通じて起伏が大きく、心労を費やすも財産や地位を得られない。	
84	路上埋屍格	命宮と身宮にそれぞれ七殺と廉貞が入っている、あるいは丑か未の命宮で廉貞星と七殺星が同宮していて宮威弱	勇猛な性格で、物事を開始する創業の才がある。	凶悪な事件に巻き込まれるか、交通事故などの事故により命を落とす恐れがある。
85	粉身砕骨格（政事転倒）	命宮に貪狼があって文昌と同宮し宮威弱		事故に会う恐れがあるので、足下、頭上には要注意。花鳥風月を愛し、酒食を好み、恋に身をやつす傾向がある。
86	離郷遭配格	流年（小限）が遷移宮に当たり、そこに廉貞と天刑があり丙年生まれの人		この年に刑法犯として刑務所に収監される。
87	鼠窃狗盗格	七殺星が命宮か身宮にあって宮威弱。貪狼・破軍が命宮にあって宮威弱で遷移宮に武曲が入る。天機が命宮にあって落陥しており宮威弱。太陽や太陰が命宮にあって落陥しており宮威弱。		盗賊や泥棒となる。
88	離宗庶出格	命宮に主星がなく、ただ左輔か右弼がある場合、あるいは左輔か右弼が三合加会	三方四正に吉星が多くあれば、非常によい命運。	庶子となる可能性がある。あるいは実父母以外の者に育てられるか、生家を出て育つことになる。
89	作戦陣亡格	七殺が命宮にあって、落陥している擎羊と同宮し宮威弱		気性が荒く感情の起伏が一定せず、ちょっとしたことで怒り出す。その性格が災いして、敵地にあって命を失うような危機的な状況を招く。

椎羅（しいら）

東洋占術研究家。専門は紫微斗数。

学生時代より術数の研究に取り組み、大学卒業後は会社勤務のかたわら術数の研究を継続する。

1993年頃からネットの世界で研究発表、意見交換などの活動を始める。

1996年に独自の数値化を試みた「紫微斗数入門」を公開する。退社後は術数の研究・著述・講義活動に傾注している。

新訂 増補版 **紫微斗数実占ハンドブック** ― 紫微斗数命盤 詳細解説 ―

2024年9月12日　初刷発行

定　価	本体8000円＋税
著　者	椎羅
発行者	斎藤勝己
発行所	株式会社東洋書院
	〒160-0003　東京都新宿区四谷本塩町15-8-8F
	電　話　03-3353-7579
	ＦＡＸ　03-3358-7458
	http://www.toyoshoin.com
印刷所	株式会社平河工業社
製本所	株式会社難波製本

落丁、乱丁本は小社書籍制作部にお送りください。
送料小社負担にてお取り替えいたします。
本書の無断複写は禁じられています。
©SHIIRA 2024　Printed in Japan.
ISBN978-4-88594-566-3